近代日本の歴史都市

古都と城下町

高木博志 編

思文閣出版

京都大学人文科学研究所研究報告

近代日本の歴史都市――古都と城下町――◆目次

近代日本の歴史都市——古都と城下町——

※一八七三年一月一日以降を西暦であらわし、それ以前は元号での表記を主とした。

序——歴史都市の歴史性——

高木博志

一

円山公園の桜は京都の文明開化の象徴であった。幕末までは、祇園社の執行・宝寿院の築地塀越しにわずかに咲きこぼれる程度であった。神仏分離をへて、宝寿院が失われたあとに一人立つ枝垂れ桜は、円山公園を代表する市民の風景となった。円山公園ではかがり火が焚かれ、中村楼・也阿弥・自由亭などの外国人向けホテルや西洋料理屋が並び、そしてモダンな都踊りが祇園ではじまるなど、新たな古都京都の枝垂れ桜という伝統種の歴史性が東山を背景に開花した。そして古都京都イメージとともに、枝垂れ桜は詩歌にうたわれ、冨田溪仙や東山魁夷に描かれる。また古都京都の古典文学にみられる女性性の観光言説は、二〇世紀になって再構成されるものであるが、とりわけ一八九五年の平安遷都千百年紀念祭・第四回内国博覧会を契機に、京都府知事北垣国道の別荘を本堂として再興された祇王寺は、『平家物語』の祇王・祇女の悲恋の物語を視覚化するものであった。それらは二一世紀の観光イメージを代表するものになっている(1)。

近代日本において「歴史」を読み込むことは、日本文化が物質ではなく精神に特色があるという言説とともに展開してきた。早くは一八九〇年代の岡倉天心の平安絵画における形と精神の「相合」がイタリア絵画などの写実性とは異なるとの議論にはじまり、今日の世界遺産・奈良ドキュメント（「オーセンティシティに関する奈良ドキュメント」一九九四年）にみられる西欧の石造物の不変なオーセンティシティ（真正性）とは異なり日本の木造建築には復元・修復による精神性の維持があるとの言説にいたる。(2) 近藤誠一文化庁長官は、「日本はもの自体ではなく、ものの裏にある歴史とか価値観とか事実とか人間の精神性といったものが重要なのです」とし、西欧の写実主義と差異化し「日本画はそうではなくて、それはあくまでもヒントであって、目に見えた風景を一度評価してそこで自分で考えた一つのものを描くのが日本画だ」との京都画壇の上村淳之の言葉を紹介する。(3) また本書高木論文でみるように、一九一一年に奈良女子高等師範学校の地理歴史部の生徒は、欧米の自然を征服する「物質的文明」や科学技術に対して、京都の生活は、名所旧蹟に恵まれ、自然と融和する「優美高尚」で「幽雅な地」であると論じる。こうした精神性や自然との融和や見えない意味を読み込む日本文化をめぐる言説は、近代日本が、物質文明や科学技術を謳歌する欧米や中国と自らを差異化させつつ、都市をも価値づけた歴史性のありようでもあった。

ここで歴史都市とは、近代国家である日本の「歴史」を体現する都市と考えたい。(4) そして近代都市における「歴史」とは、国家と地域社会の葛藤をはらみながら、その時代時代で再構成されるものである。(5) 前近代の歴史性をどう近代都市が背負い葛藤を生じたかは、多様な展開をとげてゆくことになる。

たとえば京都でいえば、東京遷都後の一八八〇年代の京都御苑などの皇室に関わる文化的伝統を復興する「旧慣」保存の時代や、日清日露戦間期の平安遷都千百年紀念祭や第四回内国勧業博覧会の時代、明治末年の三大事業の時代、第一次世界大戦後の現代都市につながる都市計画の時代において、その顕現のありようが時代時代によって模索された。

歴史都市京都を例にあとづけたい。明治二年（一八六九）の東京遷都は平安時代以来の権門社寺や門跡寺院、畿内の在地社会と朝廷との関係を断ち切り、東京を中心とした「全国一視」という等距離な新しい京都と皇室との関係性が模索された。東京遷都という朝廷の移動によって、「文明開化」状況ともあいまって、明治四年の皇室の神仏分離は進み、京都の「歴史」や「伝統」は顧みられなくなった。それが一八八〇年代の立憲制の形成期になると、岩倉具視らが中心になって、京都御苑の整備を核とする古都京都の復興策が展開し、皇室関係の社寺や祭礼の復興を行った。一八八九年（明治二二）の大日本帝国憲法の発布、明治新宮殿の落成をもって、帝都東京と、古都奈良・京都、神苑が整備された伊勢など、後述するように国土における歴史都市の空間配置が構想された。幕末、元治元年（一八六四）のどんどん焼け以来の京都の衰微に対し、一八九五年には、京都の地域社会から発せられた都市再興ビジョンは交錯し、伝統的な公家社会や西陣に基盤を置く勢力に対して、鴨川地区の新興商工業者・実業家が中心になって第四回内国勧業博覧会の誘致をともなう平安遷都千百年紀念祭を挙行した。[6]

一八九七年（明治三〇）に東京・京都・大阪の三市の、市制（一八八八年）以来の特例は廃され、内貴甚三郎が民選市長となり、彼が京都で示した歴史都市のマスタープランは、北は西陣などの産業維持、北西には教育施設、西には会社・商館を配し、南は宇治川の電力で工業地化、そして東は風致を保存し、とりわけ東山の風致は、国際社会に向けた「京都ノ繁栄策」と位置づけた。[7]一九〇八年（明治四一）から始まる三大事業（第二琵琶湖疏水建設、上水道整備、道路拡張・市電敷設）の時代になると景観の美しさをめざす「都市美」が追求され、本書中川論文が明らかにするように鴨川にかけられる橋の意匠や東山の開発論議があらわれる。これらは単なる開発か保護かという二者択一ではなく、大きくは都市構想の相違に由来した。[8]

都市計画の時代の一九二一年に、馬淵鋭太郎市長は、都市計画区域を設定するとともに「工業都市たると共に遊覧都市たらん」と述べ、古い都の「風致」を残しつつも、南部・西部や伏見方面を工業都市とする構想を示した。[9] 本書中嶋論文が示す風致地区の法的整備における重層するビジョンや、丸山宏が指摘する木屋町の街路拡張案をめぐる史蹟名勝天然紀念物指定制度と都市計画との確執、あるいは京都市土木局の「京都都市計画展覧会」を通じた都市計画における平安京の都城以来の「歴史」の検討、などにあらわれるように、都市ビジョンは繰り返し構想された。[10] また都市計画法に基づき、一九三二年（昭和七）には京都駅前から京都御苑にいたる一帯や、鴨川周辺、東山方面などを、「古典的風致」の「京都風の建物」を残す美観地区とする構想をもった。[11]

そして本書高久論文が明らかにする明治期の外賓がめぐった名所群は、大正期以降の修学旅行では高等師範学校から尋常小学校までがまわる国民的な名所群となってゆき、京都市編纂部『京華要誌』（一八九五年）、京都市編纂『新撰京都名勝誌』（京都市教育会、一九一五年）、京都市編纂『京都名勝誌』（京都市役所、一九二八年）などに記述された。大衆社会状況下で、一九三〇年には京都市観光課が設置され、一九三一年の伏見市を編入する「大京都市」の成立により、陸軍第一六師団も包摂し「軍都京都」の様相も帯びた。

「国風文化」「安土桃山文化」の京都イメージが生成し都市ビジョンにもあらわれた一方で、京都府や京都市の都市構想は戦前期においては工業都市をめざす姿勢が強かった。一八九五年（明治二八）の平安遷都千百年紀念祭や一九二八年（昭和三）の昭和大礼は、行政や商工団体から見れば、皇室を利用した地域振興であり、観光行政の対象でもあった。[12] 戦前の模索を経て、「古都」という言葉とその貴族的で女性的な表象自体は、女性観光客が一九七〇年代に男性をうわまわることを見ても、戦後の高度経済成長期になって一般化し定着したとおもわれる。[13] また多くの地方城下町では日清戦争後の世紀転換期に、士族層に代わって商工業者が市会を運営してゆくが、彼らが主導する近代都市行政と紀念祭施行や城跡の公園化とのかねあい、あるいは都市計画の展開を戦後まで射程に入れて考察することなど、残された課題は多い。

二

現代においても都市の歴史性は、観光や地域振興における重要な資源であり、景観や文化財の保護を目的とした多様な法的保護の対象となっている。そして古都と城下町という歴史都市を、本論集で問題にするのに象徴的なのは、文化財保護法の重要文化的景観に都市が指定されたのが、宇治（古都）と金沢（城下町）という二事例のみであることだ。

文化財保護法の重要文化的景観は二〇一二年現在で三〇件の登録があるが、農林水産業にかかわるものがほとんどで、都市を対象としたものでは、近世城郭をランドマークとして地方都市を代表する「金沢の文化的景観―城下町の伝統と文化」と「宇治の文化的景観」の二件のみである。文化的景観には、見えない意味や物語を読み込んでゆく特色がある。したがって、まさに現代において再構成される「歴史」の問題である[14]。宇治の文化的景観は、「宇治川の流れを骨格として、その両岸に古来より人々が住み、心の救を求めて平安貴族が社寺を造営し、特色ある宇治茶に関する生業と文化を育ててきた」ことが指定の理由であり、金沢は「かつて百万石を誇った加賀藩前田家が築き上げた城下町の風情」が「金沢らしさ」の意義として語られる[15]。

世界文化遺産（日本は一九九二年に加入）の制度そのものが政治性をおびたものであることは、日本の指定対象を見ても明らかである。一九九三年の法隆寺と姫路城、九四年の古都京都の文化財と、最初期の登録が、明治期以来日本の「文明」の起源とみなされた法隆寺、城下町のランドマークを代表する姫路城、「日本固有」の貴族文化を体現する京都であったように、登録対象には日本の国家が選び取った「歴史」が顕現する。

そして今日、本書本康論文が明らかにするように、金沢は城下町の歴史性を前面に出して世界遺産登録に向けて地域おこしをする。また一九九四年一二月に登録された世界遺産「古都京都の文化財」では、京都は「一〇〇〇年以上にわたり日本の首都として栄えた日本文化の中心地」であったと意義づけられ、王朝文化の特色はきらびやか、繊細、自然との融合にあり、日本文化のひとつのモデルとされた。宇治は京都市ではないがもっとも「京都らしさ」を体現するとされ世界遺産と重要文化的景観の二重指定を全国で唯一うけている。しかし宇治の「国風文化」イメージは近代に構築されたものであるし、現代にほとんど栽培されない宇治茶生産は虚像である。

その他、都市の歴史性にかかわる現代の法律に、一九六六年一月一三日に制定された古都保存法（古都における歴史的風土の保存に関する特別措置法、国土交通省）があり、「わが国固有の文化的資産として国民がひとしくその恵沢を享受し、後代の国民に継承されるべき古都における歴史的風土を保存するために国等において講ずべき特別の措置」を定めた。この「古都」概念は次第に拡大し、「わが国往時の政治、文化の中心等として歴史上重要な地位を有する京都市、奈良市、鎌倉市及び政令で定めるその他の市町村［天理市・橿原市・桜井市・斑鳩町・明日香町・逗子市・大津市］が指定されている。

図１　歴史まちづくりを重点的に進める区域（パンフレット『歴史まちづくり』国土交通省、2011年、部分）

また「地域におけるその固有の歴史及び伝統を反映した人々の活動とその活動が行われる歴史上価値の高い建造物及びその周辺の市街地とが一体となって形成してきた良好な市街地の環境」である「歴史的風致」を維持・向上させる「歴史まちづくり法」（地域における歴史的風致の維持及び向上に関する法律、二〇〇八年、文部科学省・農林水産省・国土交通省）では、亀山市（三重県）、金沢市（石川県）、高山市（岐阜県）、彦根市（滋賀県）、萩市（山口県）の計五市が認定された。政府が示す概要のイメージ図は、「町づくりを重点的に進める区域」の中心に城郭建築（重要文化財）と大名庭園（名勝）を配する城下町の俯瞰図（図1）である。[16]

また「歴史都市の保存と開発」という課題に取り組む世界歴史文化都市連盟が、京都市長を会長に京都市を事務局として発足したのは、一九九五年の平安建都千二百年記念祭という「遷都」を奉祝する紀念祭が契機であった。さらに二〇〇五年のウィーン・メモランダムでは、世界遺産の「歴史性を持つ都市景観」の管理が課題となり、今日、まさに刻々と変化する都市の歴史性が関心を集めている。[17]

三

そもそも「みやこ」とは何か。園田英弘は『みやこという宇宙』（日本放送出版協会、一九九四年）で王宮性、首都性、都会性といった三つの要素を措定したが、本来は「帝王の住ませらるる地」（大槻文彦『言海』一八八九年）という王宮性の意味が原義であった。「古都」の言葉は古都保存法（一九六六年）以降の戦後社会に定着し、最近は金沢などの地方城下町も文化的景観や「歴史まちづくり法」の指定を受け古都保存法の射程にもはいり、いわば「帝王」の住んだ都市＝「みやこ」から、「歴史都市」へとその概念を現代において広げているといえよう。[18]

歴史都市においては、「歴史」としてある特定の歴史的な時代を切り取り、その時代に都市のイメージを重ねてゆく政治文化に注目したい。古都奈良が古代に、古都京都が貴族文化の「国風文化」に特化し、地方城下町の多くが一七世紀の前田利家や伊達政宗などの藩祖を顕彰し城跡や天守閣をランドマークとしてゆく。

以下、古都と地方城下町について具体的にみていく。前者の奈良・京都は「古都」として、古代の歴史的時代に特化されてきた。岡倉天心の「日本美術史」講義（一八九〇年開始）を契機とする時代区分論と各時代の文化像の成立により、奈良は飛鳥・白鳳・天平文化といった古代に特化され、[19]京都は、一八九三年（明治二六）のシカゴ・コロンブス万国博覧会、一八九五年平安遷都千百年紀念祭といった近代国家の形成期には「国風文化」のイメージが選び取られた。

鳳凰堂は、二〇世紀に奈良女子高等師範学校をはじめ修学旅行の訪問先となった。岡倉天心は、日本美術の特色として、ギリシャ・イタリア美術の「写生主義」（リアリズム）ではない形と精神が相合わさることを重んじ、藤原時代（国風文化）に「優美の極点」に達したと評価した。そして岡倉天心にしろ内藤湖南にしろ、固有の美術が展開する時代のある国家こそが、国民文化を持ちうるとし、国風文化なり安土桃山文化なりにそれを見いだし、中国とは違った自立した日本文化の体系を誇った。一八九三年のシカゴ博覧会で天心が日本パビリオンの意匠に国風文化を選び取ったそのときに、東京帝国大学建築学科の関野貞は、卒業論文で「鳳凰堂建築説」（『建築雑誌』一〇二、一八九五年）を書き、日本固有の文化の意義を考えた。その関野は、のちに朝鮮半島で統一新羅の八世紀の円熟した唐とは違う独自の仏教美術として、仏国寺や石窟庵に自立した文化を見いだす。「日本美術史」の自立の根拠たる宇治の平等院の位置づけは、関野を介して、「朝鮮美術史」を中国から自立させる慶州の石窟庵の発見へとつながり、ここに方法論の連鎖がみられる[20]。

一九一〇年の日韓併合後の「帝国」の時代には、南蛮文化がさかえ日本人が東南アジアに「雄飛」した織豊期の「安土桃山文化」に自らの像を重ね、そのイメージが全面展開した。しかし本書でとりあげたごとく、豊臣秀吉に由来する唐門が桃山時代のイメージと重なって豊国神社に移築され、三大事業の都市ビジョンを視覚化するものとして、京都府が三条・五条大橋を「桃山式」の復古調で架けたように、すでに明治期にその京都イメージは胚胎していた（本書清水論文・中川論文）。二〇〇三年に、一〇番目の古都保存法の対象として「古都」に指定された大津も、錦織《にしごり》遺跡・大津京址の確定という「帝都」であったことの裏づけが指定の要因となった。また鎌倉は、大衆社会状況下で、東京の海水浴地であるとともに高級別荘地化、郊外住宅化してゆくが、文士たちの住む文化都市であり鎌倉幕府の「古都」ともなってゆく。[21]

日本各地の歴史都市は、いわば古代以来の時間軸の中から特定の時代像（天平文化・国風文化など）を切り取って特色づけられたものであり、日本国土の空間と時間軸が交差することとなった。各々の歴史都市（奈良・京都・鎌倉・大津・首里・城下町）の独自のローカルなカラーに、その日本史上における「歴史的時代」が配分された。これこそが近代国家である日本が、地域固有の「歴史」を価値づけ、国土という空間のなかで再配分する過程である。

さらに京都を考える上では、近世以来の京都・江戸（東京）・大阪という三都論言説の近代における展開も重要であろう（本書丸山論文）。吉田伸之が江戸を巨大城下町と捉え、岩城卓二が江戸期の大坂を軍事拠点の城下町とみたが、京都も二条城を有していた。[22]三都は明治維新を通じて城下町の属性に規定された三府となり、なかでも京都は大正期になると六大都市へと埋没してゆく。

次に地方城下町を考える。仙台・金沢・彦根・岡山などの旧地方城下町においては、明治維新以後、旧藩に由来し新たに構築される歴史イメージの形成過程があった。また城下町は、藩祖・伊達政宗や前田利家などが生きた一七世紀が切り取られて都市イメージとなり、城跡や天守閣がランドマークとなる。すなわち「お国自慢」の形成に向けた、県や市の行政や士族・商工業者の動きがあった。

藩祖の顕彰が地方城下町ではじまる契機は、一八八九年（明治二二）の大日本帝国憲法発布にともなう大赦令の公布と東京開市三百年祭の開催である。ここに「賊」であった江戸幕府は赦された。明治二〇年代に旧幕府の膝元、東京では、旧幕臣の戸川残花などが『江戸会誌』『旧幕府』『風俗画報』等の場で、江戸期の風俗や元禄文化を顕彰し、「江戸史跡」の保存運動がはじまったし、諸藩の大名行列の図像が数多く製作された。[23]かくして幕府の復権は、地方の旧諸藩に及んでゆく。一八九九年仙台開設三百年紀念祭、一八九九年前田利家三百年祭、一九〇六年藩祖為信三百年祭（弘前）といった紀念祭が展開し、日清戦争後には陸軍から返還された城址が各地で公園として整備され、周辺に藩主をまつる神社、戦争記念碑や慰霊施設が設置された。仙台・金沢・弘前などの旧城下町でいえば、ともに師団（郷土部隊／金沢・第九師団、仙台・第二師団、弘前・第八師団）や旧制高等学校（金沢・第四高等学校、仙台・第二高等学校、弘前高等学校）がおかれ、軍都や学都の性格をあわせ持った。(24)

四

一八八九年の大日本帝国憲法発布を契機に、帝都東京と古都奈良・京都、そして神都伊勢という国土における聖地のありようが定置された。この年に落成した東京の新皇居の宮中三殿には、伊勢内宮と同じ皇祖・天照大神が賢所《かしこどころ》に祀られ、古都奈良・京都に多くが分布する歴代天皇陵の霊が皇霊として皇霊殿に、そして天神地祇、あらゆる国土の神々が神殿に祀られた。

古都奈良や京都の「歴史」が顕彰される過程をみてみたい。これら古都においては、「歴史」や「伝統」は、明治初年の廃仏毀釈や東京遷都によって顧みられなくなった。しかし立憲制形成の時期には、前述したようにまったく逆に「一等国」に不可欠な「歴史」として顕彰されてゆくこととなった。具体的には、一八八〇年代から京都御苑を整備して、そこで伝統的な即位・大嘗祭を将来施行することが決まり、東京遷都で途絶えた賀茂祭・石清水放生会・春日祭の「旧儀」復興、東寺の後七日御修法の再興、そして法隆寺・東大寺・延暦寺・門跡寺院などへの援助がなされた。一八九〇年には奈良県の畝傍《うねび》山山麓には幕末に築造された神武陵に加えて、神武天皇と后・媛蹈鞴五十鈴媛《ひめたたらいすずひめ》を祀る橿原神宮が創建された。奈良・京都の古社寺は明治初期の廃仏毀釈や上知により経済的打撃を受けるが、一八八九年には奈良・京都に帝国博物館の設置が決まり、一八九七年には古社寺保存法で国宝をはじめとする美術品や特別建造物への保護がはじまった。(25)また明治後半になって信者組織や講を通じて、古社寺は経済的に再建の道を歩み始めた。

一九一二年（大正元）には明治天皇の強い遺志により、京都の巨椋池を南に見渡すに桃林の名所であった桃山に御陵が造営されることになった。(26) それは泉涌寺《せんにゅうじ》・深草十二帝陵といった室町・江戸期の父祖の墓所のある東山山系につらなり、平安京の始祖であった桓武天皇陵に隣接する場でもあった。桃山御陵は、関西鉄道（奈良線）を通じて修学旅行をはじめツーリズムの場となってゆく。一九二九年（昭和四）の皇室陵墓令により大正天皇以降の陵は東京府周辺に造営されることとなり、明治天皇以前の天皇陵群を擁する古都奈良・京都は祖先祭祀の対象となる、歴史的なノスタルジーの場となった。

また伊勢においても、近世の伊勢参りの目的地で農業神・豊受神を祀る外宮《げくう》から、皇祖神・天照大神を祀る内《ない》宮《くう》が伊勢の中心となり、宇治橋を渡ると正宮に向かう荘厳な神苑が整備された。そして倉田山の徴古館や農業館、二見浦の旅館街などを有機的に含み込み宇治山田は神都と呼ばれるようになった（本書ブリーン論文）。昭和戦前期になると関西のみならず、関東の小学校でも伊勢への修学旅行が一般化してゆく。関西から伊勢への鉄道として、一八九八年（明治三一）に奈良・名古屋間の関西本線が全通し、一八九三年に開通した参宮鉄道は一九〇九年に亀山・山田間を参宮線と改称した。

これら古都奈良・京都、神都伊勢をめぐる大正期の修学旅行をあつかったのが、第一部の高木論文「修学旅行と奈良・京都・伊勢――一九一〇年代の奈良女子高等師範学校を中心に――」である。皇室の聖地は、修学旅行をはじめ国民が訪れる聖地でもあり観光地となってゆく。(27)

また日本の都市の起源が、古代の都城と近世の城下町にあるとするならば、岩倉具視が一八八三年に「神武帝奠都以後、帝京ノ遺模ヲ観ルヘキハ、独リ此平安京アル而已《のみ》」(28)と論じたように、古代の都城が中・近世の変容をへて、近代の都市にいたった地は、平安京・京都だけであった。(29) 奈良のように衰頽しないことが、明治前期の京都のスローガンであった。さらに豊臣秀吉の聚楽第や、織田信長の城を引き継ぐ二条城が慶長八年（一六〇三）に徳川家康によって造営されたことに示されるように、京都は都城・城下町・近代都市といったすべての都市の要素が重層する、唯一無二の歴史都市であった。

黒岩康博が「平城神宮創建計画と奈良――「南都」と「古京」をつなぐもの――」で論じたように、奈良は京都の町とは違って、古代の都城（古京）と近世の町（南都）が連続せず、奈良盆地の東西に分離していた。西の平城京には、薬師寺や唐招提寺など近世の考証家が注目した「古京」の痕跡があるのに対し、東は近世の東大寺・興福寺・奈良町といった「南都」の観光を引き継ぐ場であった。平城京に、明治後期に平城神宮を建てようとした未完のプロジェクトは、一九二八年の天平文化顕彰にいたる過程の、「南都」と「古京」をつなぐ過渡的な歴史都市の様相と、黒岩はみなした。大衆社会状況においては、天心の「日本美術史」で一八九〇年代に成立した天平文化の原理論が、古都奈良の表象として表れてくる。

そして幡鎌一弘の「権門寺社の歴史と奈良町の歴史との間」では、奈良研究の礎は、一七世紀に幕府や藩が南都の権門社寺の調査をおこなったことを契機とし、権門に独占されていた史料が奈良町や民衆に開放されることによって生成したとみる。一七世紀後半の玉井定時「庁中漫録」、享保期の村井古道「奈良坊目拙解」が、近代奈良の『大和志料』（奈良県、一九一四年）をはじめとする地誌に流れ込み、近現代の奈良の「地域」の歴史が古代につながるとの、今日までの基本的な歴史認識ができあがったことになる。こうした歴史認識が、平城神宮を構想した、水木要太郎や関野貞の世代の学問につながるのだろう。

奈良は戦前期を通じて農業県であり、明治二〇年代後半から大正末期まで、米の反あたり収量で全国第一位であり続けた。一九一〇年の奈良県主導の平城遷都千二百年祭は低調であったし、一九四〇年の皇紀二千六百年紀念祭も国家主体のプロジェクトであった。また奈良の文化財保護や古代史研究、万葉の「うまし国」としての表象づくりは、東京や京都の学者や文化人（和辻哲郎・保田与重郎など）が主導し、奈良在住の高田十郎・辰巳利文らが呼応して、「奈良を日本文化の故郷」とする古代イメージが形成された[30]。昭和初期に京都市は七〇万人をこえる大都市で、奈良は県全体でも約六一万人にすぎない田舎であったが、両者は大衆社会状況や観光言説のなかで「古都」として一つに括られてゆく。

第一部の古都京都の論考をみてゆく。小林丈広「郡区町村編制法と京都――区制論の深化のために――」では、天保飢饉以来の改革派与力や有力町人が公共性を担うようになった延長に、明治五年に総区長となり都市自治を担った鳩居堂の熊谷直孝や一八七九年に上京区長・下京区長となる杉浦利貞・竹村藤兵衛を位置づける。また産業基立金の上下京両区への下げ渡しを、連合区会が勝ち取る経緯も解明した。京都における町人が担う自治の特色は、士族が官吏として区長をつとめた伏見区や多くの城下町とは違い、近世以来の京都の町のありように由来するだろう。

清水重敦「創建神社の造営と近代京都」では、御所を囲繞する白峰宮・護王神社・梨木神社・豊国神社・建勲神社などが、明治六年の制限図で画一化された神社として創建されたとする。しかし豊国神社に移築された唐門は、その呪縛から逸脱し「歴史」を主張した。一八七八年に金地院の唐門が豊国神社の唐門として移築され、一八九七～八年に金地院には大徳寺から不要となった明智門が移され、そのあとに唐門が大徳寺寺内から据えられた。この玉突きにより、桃山時代の豊臣秀吉の英雄表象が都市イメージに加えられた。

高久嶺之介「一八九三年オーストリア皇族の来京」では、宮内省や京都府の準備や警護などを通じて、皇族来京を受け入れる環境を明らかにする。また大宮御所に泊まったフェルディナンドは、知恩院・清水寺・西本願寺・京都御所・二条離宮・東本願寺・桂離宮におもむき、保津川下りや祇園の舞妓の芸を楽しみ、川島織物や高島屋飯田呉服店で買い物をした。名勝を愛でるともに、京都の美術工芸や産業にも触れている。京都が何を見せるのかについては、先の奈良女高師の大正期の修学旅行とも共通の要素がある。皇族や外賓が滞在し訪れる景勝地や名所は、関東・関西圏を問わず、洗練され権威化されて国民の名所・景勝地へと受容され広がってゆく。

谷川穣「明治期「洛外」の朝廷由緒と「古都」——洛北岩倉の土器職人・椹木《さわらぎ》丸太夫の日記から——」では、岩倉・幡枝《はたえだ》という洛外の古都周辺に生きた禁裏御用の土器職人で旧神官であった椹木丸太夫を追った。彼は副区長・府議会議員として地域社会に生きた名望家でもあり、東京遷都前の朝廷との関係を意識に持ち続け、由緒をたどり扶持米支給の請願を行った。しかし椹木の請願の却下からは、東京遷都により京都の地域社会から切れた、新たな帝都東京を中心とする天皇制の歴史的段階を迎えたことが示された。

高階絵里加「幸野楳嶺《秋日田家図》について——歴史画としての風景——」では、楳嶺の「秋日田家図」が一八九三年のシカゴ・コロンブス万国博覧会に出陳され、二宮尊徳が理想的な歴史画に描かれたことをとりあげた。国際社会に対して、尊徳が日本独自の画題であるのと同時に、北垣国道、富岡鉄斎、そして楳嶺といったネットワークの中で、尊徳の道徳や農業振興の思想（琵琶湖疎水の隠喩である水車も含め）が、日露戦後の報徳運動の先駆けとなった。奇しくもこのシカゴ博覧会での日本パビリオンは「鳳凰殿」であり、それは国際社会やその後の日本社会に対して「国風文化」が純粋な日本文化であるとの語り方の、先蹤となった。

中川理「橋梁デザインに見る風致に対する二つの認識——京都・鴨川に架け替えられた四つの橋をめぐって——」では、明治末年（一九〇八年から一二年まで）の三大事業で道路拡築と市電敷設にともない、鴨川に架け替えられた橋梁に注目した。この四つの橋梁が、新しい歴史都市のデザインを象徴したとみる。京都市がコンクリートの西洋近代のデザインを四条大橋・七条大橋に採用するのに対し、京都府は天正時代の擬宝珠をもった宇治橋や「桃山式」の復古調の三条大橋・五条大橋を架けて、異なる様式を主張した。デザインに現れた府県の「保存」と市の「開発」というスタンスの違いは、重層する都市ビジョンの顕現でもあった。

第一次世界大戦後の一九二〇年代には、内務省内部において、大自然や大風景とともに、史蹟名勝天然紀念物の保護をとなえる官房地理課の大屋霊城・上原敬二・武田久吉らに対して、国民的利用のための開発を優先する衛生局の田村剛・本多静六らが論陣を張った[31]。大衆社会状況下の民衆の娯楽や厚生のための自然の開発の許容は、イエローストーンに端を発する国立公園設置運動として展開した。それはまさに世界を席巻する、アメリカニズムの要素でもあった。

中嶋節子「京都の風致地区指定過程に重層する意図とその主体」が明らかにしたように、京都の市会選出委員の主張が明治以来の史蹟名勝地保存や名勝地周辺地域の公園化構想の延長であったのに対して、土木系や農学系の技術者は、都市計画としての「眺望」を保全する限りにおいて、開発や利用を許容する風致地区制度を作り上げた。京都の風致地区指定も、後述する本書小野論文が析出した田村剛の計測可能な「風景」の登場も、こうした時代思潮の中にあった。このあと一九二八年に文化財行政を文部省が管轄するようになって、内務省の国立公園運動、文部省の史跡名勝天然紀念物保護といった、開発と保護との対立が省庁間で展開した。しかし中川理がいうように両者を単純に開発か保護かで対置させるのではなく、それぞれの都市ビジョンや国家構想のなかで考えるべきであろう。京都においてはまさにこの時期に、京都市教育会により「池田屋騒動之址」（三条通）、「坂本龍馬・中岡慎太郎遭難地」（河原町）などに記念碑が建立され、明治天皇聖蹟の一斉指定がはじまる。そうした中で、田村剛も単なる開発優先ではなく「国立公園と保存事業」（『史蹟名勝天然紀念物』八―一一、一九三三年）を著し、保存との調和を唱えるようになる。

河西秀哉「歴史を表象する空間としての京都御所・御苑」はタイトルどおり、明治以来、御所・御苑に歴史性が付与された過程をたどる。戦前の京都御所・御苑の基本的な役割は、大正大礼・昭和大礼を行う場であったが、大衆社会を迎えて、「歴史と新しさの空間の融合」も模索された。戦後改革の大きな特色である御所の公開や国民公園の開放も、「文化平和国家」の象徴天皇制に照応するものであった。その間、宮内省京都事務所長飛鳥井雅信には、御所・御苑の歴史性を掘り起こす戦略もあった。

奈良や京都がかつて天皇が居たみやこであるのに対し、神宮を要する伊勢が近代に「神都」と呼ばれるようになった経緯を考察するのが、ジョン・ブリーン「「神都物語」――明治期の伊勢――」である。明治初年に伊勢神宮の国家管理がなされる中で、御師《おし》の役割がなくなり、宇治山田との関係が切れた。神苑会が帝国憲法形成過程で成立し、その後、内宮・外宮に神苑が整備され、倉田山に徴古館・農業館を擁することによって、宇治山田は新たに神都となってゆく。

第二部の城下町にうつる。

本康宏史「「城下町金沢」の記憶――創出された「藩政期の景観」をめぐって――」では、文明開化期には市民公園として出発した兼六園をとりあげた。明治後期以降には旧藩への回帰がはじまり、三都につぐ人口規模であった金沢は地盤沈下するが、大正期に入ると「加賀百万石」イメージが観光のなかで打ち出された。兼六園が一九一九年の史蹟名勝天然記念物保存法で「庭園式公園」として文化財化するのは、小野芳郎が明らかにした岡山の後楽園と同じである。そして戦前期以来の藩政期の金沢城の記憶と地域振興との結びつきは、今日の「城下町金沢の文化遺産群と文化的景観」の世界遺産登録運動につながる。

佐藤雅也「誰が藩祖伊達政宗を祀るのか」は、仙台を舞台に、藩祖伊達政宗の供養と祭祀が近代に変容しつつも意味をもちつづけた経緯を、祭神政宗を祀る青葉神社と、政宗を供養・祭祀する瑞鳳殿・瑞鳳寺を軸に描く。伊達政宗を祀ることは、戊辰戦争の敗戦により困難となったが、一八七四年の青葉神社の祭礼創始、一八八九年の大赦令をへた一八九九年「仙台開設三百年紀念祭」を通じて、新政府と旧藩との和解が、新たな地域の復興の中で可能となった。そして大衆社会状況下では市民が主体となり、一九三五年に伊達政宗三百年祭がもたれ、仙台空襲後の断絶の危機をのりこえて、青葉まつりとして戦後社会に継続した。

岩城卓二の「武士と武家地の行方——城下町尼崎の一九世紀——」では、城下町に集住していた武士と、城を取り巻く武家地の空間的変貌の過程を、おもに尼崎市域に残された史料から綿密に復元した。近世大坂城をめぐる尼崎や岸和田は幕府の重要な軍事拠点であり、いわば近世の軍都であった。尼崎は、一八七三年（明治六）に廃城が決まり、幕藩制の尼崎藩が退場したあとは、旧藩顕彰が盛んな仙台・金沢とは違う、多くの中小地方都市と同じ道筋をたどった。士族の起業であるマッチ工場の経営者や政治家として尼崎に残ったもののほかは、多くの窮乏者や流出者を生み出した。

小野芳朗「帝国の風景序説——城下町岡山における田村剛の風景利用——」は、城下町岡山を扱ったものである。茂政、章政ら維新を生きた池田家の当主がいなくなる二〇世紀への世紀転換期に、岡山城や後楽園は史蹟・名勝となり、東山は池田家の慰霊の場から招魂社などを有する近代岡山の慰霊空間に変容した。近世的な空間を「風致」として顕彰しようとする上原敬二らの史蹟名勝天然記念物保存の動向と、歴史的な文脈とは切り離した風景を利用・開発し計測可能な風景を作り出そうとする田村剛の国立公園設置運動との交錯が、大正期の都市計画の時代にあらわれた。岡山にやってきた田村は後楽園を典型的な大名庭園とみるとともに、一九二二年の岡山での都市計画法施行をうけて、後楽園・東山公園・岡山城などを歴史的空間ではなく公園地帯として整備しようともくろむ。歴史的意味から切り離された風景の登場は、瀬戸内海国立公園にもつながっていった。

田中智子「高等中学校制度と地方都市——教育拠点の設置実態とその特質——」は、宮城県・石川県・熊本県における一八八〇年代の高等中学校設置問題には、府県が主体の「受入」という側面があり、一八八八年の市制施行以前は都市の問題ではないとする。教育拠点、学都としての仙台・金沢・熊本のイメージは、都市の歴史性（都市ナルシシズムやローカルアイデンティティ）を喧伝する、世紀転換期以降の後知恵であり、先に述べた本書での高木博志や本康宏史、佐藤雅也による、都市の歴史性発現の段階性のイメージとも一致する。

丸山宏「近代「三都」考――三府と都市制度――」は、三都の近代の軌跡をたどった。比較都市文化のなかでの江戸・京都・大坂という近世の三都は、明治二年に三府として行政的に特別の地位をもち、一八八九年の市制施行から一八九八年までは、三市として国が府知事に行政を担わせた。しかし日露戦後に資本主義が発達し都市計画事業の対象となるあらたな六大都市（東京市・大阪市・京都市・横浜市・神戸市・名古屋市）が登場するなかで、三府が六大都市に埋没する過程を、都市制度の変遷と重ねて論じた。古都京都や金沢など城下町も人口規模は大正期以降に縮小を重ね、かくして埋没する都市は観光などを通じて歴史性を喧伝することとなった。

五

本書は、京都大学人文科学研究所の二〇〇六～一一年度の共同研究「近代古都研究」班の報告書である。すでに述べてきたように、かつて天皇がいた都である奈良・京都といった古都から、金沢・仙台・熊本・岡山の旧城下町や伊勢・首里なども含む「歴史都市」へと、関心が広がっていった。

共同研究の活動は本書巻末に掲載した。四五回におよんだ研究会では、歴史都市の政治・社会・宗教・文化の諸側面や都市計画や開発のありよう、比較都市論など自由にテーマを設定し、活発で忌憚のない論議を重ねてきた。とりわけ歴史都市の歴史性については、古都や城下町の近現代における、時代時代の、あるいは都市ごとの顕現のありように留意した。

毎年、夏の合宿では、城下町をおとずれ、その都市を研究対象とした文献を素材として、地域の研究者とともに議論した。たとえば二〇〇七年一〇月一三日の金沢では、橋本哲哉編『近代日本の地方都市――金沢／城下町から近代都市へ――』（日本経済評論社、二〇〇六年）をとりあげて、近代に士族から商工業者へと市政の担い手が変化する問題、高等教育や軍隊のインフラの金沢における「誘致」の実態、真宗の近代における展開などの報告があった。真宗門徒や都市計画、あるいは士族や公家の伝統勢力といった諸要素のありようを、京都と金沢の二つの都市において比較もした。二日目には「軍都・金沢」をテーマとして、偕行社、師団司令部庁舎、石川護国神社、師団長官舎、兼六園（明治紀念標）などに本康宏史氏が案内するフィールドワークを行った。また二〇〇九年四月一八日には仙台市歴史民俗資料館を会場に、『仙台市史』近代一（仙台市、二〇〇八年）をめぐって、仙台市史の事務局・執筆者や宮城近代史研究会のメンバーとともに議論した。翌日には佐藤雅也氏の案内で、旧陸軍墓地（常盤台霊苑）、仙台市立博物館・仙台城跡周辺の師団の遺跡、瑞宝殿などをめぐった。

そのほか、小野芳朗氏案内の水利からみた岡山巡見・池田文庫見学（二〇〇八年）や、三沢純氏案内の熊本城下めぐりと『新熊本市史』通史編第五・六（熊本市、二〇〇〇年）の書評会（二〇一〇年）をはじめ、その対象は第九連隊跡・三井寺西南戦争碑、秦家住宅、滋賀の文化的景観（近江八幡・大津・菅浦）、元興寺・興福寺旧境内、黒谷掃苔、名古屋城・旧中村遊廓、大阪靖国軍人墓地・大阪城、二条城、安楽寺かぼちゃ供養、江田島・呉市海事歴史科学館など多様な場とテーマに広がった。フィールドワークでは、旧藩、軍隊、慰霊、都市と周縁、文化遺産の保護など、都市における歴史性の考察に焦点があった。こうした経験は、本康・佐藤・小野論文をはじめ本書の内容に結実している。また共同研究の成果として、京都大学人文科学研究所『人文学報』（一〇四号、二〇一三年）の特集「近代都市の諸相」（執筆者、鈴木栄樹・伊従勉・石田潤一郎・能川泰治・川口朋子・長志珠絵・福家崇洋）もあわせて参照されたい。

研究班では、先行する「近代京都研究」班（丸山宏班長、二〇〇三〜五年度）を継承し、日本史学だけでなく建築史・造園史・美術史・土木史など学際的な方々に参加いただいた。本論文集と『人文学報』「近代都市の諸相」の執筆者のほかに、研究班のメンバーとして以下の方々がいる。

金文京、水野直樹、藤原学、青谷美羽、秋元せき、飯塚一幸、井上章一、井原縁、岩本馨、内田和伸、大場修、岡村敬二、小野健吉、桐浴邦夫、工藤泰子、清水愛子、ヘンリー・スミス、高田祐介、田島達也、谷山正道、辻岡健志、並木誠士、羽賀祥二、原田敬一、日向進、廣瀬千紗子、福井純子、福島栄寿、毛利紫乃、山上豊、山田誠、吉井敏幸、吉田栄治郎、の諸氏である。

本書の刊行にあたっては、谷川穣氏から黒岩康博氏へと研究会の事務局がつながれ、黒岩氏には綿密な編集作業に助力いただいた。思文閣出版編集部の田中峰人氏は研究会にも参加いただきお世話になった。深く感謝したい。

なお共同研究にさいして、科学研究費補助金・基盤研究B・「近代古都研究——歴史と都市をめぐる学際的研究——」（研究課題番号二〇三二〇一〇二、二〇〇八〜一〇年度、研究代表者高木博志）の助成をうけた。

（1）山口敬太「嵯峨野の名所再興にみる景観資産の創造と継承に関する研究——祇王寺、落柿舎、厭離庵の再興事例を通して——」（『土木計画学研究論文集』二四—二、二〇〇七年）、高木博志「古典文学と近代京都をめぐる素描——名所の女性化と源氏物語千年紀——」（『歴史評論』七〇二、二〇〇八年）。

（2）「日本美術史」（一八九一年、『岡倉天心全集』四、平凡社）、「日本イコモス国内委員会」ウェブサイト（http://www.japan-icomos.org/）。

（3）高木規矩郎によるブログ「鎌倉の世界遺産登録を考える」二〇一〇年一一月二五日（http://blog.livedoor.jp/kikurotakagi/）、近藤誠一『文化外交の最前線にて』（かまくら春秋社、二〇〇八年）。

（4）中川理「「歴史都市」京都にみる近代都市の生成と現代都市の成立」（『年報都市史研究』一六、山川出版社、二〇〇九年）。

（5）都市が背負う記憶をどう再構成してゆくかという課題にもつながる。また「歴史」にかかわる集合的な記憶を共有することによって近代都市の市民は、アイデンティティを共有する（モーリス・アルヴァックス『集合的記憶』小関藤一郎訳、行路社、一九八九年、原著、一九六九年）。ここでは、つねに主体や時と場により歴史は再構成されるという意味で、「歴史」と表記した。近代における歴史性の意味を考える上で、羽賀祥二は、一九世紀前期以降の大名家や地域社会の歴史を掘り起こす運動が、近代の国家や社会における「伝統」の歴史的・倫理的・公共的な価値づけに展開する道筋を示した（『史蹟論』名古屋大学出版会、一九九八年。「日本近代における「伝統」」『歴史評論』六四七、二〇〇四年）。

（6）小林丈広『明治維新と京都――公家社会の解体――』（臨川書店、一九九八年）、同「都市祭典と政治――都市間競争時代の歴史意識――」（『日本史研究』五二三、二〇〇六年）。

小林の先駆的な視角を本論集では十分に生かせなかったが、奈良・京都といった古代の「みやこ」であった古都と、金沢・仙台・熊本などの城下町との二種類の歴史都市群を対象とし、「歴史」や「伝統」などの表象と、政治・経済・社会の現実とのズレや関係性を考察することが重要であろう（伊従勉「京都市政史研究と近代京都イメージ論議」丸山宏・伊従勉・高木博志編『近代京都研究』思文閣出版、二〇〇八年）。それは、資本主義世界システムで覆われる前に「個性豊かな社会や文化を成熟」させてきた「伝統都市」の近代における葛藤を探る課題でもあろう（吉田伸之・伊藤毅編『伝統都市』全四巻、東京大学出版会、二〇一〇年）。

また立憲制の形成期に士族が、地域社会で政治・経済に影響力を持つことについては、園田英弘「郡県の武士」（『西洋化の構造――黒船・武士・国家――』思文閣出版、一九九三年）に詳しい。京都でいえば官家士族、城下町でいえば旧藩主や士族といった「伝統」勢力と、新たな近代都市の担い手となる商工業者や官僚・府県市の吏員・技術者との、行政における相克と展開の解明が、一つの課題になるだろう。

（7）清水重敦「松室重光と古社寺保存」（『日本建築学会計画系論集』六一三、二〇〇七年）、『京都市政史』第四巻（京都市、二〇〇三年）。

（8）加藤哲弘・中川理・並木誠士編『東山／京都風景論』（昭和堂、二〇〇六年）。

（9）『京都市政史』第一巻（京都市、二〇〇九年）。

（10）丸山宏「近代における京都の史蹟名勝保存」（前掲註6『近代京都研究』）、秋元せき「一九二〇年代京都における都市計画展覧会の歴史的意義――都市計画にみる歴史意識――」(『人文学報』九八、二〇〇九年)。
(11) 前掲註(9)『京都市政史』第一巻。
(12) 高久嶺之介「「地方化」する京都」(日本史研究会ほか編『京都千二百年の素顔』校倉書房、一九九五年)、工藤泰子「御大典記念事業にみる観光振興主体の変遷」(前掲註6『近代京都研究』)。
(13) 工藤泰子「京都観光と女性」(『国立民族学博物館調査報告』三七、二〇〇三年)。
(14) 文化庁監修、採掘・製造、流通・往来及び居住に関連する文化的景観の保護に関する調査研究会編『都市の文化と景観』(同成社、二〇一〇年)。
(15) 宇治市『宇治の文化的景観　保存計画書』二〇〇九年、金沢市『金沢の文化的景観　城下町の伝統と文化　保存計画書』二〇〇九年。
(16) パンフレット『歴史まちづくり――地域における歴史的風致の維持及び向上に関する法律』(二〇一一年七月、国土交通省都市局公園緑地景観課、景観・歴史文化環境整備室)。
(17) 前掲註(14)『都市の文化と景観』。
(18) 高木博志『近代天皇制と古都』(岩波書店、二〇〇六年)。
(19) 「美術」の近代における制度化については、北澤憲明『眼の神殿――「美術」受容史ノート――』(美術出版社、一九八九年)、高木博志『近代天皇制の文化史的研究――天皇就任儀礼・年中行事・文化財――』(校倉書房、一九九七年)、佐藤道信『明治国家と近代美術――美の政治学――』(吉川弘文館、一九九九年)などがある。また天心の「日本美術史」が、大村西崖を介して、一八九五年、京都の第四回博覧会の「時代品展覧会」や『平安通志』において、いち早く歴史イメージとして現われたことを、吉田千鶴子『「日本美術」の発見――岡倉天心がめざしたもの――』(吉川弘文館、二〇一一年)が明らかにした。
(20) 高木博志「日本美術史/朝鮮美術史の成立」(岩本通弥編『世界遺産時代の民俗学』風響社、二〇一三年)。
(21) 鎌倉市『鎌倉市史　近代通史編』(吉川弘文館、一九九四年)、加藤理『「古都」鎌倉案内』(洋泉社、二〇〇二年)。
(22) 吉田伸之『巨大城下町江戸の分節構造』(東京大学出版会、一九九九年)、岩城卓二『近世畿内・近国支配の構造』(柏書房、二〇〇六年)。

（23）高木博志「紀念祭の時代」（佐々木克編『明治維新期の政治文化』思文閣出版、二〇〇五年）、岩淵令治「「江戸史蹟」の誕生」（久留島浩・高木博志・高橋一樹編『文人世界の光芒と古都奈良――大和の生き字引・水木要太郎――』思文閣出版、二〇〇九年）、同「旧幕臣と武士道――武士から兵士へ――」（小島道裕編『武士と騎士――日欧比較中近世史の研究――』思文閣出版、二〇一〇年）、国立歴史民俗博物館『図録　行列にみる近世』（二〇一二年）など。

（24）城下町を近代の都市群の中で位置づける研究として、近世城下町から県庁所在地となり市制が施行された標準的地方都市（金沢、静岡、水戸）に政治的拠点性を見出す大石嘉一郎・金澤史男編『近代日本都市史研究――地方都市からの再構成――』（日本経済評論社、二〇〇三年）がある。近代における城下町の歴史性にかかわって、歴史社会学から武士と「サムライ精神」、旧軍隊と「軍人精神」、旧制高等学校の教養主義を「風格の三主体」とする、辻村明『地方都市の風格――歴史社会学の試み――』（東京創元社、二〇〇一年）からは、顕彰される「歴史」の諸要素がうかがえる。具体的分析には金沢における城下町から近代都市への移行を軍都と慰霊空間の形成の観点から位置づけた本康宏史『軍都の慰霊空間』（吉川弘文館、二〇〇二年）や、民俗学の立場から仙台の旧藩顕彰を段階づけた佐藤雅也「地方都市の近代――軍都・学都と仙台――」（岩本通弥編『都市の暮らしの民俗学』1、吉川弘文館、二〇〇六年）などがあり、開化期の高等教育（のちの旧制高等学校など）体制の展開を府県・文部省・キリスト教界の交錯のなかに、岡山・仙台・金沢などで地域社会に即して比較研究する田中智子の仕事もある（『近代日本高等教育体制の黎明――交錯する地域と国のキリスト教界――』思文閣出版、二〇一二年）。本書でとりあげた後楽園・兼六園などの旧大名庭園と近代城下町における公共的な公園空間の形成については、井原縁「栗林公園にみる文化遺産の公園化とその変容に関する史的研究」（『ランドスケープ研究：日本造園学会誌』六八―五、二〇〇五年）、小野芳朗・興津洋佑「地方城下町・岡山における景観形成の空間構造に関する研究」（『景観・デザイン研究論文集』七、二〇〇九年）、小野芳朗「岡山招魂社創建と「公園」の空間変容」（『日本建築学会計画系論文集』七六―六五九、二〇一一年）、小野芳朗「戦前期の都市計画法適用下における岡山後楽園と公園計画」（『日本建築学会計画系論文集』七六―六五九、二〇一一年）、『「兼六公園」の時代』（石川県立歴史博物館、二〇〇一年）、本康宏史「「加賀百万石」の記憶――前田家の表象と地域の近代――」（『日本史研究』五二五、二〇〇六年）、などがでてきた。近代都市史における城下町研究については、本康宏史「明治前期の都市社会――「城下町」の威信と「武士」の近代――」（明治維新史学会編『講座　明治維新』第七巻、有志舎、二〇一三年）の整理を参照されたい。
(25) 鈴木良編『奈良県の百年』（山川出版社、一九八五年）。
(26)『明治天皇紀』大正元年八月六日条。
(27) 平山昇『鉄道が変えた社寺参詣』（交通新聞社新書、二〇一二年）。
(28)「京都皇宮保存ニ関シ意見書」（『岩倉公実記』下巻、岩倉旧蹟保存会、一九〇六年）。
(29) 高橋康夫他編『図集　日本都市史』（東京大学出版会、一九九三年）。
(30) 黒岩康博「「うまし国奈良」の形成と万葉地理研究」（『人文学報』八九、二〇〇四年）。
(31) 村串仁三郎『国立公園成立史の研究』（法政大学出版局、二〇〇五年）。

Ⅰ　古都

——京都・奈良・伊勢

修学旅行と奈良・京都・伊勢
――一九一〇年代の奈良女子高等師範学校を中心に――

高木博志

はじめに

「神武創業」を視覚化する神武天皇陵・橿原神宮、あるいは飛鳥・白鳳・天平文化を体現する古都奈良、平安貴族や桃山時代の文化を特色とし東京遷都まで天皇の居所であった京都御所を有する古都京都、皇祖天照大神を祀る伊勢神宮内宮のある神都伊勢、西日本の「名教的史蹟」（名分論を重んじ国民道徳に供する史蹟）の横綱である「太平記」の南朝史蹟群、皇居や博物館・美術館が集まり政治・経済の中心である帝都東京、こうした都市の歴史性を体現する場をめぐる修学旅行が体制として成立した世紀転換期の奈良女子高等師範学校（以下、奈良女高師）の事例をもとに、その歴史的意義を考えたい。

聞き取りによると、私の義父田中二郎は、一一歳の一九四二年秋に、東京市小石川区関口台町国民学校の修学旅行で、東京駅から夜行汽車に乗り、伊勢神宮の外宮から内宮まで歩いて参拝し、二見浦に宿泊した。翌日は参宮急行電鉄で橿原神宮に向かい皇軍の「武運長久」を祈り、「神武創業」の歴史を教師より学んだ。そして東大寺・若草山・猿沢の池の史蹟をまわり、開化天皇陵そばの宿屋に泊まった。三日目は、桃山御陵をへて、平安神宮・清水寺・三十三間堂などを拝観して京都に宿泊、明くる朝、東海道本線で東京へ帰った。粗末であった宿屋の食事にかかわらず、初めての大旅行が子供心に楽しかった思い出として残っている。その五年前に長兄も、三年前に長姉も、同じコースをたどったが、義父の修学旅行の翌一九四三年には戦局の悪化で修学旅行はなくなった(1)。

同様に、北海道庁立の滝川高等女学校は一九三九年(昭和一四)五月一六日から二六日まで「敬神旅行」を行った(2)。五月一六日に滝川を発し青函連絡船、東北本線を経て、五月一七日上野着。上野公園、帝室博物館、動物園、宮城、靖国神社、乃木神社、国会議事堂、外苑、浅草、泉岳寺、明治神宮をまわって、五月一九日、横須賀で日露戦争の三笠艦をみて、鎌倉(鶴岡)八幡宮、大仏(高徳院)、長谷寺、江ノ島に宿泊。五月二〇日に、伊勢に着き、二見ケ浦、外宮・内宮参拝、徴古館をみて翌日奈良へ。春日神社、東大寺、興福寺、奈良公園を見学し、翌二二日には、橿原神宮へ参拝し吉野山の塔生陵、吉水院、如意輪堂、蔵王堂、吉水神社を見学し大阪の道頓堀に着く。二三日は大阪城、造幣局、クラブ化粧工場、そして神戸の湊川神社、汽船、万国ハトバ、港内を見学し、京都で泊。最終日は、京都の御所、桃山御陵、金閣、平安神宮、清水寺、知恩院、嵐山、本願寺をめぐった。一九四二年一〇月から一一月に、北海道庁立札幌高等女学校・札幌市立札幌高等女学校・北海高等女学校・藤高等女学校でも、揃って一〇泊一一日で、東京・京都・奈良・伊勢神宮の聖地参拝旅行を実施した。その目的は、神国護持・戦捷祈願・皇軍の武運長久であった(3)。

伊勢から奈良・京都を回るルートは、実は皇室の聖地でもある。たとえば明治から大正への代替わりの大正大礼の儀式次第を見ると、一九一二年(大正元)七月三〇日の践祚の式のあと、一九一四年三月の昭憲皇太后の死去で、大礼は翌一九一五年に延期された。

一九一五年四月一九日神宮・神武天皇山陵並びに前帝四代(光格・仁孝・孝明・明治)の山陵(伏見桃山・後月輪

東山・後月輪）に勅使発遣、および二二日には奉幣の儀、一一月一〇日即位礼、一一月一四日大嘗祭、一一月一六・一七日大饗、一一月二〇・二一日神宮（外宮・内宮）に親謁、一一月二四日から二六日まで神武天皇陵並びに前帝四代山陵に親謁の儀、一一月二七日東京に還幸の儀、といった流れであった(4)。

すなわち皇室の聖地は、修学旅行で児童がめぐる目的地でもあったのだ。そしてそれらの皇室の聖地は、主に明治期に整えられた。その過程を素描すると、伊勢の神苑は、大日本帝国憲法の発布の年に向けて、一八八六年（明治一九）から一八八九年に宇治橋から内宮・正宮に向かう神苑が、宇治山田住民が主体となり有栖川宮熾仁《たるひと》や政治家を幹部にいただいた神苑会によって整備された。一八九一年には農業館が、一九〇九年には徴古館が設立され、それらを一九一一年に神苑会から伊勢神宮に移管した。

また奈良の畝傍山周辺では、一八六三年に神武天皇陵が造営され、憲法発布の翌一八九〇年に橿原神宮が創建され、大正大礼の準備過程から一九四〇年の紀元二千六百年奉祝事業にいたるまでに神武陵と橿原神宮を含む神苑が整備された。奈良公園は上知令後の興福寺・春日大社や東大寺などの境内地などを含み込んで一八八〇年に開設し、一八八九年には県立奈良公園となり、一九二二年には史蹟名勝天然紀念物保存法の名勝地に指定された。

京都御苑は一八七九年（明治一二）から一八八一年の京都府による基礎的な整備ののち、一八八三年の宮内省移管後は基本理念は大礼を行う場と位置づけられ、一九一五年の大正大礼に向けて道路のつけ替えや緑地の整備・植樹などが行われた。平安神宮は岩倉具視による一八八三年の桓武帝奉祀案に起源し、平安遷都千百年紀念祭・第四回内国博覧会に合わせて鴨東岡崎に一八九四年六月に官幣大社として創建された。そして桃山御陵は明治天皇の死去を受けて、一九一二年（大正元）九月に陵所の儀が執り行われた。皇室の聖地群は明治維新後、一八八〇年代の「旧慣」保存、一八八九年の憲法発布、一九一五年の大正大礼という天皇制の節目を契機としながら整備されてきたことがわかる(5)。

ここで対象とする奈良女子高等師範学校は、東京の女子高等師範学校に続く二番目の女高師として一九〇八年（明治四一）に開校した。一九一一年の第二回開校紀念日に、野尻精一校長が述べた式辞の一節に、「奈良ノ地ノ最モ適当ナルコト　奈良ハ伊勢大廟、神武帝陵、京都ニ近ク、且ツ平安以前ノ帝都タリシ土地ニシテ我カ国往事ノ文化、今ニ見ルベキモノアリ、我等ハ宜シク昔時ヲ追憶シ、現代社会ノ大勢ニ従ヒマス〳〵勉メザルベカラズ」と奈良の立地を誇った。[6]奈良は、京都・伊勢といった皇室の聖地、古都に近いことが、教学のなかでふさわしいとの位置づけである。

古都であることは、皇室の故地であることに一つの起源があり、京都御所、神武天皇陵・橿原神宮、皇居などの、皇室の聖地をめぐるのが表向きの修学旅行の一つの目的であった。修学旅行は二〇世紀のはじまりとともに、身体鍛練から、鉄道を利用した実地研修に重きを置いた「修学」に重点が移っていった。もちろん多様な修学旅行（大学・工場・官公庁・軍隊などの見学、実学重視）が展開するが、皇室の聖地（古都たるゆえん）をめぐるという「修学」は大きな要素になり、そして戦時下には「敬神」の部分がとりわけ強調されることになった。

一　修学旅行の展開

修学旅行の嚆矢は、一八八六年（明治一九）二月の東京師範学校の兵式行軍である長途遠足であるとされる。[7]この長途遠足には、のちの奈良女高師教授となる水木要太郎も学生として参加するが、二月一五日に、師範学校を出発し、船橋、習志野原、大和田、成田、佐原、銚子、八日市場、東金をへて、二月二五日に千葉から海路、師範学校に帰った。高嶺秀夫学校長は、修学旅行の目的について「路上到る処に便宜を求めて諸学科を実地に研究せしめんとするにあり、故に兵式体操の教師は勿論、物理学、動物学、植物学、地理歴史、経済、図画等諸学科の教師をして同行せしむ」とした。[8]文部省の森有礼は兵式体操などの身体鍛練を重視した一方で、高嶺は「学術研究」を修学旅行の目的として対立するが、実は修学旅行が持つその両義的な性格は、前者から後者へと重点を移しつつも近代を通じて顕れることになる。そしてあくる一八八七年八月六日より九月まで、行軍旅行と区別された「修学旅行」が実施された。[9] 修学旅行は、高等師範学校に端を発し一八八八年に文部省令で「定期ノ仕業中」に位置づけられた。さらに尋常師範学校から尋常中学校・高等小学校といった中等教育機関にも、行軍に史蹟見物・自然観察などの要素を入れた修学旅行が普及していった。[10]

草創期に古都奈良・京都を訪れた修学旅行をみると、一八八八年の第三高等中学校では、第二学期末に、奈良・月ヶ瀬・笠置へ第一回修学旅行の行軍を行った。そこでは史蹟名勝の見学と発火演習が目的であった。[11] また一八八九年七月には、滋賀県師範学校八六人が、奈良・法隆寺・畝傍・多武峰・吉野めぐりをおこない、地理歴史の事跡探求、植物鉱物の採集、農業の実情学習などをおこなった。京都下京高等小学校でも、一八九二年に一三〇人が、手向山八幡・法隆寺を参拝し、鹿児島県・造士館の中学生二三〇人が春日神社を参拝した。さらに一八九五年に東京高等師範学校生徒二〇人が、吉野山・橿原神宮・神武陵・征清軍士戦死記念碑など、「神武創業」の地をめぐったのは早い例であった。[12]

一八九三年（明治二六）五月六日付『読売新聞』には、京都で開催予定の第四回内国博覧会にあわせて、「全国中学校生徒の修学旅行を試ましむ」との意見がでて、博覧会、城址・社寺・墓碑・古戦場などを観覧し、全国中学校の連合大演習をおこなう案が出るが、中等教育機関で修学旅行が急激に普及していったことの証左といえよう。

一九〇〇年に文部省普通学務局は『独国ノ修学旅行』（国立国会図書館所蔵）を翻訳して紹介するが、序文で沢柳政太郎局長は日本の修学旅行が目的を定めず準備・復習も不十分であるとし、ドイツの事例に学んだとする。そのなかで一八九五年七月にヴァイマール郊外のブランケンハイン学校の一二歳から一五歳までの修学旅行の事例が紹介される。ベルリンの南西アルンスシュタットに来たとき、九四五年のオットー一世の国会開設、あるいはルターやスウェーデン王グスタフ・アドルフの訪問を教え、ナポレオン戦争のライプリッツの戦いの記念碑の銘を朗読させるなど、「現在其都市ヲ目前ニ見ルガ故ニ学校ニテ教ユルヨリハ一層ヨク児童ノ心ニ入ル」といった実地研修の意義が説かれた。修学旅行の欧米における実態を含め、その日本への影響いかんの解明は今後の課題であろう。

また『読売新聞』の「中学生の修学旅行と県費の補助」の記事（一九〇〇年一〇月二〇日）では、修学旅行について「地理歴史を始め理化動植物等に関し実地に就きて教師の教授を受くる時ハ書物に於て修養せる智識をして、益々発達せしむるの利益あり、加ふるに心身を壮快にして身体発育上にも大に利益ある」とし、また二、三の地方では中学生に県費の補助があるが、他では一〇〇名中五〇名が参加できないような状況なので文部省で調査中と報じた。ここでは修学旅行が、明治期以来提唱された、自分を取り巻く世界を実際に観察したり体験することを重視する「直観教授」の実践として意義づけられた。

尋常小学校まで含めて、修学旅行がゆきわたる大きな転機となったのが、一八九九年（明治三二）の学校生徒の団体旅行の汽車運賃の割引制度の導入である。同年六月一四日の「学校生徒修学旅行ノ際、官設汽車賃割引方」では、大人（満一二歳以上）は五〇人以上一五〇人未満で二割五分引き、一五〇人以上三〇〇人未満では三割五分引きであり、三〇〇人以上では五割引となった(13)。同じ年に内地雑居が許され外国人の旅行が盛んになり、ツーリズムの歴史はこの世紀転換期に大きな変動をとげたとされる。鉄道利用により今までの師範学校や中等教育機関から、小学校へと修学旅行が量的にも社会に広がる契機となった。そして質的にも、新谷恭明は「行軍から物見遊山へ」変化したと論じるが、それは同時に史蹟名勝をめぐる「修学」が重視されるようになり、皇室の聖地を擁する歴史都市が浮上することでもあった。

また世紀転換期には、各地の小学校で修学旅行の規程など制度が整えられていった。『佐賀県小学校教育法規』（一九〇〇年二月、国立国会図書館所蔵）の「市町村立小学校修学旅行ノ件」や富山県教育会『小学校令施行細則』（一九一二年四月、国立国会図書館所蔵）の「市町村立小学校修学旅行ニ関スル規程」では、日数、旅行先、生徒数、付添教員、経費などが取り決められた。興味深いのは、一九〇八年（明治四一）になってはじめて、大阪市の学童旅行規程で、四年生以上の日帰り修学旅行を認めたことである(14)。

京都市では一九一一年度に修学旅行の児童からの経費徴集が禁止されたが、一九一一年五月の『京都教育時報』（三六号）に掲載された「（京都市各小学校の）修学旅行の実際」は、修学旅行実施の実態と経費徴集禁止に対する京都市内一二校の意見が、アンケートとして掲載された。多くの小学校が修学旅行の経費徴集禁止に反対を唱え、たとえば弥栄《やさか》尋常小学校（下京区祇園町南側）は「直観的教授方面の活動範囲を縮少せられたり」と異議を唱えた。またここでは高等師範学校や中等教育のみならず、明治末年には京都市の小学校でもすでに、伊勢、奈良、神戸、京都近郊など多彩な目的地への修学旅行が、一般化していたことが重要である。いくつかの小学校を事例に、具体的に修学旅行の意義と目的地についてアンケートを引用したい。

室町尋常小学校（上京区室町通上立売上る）の回答は次のようであった。

一目的。教授訓練と休養娯楽と。

教授上に於ては主として地理歴史理科に関する知識を授け、訓練上には自然に親しましめ美的情操を養ひ、且つ困苦に堪え得る習慣を作りて意志の修練に努む。娯楽には常に接せざる風土を観せしめ精神上の休養娯楽を与ふ。

二時期及地方。時期は秋季（二学年以上）。地方は六学年男児のみは伊勢大廟参拝。其他は近畿地方。

その他の修学旅行の「時期及地方」は、京極尋常小学校（上京区寺町通石薬師下る）「春秋二期、経費徴収禁止の為め従来一定せるものを更正せんとし今や考案中にあり。在来の重なるものを挙ぐれば、伊勢大廟の参拝、神戸市、大阪市、比叡山、大津市、天王山、長岡、京都市近郊等各学年に配当せり」、梅屋《うめや》尋常小学校（上京区釜座通丸太町上る）「十二、一、二月を省き毎月一回、京都名所、高山、停車場見物、大津、奈良、大阪、神戸、舞鶴、（伊勢神宮）（学年別省略）」、弥栄尋常小学校「春秋二期とし一、二学年は銀閣寺方面の原野山林。三、四学年は大津又は奈良方面。五、六学年は神戸、伊勢方面、奈良、大阪、和歌山、舞鶴」、皆山《かいざん》尋常小学校（下京区下珠数屋町通高倉西入る）「四月若くは五月中旬迄の時季に於て実行せり（一回）。第一学年は嵯峨、第二学年は宇治、第三、四学年は大津若くは奈良、第五、六学年は大阪若くは神戸外に卒業児童は須磨明石若くは舞鶴軍港」、といった回答である。

アンケートと別に第三高等小学校（下京区松原通大和大路東入る）の岡本助左衛門は修学旅行の主旨とは、地図を読ますこと、鍛練、そして「教授材料の実地視察及採取」にあるとし、「春秋二期の大旅行はこれまでは男児は吉野より和歌山地方、宇治山田より鳥羽港地方の二ケ処を選定して年交互に、女児は奈良より畝傍地方、大阪より堺地方の二ケ処を年交互に参つて」いたと実態を報告する。

ここではとりわけ、京都・奈良といった身近に史跡名勝に富んだ地の実地研修とともに、最終学年での伊勢への修学旅行が一般化している点も重要であろう。一九一三年（大正二）の群馬県立沼田中学校「修学旅行規定」には、「京都、大阪、奈良、伊勢方面旅行ニ於テハ、伊勢神宮、桃山御陵参拝ハ必ズコレヲ行フベシ」(15)とあった。また一九一九年の長野県松本尋常高等小学校の「修学旅行届」には目的として、「伊勢皇太神宮、伏見桃山及東陵、京都御所ヲ参拝セシメ敬神尊皇ノ精神ヲ涵養セントス」、「奈良、京都ヲ観セシメ歴史ヲ探リ古ヲ好ムノ念ヲ養ハントス」、「名古屋、京都、大坂《ママ》ヲ観セシメ大都会地ノ活動状態ヲ知ラシメントス」と、まず皇室の聖地を訪れる意義が建前として強調された(16)。そして二〇世紀に入ると伊勢の修学旅行が広がっていった。

伊勢への修学旅行にかかわって、一九一一年七月三〇日付『読売新聞』で東京市明川小学校長・大澤正巳は

「小学児童の伊勢参宮」として、「男子は悉く兵役前に、女子は悉く結婚前に於いて伊勢太廟を参拝」するべきで、三重県では尋常小学校の卒業年度に全員に、遠距離の府県でも高等小学校や中学校など中等教育の学校は伊勢参拝を義務づけるべきとの意見を述べた。また東京女高師は一九一四年五月に「伊勢参宮を初めとし、奈良に赴き、奈良女子高等師範学校を参観し、畝傍山陵、桃山新御陵を参拝し京都に出で大阪を経て帰京」の予定と報じられた。[17] また一九二〇年三月一八日が、河内長野村千代田小学校（尋常科六年）における伊勢参宮旅行の最初であったが、大正期には行われない年度もあった。[18]

一九一〇年代には伊勢とともに、東京の赤穂義士の史蹟や大阪の南朝史蹟への修学旅行が意義づけられてくる。その背景には、日露戦後一九一〇年代の「名教的」歴史学[19]にもとづく、いわば「名教的史蹟」の顕彰があった。そこでは臣下と君主それぞれの名分が重んじられ、祖先崇拝と家族国家観を旨とする国民道徳論が浮上してきた。一九一〇年五月に大逆事件が起こり、一九一一年一月に幸徳秋水らが死刑となり、同年二月には南北朝正閏論争と続く。教育界の代表的な雑誌『教育時論』を繰ってゆくと、まさに一九一〇年一月から九月（八九一～九一六号）に「楠木史談」が連載され、同年五月から七月（九〇二～九〇九号）には「赤穂義士の新研究」、同年五月（九〇二号）には「赤穂義士と国民教育」と、はじめてこうしたテーマ群が誌上にあらわれている。

私が「名教的史蹟」と名づける「西の横綱」は南朝史蹟で、「東の横綱」は赤穂義士史蹟であり、史蹟が整備されるとともに修学旅行の重要な目的地となっていく。こうしたなかで黒板勝美の史蹟論は大きな影響力を持つが、彼は史実よりも国民教化上意味があった名分論を重んじる議論を説いた。国民道徳を喚起するのが必要とした上で、「然るに今一つ、伝説的の史蹟遺物があります、或は後から附会したものも混つて居ます（中略）特に江戸幕府の末に当りて勤王心の勃興した折、この楠公父子の訣別が多くの人心を激動し、従つて桜井駅なるものが尊重されたことを思へば、よしや南北朝時代の史蹟としては何等歴史的の価値なしとしても、幕末に於て国民を感奮せしめた一の史蹟として、また之を保存する必要がある」と論じた(20)。まさに彼が史蹟名勝天然紀念物の保存行政を牽引する点においても、日中戦争期の神武聖蹟調査にいたる二〇世紀の「名教的史蹟」の原理論をつくった(21)。

奈良女高師では一期生から、一九一一年(明治四四)五月一八日から二〇日まで国語漢文部第二学年が「楠公遺蹟探求」を目的に金剛山・千早城趾・観心寺・赤坂城址・建水分《たけみくまり》神社・富田林附近・四条畷神社・桜井駅址・男山八幡宮などを修学した(22)。生徒は『太平記』『大日本地名辞書』『河内名所図会』『日本外史』など多くの文献を参照しつつ、実地踏査し記録した。たとえば甘南備《かんなび》の大楠公夫人の庵室が、維新後にキリスト教を信じた代官(役人)によって破棄されたとする「賤の女二人」の語りを「人情」として書きとどめた。旅行の意義については、楠氏紀勝会(23)が整備した楠公誕生地の史跡を見て、「今後平和的大戦をなすべき我が国の将来に於いて、知勇兼備精忠無二」の第二の楠公をだすことを誓い、教育に携わる者の努力と修養の気持ちを新たにした。観心寺には、一九一三年度秋期に大阪府内の小学校を中心に四二校が修学旅行に来るが、一〇月一七日には奈良女高師も訪れた(24)。

一九一五年(大正四)一一月には大正大礼が、登極令にもとづき京都御所で行われる。それにともない京都市主催の「大典記念京都博覧会」が催された(25)。大礼の年に、三浦周行の編纂体制のもとに読史会同人が資料をあつめ西田直二郎・魚澄總五郎が編纂した『修学旅行京都史蹟案内』(宝文館、京都帝国大学学友会)が発行されその後も版を重ねた。同書は中学程度の学生を対象として、「記事の材料は確実なるものに拠り、又最近の研究を採用したりと雖、又口碑伝説の類にして興味あるものは保存したり」と凡例に書かれた。

興味深いのは、七条停車場起点のモデルコース(一日)の第一案は、桃山御陵—御所—平安神宮—知恩院—清水—三十三間堂—東本願寺であるが、他の一日コースや一日半、二日、二日半、三日のいずれのコースにおいても、御所・平安神宮・桃山御陵が組み込まれている点である。また京都の歴史的沿革と並んで、岡倉天心以来の「美術の変遷」が特色として語られ、「藤原時代」は、「藤原氏擅《せんけん》権、驕奢を極めしを以て、美術は特殊の進歩をなし、前代の模倣的芸術は全く同化され終りて我国独特の発達を見るに至」り「優美華麗」であるとし、「桃山時代」は「凡てに於て覇気の横溢せる」とした。山川健次郎京都帝国大学総長が序で、「京都は千百年間の皇都」で皇宮の所在地であり、「全国諸学校の修学旅行を此地に試みるもの年中踵を接する」と述べるが、ここには古都京都への修学旅行の広がりと史蹟案内の需要がうかがえる。

ツーリズムの展開でいえば、一九一二年（明治四五）三月に外客誘致と外国人の旅行斡旋のためジャパン・ツーリスト・ビューローが創立され、一九一六年（大正五）の大隈内閣経済調査会では、外客誘致が計画されたが、第一次世界大戦後の大衆社会状況とともに外国人観光客は増え続け、一九三〇年（昭和五）には国際観光局が設置され、地方観光機関が一九三五年には四〇〇を超えた(26)。また一九二〇年七月一六日には日本旅行倶楽部ができ、一九二五年からはジャパン・ツーリスト・ビューローが日本人向けに乗車券と遊覧券の販売を始めた(27)。また一九一九年には史蹟名勝天然紀念物保存法が制定され、同年五月にはギリシャになぞられる古都奈良を学生や知識人が訪れる契機となった和辻哲郎の『古寺巡礼』が発刊された。さらに京都においては一九二八年一一月の昭和大礼が観光ブームを引き起こし、それを契機に一九三〇年に京都市観光課が設置された。また一九三一年には奈良市観光協会が設立された。

宿泊施設については、奈良女高師の京都・東京・大阪などの旅館とのやりとり（各入学年度の『修学旅行書類』に綴り込まれる）を見ている限り、間取りは団体男性中心の大部屋が多いため、他の客を極力排し奈良女高師で借り切ろうとしている。『大正二年、京都市第六回統計書』（一九一四年）によると一九一二年度の旅舎数は七七三か所で宿泊人数は男四七九、七一五人、女一九一、七一五人、一九一三年度は男三八七、〇四六人、女一四八、一〇三人、であり、男は女の二・五～二・六倍の宿泊人数にのぼった。昭和戦前期の大衆社会状況の盛況とともにツーリズムが盛んになるとはいえ、都市のサラリーマンや商工業者などの京都や奈良への家族での日帰り行楽は一般化しても、宿泊をともなう家族旅行は都市の中間層以上に限られたものであったのではないか。都市・農村を問わず家族旅行が一般化するのは戦後の高度経済成長をまたねばならないだろう。

そういう意味では、大正期以降、都市・農村をとわず一般化する尋常小学校の修学旅行は、あらゆる階層の児童が体験するはじめての均質な「旅行」であった。あるいは家族のなかで「児童」だけが宿泊の旅行体験をした家庭もあっただろう。いわば児童から日本のツーリズムの文化が広まったともいえるだろう。そこでは建前の国民道徳として、皇室の聖地（奈良・京都・伊勢など）が重視された。

以上、奈良女高師の一九一〇年代の修学旅行をみるため、その時代背景を素描した。

二　奈良女子高等師範学校の修学旅行

一八七五年（明治八）に東京女子師範学校が開校し、一八九〇年には女子高等師範学校が高等師範学校から独立した。女子の就学率の向上にともない一八九九年に高等女学校令がだされ、各地の高等女学校の設立があいつぎ、女子中等教育を担う教員要請が課題となった。一九〇八年（明治四一）に第二の高等女子師範学校として奈良女高師が開設した(28)。

なお、先行する東京女子高等師範学校では一八九〇年から春秋二回の「修学」目的の校外遠足が始まるが、一九一〇年からは二年前に開校した奈良女高師への訪問を含めて、伊勢参宮、京都御所・離宮をめぐる「京阪旅行」がはじまった。また一八八五年から一八九〇年まで東京師範学校に女子部として合併していたときの校長と、一八九七年から一九一〇年まで女子高等師範学校の校長を務めたのは、学術目的の「修学」旅行を重んじた前述の高嶺秀夫で、水木要太郎が高等師範学校の学生だったときの校長でもあった[29]。

したがって東京と奈良の両女子高等師範学校では同じ時期に、奈良・京都・伊勢などをめぐる修学旅行を始めたことになる。とりわけ奈良女高師では、古都の立地を生かした「実地研修」を教学に組み込んだ修学旅行が多様に展開するが、その牽引者が、東京師範学校で一八八六年の最初の修学旅行に参加し、一九〇九年四月二三日に、奈良県立郡山中学校教諭から奈良女子高等師範学校教授となる水木要太郎であった[30]。水木は歴史・国語を担当、「本科地理歴史部主任」として、一九二七年（昭和二）六月に退官するまで、最新の学問を伝えるとともに古典にも通じ、ユーモアにあふれ女学生に人気の教師生活を送った。水木は明治二〇～三〇年代に『奈良の名所』（一八九五年）、『小学大和誌』（阪田購文堂、一九〇〇年）、『大和巡』（第五回内国勧業博覧会奈良県協賛会、一九〇三年）など、奈良でもっとも早い時期の郷土読本や観光ガイドを編纂し、大正期にはいると奈良県の奈良県史蹟調査会委員や帝室博物館学芸委員になり、黒板勝美・浜田耕作などアカデミズムの学者と、奈良の郷土史家・コレクターとの媒介になるなど戦前期を通じて奈良の代表的知識人であった。

また初代校長は一八八二年に東京師範学校を卒業し高等師範学校教授から文部省視学官をへた野尻精一であった。野尻は修学旅行に積極的で、みずからのドイツ留学経験も踏まえて、一九一〇年一〇月に清国南京博覧会への海外修学旅行も企てた。野尻の「生徒修学旅行ノ件伺」では、地理歴史教授の問題点は、教師が書籍に頼り「実地ニ視察シ人生ヲ実際ニ経験スルコト甚狭隘ナルカ為メ其ノ教授スル所生気」がないことであり、この欠陥はとりわけ外国の地理歴史の教授にみられるとして、「視察スル所、僅ニ外国中ノ一小部分ニ止マルトモ其胸臆ヲ開拡シ其ノ心眼ヲ覚醒シ広ク海外ノ事物ヲ研究スルニ於テ思半ニ過キシムルモノアラン」と述べた。ここには野尻の修学旅行観があらわれる。現状の汽船・鉄道・旅館などの整備を踏まえて、第一期生第二年地理歴史部一三名の一八日間の「上海埠頭及居留地ノ情況ヨリ蘇州及南京ニ於ケル古来ノ史蹟、現時ノ事物」を見聞する修学旅行を立案したが、文部省は不許可とした[31]。

さて奈良女子高等師範学校の修学旅行の沿革については、『大正七年起、参考上調査書類、教務課』（一〇一一七五）の簿冊に当事者によるまとまった回顧がある。

開校ノ翌月、即チ明治四十二年六月四日ヨリ二日間ノ予定ヲ以テ神武天皇御陵橿原神宮其他皇陵神社参拝並史蹟見学ノ為、奈良県磯城高市両郡ニ修学旅行ヲ行フ是レ本校最初ノ修学旅行ナリ、爾来毎年入学者最初ノ修学旅行トシテ神武天皇御陵及橿原神宮参拝ヲ為スヲ常例トス、而シテ第二回ハ同年十月大廟参拝ノ為、三重県宇治山田方面ニ旅行セシカ、是亦爾来第一学年又ハ第二学年ニ於テ之ヲ行フヲ例トセリ、其他常識養成、学術実地指導ノ目的ヲ以テ行フモノハ春秋二季ニ於テ其都度旅行地ヲ選定セリ、大正二年十二月修学旅行引率教官心得内規ヲ制定シ、同時ニ生徒各自ノ修学旅行費支弁ノ用ニ充ツル為、積立金ヲ為サシムルコト、シ、大正三年一月ヨリ生徒一人ニ付、毎月金五拾銭ツ、各学級共同積立ヲ為サシメ、爾来修学旅行ハ生徒積立金及学校補助金トヲ以テ費用ヲ支弁シ得ル範囲ニ於テ行フコト、ス、大正五年六月修学旅行予定表ヲ制定シ旅行地旅費及旅行時期日数等ハ之ノ標準ニ依ルコト、ナレリ、大正五年九月修学旅行引率教官心得内規ヲ改定シ大正七年六月修学旅行予定表ヲ改定ス

ここでは、神武陵・橿原神宮、そして伊勢神宮参拝からまず最初の修学旅行がはじまっていること、「常識養成、学術実地指導ノ目的」がうたわれ、教官引率教官心得や五〇銭の積立金（現在の四～五〇〇〇円相当）、予定表などの制度が整っていったことが記される。一九一六年九月の「生徒修学旅行引率教官心得（案）」（『修学旅行ニ関スル書類　大正二年―昭和十八年』一〇―三、奈良女子大学図書館所蔵）では、引率教官が旅行予定表を作ったり、出発・帰校・旅程の時刻が正確に要求され、生徒に提出させた「修学旅行記録」の検閲も定められた。何よりも以下の「修学旅行予定表」に示されるように、卒業するまでの四年間に一人一〇回以上の多様な修学旅行がもたれ

た（この時代には、日帰り旅行も含む）。たとえば一九一四年（大正三）五月の修学旅行は、文系の場合、地理歴史部第三学年一〇人が京都府・滋賀県へ三日間、水木要太郎引率のもと「地理及史蹟ニ就キ実地指導」を目的に行われたし、理系ではたとえば数物化学部第三学年一三人が京都府へ三日間、小野新太郎他の引率で「学校、製造所、工場等参観実地指導」を目的にするなど[32]、文、理でその目的に差異があった。一九一六年の最初の「修学旅行予定表」（一九一六年六月から一九一八年二月まで施行）を、以下に各科ごとにかかげる。

文科「修学旅行予定表」（「旅行地」「学期」「日数」）

第一学年…大阪（一学期、一日）、畝傍地方（二学期、一日）
第二学年…京都（一学期、一日）、伊勢地方（二学期、二日）
第三学年…京都（一学期、一日、葵祭参観）、高野・和歌山（一学期、三日）、京都・滋賀（二学期、三日）
第四学年…四国（一学期、四日）、東京方面（二学期、一五日）、近府県（三学期、三日、学校の設備授業などの参観）

理科「修学旅行予定表」（第一学年第二学年は文科と同じ）

第三学年…大阪（一学期、三日、物理化学家事園芸に関する見学）、京都（二学期、三日、同上）
第四学年…三重県鳥羽町（一学期、五日、動物学臨海実験）、中津川・赤坂・伊吹山（一学期、六日、植物・鉱物地質等見学並採集）、東京方面（二学期、一五日）、近府県（三学期、設備授業の学校参観）

（それ以外に理科では第四学年第一学期に日曜日一日の笠置（鉱物地質）旅行、および京都または大阪に一日の家事修学の旅行がもたれた）

家事科「修学旅行予定表」（第一学年第二学年は文科と同じ）

第三学年…京都・大津（一学期、三日）、大阪（二学期、三日）

第四学年…京都・神戸（一学期、三日）、東京方面（二学期、一五日）、近府県（三学期、三日、設備授業の学校参観）

「修学旅行予定表」では、各科共通する、第一、二学年に畝傍・京都・伊勢という古都・神都が各科合同の目的地となっている。

そして何よりも、教学上の位置づけとして、授業における文献学習とフィールドとしての「実地研修」の融合がなされ、明治中期の身体鍛練の高等師範学校の経験に代わって、二〇世紀の鉄道団体割引と広がる交通網を利用して、しだいに「修学」「実地」研修に力点が置かれるようになった。また奈良女高師の卒業生は、教職に就くことが義務づけられ各府県高等女学校・女子師範学校の教員となり、さらにその教え子が小学校の教員になっていった。修学旅行の教学やマニュアルの浸透・下降性の問題があるだろう。多様な修学旅行体験と、就職先となる各府県の高等女学校・女子師範学校への最終学年における参観(33)をみても、女子高等師範学校が修学旅行のコンセプトをつくりだしたといえよう。奈良女高師が修学旅行教学のピラミッドの頂点をなす、社会史的・教育史的意味はさらに深める必要があるだろう。

琵琶湖疎水や川島織物といった近代／文明を代表するものと、京都御所・桃山御陵や嵯峨野といった皇室／歴史／伝統を体現する場の両者は、たとえば一九二七年に京都市教育会が教育現場から公募した郷土読本の、上島《かみしま》信三郎《のぶさぶろう》（京都市龍池小学校校長）による『京都読本』（杉本書店）において、「疏水」「西陣織と友禅染」に対して「嵯峨をたづねて」「京都御所と二条城離宮」「桃山御陵に参拝して」として章立てられたように、小学生にも浸透した。

資料的な面では二〇〇点を超える奈良女子高等師範学校の修学旅行の記録が、一九三九年、一九四〇年の「大陸修学旅行」(34)を除き、明治末から大正期、すなわち一九一〇年代前後に集中していることは重要である。その後の記録が残っていないことは、生徒の綴り方教育の意味がなくなったのか、修学旅行の内容がルーティーン化したのか、毎年残る入学年次ごとの『修学旅行書類』の事務書類だけで事足りたのか、その原因は考えるべきであろう。ともかく大衆社会到来前で、「修学旅行」の原型（行軍から修学へ）ができた時期に史料が集中していることを踏まえて、その時期の豊かな史料群を読み解きたい。

三　修学旅行で何を学んだか

（1）古都奈良

奈良女高師は毎週水曜日の午後は授業がなく、地元である奈良において、奈良公園や近郊の社寺めぐりがおこなわれた。佐藤小吉は第八期から第一〇期まで、文科第四学年の生徒を連れて畝傍のほか、大神神社・石上神社などへ「考古学ニ関スル見学」に連れて行っているが、一九二一年（大正一〇）三月一九日には山辺郡二階堂村での石器採集のあと、在野の考古学者・清水寅蔵を訪ね、その土器・石器のコレクションをみせてもらっている。(35)

四年間の教学のなかで修学旅行として制度化されていたのは、一年生入学後の神武陵・橿原神宮と飛鳥をめぐる修学旅行であった。一九〇九年（明治四二）六月四日〜五日の第一期生最初の修学旅行は、三輪駅から桜井高等女学校を参観して多武峰で泊まり、談山神社から飛鳥をめぐり橿原神宮参拝して畝傍駅にいたるものであった。(36)

一九一八年五月第一〇期生の「畝傍地方修学旅行」は日帰りで、畝傍駅から今井町をへて神武陵・橿原神宮を見学し、飛鳥から安倍文殊をへて桜井駅から帰校した。(37) それに対して第九期生までは宿泊旅行であった。「大正六年［一九一七］十月　畝傍多武峰旅行記録、第九期生」の記録は、第一期生同様に畝傍・飛鳥をへて桜井から長谷寺をまわり長谷寺門前に泊まり、翌日は、桜井から談山神社を往復し、大神神社、三輪をへて、奈良に帰っている。一八九九年に奈良から高田まで開通する奈良鉄道・大阪鉄道（のちの国鉄桜井線）で、畝傍駅、桜井駅を修学旅行の起点とした。教官は、桑野久任（教育、生理及び衛生）、岩城準太郎（国語）、水木要太郎（国語）、多賀谷健吉（図画）が、文科・理科・家事科甲乙で総数六二名の生徒を引率した。[38]記録係で文科正副当番の渡部トク・加治のぶの手になる準備過程の記録がある。

十六日午後一時、桑野教授より各係〔記録・会計・庶務――筆者註〕につき訓示あり、同日放課後第六号教室に於て桑野教授より今回旅行の目的及旅行に関する一般の訓告ありたり。次いで水木教授より旅行の道順に従ひ、其の歴史上其他につき概略の講話あり。

十八日放課後会計係旅費をととのへて、奈良畝傍間汽車団体乗車券を求めに行く。明日の天候を測候所に問ひ合すれば、北の風曇一時晴との報告あり。

ここで水木要太郎は「実地指導主任」として、現地で教育に当たったが、彼の事前に生徒に配ったガリ版刷りの教材が残されており、十期にわたる蓄積がマニュアルとして結実している。そのガリ版の「畝傍地方修学旅行略記」に即して、みてゆきたい。

一九日は、「午前六時四十二分奈良駅発、午前七時四十二分畝傍駅着」。畝傍駅から整列して、岩城、水木、多賀谷教官を先頭に、記録係がその後に、文、理、家事の生徒、そして後尾を桑野教官と庶務係といった隊列で出発した。畝傍中学・高市郡役所、一九〇〇年の皇太子成婚記念恩賜金で建てられた高市郡教育博物館[39]など郡の近代施設を左右に見ながら、かつては神武陵に比定された綏靖《すいぜい》天皇陵をすぎ、神武陵・橿原神宮という「神武創業」の地を訪れる。旅行の目的は、「皇陵並神社仏閣等参拝巡覧及史蹟地理実地指導」とされ、まさにこの場が最大の目的地であった。[40]生徒の記録係は、文久期までは現在の綏靖陵が神武陵であったことや、神武天皇陵の「壮大森厳」な兆域、近年の神苑整備による「清霊」さに言及し、橿原神宮は「皇祖神武天皇の底磐根に宮柱太しく立て、天地と共に動きなき高御座に即かせ給ひし霊地」であり、創建時に京都御所の内侍所・神嘉殿《しんか》の建物を移築したとの説明も書き留めた。そして久米寺から飛鳥に入る（以下原文）。

久米寺（聖徳太子弟来目皇子建、益田池碑・空海撰文模造）、左孝元天皇剣池嶋上陵、同太軽（軽寺阯、応神天皇宮阯）、見瀬（古ノ牟佐）、町ヲハナレ、左方五条野丸山（大石室アリ、モト天武陵ト称ス）、右牟佐坐神社《ムサニマス》（孝元天皇宮趾ト称ス）、吉備女王墓（皇極孝徳両帝母、奇石アリ）、西貝吹山（越智氏城阯）、越（古墳、南方）、高取山（越智氏城阯、南朝藩屛、麓ニ壺阪寺）、欽明天皇檜隈阪合陵、陪冢（一ハ鬼ノ雪隠ト称ス右方、一ハ鬼ノ爼ト称ス、左上方）、南方遙ニ文武帝陵、右近ク天武持統両帝檜隈大内陵、左亀石、川原寺《カバラ》（弘福寺《グ》トモイフ、俗ニ瑪瑠石ト称スル礎石存ス、飛鳥京三大寺ノ一）、橘寺（聖徳太子講経ノ処、二面石、橘形灯籠、畝割塚）、飛鳥川ヲ流ル、左方新酒槽石《サカフネ》（大正五年発見）、岡（高市村薬屋中食）、午後岡寺（龍蓋寺、西国三十一番札所ノ第七、本尊如意輪観音座像、真言宗天智天皇創設、義淵僧正開基）、酒槽石、鎌足公母大伴夫人墓、鎌足宅阯（誕生井）、飛鳥坐神社（加(賀)夜奈流美神ヲ祭ル最古社ノ一）、飛鳥大仏（元・法興寺ノ趾、鳥仏師ノ作、飛鳥三大寺ノ一、入鹿首塚）、飛鳥川ヲ渡リ、向原寺礎石（日本最初ノ仏寺）、甘樫丘（蘇我氏邸趾）、甘樫坐神社（允恭天皇ノ時、姓氏ノ混乱ヲ正サンタメ、盟神探湯（クガダチ）ヲ行ヒシ処）、向原寺、飛鳥川ヲ渡リ、雷丘（小子部蜾蠃軽ヲ捕ヘン処、チヒサコベノスガル）、左天香山・大官大寺阯（後大安寺トナル、飛鳥三大寺ノ一）、山田寺（大化ノ功臣蘇我倉山田石川麻呂創立礎石存）、安部文殊（崇敬寺、孝徳朝創立、日本三文殊ノ一（羽前永井、丹後切戸））、境内古墳二（寺ニ近キモノハ大ニシテ精巧）、長門古墳（石棺存ス）、稚桜神社（履中天皇宮址ト称ス）

　このように飛鳥をめぐって桜井町から軌道車で初瀬着、長谷寺を参拝して、井谷屋一泊。翌二〇日、初瀬発、桜井から鳥見山をのぞみつつ聖林寺、崇峻天皇陵をへて談山神社に着く。午飯を紅葉屋でとり、午後下山し、桜井、三輪、志貴坐《しきのいます》神社（崇神天皇皇居趾）から、東方の金屋・海石榴市《つばいち》をみて、大神《おおみわ》神社、若宮、大直禰子《おおただねこ》社、三輪駅発で帰校した。

二日間で、鬼の雪隠など古代遺跡や岡寺・飛鳥坐《あすかにいます》神社・阿部文殊・長谷寺・談山神社・大神神社といった飛鳥時代の古社寺から西国観音霊場までをめぐった。久米寺では久米仙人が墜落した伝説、見瀬丸山古墳では「玄室の大なる羨道の長き大和廃陵中第一」で一八八一年まで天武陵であったのが治定替えされた事実、雷丘の『日本霊異記』の小子部栖軽《ちいさこべのすがる》の伝説も教えられた。そして神武陵・橿原神宮のほか、桜井近郊の履中天皇磐余稚桜《いわれのわかざくら》宮《のみや》址伝説地を確認し、最終的に昭和期に神武聖蹟に指定される鳥見山中靈時《まつりのには》の址を談山神社への途次に説明することをみても、皇室との関わりで畝傍地方を修学することが重要であったことが理解できる。崇神天皇磯城《しきの》瑞籬宮《みずがきのみや》址あたりでは、「西には遠く葛城山脈連りて、金剛山の聳ゆるあり。近く大和三山を望めば畝傍は雄に耳成は優なり」と生徒は述懐する。また井谷屋の夜の茶話会では、「種々の遊戯の間々に四人の先生より替るぐ面白くして且つ有益なる御話」をうけた。

教官を含む総勢六七名の修学旅行の総支出は九四円一一銭であったが、そのうち汽車賃が三二円八〇銭、宿泊料が四三円五五銭（一人六五銭）であった。

（2）古都京都

文科の京都への修学旅行では、『明治四十四年、京都近江旅行録、第二期地理歴史部第二学年』をすでに分析し、京都鉄道（二条—嵯峨間、一八九七年開通）や最新の嵐山電気鉄道（一九一〇年に四条堀川西を起点に開通）、あるいは太湖汽船（琵琶湖）などの交通手段を使い、平安神宮・京都御所などの皇室関連の名所や両本願寺・豊国神社・延暦寺・石山寺などの古社寺をめぐり、『平家物語』や『源氏物語』の古典教材を、祇王寺・野宮神社や宇治などにおいて実地研修する修学旅行のありようがあったことを明らかにした(41)。

一九一一年（明治四四）一〇月一〇日に地理歴史部の学生は、「人文上より観たる京都」として、以下の総括をしている。

凡そ物質的文明の進歩は人力を以て自然を征御するものなるに、平安京は人世を自然に融化せしめたり。（中略）されど今尚三府の一として、相当の繁栄を保ち得るは、千余年の間に作られたる、名所旧跡あるによる也。而も其名所旧跡は、杖ひく人々に、其上の歴史を語る。京都人口の大半は実にこの歴史によりて生活す。余ハ「山水明媚の地」によりて、作られたる美術を以て生活す。京都人は衣服庭園にいたるまで範を自然に取る。故に優美高尚なる点にいたりては、他に類を見ざるなり。其主なるものは、曰西陣織、曰粟田焼、曰清水焼、曰絹織物、これなり。近時文明の利機は、用捨なく、この幽雅の地を侵して、七条停車場には、烟々、朦々汽笛の声のたゆる間もなく、町には蜘蛛の巣の如く電線をはられ、往きかふ電車また満載の札をかかぐ。ことに珍の珍、奇の奇なるものは、疎水なり。かくして、花散り星うつりて、数百年後の京都や、はた、如何ならむ。

冒頭の自然を征服する「物質的文明」のくだりは実は欧米の文明への批判であり、自然と「融化」するありようは、この後も繰り返される日本文化論のステロタイプである。京都の名所旧跡は千余年の歴史を有し、「山水明媚」の自然につくられた美術として「優美高尚なる」西陣織・粟田焼・清水焼・絹織物があると高い評価をした。その一方で、欧米由来の近代／文明に関わるものは否定的に捉えた。しかし同じ奈良女高師でも家事部（のちの家政科）や数物化学部（のちの理科）では、商工業や産業の実態を見ること、京都帝国大学や高等工芸学校の先端の科学技術を習得することは不可欠であり感想も違った。

したがって同じ一九一一年度の京都への修学旅行でも「京都近江方面修学旅行記事、博物家事部第三学年生（第三期生）」では、目的地が違う。桑野久任（動物、生理及衛生）教授、村島理平（英語）教授に引率された博物家事部生徒一八人は、一〇月一〇日から一二日まで、二泊三日の京都・近江（琵琶湖西南岸）の修学旅行をおこなった。

一九一一年一〇月一〇日　奈良駅―七条停車場―三十三間堂―阿弥陀が峰の五輪塔を拝す―帝室博物館―方広寺―西大谷―陶器試験場―清水寺―円山公園・夜桜・真葛原―霊山―知恩院―八坂神社―四条―電車―川島甚兵衛氏工場（機織の実況・画室・参考室）―金閣寺―北野天満宮―三条小橋・亀屋旅館―新京極―丸善書店

一〇月一一日　亀屋旅館―大原女・白川村―弁財天―根本中堂―大講堂―四明ケ岳―坂本口―日吉神社―坂本―汽船―石山―石山寺（源氏の間）―柳屋旅館

一〇月一二日　石山―三井寺（特別建造物・金堂、弁慶鐘）―長等神社―疎水を下る船―第一・第二・第三隧道―南禅寺―宇治―奈良駅

朝七時二七分に七条停車場に着いた一行は、三十三間堂から、木像の半身の大仏を残す方広寺をへて、朝九時三五分、清水焼の陶器試験場（下京区五条坂）にいたった。「数多の機械陶磁器製造の順序及び参考室等を参観す、参考室にては我が国特産の陶磁器及び欧米諸国の製品を陳列せられたる」を見学して、清水寺・円山の桜をながめ電車で西陣に向かった。午後二時二〇分に川島甚兵衛の工場を参観し、三〇名ばかりの織工が綾絹を織る機織りの実況をみて、オランダの平和宮に収められる藤花に鳩が遊ぶ壁掛けの下絵をみた。その後、すでに一八八九年に洋風参考館を開設していた工場参考室では「我が国新古の織物及び仏国の織物等を見」ると学生は感想を書き留めた[42]。また最終日に、石山の柳屋旅館を出た一行は、湖上を三井寺下に船で移動し、「特別保護建造物」の金堂を見て、琵琶湖側から疎水を、船子二人が櫓を操る満杯の船で第一隧道から第二・第三隧道と蹴上まで下った。

一九一一年一〇月、博物家事部第三学年に謄写板刷で学生に渡された「案内記」では、まず皇室とのかかわりから説きはじめ、修学すべき京都のエッセンスが示された。

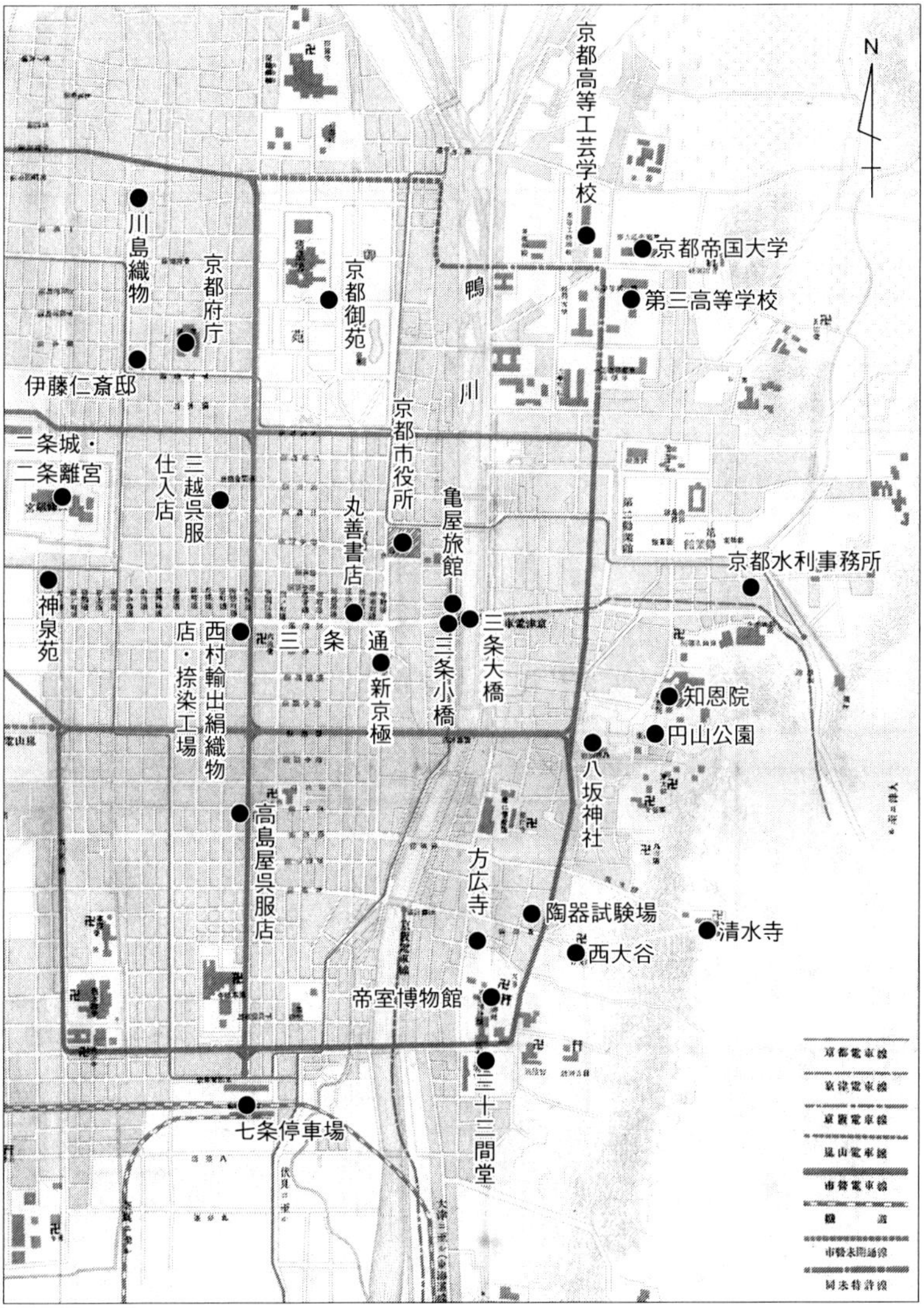

図　大正期、奈良女高師の京都修学旅行の訪問先

実線は京都市営電車線であり、東山丸太町から京都御苑北側への破線は計画線である（岡恵子氏作図）。

典拠：『京都市統計書　第6回』（京都市役所、1913年）。

桓武天皇の延暦十三年十月より明治元年十月まで千余年の帝都たりし所にして、今後も即位式及大嘗会の大典は是処にて挙行せらる、定めなり（皇室典範所定）これ京都が少しく他の都市と異る所なり（平安京の沿革、京域の説明省略）

京都市は山城盆地の北端に在り、東西約二里南北約一里半、上京（北）下京（南）の二区に別ち、人口三十五万三千余あり、市の元標は三条大橋畔に在り、御苑は市の中央北部に位し内に離宮あり、紫宸殿清涼殿等皆其内に在り、二条城も亦離宮となる官公衙学校等の主なるものは京都府庁、同市役所、京都帝国大学、第三高等学校、京都高等工芸学校、府立医学専門学校、市立商業学校、同美術工芸学校、私立同志社、同仏教大学等あり、市内寺院頗多くその内浄土宗禅宗等に属するもの最も多し、物産の主なるものは陶磁器と織物なり、陶磁器の世に顕はれたるは元和年中野々村仁清に始まる、仁清は京都の近郊粟田口・御室・清閑寺・岩倉等に八ケ所に陶窯を開きたりしが後、清閑寺より清水焼（陶器）出で岩倉より粟田焼（磁器）起れり、明治二十九年四月陶磁器試験場起り、益其改良を講するに至れり、織物の尤なるものは綴錦にして川島甚兵衛は其巨匠なり、氏は明治十九年仏国に至り、ごぶらん織を研究し帰りて在来の方法に改良を加へ以て、今日の盛を致せり、西村総左衛門の刺繍、亦世に名高し其他絹纐纈（京かのこ）・京羽二重・絹友禅・扇・団扇・針・人形・紅白粉等の名産あり、此内陶磁器・綴錦・刺繍・団扇・人形は輸出品となる

大正期の修学旅行の史料を通観すると、京都の産業について奈良女高師がみたものは、とりわけ西陣織と清水焼の生産現場であった。西陣織では川島織物工場（東堀川一条北入）、西村輸出絹織物商店・西村捺染工場（西村物左衛門、三条室町東入）、三越呉服店京都支店染色所（室町二条・冷泉町）、日比野捺染工場など、そして清水焼では一九〇三年に附属参考品陳列館が竣工した市立陶器試験場であった。(43) 清水焼は伝統の工芸品としてのブランドであるが、そのブランドそのものが、京焼きの祖としての仁清を国宝に指定し、内外の博覧会で一流と位置づけ

られたことで創り出されたもので、近代の産業振興のたまものであった。(44) さらに琵琶湖疎水では京都水利事務所を訪れ、京都帝国大学、高等工芸学校の高等教育機関、三越呉服店京都支店（室町二条）、高島屋呉服店（烏丸松原）などの百貨店もまわった。

文系の国漢・地歴部は、史跡名勝・大学において歴史や古典文学との関わりで考察することに修学の重きを置き、理系の博物家事・数物化学部などは、京都の古都としての歴史を学んだ上でそれぞれの専攻の産業や科学技術の先端を学ぼうとした。しかし京都で建前として各部をたばねる「修学」は皇室の聖地を訪ねることであり、最終学年では京都御所・二条離宮を拝観した。一九一三年の第一期生から戦後一九四九年までの、事務的な拝観許可や教員の引率報告が各期ごとにまとめられた「宮城御所離宮等拝観ニ関スル書類」（一〇―一）が簿冊として残っている。たとえば一九一三年（大正二）三月九日に、第一期生国漢部・博家部・地歴部・数物化学部は合同で、堺町御門から、九条邸址・宗像神社・白雲神社、明治天皇生誕の祐の井、桂宮家をめぐり、かつての公家屋敷におもいめぐらし、御台所門より入り紫宸殿の南庭、賢聖の障子などの説明をうけて清涼殿・小御所をまわり、再び御台所門から出て、御車返の桜を見て、電車で二条離宮・神泉苑、そして千本丸太町の大極殿跡から伊藤仁斎邸を経て帰校した。(45) 七期生は各部合同で京都御所・二条離宮の他、仙洞御所も桃山御陵も拝観し、「物語、歴史等の理解の上にて一層の興味を増す」との感想を残した。(46)

（3） 神都伊勢

伊勢の修学旅行は開校時より、第一学年各科合同で行われた。

一九一〇年（明治四三）度の各科の記録が一つに綴られた「第二回伊勢修学旅行記録（第二期生）」（一〇七）で経過を追う。石野又吉（物理）・桑野久任・塩井正男（国語）ら六教授ほか一四名の引率職員が一〇月一一日に決まる。一二日には、第一学年生徒全員を講堂に集め、学校長より今回の旅行の目的や心得などを訓示したあと、水木要太郎教授が「伊勢修学旅行指針」(47)と題する二八頁の小冊子を配布して一時間にわたる講話をおこなった。また各部より記録係・会計係・衛生係・伝令係を決めた。一三日には旅行隊員一同に「内宮本殿ノ位置及ビ宮域図」、「外宮本殿ノ位置及ビ宮域図」、「宇治山田市附近略図」の三葉が渡され、職員と生徒の役員には、「旅程表」が渡された。その「旅程表」の内容は、次のとおりである。将来の引率教員としてのパンクチュアルな規範が求められた。

旅程第一日。前七、〇〇、奈良駅参集。七、三六、奈良発、亀山乗換ナシ。〇、一七、山田着、昼食車中。外宮参拝、コトニ関リ倭姫命陵へ、歩行倉田山徴古館ニ向フ、古市町経過、徴古館、農業館、撤下御物陳列館ヲ見ル（二時間半以内）、新道ヲ経テ山田ニ帰ル（或ハ徴古館下ヨリ電車ニテ二見へ）。後四、三〇頃、山田発電車（合同電気会社——筆者註）ニテ二見浦ニ向フ。五、三〇頃、二見浦着、（二見館）泊。

第二日。前五、〇〇、起床、朝食前散歩、朝暾《ちょうとん》ヲ見ル、朝食後散歩。八、三〇、二見浦発足、二見停車場ヨリ電車。九、〇〇、宇治山田着。内宮参拝。一一、〇〇、宇治山田発電車。十二、〇〇、山田着、駅前茶亭ニテ昼食。後一、三五、山田発。二、一九、松阪着。鉄道舎ヲ訪フ。五、二九、松阪発、亀山乗換ナシ。九、三二、奈良着、晩食車中ニテ。

この旅程の鉄道は、一八九八年（明治三一）に奈良・名古屋間の関西本線が全通し、一八九三年に開通した参宮鉄道は一九〇九年に亀山・山田間を参宮線に改称した。

一九一〇年、国漢・地歴・数物化学部の七七名の生徒が、一〇月一五日に、奈良駅から水木要太郎他の先生に見送られて、七時三六分に木津に向けて出発した。国漢の生徒は、東大寺を焼いた平重衡の首洗井の逸話、笠置山山腹の「行宮遺址」（一八八九年小松宮彰仁親王の揮毫）におもいやり、月ヶ瀬の春をしのび、兼好法師・芭蕉・

西行法師の足跡を書き留める。数物化学部の生徒は、木津の鉄橋や関西電気株式会社の発電所、有市炭酸泉に注意した。博家部の生徒は、「笠置駅を過ぐれバ、笠置山見ゆ、立ち木の間より行宮遺趾の文字明に読まれ、昔忍ばるゝまゝに何れも襟を正す。其のあたり一体は花崗岩よりなり、山頂ハ鈍円形をなし崩れしところハ赤き土壌あらはれ、松樹多きこと等、頗る山陽鉄道沿線の景に似たり」と山陽地方の修学旅行との比較を試み、大河原付近では第三紀層に柘植《つげ》駅附近では古生層の岩の露出を観察した。

一二時二〇分に宇治山田駅で下車して外宮に向かい、一行は列を正して表参道から一の鳥居橋を渡って神苑から十二所御門の外宮の参拝所にいたる。地歴の生徒は千木の形状や鰹木《かつおぎ》の外宮・内宮の違いを記した。外宮から、伊勢音頭の古市の遊廓、倭姫命の陵墓伝説地をへて、徴古館にいたった。徴古館は一九〇九年九月に開館したばかりで、一八八七年（明治二〇）に伊勢出身の福地復一（帝国博物館から東京美術学校へ勤務）に取調を依嘱した歴史博物館を引き継いだ(48)。そこでは、「時世の進歩を徴すべき上下の儀式、日常の調度より武器、文具、美術、工芸品等を陳列」（国漢）し、とりわけ、上古・奈良朝時代・藤原時代・足利時代・徳川時代と歴代の風俗人形が、「世の変遷、風俗の推移等、一目して瞭然たるもの」（地歴）であった。博家部の記録係は、「コロボックルの生活状態を示せる想像画」に興味引かれた。

徴古館の向かいの、農業館は一八九一年に神苑会により外宮前に建設されるが、一九〇五年に倉田山に移転増築された。展示内容について「我国各地の農具、漁具、養蚕等から五穀百果、種物、苗物」など「広く農工業上の参考」になる陳列であった（地歴）が、博家部の生徒にかかると、陳列やその説明に「毫も心を用」いることもなく、一時間あまりの観覧も益するところはほとんどない、との感想であった。

その後一行は、宇治山田から合同電気会社のボーギー式電車（曲線通過が可能――筆者註）二台で二見浦に向かい、二見館に泊まった。二見館は、一八八七年に神苑会が貴賓客宿泊所として「賓日館」を建立したのに起源し、英照皇太后（一八八七年）や嘉仁皇太子（一八九一年）も宿泊した旅館であった(49)。奈良女高師はこのとき「賓日館」を旅宿として使用し、生徒は感激した。

夜の茶話会は生徒のなによりの楽しみであった。国漢部では、「そは、名物赤福餅御馳走の国漢地歴部合併の茶話会なりき。塩井先生、長先生、吉田先生などの面白き御話あり。生徒のお伽噺あり。かつは長、梅村両先生の謡曲、塩井先生の新体詩朗吟、吉田先生の詩吟などには梁の塵もさためてとびしなるべし。生徒の独唱、琵琶歌にはゆく雲もとゞまりしなるべし。なほその他楽しみの数々をつくして、興はいやます〳〵に深くなりたれど、歓楽極まりやすくして、哀情永久に忘られがたしとかいへば、あまりに耽るはとて、一斉に「互にはげまし」の唱歌して、このたのしく、面白かりし団をときぬ」と、唱歌「朋友」（一九〇二年）の合唱で幕を閉じた。

翌一六日に二見浦で日の出を見て朝食後、合同電気会社の二見停車場に向かう。停車場で、数物化学部の生徒は、「発車まつ間に先生より電車の構造を実物につきて説明せらる車体はボギー式とやら之についてのコントローラー、モートル〔モーター〕、ブレーキなど指示せられたるが多くは観念なきものとて、只々珍らしがれるのみ」と記録した。宇治山田で降りて内宮に向かうが、地歴部の生徒は宇治橋を渡った一万坪の神苑が一八八九年に造営されたこと、日清・日露戦争紀念の大砲（大山巌献納物や日本海海戦のもの）が宮を守護するごとき様であることを記す。そして明治天皇が内宮を常に心にかけて、「例へば御遷宮の事の如き経費木材工事等の事、委しく詳細をみそなはせらるゝによつて、神宮の故実、典故、旧慣等ふかく御記憶に止め給ふ」とし、それは「実に国民の活模範、将来教育者たる者の、大いに要とする所」とし、内宮参拝は「此の旅行の主眼」と位置づけた。

内宮の宇治から山田に向かい、駅前の大和館で昼食をとり、南朝の功臣・結城宗広の墓に詣でた。宇治山田から松阪への車中で、博物部（物理化学）の石澤吉磨助教授は、車中手製の新聞をくばり、天皇臨御のもと一等戦闘艦河内が昨日進水したこと、そして日本海海戦を勝利に導いたそのカーチス式タービンや宮原式汽鑵について簡単な説明をおこなった。松阪では鈴廼舎《すずのや》から本居宣長を祀る麓の山室山神社へ、そして城塁の松阪公園に前年本居翁遺趾保存会が移したばかりの本居宣長旧居の四畳半で「県居大人（賀茂真淵）之霊位」掛け軸、『古事記伝』の原稿等を見学した。

松阪からの帰路の車中で東漢古瓦に擬した「老の伴」を食べるが、これは今日でも柳屋奉善が販売する松阪名物和菓子である。奈良女高師の修学旅行ではとくに家政科などは食事ごとに図入りで記録するが、食事はご当地の特産で充分豪華な内容であり、赤福や老の伴をはじめ名物の菓子も食した。また一九一三年一〇月一八日明治記念博覧会（天王寺公園）では博物家事部三学年は一円でフランス料理を食べ、テーブルマナーを学んだ(50)。

数物化学部の生徒は、今回の伊勢修学旅行について、第一に伊勢内宮に「崇敬の至誠」を捧げること、第二に「教育の道」に尽くす者にとっての「遺徳の発揚、皇基の隆盛」につとめること、第三に「伊勢の風土文物を視察し尚文明の諸機関の汎く」おこなわれることの観察、第四に本居宣長の事跡訪問、第五に二見浦の海の景況に接すること、第六に全学部生が共通の行動をしたことを成果としてあげた。

むすび

本稿では、近代の修学旅行の歴史をふりかえるなかで、身体鍛練を目的とした一八八〇〜九〇年代の草創期のそれが、一八九九年の学生の団体旅行を対象とした運賃割引を契機として広まり、「直観教授」の方法論も相まって史跡名勝など歴史や地理的な実地研修に重きを置いて行われるようになったことを論じた。さらに実地研修への重点の移行とともに、同時に奈良・京都・伊勢などの古都・神都など皇室とゆかりのある聖地への修学という目的が、日露戦後の国民道徳論の隆盛とともに、建前として広がってきたことをみた。そして一九〇九年に開校する奈良女子高等師範学校は、女学校・女子師範学校などの教員を養成する役割を持ち、すでに都市部の尋常小学校までふくめて一般化しつつあった修学旅行の多様なコンセプトをつくっていった。それは、近代の鉄道や船舶などを時間厳守で利用することや、授業と修学旅行の教学を連動させること、史跡・名勝ではきっちりとした文献にもとづいて学習すること、とりわけ古典文学の素養を深めること、そして文系・理系の多様な専攻に合致した目的地（大学各学部・西陣織・清水焼・軍隊など）、皇室の聖地（京都御所・伊勢神宮・桃山御陵・平安神宮・橿原神宮など）や「名教的史蹟」（南朝史蹟・赤穂浪士旧蹟）を重視すること、などである。

奈良女高師の文系では、史跡名勝を訪ね古典文学との関わりや歴史的な事跡を訪ねるという教学の課題により、奈良・京都・伊勢・南朝史蹟などの目的地はふさわしかった。それに対して理系では教学との関わりで、産業や科学技術の先端を習得することがまず重要であったが、建前としては国民道徳に資する皇室関連の聖地をめぐることが目的化された。それは文理共通で一学年から橿原神宮や神武陵を参拝することや、第二学年文理共通の伊勢神宮参拝にあらわれている。そして京都や大阪や東京において、理系もその都市の歴史性を体現する史跡名所を訪ねたし、第四学年では全員が東京の皇居や京都御所を拝観した。こうした皇室の聖地を修学旅行でめぐることは、女高師のような高等教育機関よりも、さらに人口的に広い裾野となる尋常小学校では、最終学年の一度きりの修学旅行において、第一義的に重視された。関西では伊勢参拝が一般化するし、冒頭でみたように戦時下になるほど皇室の聖地をめぐる「敬神」の意義は強調されてゆく(51)。

一九三六年（昭和一一）六月一日付『読売新聞』の神近市子「小学生の修学旅行」の記事には、「伊勢詣りといへば、こゝ三、四年来の東京の小学校の旅行目標の一つ」であり、「子供の心に国家的統一の基礎として、敬神愛国の念を植」えつけるためには国庫による乗車賃の全額負担を説く。翌一九三七年六月には鉄道省告示六八号で、伊勢参宮の小学校運賃割引が導入された。そして一九三五年発行の国定教科書『小学国語読本』巻五・六では、「神武天皇」「千早城」等の節にならんで、父から子供への参宮を伝える手紙形式の「参宮だより」が掲載された。京都市教育会ではその教科書の指導書のなかで、「参宮だより」を教えるときには、『伊勢参宮旅行の栞』（東京高師附属小学校）、『神まうで』（鉄道省）を参考書として推奨した。(52)

（1）高木博志「帝の「伝統」を視覚化する〈京都〉〈奈良〉聖地化計画」（『別冊宝島・帝都東京』宝島社、一九九五年）。
（2）高畑イク「〈戦時体制〉下の修学旅行——昭和一四年滝川高女——」（『女性史研究ほっかいどう』二、二〇〇五年）。
（3）西田秀子「戦時下・女学生の修学旅行」（『女性史研究ほっかいどう』二、二〇〇五年）。
（4）大礼記録委員会編『大礼記録』（清水書店、一九一九年）。
（5）『神苑会史料』（神苑会精算人事務所、一九一一年）、『奈良公園史』（第一法規出版、一九八二年）、高木博志『近代天皇制と古都』（岩波書店、二〇〇六年）など。
（6）自明治四十四年四月八日至明治四十四年七月廿日『学級日誌』地理歴史部第一学年、一三―三〇、奈良女子大学所蔵。
（7）各地の教育会雑誌等を博捜し、天皇制の学校行事における浸透を跡づけた基礎研究として、山本信良・今野敏彦による『近代教育の天皇制イデオロギー』（新泉社、一九七三年）、『大正・昭和教育の天皇制イデオロギー』（新泉社、一九七六年）をあげたい。その後は、今野敏彦『「昭和」の学校行事』（日本図書センター、一九八九年）、佐藤秀夫編『日本の教育課題』五（東京法令出版、二〇〇二年）等がある。
（8）「東京師範学校生徒長途遠足報告」、水木家文書二〇―二、国立歴史民俗博物館所蔵。
（9）新谷恭明「日本最初の修学旅行の記録について」（『九州大学大学院教育学研究紀要』四、二〇〇二年）、井上美香子・新谷恭明「師範学校における修学旅行の成立・普及過程について」（『教育基礎学研究』五、二〇〇七年）。
（10）白幡洋三郎『旅行ノススメ』（中公新書、一九九六年）、新谷恭明「遠足・修学旅行の歴史」（『日本の教育課題』五、東京法令出版、二〇〇二年）。
（11）「修学旅行一〇〇年史」（日本修学旅行協会編『修学旅行のすべて』一九八七年）。
（12）鈴木良編『奈良県の百年』（山川出版社、一九八五年）。
（13）前掲註(7)佐藤編書に同じ。
（14）『教育時論』八三八、一九〇八年。

(15)前掲註(11)に同じ。
(16)前掲註(7)佐藤編書に同じ。
(17)『読売新聞』一九一四年五月三〇日。
(18)『河内長野市史』第三巻、本文編、近現代(二〇〇四年)、籠谷次郎執筆。
(19)宮地正人『天皇制の政治史的研究』(校倉書房、一九八一年)に示唆を受けた。
(20)黒板勝美「史蹟遺物保存に関する研究の概説」(『史蹟名勝天然紀念物』一—三~六、一九一五年)。
(21)高木博志『陵墓と文化財の近代』(山川出版社、二〇一〇年)。
(22)「第一期生修学旅行書類」一〇—四、「明治四十四年五月、修学旅行記、第一期生国語漢文部第二学年」一〇—一一三、奈良女子大学所蔵、以下所蔵略。
(23)楠氏紀勝会は菊池侃二《かんじ》・西村捨三などが主催した。南朝史蹟については『河内長野市史』(河内長野市、二〇〇四年)籠谷次郎執筆部分、尾谷雅比古「昭和九年における建武中興史蹟の指定について」(『藤沢一夫先生卒寿記念論文集』同刊行会、二〇〇二年)を参照。
(24)「諸学校修学旅行人員控」『観心寺文書』一二—三三、河内長野市史編纂室写真版。
(25)工藤泰子「御大典記念事業にみる観光振興主体の変遷」(丸山宏・伊従勉・高木博志編『近代京都研究』思文閣出版、二〇〇八年)。
(26)高木博志「国際観光と札幌観光協会の成立」(『札幌の歴史』二九、一九九五年)。
(27)『日本交通公社七十年史』(日本交通公社、一九八二年)。
(28)『奈良女子大学六十年史』(奈良女子大学、一九七〇年)、浜野兼一「奈良女子高等師範学校の修学旅行に関する史的考察」(『アジア文化研究』一一、二〇〇四年)。
(29)奥田環「東京女子高等師範学校の「修学旅行」」(『お茶の水女子大学人文科学研究』七、二〇一一年)。
(30)『奈良女子高等師範学校一覧』従明治四十三年九月至明治四十四年八月(奈良女子高等師範学校、一九一一年)。水木要太郎については、『収集家一〇〇年の軌跡——水木コレクションのすべて——』(国立歴史民俗博物館、一九九八年)、久留島浩・高木博志・高橋一樹編『文人世界の光芒と古都奈良——大和の生き字引・水木要太郎——』(思文閣出版、二〇〇九年）を参照。

(31)「第一期生修学旅行書類」一〇—四。

(32)「第四期生修学旅行書類」一〇—七。

(33)たとえば「大正二年学部報告（学校参観旅行）一期」一〇—一三五、をみよ。

(34)長志珠絵「『満洲』ツーリズムと学校・帝国空間・戦場——女子高等師範学校の「大陸旅行」記録を中心に——」（駒込武他『帝国と学校』昭和堂、二〇〇七年）参照。

(35)「第八期修学旅行書類」「第九期修学旅行書類」「第十期修学旅行書類」一〇—一〇〜一二。

(36)「第一期生修学旅行書類」一〇—四。

(37)『奈良女子師範学校一覧　大正九年度』（奈良女子高等師範学校、一九二〇年）。

(38)「第十期生、大正七年五月（二十五日）、畝傍地方修学旅行記録」一〇—一七四。

(39)今井町役場『町勢要覧』一九三二年。

(40)「第九期修学旅行書類」一〇—一一。

(41)高木博志「水木要太郎時代の奈良女子高等師範学校の修学旅行と学知」（前掲註30『文人世界の光芒と古都奈良』）。

(42)小倉一夫編集事務所編『錬技抄——川島織物一四五年史』（川島織物、一九八九年）。

(43)京都市工業試験場窯業技術研究室編『京都市陶磁器試験所創設一〇〇周年記念誌』（京都市工業試験場、一九九七年）。

今少しくわしく、生徒の感想を一九一三年（大正二）の事例でひろう（「大正弐年拾月、家事修学旅行日記（京都・大阪）、第三期博物家事部　第三学年」）。同年一〇月一六日に高等工芸学校では、講堂・図案科・染色科（仕上室・浸染室・捺染室）・機械科（下据室・機織室）を見学した。生徒は、「図案配色等ハ強チニ旧来ノ様式ニ捕ハル、コトナク時代精神ノ変遷推移ト国民ノ知的生活ノ向上トニ伴フテ自由ナル変化ト限リナキ向上トヲナスヲ要スベク、之ガ為メニハ写生ヨリ入リタル豊富ナル材料ト自在ナル考按力ト熟練ナル技能的手腕トヲ有セザルベカラズ、此意味ニ於テ衣服ノ図案配色ガ心的生活ノ一部ヲ表ハスモノナルニヨリ、之ヲ選材需要スル、吾人ハ慎重ナル考案ヲナスヲ要ス」と述べた。新しい時代のデザインが、「国民ノ知的生活」の向上に関わり、写生された豊富な材料、自由な構想力、熟練した技術力によって、優れた衣服などの製品に反映されるとの洞察をする。

また一〇月一七日には、三越呉服店京都支店染色所で、友禅染の由来・友禅染の手続・徒弟の養成・流行について学び、西村捺染工場では図案・型紙の紋掘・地貼・捺染法・蒸熱・水洗・仕上について見学するが、そうしてできあがった呉服の流行について三越呉服店で考察している。「世界ノ大都会ナルろんどん及ぱりニテハ春秋毎ニ流行ノ変遷ガ急激ナルモ、我国ニテハ経済上ノ関係ヨリ左程ハ急激ナラズ、大凡ソ三年位ヲ週期トシテ変遷ス、此間一部宛変化スルハ勿論ナリ、然シテ其変遷ノ原則トモイフベキハ(a)時代思潮ノ影響ト(b)前時代反動ト基因スルガ如ク、其源泉地ハ三越・白木屋・松屋ノ如キ大呉服店ノ売出シ、又ハ劇場等ニ於ケル着出シ等ニ発スル場合多シ、而カモ是等ハ世人ノ嗜好ニ適セシヲ要スルガ故ニ、時代思潮ト前時代ノ流行トヲ参照シテ或ハ有数ノ図案家ニ其意匠ヲ托シ、或ハ広ク国中ニ之ニ募集シテ精選作出スルヲ常トスルモノ、如シ」。ここでは西陣織など呉服の和装が、近代のなかでいかに意匠の刷新をおこなうかといった議論がなされている。春秋と洋服ファッションの大流行を来すヨーロッパと、三越などの呉服屋が三年ぐらいの周期で流行を仕掛ける日本との「流行」をめぐる生活文化の違いを論じる。大規模な複製文化が洋装として都市中間層まで含んで同時代的に進行する大衆社会が成立する前夜の、和装の流行を論じたすぐれた都市文明の観察である。そして彼女たちは、「機械的工業ノ発達ニヨリ吾人ハ幾多ノ幸福ニ浴スルモノナルコトハ言フマデモナシ」との文科の生徒とは違った感想を述べた。

(44) 岡佳子『国宝　仁清の謎』(角川書店、二〇〇一年)。
(45) 前掲註(33)に同じ。
(46) 「京都御所・二条離宮拝観記録、第七期生第四学年生」一〇―一六七。
(47) 「伊勢修学旅行指針」補四〇、奈良女子大学所蔵。
(48) 神宮徴古館他編集『神宮の博物館』一九九九年、前掲『神苑会史料』。
(49) 「伊勢参宮・二見遊覧御案内、海水浴旅館二見旅館(昭和戦前期)」(著者所蔵)、『二見町史(本編)』(二見町、一九八八年)。
(50) 「大正弐年拾月、家事修学旅行日記(京都・大阪)、第三期博物家事部　第三学年」一〇―一三三。
(51) 今野敏彦は前掲書註(7)で、伊勢参宮旅行は、昭和一〇年前後から国体観念の養成目的に盛んになるとする。
(52) 「小学国語読本巻五・六、参考書一覧」(『京都市教育』一四―五、一九三七年)。

郡区町村編制法と京都——区制論の深化のために——

小林丈広

はじめに

地方分権の議論が盛んである。都市に関連するものでいえば、政令指定都市の増加、市町村合併にともなう市域の広域化、中核市・特例市など既存の諸制度の整備、あるいは道州制論議との関連の中で、府県から大都市だけを独立させようとする案や、逆に大都市を分割して府県に統合してしまおうとする都制案なども取り沙汰されている。それぞれに言い分があり、その帰趨も定まっていないが、一時のブームに流されることなく、地方自治の歴史を踏まえた議論を行うことが肝要であろう。とくに、現在唯一の都制である東京都は、戦時中に誕生し、自治組織であった東京市を分割して内務省直轄の行政組織に再編成したものであることを忘れるわけにはいかない。

現在でも東京都下の区は、上下水道や消防を単独で行うことはできない。また、戦後の民主化の中で取り入れられた区長公選制も、都政の影響を受けて一時中断するなど、自治体とはいえない時代が長く続いた。しかし、こうして設けられた東京都の区の中からも、区に自治体としての内実を与えようとする運動が起こり、それらの努力の結果、区長公選などが定着してきた。(1) ただ、東京以外の区においては、今のところ、自治体としての機能は備わっておらず、市の分割はただちに自治の喪失につながる恐れがあることだけは指摘しておく必要がある。

それでは、区という制度はどのような歩みをしてきたのであろうか。小文では、明治前期における区の創設を振り返り、その実態と意義について具体的に検討することにしたい。これは、明治前期における都市の比較研究を行う際には、避けることができない基礎的な作業であるが、これまでほとんど正面から議論されたことがない。そこで、京都における区を中心に、法令の検討や全国の区との比較など、さまざまな角度から区の実相を明らかにしたい。

一 郡区町村編制法下における「区」

(1) 都市制度の創設

一八七八年(明治一一)七月、これまで試行錯誤してきた地方制度を整理し、新たな制度を導入するために三つの法律が同時に公布される。郡区町村編制法・府県会規則・地方税規則がそれで、まとめて地方三新法といわれる。なかでも、郡区町村編制法は行政区画の改編に関わる法令で、わずか六か条の短いものであったが、従来の行政区画を一変するものであった。全文を表示すれば、次の通りである(読点は適宜付した(2))。

第一条 地方ヲ画シテ府県ノ下、郡区町村トス

第二条 郡町村ノ区域名称ハ総テ旧ニ依ル

第三条 郡ノ区画広濶ニ過キ施政ニ不便ナル者ハ、一郡ヲ画シテ数郡トナス東西南北上中下其郡ト云カ如シ

第四条 三府五港其他人民輻湊ノ地ハ別ニ一区トナシ、其広濶ナル者ハ区分シテ数区トナス

第五条 毎郡ニ郡長各一員ヲ置キ、毎区ニ区長各一員ヲ置ク、郡ノ狭小ナルモノハ数郡ニ一員ヲ置クコトヲ

得

第六条　毎町村ニ戸長各一員ヲ置ク、又数町村ニ一員ヲ置クコトヲ得

但区内ノ町村ハ区長ヲ以テ戸長ノ事務ヲ兼ヌルコトヲ得

本法律第一条によって、府県のもとにある行政区画を郡・区・町・村とし、基本的にどの地域もこれらの行政区画に属することになった。また、郡・町・村の名称は旧来のものを尊重することとし、面積の広い郡は数郡に分割することもできた（第二・三条）。こうして設けられた郡には郡長を置くことになった（第五条）。こうして大半の府県では、府県─郡─町・村という地方行政の枠組みができ、郡は府県官職制の一角を占める郡長を中心に数人の書記によって構成された郡役所によって運営されることになった。それに対し、町・村には従来からある戸長が置かれ、戸籍をはじめとする住民に密着した事務を担当するが、数町村が連合して一戸長役場を置くこともできた。こうしてできた数町村連合は「組」と呼ばれ、町村単独の戸長と区別するために組戸長と呼ばれることもあった。

郡区町村編制法の制定は、明治五年（一八七二）の戸長制の導入以来、全国一律の地方行政制度として整備が図られた大区小区制を廃止することを意味した。大区小区制は、府県をいくつかの大区に分割し、その下にまたいくつかの小区を置くという制度であったが、それぞれを担当する正副区長や正副戸長の管轄範囲が地域によってまちまちであったり、近世以来の地域間の結びつきを無視して人工的に設置されたところも多かったために、なかなか定着しなかった。

郡区町村編制法の意義はもうひとつ、都市制度としての「区」の設置にある。これまで区といえば、戸長の設置区域を示す大区・小区の区（戸長区）を指すことが多かったが、郡区町村編制法により町・村あるいは数町村連合の組に戸長が置かれるようになったことで、区という呼称は用いられなくなる（慣習上の呼称は各地に残る）。

それに代わって、人口密集地を区と呼んで、郡と区別することになったのである。従来あまり注目されてはいないが、郡区町村編制法によって規定された「区」は、近代日本社会の中に都市制度を立ち上げようとする画期的なものである。[3]

（2）「区」の条件

第四条に明記されているように、この法律で定められた「区」とは、人民輻湊（輳）の地を対象に、郡とは別の行政区域として定められたものである。これ以後、区は「人民輻湊ノ地」、すなわち都市部（市街地）を示す呼称として用いられる。

「三新法同心得達」は、区と郡を区別しなければならなかった事情を、「都会ノ地ハ人情利害、郡ト同カラス、従テ其政治亦郡村ト平等スヘカラサル者アリ、是レ郡制ニ拘ラス別ニ区制ヲ存スル所以ナリ」と述べる。[4] しかし、区をどの地域に設置するかについては、一定の準備期間が必要だったようで、具体的な区の設置地域が公布されたのは、一八八〇年（明治一三）五月のことだった。[5] これによれば、区は、東京府の一五区、京都府の三区、大阪府の四区、神奈川県横浜区、兵庫県神戸区など、一七の地域と定められた。ただし、京都府の上下京両区と伏見区は歴史的にも地理的にも別の地域であり、これ以外に、開拓使が定めた函館・札幌の二地域を加えた二〇の地域をこの時期の区と考えることができる（表1）。

ただ、それぞれの人口をひとつの基準として二〇の地域を見ると、検討すべき点がある。この時期は行政区画も未確立で、人口密集地の人口を推定することは困難であるが、陸軍がまとめた『共武政表』が、一八七五年（明治八）、一八七八年、一八七九年、一八八〇年に全国の人口輻輳地に関する統計をまとめている。このうち、一八八〇年版をもとに人口輻輳地を人口順に並べると、表2のようになる。[6]

表2　人口輻輳地と区

人口輻輳地	人口	区
東京(15区合計)	712, 259	○
大阪(４区合計)	292, 636	○
京都(２区合計)	236, 032	○
名古屋	117, 421	○
金沢	108, 328	○
広島	74, 950	○
横浜	72, 630	○
和歌山	58, 239	○
仙台	54, 496	○
神戸	48, 786	○
富山	47, 188	
福岡	46, 363	○
熊本	41, 949	○
福井	41, 731	
堺	41, 367	○
徳島	39, 140	
新潟	37, 016	○
静岡	36, 457	
鳥取	36, 212	
松江	35, 349	
高松	33, 159	
弘前	32, 181	
長崎	32, 013	○
盛岡	31, 860	
岡山	31, 502	○
秋田	31, 003	
松山	27, 650	
彦根	27, 530	
米沢	27, 420	
高田	26, 751	
高岡	26, 106	
銚子	25, 372	
萩	24, 874	
赤間関	23, 527	○
若松	23, 344	
姫路	23, 330	
山形	22, 892	
久留米	22, 735	
鶴岡	22, 165	
函館	22, 008	○
鹿児島	20, 670	
伏見	20, 594	○

表1　郡区町村編制法における区

施行された区名	都市としての通称	管轄する府県	旧国名
上京区	京都	京都府	山城国
下京区			
伏見区	伏見		
堺区	堺	堺県	和泉国
東区	大阪(大坂)	大阪府	摂津国
南区			
北区			
西区			
神戸区	神戸	兵庫県	
名古屋区	名古屋	愛知県	尾張国
麹町区	東京(江戸)	東京府	武蔵国
神田区			
日本橋区			
京橋区			
芝区			
麻布区			
赤坂区			
四谷区			
牛込区			
小石川区			
本郷区			
下谷区			
浅草区			
本所区			
深川区			
横浜区	横浜	神奈川県	
仙台区	仙台	宮城県	陸前国
金沢区	金沢	石川県	加賀国
新潟区	新潟	新潟県	越後国
岡山区	岡山	岡山県	備前国
広島区	広島	広島県	安芸国
赤間関区	赤間関(下関)	山口県	長門国
和歌山区	和歌山	和歌山県	紀伊国
福岡区	福岡(博多)	福岡県	筑前国
長崎区	長崎	長崎県	肥前国
熊本区	熊本	熊本県	肥後国
函館区	函館(箱館)	開拓使	渡島国
札幌区	札幌		

表2によれば、人口が多い地域から順に四万八〇〇〇人余りの神戸まではすべて区に選定されていることがわかる。東京・大阪・京都・名古屋・金沢・広島・横浜・和歌山・仙台・神戸の一〇地域がそれである。問題は、四万七〇〇〇人余りの富山が区に選定されず、それ以下の福岡・熊本・堺・新潟などが区になっていることである。人口三万七〇〇〇人余りの新潟よりも人口が多いのに区に選定されなかった地域に、富山・福井・徳島の三地域がある。

こうして見ると、区の選定条件は人口だけではなかったことが推測される。そこで、郡区町村編制法をあらためて見ると、「人民輻湊ノ地」以外の条件はわずかに「三府五港」とあるだけである。すなわち、東京・大阪・京都の三府（近世の三都）と、幕末に開港場となった箱館（函館）・新潟・横浜・神戸・長崎の五港を区とするという方針である。この八地域は、明治政府から国家的位置づけを与えられた都市ということができよう。人口が三万二〇〇〇人余りで比較的少なかった長崎が区になった理由はこれによって説明できる。

また、開拓使管轄地域にあった函館と札幌に関しては、明らかに北海道開拓の拠点として、国家的位置づけがなされたものと考えていいであろう。函館は人口二万二〇〇〇人余り、札幌にいたってはまだ人口三三〇〇人余りにすぎなかった（したがって札幌は表2に含まれていない）。

問題は、名古屋以下全国に点在する城下町などの中に、区に選定された地域とされなかった地域があることである。表2によって、三府五港以外の地域を人口順に列挙すると次のようである。

名古屋・金沢・広島・和歌山・仙台・（富山）・福岡・熊本・（福井）・堺・（徳島）・（静岡）・（鳥取）・（松江）・（高松）・（弘前）・（盛岡）・岡山・（秋田）・（松山）・（彦根）・（米沢）・（高田）・（高岡）・（銚子）・（萩）・赤間関・（若松）・（姫路）・（山形）・（久留米）・（鶴岡）・（鹿児島）・伏見

この中で、（　）で囲んだ地域が区に選定されなかった地域である。表2を見るとわかるように、人口三万一〇〇〇人余りの岡山より人口が多いにもかかわらず区に選定されなかった地域は富山以下盛岡まで九地域にのぼり、赤間関と比較すればさらに秋田など八地域が加わる。伏見より人口が多い地域は富山から鹿児島まで二三地域もあるのである。

そこで、ここに列挙した三四地域の中で、一八八〇年初頭の時点で府県庁所在地だった地域とそうでない地域をあげると次のようである。

〔府県庁所在地〕

名古屋・金沢・広島・和歌山・仙台・福岡・熊本・堺・（静岡）・（松江）・（盛岡）・岡山・（秋田）・（松山）・（山形）・（鹿児島）

〔府県庁所在地ではない地域〕

（富山）・（福井）・（徳島）・（鳥取）・（高松）・（弘前）・（彦根）・（米沢）・（高田）・（高岡）・（銚子）・（萩）・赤間関・（若松）・（姫路）・（久留米）・（鶴岡）・伏見

これを見ると明らかなように、区に選定されなかった地域の中で、岡山より人口が多い府県庁所在地は静岡・松江・盛岡だけであった。それ以外の選定されなかった地域（富山から弘前まで）はすべて府県庁所在地ではなく、府県庁所在地であるかどうかが重要な判断基準であったことが推定できる。逆に府県庁所在地でないのに区に選定されたのは赤間関と伏見の二地域に過ぎなかった。区の選定にあたっては、三府五港に続いて府県庁所在地であることが大きな条件となったといっていいであろう。

また、戊辰戦争の際に新政府に抵抗して戦場となった東北地方からは仙台以外の地域は区に選定されていない。人口が比較的大きかった松江は松平家の城下町、盛岡は戊辰戦争で新政府軍と戦っており、静岡（駿府）はいうまでもなく徳川宗家が維新後移封された地である。西南戦争や萩の乱など士族反乱の拠点となった鹿児島や萩も区になっていない。若松などは戊辰戦争とその後の処分により、鹿児島は西南戦争の影響で、人口もかなり減少していた。区の選定にあたって、こうした政治的事情がどこまで関係したかについても検討する必要があるが、現在のところは推測の域を出ない。今後の課題である。

以上のようないくつかの要素を勘案しても、赤間関と伏見に関しては、区に選定された理由が判然としない。そこで、次に伏見区の置かれた状況に注目しながら、京都府内の区の実情を検討したい。

(3) 伏見区の設置と廃止

京都府の場合、一八七九年（明治一二）三月段階までは府内を一八郡に分け、宇治と久世を合同で一郡役所として、一七人の郡長を置く予定であった。また、人口が集中する京都市中は上京区と下京区に分け、それぞれに区長を置くことにした。郡区町村編制法を受けて京都府が構想したのは、以上の二区一八郡だった。しかし、同年四月になると、一転して伏見区が設置されることになる。一方、伏見が抜けた紀伊郡は、独立して郡役所を置くことが困難となり、乙訓郡と合同で一郡役所を置くことになる。こうして三区一八郡（一六郡役所）の体制ができあがったのである。[7]

ちなみに京都府内において近世に城下町など都市的な景観を有していたのは京都と伏見だけではなかった。たとえば、峰山は一五か町、宮津は三四か町、亀山（亀岡）は二一か町、福知山は一九か町、田辺（舞鶴）は三五か町、園部は五か町程度の町場を形成し、いずれも地子免除地とされていた。[8]ただ、京都は上下京合わせて約一七〇〇か町、伏見は二六三か町を擁しており、全国の動向と比較しても、郡区町村編制法において「区」の対象となりえたのは、京都（上下京）と伏見だけであったと考えていいであろう。しかし、全国の区選定の実態と比較すると、伏見は選定された都市の中で人口がもっとも少なく、府県庁所在地でもなかった。

それでは、伏見はなぜ区になることができたのであろうか。その点に関して、『大坂日報』一八七九年二月一五日付は、郡区改正により伏見が紀伊郡に含まれるとの風聞を聞いた伏見の住民らが、同地は「豊太閤時代より繁昌の府」であり、明治維新以後衰退したとはいえ、「郡中の一村落となるときはますます衰へて歎かはしき事」になると、区役所設置を求めていると報じた。このように、伏見の住民の中に、区選定を求める運動があったというのである。(9)

それを裏付けるように、一八八〇年一月に伏見区の戸長らが作成した文書には次のように記される。

昨明治十二年三月郡区御改正ニ付、伏見ノ儀ハ紀伊郡ニ御編制可相成ノ所、元総区長初区戸長等市民ノ下情ヲ酌量シ、御改正御発表以前、区制ニ御編制被成下度奉懇願置候処、其筋へ御開申ノ上、区制ニ被成下辱奉存候、(後略)

しかし、この文書はこれに続けて次のように記す。

(前略)、元来当地ハ狭隘ナル而已ナラス、戸数人口モ又多シトセス、且市民営業ノ余リ農ヲ相営候者又不少、就テハ該耕地ノ儀ハ悉皆郡地ニ有之、加之当伏見地ノ儀ハ京坂ニ接続シ水陸ノ両便ヲ占メ、一小都会ノ地ニ有之候所、所謂時勢ノ変遷ニ候哉、御維新後殆ント衰態ヲ表シ候ニ付、到底一小区域ヲ維持ノ目途難相立候哉ニ奉恐察候、(後略)

この文書は、一八八〇年一月に伏見区第一区戸長大久保次郎右衛門代理用係松村小三郎らが京都府宛に提出した伏見区制廃止願書で、その行間から伏見区が設置されてから、それが維持できなくなるまでの経緯をうかがうことができる。すなわち、伏見といえば京都と大阪の間の運輸と交通の要衝として、商業活動も盛んであったが、明治維新以後、鉄道の開通などによる時勢の変化もあり、次第に衰退に向かった。ここで郡部に編入されればさらに衰退するとして区制をひいたのであるが、伏見にとっては、区を維持するための行財政の負担は過大であった。また、商業活動の衰退により、伏見の商業者の多くが農業を兼業しており、農地の多くが郡部にあるために、さまざまな事務が紀伊郡役所と伏見区役所にまたがるのは不便であった。もともと、伏見が紀伊郡に含まれれば、郡役所は伏見に置かれる予定であったが、伏見区の分離によって紀伊郡と乙訓郡が合同で郡役所を設置することになった。そこで、紀伊・乙訓郡役所は両郡の中間に位置する上鳥羽村に置かれたため、伏見周辺の農業者にはかえって不便になったのである。

こうした意見もあってか、伏見区は区制施行から一年半ほど経った一八八一年一月に廃止となる。これにより、紀伊郡と乙訓郡は分離してそれぞれに郡役所が置かれ、京都府内の区は上下京二区になったのである。

以上の経緯は、伏見区の戸長役場吏員からの一通の区制廃止願書から読み取れることであるが、今のところ、それ以上の事情は明らかではない。

二　区制の実態——京都の場合——

(1)　区長の立場

一八七九年（明治一二）三月、郡区町村編制法を受けて京都市中に上京区役所と下京区役所が設置されると、これまで半官半民的な地位にあった総区長を廃し、官吏としての区長が置かれた。この時、上京区長には杉浦利貞が、下京区長には竹村藤兵衛が就任し、杉浦は一八八九年の市制施行まで務め、竹村は一八九二年まで務めて草創期の京都市政を担った。

ここで、杉浦と竹村について区長就任までの経歴を見ておきたいが、二人がともに総区長から区長に就任しているところから、まずは総区長について確認しておくことにしたい。

総区長は、近世以来の上下京三役、大年寄の系譜をひく京都市中の町人の代表者であるが、明治五年（一八七二）に総区長と呼ばれるようになるのは大区小区制の施行にともなう全国的な名称変更にあわせたものであった。総区長を務めた者の中でも著名なのは熊谷直孝であるが、熊谷は大年寄、総区長を経て京都府職員に転じ、博覧会などを担当した[10]。大年寄から総区長になった者には他に、北条太兵衛や猪飼喜右衛門らがいた。また、直孝と同様に総区長から府職員になった人物に片山米三郎（正中）がいる。明治五年八月に下京第二四区の副区長となった片山は、翌年三月に同区区長となり、一八七五年（明治八）二月に総区長助役、翌年九月に総区長となる。片山は弘化三年（一八四六）生まれであったから、総区長に就任したのは三〇歳前後で、新しい時代の市政の担い手の一人であったといえる。片山が府職員に転じるのはその一年後で、京都府七等属として庶務課市井掛に配属される[11]。

天保二年（一八三一）生まれの有力呉服商杉浦利貞は、会計官通商司商社頭取並、物産引立用掛、下京五番組添年寄、京都博覧会社庶務幹事などを経て、一八七五年（明治八）九月に総区長になった[12]。杉浦家は石田梅岩の肖像画（原在中画）や「石田先生語録」を伝えるなど石門心学の有力後援者として知られ、利貞は元治元年（一八六四）三月に先代で兄の利用から家督を継いで三郎兵衛（九代）を名乗るようになった。総区長は、多い時で六人前後いたが、次第にその数を減らし、一八七六年頃には片山・杉浦の二人、助役は田中四郎左衛門・田中善右衛門・中村宇兵衛・竹村藤兵衛・大江長右衛門ら五人になった[13]（表3参照）。

杉浦と同じ天保二年生まれの竹村藤兵衛は、塩魚乾物商から身を起こし、幕末には舶来反物商などで財を成す。明治維新後は、会計官通商司商社頭取並などを経て、下京第二四区区長を勤めた[14]。その後、大年寄助役になるが、片山と同じ学区の竹村は、片山が府職員となったのを機に総区長に就任したのではないかと思われる。片山・杉浦・竹村の三人は、いずれも一八七七年のコレラ流行に際して防疫活動に尽力する。

一八七九年、郡区町村編制法が施行され、行政区画として上京区と下京区が成立すると、杉浦が上京区長に、

表3　大年寄・総区長一覧

氏名	居住地	慶応4年7月	その後の経歴	明治5年10月	1876年2月	1878年6月
千田忠八郎	下京三番組（のち三番組）御倉町	大年寄	（継続）			
上野利助	上京二十四番組（のち二十一番組）壺屋町	大年寄				
河崎善兵衛	上京二十一番組（のち二十一番組）少将井御旅町	大年寄				
杉本治郎兵衛	下京十一番組（のち九番組）矢田町	大年寄	（継続）			
清水源兵衛	下京十一番組（のち九番組）善長寺町	大年寄	（明治2年8月まで）			
佐々木与八	上京十番組（のち六番組）下柳原北半町	大年寄	（明治2年8月まで）			
森田武兵衛	下京三番組（のち三番組）烏帽子屋町	大年寄	（明治2年8月まで）			
石束長四郎	上京九番組（のち十二番組）御三軒町		大年寄			
熊谷久右衛門	上京二十七番組本能寺前町	中年寄	大年寄	総区長		
北条太兵衛	下京十四番組徳万町	中年寄	大年寄助役→大年寄			
猪飼喜右衛門	上京十一番組薬師町	中年寄	大年寄助役→大年寄	総区長		
長尾小兵衛	下京二番組塩屋町		大年寄助役→大年寄	総区長		
三井源右衛門	下京三番組六角町		大年寄助役			
鵜川太郎兵衛	上京三番組西今小路町	中年寄	大年寄助役			
岩佐孫兵衛	上京六番組安楽小路町		大年寄助役→大年寄	総区長		
岸田九兵衛	上京十五番組	中年寄	大年寄助役	助勤		
遠藤弥三郎	下京四番組梅忠町	中年寄	大年寄助役	助勤		
船橋清左衛門	上京二十七番組下白山町		大年寄	総区長		
市田文次郎	上京二十六番組丸木材木町		大年寄助役	助勤		
柏原孫左衛門	下京二十九番組		大年寄助役	助勤		

鈴木半兵衛	下京十一番組大黒町		大年寄助役	助勤		
井上治郎兵衛	下京二十二番組	中年寄	大年寄助役	助勤		
千田藤兵衛	上京十五番組		大年寄助役	助勤		
片山米三郎					総区長	
杉浦三郎兵衛					総区長	総区長
田中四郎左衛門					助役	
田中善右衛門					助役	総区長
中村宇兵衛					助役	
竹村藤兵衛					助役	総区長
大江長右衛門					助役	
青山長兵衛						助役
岡田為七						助役
辻忠四郎						助役

註：三条衣棚町文書・熊谷(純)家文書などから作成。

竹村が下京区長に就任する。かつては六人いた総区長が、二人になった頃から、杉浦は上京担当の総区長、片山や竹村は下京担当の総区長という位置づけだったと考えられる。したがって、両区長の人選も順当といっていいであろう。

ところで、かつて総区長を務めた熊谷直孝は総区長就任時に久右衛門から直孝に改名しており、猪飼喜右衛門や岸田九兵衛も同じ頃にそれぞれ猪飼当賢、岸田高義を使うようになる[15]。また、片山正中は七等属になった時に米三郎から正中に改名し、杉浦利貞も総区長から区長になった時に三郎兵衛から利貞に改名した。杉浦利貞は、区長就任のため一八七九年三月一九日に利用の後嗣利挙に家督を譲り、利用が後見を務めるようになったという[16]。改名は、家業を離れ、家の継承者でなくなることを意味していたと考えられるが、総区長や区長といった公職は家業との両立が難しかったのであろう。

また、区長に関しては、次のような事情も勘案すべきであろう。政府は一八七九年一二月、「地方の郡区長及ひ書記・戸長は商業を営むも差支なきや」との問い合わせに対し、「郡区長及書記は、明治十一年第三十二号達職制創定に依り純然たる官吏たるを以て、商業を営むことを得す」と回答し、郡区長と郡区役所の書記については兼業を禁止したのである。(17)単に公務の負担が大きいというだけでなく、郡区町村編制法のもとでの区長は郡長などと同様の官吏であるために、兼業が禁止された。そこで、郡区長に選任された者は家業を子弟に譲るなどの措置を迫られ、それができないものは、郡区長や書記を辞退せざるをえなかった。ただ、戸長に関しては従前通り兼業が認められた。改名は、それぞれの家や家業に関わる立場の変化をあらわしていたのである。

こうして官吏としての区長に選任された杉浦と竹村であるが、杉浦は一八八九年の市制施行まで上京区長を務め、竹村は一八九二年まで下京区長を務めた。杉浦の後任には、いったん片山正中が選出されるが、辞退したため、府職員の増田正が就任した。竹村の後任には、増田正や中村栄助らの名も取り沙汰されたが、辻信次郎が就任した。辻は、総区長助勤などを歴任した商工業者であった。(18)さらに、一八九七年には辻の後任として片山正中が区長に選ばれ一九〇二年（明治三五）まで勤めた。片山の後任には、もと下京区役所書記の中山研一が就く。上京区長が有力商人出身者でなくなるのは一八八九年と早かったが、有力な商工業者が多い下京区の場合には一九〇二年まで待たなければならなかった。下京区長を務めた竹村と片山は退任後、衆議院議員を務めるなど政界でも重きをなした。

また、伏見の住民の要望によって設置された伏見区の区長には、紀伊郡長に内定していた竹中兼和が就任した。竹中はもと長州藩士で、明治四年末以降京都府に奉職した。一八七九年の時点で官吏から区長を迎えたのは、上京・下京両区と明らかに異なる点であるが、伏見区の独立にあたり紀伊郡が乙訓郡と統合することになったため、郡長に内定していた竹中を区長として処遇しなければならなかったのであろう。また、全国的に見ると、士族から区長になる者は決して少なくなかった。金沢や仙台などはその例で、城下町の多くでは区制の中枢を士族が担っていたのではないかと思われる。(19)

（2） 区会をめぐる制度の転換

郡区町村編制法と並んで公布された地方税規則は、府県の運営にあたって必要な地方税の種類とそれによって支弁される事務の内容を定め、それに基づいて策定される予算については府県会の議決を得ることを定めた。府県会は、地方制度の中に議会制度を本格的に導入するという画期的なものであり、そのあり方は府県会規則によって定められた。しかし、この時は、郡・区・町村に関する議会については何ら規定されなかった。

それでは、町村などではどのようにして意思決定をしていたのであろうか。これまでの研究では、一八七六年（明治九）一〇月に布告された各区町村金穀公借共有物取扱土木起功規則の制定が注目されてきた。それ以前の町村では、何らかの取り決めに際しては旧来からの町村寄合を開催し、原則として出席者全員の合意を重んじた。したがって、寄合には異論を生じるような議題はそもそも諮られにくく、意見が分かれるような事柄の意思決定には時間がかかった。それに対し、各区町村金穀公借共有物取扱土木起功規則は、町村などが金穀の公借あるいは共有の地所建物の売買、土木の起工などを行う際、「正副区戸長幷ニ其町村内不動産所有ノ者六分以上」が連印しなければならないとしている。逆にいえば、不動産所有者の反対が四割以内であれば、多数決で決定することができるということをあらわしていた。数町村連合で一区を形成していた地域などでも、「正副区戸長幷ニ其区内毎町村ノ総代二名ツツノ内六分」の連印があれば、公借・共有土地建物売買・土木起工などが行えることになった。また、各町村において「不動産所有者ヨリ其総代ヲ撰ンテ」町村の代理をさせることもできるようになった。[20]

ここに示されているような多数決原理や総代制度がただちに浸透したわけではないだろうが、多様な意見の調整がつかなくなった際に多数決による決議や総代による執行が可能になったことの意味は大きかった。

こうして町村の公借・共有土地建物売買・土木起工などをめぐる議論を通じて、町村寄合は町村会へと徐々に変化をしていった。郡区町村編制法をはじめとする三新法は、町村会などについては何の規定も行わなかったが、一八七九年六月二四日に太政官は次のような布告を行う。

区会町村会ヲ開設セル地方ニ於テハ、明治九年十月第百三十号布告金穀公借共有物取扱土木起功ノ事項ハ総テ該会議ニ付シ施行スヘシ、此旨布告候事

この布告により、区会・町村会を開設している地方では、区や町村が公借・共有土地建物売買・土木起工などを行う際に議会の議決が必要であることがあらためて確認された。この時、区会や町村会のあり方についてはあらためて述べられていないので、基本的には、各区町村金穀公借共有物取扱土木起功規則で示された方向性が引き継がれたと考えることができるであろう。[21]

また、郡区町村編制法によって町村について新たな区画が設けられたところでは、町村会を再発足する必要があった。そうした過程が、町村寄合から町村会への転換を促すことにもつながった。ただ、区については、これまで戸長区や大区小区制などとして用いられてきた区、町村連合に便宜的に用いられた区（各区町村金穀公借共有物取扱土木起功規則の区も含む）などさまざまな区があったところに、新たに人口輻輳地を指す用語としての「区」が導入されたため、この時期は全国的にみると多様な区が混在することになったと考えられる。郡区町村編制府県会地方税両規則施行順序は、各地域の事情を尊重し急激な変更を促すものではないことを明記していたので、こうした実情をふまえて、人口輻輳地に関する区の選定や区会の設置も緩やかに進められたものと思われる。

（3）　京都における区会の創設

一八七九年（明治一二）八月、京都府は区会章程と町村会章程を制定した。これは同年六月二四日の太政官布告を受けたものと思われる。町村会章程によれば、町村会では各町村の協同費や予算、共有財産の処分、共有の

土地家屋金穀の取扱い、町村立学校の維持方法、府から賦課された戸数割の割付などを決めることができた。町村会議員は、満二五歳以上の男子で、当該町村内に本籍を置き、三年以上居住している戸主で、町村内に土地を所有する者とし、町村に実際に居住する不動産所有者であることを必須条件とした。いわゆる家持層のことである。また、とくに選挙の必要はなく、定数も定められていないので、資格のあるものを全員議員とみなすこともできた。したがって、従来から行われてきた町村寄合をそのまま町村会とすることができたのである。また、数町村連合による連合町村会を設けることもできた。その際には、各町村から二〜五人ずつの議員を選ぶこととした。

これに対して区会章程は、区の協同費や予算、共有財産の処分、共有の土地家屋金穀の取扱い、区立学校の維持方法を決めることができた。その役割は、町村会と類似していたが、京都府下でこの章程が適用されるのは上京・下京・伏見の三区だけであった。区会章程第七条は、「区会議員は町会議員中より一組壱人を撰ふ」と明記する。したがって、区会議員は区内各組から一人ずつが組を代表して区会に参加することになった（表4）。また第二条には、「区会は其都合に依り数区連合して開くも妨なし」とある。後述するように、これによって上京・下京・伏見の三区は上下京伏見連合区会を開設する。

興味深いのは、こうした経過を経て、郡区町村編制法に規定された郡・区・町村のうち区と町村には議会が設置できることになったのに、郡については何の規定もされなかったことである。郡区町村編制法によって、都市制度としての「区」が立ち上げられた意義については小文において繰り返し述べてきた。都市制度としての「区」は、その中に多数の町を含んでおり、区と郡は同等の存在ということができた。しかし、区は町村と同様に議会を持ち、共有財産についての審議を行うなど、自治体としての要件を整えたのに対し、郡にはそれはなかった。こうした区と郡との違いは、一八八〇年四月に布告された区町村会法によってより明確になる。同法は、

表4　上下京伏見連合区会・上下京連合区会の歴代議員

	組	上下京伏見連合区会議員(1879年12月)	上下京連合区会議員(1880年6月)	上下京連合区会議員(1881年3月)	上下京連合区会議員(1883年11月)
上京区	1	(幹事)波多野正(庄)兵衛	(幹事)波多野正(庄)兵衛＊	(幹事)波多野庄兵衛	福住源太郎
	2	山下直和	浅田良秀	橋本邦孚	七条則栄
	3	飯室伊兵衛	麻田半兵衛	福井長兵衛	小寺定次郎
	4	富田半兵衛	山田泰蔵	山田泰蔵(造)	富田半兵衛
	5	堀口清次郎	津田信克	津田信克	堀口清次郎
	6	鎌田清兵衛	鎌田清兵衛	本多正兵衛	太寿堂千代吉
	7	(議長)田中善右衛門	(議長)田中善右衛門＊	(議長)田中善右衛門	中島原次郎(源次郎、○中嶋源次郎)
	8	岡部常七	岡部常七	岡部常七	中孫三郎
	9	(幹事)富井政恒	(幹事)富井政恒＊	(幹事)富井政恒	石束長四郎
	10	木下茂兵衛	木下茂兵衛	前野平四郎	木野村信久
	11	西村安兵衛	北川米太郎	北川米太郎	石原重三郎
	12	芝山又兵衛	安本勝二	牧文明	畑道名
	13	矢杉弥兵衛	坪田貞階	入江太兵衛	富田武兵衛
	14	太田宇兵衛	小原清兵衛	佐々木常右衛門	井上寅三郎
	15	中村和助	河村甚三郎	河村甚三郎	那須平三郎
	16	谷口甚三郎	徳永彦兵衛	福井九兵衛	大原嘉右衛門
	17	西堀喜兵衛	西村七三郎＊	金山道与	西堀徳二郎
	18	鈴鹿弁次郎	鈴鹿弁三郎	足立藤三郎	足立藤三郎
	19	平井久右衛門	平井久右衛門	平井久右衛門	岸清二郎(清次郎)
	20	粟辻三右衛門	粟辻三右衛門	本田徳三郎	栗山敬親
	21	沢井忠次郎	安田善兵衛	安田善兵衛	安田善兵衛
	22	松本小兵衛	松本小兵衛	増田与兵衛	河村信心(信正)
	23	森川喜兵衛	河辺祐次郎	山鹿善兵衛	川辺祐二郎(祐次郎)
	24	田中宗助	荘林維英	(幹事)荘林維英	(議長)荘林維英
	25	川端智重	川端智重	坂田市兵衛	大沢善助
	26	矢野長兵衛	岸田伝右衛門	大久保利兵衛	大久保利兵衛
	27	岡村五兵衛	岡村五兵衛	林善兵衛	八木伊之助
	28	川端正七	丹羽小兵衛	野橋作兵衛	川端正七(庄作、○庄七)
	29	森喜三郎	大橋弥兵衛	島林専助	島林専助(○嶋林)
	30	(幹事)渡辺藤兵衛	(幹事)渡辺藤兵衛＊	麻生吉兵衛	上田安兵衛
	31	野村源助	井口忠右衛門	井口忠右衛門	八木清助
	32	小谷逸八郎	斎藤安居	河野通経	河野通径(通経)
	33	井上徳三郎	清水権兵衛	中野卯八	木下和助
	1	田村治助	田村治助	(幹事)田村次助	津田高景
	2	多賀輪之助	(幹事)多賀輪之助＊	立木彦兵衛	近藤吉左衛門
	3	下村忠兵衛	前田和助	村田五兵衛	荒木重兵衛

	4	深見伊兵衛	中村半兵衛	吉田伊兵衛	河村清七
	5	竹原弥兵衛	小川多左衛門	小川多左衛門	小川多左衛門
	6	(幹事)高畑勘右衛門	古川吉兵衛	佐野清助	古川吉兵衛
	7	榎本鉚治	藤井明義	佐竹吉兵衛	古川為三郎
	8	吉村逸明	安田専太郎	吉村逸明	安田専太郎
	9	島善右衛門	島善右衛門	島善右衛門	加藤伍兵衛
	10	松島与七	(副議長)松島与七＊	(副議長)松島与七	小西長七(1884年2月から石原八左衛門)
	11	(幹事)土田作兵衛	小谷佐兵衛	小谷佐兵衛	吉本平兵衛(1884年1月から糸井兼厚)
	12	釆野為吉	釆野為吉	西村権右衛門	東枝吉兵衛
	13	大喜田忠右衛門	藤森源次郎	藤森源次郎	平井市兵衛(1883年12月から小杉佐ノ七(佐七))
	14	土蔵専助	辻忠兵衛	井川胤房	清水吉右衛門
	15	浅井伊兵衛	浅井伊兵衛	井上重三郎	井上重三郎
下京区	16	橋本鹿之助	橋本鹿之助	井上藤兵衛	井上藤兵衛(藤作)
	17	安村房之助	安村房之助	原田耕作	塩山常次郎
	18	長瀬彦三郎	長瀬彦三郎	柴田次右衛門	柴田治右衛門
	19	木田万右衛門	木田万右衛門	(幹事)木田万右衛門	中村善右衛門
	20	山野吉右衛門	家木彦三郎	青山庄七	大塚文治
	21	橋本九右衛門	(幹事)橋本九右衛門＊	西村豊次郎	竹中専助(1884年3月から武田(竹田)嘉三郎)
	22	北村嘉猷	北村嘉猷＊	(幹事)沢村勘三郎	井上松兵衛
	23	内畑次兵衛	石田甚助	石田甚助	浅田佐兵衛
	24	(副議長)辻信次郎	辻信次郎＊	亀田利兵衛	木村与三郎
	25	青山康吉	清水喜兵衛	雄谷善四郎	桧村彦右衛門
	26	若山清三郎	大江長右衛門	中村儀助	清水太郎兵衛
	27	川辺徳兵衛	広瀬治兵衛	広瀬次兵衛	藤田太兵衛
	28	中村栄助	中村栄助	富野幸助	(副議長)中村栄助
	29	大丸善右衛門	大原政成	鈴木長右衛門	松枝平兵衛
	30	(幹事)溝口喜右衛門	(幹事)溝口喜右衛門＊	藤岡忠兵衛	安田精矩
	31	西村彦右衛門	西村清兵衛	万与助	沢田耕夫
	32	草野嘉兵衛	橋本清吉	堤弥兵衛	田中文助
	1	今村長蔵			
	2	福田九兵衛			
伏見区	3	仲与兵衛			
	4	(幹事)今堀喜右衛門			
	5	岩村清兵衛			
	6	細川長右衛門			

註：『近代自治の源流』226～229、233～238、245～247頁などより作成。＊は郡区経済分離請願時の惣代（166～168頁）、1883年11月の欄の（　）内は『琵琶湖疏水及水力使用事業』、○は『疏水要誌』第一による。

これまでの経過を受けて区会と町村会を法的に規定したもので、三新法を補う意味があった。さらに一八八九年に市制・町村制が施行され、区が市となることによって、郡との違いがさらに鮮明になるがここでは触れない。

そこで、京都の区会であるが、現在残っている区会関係史料の中で最古のものは、一八七九年一二月に開設された上下京伏見連合区会の議事録である。[22] これ以前に、上京・下京・伏見の各区にそれぞれの区会が開設されていたかどうかは不明である。そこで、この連合区会の議事録によって、初期の区会の活動をうかがうことにしたい。

上下京伏見連合区会に最初に諮られたのは区会議事細則であるが、その次に審議されたのは社倉規則であった。上下京伏見連合区会の最初の議題が、飢饉・凶荒対策である社倉の設置に関わるものであったことは、区会の性格を考える上で重要であろう。[23]

秋元せきが指摘するように、この時期の京都の社倉に関しては、寺尾宏二の研究がある。寺尾の研究は、近代京都の社倉に関する数少ない研究のひとつであるが、「現在の推定にては此の市中社倉は計画のみに了ったもの、如くである」と結論づけられている。それに対し、秋元はわずかな期間だが、京都市中でも社倉が実行に移されたことを論証し、社倉で積み立てた金穀の処分までの過程を明らかにした。[24]

しかし、上下京伏見連合区会の記録はこの時のものしか残っていない。前述のように、伏見区が区の維持に苦しみ、一八八〇年二月頃から区制廃止の動きが起きたため、上下京伏見連合区会は一回限りで終わった。それに代わって開設されたのが上下京連合区会で、一八八〇年六月には早くも上下京二区で連合区会が開かれている。五月に仮定された上下京連合区会規則によれば、同連合区会は区町村会法公布を受けて設けられたものであった。以後、上下京連合区会は、市制が施行される直前の一八八九年三月まで毎年のように開催された。そこでの議題は、避病院の開設、博覧会場の建設、郡区経済分離の請願、産業基立金の取扱い、琵琶湖疏水の工費など多岐にわたり、上下京連合区会が両区民の意思決定機関として重要な役割を果たしていたことを示している。

上下京連合区会において審議された議題は、都市としての京都の運営にとって重要なものばかりであった。たとえば、避病院や博覧会場の建設は、地方税を使った府県の事業としてではなく、区が区民から集めた協議費の中で実施したものであり、区による自治的事業ということができた。このように区が行った事業や建設した施設は、しばしば「人民共有」と呼ばれていることにも注目しておきたい。なかでも、産業基立金の取扱い（産業基立金処分問題）をめぐる審議は、京都市民と区との関係、区と国や京都府との関係、市民内部での立場の違いなどを考える上で、示唆に富む。そこで、次項では産業基立金処分問題をめぐって、これまでの研究を参考にしながら、その論点を整理することにしたい。

（4） 産業基立金処分問題をめぐって

産業基立金処分問題については、古くは寺尾宏二「京都府の勧業資金特に産業基立金・勧業基立金の研究」があり、近年は秋元せきらの研究がある。それらによって概要を示せば、次のようである。[25]

明治維新以後、政府が京都に対して貸与あるいは下付した資金には勧業基立金・産業基立金・小前引立貸渡金の三種類があった。これらはしばしば混同されており、時には使途においても流用がなされていた可能性があり、不明な点もあるが、おおまかには以下のように整理できる。

まず小前引立貸渡金であるが、これは明治元年（一八六八）に設置された商法司が正金引き替えの出目によって得た利得約一万四〇〇〇円を明治二年三月に京都府に引き継いだものである。府はこれを府内貧民・無産者に貸し付けた。「勧商」のためとされたこの貸付は、一八七三年（明治六）三月まで続けられ、小前引立世話役などの給料や種々の経費を差し引いた残金八〇〇〇円余りは、おそらくは次に述べる勧業資金の中に組み込まれたものと考えられる。[26] 維新後の困窮者対策としては、これ以外にも、明治二年から三年にかけての米価高騰時に行われた政府からの下付米などがあった。[27] ただ、小前引立貸渡金は「勧商」すなわち商工業者のための貸付とされ、寺尾も勧業資金のひとつに位置づけている。

しかし、京都府は小前引立貸渡金の引き継ぎを受けた際、京都の勧業資金としてはこれだけでは不十分だと主張した。こうした府の主張を受けて、政府が貸与したのが勧業基立金である。勧業基立金は、明治二年四月に一〇万両、翌年に五万両貸与されたという。勧業基立金は、個々の商工業者への貸付や童仙坊開墾、府の勧業施設整備などのために利用されたと考えられる。この返済は、一八七九年にもまだ行われていたようであるが、最終的にどの程度返済され、他にどの程度流用されたのかは明らかではない。

小前引立貸渡金と勧業基立金は、政府から京都府に対する貸付であったが、以下に述べる産業基立金は「府下人民」に対する下付と考えられている。この産業基立金は、明治二年の「東京遷都」をめぐる京都市中の不満を背景に、市域の土地にかかる地子を従来通り免除することとあわせて、商工業育成のために下付されたものである。地子の免除は明治三年二月、産業基立金の下付は同年三月と閏一〇月に五万両ずつ実施された。ただ、その後しばらく政府との間で貸付か下付かをめぐって見解の相違があり、最初から下付と確定していたわけではなかったようである。また、地子免除の方が明治四年一〇月に撤回され、他都市と同様に地租が徴収されることになるなど、他の施策は次第に動揺し、京都復興策としての意義を失っていく。そうした経過の中で、産業基立金が貸与ではなく下付とみなされるようになったのではないかと推測される。

その後、京都府は産業基立金を府の勧業施設、府営工場の建設や運営のために利用した。これらの活用に際して、これまで述べたさまざまな資金が整然と区別されていたわけではなく、勧業基立金などの混用・流用もあったと思われるが、一八八〇年（明治一三）頃には、府営工場の大半が産業基立金によって設置されたものだという理解が一般化していた。一八八〇年一月に調査された「産業基立金収支額」によれば、舎密局《せいみきょく》・女紅場《にょこうば》・養蚕場・牧畜場・織殿・製革場・製靴場・染殿・糸曳場・植物係などが産業基立金とその利子によって設置されたものとされている(28)。

以上が、若干不明確なところを含みながらも、これまでの研究で明らかにされている産業基立金の成り立ちである。京都府は、産業基立金をもとに明治初年より勧業政策を展開し、それなりの成果をあげてきた。小文において注目したいのは、こうして府によって運用されてきた産業基立金が、上下京連合区会の設置を契機に、その運用方法を連合区会に諮問したことである。これは、産業基立金の運用が、同年四月に布告された区町村会法が掲げる「其区町村ノ公共ニ関スル事件及ヒ其経費ノ支出徴収方法」に該当すると考えられたからであろう。下付に際しての「府下人民」とは、府ではなく上下京の住民のことであると理解されたのである。

上下京連合区会は、一八八〇年六月にはじめて開催され、議事細則や傍聴人取扱規則などを定め、避病院、博覧会場、郡区経済分離問題などについて審議した。こうして軌道に乗った上下京連合区会に対し、同年一〇月、府は「産業基立金維持改良ノ法」を諮問し、同意を得ようとした。

この諮問書は、これまでの経緯として、「東京遷都」後の京都振興策には地子免除と産業基立金があったが、地子免除は廃止となり、産業基立金のみが勧業施設の資金として運用されてきたと述べる。その上で、今後はこの資金の一部を市中の商工業者への貸付に回し、その利子を地租の補填に利用してはどうかというものであった。

それに対して、連合区会は独自に調査委員を選んで、産業基立金の処分方法を審議しようとした。連合区会議員だった中村栄助の回想によれば、この時病気引籠中でありながら連合区会に出席した槇村正直府知事は、「余は此産業基立金に付ては、職権以外に数年来尽力して来たものである。然るに今日余が諸君の前に産業基立金の処分法案を提出して、之を諸君に諮らんとするに当り、調査委員を設けて殊更に調査審議するなどゝは、実に人の尽力や誠意を無視するも甚だしい事で、けしからん次第だ」と、府の諮問に対して連合区会が調査委員を設置したことに憤慨した。

さらにこの時、連合区会には各組戸長らが傍聴人として多数押しかけ、連合区会議長が戸長らの入場を制限しようとしたところ、府知事が戸長を擁護する発言をしたという。これは、京都府の諮問書が産業基立金を地租の補塡のために活用するというもので、住民の中でも土地所有者に恩恵を施す意図があり、各組戸長は土地所有者の意向を代弁する形で府と連携していたことを示唆するものといえよう。連合区会はこうした動きに歯止めをかけ、産業基立金の処分方法をあらためて検討し直そうとしたのである。

結局、この連合区会は中止となるが、病気の届けを出しながら出席した槇村も処分を受けた(29)。この時のやりとりは、京都で発行されていた自由民権雑誌『我楽多珍報《がらくたちんぽう》』でも面白可笑しくとりあげられ、府知事の権威にたてつく区会議員らが、民権運動の一翼を担うものと位置づけられていたことがわかる(30)。

こうして、府の諮問は一頓挫するが、連合区会は産業基立金を上下京両区の共有金とすることまでを否定していたわけではなかった。そこで、同年一一月、あらためて連合区会の中で産業基立金の処分方法を審議した。上下京連合区会は、ここであらためて勧業施設を現金に換え、それによって公債証書を購入して積み立てることとし、その利子を地価割と戸別割の補塡にあてるという産業基立金維持法を決議した(31)。これは、地価割の補塡という形で土地所有者に配慮しながら、それ以外の住民にも関わる戸別割にも利用するという、一種の折衷案であった。

しかし、府はこの決議を受け入れず、同年一二月、各組戸長が「上下京区人民総代」を名乗り、あらためて府に願書を提出する。その内容は、産業基立金を地租の補塡のために活用するというもので、府の諮問書と軌を一にするものであった。府は、この願書を受けて、翌一八八一年一月に内務卿に上下京両区への引き継ぎを上申、政府の承認を得る。

こうした経過については、当然ながら、区会などで批判が起きた。ひとつは、上下京連合区会の動きであり、一八八一年三月に連合区会は上下京両区長に対し、各組戸長が「私定」し、「府庁ノ裁可」を受けた処分方法を変更して良いかどうか問い合わせた。これに対し、上下京両区長は「普通議案ト可相心得候」と回答しており、事実上、連合区会の修正を認めたのである。そこで、連合区会は同年四月にあらためて恩賜産業基立金維持方法仮規則を議決し、産業基立金で公債証書を購入するところまではこれまで通りとし、利子については「眼前ノ小利ニ恋々ヲナサズシテ」すべて積み立てることにする。(32)すなわち、産業基立金を上下京両区の共有金として引き継いだ上で、その活用方法は決めずに、とりあえずすべて積み立てておくことにしたのである。

もうひとつの批判は、連合区会の外からのものである。代表的なのは、大阪在住の自由民権家古屋宗作が著した『御土産金不当の処分』である。古屋は、これまでの経過の中でも一八八〇年一二月に各組戸長が府に提出した願書に示された考え方を問題とした。これまでも述べてきたように、府と各組戸長は産業基立金を上下京両区に下げ渡すならば、土地所有者の地租の負担を軽減するために利用したいと考えた。しかし、古屋は、地子免除と産業基立金はそもそもの趣旨が異なるものであり、地子免除は「町内の地面持に所得」が限定されていたと指摘する。それに対して産業基立金は「商売の元手金」であり、土地所有者に限らず商工業者・般に恩恵があった。したがって、産業基立金を地租の補塡にあて、地主の利益に回すことはもってのほかのことであった。問題は、各組戸長がこのような主張をしたことであり、古屋にいわせれば、戸長は「貧民（地所も家屋もなき者）の利益を計りてこそ当然なるに、却て富民（地面も家屋もある者）の利徳を計」るものだというのである。

古屋のような主張にどれほどの広がりがあったか不明だが、連合区会の動きを見てもわかるように、戸長らに対する批判は根強かった。とくに、杉浦上京区長・竹村下京区長は、戸長らの願書を府に取り次いだとして古屋からの批判にさらされた。これに対し両区長は、古屋の行為を「讒謗」として京都裁判所に告訴する[33]。

これまで、勧業施設の払い下げを、槇村府政から北垣府政への転換によるものとする見方もあったが、以上の経過によって明らかなように、払い下げは上下京両区からの要求に基づいて行われたものである。ただ、上下京両区の要求が実現する過程は、槇村府知事の権威失墜と軌を一にしており、府政の転換と無関係ではなかった。この時期、槇村府知事は京都府会とも激しく対立し、府知事更迭の原因となった。京都府会や上下京連合区会のような議会制度の導入が、府知事の権威失墜と府政の転換を促したのである[34]。前述のように一八八一年三月、上下京両区長は、連合区会が産業基立金の処分方法を変更することを認めるが、こうした判断も槇村府政から北垣府政に転換していたから可能だったのである。

付け加えていえば、一八八一年一月から京都府知事となる北垣国道は、上下京両区に下げ渡された産業基立金に目を付け、北垣府政の最重要課題のひとつとなる琵琶湖疏水の建設資金にしようとする。また、そのことを通じて、琵琶湖疏水は京都府のものではなく、上下京両区民、ひいてはのちに成立する京都市の財産となっていくのである。その点からいっても、一八八〇年末に繰り広げられた論争は、重要な意味を持つのである。

おわりにかえて

以上、郡区町村編制法のもとでの京都について、区の成り立ちと上下京連合区会開設の意義について述べた。郡区町村編制法によって設けられた区は、都市の住民自治の拠点として、一定の役割を果たした。とはいえ、それは区会が開設されたことによって実現したものである。小文では、京都特有の課題であった産業基立金処分問題を中心に検討したが、区会が都市自治のあり方を真剣に模索する場となっていたことがわかるであろう。区会ではこれ以外にも、社倉、避病院、号砲、琵琶湖疏水、高等小学校、火防施設、博覧会場、東山鉱泉場、貧民救助、小学校など市民生活に密接な諸課題について協議した。また、一八八三年頃には、上京区と下京区が分立していることも問題となり、両区を合わせて京都区とすることも議論される。区の統合は実際には行われなかったが、これらについては別の機会にあらためて検討することにしたい。

（1）特別区協議会編『東京23区自治権拡充運動と「首都行政制度の構想」――基礎的地方公共団体への道――』（日本評論社、二〇一〇年）、東京都公文書館編『都史資料集成九大東京市三十五区の成立』（東京都、二〇一〇年）など参照。

（2）小文での法令の引用は山中永之佑監修『近代日本地方自治立法資料集成』第一巻（弘文堂、一九九一年）による。

（3）小林丈広「近代日本における都市制度の創設」（『京都市歴史資料館紀要』二二、二〇〇九年）参照。小文の前半部分はこれを手直ししたものである。

（4）前掲註（2）『近代日本地方自治立法資料集成』第一巻、四三八頁。

（5）前掲註（2）『近代日本地方自治立法資料集成』第一巻、五三七～九頁。

（6）『共武政表』は一橋経済研究所附属日本経済統計情報センター編『明治徴発物件表集成』（クレス出版、一九九〇年）の第二～八巻に収録される。『共武政表』は一八八三年以後『徴発物件一覧表』に受け継がれるが、人口輻輳地の統計は掲載されなくなり、市制施行後は市町村単位でしか把握されなくなる。『共武政表』がとらえた人口輻輳地は都市制度が未確立な段階における都市のとらえ方として興味深いので、小文ではこれをもとにして表1・2を作成した。

（7）京都府立総合資料館編『京都府市町村合併史』（京都府、一九六八年）、八九～九八頁参照。

（8）前掲註（7）『京都府市町村合併史』四〇～四三頁。なお、この記事においても淀（六か町か）などが洩れており、ほかにも都市的な景観を有していた地域があったことを付記しておく。

（9）「太政類典」第五編第十一巻「京都府下伏見区ヲ廃ス」より引用。前掲註（7）『京都府市町村合併史』九九～一〇〇頁も参照。伏見は、一九二九年に大典記念として『伏見町誌』（伏見町役場）、一九三五年に『京伏合併記念伏見市誌』（京伏合併記念会）を刊行するが、いずれもこの時の区制の経過については述べていない。

（10）熊谷については、小林丈広『明治維新と京都』（臨川書店、一九九八年）、同「明治維新期の「市長」」（『奈良史学』

二九、二〇一二年）参照。

（11）片山の履歴に関しては、「京都府史料五十四判任官履歴書第五」、『京都日出新聞』一九〇二年八月一四日・一九一一年六月一三日付など参照。一九一一年六月の記事は片山の死亡記事であるが、総区長から府七等属に転じたことを「抜擢」と記している。なお、正中は杉本家六代目新左衛門の妹了の娘あいの夫で、子に益二郎・敬之助・米三郎がいた。さらに、米三郎の子郁太郎が杉本家八代目を継ぐなど両家は深い縁戚関係にあった（杉本家による）。

（12）『京都日出新聞』一八八五年四月二五日付。杉浦利貞は、元治元年（一八六四）三月から一八七九年三月まで杉浦家本家の当主を務め、三郎兵衛を名乗り、一九〇一年六月に死去したという（杉浦利之氏による）。杉浦家については、藤田彰典「京都商人大黒屋杉浦家の出自と系譜」（『京都文化短期大学紀要』九、一九八八年）をはじめ藤田・岡光夫・植田知子らによる一連の研究参照。

（13）三条衣棚町文書Lc3「組内中添町年寄名前控」など。

（14）『京都日出新聞』一八八五年四月二八日付。竹村については、秋元せき「明治期京都の名望家と行政」（京都映像資料研究会編『古写真で語る京都』淡交社、二〇〇四年）参照。

（15）熊谷直孝は、明治五年六月二二日に新しい「日記」を付け始める（京都市歴史資料館所蔵写真帳・№91熊谷家文書No.268「日記」）。この日記の表紙見返しに、「六月十五日、久右衛門ヲ直孝ト称シ可申候旨申上ル。依之廿二日後、奥印等直孝ニ改ル」とある。直孝は、総区長就任と同時に、家業の当主であることをあらわす久右衛門から、直孝に改称したのである。

（16）杉浦利之氏による。

（17）前掲註（2）『近代日本地方自治立法資料集成』第一巻、四八三頁。

（18）国立公文書館所蔵「明治卅一年任免二十三」所収の辻信次郎履歴書によれば、辻は天保一二年生まれで、一八七三年六月勧業場日勤、一八七七年一〇月総区長助勤、一八八〇年二月下京区社倉勘定役、一八八二年一一月下京区共有金総代人、一八八七年下京区共有金取扱委員などを歴任し、一八八九年四月からは市会議員、同六月からは市参事会員を務めた。中村については、小林丈広「京都公民会と都市商工業者」（『キリスト教社会問題研究』五九、二〇一〇年）、同「第二回衆議院議員選挙前後の京都——中村栄助を中心に——」（『同志社談叢』三一、二〇一一年）参照。

(19) 仙台市史編さん委員会編『仙台市史』通史編六(仙台市、二〇〇八年)、六五~六九頁など参照。
(20) 各区町村金穀公借共有物取扱土木起功規則の意義については、徳田良治「わが国における町村会の起源」(『福島正夫著作集』第九巻、勁草書房、一九九六年)、一三〇~一四三頁など徳田・福島両氏の一連の研究に詳しい。
(21) 「郡区町村編制府県会地方税両規則施行順序」(一八七八年七月)・「郡区町村編制府県会地方税両規則施行順序中処分方」(同年一一月)および一八七九年六月二四日の太政官布告参照(前掲註2、四四六~四四八・四五七・四七五~四七八頁)。
(22) 「上下京伏見連合区会録事幷日誌」(『近代自治の源流』京都市歴史資料館、二〇〇八年)。同書中の秋元せきによる解説参照。
(23) 奥村弘「叢書京都の史料10『近代自治の源流』を読む」(『京都市歴史資料館紀要』二二、二〇〇九年)。
(24) 秋元せき「明治期京都の自治と連合区会・区会」(伊藤之雄『近代京都の改造』ミネルヴァ書房、二〇〇六年)、前掲註(22)『近代自治の源流』六頁参照。寺尾の研究は「京都の市中社倉」(『明治初期京都経済史』大雅堂、一九四三年)など。
(25) 寺尾論文は『経済史研究』一七、五・六(一九三六年)、のち前掲註(24)『明治初期京都経済史』所収。秋元論文は前掲註(24)参照。
(26) 前掲註(24)寺尾書、五五~六二頁参照。
(27) この時期の諸策については、京都府立総合資料館編『京都府百年の年表』第四巻(京都府、一九七一年)、三八~四七頁参照。これによれば、米の交付は明治二年九月から毎月七〇〇石ずつ行われたが、明治三年一月に打ち切られ、同年二月に追加交付されたという。また六月からは米の廉売が行われた。また、一八七七年には天皇行幸に際して療病院費などとして一万二〇〇〇円が下付され「恩賜金」と呼ばれた。
(28) 前掲註(22)『近代自治の源流』二一四~二一九頁参照。
(29) このやりとりについては、中村の伝記『九拾年』(中村エン、一九三八年)に基づいて、前掲註(22)『近代自治の源流』「解説」が紹介しているので、小文では、伝記のもととなった稿本「中村翁伝未定稿」(京都市歴史資料館所蔵写真帳H50高山(寛)家文書No.3)から槇村の発言と思われる個所を引用した。『大坂日報』一八八〇年一〇月二三日付なども参照。

（30）前掲註（22）『近代自治の源流』二〇六～二〇八頁参照。

（31）前掲註（22）『近代自治の源流』二〇九～二一四頁参照。

（32）前掲註（22）『近代自治の源流』一五二～一五七頁参照。

（33）前掲註（22）『近代自治の源流』一九一～二〇五頁参照。

（34）槇村府知事と京都府会との対立については、原田久美子「民権運動期の地方議会」（『日本史研究』三八、一九五八年）、青山霞村原著『改訂増補山本覚馬伝』（京都ライトハウス、一九七六年）、二九〇～三〇九頁など参照。

〔付記〕小文は、二〇〇八～二〇一〇年度科学研究費補助金基盤研究（B）「近代古都研究――歴史と都市をめぐる学際的研究」（研究代表者高木博志）および二〇〇九～二〇一一年度科学研究費補助金基盤研究（C）「近代都市制度の基礎的研究――「区」をめぐって――」（研究代表者小林丈広）による研究成果の一部である。また、小文脱稿後、秋元せき「幕末・明治期京都の「豪商」と公務」（『日本史研究』六〇三、二〇一二年）が発表された。あわせてご参照いただきたい。

創建神社の造営と近代京都

清水重敦

はじめに

明治以降、少なからざる数の神社が新たに建てられた。「創建神社」と呼ばれるこれらの神社は、実在の人物を祭神とする点で、近世までに創られた神社の多くとは性格を異にする。それは、近代天皇制を基軸とする新たな神道の形成の文脈において創建された、国民教化のための装置であった(1)。その多くが官幣社ないし別格官幣社に列格され、国による手厚い保護を受けた。

明治前期の京都では、特に集中して神社が創建された。京都御所というトポスを巡って、忠臣たちが取り巻く新たな慰霊空間を創出するものとして、この京都の創建神社群は評価されている(2)。東京遷都により地位が相対的に下落した京都という都市にとって、創建神社は、古都としての京都という都市イメージを創出する一つの道具立てとして機能したとされる。

確かに、明治前期においては、これらの創建神社は国家にとって、あるいは地域にとって、強い政治的メッセージを有したことであろう。しかし、今、我々が京都の創建神社を訪れてみても、創建時に込められた熱情を感じ取ることは難しい。肝心の境内空間から、地域的個性も、祭神との関連性も読み取りにくいのである。これはひとえに、各神社の境内空間が「制限図」に則って造営されたことによる。明治期に国費支弁で造営された神社の多くがこの「制限図」に則っているが、中でも創建神社は典型的な制限図の適用事例である。それゆえに、創建神社の境内空間は、近代社寺建築の事例として建築史学においてとりあげられはするものの、そこでは制限図に則っているか否かだけが問題とされ、境内空間の質があまり問われてこなかった。観念的なレベルでは、高い社格によって存在感を示したことであろう。しかし、具体的な空間としてみた場合、創建神社はどれだけ人々の心を摑み得たのだろうか。

本論では、明治前期に京都で創建された神社を対象に、鎮座地選定にまつわる問題と、社殿の造形の問題を考えたい。京都の創建神社では、どの神社でも、鎮座地の選定に際して、祭神の由緒と御所との位置関係をめぐる議論が巻き起こっていた。また、その境内空間は、制限図に準拠していると思われる画一的な社殿配置が目立つが、よく見るとそこから逸脱した試みもなされている。これらの意味を、創建神社の文脈と、京都の地域的文脈の双方から読み解き、京都の創建神社の地域的および空間的な意味を考えていきたい。

一　創建神社の空間的配置

(1)　鎮座地の選定

京都における神社の創建は、幕末から明治中期にかけて集中しておこなわれた。(3) 慶応四年（一八六八）に崇徳上皇を祭神とする白峯宮が、一八八〇年（明治一三）に豊臣秀吉を祀る豊国神社と織田信長を祀る建勲神社が、八四年に和気清麻呂を祀る護王神社が、八五年に三条実万《さねつむ》を祀る梨木神社が続けて造営された。その後暫くおいて、九五年に桓武天皇を祭神とする平安神宮が創建され、創建神社ラッシュが一段落する。

創建神社が他の神社と大きく異なることの一つに、鎮座地選定の問題がある。祭神が定められたのちに鎮座地を選定するという順序となるため、その選定にはしかるべき理由が必要となる。京都の創建神社は、梨木神社と護王神社がそれぞれ御所の東西に接して立地していることに象徴されるように、京都御所との位置関係を意識しつつ鎮座地が選定された、と論じられている。(4) 創建神社群が御所を取り巻くように配されているようにも見え、ここに御所をめぐる慰霊空間を創出しようとする意図を読み取るものであろう（図1）。しかしながら、個々の創建神社においてかような鎮座地選定意図があったかどうかは、必ずしも明らかにされていない。まずはこの鎮座地選定の意図を個々に検証することからはじめたい。

京都の創建神社は、祭神の性格から、以下の三種に分類できる。

①天皇崇拝との直接的関連のある神社（白峯宮、護王神社、平安神宮）

②維新の功績を讃える神社（梨木神社）

③前政権の権威を相対化すべく設けられた神社（豊国神社、建勲神社）

①の神社は、直接、間接に御所との関係を意識しつつ、鎮座地が決定されている。

白峯宮（現在の名称は白峯神宮）は幕末の慶応四年九月に社殿を造営して創建された神社である。慶応二年に孝明天皇が創建を幕府に命じ、明治天皇が受け継いで創建させたもので、創建、造営ともに突出して早く、他の神社とは幾分性格が異なっている。鎮座地は、公卿の飛鳥井家別邸跡である。御所からわずかに距離を置いて鎮座地が選定されたというべきかもしれない。

護王神社は、元来は高雄山神護寺の鎮守であった。一八七四年に和気清麻呂を追賞して別格官幣社に列格されたことで、寺院内の敷地であることに不都合が生じ、移転計画が浮上した。宮司は京都御所近辺への移転を希望したものの、受け入れられず、計画が二転三転したのち、八四年に御苑に隣接する現在地へと移転することとな

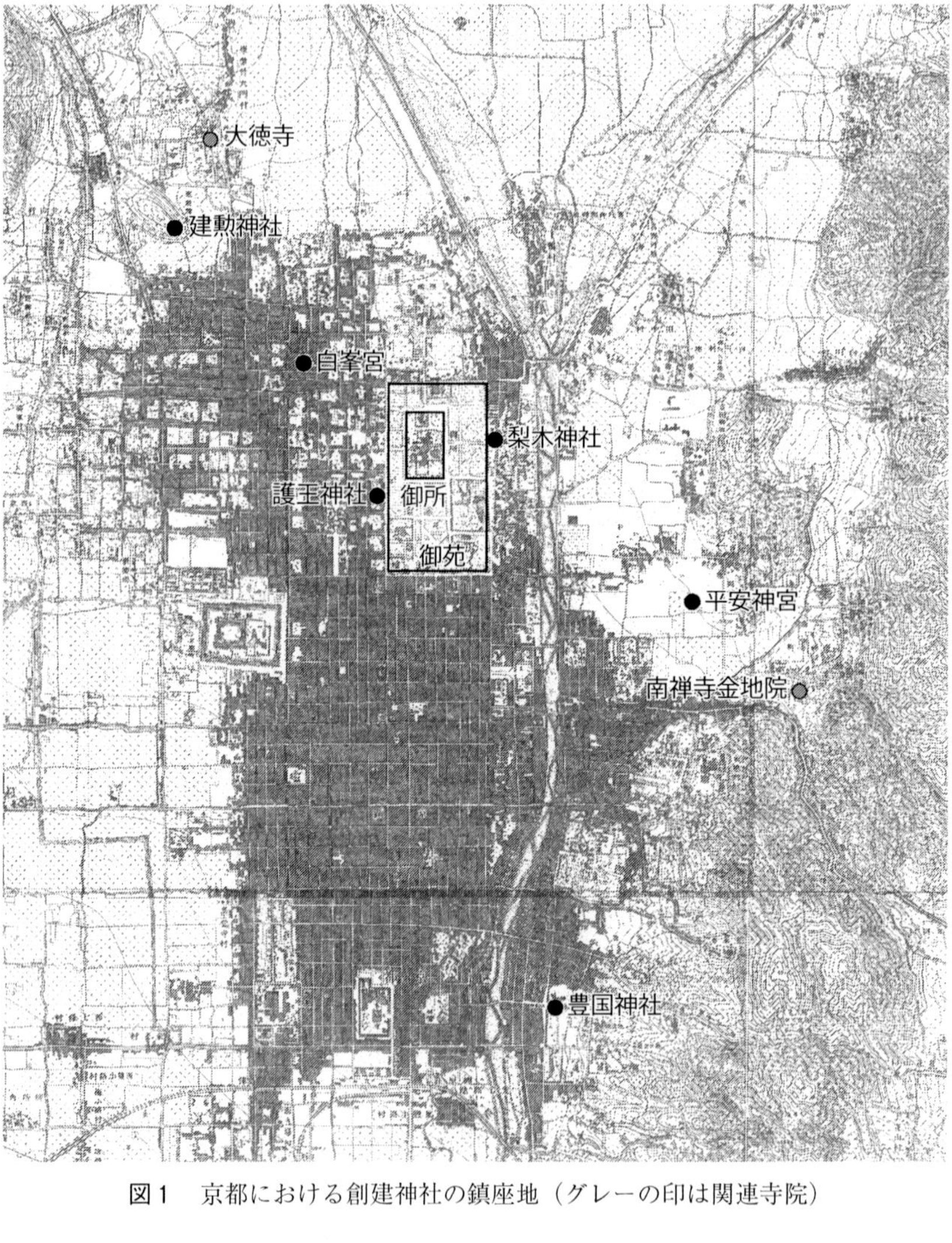

図１　京都における創建神社の鎮座地（グレーの印は関連寺院）

った。別格官幣社への列格以降、一貫して御所近辺への遷座が求められたことになる。

桓武天皇を祭神とする平安神宮は、よく知られている通り、第四回内国勧業博覧会と同時に開催された平安遷都千百年紀念祭の紀念殿を神社建築の社殿に転用したものである。したがって、鎮座地選定以前に、紀念殿の敷地選定という問題があったわけだが、桓武天皇を祀る神社の創建計画は、紀念祭の企画立案を遡る時期にすでに立てられていた。一八八三年（明治一六）に岩倉具視が立てた神社創建計画では、京都復興策として、御苑保存と絡めつつ、御苑内に桓武天皇を祀る神社を創建する案が提示されていた。[5]また、紀念祭の計画が持ち上がった一八九二年（明治二五）には、桓武天皇の銅像を御苑内に建設する計画も立てられるなど、[6]御所との関係が意識されていたのは明らかである。しかし、実際に建設された紀念殿は、内国勧業博覧会の誘致運動を背景として定められた鴨東岡崎の博覧会用地内に設けられ、その配置も御所を意識したものではなく、平安宮の復古を意図したものであった。

②の梨木神社は、御所隣接地に鎮座するが、これは御所との関係はもちろんのこと、三条家屋敷地隣接地であったことが鎮座地選定の理由となっている。

③については、御所との関係よりも、むしろ祭神の由緒に即して鎮座地が定められた。

織田信長を祀る建勲神社は、明治二年（一八六九）、東京に創立されたが、一八七四年（明治七）に京都へ移転することとなり、七五年四月、船岡山に鎮座地を定めて別格官幣社に列格された。船岡山は、本能寺の変後、天正一二年（一五八四）に豊臣秀吉が信長の菩提寺として「天正寺」の造営を計画した場所である、という理由で選定されたものである。一八七八年から八〇年にかけて、船岡山の山裾に社殿が建設された。一九一〇年（明治四三）に、この創建時の社殿を船岡山の山頂に移転し、新規に建物を加えて社地を拡大している。

豊臣秀吉を祀る豊国神社は、京都と大阪の間で鎮座地が争われた。まず慶応四年（一八六八）閏四月六日、明治天皇の沙汰により、大阪城近傍に社壇を造営することが指示されたが、同年五月一日には京都阿弥陀ヶ峰の秀吉廟の再興も布告された。一八七三年（明治六）八月一四日、新日吉神社神楽殿を仮拝殿として、阿弥陀ヶ峰廟を豊国神社と称して別格官幣社に列格する旨が決定されたが、七四年二月三日には教部省が大阪への遷座を指令するなど、混乱を極めた。京都側の度重なる移転取り消し嘆願の結果、七五年四月に大阪への移転差し止めが決定し、大阪には摂社として別社を創建することとなった。同年八月一八日、方広寺大仏殿跡地を社殿用地とする京都府の上申が教部省から許可され、造営がはじめられた。

建勲、豊国の二社については、そもそも鎮座地を京都とした点に、すでに明治政府の意志が表れており、大きくいえば京都における功臣の慰霊空間形成の一要素となったとすべきであろう。しかし、京都の中における立地でいえば、以上のいずれの神社も、平安京以来の京都の地勢、地縁が強く意識されているものの、必ずしも御所との関係において鎮座地が選定されたわけではないことが知られる。鎮座地の選定には、まずもって祭神の由緒が先に立つわけで、当然のことではある。では、この祭神の由緒と御所との関係は、いかなるものであったのか。これを示唆するのが、創建神社における銅像建設問題である。

（2） 御所への銅像設置計画

創建神社造営の過程で、造営費の一部を割いて祭神の銅像を建てることが計画された神社があった。護王神社と建勲神社である。この計画には、根拠となる教部省伺があった。一八七六年（明治九）一一月一八日の宍戸璣教部大輔発太政大臣宛「官社へ銅石像設立之儀ニ付伺」(7)がそれで、七七年一月二五日に聞き届けられている。別格官幣社の造営に際して、「西洋モニユウメント」の体に倣い、殿舎建設費用の一部を割いて祭神の銅石像を制作することを推奨したものである。この伺については、これまで運用事例が知られておらず、その政策上の意図が判然としていなかったが、京都における上記二社の計画がまさにその実例であったことが『京都府庁文書』から知られる。

護王神社における銅像建設計画は、高雄山から御所近辺への遷座問題の過程で浮上した(8)。一八七四年の別格官幣社への列格後、宮司半井真澄は京都御所近辺への移転を教部省へ願い出たものの、許可されず、その対案として、一八七八年三月に、社殿は高雄山内玩玉院跡に建設し、その建設費の六割を割いて和気清麻呂の銅像を造り、御苑内の東南、寺町御門近辺に設置する、という案を提出した。同年八月三日に内務省より聞き届けられ、翌年には銅像建設の見積、和気清麻呂の肖像、着衣像の検討までが具体的に提出された。しかし、その後の物価高騰等により、銅像建設計画は白紙撤回となった。

建勲神社では、一八七八年一月に社殿造営が開始された際、護王神社において銅像建設が許可されたことを知り、造営費を増額し、その一部を割いて織田信長の銅像を造り、やはり御苑内に設置することを計画した(9)。ただし、こちらについては、造営予算を超える要望が出されたため、内務省により却下され、当初予定通りに社殿のみが船岡山に建設された。

いずれの事例も計画のみに終わったものであるが、祭神の銅像を御所内に設置することが企図されたことが重要である。つまり、鎮座地は祭神の由緒によって選定し、御所との関係が視覚的に理解できるよう、御所内に銅像を配置することが意図されたのであった。

天皇制を支える一装置としての創建神社の意義が、御所との関係を取り結ぶことによって明確化されるわけであるが、ここには同時に、創建神社における具象的な記念性表現への希求が表れている。すなわち、祭神の記念碑として神社をとらえる発想である(10)。創建神社が、御所を中心とする天皇制の表現装置としてのトポグラフィカルな役割を持つとともに、英雄のモニュメントとしての役割を有した、二義的な存在であることが、ここに明瞭に表れていよう。
ただし、ここでの記念性の表現が、建築によってではなく、銅像による具象的表現に頼らざるを得なかったことに注目しておく必要がある。境内空間における建築表現は、実際にはいかなるものであったのか。そして、銅像建設計画も実現しなかった以上、記念性はいかに表現されたのだろうか。次に、創建神社境内空間の造形表現と記念性の関係について見ていきたい。

二　境内空間と記念性

(1)　境内空間の造形表現

明治初年に創建された京都の神社の多くは、神宮を頂点とする社格制度の中で別格官幣社等として高い社格を与えられたものの、その境内空間は意外に質素である。これは、いわゆる「制限図」に則った造営がなされた結果である。制限図に則った境内空間は、画一的にならざるをえず、実在の人物を祭神として祀るその性格とは必ずしもそぐわない。境内空間が、祭神の人物像と結びつかないのである。祭神の人格に対する造形表現は、いかにとらえられてきたのだろうか。

官国幣社の造営費は一八七四年（明治七）以降、官費支弁とされたが、その造営費は逆に制約を受けた。七三年三月一〇日に発された大蔵省達により、建坪を制限することが求められたのである。この達に添付された参考設計例が「制限図」であった。別格官幣社ないし官幣社とされた創建神社は、造営費が官費支弁であったため、典型的な「制限図」適用事例となった。

制限図は、神社を大社、中社、小社に、そして本社と摂社に分類し、それぞれに社殿配置、社殿規模、形式を示している（図2）。各社格とも、基本形式は概ね共通し、殿舎規模によって区別している。拝殿、中門（祝詞舎）、

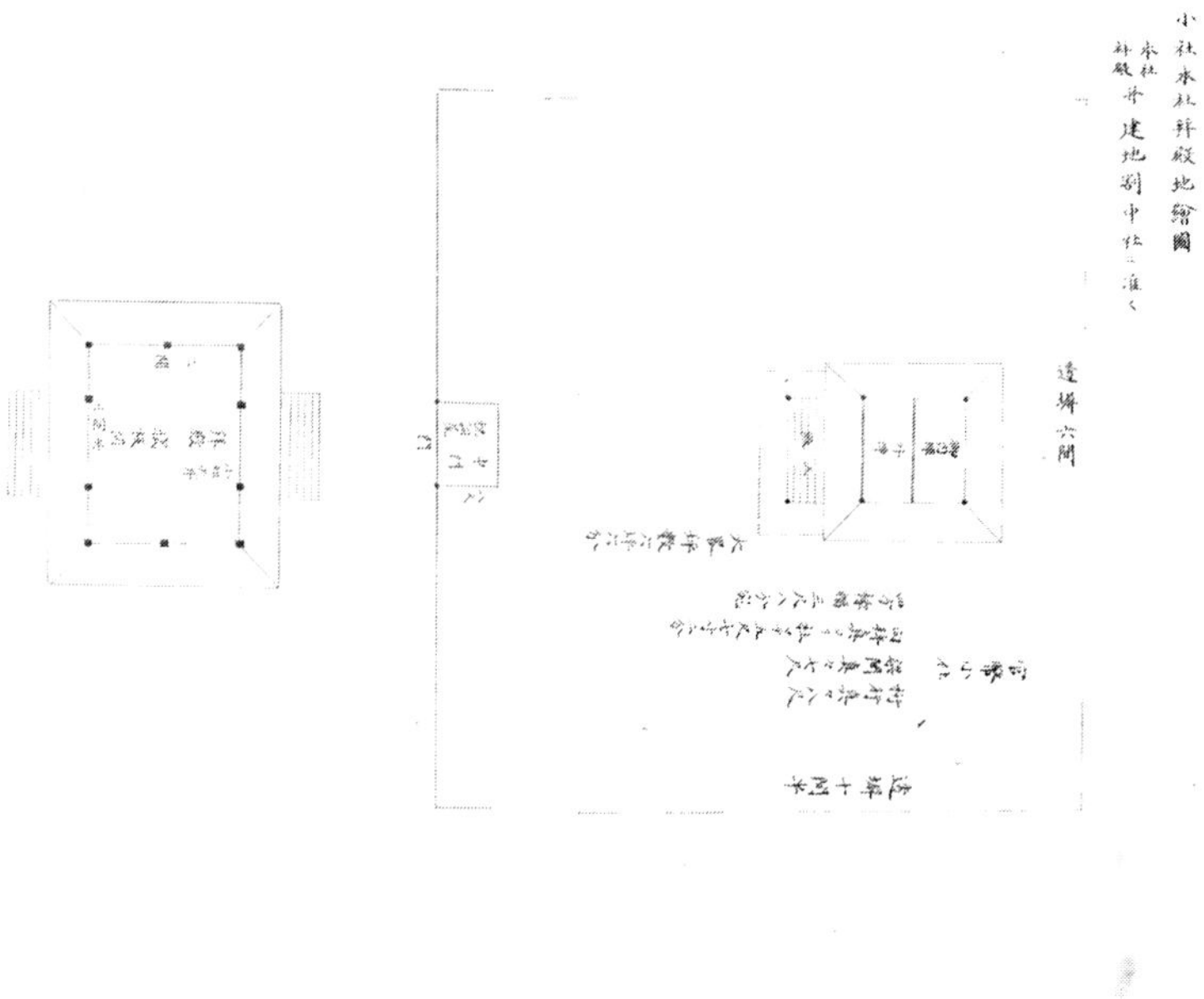

図2　官国幣社制限図「小社本社拝殿地絵図」
（「大中小社格ニ応シ建社坪数ノ制限ヲ定ム」『太政類典』第2編第253巻・教法4・神社2）

本殿を中心軸上に配し、各建物は本殿を礎石建ちの流造《ながれづくり》、中門を切妻造平入の四脚門ないし起《むく》り屋根の切妻造妻入門、拝殿を吹き放しの舞殿《まいどの》風の形式とする。本殿は、大社は松尾大社本殿、中社および小社は流造の本殿形式を基にしたものとみられ、中門および拝殿の形式は下鴨神社や平野神社など、京都近郊の古社の形式に類似する。基本的には、近世以来の伝統的な形式を簡素化あるいは部分的に改変したもので、造形的特異性よりも、簡素な標準設計としての印象が強い。

では、京都の創建神社の境内と社殿はどの程度制限図に則っているのだろうか。各神社の境内空間の造形を詳しく見ていこう（表）。

白峯宮は、慶応四年（一八六八）に社殿が造営されており、制限図の制定以前に造営された稀少な事例である（図3）。配置

桁行	梁間	向拝出	備考
1丈3尺2寸	1丈2尺1寸	11尺9寸	制限図と一致しない。賀茂御祖神社第一摂社河合神社と配置、形式上の共通点が多い。表門、拝殿、幣殿、回廊、本殿の配置と、各建築の形式がよく似る。本殿に土台が廻るのも同様。
8尺	7尺	7尺	制限図小社本社寸法、形式に合致
8尺	7尺	5尺5寸	制限図小社本社寸法、形式に合致
（8尺）	（7尺）	（7尺2寸）	制限図小社本社寸法、形式に合致
9尺1寸5分（外外）（8尺4寸）（心々）	7尺8寸2分（外外）（7尺）（心々）	6尺7寸6分（心々）（7尺）（心々）	制限図小社本社寸法、形式に合致。桁行やや大きい

は表門、拝殿、幣殿、本殿が中心軸上に並び、社殿は拝殿が吹き放しの舞殿風、本殿が規模の大きい一間社流造と、基本的な部分は制限図の中社本社の形式と共通する。この点からは、白峯宮の造営が制限図制定の一つの先例となった可能性を指摘できる。ただし差異もあり、制限図で軒唐破風付きの切妻造八脚門となっている中門に相当する幣殿は、同じく軒唐破風付きながら屋根が入母屋造であるとともに、左右に透《すき》塀《べい》ではなく回廊が延びている。本殿も、制限図では柱が礎石建となるのに対し、土台を井桁に組んだ上に乗る、上下賀茂社における流造の古式に倣ったものとなっている。

以上の配置および社殿形式は、賀茂御祖神社第一摂社の河合神社と酷似している（図4）。河合神社の社殿は文久三年（一八六三）に造替されたものであり[11]、造営時期からしても両者に直接の関係を想定しうる。したがって、白峯宮の造営は、京都の古社の形式を受け継ぎつつ、

表　京都における創建神社の社殿

【本殿形式】

	建設年	構造形式	建坪
白峯宮	慶応４年９月	一間社流造、側面２間扉付、檜皮葺、四方高欄縁付、浜床・登高欄ともなし、素木造、基壇(昭和３年新設)、亀腹、土台、豕叉首、舟肘木	11坪３合
建勲神社	明治13年４月	一間社流造、檜皮葺、四方高欄縁付、向拝浜床登高欄付、素木造、基壇なし、亀腹、土台なし、豕叉首、舟肘木	３坪１合１勺
豊国神社	明治13年５月	一間社流造、檜皮葺、四方高欄縁付、向拝浜床登高欄付、素木造、基壇、亀腹、土台なし、豕叉首、舟肘木	２坪８合８勺
梨木神社	明治18年９月	一間社流造、檜皮葺、四方高欄縁付、向拝浜床登高欄付、素木造、基壇、亀腹、土台なし、豕叉首、舟肘木	６坪９合３分
護王神社	明治19年11月	一間社流造、檜皮葺、四方高欄縁付、向拝浜床登高欄付、素木造、基壇、亀腹、土台なし、豕叉首、舟肘木	７坪５分７厘２毛

註：建坪、寸法は、各神社明細帳(『京都府庁文書』)による。(　)は現存社殿の実測値。

【付属屋形式】

白峯宮	幣殿：桁行３間、梁間２間、入母屋造、正面唐破風付、檜皮葺、平入、両妻側桁行２間回廊附属、慶応４年	拝殿：桁行３、梁間３、入母屋造、檜皮葺、妻入、吹き放し、慶応４年
建勲神社	祝詞舎：方１間切妻造門、檜皮葺、妻入、明治13年	拝殿：桁行２、梁間３、入母屋造、檜皮葺、妻入、吹き放し、明治20年
豊国神社	祝詞舎：方１間切妻造門、檜皮葺、妻入、明治13年	拝殿：桁行３、梁間２、入母屋造、檜皮葺、平入、吹き放し、明治13年
梨木神社	祝詞舎：方１間切妻造門、檜皮葺、妻入、明治20年	拝殿：桁行２、梁間３、入母屋造、桟瓦葺、妻入、吹き放し、明治20年
護王神社	祝詞舎：向唐門、檜皮葺、明治20年	拝殿：桁行２、梁間３、入母屋造、檜皮葺、妻入、吹き放し、明治19年

制限図の形式にも影響を与えた可能性のある、地域性と画一性を結ぶ位置にあったものと考えられよう。

明治一〇年代の造営になる神社は、いずれも制限図の小社本社の規模、形式を厳格に適用している（図５）。中心軸上に拝殿、中門、本殿が一直線に配された境内空間には一定の厳粛な風格が漂うものの、個々の社殿には個性が認めがたく、造形的モニュメンタリティという面ではやや控えめな表現となっている。各神社には、昭和初期になり、神門や祝詞舎を中心に復古様式での改築が施されるとともに、付属施設が多く付加されるようになり、モニュメンタルな空間へと変質していくが、それでも制限図の画一性は残されている（表）。

明治二〇年代になると、神社の創建は原則禁止され、天皇を祭神とする神社のみが「神宮」として創建を許されるようになる。ただし、神宮であっても、境内空間は基本的には建坪制限および制限図に準拠している。平安

図３　白峯神宮境内
（以下すべて筆者撮影）

図４　賀茂御祖神社摂社河合神社境内

神宮の境内は、平安宮八省院を基に、堂宇を省略しつつ八分の五スケールで復元的に構成したもので、歴史主義的な連想による建築的モニュメンタリティが表現されている（図6）。これは先述の通り、平安遷都千百年紀念祭紀念殿を拝殿に見立て、背後に本殿を追加することで神社へと転換したものである。紀念殿背後に追加された本殿は、現在、長岡天満宮に移築されて本殿として現存している。規模、形式共に、制限図の中社本社と合致しており、やはり制限図に準拠したことが知られる。平安神宮におけるモニュメンタルな建築表現が、あくまでもパヴィリオンとしての表現であり、創建神社としての発想によるものではないことがここから改めて確認できる。とはいえ、創建神社において建築により記念性を表現するという意識の芽生えの契機の一つとはなっただろう。

こののち、制限図に縛られる社殿の造形への批判がなされるようになり、内務省神社局により神社建築におけ

図５−１　建勲神社境内

図５−２　護王神社境内

図５−３　梨木神社境内

るモニュメンタルな表現が追求されていくが、以降、京都においては大規模な創建神社は建てられることがなかった。

以上のように、京都における創建神社の造形は、やはり制限図を遵守したものであった。制限図制定以前の創建神社である白峯宮の社殿形式からは、制限図自体が京都の古社との関係で定められたことが示唆され、制限図に則った境内空間の造形には京都の地域性が表出していると考えられなくもないが、それが実際の空間として立ち現れると、地域性や記念性よりも画一性が際立つことになった。明治後半にいたり、建築による記念性の表現へと神社建築が展開していく契機も京都の創建神社である平安神宮にあったと考えられるものの、創建神社としての記念性を建築によって表現する段階へといたる前に、京都の創建神社造営は一段落着いたのであった。

図6　平安神宮境内

とはいえ、制限図が適用された初期の段階においても記念性が希求されたことは、先の銅像建設計画にも見られた通りである。こうした希求が実際の造営に反映した例はなかったのだろうか。その一端が、豊国神社の造営に見られるように思われる。

(2)　豊国神社と唐門の移築

豊国神社の境内は、制限図に則って造営された社殿を基に、大正期に改造が施されたものであるが、ここには近代の建物に加えて、現在国宝に指定されている桃山時代建設の唐門がある。秀吉の由緒を背負って、以前から建ち続けているかのような唐門は、この境内空間に他の創建神社からは異質な、独特の歴史性を与えている。もちろんこの唐門は、神社創建にあたって他所より移築されて現在の位置に据えられているわけであるが、創建にあたり、他の場所から建築を移すという行為には、創建神社という仕組みの持つある種の特質が典型的に表出しているように思われる。

京都周辺には桃山時代建設とされる唐門が複数あるが、これらの中には、明治期に場所を移されたものがある。豊国神社唐門の他、大徳寺唐門、金地院明智門がそれである。実は、これらの門の移築は、南禅寺金地院を中心として、相互に関係性を有している。豊国神社創建に際する唐門移築の意味を、これらの三門を視野に入れて考えてみたい。

豊国神社唐門の移築　三棟の唐門の移築のうち、まず実施されたのが、豊国神社唐門の移築であった(12)。この門は、豊国神社への移築前は南禅寺金地院に建っていた。金地院では、現在の表門と東照宮楼門との中間に、東面する門として置かれていた(13)。この唐門には彫刻と金具に桐紋が多用されており、豊臣秀吉造営の伏見城の門が移築されたものとの伝承があった。それが二条城に移築されたのち、寛永年間に金地院へ移されたと、豊国神社への唐門移築に際しての文書に記されている(14)。崇伝の日記『本光国師日記』寛永四年（一六二七）八月四日条に、「今度二条御城之唐門拝領候、周防殿次第うけ取、南禅寺へ引越候様にと申遣ス」とあることから、今日においても、二条城から金地院への移築は事実と考えられており、二条城への後水尾天皇行幸に際して徳川家光がおこなった拡張および殿舎整備の中で撤去され、金地院に移築されたものと推察されている(15)。

ただし、建築の形式よりみて、慶長年間の後半に建てられたと考えられる本願寺唐門に近く、豊臣氏伏見城の門とする伝承については疑問視されている。とはいえ、明治初年の段階では、秀吉の伏見城の門であったとする伝承が信じられており、秀吉を祀る神社の創建にあたって、祭神と縁が深いこの建物を移築しようとした考え方は素直に理解されよう。

唐門の移築を実施したのは、京都府八等出仕の明石博高であった。金地院は徳川家ゆかりの寺院であるがゆえに、維新以降、維持費の捻出が極端に困難となり、唐門も破損が進んだまま放置された状態となっていた。その状況を憂えた明石は、創建の話が進んでいた豊国神社への移築を目論み、一八七五年にこの唐門を二二円五〇銭で買い上げた[16]。神社創建の認可を待ち、移築費用すべてを明石が負担し、七八年二月に起工、同年九月に豊国神社への移築を完了した。

これだけなら新施設建設に由緒を利用するという、比較的単純な話で終わる。しかし、ここには移築元に関する事情も絡んでいた。唐門移築へ向けて明石が動き始めた頃の七五年五月、金地院の本寺である南禅寺を癲狂《てんきょう》院《いん》として使用することが京都府より打診され、南禅寺方丈と金地院とが候補にあがった。結局、南禅寺方丈を使用することが決定され、金地院については癲狂院としては使用されなかったものの、南禅寺方丈が一八七三年に療病院の非常立退所として指定されていたため、その役割を金地院に移すこととなった。寺院としての処遇を廃し、さらにその上でまったく違う用途へと転用されたのである。

実はこれら両病院の設置を推進したのも明石その人であった。明石は医者として出発した人物で、慶応元年（一八六五）に京都医学研究会を組織し、明治二年（一八六九）には大阪舎密《せいみ》局でハラタマに薬学を、ボードインに医学を習うなど、医学、病院に対して強い関心を持っていた。明治三年からは京都府に出仕して、府の勧業政策を取り仕切っており、病院設置も強く推進していった。金地院唐門購入はあくまでも私費によるものであったが、彼自身の中では病院の設置と連動していたとすべきであろう。すなわちこの移築は、豊国神社創建と、南禅寺および金地院における癲狂院等の設置とを結びつける行為であったと理解される。

大徳寺唐門の移築　一方、大徳寺唐門の移築は、時代の降る一八九八年（明治三一）から九九年に実施された。豊国神社への唐門移築とは無関係にみえるが、両者は「明智門」を介してつながってくる（図7）。

大徳寺唐門は、聚楽第遺構として知られていた門で、古社寺保存法による特別保護建造物指定の第一回である一八九七年（明治三〇）一二月二八日に指定された建造物である。[17] ただし、指定時には、現在の本坊方丈正面ではなく、塔中興臨院の正面に、東向きで建っており、通称「日暮《ひぐらし》門」と呼ばれていた。指定の翌年である九八年から九九年にかけて、現在の位置である本坊方丈正面へと移築された。したがって、この移築は、古社寺保存法による修理事業として実施された。

しかし、この移築先には、「明智門」と呼ばれる向唐門《むかいからもん》があった。[18] 明智光秀は、天正一〇年（一五八二）年に織田信長を討った後、大徳寺に銀子一〇〇枚を寄付しており、この寄付によってこの門が建設されたものと考えられている。

図７　南禅寺金地院明智門

日暮門の移築については、移築時の公文書に「今回修理ヲ為スニ当リ建造物相互ノ配置ト風致保存上ノ必要ニ依リ大方丈前元明智門ヲ撤去セシ跡ニ之ヲ移シテ旧来通修理ス」と記されており、明智門が撤去されていたために、そこを埋めるべく日暮門を移築したかにもみえる。[19] しかし、修理工事の工程を見ると、一八九八年一〇月二一日から一二月二五日にかけて「明智門」の解体がおこなわれ、それと工期を重ねて九八年七月七日から九九年八月一五日の工期で「日暮門」の移築修理がおこなわれており、明智門を追い出すようにして日暮門をわざわざ移築したように読めるのである。明智門撤去の理由は記されていないが、大徳寺のすぐ南に織田信長を祭神とする建勲神社が創建されていたことを考えると、いわば明智光秀にまつわる負の由緒として明智門がとらえられた、と想像することもできる。

撤去された明智門は、他ならぬ南禅寺金地院に移築された。金地院では、豊国神社へ移築された唐門が建っていた場所ではなく、表門を入った左手の、方丈庭園への入り口に据えられた。

唐門移築の意味　金地院を中心に、三棟の唐門が、まるで玉突きのごとくに場所を変えられた。ここには、豊国神社と建勲神社の創建をめぐる、記念性表現の物語が隠されているように思われる。

唐門は、桃山時代の英雄の人格を物語るアイコンとして利用された。京都における徳川家の拠点寺院である金地院は、唐門という豊臣家の由緒を剝奪され、病院施設へと転化された。その上で、大徳寺より明智門が移築された。金地院にあった唐門は、豊国神社にまるで以前から建ち続けているかのように据えられ、また、建勲神社近傍の大徳寺では、明智門の跡地にこれまた秀吉由来の唐門が納まった。

ここには、前政権のモニュメントを隠蔽し、なおかつ新政府のイメージを浸透させるためにさらに一代前の政権のイメージを借用するという政治性が読みとれないだろうか。豊国神社と建勲神社の創建には、東照宮の権威を相対化する意図があったといわれるが、この移築問題には、それが最も具象的な形で表れているように思われる。

創建神社における建築による記念性の表現は、唐門というアイコンを利用して具体化された。それは個々の創建神社の境内に留まらず、広く京都の都市イメージを再編する行為の一環として位置づけられるものであったと思われるのである。

おわりに

近代京都における創建神社の造営を子細に見ていくことで、単に制限図の適用というにとどまらない、さまざまな思惑がそこに錯綜していたことが見えてきた。これらの思惑を、近代京都の都市イメージ形成の観点から最後にまとめておきたい。

京都の創建神社の多くが一八七三年に定められた制限図に則って造営されたのは、これまでに指摘されてきた通りである。本論では、この制限図に示された配置と社殿形式が京都の古社の形式と直接的な関係を有している可能性を指摘した。特に、制限図制定以前の造営になる白峯宮は、両者をつなぐ位置にあると見られる。このことは、創建神社をめぐる明治政府の政策意図における京都の重要性を示すものととらえられよう。京都において集中的な創建神社の造営がなされたことは、いわば近代における神社造営の実験のようなものだったといえるのかもしれない。

実際に造営された神社の社殿と境内空間は、京都の古社の形式に比して細部が簡略化された結果、地域性よりも画一性が目立つものとなった。したがって、個々の神社単体としては、記念性の表現に成功しているとは言い難い。しかしながら、創建神社群として見ると、平安京以来の京都の地勢、地縁を意識した配置がなされ、都市京都の歴史を彷彿させる功臣の慰霊空間が創出されたということは改めて確認できる。

その一方で、視覚表現による記念性も確かに意図されていた。制限図から逸脱した造営である、銅像の建設計画と唐門の移築による由緒の付与という行為が計画あるいは実現されたことがそれである。ここには創建神社をめぐるもう一つの政策意図である、英雄のモニュメントとしての意義が見出されよう。しかしここにおいても、御所との距離的関係や歴史的由緒にまつわる土地との関係といった、「場所性」が強く意識されていたのだった。

京都における創建神社造営の実験は、この段階で一つの幕を閉じる。次いで全国に展開される創建神社や既存の神社造営では、建築の造形による記念性の表現が追求されていくようになる。してみると、明治前期における京都の創建神社造営では、視覚表現よりも場として、すなわち場所に備わる由緒の顕在化や組み替えを通して、創建神社の記念性が表現されたととらえることができるだろう。近代京都における「古都」という歴史都市イメージの具現化に、創建神社は「場」の創出を通して寄与していったということを、本論の結論としたい。

(1) 創建神社に関する先行研究として代表的なものに、岡田米夫「神社・神宮創建史」(『明治維新神道百年史』第二巻、神道文化会、一九六六年)、村上重良『国家神道』(岩波書店、一九七〇年)、藤原惠洋『日本近代建築における和風意匠の歴史的研究』(東京大学学位請求論文、私家版、一九八六年)、神道文化会創立五十周年記念出版委員会編『近代の神社景観――神社局時代に撮影された神社――』(中央公論美術出版、一九九八年)がある。
(2) 高木博志「近代日本と豊臣秀吉」(『壬辰戦争――16世紀日・朝・中の国際戦争――』明石書店、二〇〇八年)。
(3) 京都における創建神社造営については、中谷翢「明治初期社寺政策と事情――京都府庁文書に見る――」(京都府立総合資料館『資料館紀要』一五、一九八七年)に詳しい。
(4) 前掲註(2)高木論文。
(5) 秋元信英「明治一六年の平安神宮創建案」(『国学院大学日本文化研究所紀要』三八、一九七六年九月)、所功「平安神宮の創建前史」(『神道史研究』四二―四、一九九四年一〇月)。
(6) 小林丈広「都市祭典と政治――都市間競争時代の歴史意識――」(『日本史研究』五二三、二〇〇六年三月)。
(7) 『公文録』明治一〇年一月内務省伺二。「護王神社造営一件」(『京都府庁文書』明八―四三)に関連文書として添付されている。
(8) 前掲「護王神社造営一件」。
(9) 「明治十一年　建勲神社一件」(『京都府庁文書』明九―三五)。
(10) 銅像建設計画とモニュメンタリティの関係については、別稿を用意している。
(11) 建築研究協会編『賀茂御祖神社無指定建造物調査報告書』(賀茂御祖神社、二〇〇八年)。
(12) 豊国神社造営と唐門移築についての史料は、「豊国神社一件」(『京都府庁文書』明七―二五)、「豊国神社建築一件」(同明八―四一、四二)、「豊国社建営一件」(同明九―三七)、「豊国社造営請負金前借帳」(同明一一―四四)。

（13）『都林泉名勝図会』巻之弐（寛政一一年）。
（14）前掲註（12）「豊国神社建築一件」。また、『別格官幣社豊国神社明細帳』（『京都府庁文書』明四五―三三―追二）にも「旧桃山城遺物」と記されている。
（15）『国宝　建造物』一五（毎日新聞社、一九八四年）では、慶長一六年（一六一一）の家康と秀頼の二条城会見に際して二条城に建てられたものとする説が述べられている。
（16）明石博高については、明石厚明編『静瀾翁略伝』（明石厚明、一九一六年）、田中緑紅編『明治文化と明石博高翁』（一九四二年）。
（17）大徳寺唐門とその移築の概要については、『国宝・重要文化財大徳寺唐門・勅使門修理工事報告書』（京都府教育庁指導部文化財保護課、二〇〇三年）、山田宗敏編『史料大徳寺の歴史』（毎日新聞社、一九九三年）。なお、大徳寺唐門は現在においても聚落第遺構の可能性が否定されていない。
（18）「明智光秀寄進銀子目録」（『大日本古文書　家わけ第十七（大徳寺文書之一）』東京大学出版会、一九七一年）、「龍寶山外志」（『龍寶山大徳寺誌　乾』）。
（19）「大徳寺日暮門修理工事施工解説大要」（「明治三十八年寺院造修」『京都府庁文書』明三七―五〇）。

一八九三年オーストリア皇族の来京

高久嶺之介

はじめに

一八九九年（明治三二）七月の条約改正により外国人が日本国内を自由に旅行できるまでは、徐々に緩和されつつも、外国人の国内旅行にはさまざまな制限があったことは、これまで多くの論稿によって指摘されている。そのような制限下でも、多くの外国人が京都を遊覧した。明治五年（一八七二）の第一回京都博覧会が外国人の京都遊覧のきっかけになり、その後も明治前期を通じて、来京者が増加していったことは丸山宏の研究が詳しい(1)。明治後期についても、京都が外国人に人気の都市であったことは、一九〇八年（明治四一）七月発行『京都商業会議所半年報』第一〇回に、「当地（京都――筆者註）ノ如キモ本邦中ニ於テモ彼等来遊外国人ノ目的地トシテ重ンゼラレ一度本邦ニ来遊スルモノ必ズ京都ニ立寄ルヲ例トス(2)」と記していることからもわかる。

このような京都遊覧の外国人について、上記丸山宏のほかに杉野圀明の研究など(3)があるが、これまでの京都来遊外国人の研究でまったく抜け落ちている分野がある。京都来遊外国人の中でも、皇族など外国人貴賓についての研究である。

京都府立総合資料館所蔵の京都府行政文書には、明治期に京都を訪れた外国人貴賓の接待を記した文書群があるが[4]、これまでほとんど使用されていない。それらを有効に使用すれば、京都来遊外国人貴賓が何を見たかったか、あるいは京都関係者が何を見せたかったのか、彼らに対して日本の関係機関がどのような接待をおこなったのか、外国人貴賓はどのように行動したのか、文化接触による諸相など多様な視点からの分析が可能になる。

このうち、一八八一年（明治一四）のイギリス皇族――イギリス皇孫アルバート・ヴィクター、ジョージ兄弟の京都遊覧については、拙稿「明治前期の京都とイギリス皇族――一八八一年の異文化交流――」[5]で分析した。この拙稿では、これまでイギリス皇孫の来日については、彼らが日本で刺青をほどこした事実以外なんら明らかになっていなかったことを踏まえ、基本的事実を明らかにするとともに、①外国人皇族の接待の管轄が、それまで外務省か宮内省かで不明確だった点が払拭されて、明確に宮内省の管轄になったこと、ただし、実際の接待は宮内省だけでできるわけではなく、外務省・陸軍省・海軍省・工部省・内務省の協力が必要であったこと、②東京の公式行事を終えた後の遊覧の中心は京都であったこと、③皇孫らは西本願寺を宿舎にしたが、それは広い居住空間があったからで、食事は西洋料理で、西洋式寝台が導入され、急ごしらえの西洋式空間がつくられたこと、④彼らは滞在中、神社仏閣を訪れたほかに、保津川下りや嵐山や坂本近くでの遊猟をするなど若い皇族らしい自由な行動をおこなったこと、などを明らかにした。ただし、この拙稿は、皇孫らの刺青問題については、一つの外国語文献を見逃したことにより不十分な記述になっている[6]。

本稿では、明治期の外国人京都来遊者の一般的動向を述べた上で、前記拙稿に引き続き、一八九三年（明治二六）のオーストリア皇位継承者フランツ・フェルディナント（Franz Ferdinand、以下フェルディナントと呼称）の来京についての基本的事実関係、すなわち宮内省・京都府の対応、フェルディナントの遊覧の特徴を明らかにするとともに、一八八一年のイギリス皇族の接待との共通性や違いを明らかにする。

本稿で、多用する史料は、『澳国皇族接待一件』（京都府行政文書）、フランツ・フェルディナント著、安藤勉訳『オーストリア皇太子の日本日記　明治二十六年夏の記録』（講談社学術文庫、二〇〇五年、以下『日記』と略称）[7]、『日出新聞』である。

一　外国人京都来遊者と京都情報

ところで明治期京都にはどの程度の外国人が来京したであろうか。丸山宏は、明治五年（一八七二）の第一回京都博覧会入場外国人数を七七〇人、翌年の第二回京都博覧会時を六三四人としている[8]。このほか、『日出新聞』明治二〇年一月七日付は、一八八六年（明治一九）中円山也阿弥楼《まるやまやあみろう》に[9]一泊以上宿泊した外国人の数を七六五人としている[10]。国別の人数は、イギリス四七七、アメリカ一三一、フランス五九、ドイツ五九、オーストリア一一、ポルトガル五、清国五、イタリア三、デンマーク四、スウェーデン三、オランダ三、スペイン一、である（国別の合計は七六二人）。イギリス人は全体の約六三％でアメリカ人の三倍以上を占めている。オーストリア人は、①イギリス、②アメリカ、③フランス、ドイツについで五位の位置を占めている。

この時期は、「内国旅券」が必要な時代で、全体の京都来遊の外国人旅行者の数は多くはない。しかし、国立公文書館蔵『外務省報告書』中の「内地旅行免状ヲ付与セル外国人員表」から丸山宏が明らかにしたところによると、一八八六年の内地旅行を許された外国人の数は一七三六人で[11]、京都来遊外国人七六五人という数字は約四四％になり、この時期では相当な数の外国人が京都を訪れていたといえよう。

統計上系統的に明治期の外国人来京者の数がわかるのは、日露戦争前後からで、『京都商業会議所半年報』は一九〇三年（明治三六）から、『京都市統計書』は一九〇四年からである。ただし、『京都商業会議所半年報』と『京都市統計書』では、かなり数字が違うほか、一九〇八年の『京都市統計書』の数字は、前年および翌年の四倍以上の数字でかなりかけはなれており、数字に疑問がある。そこで、『京都商業会議所半年報』を集計して、一九〇三年から一九一二年までの京都来遊外国人数を示したのが表1である。表1の最下段には、比較の意味で、『京都市統計書』の各年の数字を示した。(12)

明治五・六年の来京者が七〇〇人前後だったことを考えれば、この表からも、一八九九年（明治三二）の条約改正により外国人が国内を自由に行き来できるようになった後、京都来遊の外国人客は急速に増えたことがわかる。その中での特徴は、一九〇四年・〇五年にアメリカ人の数がイギリス人を上回り、一九〇六年～〇八年には再びイギリス人の方がアメリカ人よりも多くなるが、一九〇九年以降は明確にアメリカ人の方が上回っていくことである。(13)一九〇三年でいえば、来遊外国人の数は、①イギリス、②アメリカ、③ドイツ、④清国、⑤ロシア、⑥フランスの順で、オーストリアは七位であった。

オーストリアは、日本にとって条約改正対象国の一つであった。明治二年九月一四日（一九六九年一〇月一八日）、日本とオーストリア＝ハンガリー帝国との間に修好通商条約が調印されていた。『オーストリア皇太子の日本日記』の訳者安藤勉が指摘しているように、この条約は安政五年（一八五八）以来各国と結ばれていた諸条約の最後に位置し、他の欧米諸国と同様片務的な内容が含まれており、条約改正はこの国とも課題になっていた。(14)

ところで、すでに指摘されているように、来遊する外国人にとって、京都は良く知られた都市でもあった。とりわけイギリス人にとってはそうであった。アーネスト・サトウは、一八八一年（明治一四）に外国人向けの日本案内記である *A Handbook for Travelers in Central & Northern Japan* の初版本をマレー社より刊行し、一八八四年には大幅な増頁と内容を豊富化した第二版を刊行している。(15)そして、この第二版の翻訳本は、庄田元男訳『明治日本旅行案内』上・中・下巻の三冊本とされ、一九九六年に平凡社より刊行されている。この下巻がルート編【Ⅱ】で、そのうち「ルート39」が「京都とその周辺」と題され、京都に関する大量の情報が記載され

表1　京都来遊外国人数

	1903（明治36）	1904（37）	1905（38）	1906（39）	1907（40）	1908（41）	1909（42）	1910（43）	1911（44）	1912（45）
イギリス	1,687	1,098	1,799	2,454	2,622	2,251	2,106	2,091	2,178	2,122
フランス	220	92	166	226	177	739	286	299	265	381
ドイツ	523	312	531	678	657	307	695	763	835	1051
アメリカ	1,579	1,176	2,210	2,292	2,148	1,937	2,501	3,918	2,569	3,308
ロシア	224	4	197	413	158	162	177	210	242	282
イタリア	36	14	43	33	41	54	48	52	22	49
オーストリア	53	59	52	78	58	69	53	71	39	70
ポルトガル	4	3	40	14	17	12	4	13	7	15
スペイン	5	—	3	11	24	24	13	27	11	39
デンマーク	—	7	14	6	22	9	6	11	9	15
スウェーデン	—	2	19	4	11	9	2	1	7	4
オランダ	34	24	46	27	46	46	52	51	43	53
スイス	17	9	22	20	30	26	27	24	26	24
ベルギー	—	12	26	19	26	43	18	44	35	23
ノルウェー	—	1	13	21	3	6	1	8	3	6
ギリシア	—	—	—	—	〈1〉	—	—	2	—	—
清国	351	340	490	674	492	414	312	585	738	818
韓国（朝鮮）	27	7	92	98	76	168	230	135	—	—
オーストラリア（英領）	72	28	112	190	〈74〉	—	—	—	—	—
インド（英領）	48	30	49	28	17	26	37	40	23	18
フィリピン（米領）	42	85	215	52	〈5〉	—	—	2	—	—
シャム（タイ）	—	—	13	13	—	—	—	—	—	—
メキシコ	—	—	2	—	〈1〉	—	—	—	6	2
ブラジル	—	—	2	—	〈3〉	—	—	—	1	8
アルゼンチン	—	—	1	13	—	—	—	3	0	1
チリ	—	—	4	—	—	—	—	6	0	2
ペルー	—	—	1	—	—	—	—	—	—	—
トルコ	—	—	1	—	—	—	—	—	0	5
ペルシア	—	—	2	—	—	—	—	3	—	—
その他	87	95	—	—	109	62	—	—	—	—
合計	5,010	3,398	6,166	7,373	6,823	6,368	6,625	8,359	7,071	8,312
『京都市統計書』		3,427	4,725	6,861	6,588	28,245	6,040	7,202	9,417	7,237

出典：『京都商業会議所半年報』第４回、第５回、第７回、第８回、第９回、第10回、第11回、第15回付録、第17回付録、第19回付録、『京都市統計書』第１回〜６回。

備考１：上記出典中の国名表記はすべて漢字であるが、清国・韓国を除きカタカナ表記に改めた。

２：1907年の数字で〈　〉の部分は、1907年１〜６月までの数字で、７〜12月は国名がないため、７〜12月の来遊者は「その他」に含まれていると思われる。

３：1911年、1912年の国名の漢字表記で、「黒哥其」、「伯利爾」があるが、漢字の誤植と考え、前者をメキシコ、後者をブラジルとした。

ている。

これら大量の情報から、外国人が見る観光地としてどのような場所が記載されているか、以下でみてみよう。

〔京都北部・西部〕御所、北野天神（北野神社）、平野神社、金閣寺、等持院、御室御所《おむろごしょ》（仁和寺）、太秦広隆寺、清涼寺（上嵯峨）、天龍寺、嵐山、二条城（二条離宮）

〔京都南部〕西本願寺、興正寺《こうしょうじ》、本圀寺、東寺、東本願寺

〔京都東部〕稲荷神社（伏見稲荷）、東福寺、万寿寺、泉涌寺《せんにゅうじ》、三十三間堂、大仏（方広寺）、西大谷（大谷本廟）、清水寺、八坂の五重塔、高台寺、建仁寺、祇園社（八坂神社）、将軍塚、知恩院、南禅寺、永観堂、黒谷（金戒光明寺）、真如堂、銀閣寺、修学院離宮、下賀茂神社

〔京都周辺〕石清水八幡宮、宝寺（宝積寺）、藤ノ森神社、万福寺、平等院、比叡山、上賀茂神社、鞍馬山、桂川の急流（保津川下り）

そして、京都を一巡するお勧めの方法が書かれているが、次のようになる。第一日目は、京都御所・西本願寺・知恩院・清水寺・祇園、第二日目は、修学院庭園・銀閣寺・金閣寺・下鴨神社、黒谷（金戒光明寺）・御室御所（仁和寺）、第三日目は、嵐山・桂川の急流（保津川下り）、第四日目は、比叡山登山、第五日目は、琵琶湖・唐崎の松の巨木・石山寺、第六日目は、東本願寺・東寺・三十三間堂・伏見稲荷。

また、時間に余裕のない人にお勧めの方法として、第一日目が京都御所・西本願寺・知恩院・清水寺、二日目が桂川の急流（保津川下り）、三日目が琵琶湖、その他、をあげている。

以上のように、現在から見ても、かなりの場所が遊覧地になっていることが注目される点である。このように、多くの場所が遊覧地として知られているとすれば、一八八一年のイギリス皇孫、一八九一年のロシア皇太子ニコライ、一八九三年のフェルディナントの遊覧場所はよりどりみどりで、あとは日程と時間の関係、道路事情、警

備の容易さ、近代産業施設との組み合わせ（京都府が見せたいもの）、皇族らの希望などで決めてよかったはずである。

現在観光名所としてあげられる場所で、アーネスト・サトウの著書に含まれていないのは、大原地域（三千院、寂光院）、高尾地域（神護寺、高山寺）であるが、これは市域中心部からかなり距離のある地域で、当時道路事情がよくなかったことが考えられる。また、市域中心部からそれほど離れているとはいえない嵯峨野地域がないことも特徴的である。嵐山・天龍寺・清凉寺はあるが、大覚寺・化野念仏寺・常寂光寺・二尊院などはない。このことは、嵯峨野地域の観光地化が一八八四年時にまだ進んでいないことと[16]、嵯峨野地域の道路事情、あるいは寺の事情があったと思われるが、今後の検討課題である。

もう一つ注目すべき点は、アーネスト・サトウの初版本が書かれた一八八一年の時から、「桂川の急流」（the rapids of the katura-gawa、保津川下り）が京都のメインの観光ルートとして完全に定着していることである[17]。そのことは、イギリス人商人アーサー・H・クロウが、一八八一年の六月に京都を訪れ、一〇日「あてにしていた今日の予定の、桂川の急流下り」を前日からつづく一晩中のひどい雨で中止し、八月二日もう一度京都を訪れた際、宿泊した也阿弥楼を三日午前六時三〇分に出発して「名高い桂川の急流」に遊びに出かけたことからも知ることができる[18]。一八八一年のイギリス皇孫、一八九三年のフェルディナントの保津川下りは、このような前提の上で、しかも完全に安全・安心のルートとして設定されたのである[19]。

二　宮内省・京都府の準備状況

一九年後の一九一四年、ボスニア・ヘルツェゴビナの首都サラエボで暗殺され、第一次世界大戦勃発のきっかけをつくったオーストリア＝ハンガリー帝国帝位継承者[20]フランツ・フェルディナントが、エリーザベト皇后号に乗艦して、世界周遊旅行のため当時ハプスブルグの海港であったトリエステを出航するのは一八九二年一二月二五日である。[21] フェルディナントは一八六三年一二月一八日生まれであるから、この時満二九歳。[22] この年一一月七日、オーストリアのウィーン臨時代理公使天野瑚次郎から陸奥宗光外務大臣に対して、フェルディナントが「東洋諸国御巡遊」の途次、日本にも「来年七月末ヨリ八月頃」に「皇族ノ資格ニテ御巡遊」することが伝えられた。[23]

フェルディナントは「皇族ノ資格」である以上、その接待を担当するのは一八八一年（明治一四）に定められた原則からして外務省ではなく、宮内省になる。[24] 宮内省では、一八八六年二月、宮内省官制により帝室外交を扱う外事課が誕生していた。[25] 宮内省官制は、一八八九年七月に改定されるが、フェルディナントが日本にやってくる一八九三年の外事課の体制は、課長三宮義胤《よしたね》（式部次長）、次長山内勝明（大膳職、式部官）、三宮・山内とともに式部職を兼務する木戸孝正・伊藤勇吉、さらに属として日高秩父・山崎喜都真・山田義容・土岐豊之助・高橋守政であった。[26] もちろん、この九人がすべてフェルディナントの接待にかかわるわけではなく、少人数で接待業務をおこなうとすれば、宮内省の他の課や局の応援、内務省・陸軍省・海軍省・工部省など他の各省各府県庁スタッフの実質的な働きが必要であった。

フェルディナントの『日記』に登場する接伴員は、常に側にいて日本旅行の後半には信頼性を勝ち得て「友人」[27]と呼ばれる三宮義胤のほか、山内勝明・軍艦筑波（横須賀鎮守府所管練習艦）艦長黒岡帯刀《たてわき》大佐・陸軍大臣秘書官村木雅美少佐である。[28] 前掲『日記』には、「これらの高官は、それぞれドイツ語やフランス語に堪能である。このうち三人は、ヨーロッパ旅行の経験をもち、とくに、わがハプスブルグの宮廷事情や典礼を調べるためにウィーンも訪れていた」[29] とある。接伴の指揮をとる三宮は、一八八一年のイギリス皇孫来航の際にも、外務省権少書記官として接伴常待委員になったことがあり、[30] 一八九一年のロシア皇太子来航の際にも、宮内省外事課長で露国皇太子殿下接待委員として指揮をとった。[31] また、山内勝明式部官も、三宮の下で露国皇太子殿下接待委員として働いた経験があった[32]。

フェルディナントが京都にやってくるという情報が京都府にもたらされるのは、一八九三年六月八日、宮内省外事課長三宮義胤より京都府知事千田貞暁宛の文書である[33]。この文書では、①「澳国フランツ・フエルヂナンド殿下御一行」が八月上旬に長崎に来着し、それより京都府下も遊覧のはずであるので、この準備のため「小官」(三宮)は六月一一日に東京を出発し、順次京都府へ出張する、②御休憩所および沿道検分、その他打ち合わせのため、小官より指定の場所へ事慣れた属官一名を選定し差し出されたい、③殿下御一行はおよそ一二、三名(接伴員を除く)で、殿下休泊のため絹夜具一二、三組(なるべく清潔なもの)、二〇人用の食堂用テーブル、および椅子三、四〇脚を用意されたい、④小官が京都府に到着する日限ならびに指定の場所、道筋は巡回地よりかさねて電報するので、諸事しかるべき取り計らいありたい、⑤小官の出発、取調のことなどは必要な二、三名のみだけに含みおかれ、当分世間にあまり流布しないよう御注意ありたい、というものであった。

京都府の接待掛が正式に決まるのは七月二四日で、京都府庁内務部属小林精一郎、同波多野愛之輔、同角倉玄親、同石田恒之助の四人である[34]。この七月二四日は、三宮外事課長から千田知事に対して二つの通知が発せられた日であった。一つは、フェルディナント一行が本月三一日に長崎へ着艦するということがオーストリア公使から通知されたという通知、もう一つは、八月七日に一行が京都に着くという通知であった[35]。七月二四日に京都府の接待掛が決まったということは、フェルディナント一行がいよいよやってくるという切迫した情勢の中で決められたということであろう。なお、京都府側で接待の指揮をとる小林精一郎は、一八八一年イギリス皇孫の来京の際には、臨時接待掛として皇孫らの遊覧箇所や道順を設定するなどの活動をおこなっていた[36]。また、一八九一年のニコライ来京の際には、京都府内務部属の位置にあり、上司である片山正中内務部属とともに京都府接待掛としてニコライ接待の任にあたった経験があった[37]。

しかし、小林精一郎は、正式に接待掛に就任する以前から、接待業務で動いていた。そのことは、七月八日に、宮内省調度局属戸田重民と外事課属高橋守政の小林宛の文書からわかる。[38] この文書は、戸田と高橋が京都に出張した際に小林に世話になったことの礼からはじまっており、すでに小林との打ち合わせが終わっていたことを意味する。事実、『澳国皇族接待一件』には「廿六年六月二十六日宮内省接伴委員ト協議済ノ分」として、六月二六日に調達することが決まった調度品が次のように記載されている。[39]

「府庁備付之分」→①洗面台五脚（ただし洗面具とも）、②洗面鉢二個（ただし水注子一個添）、③小便器七個（ただし箱付）、④手燭七個、⑤手拭掛五脚、⑥大便器二個、⑦衣装簞笥一台、⑧椅子、⑨テーブル六脚（ただし大小とも）

「借入之分」→①西洋風呂一個、②夜具（ただし絹上下三組）、③蚊帳二〇張（ただし普通のもの）

「新調之分」→①長枕七個（ただし長さ二尺五寸、「丸サ」二尺三寸、上覆金巾）、②蒲団四枚（ただし奈良晒四幅、長さ六尺、締三貫目）

このほか、京都府と宮内省接伴委員との協議では、①人力車五〇輛を用意すること（ただし股引、足袋も用意のこと）、②京都ホテルへ四、五名投宿のこと、③宮内省接伴委員の旅宿を用意すること（ただし俵屋奥座敷は悉皆、「柊屋」は全戸借り入れのはず）、④人力車に旗章のこと、などが決められている。[40]

七月二〇日、宮内大臣土方久元は、千田京都府知事に宛てて、天皇の裁可を得た「澳国フランツ・フエルヂナンド親王殿下御来遊ニ付長崎其他諸港及内地御遊覧中御接待振」を添えて、出張接伴員と諸事打ち合わせをおこない不都合のないよう取り計らいたい、と達した。[41]

また、日付の記載はないが、七月、接伴員からは、おそらく各府県に出されたであろう「府県知事心得書（東京府ヲ除ク）」が通達されている。その内容は、次の通りである。[42] ①市民または沿道町村人民が敬意を表するため烟火を打ち揚げ、国旗・提灯を掲げ迎送のことはまったく篤志に出るものはさしつかえないが、隣県と競争することがないよう承知すべし。ただし、緑門を造ることは見合すべし。②官民の別なく土地の物産その他の物品等献上したいと願い出るものあるときは、接伴員がその地へ到着の上打ち合わすべし。③府県庁所在の地においては知事・書記官・参事官ならびに警部長を除くほか所在高等官は御旅館へ伺候するに及ばない。④皇族の御旅行は日数に限りがあり、かつ炎暑の候なのでなるべくは官衙または市民団体より饗応等の計画がないよう注意すべし。⑤府県内市町村において御宿泊または御昼餐の節はその市町村まで知事または書記官が伺候すべし。⑥親王殿下が府県庁所在の地方を御著発の節は地方長官が迎送すべし。⑦学校生徒の奉送迎は見合すべし。⑧すべて警備に関することは内務大臣の訓令に基づくべし。⑨地方御遊覧に際し文官はすべて通常服（フロックコート）とする。ただし、長崎・横浜においての服装は接伴員よりその時々に通知すること。⑩陸海軍については関与を要しない。⑪府県管下御遊覧中は知事もしくは書記官が随従すべし。

この「心得書」は、最大限の接待というよりは、後述するようにイギリス皇孫やロシア皇太子の時と比較すると、むしろ控えめな接待で、その中で地方官僚の最低限の礼儀方法を定めたという印象が強い。八月という炎暑の時期であったことも考えられるが、ひかえめな接待にはオーストリア側、とりわけフェルディナントの意思が働いていた。『日記』の宮島から京都へ汽車で向かう日の記述（八月七日）で、「わたしは、すでに述べたように、日本の皇室や政府が接遇に過剰な労力を払ってはいけないと思い、横浜まではお忍び旅行にするか、さもなくば歓迎式典を必要最低限のものにするように幾度も要望していた。しかし、現実にはどうやら逆で、最大限の儀礼を尽くして国内各地を案内をすることに最重点がおかれたようである(43)」とある。

最大限の接待ではなかったことは、一八八一年のイギリス皇孫の場合は東伏見宮嘉彰《よしあき》親王、一八九一年のニコライの場合は有栖川宮威仁《たけひと》親王が同行したのに対し、一八九三年のフェルディナントの場合は皇族親王の直接的な同行はなかったことで明らかである。皇族は、熊本市で第六師団長である北白川宮能久親王が市中を同行した[44]ほか、東京新橋駅に天皇名代として有栖川宮熾仁《たるひと》親王が迎え、東京で天皇のほか各皇族と会い食事をともにした程度であった。

最大限の接待は控えられたものの、フェルディナントは、『日記』に過剰な警備についてしばしば驚きと慨嘆と不満をもらしている[45]。

門司までの全区間、くまなく警備体制が敷かれていた。そればかりか、鉄道線路と道路が交叉するところには必ず巡査が立っており、列車が通過すると、全身に威厳と使命感をみなぎらせつつ敬礼をした。思うに、これほどの大警備態勢が一定地域に投入されたのは日本未曾有の出来事だったのではあるまいか。それに、わたし自身、きょうほど周囲に警護の目を感じたことは、生涯ついぞなかったことだ。

この過剰な警備が、二年前の一九九一年五月一一日に、滋賀県大津町で引き起こされたロシア皇太子ニコライの暗殺未遂事件、しかも犯人が警備の巡査であったことによって引き起こされたことはフェルディナント自身が理解していたのだが[46]。

京都の宿舎には大宮御所があてられた。二年前のロシア皇太子ニコライの場合は民間の常盤ホテルであったが、大宮御所はまわりに住居がないため警備がしやすいという点が重視されたのであろう。

フェルディナントが京都のどの場所を遊覧・見学するか、作成日は不明ながら、『澳国皇族接待一件』に含まれている覚書のような文書には、次の地があがっている（丸カッコ内は筆者による推定）[47]。

御所、「川嶋工場」（川島織物工場）、二条離宮、「三井」（三井高保邸）、両本願寺、「飯田」（高島屋飯田新七）、「西邨」（千總西村総左衛門、刺繍）、関西貿易会社、「山中」（山中吉郎兵衛、美術骨董商）、「錦光山」（錦光山宗兵衛、陶磁器）、知恩院、円山、「池田」（池田清助、美術商）、「林」（林新助、美術商）、修学院離宮、下鴨

明らかに、名勝地遊覧よりも京都の物産・購入が主要な目的であることが見て取れよう。これは、フェルディナントの意思であろう。

七月二四日、三宮から千田知事に対して、フェルディナントが七月三一日に長崎に着艦することが通知されたとき、当初八月二日に長崎着艦を想定し、それまでに宮内省で完成していた「澳国親王殿下地方御遊覧日割」も訂正された[48]。訂正された「日割」に基づいて京都までの大まかな日程と京都での日程を記しておこう。

（七月三一日）長崎着艦―（八月二日）日本軍艦で三角港―熊本―（八月三日）汽車で門司―馬関―（八月四日）日本軍艦で厳島―（八月六日）日本軍艦で三原―汽車で岡山―（八月七日）汽車で姫路―神戸―三宮―京都―（八月八日）汽車で大阪―天王寺―奈良―（八月九日）奈良滞在―（八月一〇日）汽車で湊町―梅田―京都―（八月一一日）京都滞在―（八月一二日）保津川舟遊―三軒家午餐―（八月一三日）京都滞在―（八月一四日）馬車もしくは人力車で琵琶湖唐崎―三井寺―大津―京都―（八月一五日）汽車で岐阜へ

これを見ると、七月後半の時期に、京都および周辺遊覧の地で決定していたのは、保津川下りと琵琶湖のみであったことがわかる。

三　フェルディナントの京都遊覧

フェルディナントの京都到着は、八月七日午後六時二分の予定であったが、「途中、盛大な歓迎のため大きく時間がとられ[49]」、京都の七条停車場に着いたのは八日の午前〇時一七分であった。随行は、供奉員七名と接待掛山内式部官、村木陸軍少佐、宮内省調度課員で、七条停車場においては、三宮式部次長・小野田元煕内務省警保局長・千田府知事・尾越蕃輔京都府書記官・三橋勝到京都府警部長・京都市参事会員らは柵内に、市会議員・常置委員その他数百名の歓迎者は構内にいずれも桜花の徽章をつけて奉迎し、到着と同時に祝砲に代わる二一発の煙火が打ち上げられた。フェルディナントは宮内省差しまわしの馬車に乗り、その後を官民が馬車あるいは人力車で続き、宿舎の大宮御所に入った。沿道各戸には日本・オーストリア・ハンガリー三国国旗および国旗を染め抜いた紅灯が掲げられ、群衆の中を警部・巡査が配置され、厳重な警戒のもとに進んでいった(50)。

八月八日から一四日に京都を出発するまでのフェルディナントの京都での遊覧ぶりを、フェルディナントの感想を交えて、再現してみよう。史料は、『日記』八月八日～一三日条（八六～一三八頁）と、特に断りがない限り『日出新聞』八月八日～一五日付（ただし八月一四日付はマイクロフィルムでは欠）であるが、両者を対照させて、できるだけ事実に近い動きを追いたい。

八月八日、フェルディナントは宿舎の大宮御所を八時四〇分に出発し、人力車で河原町のフランス人宣教師のいるカトリック教会に出向いた。随行したのは、オーストリア公使・供奉官・三宮式部次長・村木陸軍少佐・黒岡海軍大佐・柴垣弥肚京都府警部である。カトリック教会で二〇分ほど過ごしてから、浄土宗の知恩院に行き、本堂・大小方丈・庭園・鐘楼を巡覧した。知恩院について、「まるで城砦のような建築」「建築様式は独特であると同時に優雅でもある」と『日記』に書く。ついで、八坂神社（祇園社）南門より人力車に乗り、険しい上り道を清水寺に向かった。ここでは本堂、奥院などを巡覧し、本堂の舞台を「絶景」と書く。その後、浄土真宗西本願寺〈本派本願寺〉に行き、ここでは島地黙雷執行長の先導で大方丈・書院等巡覧し、飛雲閣にも入った。西本願寺では、本堂の「柱や屋根組みに用いられている木材の立派さ」「美術鑑賞にも堪え得る装飾の豊かさ、高貴さ」、書院の「みごとな障壁画と襖絵に感嘆」（『日記』）などの感想を持つ。遊覧は午前で終わり、宿所への途次八幡屋井沢治助で仏具品を買い求めた。

午後はもっぱら骨董品の買入れに没頭した。フェルディナントは、京都について「この都市は古来、輝かしい美術工芸、すなわち絹織物、金属工芸品、陶磁器の一大中心地としての名声をほしいままにしてきた」と『日記』に書いており、事前勉強をしてきたらしい。

夜は、午後八時半から供奉の人びと七名、村木少佐を随行し、祇園中村楼に突然入る。日本料理と日本酒を注文するとともに、祇園新地の舞妓十余名を招き、舞を所望する。この舞を見て『日出新聞』には、「御感斜めならず、打興じ玉ひ」とあるが、『日記』では「踊りの振りにも、楽器に合わせた唄にも、どうしても拍手を送る気にならなかった。たしかに茶屋は物珍しいし、踊り子や唄い女の出し物も目新しく、その魅力のあまり、最初のうちは大いに興味が呼び起こされるのは確かだ。が、ヨーロッパ人がこうした茶屋や、人形のような美女の演技にどうして熱狂するのか、わたしにはどうも分からない」と本音を漏らしている。

八月九日八時二〇分に大宮御所を出発し、三宮式部次長・山内式部官の先導で、京都御所に向かった。ここでは、宜秋門・御車寄・清涼殿・御学問所・小御所・紫宸殿・御常御殿の順に巡覧した。フェルディナントは、御所の景観にはなじめなかったようだ。「一群の広大な平屋から成」る御所は、「いかにも簡素で殺風景だという印象」で「どこにでもある優美な庭園はなく、代わりに、埃っぽい砂の敷地が広がっている」(『日記』)、という感想を漏らしている。これは宿所である大宮御所について「一見、貧相な印象」、「仮にわたしが、天皇、すなわち美術を愛好するこの民族の統治者であるとすれば、御殿を豪華で心地よいものに造りあげたであろう」(『日記』)という感想に通ずる。

その後、堀川元誓願寺の川島織物工場に立寄り、綴錦織にもっとも注目し、錦織の窓掛を三五円で買上げた。さらに二条離宮で御車寄より殿内各間を通覧した。ついで「日本のロスチャイルド」と『日記』に記す油小路二条下ルの三井家の新築邸宅を訪問。ここでは「邸宅内部は、ほぼヨーロッパ風の趣味と快適さが感じられたものの、部屋の日本風内装とは調和しているといいがたい」と『日記』に書く。また、同家から鵁鶄《へらさぎ》と梟の剝製が献上されるが、『日出新聞』では「頗る御満足の御気色」とあるのに対し、『日記』では、「あまりよいものではなかった」と記している。その後、造営中の大谷派本願寺（東本願寺）を訪問する。これは「年代をへて厳かに古寂びた寺社」以外の寺社を見たいというフェルディナントの希望であった。ここでは渥美契縁執事らの先導で大書院その他各間および再建工場を見学した。ここでも「巨大な木材」（『日記』）に驚嘆する。一〇時三〇分頃、烏丸通松原上ルの高島屋飯田新七方に立寄り、貿易陳列場で品々を熟覧した。ここでは二時間を費やし、ビロード友禅の袱紗、掛物、京染中型の浴衣地を買い上げた。

宿舎に帰ってからの午後は、京都の物品、「絹布と和服」の物色で、「和服は祖国の友人への土産にできる」からである。もちろん、街路では制服の巡査や刑事が警護に目を光らせていた。晩餐の直前には蹴鞠を鑑賞し、「競技者の気迫と技術にはすっかり感嘆」（『日記』）した。

八月一〇日と一一日は、大阪と奈良への小旅行である。大阪と奈良でも『日記』には、さまざまな感想が記されているが、ここでは両日の遊覧場所と順序のみを記しておこう。

（八月一〇日）七条停車場（京都駅）から汽車で大阪へ→大阪城→砲兵工廠→昼食後湊町（難波）駅から鉄道で奈良へ→法隆寺（夢殿ほか）→法隆寺駅→奈良駅→貴賓館（晩餐、宿泊）

（八月一一日）正倉院見学→東大寺大仏→二月堂→三月堂→春日大社→午後湊町駅→梅田駅→午後八時七条停車場着。

フェルディナントが七条停車場に着いた後、宿舎である大宮御所までの道は、京都に初めて着いた時と同じように、大勢の群集と提灯の間の道であった。

この間、八月一〇日、宮内大臣土方久元から伊藤博文総理大臣に対して、一つの通知があった。内容は、フェルディナントがなるべく「微行漫遊ヲ望マレ」、「軍隊屯在ノ地及ヒ各地方御発着共総テ迎送ノ儀ヲ御辞退」したい旨、オーストリア＝ハンガリー帝国公使から京都にいる接伴員に申し出があり、接伴員から東京の宮内省に報告があった。同日、内閣ではこれを回覧に供している。[51] おそらく地方官にも伝えられたであろう。

八月一二日、フェルディナントは、六時に大宮御所を宮内省差しまわしの人力車で西に出発する。随行は、山内式部官の先導で、供奉員・村木陸軍少佐・三橋警部長・波多野属らである。六時四〇分桂離宮に到着し、[52] 京都在勤の宇田淵主殿寮主殿助が殿掌皇宮警部らを率いて奉迎し、各殿を通覧し、七時には桂離宮を出た。その後は、一台ごとに三人の車夫がついた五〇台の人力車をつらねた保津川下りの山本浜（現亀岡市）への道である。

この道は一二年前の一八八一年にイギリス皇孫らが通った道であった。ただ一八八一年当時と一二年後の一八九三年では大きな違いがあった。一八八九年に三間幅の京都宮津間車道が完成したという事情である。京都から山本浜までの道は、京都宮津間車道が完成する一八八九年まで多くの困難があった。第一は、山陰街道を西に進むと桂川に橋はなく渡しであった。渡しを使わず人力車で進むとすると桂川左岸を上流に上り渡月橋を渡り、そののち桂川右岸を下流に行き、上桂村から山陰街道を行くという迂回の道しか方法がなかった。樫原《かたぎはら》を過ぎると芋峠があり、さらには険阻な老ノ坂峠があった。そこは人力車が通るにはあまりに勾配が急であり、徒歩で歩かなければならなかった。イギリス皇孫のお付のジョン・ドルトンの日記によれば、桂川の上流部分（upper waters of this river）を渡ったとあるから、渡月橋を渡ったと思われる。また、坂がだんだん険しくなり、全員人力車から降りて歩いた、とあるから、これは老ノ坂峠の険しい部分であろう。[53]

それから一二年後のフェルディナントの場合は、幅三間の京都宮津間車道が完成し桂川に直進できる桂橋という橋ができ、老ノ坂峠にはトンネルができた。フェルディナントの『日記』には、坂を歩いた記述はないから、そのまま快適に人力車で進んだのであろう。一八九三年という年は、六月以来雨が降らない日が続くという大干害の年であったが、この日の保津川下りは、八月七日に驟雨があったことにより可能になった。[54] 山本浜から三艘の舟（実際は千田知事らを乗せたもう一艘が後ろからついてきたが）で「すてきな舟下り」がはじまり、「およそ一時間半、このうえなく快適な時間」が過ぎたのち、一一時半「嵯峨」（嵐山）に到着した。その後は、川本正路葛《かど》野《の》郡長、井上与一郎嵯峨村長の奉迎をうけ三軒屋で昼食（弁当）をとった。

昼食後、宮内省差しまわしの馬車で京都に戻るが、当所の予定の金閣寺・北野神社は立ち寄らなかった。午後はオーストリア＝ハンガリー帝国公使館書記官ハインリッヒ・フォン・シーボルトと小林精一郎の案内のもと林七郎兵衛で水鉢・香炉を買うなど各所で買い物をし、夜は御所で舞を見学した。

八月一三日、フェルディナントは、日曜日のミサのため河原町のカトリック教会を再訪し、その後は「京都滞在の最終日であるから、終日、買い物に没頭した」。「夕闇のせまるころ、わたしはなにやら仏教的な気分にとらわれ」、「ひとり黙然と観想にふけり、日没を観照し、沈思したい」と思い、京都が一望に見渡せる円山の「也阿弥という名のホテル」から、「数時間というもの、わたしは黙然と坐し、暮色のせまる景観を見つめていた」（『日記』）。そのとき、「煙を吐き出す工場の煙突」を見て、次のように『日記』に記す。

このいらだたしい光景を目にしてしまうと、もはやこの国にも味気ないヨーロッパ文明の時代が開始されてしまったのだという感慨におそわれた。もはや理想など仰ぎ見られもせず、煙突のほうが重要視されている。もはや日本はヨーロッパの背中を見ることを学んでしまった。眼前の大切な寺社の意味をけっして見くびらず、畏敬の念をけっして捨てないこと。こんにち、新しい煙突が傲岸不遜に、数百年の興亡をへてきた古寺や古社の鼻先にそびえ立っている。わたしの心中に、冒瀆ということへの抵抗心がめらめらと沸き起こり、ひとりのエゴイストがむくむくと頭をもたげ、ただ実用というだけで美と尊厳が冒瀆されてもよいのかと主張している。

『日記』を訳出した安藤勉は、右の表現を「伝統的な都市造型が近代文明に駆逐されるのではと嘆き」「確信的な伝統主義者としての文明批評」という。(55) その通りであるが、明治初期からの京都府政が、京都経済の振興のために名勝地の保存を重視し、御所・御苑や二条離宮の保存と整備、円山公園の整備、「名区勝地ニ達スル道路」の整備などに取り組んできたこと[56]をフェルディナントは知らない。その意味では、よくありがちな京都の伝統的側面のみを期待した高みからの皮相的観察といえないこともない。

八月一四日、八時五五分に七条停車場を汽車で出発し、東海道線で馬場（膳《ぜ》所《ぜ》）停車場に着き、そこから馬車で大津へ、そしてフェルディナントが「よく賛美を耳」にして「ひと目見たいものだとつよく願っていた」（『日記』）琵琶湖の湖面を蒸気船で唐崎へ、さらに大津に戻り、三井寺を見たのち昼食をとり、大津駅から鉄道で岐阜へ向かった。その後、名古屋―箱根―横浜―東京―日光―横浜港と進み、九月五日、同港からカナダ郵船のエンプレス・オブ・チャイナ号でアメリカへ出立するまでは割愛する。この間フェルディナントは、箱根宮ノ下では左腕に竜の刺青をし、東京では天皇・皇后をはじめ多くの皇族の歓待を受けた。

なお、日本側が支出したフェルディナントの京都での遊覧費用は五七二円五二銭五厘、そのうち人力車賃が四六八円二二銭五厘で約八二％であった。この代金は、京都府を通して宮内省から人力車を請負った上京区の田中藤兵衛に全額支払われた[57]。また、保津川下りに際し、丹波山本村郵船取扱所に南桑田郡役所を通して支払われた代金は、船頭五人分給ならびに船借入代とも、一艘につき七円で、四艘分二八円であった[58]。

おわりに――フェルディナントの京都遊覧の特徴――

フェルディナントの日本遊覧、とりわけ京都遊覧の特徴を、まとめをかねて、一八八一年のイギリス皇孫の事例とも比較しながらいくつかあげておこう。

第一の特徴は、フェルディナントは、日本について相当な京都情報を事前にもっていたと思われることである。『日記』のはしばしに、そのことはあらわれる。したがって、遊覧および見学地の選定にフェルディナントの希望が相当入っていたことはまちがいない。たとえば、「京都は聖なる地でもある。神社仏閣が数多くあり、市域、郊外を含め三千にもおよぶという。（中略）これら三千もの神社仏閣をあまさず見学するのは、とてもできない相談だろう。だから、めぼしいものに限定することにした」[59]と『日記』にある。

フェルディナントが神社仏閣・名勝地を限定した結果、短時間でも立寄ったところは、宿舎である大宮御所をのぞけば、知恩院・清水寺・西本願寺・京都御所・二条離宮・東本願寺・桂離宮の七か所である。これはイギリス皇孫来京時の清水寺・八坂神社・京都御所・北野神社・金閣寺・大仏（方広寺）・豊国神社・三十三間堂・東本願寺・天龍寺・清涼寺・仁和寺・広隆寺・西本願寺（宿舎）の半分である。

京都での半分以上の時間は京都物産品の見学および買上げにあてられた。一日目の八月八日の午後は骨董品の買入れ、二日目の九日の午後は絹布と和服の買入れ、実質的に京都三日目の一二日は、「午後はそっくり、商店をめぐって買い付けに費やし」（『日記』）、最後の日の一三日は「終日、買い物に没頭した」（『日記』）。しかも、来京一日目の骨董品の買入れにあたっては、「わたしは、〝クリオショップ〟と称して目新しさを装う商品倉庫のような店は敬遠し、裏通りにある小さな店に足を向けた。こういう店も負けず劣らず良品をもち、しかも派手な店よりはずっと安価だ」[60]としており、これも事前情報があったことをうかがわせる。

第二の特徴は、一八九一年のニコライ襲撃事件（大津事件）が起きた後の最初の外国人皇族の来遊であったことである。このためイギリス皇孫来京時よりも徹底的な警備体制が敷かれた。なお、前述したように、七月の段階で、「府県知事心得書（東京府を除く）」が発せられ、フェルディナントが地方を着発の節は地方長官が迎送すべし、府県管下御遊覧中は知事もしくは書記官が随従すべし、などが接伴員から通達された。

しかし、フェルディナントは前述したように「微行」を要請した。この結果、地方官らはかなりの苦労を余儀なくされる。八月一〇日、フェルディナントが七条停車場から大阪へ汽車で向かう際も地方官等の奉送は固く辞退したため、府知事・警部長らは見え隠れに尾行し、フェルディナントが汽車に乗車する際もプラットホームには出ず、「埒外」からはるかに見送りをした[61]。府知事の見え隠れの尾行は、保津川下りの際にもあった。当日、千田知事らは始終フェルディナントの目に触れないように尾行し、フェルディナントが保津川下りをしている時、千田知事と三橋警部長らは別の舟に乗り込んで少し遅れてフェルディナントの舟を追い、舟が嵯峨（嵐山）に到着した後も、小野田警保局長、三橋警部長らとともに三軒屋の西にある三秀院に入って休憩をしていた[62]。

隠れた警備は巡査の服装にもあらわれた。この来遊にあたっては、各警察署より角袖巡査を配置したが、その風体は浴衣に鳥打帽子にステッキという扮装なので、随行員も警官かどうか識別できず、すべて白布で結び松葉を胸部に佩用することとなり、八月一〇日から実施された[63]。

一方、イギリス皇孫らとの共通性も浮かび上がる。宿舎は大宮御所であるから、イギリス皇孫の場合の西本願寺と同様広い居住空間があり警備のしやすさも考慮されたであろう。この居住空間に西洋風呂、大便器、小便器、テーブル、椅子など西洋的空間が持ち込まれた点も同じであった。食事については、『澳国皇族接待一件』にはビールの献納の記述があるのみである。『日記』にも食事の記述がない。祇園で興味本位に日本料理や日本酒は嗜んだことは新聞史料にあるが、それ以外に史料がないことは、イギリス皇孫と同様西洋的食事であったと思われる。

もうひとつのイギリス皇孫の場合との共通性は、自由な行動振りである。箱根宮ノ下での刺青はいうまでもないが、京都物産品の買上げを中心とした「御微行」をおこないながら、京都について時に「皮肉な観察者」[64]になるフェルディナントの行動は、『日記』によくあらわれている。安藤勉は、フェルディナントの性格を、「絶頂期をはるかに過ぎた王朝が崩壊に向かう時期にしばしばあらわれる人物の典型」で「意志強固であって狷介でもあり、繊細であると同時に危うさを秘め、趣味に大きく傾き、蒐集欲をみなぎらせ、尊大でありながら、ときに弱者への視点をもつ[65]」と喝破するが、その性格は京都遊覧でも充分に発揮されたのである。日清戦争あるいは日露戦争を経た後の京都での外国人貴賓の接待、とりわけアジアの皇族の接待や彼らの行動がどのようなものであったかについては、稿を改めて論じたい。

（1）丸山宏「近代ツーリズムの黎明――『内地旅行』をめぐって――」（吉田光邦編『一九世紀日本の情報と社会変動』京都大学人文科学研究所、一九八五年）、九六～一〇三頁。なお、関連して、明治初期の京都博覧会が外国人誘致という重点的課題があったとする住吉哲志「明治初期京都博覧会と外国人誘致」（『北大史学』四八、二〇〇八年）、がある。

（2）『京都商業会議所半年報』第一〇回、八九頁。なお、同誌は前提として、日露戦後外国人の来日数の増加を指摘している。

（3）杉野圀明『観光京都研究叙説』（文理閣、二〇〇七年）。杉野の著書は、観光に関連する京都市の社会経済を構造的に分析した一二〇〇頁を超える書物で、昭和戦後以降の現代を主な分析対象としているが、第一編第二章「明治・大正時代と京都観光」で外国人観光客についても概説的に分析している。

（4）これらの文書が残っている外国人貴賓を年代順に記せば、一八七九年香港知事ヘンネッシー、一八八一年イギリス皇孫アルバート・ヴィクター、ジョージ兄弟、一八九一年ロシア皇太子ニコライ、一八九三年オーストリア皇位継承者フランツ・フェルディナント、一九〇二年ロシア皇族ボリス・ウラヂミロウィッチ、一九〇三年シャム皇太子マハ・ワジラウッド、同年清国皇族載振、一九〇四年韓国招聘大使李比鎔、清国皇族倫貝勒、ドイツ皇族カール・アントン・フォン・ホーヘンツオルレンなどである。

（5）ひろたまさき・横田冬彦編『異文化交流史の再検討――日本近代の〈経験〉とその周辺――』（平凡社、二〇一一年）、以下「イギリス皇族」と略称。

（6）外国語文献とは、イギリス皇孫らに同行していたジョン・ドルトンが一八八六年に刊行した英文の日記（Prince Albert Victor and Prince Gorge of Wales, John N. Dalton（with additions）, *The Cruise of Her Majesty's Ship "Bacchante", 1879-1882*, London, macmillan, 1886）である。前掲註（5）拙稿を脱稿したのは、二〇〇九年四月であった

が、その段階でこの英文日記の存在を筆者は知らなかった。二〇一〇年一二月、ケンブリッジ大学図書館日本部長である小山騰が『日本の刺青と英国王室——明治期から第一次世界大戦まで——』（藤原書店）を刊行し、そこでこの資料を『軍艦バッカンテの巡航』と日本題名をつけて部分的に紹介し、皇孫らが日本で刺青をしたことなどを拙稿よりもより豊富な事実で明らかにした。

拙稿で見逃した事実とは、次のようなものである。①イギリス皇孫アルバート・ヴィクターとジョージが一八八一年一〇月二七日と二八日、東京の宿舎延遼館で刺青を入れたこと、②二七日の場合、それは明治天皇が延遼館を訪問する直前であったこと（この日朝食の後腕に刺青を入れ、午前九時三〇分軍服を着用し「ミカド」が延遼館を訪問する）、③二八日の場合も朝に三時間をかけて刺青を彫ったこと、④刺青師は唐草権太の可能性があること、⑤一一月八日、京都の宿舎である西本願寺でも朝食前に腕に刺青を彫り、その後八時三〇分に大津と琵琶湖に出かけるため七条停車場へ出発したこと、などを明らかにしている。なお、小山の著書は、①一八九七年八月一一日、アーネスト・サトウがロンドンでジョージ王子（ヨーク公）に再会し、ジョージが刺青を見せてくれたこと、②その日のサトウの日記には「（ヨーク）公は日本人が好きでないようだ」と書いていること、も記している。小山の著書の存在を、筆者は二〇一一年二月に知ったが、三月刊行の拙稿に反映させることはできなかった。

（7）なお、この訳書は、Franz Ferdinand. Erzherzog von Österreich-Este:*Tagebuch meiner Reise um die Erde.1892-1893.* 2 Bede.Wien:Alfred Hölder, 1895/96. の第一巻から「はじめに」を、第二巻から日本の部分を邦訳したものである。

（8）前掲註（1）丸山論文、九九、一〇二頁。

（9）外国人宿泊施設である円山の也阿弥楼について、創設時期については判然としない。『京都府百年の年表　商工編』では、第一回京都博覧会が開催された明治五年（一八七二）三月とするが、一次史料からの典拠ではない。『京都の歴史　8　古都の近代』（学芸書林、一九七五年）は、典拠の明示はないが、一八七九年に長崎の井上万吉によって部屋を洋風に改造して料理はすべて洋風という也阿弥ホテルが建営された、とする（二七七頁）。アーネスト・サトウとアルバート・G・S・ホーズが一八八一年イギリスで出版した *A Handbook for Travelers in Central & Northern Japan* には、京都のホテルとして「Ya-Ami」の名がある。また、イギリス人商人のアーサー・H・クロウは、京都を訪れた六月八日・九日・一〇日と八月二日・三日、このホテルに宿泊している（*Highways and byeways in Japan :The experience of two pedestrian tourists*、アーサー・H・クロウ著、岡田章雄・武田万里子訳『クロウ　日本内陸紀行』雄松堂出版、一九八四年、五四〜六一、二五二〜二五四頁)。

(10) 同紙には「孛国一人」とあるが、これはドイツの数に含めた。なお、同紙は、一八八六年は京都にコレラが流行し、それがなければ一〇〇〇人余の外国人客が来遊しただろうとし、一八八六年の也阿弥楼外国人宿泊者数は、一八八五年よりも一一一人増加、一八八四年よりも二五五人増加としている。

(11) 前掲註(1)丸山論文、一〇八頁。

(12) 前掲註(3)杉野書には、『京都市統計書』による一九〇四年〜〇八年の国別の数字が掲載されている(四六頁)。

(13) 一九一二年(明治四五)六月発行の『京都商業会議所半年報』第一七回付録は、「両三年前ヨリ米国第一位ヲ占メ、英国ハ二位ニ落チタリ、此ハ近年米国汽船会社ガ発起トナリ大団体ヲ組織シ我邦ニ渡来セルニ依レルモノナリ」(五三頁)と記す。

(14)『日記』二二六〜二二七頁。外務省編『日本外交文書』第二巻第二冊(日本外交文書頒布会、一九五五年)、七二五〜八〇四頁。

(15) 前掲註(1)丸山論文は、サトウとホーズの案内記が「当時内地旅行をする外国人、特に英語圏の人びとにとって必携書」であったこと、クロウもこの案内記の初版を有効に活用したことを記している(一〇九〜一一一頁)。

(16) 高木博志「古典文学と近代京都をめぐる素描」(『歴史評論』七〇二、二〇〇八年)によれば、江戸時代の嵯峨野観光は、十三参りの法輪寺、天龍寺を経て清凉寺の釈迦堂へと向かう道筋が、嵯峨野観光の中心であり、祇王寺、滝口寺は女性的イメージをともなって近代に再興された寺である、とする(六六〜六九頁)。

(17) 遊覧としての保津川下りがいつから始まったかはわかっていない。しかし、一八八四年に英文で刊行されたアーネスト・サトウの書物では、外国人が京都旅行をする場合、前述したように、時間に余裕のない人の三日間の遊覧箇所の中に、「桂川の急流」が入っているように(アーネスト・サトウ『明治日本旅行案内』下巻、一一一頁)、保津川下りはすでに推奨ルートであったことがわかる。三条大橋から保津川下りの舟を調達する山本浜までの距離は五里一六町(約二一キロ)であったが、一八七七年二月に、京都・大阪・神戸の鉄道が開通し、向日町駅ができると、神戸や大阪からの旅行者は、向日町駅で下車し、ここで人力車を雇い、樫原(現京都市西京区)で山本浜への道(山陰街道)を進むことができるようになった（同右、一六六頁）。この保津川下りでは、人力車も下りの際に乗せていたことを、ジョン・ドルトンの日記、クロウの日記は記している。

（18）前掲註（9）『クロウ　日本内陸紀行』七三、二五四～二五六頁。

（19）一八九一年ニコライ来京の際にも、当初の計画では、遊覧箇所として保津川下りがあがっていた。京都府行政文書『露国皇太子殿下接待一件』に含まれている日付不明の文書（前後の文書の日付からすれば一八九一年四月一七日から二七日の間の文書と予想される）には、「露国皇太子殿下御来京ニ付両国交誼ノ万歳ヲ祝シ、併セテ京都市民歓迎ノ意ヲ代表スル為メ迎送及遊覧ノ余興ヲ呈セントスルノ計画」として、五つの方法があがっているが、その一つに「舟行」があり、「保津川峡口ニ舟ヲ艤シ流ニ随テ急灘ヲ東下シ、嵐山ノ前ニ至テ漁鯉ノ大網ヲ打セ、或ハ水中捉魚ノ技ヲ演シ舟中ノ興ヲ添ヱ御覧ニ供スルコト」、と記されている。

（20）フランツ・ヨーゼフ皇帝の弟の長男であるフェルディナントが、どのような経過で皇位継承者になったかは、『日記』の「訳者あとがき」を参照されたい。

（21）前掲『日記』二二八頁。

（22）河辺利夫・保坂栄一編『新版世界人名事典　西洋編』（東京堂出版、一九八一年）、六一九頁。

（23）『明治廿五年　公文雑纂　外務省二』。

（24）前掲註（5）拙稿「イギリス皇族」一四一～一四二頁。

（25）宮内庁編『明治天皇紀　第六』（吉川弘文館、一九七一年）、五四一～五四二頁。

（26）『職員録』明治二十六年（甲）、国立国会図書館近代デジタルライブラリー。

（27）『日記』一七二、一九八頁。

（28）（29）『日記』一九頁。

（30）『明治十四年　公文録　官吏進退』。

（31）（32）『露国皇太子殿下接伴一件』京都府行政文書、『露国皇太子殿下御来京ニ係ル日記草按』京都府行政文書。

（33）『澳国皇族接待一件』。

（34）「澳国殿下来京ニ付接待事務」前掲『澳国皇族接待一件』。なお、『日出新聞』八月六日付は、この四人のほかに、内務部属の高谷義忠も接待掛とし、この五人が八月五日より大宮御所の京都府出張所に詰めきることになったとしている。高谷は、七月二四日の後に追加されたのかもしれないが、『澳国皇族接待一件』にはほとんどその名を見ない。

（35）前掲『澳国皇族接待一件』。

（36）拙稿「イギリス皇孫」一五三〜一五四頁。

（37）前掲『露国皇太子殿下接伴一件』、『露国皇太子殿下御来京ニ係ル日記草按』。

（38）（39）（40）（41）（42）前掲『澳国皇族接待一件』。

（43）『日記』八五〜八六頁。

（44）同右、四三〜六一頁。

（45）同右、六二頁。

（46）同右、四〇頁。

（47）この推定にあたっては、山本真紗子『唐物屋から美術商へ』（晃洋書房、二〇一〇年）、前掲註（9）『京都の歴史　8　古都の近代』第二章、を参照した。

（48）前掲『澳国皇族接待一件』。

（49）『日記』八六頁。

（50）『日出新聞』明治二六年八月八日付。

（51）『明治廿六年　公文雑纂　宮内省・大蔵省・陸軍省七』。

（52）『日記』には、フェルディナント一行は宿舎を出て西（「西」には「ママ」とルビがある）に向かい、「市街を出て数分もすると、銀閣寺に人力車が止まった」、とある。『日記』には、その後、銀閣寺が一四七九年足利義政によって創建されたこと、庭園の特徴、「まるで日本人は自然の大きさには目もくれず、自然をねじ伏せ、縮小しているかのようだ」などの感想が、詳述されている。ドイツ語の原文にも「Ginkakudschi」と書かれているが、これは『日出新聞』八月一三日付の記載のごとく「桂離宮」の誤りである。フェルディナントは「桂離宮」を「銀閣寺」と誤解し、『日記』をまとめる際、書物などで知った銀閣寺の情報を付け加えたのであろう。

（53）前掲註（6）*The Cruise of Her Majesty's Ship "Bacchante", 1879-1882.*

(54) 八月八日付石田真平南桑田郡長より小林精一郎宛書簡、『澳国皇族接待一件』。
(55) 『日記』一三二頁。
(56) 高久嶺之介・小林丈広「〔解題〕北垣国道とその日記『塵海』について」(塵海研究会編『北垣国道日記「塵海」』思文閣出版、二〇一〇年)、五八四頁。
(57) 前掲『澳国皇族接待一件』。
(58) 同右。なお一艘につき七円という金額は、二日分の金額であろう。前掲『明治日本旅行案内』下巻には、一八八四年の時点で、「大き目の舟を利用する川下りは三円であるが正午を過ぎると船頭はその日のうちに再び川を遡ることができなくなるという理由から倍の料金を課す」(一六六頁)、とある。
(59) 『日記』八九頁。
(60) 同右、一〇二～一〇三頁。
(61) 『日出新聞』明治二六年八月一一日付。
(62) 同右、八月一三日付。
(63) 同右、八月一一日付。
(64)(65) 『日記』一二四頁。

明治期「洛外」の朝廷由緒と「古都」
——洛北岩倉の土器職人・椹《さわら》木《ぎ》丸太夫の日記から——

谷川　穣

はじめに

「古都」あるいは「歴史都市」。自分の生まれ育った地がそう呼ばれ、そこの住人であると意識する。そうした経験をした／繰り返す住民の集合体が「古都」「歴史都市」なのだ、というのは言い過ぎだろうか。

その住民のなかには、自分たちがその歴史に深く根ざした、歴史の形成に貢献した一族であるとの自負をもつ者もいる。そして、同様の貢献を主張する者に「そんなのは大したことない」とか、そこに出自をもつと誇る域外の者を「もう他所者だ」と嘲弄したりすることさえある。だがそれらもまた「古都」「歴史都市」の現実である。

本稿の主人公は、「古都」と呼ばれる前の、あるいは呼ばれだす時期の京都を生きた。ただし、彼が居住していたのは「そこらは京都やおへん」との声も聞こえてきそうな、京都の町の北郊（「洛北」）、明治維新前は愛宕《おたぎ》郡木野《きの》、明治に入り京都府愛宕郡木野村となり、明治五年（一八七二）に同岩倉村、そして一九四九年（昭和二四）に京都市左京区へ編入される地域である（図1）。彼の名は、椹木《さわらぎ》丸太夫清延という。丸太夫は文政三年（一八二

図1　岩倉村・木野・幡枝村地図
仮製測量図（1889年陸地測量部作成、中村治『洛北岩倉』1997年、２頁）を筆者が加工。

〇）生まれ、弘化二年（一八四五）に父清義から家督を相続、明治維新を四八歳で迎えた。京都府の歴代議員録における一頁たらずのわずかな伝記的記述には、大区小区制のもと副区長を務めたのち府会議員となったが活動の詳細は不明、と記される(1)。彼に直接言及する文献は、これを除けば管見の限り皆無である。

とはいえ、丸太夫家は近世においては木野とその隣、幡枝《はたえだ》地域の土と窯を用いる土器職人として、代々朝廷へ盃を調進する家柄として知られていた。安政年間に茶人・金森得水が記した『本朝陶器攷証』によれば、垂仁天皇の頃に伊勢山田の禰宜であった藤本佐大夫・椹木権大夫が、山城国葛野《かどの》郡嵯峨の野々宮の神職として移住し、彼らを含む八軒の家が小倉山麓で土器を作り禁裏へ調進しはじめた。応仁二年（一四六八）、近衛家の所領であった愛宕郡幡枝で良質の土がとれると知った権大夫家が、幡枝へ一八軒の職人の家を引き連れて移り、元亀年間には禁裏御料の同郡木野を拝領して居住、丸太夫と名乗るようになった。近世期の幡枝・木野には二五軒の職人（すべて椹木、藤木、藤本、藤井姓）がおり、自家の窯で製作した土器を公家へ調進したり市中で売ったりしたが、禁裏御用の土器師は丸太夫家だけであったという(2)。

表1　『諸日記』の構成

冊	表題
1	明治五年壬申年従十一月朔日　諸日記
2	明治七年従一月一日同至八月九日　諸日記
3	明治八年一月一日ヨリ同至六月　諸日記
4	明治八年七月一日ヨリ同十二月迄　諸日記
5	明治九年従七月至十二月　諸日記
6	明治十年従一月一日同年至六月三十一日　諸日記
7	明治十一年従一月一日　諸日記
8	明治十二年従一月一日　諸日記
9	明治十三稔従一月一日　諸日記
10	明治十四稔従一月一日明治十六年至十二月三十一日　諸日記　槌木家
11	従明治十七年一月一日至明治十八年十二月卅一日　諸日記　槌木家
12	明治十九年従一月一日　諸日記　槌木家
13	明治二十年従一月一日　諸日記

註：第1冊は1873年（明治6）12月までを収める。

土器職人一統における卓越した地位は、明治初年の資産でも確認できる。たとえば一八七三年（明治六）四月段階の旧木野村在住者の地所書上では、二五軒のうち大半が屋敷地のみ所有するなか、丸太大家だけが屋敷地を一〇回にわたり拡張し、屋敷外にも六か所の土地を有していた[3]。そして地域の支配においても、明治に入って副区長として地域行政に携わり、府会議員にも選出された、「名望家」ともいうべき存在であった[4]。

本稿では、この丸太夫が残した日記を史料として、彼の足跡から「都《みやこ》」が「古都」となりゆく局面を垣間見たい。具体的には、文明開化期において新たな職務に精励しつつ、自家の由緒の再認識・主張を通じて、何とかみずからを都の住民として定置しようとする丸太夫の営みを描く。結末を先取りすれば、その営みは実を結ばず、朝廷が名実ともに不在となり「古都」となった現実を痛感させられることになる。また岩倉の隣、同じ「洛外」の地に建つ三宅八幡を検討した長志珠絵は、近代京都の「周辺化された空間」である「洛外」が与えられた歴史的位置を、在来の文化的記憶や営みとの断絶・継承・摩擦を含めた全体像として描くことを主張する[5]。筆者はその意見に賛成だが、見取り図を描くためにも、まだまだ不十分な明治期「洛外」の事例研究の蓄積が必要と考える。本稿はそこへのささやかな貢献も意図している。

扱う日記は全一三冊、明治五年（一八七二）末から一八八八年（明治二一）にまで及ぶ（表1）。抜けている時期や粗密もあるが、日々の職務についての事柄や、来簡、京都府の布令・口達、土地証文の写し、家族関係の記事など、情報量も豊かである。ただし風説や新聞記事の転載、「国事」や地域外の事件に関して記される例はあまりない。もっともその偏りにこそ、地域行政の末端に位置した人物の視野がうかがえるともいえるだろう。[6]

なお本稿で日記を引証する際は［77 01 23］のように、記述の条を、西暦下二桁の年・月・日で示す。年代と対応する冊子は表1を参照されたい。

一　副区長として

（1）岩倉木野・幡枝地域について

まず、丸太夫の生きた岩倉木野・幡枝地域について、改めて概要を述べておく。木野は京都の市街地から北北東に二里（八キロ弱）ほど離れた岩倉盆地の西部に位置し、明治元年（一八六八）に木野村、また同五年に岩倉村字木野となる。[7]木野および南隣の幡枝村は土器職人の住まう地で、産業としては窯業以外には農業と山林業がほとんどである。明治元年における岩倉村・幡枝村の所領関係は表2で示した。多くが禁裏御料や公家・寺院領でしめられ、細分化され入り組んでいる。表3は一八八一年（明治一四）段階の岩倉・幡枝およびその周辺の村における戸数・人口である。[8]

近世の岩倉地域は、眼病人の参籠、そして近代にも続く精神疾患の療養の地であったことが知られる。[9]だが幡枝については、皇室との関わりも指摘される。一七世紀中葉、後水尾院がたびたび訪れ、幡枝と岩倉に御殿が造成された。[10]寛文一二年（一六七二）には院から右大臣近衛基熙に幡枝御殿が下賜されたが、その茶室が移築されて丸太夫家の茶室になったように、[11] 幡枝と皇室・近衛家との関係は深まっていった。なお中村治は、行幸を機縁として、住民が御所へ庭掃除・肥汲み取りに赴いただけでなく、公家たちがみずからの子どもを岩倉地域へ里子に出すという伝統も形成されたのではと推測する。[12] 岩倉具視が里子に出され、その後文久二年（一八六二）から五年間蟄居・「暗躍」した地でもあることは周知のことだろう。

（2）開化政策への関与

丸太夫家が近世において地域行政にどう携わったのか、日記を見る限りでは詳細は不明である。だが明治四年

表2　岩倉村・幡枝村の所領と石高（明治元年）

岩倉村	元禁裏御料	952石7斗9升4合
	元御除料	301石3斗9升2合
	元准后御料	265石2斗　9合2勺
	元京都守護職役知	385石5斗1升4合8勺
幡枝村	元禁裏御料	20石9斗3升5合
	蓮華光院領	172石4斗3升
	中院家領	116石
	大炊御門家領	30石
	竹田慶安知行	100石
	東寺領	263石5斗4升1合
	法然院領	13石　6升5合

註：『旧領旧高取調帳　近畿編』（近藤出版社、1975年）より作成。

表3　岩倉ほか5か村の戸数・人口（1881年）

	戸数	（寺）	（社）	人口	牛馬
岩倉	232	11	4	1,419	52
幡枝	34	3	2	130	4
中	70	1	2	386	23
長谷	71	4	2	286	23
花園	47		1	130	
（計）	454	19	11	2,351	102

註：「愛宕郡村誌」（『史料京都の歴史』8、412頁）より作成。

（一八七一）分の大庄屋給米石代・金高に関する記載は見られ［73 04 10］、また岩倉村で幕末期に発生した争論に関して、戸長が丸太夫に当時の日記を借りに来たという記事もあることなどを考えると、所領の入り組む中で上層住民として村落の運営に関わっていたと推測されるが、それ以上は日記からはうかがえない。

大区小区制のもとで、丸太夫は明治五年（一八七二）七月に愛宕郡第七区の副区長に選任され、一八七三年（明治六）一二月には区統合により旧第七区も含んだ第三区の副区長として、地域運営に関わることになる。(13) 同区区長は舌《ぜっ》司馬太郎（貴船村）、もう一人の副区長は佐竹卯太郎（小出石村）であった。(14) 副区長の給与については、高一〇〇石につき玄米三斗・一斗につき三銭、五〇〇戸の区域なら三〇円、区長との比では二対一というような計算式が府から提示されていた。(15) だが第三区では、村々の戸数割（各戸への賦課金）をもとに、両者の給与が八対五の割合で算出された（表4）。ただし、大区内を区長が一手に管轄し副区長がそれを補助するというのではなく、三名が区域を分担し（丸太夫は旧第七区）、管轄・運営していたようである。

この点に関し、第三区への再編が決まった一二月四日を境に、日記の書式には微細な、しかし確かな変化が見られる。この日丸太夫は、府庁で地券課・吉住一臣から「正副区長之義は、区内事は百事不知事なく相心得、可致精勤候様」［73 12 04］にとの命をうけた。その翌日から、それまで日付を行頭、その下に本文を記していたのを、日付を中ほどに記して改行して本文を記すようになった（図2）。自分の担当区域の運営に、気持ちも新たに取り組もうとする姿勢がうかがえよう。

では、丸太夫はいかなる業務を行ったのか。まず府庁との往復である。毎月数度、府へおもむき、法令・布達を受け取り、村へ帰って戸長へ伝達する。また、一八七四

表4　愛宕郡第三区・正副区長給料（1874年）

	支配戸数	戸数割	給与額
舌　司馬太郎	575	25円87銭5厘	31円74銭
佐竹宇右衛門	526	23円67銭	19円83銭7厘5毛
椹木　丸太夫	486	21円87銭	19円83銭7厘5毛
（計）	1,587	（1戸あたり4銭5厘）	

註：『諸日記』［75 03 25］より作成。

年二月には府庁の当直に選出され［74 02 23］、五月二日から八日まで、府庁に宿泊していた。

つぎに、丸太夫が府より命ぜられ遂行していった政策について。試みに、一八七四年上半期の記事から主なものを抽出してみたのが表5である。多種多様な施策が展開されていることが、一目瞭然であろう。定期的なものとしては戸長がとりまとめた租税の納入をはじめ、徴兵検査や種痘への立ち合いと府への結果報告、そして社寺上知にともなう地所払下げ願書、旅宿営業・酒造・威《おど》し銃所持の鑑札交付願書などの書類の提出も行い、交付された鑑札は府庁へ出掛けて受け取り、持ち帰って戸長へ渡した[16]。高久嶺之介が区長を「県と村との媒介のような位置」にあると性格づけた[17]のもうなずける。

また、府の布達を村民へ解説することも請け負った。一八七五年（明治八）九月の記事に、旧木野村の小学校で「御布告為読知ニ付出勤」とあり、「但始テ読知ラセ候事」と記しているので［75 09 01］、このとき丸太夫自身が初めて布達解説を行ったとわかる。本来は教導職（神社祠官・寺院住職から任命される民衆教化の役職）が行うべき業務であり、彼らの説教実施は何度か日記に登場するが［74 01 15など］、その説教が「開化的」政策の十分

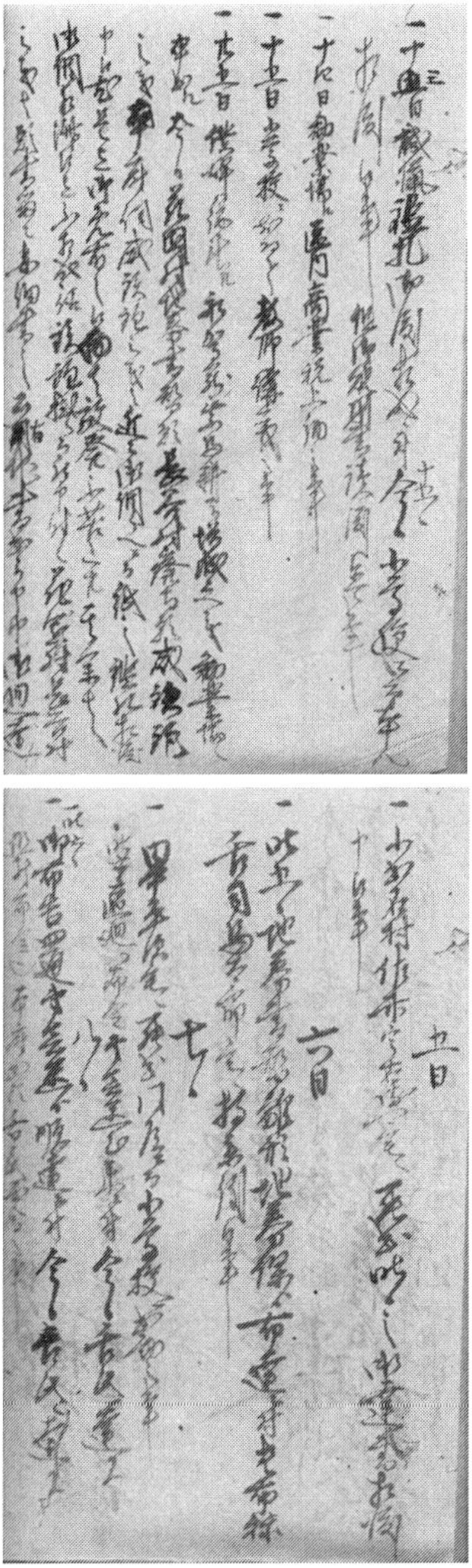

図2　『諸日記』の書式変化
（上が1873年11月13～25日、下が同12月５～８日の記事）

な解説に及んでいないとの認識を、府もしくは丸太夫自身がもっていたのであろう。ここからは、単なる連絡・調整役にとどまらず、政策執行の側＝府の意向に丸太夫がより強く組み込まれ、自身にも政策理解を求められたことが読み取れる。

表5　1874年上半期の主な日記記事

月	日	記事内容
1	4	大原の寺院にて火事
1	14	商業税を府勧業課へ上納
1	15	下鴨神社神官教導職が岩倉村惣会所で説教、聴聞
1	31	地租をとりまとめ上納
2	2	郵便規則書を岩倉村以下村々へ通達
2	4	異状地調査のため地券取調掛松野新九郎が岩倉へ来村、戸長ら応対
2	19	高野村氏神境内上地払下の件
2	23	府の当直に選出
2	23	第三区番人として藤木輝ら５名を選出
2	24	佐賀の乱発生、府から風説なきよう不審者は通報せよと命令下る
2	24	第三区内市原村にて火事、府知事へ始末書提出
3	2	府地券課から岩倉村11か寺へ無檀無住寺院の整理、払下願書に正副区長が奥印すべき旨指令をうける
3	14	社寺上地払下分の地券証を受理
3	17	地租をとりまとめ上納
3	22	中学校から小学校へ石盤を貸し下げ
3	25	実相院ほか社寺境外上地金を上納
3	27	岩倉村農民の徴兵検査を相国寺で開催
3	29	徴兵調査役と徴兵使巡村につき迎える
4	5	盗賊逮捕、区内三宅八幡付近に隠した盗品類につき裁判所へ訴え出る
4	11	全龍寺撤去跡地払下の件
4	19	種痘実施
4	21	荒神口牧場で講義を聴講
4	27	出願中の威し銃鑑札を府庁で受領し各村戸長らへ渡す
4	29	糞尿処理と肥料販売に関し、当区は京都と「隔絶之地」ゆえ規則通りにはいかないと主張、従来通りの処理を希望
5	3	当直として府庁に詰める（～８日）
5	14	前年分の租税を16か村分とりまとめ金納皆済
5	19	番人の詰所等費用負担につき書簡往復および府へ上申
5	26	岩倉村小学校にて捕亡術の講習
6	10	貴船村ほか反別取調書を府へ提出
6	12	遊歴者の教員志望の件
6	17	野中村小学校設立
6	29	新規定免受の件につき府租税課の請書に調印する

註：『諸日記』第２冊より比較的記載の長い（複数丁にわたる）ものを中心に作成。

（3） 地租改正事業

この時期の重要政策、地租改正業務へはどう関与したのか。一八七五年（明治八）八月、京都府では「地租改正ニ付人民心得書」（府番外二三号）が郡中一般へ布達される。これをうけ八月一七日には、各郡の事業を監督する「地租改正総代人」の選挙が行われ、愛宕郡では西《にし》紫《し》竹《ちく》大門《だいもん》村（現、京都市北区鷹峯）の松野新九郎が選ばれた［75 08 17］。松野は愛宕郡第二区と葛野郡第九区の区長を兼務し、明治五年（一八七二）には地券取調掛として地券交付業務を経験していた(18)。実は選挙の二日前、丸太夫は経験者の松野を選ぶべき旨を舌に述べており、舌から住民に説諭がなされた結果であったようだ。また総代人に加えて、村ごとに「改正業務従事人」の投票もなされ、第三区では総勢一〇二名が選出された。そのうち幡枝村では、土器職人で姻戚関係もあった藤木輝とともに、丸太夫の長男・樋木義延の名も見える［75 09 19］。

その後丸太夫は、府の役人や松野らの来村時には接遇を、区長・戸長の集会では従事人・日雇人足の手当の討議などを行っている［75 10 08］。実際に第三区で改正事業が本格的に行われた翌七六年上半期分の日記がなく、詳細な事業過程は見えない。だが、自身の主たる関与は接遇や調査結果書類への奥印、「地租改正人民必須書」や、物差しや棹といった測量用具などの物品を購入し従事人に与えるという、補助的な役割にとどまった。地租改正に関して、丸太夫は松野や義延らに実際の事業を任せ、みずからは積極的に関わらず「連絡役」をもって任じた。

（4） 学校への関わりと丸太夫の位置

日記で最も登場するのは学校関係の記事である。丸太夫は一八七六年六月一〇日に学区副取締に任じられている［79 06 01］。この職は、戸数に則して区割りされた小学区内の、学校建設や教育振興に関する監督役である。

たとえば、七七年六月に文部省大書記官・九鬼隆一が第三区内の小学校視察のため訪れたことを日記に記しているのも［77 06 13］、副取締であったためだろう。

だが、その就任前から学校に関して頻繁に記していた。七三年三月九日、岩倉村では村内の旧門跡寺院・実相院の庫裏《くり》を借用・移築して、岩倉校が設置されたが、その維持に関して丸太夫が奔走していた様子がうかがえる。表5にもあったように、岩倉校で用いるノート代わりの石盤や書籍の購入、岩倉校だけでなく野中村など第三区内のすべての開校式や試験への出席、教員の招聘・退任にともなう後任探しも行っていた。

また七五年三月、岩倉校を岩倉・長谷・木野・高野の四校に分割することが決定した後、旧校舎および撤去跡地の入札をめぐって岩倉村の戸長集会で意見対立が生じた。戸長の一人・玉城長四郎が、板の間は新しい岩倉校、ほかの建物は長谷校が再利用するとすでに決定済みなのに、なぜ今さら入札なのかと反発し、集会の再開催を主張したのである［75 07 15］。これに対して丸太夫は戸長らと会合を重ね、建物売却代価や書籍を四校へ分配する方針を定めるなど、調整に努めた。

学校の運営では、いうまでもなくその維持費用が問題となる。七三年四月七日、岩倉校の「小学校永続規則」を定めるに際して、有志寄付での維持金積立と、祭礼での飲食・葬儀などの冗費節減という方法が採られた。丸太夫はそれに加えて、「祭日之義、小学校ニ而先達而集会之節、天長節可然由僕申立置候」［73 04 20］、すなわち天長節を祭日＝休業日にせよと主張したのである。古い習俗を改変して、近代天皇制の祭りへの移行を主張する「開化的」な人物であったと性格づけることもできなくはない。ただ、こう主張した後の愛宕郡区長集会に丸太夫は欠席し、「一同之評定ニ而霜降之日ニ相定り候由、田中氏より承り候事」［73 04 27］と記したように、結局祭日は霜降の日（二十四節気、寒露と立冬の間）と決まり、彼の意見は通らなかった。

このような郡レベルの会議は、番人・警察業務・糞尿処理のような広域にわたる問題について必要に応じて開催・討議されたが、それ以外に、正副区長三名の会合が月一回行われた。府からの指令への対処、村落での問題について話されたが、それらの会場の多くは岩倉校であった。当時の小学校が消防や印紙売捌、種痘会場、警察業務などの拠点として、地域総合庁舎というべき存在であったことはすでに知られるが、日記からもその点は浮き彫りになる。丸太夫の学校への関心は教育面からのみ捉えるべきではなく、その包括的な役割からも理解すべきかもしれない。

以上のように、地域の運営において副区長・丸太夫は、戸長レベルで検討・処理される問題と、区長三名での討議、あるいは広域の郡全体で決めるべきこととの間で、意見の調整役を果たすことが多かった。丸太夫自身、会合の欠席中に決議されたことに抵抗した形跡もなく、そもそもその類の摩擦の記述は稀で、円満な解決を探る行動をとった傾向がひとまずうかがえる。

一八七七年六月、丸太夫は「老年ニ及ヒ気力衰弱之上、近来持病疝気《せんき》時々差起り歩行等困却」との理由で、槇村正直府知事宛に副区長免職願を出すべく、区長の舌へ奥印を求めて送付している［77 06 27］。もっとも願いは叶わず、翌七八年二月五日、京都府が民費軽減を理由に副区長自体を廃止する指令を発して、ようやく二月一〇日にお役ご免となる。舌に実務に関する書類を渡して［78 03 24］、引き継ぎを終えた。しかしそれも束の間、辞職後の同六月には、起業公債につき区内通達・勧誘を呼びかける役目を槇村から命じられており［78 06 17］、府の「開化的」政策を円滑に進める人材として依然期待されていたようである。ただし、それに嬉々として取り組んだかは不明である。『教育雑誌』や『農業雑誌』などの雑誌を購入して村内に廻達していた［76 07 14ほか］のも事実だが、彼の判断であったか、それに関する意識がうかがえる痕跡もない(19)。おそらく槇村府知事による「開化的」政策は、その内容に対する精力的な推進者というより、結果的に「維新の担い手(20)」としてふるまうことになった、この種の受容者によって支えられていたのだろう。

二　逃げぬ名望家？——府議として——

（1）勤勉にして淡々

その後丸太夫は、地方三新法体制のもとで開設された京都府会の議員に選出される。一八七九年（明治一二）三月二四日、愛宕郡田中村（現在の左京区田中）の百万遍知恩寺で投票が実施され、郡長の呼び出しをうけて、翌日議員当選と伝えられた。このとき愛宕郡から選出された議員は表6のとおりである。禁裏への出仕などを通じた朝廷との深いつながりという点で概ね共通している。京都の名望家たちは、必ずしも選出結果を素直にひきうけ府議となったわけではなく、早々に退職する、あるいはそもそも拒絶する者もいた。原田敬一がいうところの「逃げる名望家」である。(21) 丸太夫の場合はどうであったか。

議員在任期	議員以後
1879. 3～1880. 7	1881村会規則立案総代 1889下鴨村会議員
1879. 3～1883. 2	1880学務委員 1881愛宕郡連合村会議員・議長
1879. 3～1881. 1	1886隠居
1879. 3～1880. 7 1882. 4～1888. 4	1881愛宕郡連合村会議員
1879. 3～1882. 3 1884. 6～1886. 10 （議長等歴任）	1886愛宕郡長兼葛野・乙訓郡長 1890衆議院議員 1892相楽郡長・綴喜郡長

まず府会への出席状況は、極めて勤勉といえるものであった。一八七九年の第一回府会では開会された計二四日間で欠席は一度、翌八〇年の第二回でも六〇日の開催日のうち欠席はたったの三度であった。第二回全体で、議員出席率が毎回五〇～六〇％ほどだったことに照らせば、いたってまじめな出席ぶりといえるだろう。(22) また議題に無関心だったわけでもなく、七九年四月七日には議事終了後に同じ愛宕郡選出の東辻清光・河村通平・鴨脚秀経とともに衆議し、翌日にも河村宅に四人で集まって議論している［79 04 08］。

しかし議場での発言は、議事録を見る限りほとんどない。

表6　愛宕郡選出（1879年3月）府会議員一覧

氏名	生年月日	年齢	村名	家柄	議員以前の職務
鴨脚秀経	嘉永6．9．25（1853）	26歳	下鴨	下鴨神社社家	蔵人所出仕 貴船神社・下鴨神社宮司
河村通平	文政10．5．9（1827）	52歳	松ヶ崎	九条家家臣（所領管理・執事）	（区長就任を固辞。小学校建設・社寺合併・農事改良・啓蒙活動・蚕種製造）
椹木丸太夫	文政3．2．29（1820）	59歳	岩倉	土器（天盃）製造・野々宮旧神官	第三区副区長・副学区取締
東辻清光	天保4．11．4（1833）	46歳	上賀茂	上賀茂神社社家	図書権助・加茂県主・従四位上下野守
松野新九郎	嘉永2．8．13（1849）	30歳	西紫竹大門	農業・庄屋、御車職株所有	第二区区長兼葛野郡第九区長・地券取調掛・郡社倉副取締・地租改正事件郡総代・学区取締

註：京都府議会事務局編『京都府議会歴代議員録』1961年、469～476頁より作成。

議論が沸騰した一八八〇年の地方税追徴布達一件についても日記では深くは記さず、会期中は配布された刷り物を写し、議事の進行・議決にいたる概略を淡々と綴るのが常であった。自分の発言や投票行動も、「地方税ヲ地ト戸トニ賦課スル修正案」に対し一戸あたり五〇銭とする案に起立した「79 05 05」のと、営業税徴収法案につき各商業等級に関する議長上申案に賛意を表明した「79 05 25」といった程度で、記すところは乏しい。けれども、半数改選期の八〇年七月三〇日、丸太夫は議員任期を継続する二八名に選ばれると、辞退することなく引き受けている。府議としての出席と議決参加という務めは、全うしているのである。

(2) 民権運動に接する

こうしたなか、丸太夫は民権運動の高まりに接することになる。

当時の府議には、副議長の松野新九郎やのちに選出される河原林義雄（北桑田郡）のように[23]、民権派として活動し、やがて国政に進出する者もいた。丸太夫が民権運動に関心を寄せた形跡は、少なくとも議員以前の日記にはみられない。それが登場するのは、一八七九年（明治一二）八月のことである。同二六日、府議の丸太夫宛てに、一通の手紙が郵送されてきた。差出人は当時二三歳の民権家、上総国武射郡小池村（現、千葉県山武市）の桜井静[24]。同年六月付の「国会開設懇請協議案」と題した刷り物が同封されており、それを各府県会に送って国会開設に向けた共同行動を呼びかけていたのである。

この手紙を楷書で丁寧に写したあと、丸太夫は胸騒ぎを覚えたようだ。翌月六日になって、彼は府会議長の山本覚馬のもとを訪れる。「国会開設之義ニ付書面」はそちらにも届いたか、「応否之回答」をしたか、「又は其儘ニ打捨ヲカレ候哉」と、対処について山本に意見を求めたのである。すると山本は、書面は来たが「政府ヨリ之達シニ而も無之、又桜井ト申ものは議員ニ而も無之趣ニ付、其儘ニ打捨置候」と答え、ただし「尊君ニは御勝手ニ御答有之候而も又は打捨置カレ候而も宜敷様ニ存候」と言い添えてきた［79 09 06］。政府の通達でもないのだから、応じようと捨て置こうと勝手だ、山本はこう返答した。その後、桜井を県会議長とする誤情報の流布を打ち消す『京都日日新聞』の記事を珍しく書き写し［79 09 19］、おそらく桜井の呼びかけを放置したと思われる[25]。以後民権運動関連の記事は、「私心を以政体をくつかへさん」とする国会開設請願に賛同せぬよう、府庁より訓示をうけた旨を記した［80 03 25］以外、一切出てこない。ふだんの日記の傾向からは例外的な新聞記事の書写も含まれ、動揺をもたらす事柄であったことが看取できる。

先に述べたとおり、この時点で丸太夫は府会での活動を忌避する「逃げる名望家」ではなかった。ただ、全国的な民権運動への呼びかけに接したことは、予想外だったのではないか。そして、ナショナルに展開する政治社会の動向とは異なるところへと、みずからの行動の場面を移していく。

桜井静からの要請に不安は覚えたものの、そこで府議を辞職するようなことはなかった。翌八〇年五月、第二回の府会に出席する。会期は同七日から七月三〇日までであった。

前年同様淡々と議事を記しだした丸太夫だったが、五月一九日に腹痛で欠席したと記した後は、巡幸で京都を訪れた天皇を府議一同で堺町御門にて奉迎したという七月一四日まで、府会関係の記事は途切れている。そして天皇の出京を見送る二〇日条ののち、三〇日へとび府会閉会と滞在費精算について書かれて終わる。その空白の間も、議事録を見る限りは概ね出席していたようだ。では一体、何があったのか。

三　由緒を求めて――土器職人・旧神官として――

（1）扶持米支給の請願

丸太夫は、ある請願書を作成していた。一八八〇年（明治一三）五月二九日、自家の由緒を訴え、扶持米下賜を政府へ要望すべく府へ次のような願書を提出した。我が家は応仁の乱以後、衰える朝廷へ日々勤仕した功績が認められ、代々天皇の即位・譲位の際は祝米を、また節会のたびに酒や暦を賜ってきた。文久三年一二月一六日には、長らく御用を勤めたことが評価され、「孝明天皇様格別之御思召ヲ以」て永世三人扶持の支給を申し渡された。これは雉子焼《きじやき》や菱葩《ひしはなびら》の下賜とともに明治二年（一八六九）末まで続き、翌三年は「御東幸御留守」ゆえ大蔵省より賜ったが、翌年からまったく音沙汰がなくなった。従前に鑑みて「何分之御沙汰」、何らかの報奨がほしい、と。この願書は二日後には府から大蔵卿佐野常民へ提出された[26]。だが、返答はなかなか来ない。

このころ、幡枝の土器職人家の出である伊藤朝往という人物が、大蔵省常平局五等属として勤務していた[27]。丸太夫は政府内での審議状況を伊藤に尋ねるなど、彼を通じ請願の承認を模索したことがうかがえる[28]。だが、審議が難航しているとの知らせを伊藤から受け取り［80 09 24］、しびれをきらした丸太夫は、一〇月一日に再度「朝廷え勤労之廉々」をしたため提出した〔80 10 01〕。

しかし、彼の訴えは何ら聞き入れられなかった。一一月九日付で大蔵省が太政官へ上申した伺い書には、①扶持米はおそらく徳川幕府から朝廷への献納米が、公家へ分配された際に同様に支給されたものだろう（そしてもはや支給する源泉は消滅してしまった）、②明治四年は旧公家の家臣への禄制も改定された時期で、「御用達之輩ナド」に扶持米支給など「甚不相当」と判断されたのだろう（その措置は妥当だから却下すべき）、との二点が記された。この却下案が翌八一年一月七日に承認され、通達が同二六日に届く。この日は「昨十三年五月二十九日、御扶持米之義ニ付伺書京都府へ差出置候処、右伺書へ左之通来書を以指令相成候事」と記し、「扶持米ハ総テ庚午年限り」との大蔵省からの沙汰を朱字で筆写している〔81 01 26〕。ごく短い記述に、その無念さがにじむ。

（2）由緒への意識

ではなぜ、このような請願を行ったのだろうか。

丸太夫は一八七九年六月の時点で、田畑六町七畝に山林二〇町、宅地二一か所、建家二・物置五・土蔵一、計四三八四円一七銭五厘という不動産を保有していた〔79 06 29〕。また表7は請願前の丸太夫家の土地購入状況である。不動産収得とその資産力を考えれば、丸太夫が家の金銭的逼迫から思い余って請願したという線はない。また、伊藤に情報収集を依頼したという点で、自家だけの問題にとどまらなかったとも考えられる。この請願は、丸太夫家が率いた、土器職人一統全体にも関わることだったのではないか。

そのことをうかがわせる記事が、七九年一〇月一六日条にある。この日丸太夫は、在村三〇名の嵯峨野々宮および木野愛宕社の旧神官総代として府庁へ赴き、「無確証」ゆえに旧神官への配当禄の支給には該当せず、という大蔵省からの返答をうけた〔79 10 16〕。維新期まで社領や免税地から収益の配当を得ていた旧神官に対し、配

表7　丸太夫の土地購入（1878～80年）

年	月	日	地名	種別・面積	金額	相手
1878	3	24		耕地・宅地・山地	420円	近衛家
1878	3	26		屋敷地	37円	藤木彦左衛門
1879	2	16	岩倉村字袴越山126番の2番地	山地	25円50銭	藤木輝
1879	2	26	市原村字尼ヶ谷15・17番地 〃　　8番地	林地　5畝 9歩 山地　2反　11歩	37円50銭	藤井杢太夫
1879	3	24	幡枝村字平岡12番地	田地　1反1畝24歩	55円	藤井清太夫
1879	6	30	市原村字尼ヶ谷16番地	林地　2畝17歩	3円	椹木藤太夫・伊之助
1880	4	5	幡枝村字平岡70蕃地	耕地　2反　9歩	149円 6銭6厘	藤木甚太夫

註：『諸日記』第7～9冊より作成。

当禄米五年分の金額を公債証書として下賜する禄処分を行う、ついては証拠書類を添えて申請せよ、という一八七七年（明治一〇）三月の太政官布告第三二号をうけて、丸太夫らはその申請をしていた。それが却下されたということである。

丸太夫は旧神官・社家である彼らの窮乏に対して、おそらくその代表として周旋した。表7のように一統の者から購入したのも、単に仁義なき大地主化の類ではなく、彼らへの金策という側面があったと思われる。生業たる土器製造において、朝廷と公家という大口の相手を東京奠都によって失い、職人の多くが生活の危機に瀕していた。この年の京都博覧会に際して、丸太夫は土器製造の工程を会場で見せよと府庁から命じられ、「何分東京へ行幸ニ付是迄召抱居ものも夫々暇遣候テ、職業相休ミ候」と苦境の訴えで切り返している［79 02 25］。丸太夫はまず自家の由緒を持ち出し、朝廷とのつながりという職人一統の名誉回復を企図した、と捉えられよう[29]。

この由緒を確かめる直接の契機は、議員選出の前年にさかのぼる。一八七八年（明治一一）一〇月五日、蜷川式胤《にながわのりたね》が来村した。蜷川は文部省・内務省で博物館行政に携わった人物で、明治五年に行った、正倉院などの古物調査で知られる[30]。その蜷川が丸太夫の自宅を訪れ、幡枝への移住年代や、移住した職人家の軒数を尋ねてきた。蜷川は土器の歴史や各地の名産を解説した『観古図説陶器之部』を順次刊行、「京師ヨリ旦ノ方ニテ二里ヲ距ル」地・幡枝のそれについても、すでに土器の精密な模写とともに刊行済みであり(31)、その補足的な調査であったと思われる。この蜷川来訪の一か月後、丸太夫は初めて自家の履歴を日記に記した。蜷川には移住年代を応仁元年と答えたが、調べると同二年の誤りであり、文禄四年に現在地の木野に移った際、職人の家は三〇軒あった。そして最後に、文久三年一二月に「格別之思召ヲ以、以来三人扶持永々被下之」、と綴った［78 11 11］。

また七九年六月一日にも、府より議員としての履歴・財産調査がなされたのをうけ、履歴を日記に改めて記している。野々宮・愛宕両社旧神官としての請願でも、おそらく再び由緒を確かめたことであろう。

このように、土器が京都の「古物」として位置づけられるという「好古《こうこ》」調査を一つの起点として、丸太夫はみずからの由緒をたどりはじめたのである。

（3） 御用達同士の競合

さらに丸太夫は、同じ禁裏御用達であった職人が受けた扱いについても日記に書き留めている。一八七九年三月九日、京都博覧会観覧のため京都御所へ赴いていた丸太夫は、洛中の和菓子職人・川端道喜と魚商人・奥八郎兵衛が士族を拝命し、宮内省から金三〇〇円と銀杯とを拝領したと知る(32)。川端は永世二〇人扶持、奥は丸太夫同様三人扶持を同じ文久三年に言い渡された人物である。実はすでに、丸太夫は旧神官としての由緒から士族を拝命していたが［76 08 09］、彼らの晴れやかな姿は、おそらく職人一統の由緒の再確認に向かわせるとともに、彼我の扱いの違いを痛烈に認識させた。

先の扶持米請願に関して、伊藤朝往からの書簡には、川端・奥と同様の栄誉を期待する一節があった。また大蔵省も、川端らと同じ扱いがなされる可能性を忖度して、宮内省へ書類を廻達、判断を仰いでいる(33)。これらから考えて、丸太夫は当然川端らと同様、朝廷に代々貢献した歴史を自負する者として、自分も認知されるはずだとの目算もあっただろう（ちなみに丸太夫がかつて下賜された菱葩は、まさにその川端道喜作の和菓子であった）。

この経験の直後、前節（1）で述べたように、丸太夫は府会議員に選出された。副区長を体調不良で辞そうとした彼が、府議を逃げずに引き受けたことには、同じ禁裏御用達であった者との競合意識――いくばくかの嫉妬もなかったとはいえまい――も少なからず影響を与えていたと思われる。

（4）府議辞職と由緒の肥大化、その後

扶持米支給請願が政府内で却下された直後の八一年一月一八日、丸太夫はリューマチを理由に、府議辞職願を提出する。この前年に還暦を迎え、願を出した直後の手紙でも、「昨年申上候通り僕義老衰之上右病症ニ罹」ったと述べており［81 01 21］、直接的には、年齢的な衰えを実感しつつあったところへ、病気の発症が重なったというのは事実なのだろう。願いは二一日に聞き届けられ、辞職と相成った。この年末には奥歯が抜け、ついに「歯抜け」になったとの深い嘆きも吐露している［81 12 29］。

とはいえ、もう府議であり続ける理由が薄くなっていたのもまた確かだろう。これまで見てきたように、土器職人を統率し朝廷と深い結びつきをもっていた自家の由緒をたどり、それを武器に職人たちの生活の立て直しや名誉の回復につながる行動をとることが、一八七〇年代末の丸太夫にとって重要な課題となっていた。府議選出をうけいれ公務に身をおくのも、その一つの方法だった。しかし民権運動という全国的志向をみせる世界に接し、他方で旧神官としての禄支給も得られず、幕末期に得た扶持米支給の復活も拒まれることになった丸太夫は、在地の問題に沈潜すべく、府議辞任へと踏み切ったと思われる。彼の意識のなかでは、朝廷は京都を「古都」にし去るナショナルな権威ではなく、「都」のローカルなより所であり、そうあってほしい存在だったのだ。

実際、丸太夫は扶持米支給の請願をあきらめず、八一年一一月に改めて「御扶持米之儀ニ付願書」を提出している［81 11 07］。この願書では、前回大蔵省・佐野常民から指摘された永世扶持米の出所について、我が家へのそれは「全ク祖先之者勤労被思召、別段被下候儀」である、と他との差異を強調する。そのうえで、朝廷への土器調進の職務が東京奠都によってなくなったことは「悲歎泣血之至り」の痛恨事だが、堂上公家の家来や旧藩士に一旦なされたごとく、金禄の下付を我が家にも処置してほしいと改めて要望した［82 03 17］。しかし八二年三月一七日、またもその願いは聞き届け難しとの返答をうける。

こうした繰り返しによって、由緒は肥大していく。同年四月一〇日、新町姉小路角の商人・長谷川庄太郎が丸太夫に、自店の祖が幡枝土器職人の出身かとの質問を寄せてきた。その求めに応じて記した「椹木家略履歴」にはこうある。丸太夫家の祖先を遡れば天穂日命《あめのほひのみこと》、野見宿禰《のみのすくね》、猿丸太夫らがおり、その子孫が小倉山の麓に移居した。重忠なる人の代になって椹木と名乗るようになり、その後清重が元弘・建武の頃に朝廷へ忠義を尽くした、と［82 04 10］。扶持米請願書では記していなかった由緒が、また新たに付け加わった。

これに関して吉岡拓は、同じ洛北の大原村（現、京都市左京区大原）の郷士たちが、みずからの惟喬《これたか》親王との由緒を吟味・改変し、信憑性を高めて政府へ示すことで士族編入に成功する、その明治前期の過程を明らかにしている(34)。運動の成否は違えど、こうした境遇を共有する諸集団（上賀茂の社家、山科郷士など）の相互関係もまた、「洛外」の近代史として掘り下げるべき重要な一側面と思われる。

府議を辞職して以後、丸太夫の日記には家族、特に息子たちの進学・就職や娘の婚姻、孫の誕生・早世などの記事が増える。それによると、次男禎次郎は師範学校卒業後、伊藤朝往の娘と結婚し、三男信三郎も椹木三太夫家へ養子に入った。丸太夫自身が藤木平太夫の娘・きしと結婚しており、土器職人一統は互いに姻戚関係を結んでいた。そして長男義延は岩倉村筆生となり、やがて岩倉村初代村長となるが、その娘は大原郷士・津吉平治の息子敬太郎に嫁ぎ、彼も後に大原村長・府議を務めるなど、洛北の名士どうしでの結びつきを深めたことがわかる(35)。また一八八〇年四月、藤木林種・藤木輝らとともに義延にも、平安社・産業誘導社に関する会合への誘いが届く〔80 04 17〕。京都の官家士族救済を目的に設立された両社と義延との接点がうかがわれ(36)、東京奠都後に同じく窮乏する層と連携を図った可能性もみえる。他方で、義延の日記を参照せよとの記述もあり〔83 08 28〕、公務や社会的事件を記していたであろう長男の日記を、父・当主としてチェックしていた様子も思い浮かぶ。

また、府議辞職後の活動として、大日本農会京都支会の創設にも関わり〔82 02 10〕、『大日本農会報告』の到着を毎号記していることは注目される。丸太夫は副区長時代から、農業講義聴聞や『(西洋)農学日講随録』の購入・各村への配布(そして義延にも一冊与えた)〔75 08 03〕など、農事改良に関心を示し、愛宕郡第一区副区長・山崎唯助が農学視察のためフランスへ留学したことも記している〔78 01 04〕。これらも「開化的」政策を積極的に推進しようとした典型的な「名望家」の活動というより、府議選出以前から、土器製造の危機という現実的問題に対応すべく農業への切替え策を模索せざるを得なかった、そのことのあらわれと捉えられよう。

丸太夫は一八八六年の末に隠居し、義延に土地の大半を譲与、同時に小学校や鞍馬街道修繕などに寄付を行った。そして一八八九年(明治二二)一一月一七日、七〇歳でこの世を去った。

おわりに

以上、丸太夫の副区長就任から府議辞職、そして逝去までを駆け足で追った。むろん、論じ漏らしや割愛した事項、日記だけでは判然としない箇所なども多々ある。実相院を中心とする岩倉地域の社寺上知や宗教的社会関係の変容、淡々とした府会関連の記述に対する京都府政からの分析なども、掘り進めるに足るテーマではあろう。

ただ本稿は、ひとまず丸太夫個人の行動を日記に寄り添う形で、折々に推測を重ねて整理を試みたものであり、多様な解釈の余地も残している。

たとえば「名望家」として見た場合、丸太夫は高久嶺之介が描くような「開化的」政策の推進者、と現象面からはいえそうである。しかしその主体性の所在は、なかなか明確には読み取れず、政策理解の背景となる学問的素養なども不明である。むしろ農業への関心を念頭におくと、土器製造を主な生業とする住民・地域が「都《みやこ》」喪失の影響をうけて危機を迎え、そこから脱却することこそが一貫して主要な課題であったようにも映る。

また松沢裕作は、近世末までの村落に蓄積した問題群に対し、新たな制度によって設けられたさまざまな役職を兼担する（もしくはそれが拡張する）ことを通じて明治政府の政策を推進し、問題を克服していく「制度的主体」のありようを探究している(37)。丸太夫にもある程度は当てはまるが、松沢が重視した地租改正事業への関与という点では弱そうである。またこの地域の状況としては、近世末より維新後にこそ重大な苦難が待っていた。もっとも、そうした地域の難題がどう蓄積し、戸長や小前層とのあいだにいかなる葛藤が生じたのか、これは日記からは見えてこない。ただ、むしろ松野新九郎のような、区長・地券取調掛・地租改正総代人・学区取締を兼ねた若い人物のほうが、「制度的主体」の姿としてはより適合するであろう。

第二節以下では、府議となる前から土器職人一統の代表として由緒をたどり、また同じ禁裏御用達に刺激されて扶持米支給請願へいたる過程を描いた。その請願の二度にわたる却下は、天皇がゆかりある「都」の権威でなく、もはや国家的な権力に転成してしまったことを、丸太夫や土器職人一統につきつける出来事であった。また民権運動との遭遇は、府議辞職において決定的な意味をもったとまではいえない。しかしながら、新時代の政治社会から距離をおき在地に腰を据えて活動する、そして由緒へいっそう傾斜する、その大きな契機となった。全国で展開された民権運動がもたらしたのは、政治参加の「広がり」だけではなかったのである。

最後に、丸太夫死後の動向を一つだけ付け加えておく。一八九八年（明治三一）一月にいたり、今度は義延が請願書を提出する。扶持米が下賜されなかった一八七一年から金禄公債証書発行条例（禄制全面廃止）の七六年までの間を、士族としての家禄が支給されなかった期間と位置づけ、それに相当する金額を大蔵大臣へ請求した。前年一〇月制定の家禄賞典禄処分法（法律第五〇号）で、秩禄処分における禄高の誤りや支給ミスの補償などが定められたのをうけ、請願したのである。これも六年待たされた挙げ句、資料不十分との理由で却下される。[38]丸太夫の士族拝命は金禄公債証書発行条例が発布されたまさにその翌日、七六年八月六日のことであるから、当初から無理な要求に映るのだが、由緒の肥大化と、先代からの執念がそうした論理を引き出したともいえる。

一九世紀は由緒の時代ともいわれる。[39]「古都」の周縁で丸太夫がたどった由緒は、好古家による古物調査、扶持米支給請願やその挫折、府による議員履歴の執筆要請、洛中商家の由緒調査などの重層のなかで再構築され、二〇世紀に入っても振りかざされた。その再構築の過程は、丸太夫の個別の経験であるとともに、「洛外」諸地域が明治期に蓄積していった葛藤と模索とを示すものにほかならない。改めて、「古都」の歴史なるものの中にそれらを位置づけていく必要があろう。

（1）京都府議会事務局編『京都府議会歴代議員録』（京都府議会、一九六一年）、四七一～二頁。

（2）金森得水述『本朝陶器攷証』巻二（林芳兵衛蔵版、一八九四年）、二二丁裏～二五丁裏。

（3）「愛宕社文書」C―四二九（京都市歴史資料館所蔵）。

（4）「名望家」やその性格規定については、いうまでもなく明治地方自治制度史や幕末維新村落史、および都市史などの分厚い研究蓄積があるが、本稿ではそこに切り込むことはさしあたり控えたい。なお研究史についてまとめた最近の論考として、渡辺尚志「近世・近代移行期研究の現状と課題」（同編『近代移行期の名望家と地域・国家』名著出版、二〇〇六年）、松沢裕作「近世・近代移行期村落史研究の諸課題」（『歴史評論』七三一、二〇一一年）、などがある。

（5）長志珠絵「近代絵馬群へのまなざし」（丸山宏・伊従勉・高木博志編『近代京都研究』思文閣出版、二〇〇八年）、二八三頁。
（6）この日記はすべて、筆者が二〇〇八年に古書店から購入したもので、現在は筆者所蔵。
（7）明治初期の岩倉村に関しては、近年中村治が包括的な地域研究を行った（中村『洛北岩倉』明徳小学校創立百周年記念事業実行委員会、二〇〇七年）。中村は古代から現代まで、考古資料、聞取り、写真なども駆使し幅広く岩倉地域の生活誌を描き、それを地域住民との協同で進めた点でも貴重である（中村自身も岩倉在住とのこと）。ただ明治・大正期について同書が関心を払うのは、近世以来の「精神障害者預かり」の地としての側面で、地域支配の構造や土器製造者の近代における状況などには筆は及ばない。
（8）なお一八七八年一月段階では、岩倉村二一六戸（うち旧岩倉村一八一戸・木野村三五戸）、中村一九戸、長谷村六八戸、花園村四二戸、高野村一一三戸、幡枝村二七戸、総計四八五戸［78 03 05］。
（9）跡部信・岩崎奈緒子・吉岡真二「近世京都岩倉村における「家庭看護」」上・下（『精神医学』三七―一一・一二、一九九五年）。
（10）小沢朝江「後水尾院の幡枝御殿について」（『日本建築学会学術講演梗概集』建築・意匠分冊、一九九五年）、同「女三宮の岩倉御殿について」（同誌F-2分冊、一九九六年）。
（11）前掲註（7）中村書、一〇六頁。
（12）同前、一〇九～一一〇頁。
（13）京都府は明治五年三月、区長・戸長は公選入札で決定するが、最初なので府庁からの指名もある、と各郡に達している。『京都府百年の資料』一、政治行政編、四三頁。
（14）「八郡各区正副区長人名書」、「鈴木家文書　甲」館古三八八-一七六一（京都府立総合資料館所蔵）より。副区長の佐竹卯太郎はこの後佐竹宇右衛門へと交代する。
（15）前掲註（13）に同じ。
（16）また一八七五年（明治八）には、吉田神社へおもむき、神宮大麻を戸数分受け取り頒布したことも記されている［75 10 29］。第三区の戸数分が一五一二枚で、幡枝二三・岩倉一〇〇・木野三五・中一九・長谷六八・花園四二・高野一一九を受け取ったとあるので、旧第七区だけでなく、区全体に関する業務といえるだろう。
(17) 高久嶺之介『近代日本の地域社会と名望家』(柏書房、一九九七年)、三三頁。
(18) 松野が関わった京都府郡村部の壬申地券交付については、竹林忠男「京都府における地租改正ならびに地籍編纂事業(上)」(『資料館紀要』〈京都府立総合資料館〉一七、一九八九年)。
(19) 日記には他に『内務衛生局雑誌』(内務省)や『物理雑誌』(京都府)の購入が記されているが、後者と同時に理科入門書の村松良粛『登高自卑』(明治五年初版)も購入しており、もっぱら学校用のものであった可能性がある。
(20) 鈴木淳『維新の構想と展開』(小学館、二〇〇二年)、第二章。
(21) 原田敬一「京都府会と都市名望家」(前掲註(5)丸山・伊從・高木編書)、四一五頁。
(22) 「京都府会議録事」明治一二年・一三年、「京都府庁文書」(京都府立総合資料館所蔵)所収。
(23) 前掲註(17)高久書、第三章、など。
(24) 桜井については久留島浩「自由民権家・桜井静」(『千葉史学』二〇、一九九二年)。
(25) 佐久間耕治は、桜井が自説に賛同した各府県議員の名をあげた史料(一八八〇年一月付)を紹介しているが、該当する京都府の一三名のなかに丸太夫の名は見えない。佐久間『底点の自由民権』(岩田書院、二〇〇二年)、二三頁。
(26) 「京都府士族槻木丸太夫扶持米処分ノ件」(『公文録』明治一四年・第百六巻・明治一四年一月・大蔵省)。
(27) 彦根正三編『改正官員録』第一七冊(一八八〇年六月版)、博公書院、六二頁。伊藤は藤木輝の実弟[81 05 12]で、伊藤家へ養子として入り、維新政府の官吏となり東京府へ移ったものと思われる。
(28) 東京の政府出仕者を頼りに地位・名誉の回復を目指す官家士族の動向については、小林丈広『明治維新と京都』(臨川書店、一九九八年)、一二〇〜一二二頁。
(29) 一統への配慮の例として、藤木輝に関する記述を見ておく。藤木は元羽林家の大原家にも出仕していたが[75 02 09]、東京奠都で主を失ったうえ、一八七八年には居宅・物置を全焼する災難に見舞われた。丸太夫は握り飯・鍋・鉢・土瓶・徳利・水嚢など計一〇円分の見舞品を送り[78 06 07]、字木野村七八・八五番地の籔地(計一反七畝)のうち一畝三歩を三円三〇銭かけて切り開き藤木に貸与している[78 08 20]。
(30) 鈴木廣之『好古家たちの一九世紀』(吉川弘文館、二〇〇三年)、米崎清美『蜷川式胤「奈良の筋道」』(中央公論美術出版、二〇〇五年）、など。

(31)『観古図説陶器之部』第四巻（一八七七年）、八頁。二七頁には「幡枝焼」の盃の模写もある。

(32) 松田敬之「明治・大正期　京都官家士族の動向に関する一考察」（『京都産業大学日本文化研究所紀要』六、二〇〇一年）、二九四〜二九五頁にも、この士族拝命事例が紹介されている。

(33) 前掲註(26)に同じ。

(34) 吉岡拓『十九世紀民衆の歴史意識・由緒と天皇』（校倉書房、二〇一一年）。

(35) 大原郷士とのつながりについても、前掲註(34)吉岡書、三六三頁、に指摘がある。

(36) 前掲註(28)小林書、一二六〜一三〇頁。

(37) 松沢裕作「地租改正と制度的主体」（『日本史研究』五九五、二〇一二年）。同論文や松沢『明治地方自治体制の起源』（東京大学出版会、二〇〇九年）でとりあげられる熊谷県比企郡・宮前村（現、埼玉県川島町）の副区長兼戸長・鈴木庸行は天保八年（一八三七）生まれ。文政三年（一八二〇）生まれの丸太夫とは、一回り以上年齢が離れている。

(38)「京都府元禁裡御用達槌木義延家禄ノ義ニ付歎願以下十三件」（『公文雑纂』明治三七年・第三八号・大蔵省一五）。

(39) 久留島浩「村が「由緒」を語るとき」（久留島・吉田伸之編『近世の社会集団――由緒と言説――』山川出版社、一九九五年）。

幸野楳嶺《秋日田家図》について――歴史画としての風景――

高階絵里加

はじめに

縦二メートルを超す大幅に、日本の秋の田園風景が描かれている。夕暮れ時の暖かな光の中、紅葉した遠山には烏の群れが飛び、柿は赤く熟し、薄《すすき》が揺れる。画面は大きく三つの部分に分けられる。上部は赤く染まった夕空のもとに遠山と林の間に山寺が垣間見え、中ほどの部分には水をたたえた池と水車のある藁葺屋根の農家があり、その周囲から近景にかけては稲の実る田圃が続く。前景の質素な家の前には井戸があり、夕餉《ゆうげ》の支度のために井戸端にやってきた女性がふと顔をあげている。その視線の方向には、大きな薪の束を背に山道を帰ってくる少年の姿がみえる。一日の労働を終えて帰ってきた少年も、嬉しそうに母親と思われるこの人物のほうを見ている。母の背中には幼い赤ん坊が背負われ、背後の家の中ではいろりに鍋が掛けられている。戸口にはもう一人の子供の姿もみえる。ここに描かれているのは、二宮金次郎の少年時代である。

この《秋日田家図》（図1）は、一八九三年（明治二六）にアメリカ大陸発見四〇〇年を記念してシカゴで開催されたシカゴ・コロンブス世界博覧会（以下、シカゴ万博）に出品された、幸野楳嶺《こうのばいれい》の代表作である。出品後の九

図１　幸野楳嶺《秋日田家図》
（絹本着色　231.0×143.0㎝　東京国立博物館蔵
Image:TNM Image Archives Source : http : //
Tnm Archives.jp/）

四年に、臨時博覧会事務局より帝国博物館（現在の東京国立博物館）に引継がれ、現在にいたっている。引継ぎの際の題名は《絵画秋日田家ノ図竪額》であった[1]。絹本に着色で描かれ、画面に向かって左下には「幸野楳嶺写」の落款が入れられ、「幸野直豊」の白文方印と「楳嶺」の朱文方印が捺されている。

京都に生まれた幸野楳嶺（一八四四〜九五）は、森寛斎、岸竹堂とともに幕末から明治前半期にかけての京都画壇の中心的画家として活躍し、円山・四条派の正統な伝統を近代へとつなげた画家である。円山派の中島来章と四条派の塩川文麟に師事し、京都博覧会、内国勧業博覧会などで受賞を重ねている。

一八七八年（明治一一）には望月玉泉、田能村直入らとともに京都府画学校の設立建議書を提出し、二年後の八〇年に開校された画学校では、北宗の画法を教えた。八一年には幸野私塾を開き、竹内栖鳳、菊池芳文、谷口香嶠、都路華香をはじめとする多くのすぐれた弟子を育てた。八四年と八六年のフェノロサ上洛時にはその講演を聞いて刺激を受け、森寛斎を会長に京都青年絵画研究会を設立するなど、新しい思潮を積極的に取り入れ日本画の改革をすすめようとする進歩的な面もあった。内国勧業博審査官には第一回から任命され、九〇年には久保田米僊とともに京都美術協会を設立、九三年には帝室技芸員に任じられた。九四年に東本願寺の大規模な御用画に着手するも、翌年完成をみないままに世を去った。

花鳥、風景、人物、風俗と幅広く制作を行い、今日残されている代表作として、この《秋日田家図》のほかに《鳴戸山水図》（滋賀県立近代美術館）、《妓女図》（京都府　京都文化博物館管理）、《四季都名所図》、《群魚図》（滋賀県立近代美術館）、《行幸図》、《帝釈試三獣図》（京都市美術館）、《魯秋潔婦図（秋胡妻採桑図）》（京都府　京都文化博物館管理）、《蓮池図》（東本願寺）などがある。

楳嶺の伝記としては、次男でやはり日本画家となった幸野西湖による「楳嶺伝」(2)が基本的なものであり、一九七五年には京都府立総合資料館で「幸野楳嶺とその高弟」展が、一九九〇年には滋賀県立近代美術館で「京都画壇巨匠の系譜・幸野楳嶺とその流派」展が開催され、さらに一九九五年には没後百年記念として大型作品集『幸野楳嶺　本画篇』『幸野楳嶺　習画篇』（幸野豊一編、芸艸堂）が出版されるなど、作品の紹介や研究が進められている。

《秋日田家図》については、本作品を単独で扱った先行研究は管見の限りでは見当たらないが、楳嶺が画道実践の理念としてみずから唱えたいわゆる「十格」のすべてが盛り込まれた(3)、その画風の完成を示す晩年の傑作として、高い評価を受けている作品である(4)。

一　シカゴ万博と日本

シカゴ万博の開催は、一八九〇年（明治二三）四月に日本国内に公式に伝えられ、翌年四月にアメリカに対し賛同の意が通告された。同六月には農商務省よりシカゴ万博参加が発表されて臨時博覧会事務局が組織され、一一月には同事務局より出品規則が公示された。

シカゴ万博は、それまで日本が参加してきたどの万博よりも予算、出品人数ともに規模が大きく(5)、また当時の日本の輸出品の三分の一以上をアメリカ向けが占めるといわれていたこともあり(6)、国威の発揚と将来における通商貿易拡張のために、参加にあたってはきわめて入念な準備が行われた(7)。

京都においては、アメリカの出品奨励委員が滞在して日本美術の出品を促す演説を行い、また九鬼隆一帝国博物館長も来京して、美術国日本の名誉と利益のために畢生の力を込めて優等な美術品を厳選の上出品するよう、京都の美術家たちに勧めている(8)。

美術品の出品に関しては、この万博は従来の万博に比べ日本にとって画期的な意味を持っていた。すなわち、それまで日本が参加した万国博覧会では、日本の絵画、彫刻、工芸品は「美術館」に区画を与えられることはなく、すべて「装飾品」として扱われていたのだが、このシカゴ万博において、事務局、とりわけ手島精一の積極的な外交と岡倉天心の尽力により、はじめて美術区に入れられ、美術館に陳列されたのである。しかも西洋の美術概念では美術品の範囲に入らないことの多い乾漆や象牙の彫刻、七宝、蒔絵、刺繡などの工芸品も美術品としての展示を認められた(9)。

このように、万博で初めて真正の美術として扱われることになった日本美術への期待は大きく、画家や工芸家たちもそれにこたえるべく、従来の万博参加に比して一段と力を入れて制作に臨んだと考えられる。

二　《秋日田家図》注文と制作の経緯

美術分野の日本からの出品作品には、博覧会事務局からの依頼によりつくられた御用品と、一般公募の鑑査に合格した作品とがあった。《秋日田家図》は、前者の御用品として注文されたものである。御用品の注文のあった画家・彫刻家・工芸家としては、他に橋本雅邦、巨勢小石、渡辺省亭、望月玉泉、滝和亭、岸竹堂、今尾景年、川端玉章、高村光雲、石川光明、鈴木長吉、加納夏雄、濤川惣助らがおり、いずれも東京美術学校の教授陣や日本美術協会会員、あるいは内外博覧会で受賞を重ね審査員も務めた人々といった、明治の前半にすでに実績をあげた美術家たちである。(10) ちょうどこのころある新聞の美術家番付で岸竹堂と並び大関の最高位を獲得した楳嶺もまた、例外ではなかった。(11)

御用品の注文に加えて、一八九一年（明治二四）一一月に楳嶺は事務局より京都府の世界博覧会地方委員を命じられ、その後開かれた京都府出品委員会において鈴木松年、望月玉泉らとともに絵画の部門の受け持ちとなり、京都からの絵画出品の責任者となった。(12)

高村光雲、川端玉章ら東京の依頼御用品製作者たちが事務局に集められ、注文作品の意匠図案を差し出すよう通達されたのは一八九二年（明治二五）一月であり、京都、佐賀等地方の美術家たちにも同じ内容が伝えられた。(13) 同年一月一八日には来京していた事務局副総裁の九鬼隆一が京都府庁にて楳嶺を含む出品者数十名を呼び出し、ここで御用品の注文が行われたと考えられる。(14) 楳嶺も同年同月に農商務省より委託を受けて制作を開始した。(15) 御用品の制作にあたってはまず図案を博覧会事務局に提出し、承認を得る手続きになっていたが、(16) 楳嶺も九二年六月までには「秋日田家の図（二宮尊徳帰家の意）」の下絵図案を事務局へ提出している。(17) また、政府による作品買い上げの代金は二〇〇〇円であったという。(18)

明治二〇年代当時、我が国の国勢、風俗、歴史、地理等はまだ世界に知られておらず、万国博覧会という好機に際して他邦人に日本国を周知してもらうことは外交上の急務であった。(19) したがって事務局は、出品の美術品と美術工芸品に対し、我が国の文華を開示し妙技を示し名誉をあげることを目的とし、いたずらに欧米の嗜好に迎合することなく、各自特有の技量を顕すよう勉め、とりわけ「本邦固有の風致」を示すことを求めた[20]。当時農商務省に勤めており外交に明るかった原敬も、シカゴ万博出品絵画の画題の選び方について、日本の性質をよく表すような画題であればアメリカに持っていっても評判になりまたよく売れるであろう、と明治美術会の演説において語っている[21]。

加えて、洋風を模倣せず日本固有の美術工芸をありのままに出品することは、米国側からも求められていた[22]。おそらくはこれを受けて、森寛斎、望月玉泉、幸野楳嶺、岸竹堂、原在泉ら京都の画家たちは一八九一年一二月一日に打合会を開き、絵画はなるべく山水人物鳥獣虫魚等すべて日本古来のものを真正に模写し、外国のものは描かないことなどを決議した[23]。このことは工芸等の他の分野においても同様であり、たとえば西村治兵衛の友禅染百花百鳥図六曲屏風は「染方は凡て日本固有の有職形を以てし鳥の遊泳する有様など勉めて本邦固有の技倆を凝らしたるもの」であった[24]。

それまでの楳嶺の人物画の代表作は、《帝釈試三獣図》《魯秋潔婦図（秋胡妻採桑図）》のように中国の故事人物をとりあげることが多かった。漢学者神山鳳陽について本格的に漢学を身につけ、私塾の「画学綱領」には中国画論中心の絵画理念を掲げ、鉄斎ら同時代の画家たちと中国文人教養主義への憧憬を共有していた楳嶺にとって、国内で発表する絵画の画題を中国古典から採ることは、ごく自然なやり方であっただろう。しかし今回は事務局の意向と先の決議に従い、純粋に日本の風景と日本人の逸話を描くことが何よりも重要であった。背景についてみれば、《秋日田家図》の風景は金次郎の故郷小田原周辺すなわち関東のそれではなく畿内の風光であるとの指摘もあったが、万博会場においては中国やインドではない日本の風景であることが、理解されさえすればよかったのである[25]。

三　明治中期の二宮尊徳

二宮尊徳という画題の選択にあたっては、富岡鉄斎と相談して決めたという。[26] 鉄斎は、漢学や南画も積極的に研究した楳嶺とは明治の中ごろから晩年まで親交を結んでいた。[27] 一八八六年（明治一九）に上梓した『楳嶺画譜』の題字や一八八九年上梓の『亥中の月』の序が鉄斎の手になっているのも、二人の交友が親密なものであったことを示している。明治初年ごろより京都随一の高名な学識者として知られていた鉄斎は、明治二〇年代には京都青年絵画協会、京都美術協会、京都市美術工芸品展覧会などの各種美術団体・展覧会の審査顧問や評議員を務め、また京都美術協会等で画題の選定などの学術的な仕事の依頼を多数受けていた。楳嶺が画題について相談する相手として、鉄斎は当時最もふさわしい人物であっただろう。

では、日本画の画題としては珍しい二宮尊徳の逸話は、なぜ選ばれたのだろうか。

二宮尊徳（一七八七〜一八五六）は、明治一〇年代以降、勤勉・努力・自助・修養を体現する庶民の代表として政府主導で大きくクローズアップされた人物である。没後、門人筆頭格の富田高慶により伝記『報徳記』が完成され、一八八三年（明治一六）にまず宮内庁より刊行、全国の知事と政府高官に配布されたのを皮切りに、八五年には農商務省が刊行して一般に流布し、さらに九〇年には大日本農会が『報徳記』の版権を譲り受け大々的に刊行した。[28] 同年、子ども向けには、『小国民』一五号（七月一八日）において石井研堂が「二宮金次郎の伝」の連載を開始、翌年五月まで二一回にわたり長く掲載されている。加えて九一年には尊徳に従四位の追贈があった。

このように明治政府が尊徳を大きくとりあげたのは、一八八〇年から八六年頃の日本が農村の窮乏化と分解の最も激しい時期であり、その対策が急務だったからである。[29] 実際、明治一〇年代から二〇年代にかけては尊徳の故郷である静岡県を中心に全国で報徳社が次々に組織され、地方の農村自立がすすめられた。[30] 京都においても、当時の京都府知事であった北垣国道が、報徳思想の普及に熱意を注ぐ意図を持っていたことが知られている。

兵庫県出身の北垣は一八八一年(明治一四)に第三代京都府知事に就任、九二年七月まで約一一年半在任した。着任当時、東京遷都により人口が大幅に減少し衰退の一途をたどっていた京都の状況を深刻に憂えて[31]、かつて繁栄を誇った都の振興と再生に尽力した。そのための事業としては琵琶湖疏水事業が最も大規模であり有名だが、その他に北垣が京都府の将来のために力を入れた振興策としては、北垣自身語っているように「美術の奨励。農事の発達」があった[32]。

その北垣が、農事経済進歩のための町村自治の手段として、欧米の信用組合法と並び「性質慈恵を本として経済と徳義とを培養す」る二宮尊徳の報徳社法をすすめている事は、注目に値する[33]。北垣は「天賦の偉人」である二宮翁小伝を各小学校に贈り、「二宮翁幼少の時より老年に至る迄刻苦艱難仁慈忠孝其言行一致の精神不撓不屈の功業を町村児童に講話注射《ママ》せんと熱望し」ていたが、突然の転任により果たせなかったことをきわめて遺憾に思うほど、尊徳の思想に傾倒していたのであった[34]。

明治二〇年代当時、報徳思想は報徳社を通じて静岡など一部の地方には普及していたが、まだ日本の社会全体に広まっていたわけではなかった。尊徳の徳目が小学校の教科書にも採用され、日本の社会に知られてゆくのはややのちの三〇年代、日露戦争以降である[35]。したがって、北垣や楳嶺がこの時期に尊徳をとりあげたことは、尊徳の人物と思想が社会全体に広まる前に注目した早い例といえるだろう。

北垣知事はまた美術政策にも力を入れた。赴任当時より画学校の展覧会などにも訪れ[36]、楳嶺と久保田米僊らが中心となった京都美術協会設立に際してはこれを支援する旨を明言し[37]、設立後は会頭として協力したうえ、会への寄付金も二〇〇円という最高額を寄贈している[38]。「京都の盛衰は美術の盛衰と相因る者なり」と考えていた知事は[39]、一八九一年四月の琵琶湖疏水疎通式の際に「従来我国の美術工芸の盛なる此土を最とす」との勅語を賜り[40]、古都における美術工芸発展の必要性をよりいっそう強く感じたと考えられる。

一八九二年五月一六日には、伏見宮親王殿下が京都美術協会の総裁を内諾された機会に協会の拡張を図るとして演説を行い、「京都全面の富源」は「天然及び人工の美術に起因」し、「京都美術の消長は全都盛衰に最大の関係を有する」ため、美術工芸家でなくとも京都の人士たるものは彼此相提携して美術の結合維持に力を尽くすべきであると述べた(41)。北垣が京都の美術振興を真剣に案じていたことは、九三年、すでに知事の地位を離れているにもかかわらず画学校の学舎建設準備のために左京区岡崎の田地を京都市に寄付したことからもわかる(42)。

このような状況から考えると、楳嶺と北垣は当然面識があったであろうが、その具体的な交流についてはよくわからない。二人の間に二宮尊徳の話が出たことがあったかどうかも不明だが、京都が復興を急務としていた明治前半期において、美術・文化の振興の必要性を、立場は異なれ両者が共有していたことはたしかだろう。これは二人に限らず、当時の京都の将来を考える指導的立場の知識人には多かれ少なかれあてはまる。もちろん鉄斎もその一人であった。

四　描かれた二宮尊徳

それまで、単独の肖像画として描かれる場合以外には、二宮金次郎（尊徳）が絵画の画題としてとりあげられたことはほとんどなかった。金次郎の視覚的イメージが最初にあらわれるのは、前述の『小国民』の口絵においてであるという。金次郎の伝記連載開始前の『小国民』一四号（一八九〇年七月三日）の口絵は、「二宮尊徳翁の幼時」と題して夜中にわずかな明かりで勉強する金次郎の姿を描きだしている（図2）。これは『報徳記』中にある、孤児となり縁者の家に引き取られた金次郎が昼は山や田畑で働き夜中にはひそかに勉強していたという逸話を絵にしたものだが、その後、従四位の追贈と同年の一八九一年（明治二四）に、博文館の「少年文学叢書」

図2　口絵「二宮尊徳翁の幼時」
（『小国民』14号）

図3　小林永興による口絵
幸田露伴『二宮尊徳翁』（博文館、1891年）

の一冊として、『報徳記』の生き生きとした記述の魅力に引き込まれた幸田露伴の筆になる『二宮尊徳翁』が刊行される[43]。薪を背負い書物を手にする金次郎の姿は、この口絵に初めて登場した（小林永興画[44]／図3）。

この姿も、もともとは『報徳記』に「採薪の往返にも大学の書を懐にして途中歩みなから之を誦し少しも怠らす[45]」とある記述を、露伴が「僅に得たる大学の書を懐中に常離さず、薪伐る山路の往返歩みながらに読まれる心掛こそ尊けれ[46]」と書き直した部分にもとづいている。

実は、高慶も、尊徳は幼年時代のことをみずから語ることはしなかったため村人からの伝聞を記したと認めているように、『報徳記』における金次郎少年時代の記述は、必ずしも事実かどうかはわからない[47]。しかしながら、露伴の本とその挿絵は広く人々に知られるところとなり、その後の金次郎イメージとして決定的に定着した[48]。

棋嶺はおそらく『報徳記』を読んだであろう。そして『二宮尊徳翁』にも目を通し、ほぼ確実にその口絵を参照していると考えられる。なぜなら、山道を下ってくる金次郎のポーズは口絵ときわめてよく似ており、背負った薪の大きな束、左腰にさした斧、衣服の形や長さ、膝に当てられた四角いつぎや草履の形まで、両者はほぼ一致する。異なるのは左右の足の出し方、衣服の色、頭の鉢巻きなどだが、一見したところほとんど違いはない。最も大きな相違点は、露伴の口絵では本を読みながら歩いているが、楳嶺の金次郎は本を手に持ってはいても読まずにその顔はまっすぐに帰る家と母親の方向を向いている点である。さらに、露伴本の表紙と裏表紙（表裏で一続きの絵になっている）には社寺の屋根と稲穂と案山子と鳥が描かれており（図4）、これらのモティーフも楳嶺の作品にとりいれられている。このうち案山子については、楳嶺は直接描くことはしていないが、同じ鳥よけのための道具として稲の間に張り巡らされた鳴子を描き入れている。[49]

鉄斎に相談して決めた日本の田園風景に二宮尊徳の故事を組み合わせる意匠は、直ちに事務局の賛成するところとなったであろう。というのも、この御用品の依頼に関しては、事務局の山高信離《やまたかのぶあきら》の意向が反映されていた。楳嶺と山高とは知友であり[50]、一八八七年（明治二〇）の皇后明治宮殿皇后宮常御殿杉戸絵と同化粧之間格天井絵の彩画御用命も、山高の厚意によるものであったという[51]。

山高は、農商務大臣を総裁とする臨時博覧会事務局の実務上の最高権威であり[52]、事務官兼鑑査官、そして当時

図4　表紙・裏表紙
幸田露伴『二宮尊徳翁』（博文館、1891年）

は帝国博物館理事でもあった。明治初年より美術行政や博覧会事業に熱心であり、シカゴ万博への日本参加に実際に携わった中心的人物であった山高および『報徳記』を刊行した農商務省が、実り豊かな農業国日本の風景と勤勉な農民の姿を描き出す本作品を高く評価したであろうことは、想像に難くない。

五　《秋日田家図》の二つの顔

本作品は、シカゴに送られる前の一八九三年（明治二六）一月一四日、農商務省において他の出品美術品とともに公開された。その際、尊徳の逸話はすぐに日本の人々に理解されたうえに、「写景真にして偽ならず画趣穏にして力あり（中略）一草一木の微と雖も皆な是れ精神傾注の手に出ざるはなし」[53]、「高雅秀麗」[54]と称賛された。翌月には農商務省に陳列された出品諸作品とともに天皇、皇后により天覧もされている。[55]いっぽう、シカゴ万博展覧当時の題名は *Landscape in Autumn*《秋の風景》となっており、[56]歴史上の人物である尊徳の逸話を絵画化したものであることまでが理解されたかどうかはわからない。しかしながら、あるニューヨークの美術雑誌の通信員により「幸野楳嶺秋日田家の図は写意写生両ながら佳なり　着色の富麗なる甚だ愛すへし　殊に遠山鴉を帯ひ夕陽山に春つくの景即ち上部は最も合格とす（中略）全体の筆力に至ては優に老功者の手に出るものと認む」[57]といわれたように、写実と理想の表現を兼ね備えた日本の風景画として高く評価された。

一八世紀後半以降の西洋において科学と文明の急速な進歩への反動としてあらわれた自然憧憬、反都会としての牧歌的田園の理想といった思潮に合致する「農業国日本」のイメージは、それまでの万博でも高く評価されていた。一八七八年（明治一一）のパリ万博で人気があったのは、日本の農家である。[58]シカゴ万博においても、農業館に設置された田舎風茅葺門のある日本の農家は、丸木の柱に竹を束ねた屋根をそなえ門前には国名を刻した神代杉の額を懸けるなど実際をよく模していて評判を呼んだらしく、[59]ある米国人により「世界博覧会二十五逸品」の第三番目にあげられ、「其の簡易質素にして趣味に富める人民の美はしき生活、平和なる工業的職業の状態いとよく現されたる」と好意的に評されている。(60)

つまりこの作品は、国内においては尊徳の逸話を通しての自助・勤勉・孝行の精神の奨励の面から読み取られ、いっぽう国外では産業化の結果西洋世界が見失った（と考えられていた）農業国の理想的な自然景として理解されるという、二つの顔を持っていたことになる。

では、楳嶺自身は、この大作をどのような意図と構想のもとに描いたのだろうか。

六　歴史画としての《秋日田家図》

まず、楳嶺に相談を受けた鉄斎が二宮尊徳の画題を提案した理由としては、前述のような宮内省などの報徳思想奨励や京都の知識人におけるその広まりに加えて、鉄斎自身の尊徳への共感があったと考えられる。鉄斎は、富岡家代々のいわば家学となっていた石門心学に最も大きな影響を受けていた。石門心学は江戸中期に京都の商人である石田梅岩により唱導された、忠孝、勤勉、倹約などの実践を目指す社会強化運動であり、尊徳の思想とはきわめて近い。鉄斎も生涯日常生活の質素勤倹を旨としていたという。(61)その鉄斎はこのころ、近年東京に比べ京都では歴史人物に関する絵画が進んでいない、画家ももっと本を読み歴史人物を理解して、絵画に精神を込めるべきである、と述べている。(62)

また鉄斎はつねづね自分は「意味のない絵は描かない」といっていたと言い、作品の典拠が古来の書物に明らかにされていること、教訓的な内容を持つことを重んじていた。学者鉄斎は、絵画というものを、自分の楽しみのためだけではなく、世道人心に用をなすためのものであると考えていたのである。ある依頼主に宛てた手紙には、自分が描く賢哲には敬慕の情を抱き、像の制作にあたっては事歴にも諸書あるいは実地に根拠を求めて描いているといっている(63)。

実際、おそらく鉄斎は、『報徳記』をよく読み、尊徳という人物を理解した上で、歴史人物画として描くことを楳嶺にすすめたのではないだろうか。そして楳嶺もまた、鉄斎と同様に絵画の思想的内容を重視していたことは、たとえば《帝釈試三獣図》における自己犠牲の主題と、家訓として子孫に残すためこの絵を描いたという賛の書き入れや、また《魯秋潔婦図（秋胡妻採桑図）》の貞淑な妻という教訓的画題などをみても、あきらかであろう。

楳嶺はおそらく一八八五年（明治一八）に一般に刊行された『報徳記』を読み、尊徳に強い共感を覚えたのであろう。その後、露伴の『二宮尊徳翁』の挿絵を目にし、鉄斎とも相談のうえ、シカゴ万博の出品作は、四条派の精髄を示す風景画に組み合わせが可能な、戸外で薪を背負う尊徳像を描いたと考えられる(64)。

この作品が従来の尊徳像と最も大きく異なるのは、単独像ではなく母親と弟たちの姿が加えられている点である。その結果、歴史上の一人物を描いたというよりは物語的な雰囲気が強くなり、逸話を知る観者にとっては人物間の感情のやりとりが伝わる画面となった。楳嶺は、尊徳一人を肖像のように描くよりは、複数人物の構成により場面に物語を生み出して絵画に意味内容を持たせ、見る人の心を動かす人事的思想画、あるいは歴史画を描こうとしたのである。

一八九〇年（明治二三）四月二七日、ちょうどシカゴ万博についての話題が出始めた頃、帝国大学教授外山正一は明治美術会第二大会で行った講演「日本絵画の未来」において、現在の画家たちは日本画においても洋画においても画題に困っていると指摘した。とりわけその時開催中であった第三回内国勧業博覧会の出品作には思想を表すものがきわめて少なく、画人みずからもこれを信じ感動して描くような、真に高尚なる想像画を描くべきであると述べている。そして、これからの絵画は「人事的思想画」を描くべきであると主張した。外山のいう

「人事的思想画」とは、複数の人物で構成する画面にある物語や意味内容を込め、見る人の感情に訴えるような絵画のことを言い、これは西洋の歴史画の概念にきわめて近いものだった(65)。

三時間の長きにわたったこの演説は、当時の日本の美術の状況に一石を投じるものとして話題になり、五月に私家版として刊行されたほか、全文の速記録が『美術園』(66)『絵画叢誌』(67)『明治美術会第五回報告』(68)などの美術雑誌に採録された。『東京朝日新聞』にも四月三〇日から五月一六日までの長期にわたって全文が掲載され、また五月一三、一四日の『京都日出新聞』にも主な論点をまとめた記事が掲載されたので、楳嶺は当然「日本絵画の未来」と「人事的思想画」について知っていたはずである。とりわけ「画題は当時人の最も注意する処の事物を撰むべき事」、今後はますます「人事的思想画」が描かれるべきである、という外山の主張は、京都における日本画の改革に熱心であった楳嶺の心に強く訴えたのではないだろうか(69)。

ちょうどこのころは、日本画・洋画両者において多くの歴史画が描かれた時期にあたっている。その背景としては、明治初年の急激な欧化主義に対する反動としての伝統復帰の傾向の高まりがあった。日本独自の文化・美術・歴史の見直しが行われるなかで、それまでは西洋史を教えていた帝国大学史学科にも、一八八八年(明治二一)に初めて日本国史の学科が設置されている。また、八九年に開校された東京美術学校では、絵画・彫刻・工芸いずれの分野においても日本伝統の技法のみを教えることになった。日本の歴史・神話・伝説などを題材に描く歴史画への関心の高さは、とくに九〇年の第三回内国勧業博覧会において、日本画のみならず洋画においても、本多錦吉郎の《羽衣天女》、原田直次郎の《騎龍観音》、塚原律子の《清少納言詣初瀬寺図》など、明治美術会の画家たちが油彩画の力作を出品し話題になったことによくあらわれている。先の外山の演説も、これらの歴史画を念頭においてその意義と問題を明らかにしようと行われたものだった。

西洋絵画の理解という面からみると、日本においては一八世紀後半以来、西洋画とは目の前の現実をありのままに表現できる絵画技法であるともっぱら考えられてきたのだが、明治も半ばになり、あくまで写実表現を基本としつつも目に見えない過去や非現実の世界を想像力と構想力を駆使して描きだす絵画こそが西洋において正統な地位を占めているということが、ようやく了解され始めるのである。

絵画における歴史画の役割の重要性についてのさまざまな議論は、この当時、他にも行われていた。すでに一八八七年（明治二〇）、洋画家の原田直次郎はドイツ留学より帰国後に発表した「絵画改良論」において、絵画を主題により六つに分け、その筆頭に「歴史画」をあげていた。[70] また、岡倉天心は『国華』発刊の辞」（一八八九年一〇月）のなかで、日本絵画においては歴史画の発達が遅れていると指摘し、[71] 九〇年の第三回内国勧業博覧会審査報告においては、将来に発達すべきものとしてまず歴史画と浮世絵（風俗画）の重要性を述べたうえで、とりわけ今回は油彩画において歴史画の人物に大きな進歩がみられると評価している。[72]

明治二〇年代の歴史画の議論において、原田直次郎、外山正一、岡倉天心らは西洋の歴史画を念頭にその日本における必要性を語った。ところが、明治の画家たちの歴史画理解は本来の西洋におけるそれとは、ややずれがあった。

第一に主題の点では、日本では歴史上実在した（と考えられていた）人物が圧倒的に多くとりあげられた。これは歴史画が字義通り「歴史を描いた絵画」と理解されてしまったことによるものであろう。しかし本来歴史画とは、その主題が実際の歴史に限られることはなく、聖書やギリシア・ローマ神話をも含む物語、神話、伝説、詩、劇、小説など、文献上の典拠のある絵画をいうものである。ルネッサンス期の人文学者アルベルティが『絵画論』のなかで述べたように、絵画にとって最も重要なのは「イストリア」の表現である。ラテン語の「イストリア」はイタリア語の「ストーリア（storia）」、フランス語の「イストワール（histoire）」と同様に「歴史・物語」を意味し、フィクションとノンフィクションの両者を含んでいる。さきの「絵画改良論」で原田は歴史画を「古今ノ歴史戦争神学高名ナル詩文集ニモトヅキタル絵画」と説明しているが、これが正しい理解といえる。ただ、当時は菊池容斎の『前賢故実』の影響も大きかったせいか、歴史画といえばまず日本歴史上の人物が思い浮かべられたようで、《羽衣天女》や《騎龍観音》は歴史画とはみなされなかった可能性が高い。

明治期の歴史画の描き方の特色の二点目としては、単独像が多いことがあげられる。アルベルティは、「イストリア」には豊かさと多様性が求められることから、多数の人物が登場する変化に富んだ画面構成を調和よくまとめ上げることが必要とされるという。このようにもともと西洋の歴史画とは、ある事件や出来事の場面を群像表現で表すものだが、この点、日本ではここでも『前賢故実』の強い影響力があり、人物一人だけを描く、歴史画というよりは歴史人物画と呼んだ方がよいような作品が圧倒的に多数であった。

第三に、内容表現の問題がある。歴史画の目的は、描かれる場面がどの文献に基づく何の場面で、主人公およびその他の登場人物はいかなる心理状態にあるのかを示し、全体として人物が演じる物語を通してある高潔な思想や考え方を見る者に伝えることにある。複雑な物語や思想内容を複数人物の表情、身振り、配置などによっていかに適切に説得力をもって一枚の絵画に描き出すことができるかが、すぐれた歴史画であるかどうかの判定基準になる。この点、単独像では人物間の心理的な葛藤も描くことはできず、また抽象概念に近いような思想理念の表現も難しい。単独の人物像により物語と心理表現を迫力をもって描き出した珍しい作品として、第三回内国勧業博に出品され受賞した佐久間文吾の《和気清麻呂奏神教図》（宮内庁）があるが、これは油彩画の細密な写実描写が可能にした数少ない例であろう(73)。

第四に、日本では歴史画が大画面の形式をとることが必ずしも理解されていなかった。西洋アカデミズム絵画の伝統において、絵の大きさはジャンルの重要性に比例する。小さなサイズで描かれることも多い静物画や肖像画に比べ、最高のジャンルである歴史画はときに横一〇メートルにもおよぶような大きな画面を必要とする。古典の文献にあるような複雑な内容を多数の人物構成で表し、しかも公共の場で見る者に強くアピールするためには、それだけの絵画空間が必要なのである。天心がさきの「『国華』発刊ノ辞」において、日本には合戦絵巻のような歴史画がないわけではないがいずれもサイズが小さく、公共の展覧にふさわしく人々を感動させるような大画面の歴史画の振興が必要であると説いたのは、このことを指摘したものにほかならない[74]。

楳嶺自身は、《秋日田家図》以外に《楠公読書図》、《日本武尊神影》（海の見える杜美術館）、《神武天皇秋津州叡覧図》（敦賀市立博物館）など何点かの歴史画を描いているが、中国故事の人物を主題とした作品も含め、それらもやはり「歴史画」というよりは「歴史人物画」と称すべきものであった。しかしながら、このころの歴史画に関する議論は、とくに万博のような海外を舞台とする日本美術発信の場においてこれからの日本絵画は何を描くべきかという問題に直面していた日本画家たちにとって、大きな示唆を与えたと考えられる。シカゴ万博前年の一八九二年三月二一日には、博覧会事務局評議員・事務官・鑑査官となっていた天心が京都を訪れ日本画の出品について演説し、装飾品に見られやすい花鳥山水よりは人物画、歴史画等の「無量の意」を含む画題を描くよう、強く勧めている[75]。日本絵画が初めて美術品として認められることになったシカゴ万博への出品にあたり、当時社会の関心事であった二宮尊徳の画題を選び複数人物による構成の大画面の歴史画として描くことは[76]、四条派の重鎮であると同時に最後まで日本画の革新をめざしていた楳嶺の新たな挑戦だったのではないだろうか。

七　理想的世界としての《秋日田家図》

演説「日本絵画の未来」において外山正一は、画題は当時人の最も注意するところの事物を選ぶべきであると同時に、画人の感情を動かすものでなければとりあげてはいけないと強調した[77]。人事的思想画すなわち歴史画制作において最も大切なのは、見る人が作品に引き込まれ、共感するために、まずは画家が主題に心底から共感し、ときには主題と一体化するまでになることである。想像画においてもただ形を写すのではなく、感動して情趣を表出しなければならない、線と形でただ形のみを描くのは装飾画にすぎず美術画ではないとしたうえで、外山は「人事的思想画」の例として、秀吉が病床において家康に後事を託すところ、秋の黄昏に大森駅に着いた車夫が心臓発作で倒れ父親の老人が呆然と立ち尽くす場面、冬の月夜に両国橋の上から乳飲み子を投げようとする父親に必死ですがりつく兄の男の子、一日の仕事が終わり妻子を乗せた荷車を幸福そうに引きながら帰る男といった場面をあげた。

ここで描かれる対象がたとえば歴史上の偉人のみではなく名もない庶民でもあり得るのは、そこに労働の神聖さや家族の幸福といった「思想」が込められているからである。一九世紀後半の西洋では市民社会出身の芸術家たちの台頭により歴史画の地位に変化が訪れており、歴史画はますます風俗画に近づいていた。外山が例にあげた主題も、彼が留学していたヴィクトリア朝イギリスにおいて多数描かれていた教訓的風俗画を思わせるものである[78]。西洋絵画の最新情報に通じていたと思われる岡倉天心も、さきの第三回内国勧業博覧会審査報告において、将来に発達すべきものとして第一に歴史画とともに浮世絵すなわち風俗画の重要性をあげていた[79]。

それまで日本において描かれてきた歴史画といえば、歴史人物を武者絵のように描くものか、あるいは歴史上の逸話や物語を絵巻の一場面をクローズアップしたような形で描くものが多かった。「歴史」という言葉を字義どおりに解釈しすぎたためか、本来の歴史画において必要な描かれる人物への強い共感や思想性といった面は、多くの画家においてはほとんど考えられてこなかった。画人は信ずるところ、感動するところあって初めて描くべしという外山の主張は、真に感動を呼ぶ作品を生み出すための主題への感情移入の重要性を明らかにしたものである。

実は、楳嶺は一八八九年（明治二二）のパリ万国博にすでに《二宮金次郎勉学図》を出品し受賞している[80]。つ

図５　《秋日田家図》部分
（東京国立博物館蔵 Image: TNM ImageArchives Source:http://TnmArchives.jp/）

まり、《秋日田家図》は楳嶺にとって少なくとも二度目に手掛ける二宮金次郎の主題であった。この《二宮金次郎勉学図》は現在のところ所在不明であり、またこの時も鉄斎の助言を求めていたかどうかもわからないが、画題がこのとおりであれば現在金次郎を描いた初出とされている『小国民』一四号の口絵よりもさらに早い金次郎勉学の図像ということになる。もし楳嶺が肖像画ではない、伝記による金次郎のイメージを描いた最初の画家であったとすれば、そこに尊徳への強い思い入れがあったことは間違いない。しかも生涯のうちに二度も万博出品作に尊徳像をとりあげた画家は、おそらく他にはいないだろう。

　尊徳と楳嶺は、ともに天明から寛政期と幕末という不安と変動の時代に一〇代の少年期を過ごし、同じようにその社会混乱がもとで両親を相次いで亡くし、青年時代に一念発起して家を再興するという、きわめて似た境遇の持ち主であった。それぞれの世界で近代化と改革に情熱を傾け、ある理想を追い続けながら生涯仕事に邁進したという点でも、二人はよく似ている。

　母のために重労働もいとわず一家を支えた尊徳の物語には、同様に父親を亡くした後に母を助けて貧しいながらも幸せな一時期を過ごした楳嶺の思い出が重なっているに違いない[81]（図５）。一日の労働を終えて疲れているはずの金次郎は、背中の重みも感じないかのように、手にした書物も読まず、母親に向かって幸せそうに微笑みかけている。苦学と勤勉の日々の中で母親を支え励ます少年尊徳は、若き日の楳嶺自身の姿でもある。楳嶺がこの作品に母と弟たち、とりわけ母の姿を描き加えたのは、みずからの母に対する思いと重なる金次郎の母への気持ちに共感したからだろう。

このように周到に選ばれ、考えられた末に描かれた尊徳の主題は、しかしながら、一見したところこの絵においてはあまり目立たず、万博でも風景画とみなされたように、堂々たる風景の中に埋没してしまっているかのように見える。実際、万博出品作としてはやはり正統な四条派の風景であることのほうが、楳嶺にとっては重要だったのだろうか？

おそらくそうではない。この作品において風景は、尊徳の思想と一体のものである。尊徳の思想が風景に象徴されているからこそ、風景は背景ではなく主役として描かれていると考えられる。

《秋日田家図》には水車や灌漑用のため池、鳴子、庭に造られた井戸、周囲の木や草花が、細部までていねいに描写されている。母親の姿を取り囲むように描かれた実のなる柿の木、芋畑、数列に植えられた青菜、そして稲はすべて日々の糧になる植物であり、井戸水といろりの火（そして金次郎が集めてくる薪）の助けを得てここで自給自足の生活が営まれていることを物語っている。[82] この風景は、人間が自然に少しの手を加えながら衣食住となるべき品物を産出し、家族とともに生きることのできる、尊徳が理想として追い求めた日本の国土の姿である。それはまた、開国前後の動乱を経験した楳嶺が夢見た太平の世と重なるものでもあったかもしれない。楳嶺は尊徳の本を読み、その理想とする天災や飢饉のない日本の農村を描きながら、当時やはり不安定であった社会の中で自分を二宮尊徳と重ね合わせるような気持で、自分と社会にとっても理想である衣食住満ち足りた世界を表現したのではないだろうか。衣食住がすべてのものの基礎であることを、尊徳は、「天下の政事も神儒仏の教も、其実衣食住の三つの事のみ[83]」、「喰呑ときるとすまひの三つ根に、花さきみのるこの身なりけり[84]」といった言葉に残している。楳嶺も、稲と綿と太陽により人間の基本的な営みを象徴的に表現した《衣食住図》を描いた。[85]

京都画学校の設立や青年絵画協会の活動に奔走し、後進のために私財をも投げ打って日本画の発展のために生涯を尽くした「理想主義の人」[86]楳嶺は、この歴史画の大作にも理想の境地を描いた。この作品の構成をみると、画面上方の山中には人間を超える存在を暗示するような楼閣や寺社を描き、いっぽう画面の下方には自然の中で農作業や漁に従事する市井の人々のつつましい暮らしをていねい描写している。このような画面構造は、中国宋代の山水画、そしてそれを受け継いだ木下逸雲、貫名《ぬきな》海屋《かいおく》、村山半牧のような江戸末期から幕末にかけての文人たちが描いた、理想世界の表現である「胸中の山水」と共通する。[87]楳嶺自身、理想的仙境を描いた《蓬萊仙境図》においても同様の構図を用いていることからも、写実的な《秋日田家図》の風景がある理想郷のイメージとして描かれたことはあきらかである。

図6　塩川文麟《和耕作図》部分　絹本着色
（京都御所蔵／宮内庁京都事務所提供）

いっぽうでまた、本作品は田園や畑の風景と農民を描く耕作図の伝統を受け継いでいる。もともと中国絵画においては支配層が民の労苦を知りみずからの政治姿勢を正すための勧戒的要素の強かった耕作図が、近世初頭以降日本において定着すると、現実の農耕風景を描きつつもそこに豊作への願いが込められ、災害や凶作のない一年の順調な流れを神に祈る吉祥画としての性格を有し、平和で豊かな瑞穂の国、すなわちある理想郷のイメージとして描かれるようになることは、これまでの多くの研究が示す通りである。[88]とりわけ江戸時代においては、たとえば狩野探幽の四季耕作図屏風（神奈川県立歴史博物館など）にみられるように、四季折々の農作業の情景を屏風にまとめた耕作図が数多く描かれた。

また京都においては円山四条派の画家たちが四季耕作図を

多く描いており、松村呉春は西本願寺の《四季耕作図襖絵》を、楳嶺の師であった塩川文麟は京都御所に《和耕作図》と呼ばれる襖絵を残している[89]。穏やかな日本の農村風景を写す文麟のこの襖絵の一部は、秋の喜ばしい多忙の場景を描いて、楳嶺の《秋日田家図》によく似た《田家秋収図》とも称された[90]（図6）。

また、やはり楳嶺の師である中島来章やこれも四条派の画家である岡本茂彦らも、「農耕掛物」と呼ばれる富裕層のための農作業や農耕行事を描いた一連の掛物において、《秋日田家図》と同様の縦長の構図の中に農村生活の理想的風景を描き出している[91]。とくに中島来章の農耕掛物（個人蔵）には、同じ画家が中国の理想郷を描いた《武陵桃源図》（滋賀県立近代美術館）と共通するのどかな農村風景が描写されており、近世後期の四条派の画家にとっての理想的世界が身近な農民の生活の情景と重なるものであったことがわかる。

文人画山水と耕作図という日本絵画における二つの理想的風景イメージの伝統を受け継ぐ《秋日田家図》は、したがって、風景によって二宮尊徳の思想を表現した絵画であり、この風景そのものが、尊徳の理想とした世界観を表しているのである。このような描き方は、写実にもとづいてさらに高尚な「思想」をともなう想像画、歴史画を描くことを推奨した外山の提案を受けたものでもあるだろう。

楳嶺は、正統な四条派の技法による堂々たる日本の景色そのものを、主人公である尊徳がこうあってほしいと思い描くような農村風景として描いた。豊かな自然、その恵みに感謝し、それを生きるために利用して、質素だが満ち足りた生活を送る家族。この絵の中に描かれたどのような細部であれ、尊徳の理想に関係していないものはない。

たとえば、中景にかなり目立つ大きさで描かれている水車に目を留めてみよう。水車は七世紀に中国より伝来して以来、それぞれの土地の産業や精米・製粉の動力や揚水用として広く用いられ、江戸時代には油搾りや酒造りにも活躍した。とりわけ日本における水車の使用が精米や製粉を中心とする農事用として最も盛んになったのは、幕末から明治・大正・昭和初期にかけてである。明治中期以後、電力の導入などにより都市部では蒸気機関や電動機への切り替えはあったが、いっぽうで水利に恵まれた農山村では水力動力への依存度はむしろ高まったという。[92]日本の水車は主として精米用として普及し、[93]明治時代には全国いたるところに水車があった。[94]楳嶺が描いたような精米用水車は、当時の日本の田舎であればごくふつうに見られる親しみ深い風物であり、日本の農村生活に欠かせない動力と生産力を供給する手段としてここに描かれたのだと考えられる。

さらにこの水車には、象徴的な意味も込められているかもしれない。二宮尊徳は、人道を水車にたとえている。尊徳の門弟であった福住正兄は、報徳社法の実行に尽力しその成果をあげた者として北垣知事も前述の演説において名前をあげた人物であり、[95]その福住の手になる尊徳の訓話の記録『二宮翁夜話』（一八八七年）は『報徳記』と並び広く読まれた書物だが、その中で「翁曰夫人道は譬ば、水車の如し」と、水から完全に出てしまっても水に完全に沈んでしまってもその用をなさない水車が、尊徳により中庸を尊ぶ人道になぞらえられているのである。[96]まさに《秋日田家図》は、「無量の意」（天心）を含む「人事的思想画」（外山）であるといえるのではないだろうか。

おわりに

シカゴ万博では、花鳥画と山水画の伝統のきわめて強い京都から出品された絵画のほとんどが花鳥・山水・動物画であり、出品画家のうち岡倉の助言に従い意味内容を持つ人物画、歴史画を描いたのは楳嶺の他に《醍醐観花ノ図》を出品した谷口香嶠、《重盛諫言》を描いた榊原文翠と少数であった。香嶠と文翠はもともと歴史画家であり、醍醐の花見や重盛諫言はしばしば描かれる歴史画題だが、それに対して楳嶺の《秋日田家図》は、それまで絵画にはとりあげられたことがないと思われる歴史人物を、強い共感とともに独自の場面設定で描きだした点で、四条派の正統な流れを汲む画家の試みとしてはかなり野心的なものであった。

香嶠や文翠の作品、あるいはシカゴ万博出品の東京の画家による数々の歴史画に比べて《秋日田家図》が独特であるのは、風景そのもので思想を表現した歴史画であることに加えて、当時の現実社会への強い関心が制作の動機となっている点にある。徳川将軍家の御用絵師であった探幽の四季耕作図屏風は、農業を立国の基本とする幕府の政策を絵画で体現したといわれ、[97]田圃の中には灌漑用の水車（龍骨車）が描かれていた。《秋日田家図》の中景を占める水車と灌漑用のため池を見ていると、京都の生産力向上のために足かけ六年間をかけてつくられ一八九〇年（明治二三）に開通したばかりの琵琶湖疏水が思い浮かぶ。楳嶺の師である塩川文麟による《和耕作図》は、この作品によく似た画面構成と雰囲気を持つが、その背景の広々とした水景は琵琶湖周辺の景色ではないかと考えられているので、[98]《秋日田家図》の湖にもおそらく琵琶湖のイメージは重ねられているだろう。江戸時代以来の耕作のための水源は、近代的な科学技術によって、よりいっそう豊かな農業生産への道を開く。尊徳の理想を体現したこの作品の風景には、過去の理想だけではなく、同時代の改革の理想も、あわせてこめられているのではないだろうか。

このように考えると、《秋日田家図》は、歴史上の人物の逸話と思想を描いたというだけではなく、明治期京都の社会的状況をリアルタイムで反映した作品でもある。きわめて生々しい現実社会への何らかの反応から生まれる絵画が、遠い時代あるいは非現実や架空の世界の出来事として描かれるのは、決して珍しいことではない。たとえば幕末期のような混乱期において、これはとりわけ顕著な現象であろう。楳嶺の師であった塩川文麟は《由良之助遊宴図》において、江戸のたわいない茶屋遊びを描いているかに見せて、実際には勤王運動に対する圧迫の裏の鬱屈した感情を吐露していたし、楳嶺自身もおとぎ話の形を借りて桜田門外の変を政治的に風刺したと思われる《猿島復讐図》を幕末に描いていた。同様に、その頃の日本の農業政策にとっての重要人物である二宮尊徳の主題の選択は、そのこと自体が、自分を取り巻く社会状況への画家の関心の高さを示している。

明治二〇年代半ばという現在に生きる画家楳嶺の、過去の人物とその思想・理想への共感、そして造形表現においては中国を源流とする文人山水、日本の耕作図、明治期に移入された西洋由来の歴史画の概念の伝統、これらが《秋日田家図》の生まれる背景をかたちづくったといえるだろう。

(1) 現在の題名は《秋日田家図》であるが、シカゴ万博出品前に日本で公開された際は《秋景田家図》、出品後の一八九四年に臨時博覧会事務局より帝国博物館に引継ぎされた際の題名は《絵画秋日田家ノ図竪額》であり、昭和の一時期には《田家秋景》、《秋日田舎図》などとも題されていた(「世界博覧会へ出品の美術品」『読売新聞』一八九三年一月一五日、二頁。「シカゴ博覧会出陳の美術品 三」『毎日新聞』一八九三年一月一九日、二頁。幸野西湖「楳嶺伝」(竹内逸・竹内四郎編『楳嶺遺墨』京都、竹内栖鳳、一九四〇年)、一四頁。神崎憲一『京都に於ける日本画史』(京都精版印刷社、一九二九年)、六七頁。『幸野楳嶺遺作展覧会目録』(恩賜京都博物館、一九三六年三月)、四頁。美澄政博「幸野楳嶺の業績について」(『美術研究』六二、一九三七年)、二四頁など。

(2) 前掲註(1)書、竹内逸・竹内四郎編『楳嶺遺墨』に所収。

(3) 榊原吉郎「幸野楳嶺とその弟子」(『三彩』三三四、一九七五年七月)、四三頁。岡崎麻美「幸野楳嶺の絵画理念「十格」とフェノロサ『美術真説』」(『美術史』一五七、二〇〇四年一〇月)、二〇~二一頁。

(4) 『日本画大成 第一四巻 四条派』(東方書院、一九三一年)、三二頁。前掲註(1)、美澄政博「幸野楳嶺の業績について」、二四頁。

(5) 伊藤真実子『明治日本と万国博覧会』(吉川弘文館、二〇〇九年)、七頁。

(6) 臨時博覧会事務局『臨時博覧会事務局報告第一回』一八九三年六月三〇日、一七頁。「博覧会に就て手島事務官の談話(承前)」『京都日出新聞』明治二五年六月九日、二頁(以下、『日出新聞』と略記)。

(7) 前掲註(6)『臨時博覧会事務局報告第一回』、一九~三一頁。

(8) 『閣龍世界博覧会記事』四、一八九二年一月三一日、一九頁。「九鬼博覧会事務副総裁」(『日出新聞』明治二五年一月二〇日）、一頁。「九鬼副総裁諭示の要点」（『日出新聞』明治二五年一月二一日）、三頁。
（9）「絵画の出品に就て」（『日出新聞』明治二五年一月一五日）、二頁。「岡倉氏の演説大要」（『日出新聞』明治二五年三月二三日）、二頁。「岡倉覚三氏の演説」（『日出新聞』明治二五年三月二四日）、一頁。前掲註（6）『臨時博覧会事務局報告第一回』、三～四、三一～三三頁。臨時博覧会事務局『臨時博覧会事務局報告』（一八九五年）、三九三～四〇二頁。
（10）『海を渡った明治の美術　再見！一八九三年シカゴ・コロンブス博覧会』展図録（東京国立博物館、一九九七年）、九四頁。一般公募の鑑査を合格した美術家たちは、御用品を依頼された美術家たちに比べ宮中や政府との関係があまり強くないか、やや若い世代であり、鈴木松年、谷口香嶠、菊池芳文、竹内栖鳳、川辺御楯、海野勝珉らがいた。
（11）「寄書　大日本帝国京都美術画家一覧表」（『日出新聞』明治二五年九月二七日）。
（12）「世界博覧会地方委員」（『日出新聞』明治二四年一一月二五日）、一頁。「世界博覧会出品委員会の決議」『日出新聞』（明治二四年一二月三日）、一頁。
（13）「臨時博覧会事局の出品」（『日出新聞』明治二五年一月二二日）、四頁。『閣龍世界博覧会記事』四、一八九二年一月三一日、二四～二五頁。
（14）「博覧会出品者へ示諭す」（『日出新聞』明治二五年一月一九日）、一頁。
（15）前掲註（1）、『幸野楳嶺遺作展覧会目録』、三～四頁。「帝室技芸員幸野楳嶺君履歴」（『京都美術協会雑誌』一七、一八九三年一〇月二八日）、二一頁。
（16）前掲註（10）書、八六～八八頁。
（17）「出品の図案」（『日出新聞』明治二五年六月一日）、一頁。
（18）前掲註（1）幸野西湖「楳嶺伝」、一四頁。
（19）臨時博覧会事務局『臨時博覧会事務局報告第一回』一八九四年、二二頁。
（20）臨時博覧会事務局『コロンブス世界博覧会出品者心得』一八九二年三月。『閣龍世界博覧会記事』一、一八九一年一〇月二八日、二九頁。前掲註（9）『臨時博覧会事務局報告』一八九五年、九八頁。
（21）一八九一年九月二八日の明治美術会月次会で行ったシカゴ万博への出品に関する演説（「幹事原敬君演説」『明治美術会第十五回報告』一八九一年一一月、『近代美術雑誌叢書6　明治美術会報告　第三巻』ゆまに書房、一九九一年、二一四～二一五頁）。

（22）「米国大博覧会委員の談話」（『日出新聞』明治二四年一〇月二三日）、二頁。『閣龍世界博覧会記事』二、明治二四年一一月二八日、四五頁。

（23）「京都画伯の集会」（『日出新聞』明治二四年一二月一五日）、一頁。『閣龍世界博覧会記事』三、明治二四年一二月二九日、三二頁。「大博覧会に就きて京都画家の決議」（『絵画叢誌』五七、一八九一年一二月三一日）、四頁。

（24）「買上品の図案」（『日出新聞』明治二五年七月二三日）、一頁。

（25）「閣龍博覧会彙聞」（『国民新聞』明治二六年一月一七日）、一頁。

（26）前掲註（1）幸野西湖「楳嶺伝」、一四頁。竹田道太郎『原色明治百年美術館』朝日新聞社、一九六七年、一八頁。

（27）小高根太郎「富岡鉄斎――その生涯と芸術――」（『鉄斎大成　第一巻』講談社、一九七六年）、三五七頁。

（28）青木茂雄「二宮金次郎伝説の誕生（2）」（『歴史民俗学』九、一九九八年二月）、三〇八頁。田崎公司「二宮金次郎に関する一考察――明治天皇御用品から谷岡記念館まで――」（『大阪商業大学商業史博物館紀要』創刊号、二〇〇一年三月）、五一頁。並松信久「造られた二宮尊徳――模範的人物像の流布について――」（吉田光邦編『一九世紀日本の情報と社会変動　京都大学人文科学研究所報告』京都大学人文科学研究所、一九八五年三月）、五一三頁。

（29）江守五夫「明治期の報徳社運動の史的社会的背景（二）」（『法律論叢』四〇―二・三、一九六六年一一月）、五六～五七頁。奈良本辰也『二宮尊徳』（岩波書店、一九五九年）、三～四頁。

（30）奥谷松治『二宮尊徳と報徳社運動』（高陽書院、一九三六年）、二七六～二七七頁。

（31）「発端」（『訂正琵琶湖疏水要誌』京都市参事会、一八九六年）、一・一二頁。『琵琶湖疏水及水力使用事業』（京都市電気局、一九四〇年）、四〇頁。

（32）「北垣氏の談話」（『日出新聞』明治二五年七月二六日）、一頁。

（33）「北垣知事の演説筆記（承前）」（『日出新聞』明治二五年七月七日）、二頁。

（34）「北垣知事の談話」（『日出新聞』明治二五年八月四日）、一頁。

（35）見城悌治『近代報徳思想と日本社会』（ぺりかん社、二〇〇九年）。

（36）塵海研究会編『北垣国道日記「塵海」』（思文閣出版、二〇一〇年一〇月）、二七・三三頁。

(37)「美術工芸家の懇親会」(『日出新聞』明治二二年一二月八日)、一頁。
(38)「京都美術協会記事」(『京都美術協会雑誌』一、一八九〇年一〇月五日)、一八頁。「会頭の寄付金」(『日出新聞』明治二三年一月二二日)、一頁。
(39)「北垣市長の談話(承前)」(『日出新聞』明治二三年二月一四日)、二頁。
(40)「疏通式における勅語」(『日出新聞』明治二三年四月一〇日)、一頁。
(41)「京都美術協会の拡張」(『日出新聞』明治二五年五月一八日)、一頁。
(42)京都市立芸術大学百年史編纂委員会『百年史 京都市立芸術大学』(京都市立芸術大学、一九八一年)、四・三〇頁。
(43)「報徳記は書かれた事実が非常に目の前の事で、而かも全篇事実を以て説明してある――言葉を以て書かれた書物は多いが、此書の様に事を以て教へてあるのは至極稀です。而かも事実が古代史の如く、耳や、目や、心やに遠い朧げなものでなく、自分自らの事か、さなくば親しい友人の事柄のやう、目の前に見え、耳の側で囁かる、のですから、深く身に沁みいたのであります」(幸田露伴「報徳記及び尊徳翁につきて」留岡幸助編『二宮翁と諸家』人道社、一九〇六年、一七六頁)。
(44)藤森照信・荒俣宏『東京路上博物誌』(鹿島出版会、一九八七年)、一二一頁。
(45)富田高慶述『報徳記』(大日本農会、一八九二年)、七頁。
(46)幸田露伴『二宮尊徳翁』(博文館、一九〇二年[一八版])、五頁。
(47)前掲註(45)富田書、三頁。
(48)なお、近年の研究によればこのような金次郎像は後世により創られたもので「誤った形」であるとの指摘もあるが(二宮康裕『日記・書館・司法書・著作から見た 二宮金次郎の人生と思想』麗澤大学出版会、二〇〇八年、一四頁)、『報徳記』その他の記述は少なくとも明治時代には一般に信じられていたものである。
(49)後述第七節の四季耕作図の図像の伝統において、案山子と鳴子はいずれも実った稲を狙う鳥を追い払うための鳥おどしとしてきわめてよく描かれる、共存・交換可能なモティーフである。
(50)幸野西湖「楳嶺伝」によれば、楳嶺の東京の知友の一人として岡倉天心、矢野龍渓らとならびあげられている(前掲註1幸野西湖「楳嶺伝」、一六頁)。

(51) 前掲註(1)神崎書、五七頁。
(52) 前掲註(10)書、九〇・九三頁。
(53) 「米国博覧会の陳列品(承前)(政府の出品)」(『東京日日新聞』明治二六年一月二〇日)、四頁。
(54) 「世界博覧会の出品物を観る」(『郵便報知新聞』明治二六年一月一七日)、三頁。
(55) 『官報』第二八八六号、明治二六年二月一五日、一六六頁。同第二八八七号、明治二六年二月一六日、一九六頁。
(56) [シカゴ万博資料1] "WORLD'S COLUMBIAN EXPISITION OFFICIAL PUBLICATIONS REVISED CATALOGUE Department of Fine Arts."(『近代画説』二、一九九三年一二月)、九頁。
(57) 前掲註(9)『臨時博覧会事務局報告』(一八九五年)、五三四頁(原文はカタカナ)。
(58) たとえばこの時パリで出版された、万博全体から注目すべき出品作を選び挿絵と共に大型本にまとめた『一八八七年万博傑作集』では、シャン・ド・マルス広場に設営された日本の農家を模した建物と庭が挿絵と共にかなり好意的に紹介されている(dir. E.Bergerat, *Les chef-d'oeuvres d'art à l'Exposition Universelle 1878*, Paris, Baschet, 1878, p.17, 128)。
(59) 前掲註(9)『臨時博覧会事務局報告』(一八九五年)四一九頁。
(60) 「世界博覧会二十五逸品」(『京都美術協会雑誌』一九、一八九三年一二月二八日)、三〇頁。
(61) 鶴田武良「鉄斎の画業・その展開」(『國華』一二五〇、一九九九年一二月)、二五~二六頁。
(62) 黒田譲「富岡鉄斎翁」(『名家歴訪録上篇』東京、黒田譲、一八九九年)、一九四頁。
(63) 青山勝三編『近代の美術 第四号 富岡鉄斎』(至文堂、一九七一年五月)、二七・四八~四九・五八~五九頁。
(64) 露伴の挿絵がきっかけとなったであろうことはすでに井上章一によって指摘されている。井上章一『ノスタルジック・アイドル二宮金次郎』(新宿書房、一九八九年)、二九~三〇頁。
(65) 「『歴史画』とは、単に歴史上の事件を主題にした絵画というだけではなくて、アカデミズムの理論体系における「歴史画」、すなわち、ある理念、理想、感情を表現するために、物語的あるいは寓意的内容を、主として人体モティーフを中心に構成した絵画、のことで、一般に「宗教画」、「神話画」、「寓意画」と呼ばれているものをも含む。当時日本において、「思想画」、「理想画」と言われたものがほぼこれにあたる」(高階秀爾「川村清雄についての二、三の考察」

(66)『日本絵画の近代』青土社、一九九六年、七三頁)。
一九号、一八九〇年五月一五日、一〇〜三〇頁(復刻版…『近代美術雑誌叢書7 美術園 第二巻』ゆまに書房、一九九一年)。
(67)三八号(一八九〇年五月二五日、三〜四頁)、三九号(一八九〇年六月二五日、三〜六頁)、四〇号(一八九〇年七月二五日、三〜四頁)、四一号(一八九〇年八月二五日、四〜五頁)。
(68)一八九〇年六月、二五〜七九頁(復刻版…『近代美術雑誌叢書6 明治美術界報告 第一巻』ゆまに書房、一九九一年)。
(69)「日本絵画の未来」および「日本絵画の未来(承前)」(『日出新聞』明治二三年五月一三日)、一頁および一四日、四頁。
(70)『龍池会報告』三二、一八八七年一二月二〇日、三三頁(復刻版…『龍池会報告』第四巻、ゆまに書房、一九九一年、二五三頁)。
(71)「『国華』発刊ノ辞」(『岡倉天心全集 第三巻』平凡社、一九七九年)、四四頁。
(72)「第三回内国勧業博覧会審査報告」(同右書)、八八頁。
(73)この作品については、高階絵里加「佐久間文吾《和気清麻呂奏神教図》」(『国華』一三八二、二〇一〇年一二月)を参照。
(74)前掲註(71)「『国華』発刊ノ辞」、四五頁。
(75)「岡倉覚三氏の演説(承前)」(『日出新聞』明治二五年三月二五日)、二頁。『閣龍世界博覧会記事』六、一八九二年三月二九日、二六〜二七頁。
(76)本作品の大きさは、縦二三一×横一四三センチである。大作の多かったシカゴ万博出品絵画の中でも、川辺御楯の《南北朝戦闘図》(一四五・四×二三四・二センチ)と並び際立ってサイズの大きい作品であった。
(77)前掲註(69)「日本絵画の未来」および「日本絵画の未来(承前)」。
(78)高階秀爾「明治期歴史画論序説」(『三の丸尚蔵館年報・紀要 創刊号平成五年度〜平成六年度』宮内庁三の丸尚蔵館、一九九六年)、一一一〜一一二頁(『西洋の眼 日本の眼』青土社、二〇〇一年に再録)。
(79)前掲註(72)「第三回内国勧業博覧会審査報告」、八七頁。

(80)『仏国巴里万国博覧会報告書　完』(農商務省、一八九〇年)、七九頁。前掲註(1)神崎書、三五・六七頁。

(81)ちなみに、囲炉裏の見える家の門口に立っている子供は、金次郎の上の弟であろう。

(82)画面の左側に見える白い実をつけた樹は綿、手前の小川のほとりに咲くのは藍の花ではないだろうか。いずれも江戸時代、農民が着物をつくりそれを染めるために栽培していた植物であり、綿の白い実はたとえば江戸時代前期の渡辺始興による《四季耕作図屛風》(個人蔵)にも描かれている。

(83)福住正兄『二宮翁夜話』(岩波文庫、一八八〇年[第九版])、一二四頁。

(84)前掲註(29)奈良本書、九七頁。

(85)前掲註(1)『棲嶺遺墨』に所収。

(86)前掲註(1)神崎書、五六頁。

(87)宮崎法子「桃源郷と中国絵画」(『桃源万歳!――東アジア理想郷の系譜』展図録、岡崎市美術博物館、二〇一一年)。『文人画の近代　鉄斎とその師友たち』展図録(京都国立近代美術館、一九九七年)。『中国憧憬　日本美術の秘密を探れ』展図録(町田市立国際版画美術館、二〇〇七年)。

(88)野間静六「日本絵画における農耕図」(『Museum ミュージアム』四〇、一九五四年七月)。榧崎宗重「四季耕作図屛風について」(『國華』八九九、一九六七年二月)。渡辺武「中国農書「耕織図」の流伝とその影響について」(『東海大学紀要文学部』四六、一九八六年)。冷泉為人「門跡尼院の絵画――障屛画を中心として――」(『門跡尼寺の名宝』霞会館、一九九二年)。『描かれた農耕の世界』(相模原市立博物館、一九九九年)。『農耕の風景――摂津の四季耕作図――』(吹田市博物館、二〇〇〇年)。原口志津子「四季耕作図と耕織図、四季絵――加藤遠澤筆「四季耕作図巻」(勝興寺蔵)の紹介をかねて――」(『富山県立大学紀要』一〇、二〇〇〇年三月)。藤井裕之「摂津の四季耕作図――月次絵の継承と展開――」(『歴史と民俗　神奈川大学日本常民文化研究所論集』一八、二〇〇二年三月)。井戸美里「理想郷としての異郷――山口県伝来《四季耕作図屛風》の風景をめぐって――」(『表象文化論研究』八、東京大学大学院総合文化研究科超域文化科学専攻表象文化論コース、二〇〇九年三月)など。

(89)冷泉為人・河野通明・岩崎竹彦・並木誠士『瑞穂の国・日本　四季耕作図の世界』(淡交社、一九九六年)、八五~九三頁。

（90）田島志一編『真美大観　第一五巻』（日本真美協会、一九〇七年）。『日本画大成　第一四巻　四条派』（東方書院、一九三一年）。
（91）佐藤常雄「描かれた農の世界――近世の農耕図と絵農書――」佐藤常雄ほか校注・執筆『日本農書全集71　絵農書1』（農山漁村文化協会、一九九六年）。佐藤常雄解題「農耕掛物」佐藤常雄ほか校注・執筆『日本農書全集72　絵農書2』（農山漁村文化協会、一九九九年）。
（92）前田清志『日本の水車と文化』（玉川大学出版部、一九九二年）。
（93）南亮進『前近代日本の水車と産業技術』（一橋大学経済研究所、一九七八年）、八頁。
（94）前掲註（92）前田書、二頁。
（95）註（32）参照。
（96）前掲註（83）福住書、一三頁。
（97）東京国立博物館展示解説による（執筆…松嶋雅人）。
（98）『京都御所障壁画』展図録（京都国立博物館、二〇〇七年）、一七二頁。

〔附記〕本稿執筆にあたり、シカゴ万博出品に関連し古田亮氏にご教示をいただきました。また京都大学人文科学研究所近代古都研究会の皆様には、口頭発表の際に多くの貴重なご意見をいただきました。記して感謝申し上げます。

橋梁デザインに見る風致に対する二つの認識
——京都・鴨川に架け替えられた四つの橋をめぐって——

中川　理

はじめに

政治的・文化的に近世までの分厚い歴史を背負った都市が、近代という時代を迎えてどのように変化するのか。その変化の実相を、都市デザインの変化の中に見いだそうと試みたのが本稿である。

近代は、それまでの時代と異なり視覚が圧倒的に優位になる時代とされる。人間の環境への視野が開かれるからである。小さな地域社会がモザイクのように組み合わされていた都市の構成は、近代になり、しだいに都市全体を一元的に制御する制度が確立し、都市全域にわたるインフラの整備も進む。これは、確かに都市支配の構造が根本から変化することを意味するが、それだけではない。それまでの小さな単位に閉ざされていた人々の視野が、都市全域に開かれることも意味する。そこで、人々が、開かれた構造に再編された都市空間に何を見ようとしたのか。そのことが都市の近代過程を知る上で重要となってくる。

都市支配の課題としても、視覚に訴える都市の造形を作り出すことが求められるようになる。権力の可視化である。しかし、それは同時に、都市支配のビジョンの表明でもあったはずだ。視覚的な都市デザインに、都市のビジョンが託されるのである。本稿では、そのことがきわめて明確に示されていると判断される、京都における橋梁デザインの変遷過程をとりあげる。

一〇〇〇年以上の歴史を背負う京都という都市において、最初に、人々が上記のような視界を開かされる経験をしたのは、明治末に京都市によって実施された三大事業であったはずである。三大事業とは、一八九〇年（明治二三）に完成した琵琶湖疏水の電力供給を増強する必要から主に計画された第二琵琶湖疏水を建設すること、またその疏水の水を利用して上水道を市内に敷設すること、そして市内の道路拡築とそこへの市電の敷設の三つを同時に行った事業である。戦前の三都（東京、大阪、京都）で、都市の近代化過程に必要となる都市改造事業が最も遅れていたのが京都市であった。そこで、三つの事業を合わせて一度に実施したのがこの事業である。

一九〇八年（明治四一）一〇月の起工式から一九一二年（明治四五）六月の竣工式まで四年弱という極めて短い期間でやり遂げた事業であったが、その結果、京都の都市空間は劇的な変化を遂げる。とりわけ、三大事業の中でも、従来の幅員を約三倍に広げ路面を舗装する道路拡築と、そこへの市電敷設は、それまでの伝統的な地域構造を変容させ、都市全体を見通す視野を開いたという意味で、都市生活のスタイルにまで及ぶ大きな変化を住民にもたらすものとなったはずである。

そこで、筆者はこれまでに、この事業が土木官吏が地方行政に強く関与していく契機を作り出すものであったこと[1]、および、事業に対する都市住民の意識や行動が、新しい住民組織と連動していく過程となったこと[2]などについて明らかにしてきた。つまり、この事業を契機にして、行政、そして行政と住民の関係のあり方が大きく変容していく様をとりあげたのであるが、ここでは、そうした制度としての変容が、具体的な造形デザインの変化に確実につながっていたことを明らかにする。

そこで、ここで主に着目することになったのが、橋梁のデザインである。確かに道路拡築において、新しい造形として登場するのは、拡築後の町並みであるといえるだろう。しかし、そのほとんどは、個々の土地・家屋所有者にゆだねられたものだ。それに対し、道路拡築・市電敷設にともない必要となった、鴨川を中心とした橋梁の掛け替えは、行政がそのデザインも担わなければならない。そこに都市、とりわけ歴史を背負った都市をどのように近代化の中に位置づけていくのか、そのビジョンが表出されたはずである。

なお、京都における視覚的な造形を扱った分析としては、近年の京都市の景観政策をめぐる議論などの中で、それを都市景観として捉えたものが存在する。しかし大半は、現在の景観政策に直接つながる比較的近年の史実や議論を扱ったものだ。ただし、やはり景観施策のあり方をめぐる議論を扱った刈谷勇雅の研究は、明治・大正期における景観の議論も紹介されており、その点で貴重なものとなっている(3)。研究の目的は異なり、橋梁デザインについてはまったく触れていないものの、そこに紹介された内容のいくつかは本稿でも参照することになる。

一　京都府と京都市の対立

では、橋梁のデザインに、どのようにビジョンを読み取ることができるのか。三大事業を実施していた当時の京都において架橋された橋梁には、実は、明快に二つに分けられるデザインの傾向が存在した。その差にこそ、歴史を背負った都市をどのように近代社会に定位させるかというビジョンの差を読み取ることができると思われるのである。

その差を考える上で前提になるのが、当時顕在化した京都府と京都市の対立である。これについては、『京都市政史』や刈谷勇雅の研究などですでに明らかにされてきた。その対立が最も決定的になったのは、鴨東《おうとう》線をめぐるものであった。京都市は、一九〇九年（明治四二）に、三大事業の琵琶湖第二疏水の流路として作られる鴨川運河東側堤上の五条から丸太町にかけて鉄道軌道を敷設しようとする計画を決定したが、その申請を京都府の大森鐘一知事が内務省に進達しなかった。つまり事実上、認めなかったのである。京都市は府に陳情を繰り返したが知事は応じず、結局、一九一一年（明治四四）に敷設を三条から五条に縮小する修正案が市会で可決された。その後、五条まで延長していた京阪電鉄と契約が進み、一九一五年（大正四）に、現在の京阪三条駅まで鴨川畔に電車が開通することとなった(4)。

なぜ大森知事は、この鴨東線を認めようとしなかったのか。それは風致保存に好ましくないからだとされた。東山を望む鴨川畔に電車が走る姿は、京都の風致を乱すものだと主張したのだ。この府と市の対立は、きわめて深刻なものとなったようで、『京都市政史』では、当時の新聞報道によりながら、この対立が市長辞任の要因になったことを指摘している(5)。三大事業は、一九〇四年（明治三七）に二代目市長として就任した西郷菊次郎の強力なリーダーシップのもとで進められてきたが、事業完工の直前、一九一一年に西郷は病気を理由に辞職してしまう。この原因に鴨東線をめぐる府との対立があったとしたのである。

ただし、こうした府と市の対立は、京都だけに限ったものではなかった。日露戦後の都市化の進展によりさまざまな公共事業が増大していく状況の中で、その認可権を持ち国の出先機関としての役割も担う府県と、実際に事業を担わなければならない市との間には、常に対立が表面化してしまう制度的矛盾をはらんでいたといってよい。したがって、程度の差はあるものの、府県と市における同様の対立は、東京や大阪、さらには兵庫県と神戸市の間などでも生じていたのである(6)。こうした事態を背景として、大都市の自治体が、府県から分離・独立しようとする特別市制運動が起こっていくのであるが、この鴨東線をめぐる対立は、そうした府県と市の制度上の矛盾から生じる対立を示す典型的な例として捉えることができるであろう。

しかし、ここで注目したいのは、この京都府と京都市の対立の根拠に「風致」の保全があることである。確かに、それまでも、景観保全の主張は京都府において一貫したものであった。刈谷が指摘するように、一八九五年

（明治二八）の東山地区の鉄道敷設計画に対して、府議会が「東山の景勝」が破壊されるとして内務大臣に建議書を提出したり、一九一〇年（明治四三）に市が認めた円山公園から東山に登る索道計画を府が認可しなかったということがあった(7)。

ただし、鴨東線の問題は、そうしたケースとかなり異なるものだ。大森知事は、電車を敷設することになる鴨川東畔の琵琶湖第二疏水路に関する京都市の建設計画は認め、すぐに内務省に進達している。これも、鴨川の景観を大きく変えてしまうことになるはずなのに、その工事は認める。しかし、その上に電車を敷設することは認めない。その代わりに「柳桜を植えるこそよろしからん」と主張したのである(8)。新聞紙上などでは、大森知事のこうした主張は一貫性を欠いており、それまでの府と市の対立を引きずった「感情論」であるとさえ指摘している(9)。

確かに、京都市としては、この一貫性のなさに残された可能性を見いだしていたとも思われる。京都市は電鉄敷設を改めて府に申し入れるにあたって、風致の配慮を十全に行うことを主張している。一八九七年（明治三〇）から京都市内の各町に設置された行政補完団体である公同組合の連合会も、市とは別に府に陳情書を提出しているが、そこでは、鉄道敷設は「其装飾設備の方法により之を補ふは寧ろ或は一段の風趣を加ふるに至らん」とさえ指摘している(10)。

この対立がはたして「感情論」であったのかどうかを判断することは難しいが、そこに風致に対する認識の差があったことも確かであろう。つまり、インフラ整備事業によって必要となる新しい構築物を作るにあたって、府（大森知事）は、その必要性は認めつつも、風致を害するものを徹底的に排除しようとする。一方で、インフラ整備を積極的に進めようとする市の立場からすれば、風致の保全は、あくまで配慮するものとして認識されるものであった。これは、保全に対する認識の程度の差として考えられるわけだが、歴史を背負った都市において、近代的なインフラ整備を進めようとする都市支配権力にとって、その程度の差はきわめて重要な意味を持ったと考えられるのである。

二　風致とは何か

三大事業が進む明治四〇年代は、一九一一年（明治四四）制定の「広告物取締法」や、同年の「国立公園開設」と「史蹟天然記念物保存」の建議などもあり、風致の保全は社会的に大きなテーマにもなっていた。そこにこの鴨東線の問題が起こったために、京都ではとりわけ風致をめぐる議論が盛んになったと思われる。そのことは、三大事業の工事が進みつつあった一九一〇年（明治四三）から二年間ほどの間に、新聞紙上に巻頭記事などで風致の話題が数多くとりあげられていることでもわかる。

ただし、その論調は必ずしも明快なものではない。京都の新聞紙上で最初に正面から風致や景観について論じたものは、一九一〇年六月二〇日の『京都日出新聞』（以下『日出新聞』）の巻頭「都市美論」であったと思われる。ここでは、アメリカの都市美運動にならい「都市美」の重要性を説き、京都は「歴史都市なり」として、そのために「都市美を重んずべき地位にある」としている。そして、その都市美のためには「都市醜の排斥」として屋外広告の取り締りが必要であることを指摘している。(11)これは明らかに「広告物取締法」を受けてのものであろうが、鴨東線の問題が顕在化してくる一九一一年になると、さらに踏み込んだ論調が増えてくる。

『朝日新聞京都附録』では、五月二八日から四日間にわたって、「市の道路――都市美観問題」が掲載される。ここでは、「今日の京都は建設中の都市なり、昔ながらの風致に如何に物質文明調和し加味すべきかの過渡時代なり」として、工事が進みつつある三大事業は受入れなければならないとし、その都市美観を作る「調和」のために広告や電柱の乱立を抑え、路傍樹などを整備する必要性を指摘している。(12)さらに、六月一九日の『日出新聞』の巻頭「風致とは何ぞ」では、鴨東線問題をストレートに扱い「電車なるものは殺風景」なのかと問い、美醜の価値観は相対的なものであって、一方的に電車は風致を害すると決めつけるのは「悪しき復古主義」だと指摘している。(13)

さらに、九月一日の『日出新聞』巻頭「風致の研究」では、「近頃都市美又は都市の風致に注意せんとする傾向を見る、誠に喜ぶべし」としながら、「都市の風致に就ては人によりて見る所同じからず」として、やはり一方的な決めつけはよくないと指摘した。(14)そして、同月一二日の『日出新聞』では、道路が拡幅され電車が敷設された寺町通の景観を「寺町新観」として論じ、電車が走る風景は必ずしも殺風景なものではなく、新しい都市美を発見できるものでもあるとしている。(15)

こうした論調に通底しているのは、風致や都市美は絶対的なものではないという認識だ。近代的施設とその景観が急速に広がろうとしている中で、都市美や風致の重要性が指摘されるが、その価値判断は相対的なものでしかないとしているのである。もちろん、こうした論調は、大森府知事の電車は風致を害するので認めない、という判断への批判も含むものであったことも考えられるだろう。

三　市が架け替えた四条大橋と七条大橋

では、歴史的に築いてきた風致に、新しい近代文明を調和させるとはどのようにすればできるのか。その立場による都市デザインを提示したと思えるのが、京都市により鴨川に架橋された橋であった。

三大事業による道路拡築は、鴨川に掛かる橋の架け替えも必要となる。具体的には、北から丸太町通の丸太町橋、四条通の四条大橋、七条通の七条大橋の三橋である。中でも、四条大橋は、京都を代表する橋として、その設計に注目が集まった。この四条大橋については、白木正俊が三代目の四条大橋として、鴨川の景観を作り出した重要な要素であるとして捉え、規模や構造（鉄筋コンクリート造）、工費や様式に加え、台湾総督府の技師・森山松之助が意匠を設計し、東京帝国大学の柴田畦作が構造設計をしたことなどをすでに示している[16]。ここでは、その意匠がどのように企てられ、どのように受入れられていったのかを、主に新聞記事などから追うことにする。そのことによって、この橋梁デザインが持ち得た意味を読み取ることができると思われるからだ。

四条大橋の設計が台湾総督府技師に依頼されることになったのは、道路拡築の設計が終わり、用地買収がすでに始まった一九一〇年（明治四三）六月であった。新聞は「新設の四条橋は最も意匠を凝らし京都の一大美観とする筈にて其設計を台湾総督府技師森山松之助氏に依頼何にか京都の歴史に因みたる意匠にて」、「丸太町橋及び七条橋も美術的の者となす筈にて其意匠を矢張森山技師に嘱託し」と報じている[17]。四条大橋だけでなく、市が建設する三橋いずれも同じ技師に設計を依頼したのである。

この台湾総督府技師についてはは後述することになるが、なぜ市役所外部の技師に設計を依頼することになったのだろうか。設計依頼のことが明らかにされた翌日の『日出新聞』も、三大事業の道路拡築を担う京都市の道路拡築部の不合理さを批判する中で、「京都には大学もあり高等工芸学校もあり美術工芸学校もありて学者美術家意匠家等決して少なからざるに係はらず四条大橋、丸太町橋、七条大橋等を美術的な者とし市の美観を添んとて其設計を台湾三界の名の知れぬ技師に嘱託するなど馬鹿馬鹿し」と批判している[18]。しかも、構造設計を当時の東京帝国大学土木工学科教授の柴田畦作に依頼することも、その後明らかにされる[19]。

それまで、三大事業で必要となるさまざまな設計は、市の技師・技手らがあたってきた。それにもかかわらず、設計を外部に委託したのには、考えられる理由が一つある。この設計依頼が明らかになった前年に、本来ならば設計にあたるはずだった技師を西郷市長みずからが免職してしまっていたのである。この経緯については、拙稿でも紹介した。京都市は、一九〇二年（明治三五）に、その後のインフラ整備事業において必要となる近代土木技術を修めた学士を、はじめて技師として迎える。しかし、京都帝国大学土木工学科を卒業したその技師・井上秀二は、市の土木事業全体をリードしようとしたため、事業部長などの事務方と常に衝突し、ついに市長により免職に追い込まれてしまったのである。[20] 井上は、技師就任直後に四条大橋の改修工事（実際の改修工事は三条、五条、七条とあわせて翌年に実施）にあたり、橋梁の技術や材料の可能性などを詳しく披瀝し「東京、大阪、京都の三府中橋梁の不完全なるを京都市とす」として「四条大橋の改修は真に刻下の急務」だと指摘していた。しかも、四条大橋で採用された鉄筋コンクリート技術の専門家でもあった。実際に、高瀬川に規模は小さいものの鉄筋コンクリート造の人道橋を四橋設計し完成している（いずれも昭和の初めに撤去）。さらに、わが国で最初の鉄筋コンクリート技術の専門書『鉄筋コンクリート』も著している。[21]

西郷市長は、井上を免職した後に、後任技師の人選を問われて「土木工事を起こすに当り技術者万能主義とすれば兎角弊害生じ易し要するに技術者は技術者として其範囲を出でしめざる可らずなり」と語っている。[22] だとすれば、西郷は、大規模な橋梁の設計を担えるような卓越した技術者は市の内部に抱えず、そうした仕事はあえて外部に発注するべきであると考えたのではないか。ただし、構造設計を東京大学の柴田畦作に任せたことは、まさにそのように解釈できるだろうが、美観を添えるという目的で、その意匠設計までも外部に委託した点については、まだ別の理由があることも考えられる。

その疑問については、実際に登場するデザインのあり様から読み取ることができそうだ。四条大橋の実際の設計案が完成するのは、森山技師に依頼することが明らかにされてから八カ月後の一九一一年（明治四四）の二月であった。そのデザイン案を紹介する記事の表現が、きわめて興味深いものとなっている。「要するに設計者の意を用ひしは橋の欄干、橋脚其他局部々々には少しも美術的意匠を加へず橋全体を構成して初めて美術的の者たるを示さんとするに在りて輓近独逸辺に於て流行せる極めて新しき意匠に依りし者なりと」しているのである。[23]

写真１　竣工当時の四条大橋（土木図書館蔵）

ここで「独逸辺に於て流行せる極めて新しき意匠」とはセセッションのことを指すのだろう。実際、橋が竣工する際の報道では、「セセッション式」と紹介されている[24]。驚くのは、その前の部分で、橋の細部には美術的意匠、つまり装飾を加えず、全体の構成で美を示すという説明は、まさに近代主義デザインの思想を端的に表したものである。

実際に登場した橋梁のデザインは、写真1でわかるように、確かに装飾的要素が極力排除されたモダンなものであった。当初「京都の歴史に因みたる意匠」としていた部分は、橋脚の上に設置された電灯用の「燈籠」に託されているが、これも「古雅なる燈籠型とせる和洋折衷」[25]とされているものの、曲線を用いたモダンなデザインは明らかにアールヌーボーである。

この意匠案が公表されると、さまざまな戸惑いが表明される。まず、装飾部分が少ないために工費が安くなることへの懸念があった。ちょうどこのころ、三都それぞれを代表する橋梁が掛け替えられている。東京では、日本橋が竣工したばかりで、その坪単価は千余円になる。大阪では、三年前の一九〇九年（明治四二）に心斎橋が竣工するが、坪単価は七百余円。それに比べて、京都を代表する四条大橋が、このままでは坪単価三百余円にしからならい。これでは都市としての対面が保てないのではないかというのである[26]。

また、装飾を廃したデザインに対して、新聞は某土木学者の批評として「此の意匠が果たして京都の市街其他の美術工芸品及び京都の風致と調和するや否や或は日本座敷の真中に純然たる洋風のストーブを据え付けしが如き奇観を呈するに至る可し」と指摘している。こうした感想は、広く市民にも共有されていたようで、一九一三年（大正二）三月に橋が竣工する際にもこのような「ハイカラな構造」にしなくてもよかったのではないかという意見が紹介されている[27]。さらに、単純なアーチが連続する意匠も批判された。先の某土木学者は「鴨川の如き河川にアーチ型、而も疏水運河を合すれば四個迄も半楕円形を描きし橋梁を架設せんとするが如き抑も誤まれり」とした[28]。疏水運河とは、府と市の対立の原因となった鴨東線の電車が走る基盤となる鴨川畔の運河のことである。この運河にもアーチが作られるため、四条大橋のアーチと合わせて連続（実際には五連）することになるわけで、その景観が鴨川には相応しくないとしているのである。さらに、写真1でわかるように、橋に直行しても同じような単純なアーチの連続が作られる。これは、三条から五条に短縮された鴨東線が、京阪電車として開通した際に、京阪四条駅の陸橋として作られたものだ（白木はこれを、鴨川を東岸で十字に区切る特異な景観の誕生として捉え注目している[29]）。

なお、同時に改築が行われ、四条大橋と同じ一九一三年（大正二）に竣工した丸太町橋は、当初は、四条大橋と同じく鉄筋コンクリート造で森山松之助技師に意匠設計を依頼する予定であったが、鉄筋コンクリートでは、河床が浅いために洪水時の通水が妨げられる恐れがあるとして、鉄製で作られ、森山の設計でもなくなっている[30]。しかし、七条大橋は、四条大橋と同じく鉄筋コンクリート造で森山松之助技師の意匠設計、柴田畦作の構造設計で作られ、同じく一九一三年（大正二）に竣工している（写真2）[31]。意匠はきわめてよく似たもので、一五・二

写真2　竣工時の七条大橋
（土木図書館蔵）

メートルのスパンという同じ基本構造が採用されている。[32] 四条大橋は、その後、一九三五年（昭和一〇）の鴨川大洪水の被害による鴨川改修計画で架け替えが決まり、一九四二年（昭和一七）に新しい四条大橋に替わるが、七条大橋は、細部の改修は受けながらも、現在も使われ続けている。

いずれにしても、四条大橋や七条大橋の先進的ともいうべき、装飾を廃したデザインは、設計者の考案によるものとはいえ、同時に、その設計者に依頼した京都市の企図でもあったはずである。京都の歴史的な風致に対して、市電や鴨東線の電車が走るという近代文明の景観をどのように調和させるのか。それはむしろ、歴史的風致に対して、コントラストをつけるようなものを対置すべきであると、京都市は考えたのではないか。

四　設計者をめぐって

しかし、実際に森山松之助という技師が台湾で設計した多くの建築は、装飾を排するどころか、いずれも濃密な装飾に特徴を持つものであった。森山は明治二年（一八六九）に大阪に生まれ東京帝国大学建築学科（入学時にはまだ造家学科）で学び、一九〇六年（明治三九）に台湾総督府嘱託技師に就き、一九二一年（大正一〇）まで在籍した。この時期の日本統治下の台湾では、本格的なインフラ整備が行われ、大量の公共施設が建てられた時代である。その中で、森山は同じく東京帝大卒の野村一郎技師とともに総督府営繕課の「二本柱」とされ、数多くの建築を設計している。[33] その特徴は、赤煉瓦と白い花崗岩を組み合わせる東京帝国大学の師である辰野金吾が好んだ「辰野式」を基本にしながらも、それを台湾の気候風土に合わせ、よりデコラティブなものにしたものだった。[34]

帰国後の昭和期の作品はともかく、少なくとも、現在判明している台湾での森山の作品に、セセッションのような近代主義に向かう装飾を廃したデザインを見つけることは困難である。つまり、セセッションのような西洋近代の新しい潮流のデザインは、あえて発注者、つまり京都市側から依頼されたものであったことが考えられるのである。

しかし、そうだとしても、なぜ台湾総督府技師の森山だったのか。これについては、白木も指摘しているように、三大事業をリードした西郷菊次郎市長が、一八九五年（明治二八）から一九〇二年（明治三五）まで台湾の地方官として植民地経営に携わっていたこととの関連が考えられる。しかし、森山は、西郷が台湾を去った後に総督府技師として台湾に渡っている。むしろ森山が鉄筋コンクリート造のエキスパートであったことが最も大きな理由であったのではないかと考えられる。森山は一九〇八年（明治四一）に鉄筋コンクリート造の建築（台北電話交換局）を手がけているが、これは植民地だけでなく、日本国内も含めて極めて早い鉄筋コンクリート造建築の実現であった。[35] また、台湾のシロアリ対策に床下にコンクリート層を作る技術を提唱したのも森山だった。[36]

そもそも、四条大橋・七条大橋が鉄筋コンクリート造で作られたこと自体にも大きな意味があった。『日本土木史』では、「大正・昭和時代の最初の鉄筋コンクリートアーチ橋は京都に登場し、五経間の四条大橋および同型七経間の七条大橋がそれであって」としている。[37] 構造設計を担当した柴田畦作はわが国における鉄筋コンクリート工学のパイオニアとされるが、両橋の設計後、東大で鉄筋コンクリート工学の授業を開設し、その中で、両橋について特に力を入れて詳述したという。[38] つまり、四条大橋・七条大橋は、その後のわが国の橋梁架橋技術において画期をなすものであった。そして、そうした先進的な技術を積極的に取り入れようとしたことも京都市の企図であったと考えられるのである。だからこそ、最も早く鉄筋コンクリート構造を使った建築を手がけた建築家技師に意匠設計を託したのではないか。

ところで、台湾総督府の技師に依頼するというのは、現実的に困難なことではなかったのか。打合せや図面のやりとりだけでも、当時は相当に時間とコストがかかってしまうはずだ。しかし、意匠を依頼した当時、森山は東京にいたことが考えられるのである。森山は、台湾総督府技師として、日本で開催された博覧会・共進会における台湾館の設計もいくつか手がけている。その際には、日本に滞在し設計・監督を行ったはずである。一九〇七年（明治四〇）の東京勧業博覧会の台湾館もそうだが、黄俊銘の研究では、一九一〇年（明治四三）に名古屋で開催された第一〇回関西府県連合会共進会の台湾館も森山の設計であるという。[39] だとすれば、京都市が四条大橋等の設計依頼をした時点で、森山は内地にいた可能性が高い。完成した設計図面について当時の新聞も「予て台湾総督府技師森山松之助氏に依頼中なりしが此程漸く設計成り東上中なりし清水技師同地に於て森山氏より受取り帰郷し」と報じている。[40]

また、構造設計の柴田畦作は「装飾意匠は工学士森山松之助、工学士山口孝吉両氏の考案に係り特に山口氏は各部制作及工事の監督をなせり」としており、工事請負人は東京市太田組工業事務所としている。[41] この山口孝吉とは、東京帝国大学建築学科で森山松之助と同級生で、その後東大の営繕課技師として校舎の設計を手がけていた建築家である。そして、さらに『読売新聞』の報道では、四条大橋の橋上の装飾の設計者は森山工学士だが「東京帝国大学技師山口工学士が監督の下に東京市本郷区元町二丁目鋳造家久野留之助の鋳造工場に於て制作し其の勾欄は全部総磨きの青銅製にして」としている。[42] つまり、四条大橋・七条大橋の設計は、東京の森山、山口、柴田を中心にしたチームにより、装飾部分の作成まで含めて東京で行われたことがうかがえるのである。

なぜ、京都ではなく東京で設計チームが結成されたのかは不明である。しかし、いずれにしても、京都市は当時、最も先鋭的な構造とデザインの橋梁を実現させようとし、市の外部のチームに設計をゆだねたのである。そして、そこで目指した先鋭さに、京都の風致に近代文明を調和させる試みを託したことがうかがえるのである。

五　府が架け替えた三条大橋と五条大橋

先に、一九一三年（大正二）三月に四条大橋が竣工する際に、このような「ハイカラな構造」にしなくてもよかったとする感想があったことを紹介したが、この新聞記事をさらに正確に紹介すると「『四条大橋などは斯かるハイカラな構造にせずと三条や五条橋のやうにすれば良いと』言つている者もあるやうだ」としているのである。[43]ここであげられている三条大橋や五条大橋は、四条大橋・七条大橋とほぼ同じ時期に、京都府によって架け替えられたものである。つまり、京都府も同時期に橋梁のデザインを提示しており、それは「ハイカラ」の対比をなすものとして捉えられるものであったことがわかる。ここに、府と市の風致に対する認識の決定的な差を読み取ることができるのである。

一九一五年（大正四）に発行された『京都府誌下巻』には、その当時の国道、県道、里道という三つの分類による橋梁表が掲載されている。[44]この分類は、一八七六年（明治九）の太政官達により定められたもので、このうち、京都府は県道（この時点で府道というカテゴリーはなかった）だけでなく、国道についても国に代わって維持・管理を担わなければならなかった。鴨川に懸かる橋としては、東海道の起点でもある三条大橋が国道、醍醐街道の五条大橋が県道であったため、市の三大事業の工事と同時期に、京都府による両橋の架け替えが行われたのである。ただし、最初に京都府による橋梁架け替えのプランが明らかになったのは、宇治川に架かる国道の宇治橋であった。

宇治橋は、大化二年（六四六）に初めて架けられたという伝承があり、織田信長が改造した時に、擬宝珠がつけられたとされる。明治維新後は、府費で土橋を架橋したが、一九〇六年（明治三九）に大規模な修理で板橋として、高覧に青銅製の擬宝珠をつけた(45)。しかし、一九一〇年（明治四三）の府会で、全面的な架け替えが決まり(46)、ちょうど四条大橋・七条大橋の工事が進む中、一九一二年（明治四五）五月に竣工している。

こうした由緒ある橋梁の架け替えである。その橋梁デザインは「名勝を保存するの要ありと(47)」して、幅員などは拡張し擬宝珠もすべて新調しながらも「範を天正時代の造営に取り(48)」デザインが行われた。基本の構造は、鋼製の桁を採用しているので、鉄橋といえるものだが、橋脚は木柱を用いており、鋼製の桁には木製の「桁覆」をかぶせているので、外観は木橋のように見える。『京都府誌下巻』でも橋質は「木橋」とされている。

そして、こうした復古調ともいうべきデザインは、その後の三条大橋、五条大橋の架け替えに引き継がれていく。三条・五条の橋は、もともと豊臣秀吉によって架けられた初めての石柱橋だとされる。しかし、その後何度も流出を繰り返していた。京都府は、やはり三大事業の工事が進む中で、本格的な架け替え工事を実施し、五条大橋が一九一一年（明治四四）一二月、三条大橋が翌一二年（大正元）一〇月に、それぞれ竣工している(49)。

三条大橋は、「宇治橋と同じく桃山式の形をとりたる雅致ある構造となすべく」とされた(50)。すなわち、宇治橋と同様に、鋼製の桁（H型綱）を用いて幅員を広げ、やはり雨覆板を張り木橋のように見せる。橋脚柱はもともと石柱であったものを、鉄筋コンクリート柱にしたが、外側の部分だけは石柱とした(51)。こうした工夫により、写真3に見るように、古いままで規模だけ拡大したように見える三条大橋が完成することになった。

一方五条大橋は、明治維新後に高欄や擬宝珠を取り除き平橋となったようだが、一八九三年（明治二六）に旧状に復原した。しかし朽腐が進んだため、架け替えることになったのだが、やはり旧状を再現する「桃山式」が採用され、鋼製の桁を使い幅員が広げられたが、雨覆板を張り、木橋のように見せることになった（写真4）。た

写真 3　竣工当時の三条大橋（筆者所蔵絵はがき）

写真 4　竣工当時の五条大橋（筆者所蔵絵はがき）

だし、こちらは鴨川東岸の、市の疏水運河の工事が進んでいたので、橋は二つに分割されることになった。なおかつ、分割された運河上の小橋の工費は京都市に負担させている。[52]

いずれにしても、写真3、4を比較すればわかるとおり、鴨川に京都府が架けた二つの橋は、きわめて似通ったデザインのものとなった。「桃山式」と呼ばれた、そのデザインは、まさに風致の古雅を守ろうとする京都府の意志の表れであったといってよいだろう。京都市の四条大橋・七条大橋と比べるとき、そのデザインの差は歴然である。

もちろん、工費を比較すると、四条大橋が二五万四〇〇〇円、七条大橋が一九万八〇〇〇円なのに対して、[53]三条大橋は四万円、五条大橋は一万六〇〇〇円（市負担分も合わせて）であり、[54]大きな隔たりがある。そこには、本格的な都市インフラの整備のための新設と、整備には直接関わらない設備の更新という差があったはずだ。

しかし、京都府も橋梁の架け替えを契機にした道路拡築を実施している事実もある。市の三大事業が進む中、一九一一年（明治四四）一一月の京都府会市部会において、三条大橋架け替えを契機にして、国道の三条通や県道の五条通の幅員を広げる拡築案が提起され、[55]同年一二月に、三条通の三条大橋西の木屋町から同橋東の青蓮院までの区間での拡築が決定された。[56]その後すぐに、三大事業と同様に用地買収から立ち退き、拡築工事と進められている。しかし、市と府が同様の道路拡築を、別々に実施することに対して批判も起こり、京都市が京都府に共通した方針を定めることを申し入れるという事態も生じている。[57]

つまり、京都府による三条大橋・五条大橋の架け替えは、単に由緒ある橋の復興ではなく、京都市と同様の都市インフラの整備としての目的も持っていたのである。都市の近代化にあたって、必要なインフラとして橋梁の架け替えを行う。京都府は、その目的の下にあえて復古調のデザインを提示したといえるのである。それは、同じ目的において行われた市の四条大橋・七条大橋での西洋近代の先進性を示すデザインと、あまりにも大きな差があった。その差に、京都の風致に対する認識における府と市の大きな違いを読み取ることができるであろう。

六　府内部での設計

では、こうした復古調のデザインは誰の設計によるものであったのか。まず宇治橋については、そのデザインの検討が始まった時点で「府土木課にて之が設計につき考案中なるが」としている。また、三条大橋の設計も「当局者の手許に於て設計を行ひ」とされている。つまり、府が架橋した橋の設計は、意匠も構造も内部、つまり府土木課で行ったと考えられるのである。しかも、宇治橋の設計については「長く後代に伝ふべきの価値あるものなること、今回京都府に於て宇治橋架換工事を行ふに当り広く旧記を尋ね諸種の記録を猟りて初めて之を明らかにする」としていて、復古調のデザインの歴史的根拠も含めて、府土木課で研究したとされている。

しかし、そうして復古調の意匠が設計できたとしても、実際には鋼製の桁や、一部に鉄筋コンクリートも使うなど、近代的な技術を駆使して、そのデザインを実現させているのであり、その構造技術を担える高い能力を持った技術者が必要であったはずだ。実は、京都府は市外の山間部において、この時代に、鉄筋コンクリート造の橋梁を実現させている。一九一二年（明治四五）三月に竣工した鞍馬街道の市原橋と、一九一四年（大正三）二月に竣工した鞍馬川に架かる二之瀬橋である。前者が鉄筋コンクリートのアーチ橋で、後者は鉄筋コンクリートでトラスを組んだトラス橋であった。四条大橋などと比べれば規模は小さいが、どちらも、わが国の鉄筋コンクリート造の橋梁としてやはり早い例である。

土木史の山根巌によれば、これらの橋梁の設計を行ったのは、一九〇八年（明治四一）から一九一二年（大正元）まで京都府技師であった原田碧であるはずだという。原田は、長崎市の長崎港湾改良事務所で鉄筋コンクリート橋の佐世保橋（一九〇六年竣工）の設計に関わるなどしており、橋梁技術の専門家として京都府技師に雇われたと思われる。一九一二年には、『実用鉄筋コンクリート工法』という専門書も編纂している[58]。宇治橋、三条大橋、五条大橋は鉄筋コンクリート造ではないが、その構造設計についても、この原田が担当したと考えられるだろう。宇治橋の竣工式には、当時の府の土木課長である寺崎新策が工事概要を説明しているが、山根によれば、原田はこの寺崎に次ぐ主任技師であったという。

興味深いのは、この原田が、京都府技師から山口県技師に異動した後に設計を手がけた、臥龍橋（一九一六年竣工）である。この橋は、錦帯橋と同じ錦川に架橋されたもので、原田は、洋風や鉄橋は風致を害するとして、鉄筋コンクリートの橋脚に、檜造りの擬宝珠欄干を取り付けた、まさに復古調のデザインを採用している[59]。そして、その姿は、京都府が架設した三橋にきわめてよく似ているのである。

ただし、その意匠設計は、当時京都高等工芸学校教授であった建築家の武田五一に依頼している[60]。宇治橋、三条大橋、五条大橋は、いずれも歴史的な形状を範とする復古のデザインが採用されているが、この臥龍橋は、新しい創作として復古調を採用している。旧状を調査してのデザインではなく、新たな和風がデザインされたのである。そのために、建築家が求められたのであろう。つまり、逆に考えれば、京都府の復古調デザインの設計には、あえて意匠設計の専門家は必要なかったと考えられるのである。

拙稿では、京都市が井上秀二を技師として迎えた一九〇三年（明治三六）以降、三大事業が進む中で、土木系の技師が京都市に増えていき、一方で京都府の技師には土木系は減っていくことを指摘した[61]。しかしその後、京都府は一九〇七年（明治四〇）に、井上の後輩にあたり京都帝国大学土木工学科卒で土木課長となる寺崎新策を技師として雇い入れ、さらに翌年には橋梁のエキスパートである原田碧を長崎から招いて技師としている。そして、鉄筋コンクリート造の橋梁を架橋し、さらに京都府綾部市の由良川には、当時最大規模のアーチ橋も作っている（その報告が寺崎新策の名前で専門誌に掲載されている）[62]。つまり、道路拡築や電車敷設、上下水道といったインフラ整備事業のための土木技術は京都市のものであったが、国道・県道の整備のための土木技術は京都府にとっても必要になったのであり、その中心が橋梁技術であったと考えられるのである。

そうした橋梁架橋事業の展開の中で、市内における橋のデザインは、歴史に範を求めたのである。郡部で新しい技術による架橋を積極的に試みる一方で、市内ではあえて復古の意匠を採用したということなのだろう。そこには、京都市の積極的に西洋近代を受入れる先鋭的な意匠とはまったく異なるデザインの認識があった。

七　模範なき近代都市空間のデザイン

以上のように、京都市と京都府が同じ時期に架け替えた橋梁には、そのデザインにおいて、極端ともいえるほどの差が生じていた。しかし、ここで見られるデザインの揺れ幅は、この時代における、歴史を担う都市が生み出す新しい景観に対するビジョンの揺れ幅であったともいえるだろう。本格的な都市インフラの整備により、歴史的に築かれたものとまったく異なる、開かれた都市空間を実現しようとする時に、どのような造形が相応しいものであるのか。そこには、きわめて広範な可能性がありえたのである。

そのことは、民間の建設行為にも見て取れる。「はじめに」でも指摘したように、道路拡築後の町並みをどのような造形で作るのかは、個々の土地・家屋所有者にゆだねられたわけだが、そこでも、拡築後にどのような意匠の町並みにするのか議論があった。

一九一三年（大正二）三月の四条大橋の開通式には、東西の橋詰めにアーチが飾られ夜にはイルミネーションがともり盛大な式典となったようだが、四条通の橋の東側に隣接する祇園町と西側に隣接する御旅町も、積極的にその式典に参加したという(63)。その御旅町では、橋の開通以前、三大事業の道路拡築が始まる時点で、新しい町並みの建築様式について自主的に協議をしている。すでに拙稿でも紹介したが、拡築される四条通を、従来とは異なる煉瓦や石造りの建物に作り替えたいので、南北両側を拡築するようにと、周辺の二つの町と協同して一九〇九年（明治四二）七月末に市会に建議して認められ、実際に南北とも新しい町並みが登場することになる。そして、翌年末に、御旅町の店主の有志者が、道路拡築後に新しく建てる建築の美観を統一するために、京都高等工芸学校教授・武田五一に依頼して「模範設計」を定めたという。さらに、年が明けると有志者たちは委員を選び、さらに調査を加え、新たな建築を「洋式を採るか但しは和洋折衷式とするか等に付き」調査研究を続け、商業会議所や京都市勧業委員などにも意見を求めたとされている(64)。

もちろん、こうした動きは道路拡築が実施されたエリアの中でも例外的なものであっただろう。しかし少なくとも、こうした事例からは、道路拡築により出現する新たな空間に、どのようなデザインを作り出していくのかについて、最初から「模範」のようなものがあったわけではないことは了解できるだろう。市民も行政も、あらゆる可能性の中から、最も相応しいと思う形を選んでいくことが必要となったのである。その中で、京都市は積極的に先進的な西洋近代のデザインを選び、京都府は、復古的な伝統の様式を選んだのである。

おわりに

さて、以上のように、歴史を担った都市・京都で明治末に登場した橋梁デザインにおいて、新しく出現する近代空間に相応しいデザインの捉え方が、京都府と京都市によって大きく異なった事態を見てきた。ただし、その捉え方の違いは、為政者の個人的な趣味・嗜好から生じたものではなかったのである。

清水重敦は、明治三〇年代の京都で活躍した古社寺保存技師としての建築家・松室重光に着目し、その保存思想と、古社寺保存請願運動の中心人物でもあった初代京都市長・内貴甚三郎が掲げた京都のマスタープランの風致保存とは軌を一にするものであったと指摘した。そして、市長が内貴から西郷へ交代し、三大事業が推進されると、そこに伝統保存への配慮が抜け落ちていった、としている[65]。

内貴が風致保存に強い意志を持っていたことは確かであるし、内貴から西郷へ代わることで、京都の街の改変が飛躍的に進んでいったことも事実である。その意味で清水の指摘は間違いではない。しかし、内貴の都市改造のマスタープランに見られた風致保存の考え方は、松室が提示したという、羅城門跡と朱雀門跡を結ぶ道路を拡幅し、京都の都市軸とするというような、いわば復古を目指すものとは明らかに異なるものだ。さらに、苅谷も紹介しているが、一八九九年（明治三二）三月に東山の也阿弥ホテルが全焼し、跡地に木造の再建計画が提出された際に、内貴はそれを不許可とした。その理由について内貴は「此際二十万乃至二十五万円を投じて不燃質材料を以て宏壮なるホテルを新築するを得策とすべし、元来京都人は洋風建築を嫌悪するの傾向あれども之れ未だ洋風建築の真相を知らずして漫に保守的の嗜好に駆られつつあるものなり、若し一旦完美なる洋風建築が東山に峙つことあらば京都の風色に一段の光彩を添へん」と述べている[66]。

一〇〇〇年を超える歴史を内外にアピールすることを、いわば宿命づけられた歴史都市・京都にとって、その風致を保存することは絶対条件であった。その認識は、京都府も京都市も共有している。しかし、具体的なマスタープランを描き、実際のインフラ整備により、新たな空間を築いていかなければならない京都市の立場では、保存すべき風致とは、単純に範を過去に求めるものとはならなかったはずである。新しい都市空間を作るには、西洋近代を積極的に受入れるしかない。その上で、それがもたらす影響について配慮し、またはそれらを隔離した上で、過去の景観を保存する、それが市のめざす風致保存であったと考えられるのである。

これに対して、京都府の立場は明快に過去を保存する、それが難しいのであれば、過去を再現するというものであった。したがって、そこに西洋近代を受入れる余地はない。拡築を終えた烏丸通では、一九一三年（大正二）三月に、街路樹がユリノキ（チューリップツリー）に決まる。これは、東京も含め、当時世界的にも街路樹としてよく使われていたものだったが「併し我京都は旧都の趣を存せしめ徹頭徹尾純日本式を以て其生命となさざる可からずとの見解より、初め大森知事は西洋式の樹種を植ゆるを好まず彼是内地植物を詮索したるも発見する能はず結局今回の如く決定を見るに至りし」と報道されている[67]。大森知事や京都府技師が、京都市の架橋した四条大橋・七条大橋を直接批判した言説は見当たらないが、大森知事のこうした言動からは、この両橋が、風致を害する鴨東線の電車の姿と同質のものとして映ったことは確かであろう。

そして、こうした都市景観に関わる価値観の違いは、その後も都市政策におけるきわめて大きな課題になっていく。たとえばそれは、一九二七年（昭和二）の『京都日出新聞』紙上における、京都市土木局長・電気局長であった土木技師・永田兵三郎と法学者・市村光恵の間で戦われた、東山の開発をめぐる論争に典型的に表れることになる。三大事業後の京都市の都市計画をリードした永田は、東山の景観は重要であるから、それを積極的に享受できるようなケーブルカーや道路の施設を整えるべきだとし、市村は、重要だからこそそれを保存し、山の管理を徹底しなければならないと議論を戦わせたのだ。そして、その後、市村は一九二七年に京都市長に就任し、「技術者万能主義」を批判して土木系職員を大量解雇してしまい、その混乱から八五日という京都市政史上最短の在任期間で辞職を余儀なくされるのである[68]。

京都だけではない、同じ時期に同様の対立が兵庫県と神戸市の間でもあったことが、山口敬太により明らかにされている。六甲山をめぐって、その風致を積極的に利用しようとする神戸市と、それに反対する兵庫県の間で対立が起こったのである[69]。

ただし、こうした論戦が、単純な保存か開発かの議論ではないことに注意しなければならない。都市が、近代を受入れようとする時に、過去の歴史とどのように折り合いをつけていけるのか。道路や橋梁のように、新しくインフラ施設として作らなければならないものは確かに存在する。それを認めた上で、その姿や形態に歴史をどのように仮託させるのか。とりわけ、歴史を担うことを宿命づけられた都市にとって、それは、きわめて重要な都市政策のビジョンにもなりえたはずなのである。

(1) 中川理「明治期の都市改造事業における土木官吏の役割についての研究――京都市の三大事業に至る経緯を事例として――」(『日本建築学会計画系論文集』六六二、二〇一一年四月、八五九~八六八頁)。
(2) 中川理「明治期の都市改造事業における都市住民の反応とその動向に関する研究――京都市の三大事業の実施過程を事例として――」(『日本建築学会計画系論文集』六六八、二〇一一年一〇月、二〇一七~二〇二五頁)。
(3) 苅谷勇雅『都市景観の形成と保全に関する研究』(京都大学博士学位論文)、一九九三年。
(4) 京都市市政史編さん委員会『京都市政史　第1巻　市政の形成』(京都市、二〇〇九年)、二六六~二六七頁。前掲註(3)苅谷『都市景観の形成と保全に関する研究』、一六二頁。
(5) 前掲註(4)『京都市政史　第1巻　市政の形成』、二六六頁。
(6) 山口敬太「戦前の六甲山における公園系統の計画と風景利用策に関する研究――一九二〇年代に作成された二つの山地開発計画の策定経緯と目的――」(『都市計画論文集』四五―三、二〇一〇年一〇月、二四一~二四六頁)。
(7) 前掲註(3)苅谷『都市景観の形成と保全に関する研究』、一六一~一六二頁。
(8) 『朝日新聞京都附録』一九一一年(明治四四)四月一二日、一面。
(9) 同右。
(10) 『京都日出新聞』一九一一年(明治四四)七月九日、一面。
(11) 同右、一九一〇年(明治四三)六月二〇日、一面。
(12) 『朝日新聞京都附録』一九一一年(明治四四)五月二八~三一日、一面。
(13) 『京都日出新聞』一九一一年(明治四四)六月一九日、一面。
(14) 同右、一九一一年(明治四四)九月一日、一面。
(15) 同右、一九一一年(明治四四)九月一二日、一面。

(16) 白木正俊「近代における鴨川の景観についての一考察――四条大橋と車道橋を中心に――」(『新しい歴史学のために』京都民科歴史部会、二五七、二〇〇五年六月、一～一七頁)。設計者等のデータは、松村博『京の橋ものがたり』(松籟社、一九九四年)にも記されている。
(17)『京都日出新聞』一九一〇年(明治四三)六月一〇日、二面。
(18) 同右、一九一〇年(明治四三)六月一一日、二面。
(19) 同右、一九一一年(明治四四)七月一三日、一面。この記事では、森山松之助の設計に基づき、柴田畦作の監督の下で工事設計が行われているとされている。
(20) 前掲註(1)中川「明治期の都市改造事業における土木官吏の役割についての研究」、八六六頁。
(21) 山根巌「明治末期における京都での鉄筋コンクリート橋」(『土木史研究』二〇、土木学会、二〇〇〇年五月、三二五～三三六頁)。
(22)『京都日出新聞』一九一〇年(明治四三)一二月二七日、一面。
(23) 同右、一九一一年(明治四四)二月八日、一面。
(24) 同右、一九一三年(大正二)三月二四日、七面。セセッションとは、一九世紀末にドイツ・オーストリアに興った芸術運動で、過去の芸術様式からの分離をめざし、新しい創造を求めたもの。建築だけでなく、工芸・絵画など多方面に影響を与えた。ゼツェシオン。
(25)『京都日出新聞』一九一一年(明治四四)二月八日、一面。
(26) 同右。
(27)『京都日出新聞』一九一三年(大正二)三月二一日、七面。
(28) 同右、一九一一年(明治四四)二月二一日、一面。
(29) 前掲註(16)白木「近代における鴨川の景観についての一考察」、五頁。
(30)『京都日出新聞』一九一一年(明治四四)三月一七日、一面。および京都府『京都府誌下巻』(一九一五年)、二二一頁。
(31) 前掲註(16)松村『京の橋ものがたり』、一八七～一八八頁など。

(32) 吉田長裕「七条大橋――洋風鉄筋コンクリートアーチ橋がもたらしたもの――」(『土木学会誌』九四―九、二〇〇九年九月、三六～三七頁)。
(33) 黄俊銘「明治時期台湾総督府建築技師の年譜(一八九五～一九一二)――日拠時代台湾における日本人建築家の活動に関する研究(一)――」(『日本建築学会大会学術講演梗概集』F、一九九三年、一五〇五～一五〇六頁)。
(34) 黄俊銘・村松伸「台湾」(『全調査東アジア近代の都市と建築』筑摩書房、一九九六年、四四六～四五五頁)。吉田智久「台湾における森山松之助の作品について」(『日本建築学会大会学術講演会梗概集』F、一九八八年、七九一～七九二頁)。
(35) 西澤泰彦『日本植民地建築論』(名古屋大学出版会、二〇〇八年)、二八〇頁。
(36) 同右書、二七四頁。
(37) 『日本土木史――大正元年～昭和一五年――』(土木学会、一九六五年)、七一〇頁。
(38) 前掲註(21)山根「明治末期における京都での鉄筋コンクリート橋」、三二七頁。
(39) 前掲註(33)黄「明治時期台湾総督府建築技師の年譜(一八九五～一九一二)」。
(40) 『京都日出新聞』一九一一年(明治四四)二月八日、一面。
(41) 柴田畦作「新設の京都四条及七条大橋」(『工学』一―二、一九一四年六月、一～八頁)。
(42) 『読売新聞』一九一三年(大正二)三月一八日、三面。
(43) 『京都日出新聞』一九一三年(大正二)三月二一日、七面。
(44) 前掲註(30)『京都府誌下巻』、二一八～二二三頁。
(45) 同右書、二一七頁。
(46) 『京都日出新聞』一九一一年(明治四四)七月九日、二面。
(47) 同右、一九一一年(明治四四)七月九日、二面。
(48) 前掲註(30)『京都府誌下巻』、二一七頁。
(49) 同右書、二一五～二一七頁。
(50) 『京都日出新聞』一九一二年(明治四五)三月二一日、一面。

(51)前掲註(30)『京都府誌下巻』、二二六頁。
(52)同右書、二二七頁。
(53)内務省土木試験所編『本邦道路橋輯覧』(道路改良会、一九四四年)。
(54)前掲註(30)『京都府誌下巻』、二二六～二二七頁。
(55)『京都日出新聞』一九一一年(明治四四)一一月二六日、二面。
(56)同右、一九一一年(明治四四)一二月一九日、三面。
(57)同右、一九一二年(明治四五)二月六日、二面。
(58)山根巖「明治末期における長崎での鉄筋コンクリート橋」(『土木史研究』一九、土木学会、一九九九年五月、二〇九～二二〇頁)。
(59)原田碧「山口県岩国錦川筋臥龍橋工事報告」(『工学会誌』四一四、一九一八年二月、七五～一〇四頁)。
(60)同右。
(61)前掲註(1)中川「明治期の都市改造事業における土木官吏の役割についての研究」。
(62)寺崎新策「日本一の長徑間を有する拱橋式山家橋に就て」(『工業之大日本』工業之大日本社、九―六、一九一二年六月、一〇～一二頁)。
(63)『京都日出新聞』一九一三年(大正二)三月二一日、七面。
(64)前掲註(2)中川「明治期の都市改造事業における都市住民の反応とその動向に関する研究」、二〇二四頁。
(65)清水重敦「松室重光と古社寺保存」(『日本建築学会計画系論文集』六一三、二〇〇七年三月、二二九～二三五頁)。
(66)『建築雑誌』日本建築学会、一五七号、一九〇〇年一月、二五頁。
(67)『京都日出新聞』一九一三年(大正二)三月一〇日、一面。
(68)中川理「東山をめぐる二つの価値観」(加藤哲弘・中川理・並木誠士編著『東山/京都風景論』淡交社、二〇〇六年、一五六～一七三頁)。
(69)前掲註(6)山口「戦前の六甲山における公園系統の計画と風景利用策に関する研究」。

京都の風致地区指定過程に重層する意図とその主体

中嶋節子

はじめに

一九一九年（大正八）施行の都市計画法による風致地区制度は、一九二六年に明治神宮外苑約二八ヘクタールが指定を受けたのを嚆矢とする。しかし、続く指定は四年後、一九三〇年（昭和五）の京都を待たねばならず、多くの都市において都市計画の始動時に優先的に進められた事項ではなかった。もちろん道路整備事業など喫緊の課題から着手されたことは当然のこととして首肯されるが、風致地区指定が遅れたのは優先順位だけがその理由ではない。風致地区制度それ自体の曖昧さが、要因になっていたと考えられる。

風致地区制度は都市計画法第一〇条第二項の「都市計画区域内ニ於テハ市街地建築物法ニ依ル地域及地区ノ外土地ノ状況ニ依リ必要ト認ムルトキハ風致又ハ風紀ノ維持ノ為特ニ地区ヲ指定スルコトヲ得」を根拠とする。「風致又ハ風紀ノ維持」とあることが注目されるが、地区名として「風紀」の文字は使われることなく、「風致地区」として定着した。法文では風致地区指定制度は謳うものの、「風致」が何を指すのかは具体的には示されない。内務省は風致地区の指定基準を示しているが、その内容は年代によって変化するなど、内務省自身も定義を明確化できていない。[1]

しかし、見方を変えれば解釈・運用は、各府県の裁量によるところが大きく、都市の独自性が反映されやすい制度といってよい。つまり、それぞれの都市の成り立ちや歴史、地形的・地理的特質などの固有性が、他の制度や事業と比較して、より重要なファクターとして働いたのが風致地区制度であったと考えられる。地区内の禁止・制限事項等の詳細は、「風致地区規則」によって府県が定めることができる点においても、中央集権の性格が指摘される都市計画法のなかで、地方権限の比較的大きい制度であったことを示す。

こうした風致地区制度の性格を振り返るとき、全国で二番目に指定された京都の風致地区は、都市的スケールの地区が設定された最初の事例として注目されるばかりではなく、都市の全体像のなかに風致地区を位置づけるための、風致地区に対する一定の解釈と実現への具体的方策をはじめて示した点において重要である。それは、京都という都市の固有性を近代都市計画に位置づける試みでもあった。また同時に、多くの都市で風致地区指定が進められる起点として、昭和初期の都市計画のあり様をめぐる多くの論点を含んでいることにも注意する必要があろう。

戦前の風致地区をめぐる論考は、概念や制度の変遷と展開、都市美協会や風致協会など運動体との関係を論じたものを中心に多くの蓄積がある。[2]また事例研究として、東京・京都・熊本など[3][4]風致地区指定の先進都市を取り上げたもの、城下町という都市類型と風致地区指定の関係を分析した論考などがあげられる。[5]

京都に関しては、都市景観保全の行政史としての通史的研究が充実するとともに、[6]公園整備、名勝保護、森林施業など接続する事項との関係から風致地区のあり様を捉えた論考が出されている。[7]既存研究によって、京都の風致地区指定の経緯についてはおおよそトレースされているといってよい。しかしながら、その多くが景観保全や古都保存の意義からの把握、あるいは接続する事項に軸足を置いた論考であり、風致地区そのものに内在する複数の意図と、京都の都市計画の全体性へとつながる回路を導き出すにはいたっていない。

風致地区指定の目的が景観保全、風致保護にあることは総論として了解されるが、その理解は指定に関与した主体ごとに偏差を抱えていた。そうした主体間の関係において方向性が決定され、妥協点が見出されていくプロセスに、京都の都市計画の基本的性格が潜んでいるように思われる。本稿では、風致地区指定にいたる過程と指定された場所を、関与した主体に留意しつつ検討することで、立場の違う主体が描いた都市像と風致地区に込められた意図との関係を読み解きたい。そこには近代都市計画を京都に適用する際のさまざまな思惑とその齟齬、そしてそれらを内包しながらも動いていく都市計画の現場が浮かび上がってくることが期待される。

一　指定の経緯と関与した人物

まず、風致地区指定の経緯を、関与した主体と人物を確認しながら簡単に振り返っておきたい。

そもそも京都における風致地区の構想は、一九二二年（大正一一）の都市計画区域設定時にすでに念頭にあったことが、大正期から昭和初期にかけて府の都市計画事務官を務めた関口勲によって指摘されている[8]。関口によると、京都では市街地周辺の広大な山地を含む二万三八五四・五一ヘクタールが都市計画区域とされるが、その目論見のひとつに風致地区指定があったという。確かに風致地区に指定できる場所は、都市計画法第一〇条第二項に「都市計画区域内」と明記されており、風致地区を指定するには想定される場所を都市計画区域にあらかじめ含む必要があった。

指定に向けての調査は、一九二三年（大正一二）頃にはじまり、二五年には現地調査を行っていたとされる[9]。作業の進捗は、一九二四年四月に開催された都市計画主任会議において、府が具体的な風致地区指定範囲を想定していたと思われる質問を、内務省に投げかけていることにも確認される[10]。

この調査は、府市土木系部局が主体となったが、関与した人物のうち、当時、京都市土木課長の永田兵三郎、大典記念京都植物園技師で都市計画京都地方委員会の嘱託を務めた野間守人が重要な役割を果たした[11]。

調査の成果を踏まえた指定案（以下、草案）がまとまり、内務大臣に上申されたのは一九二六年（大正一五）中のことであった[12]。草案の作成と上申が進められた時期の府知事は、初代内務省都市計画課長を務め、「都市計画法」「市街地建築物法」の起草者となった池田宏であったことは注意されてよい。府知事は、都市計画京都地方委員会委員長を兼務した。

なお、都市計画地方委員会の構成員は、「都市計画委員会官制」では、会長を地方長官が務め、委員は都市計画法第二条の規定によって指定された市の市長、関係各庁の高等官一〇人以内、指定された市の市会議員（市会議員定員数の六分の一以内）、関係府県会議員三人以内、指定された市の吏員二人以内、学識経験者一〇人以内とされる[13]。一九二六年九月現在の都市計画京都地方委員会委員は、京都市長、関係各庁の高等官として内務技師・宮内事務官・大阪税務監査局長・京都帝国大学書記官・鉄道局長・陸軍歩兵大佐の六人、京都市会議員九人、京都府会議員三人、京都市の吏員として助役・土木局長の二人、学識経験者は京都帝国大学の工学・法学・医学を専門とする名誉教授、教授が六人、商工会議所会頭と商工関係者の二人であった[14]。多少の入れ替わりはあるものの、戦前期の都市計画京都地方委員会はこうした委員によって構成されていた。

上申された草案をめぐって、内務省と府との間で、地区の範囲、指定の形式、取締り内容などについて審議が重ねられ[15]、都市計画京都地方委員会に付議される指定案（以下、原案）がまとめられた。原案の初審議は、一九二九年（昭和四）一一月一一日開催の第一〇回都市計画京都地方委員会（以下、地方委員会）においてであった[16]。草案の提出から原案の審議まで約三年が経過していた。明治神宮風致地区の先例があるとはいえ、京都が構想した広範囲の指定はこれまでにない試みであり、特に慎重な審議が必要であったことが、時間を要した理由とされる[17]。また、この時期に指定に向けて動き始めた要因として、一九二九年七月から三一年一〇月まで府知事を務めた佐上信一の尽力が指摘されている[18]。

草案からの変更点、内務省との協議内容については詳らかではないが、原案では市街地を取り囲む山々を主体とし、それに接続する若干の土地と、平地では鴨川とその沿岸、岡崎公園、植物園といった公共地が示された[19]（図1）。初審議の地方委員会にはオブザーバーとして、内務省から鈴木敬一都市計画課長、北村徳太郎技官が同席している[20]。

地方委員会では、主に指定場所をめぐる質疑があり、特に平地の社寺や高瀬川が含まれていないことを問題としてあげた竹内嘉作委員（京都市議・民政党）によって、指定地区の調査と審議を行う特別調査委員会の設置が提案され了承される[21]。特別調査委員会は、府部長三名、市助役一名、学者四名、府会議員三名、市会議員九名、京都日出新聞社社長一名の二一名から構成され、田島錦治（京都帝国大学教授・法学）が互選委員長を務めた[22]。特別調査委員会は一九二九年（昭和四）一二月六・七日に現地踏査を行い、同一四日の特別調査委員会で追加の希望修正案を決定している[23]。追加が希望された場所は、平安神宮、大徳寺、相国寺、北野天満宮、平野神社、梨木神社、下鴨神社をはじめとする平地に立地する主要な社寺と、疏水の蹴上から武徳殿のカーブまで、平安神宮前から智恩院にいたる神宮道、大堰《おおい》川の渡月橋から下流部の竹藪、大沢池とその周囲などであった。

翌一五日には、関口が東上し、追加希望修正案について鈴木内務省都市計画課長と協議を行っている[24]。しかし、内務省は追加要請の一部を承諾するものの、大がかりな修正は認めず、次回以降に見送る意向を示した[25]。追加が認められたのは、平安神宮、武徳殿、疏水の一部、下鴨神社境内、妙法院、智積院、恩賜京都博物館、豊国神社、三十三間堂、嵐山の一部などであった[26]。ここにいたる経緯と結果は、一九二九年一二月二一日の第一一回都市計画京都地方委員会において報告され、原案に内務省の承認分を追加した第一次指定案が決議された。風致地区指

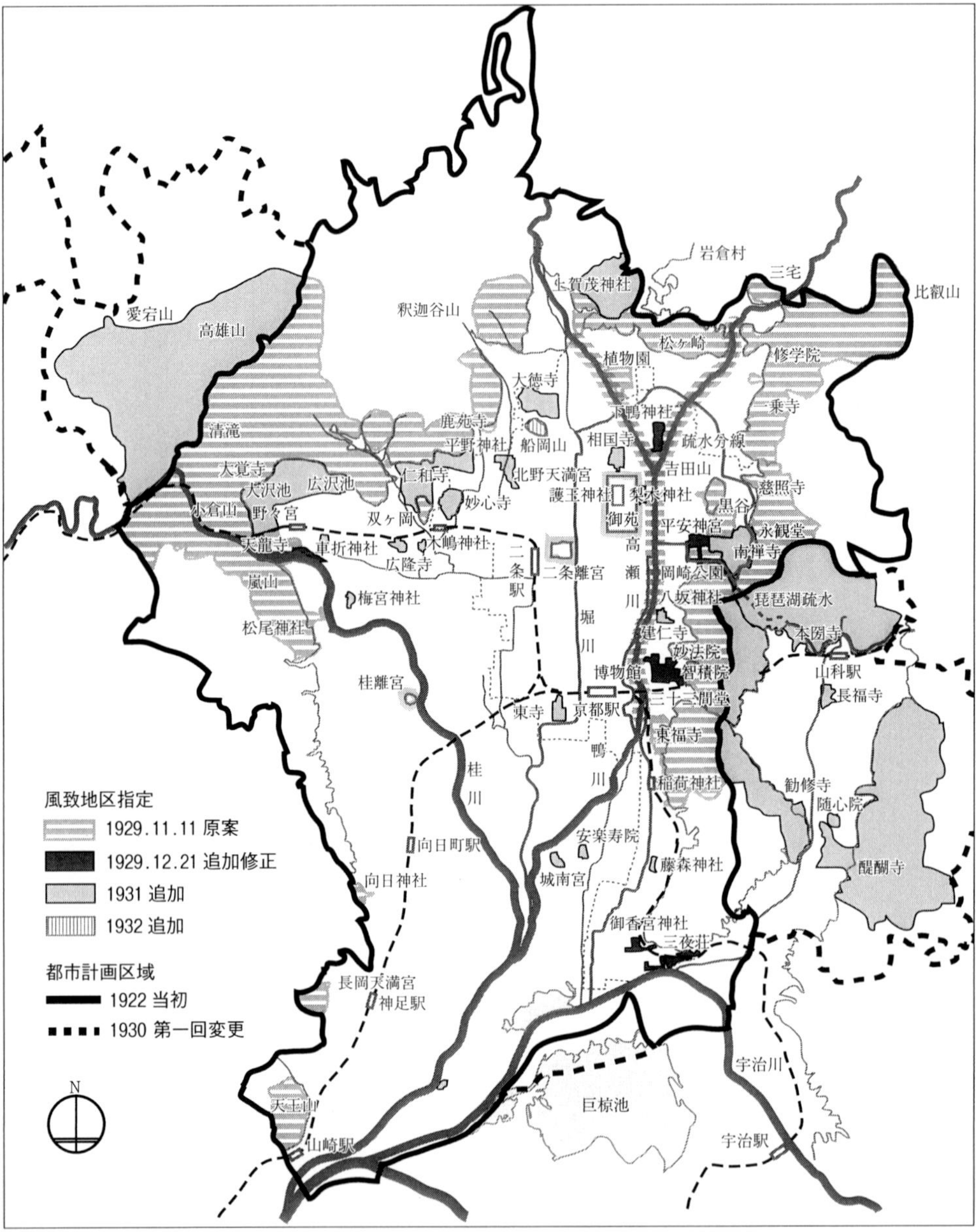

図１　風致地区指定位置図

定の公示は翌三〇年二月一日であった。

第二次指定案は、一九三一年（昭和六）六月一八日の第一五回都市計画京都地方委員会に付議された[27]。提示されたのは、第一次指定時に特別調査委員会が追加希望したものの第一次指定に含まれなかった社寺と、南禅寺、永観堂を含む岡崎一帯、御室《おむろ》仁和寺から双ケ岡《ならびがおか》麓にかけての一帯、野々宮周辺の平地、御苑・御料地・離宮の周辺地、山科町・醍醐村をはじめ愛宕山や高雄の山地部など第一次指定以降新しく都市計画区域に編入された場所であった。地方委員会では、風致地区指定の効果をめぐって質問や意見が出たものの、指定案については問題なく承認され、同七月一四日に公告された。

第三次指定は、京都初の都市計画公園・船岡山公園の事業決定に際し、船岡山周辺地域を風致地区とするもので、一九三二年（昭和七）一一月一一日の第一三回都市計画京都地方委員会において承認され、同一二月二日に公告されている。

こうして一九三〇年（昭和五）以来、三回にわたって指定された風致地区は、第一次の三五一三・三八ヘクタール、第二次の四四八二・六四ヘクタール、第三次の二ヘクタールを合わせて、七九九八・〇二ヘクタールにも及ぶ広大な面積となった。これは当時の市域面積の二七％に当たり、その八二・五％を山地が占めるという内容であった。

二　「公園都市」を目指した自然環境の面的保全――草案作成における京都側の意図――

名勝旧跡が点在する山地の保全は、明治期からすでに京都の都市整備方針として掲げられていた[28]。それは、名勝旧跡に接続する山地を含む周辺域を「公園」として保全しようとするもので、とりわけ東山については北垣国道知事、内貴甚三郎市長によって広域での公園化の意志が強く示されていた。大正期以降の都市計画は、こうした明治期の公園化構想を背景とするものであり、具体的には山地を大きく取り込んだ都市計画区域の設定、そして風致地区指定へとつながっていく。

都市計画区域設定理由書には、山地を含んだ理由を「京都ノ特色タル風光ハ主トシテ、是等山地ニ依リ発揮セラレ、名勝旧蹟亦此ノ裡ニ存在スルモノ多キヲ以テ」という点とともに、「公園都市タルノ特徴ヲ益々発揮セシムルノ施設ヲ為スノ緊要ナル」ことにあるとする。[29] これは、公園化構想を都市的スケールへと拡大した「公園都市」像を提示することで、山地を都市計画の対象として位置づけたものと理解される。

ただ、市街地を取り巻く山々の扱いが、都市計画の枠組みのなかで議論されるようになったことは、市街地を含む都市の全体性へのまなざしや、都市計画諸制度間の役割分担・整合性への配慮といった点において、名勝地とその周辺域の整備を主目的としたそれ以前の公園化構想とは異なる視点から山が捉えられていくことを意味した。

「公園都市」を目指す都市計画のなかで、京都はどのような役割を風致地区制度に期待したのか。都市計画京都地方委員会嘱託として風致地区調査に携わった野間守人は、草案作成に向けて、一九二三年（大正一二）から以下の三項目に該当する場所を、風致地区の「根本策」として調査したとする。[30]

（一）風致の最も破壊され易いと思わるる山地部

（イ）平地に近く且つ中央に近き所（例、東山、吉田山、北山等）

（ロ）平地に近く交通機関の便利なる所（例、天王山、長岡等）

（ハ）交通機関の発展に伴ひて観賞客著るしく売店及別荘の新設盛んならんとする所（例、比叡山、嵐山等）

（二）風致上最も考慮を要すると認むる平地部（例、加茂川及び疏水沿岸地）

（三）樹叢及び苑地を有する社寺境内並に其の参道（例、新日吉神社、岡崎神社、仁和寺等）

野間があげた調査地をみると、史跡名勝や社寺などの個々の場所はあまり意識されず、山地と河川、樹林・苑池といった自然環境に主眼がおかれていることが指摘できる。

一九一九年（大正八）に内務省は「風致地区指定基準」を提示していた[31]。この基準に示された対象地は、市街化が見込めない土地、また逆にすぐれた風致のため土地利用が進む可能性のある土地、地方古来の名勝地や遊覧地、歴史的意義のある場所であった。土地利用と史跡名勝に注意が払われるものの、樹林や河川といった自然環境を直接指す項目はみられない。内務省の基準は、京都でも調査や草案作成にあたって、当然、参照されたと考えられる。にもかかわらず京都では、自然環境を主な対象とする方針が打ち出されたことは注目される。「根本策」からは、草案作成段階において府市担当部局は、都市計画区域全域の面的コントロールを目指すなかで、自然環境を主体とする土地の保全を担う制度として、風致地区制度の運用を画策していたことが読み取れる。一九二四年（大正一三）四月の都市計画主任会議において府は内務省に対し、「都市計画区域内にして市街地建物法による地域指定区域以外に亘り風致地区を指定し得るや」との質問をしている[32]。この質問からも、市街地建築物法の規制に馴染まない場所、つまり山地部や河川、樹林地を風致地区とする目論見があったことが示唆される。

遡って考えると、農学の専門家である野間の起用も、その証左となろう。都市計画京都地方委員会委員には、土木や建築・法学・医学の学識者はいたが、農学の専門家は含まれない。また、調査や草案の作成を担当した府市土木系部局には、農学系技術者はまだ採用されていない時期であった[33]。自然環境、とりわけ山地や樹林などの調査にあたって、農学の専門家が必要となり、当時、府の大典記念京都植物園技師であった野間が呼ばれた可能性が推測される。野間は、草案作成時から一九三二年（昭和七）の第三次指定にいたるまで、嘱託の職にあって風致地区指定の過程を見届けており、また、原案審議以前から雑誌論文などで京都の風致地区について言及するなど、深く関与したことは間違いない[34]。

なお、風致地区以外の場所の扱いについては、草案作成時の府知事・池田宏は次のように考えていた。(35)

市街地建築物法ニ認ムル美観地区ヲ設定シ鴨東ニ両加茂ヲ含ム区域、船岡山、金閣衣笠山ヨリ妙心寺、仁和寺、双ケ岡即チ花園村ニ属スル地域ヲ調査ノ上適当除外スルノ切要ナル事ヲ認ム

池田の意見は、市街化が予測される平地部は、広く美観地区を設定することで保全を図るのが望ましいとの内容である。これは草案が内務大臣に上申された時期とほぼ重なる一九二六年（大正一五）九月頃に示されている。池田の府知事在任は、一九二四年一二月から二六年九月末までの二年弱の短い期間であったが、この時期に京都では、土地区画整理など都市計画の主要事業が始動しており、都市計画専門官僚であった池田の影響が示唆される。風致地区指定草案の内務大臣への上申もまたそのひとつにあげられる。府市担当部局の意図は把握できていないが、池田が草案の決定に関与し、その内容を把握していたことを考えると、少なくとも池田は、自然環境は風致地区として保全し、市街化が見込まれる場所は美観地区として制御することを想定していた可能性が指摘できる。都市計画区域全域のデザインのなかで、風致地区と美観地区が構想されていたことは注目される。

三　眺望可能な山地と最小限の平地の指定――原案に盛り込まれた内務省の意図――

草案の提出から三年をかけてまとめられた原案は、京都側の目論見に内務省側の意向を少なからず反映させたものとして理解される。それは、都市計画審議の通常のプロセスとしても了解されるが、さらに原案が初審議された一九二九年（昭和四）の第一〇回都市計画京都地方委員会に、内務省担当官がオブザーバーとして出席していること、また、特別調査委員会が提出した追加案についてすぐさま内務省と協議し、内務省の意見に従っていることなどにもうかがえる。内務省担当技官の北村徳太郎は、都市計画の揺籃期に公園計画、緑地計画の基礎を築き、生涯にわたって公園緑地の分野に大きな影響力をもった人物であった。京都の風致地区指定は、北村の風

致地区についての理論構築が進められていた時期と一致し、京都の風致地区における北村の関与は注視される。

原案において風致地区候補地とされたのは、そのほとんどが市街地を取り囲む山地で、平地については鴨川沿岸と岡崎公園、植物園などわずかであった。あくまで山地を対象とする姿勢は、地方委員会での答弁にも明確に示される。京都府事務官の関口勲は「上鴨神社ハ山ニ直接シテ居リマスカラ入レマシタガ下鴨神社ハ大体平地ノ方ニアリマスノデ之ハ入レマセヌデシタ」、「平安神宮モ同ジヤウナ関係デ」入れなかったと説明している。(36) つまり、社寺境内も山地と不可分の立地にあるもの以外は除外されたのである。たとえば南禅寺や永観堂、仁和寺など、山地に近接する寺院も含まれていないことから、境内地と山地との切り分けが徹底されたと考えられる。陵墓や離宮についても山地に位置するもの以外は含まれない。

さらに山地も、関口の説明では「京都市ノ風致ノ背景ヲ成シテ居ル山の部分」に限られた。この「背景ヲ成シテ居ル山の部分」とは、市街地から眺望できる山地部と同義であったと考えられる。一九二七年（昭和二）に、「大体京都市を中心点として望見可能の樹林帯を地区の範囲に採り入れ、これに主要なる平坦勝地を配することが地区決定の方針であるらしい」との指摘があり、草案作成時には確認されないものの、この時点で眺望可能であることが指定方針となっていたことが示唆される。(37) 北村は、同じ二七年に風致地区の指定要件として「眺望されざる若は踏入不可能なる箇所は除くこと」との見解を示しており、北村の意向とも合致する。(38)

眺望の対象となる山地については、その所有者にかかわらず地区に包含している点も注目される。たとえば、原案に修学院離宮といくつかの陵墓が含まれていることについて、都市計画京都地方委員会委員である宮内事務官・鹿児島虎雄は、地方委員会の席で、宮内省の土地に対する除外規定はあるのかとの主旨の質問をしている。(39) 鹿児島の発言からは、事前に宮内省と協議が行われた可能性は低いと判断され、山地は所有者にかかわらず、眺望できる範囲の面的な指定が優先されたことがわかる。なお、指定地と所有者との関係について北村は、「指定地は所有者関係に左右されない、従つて国公有地にも当然期待し得る」としており、ここにも北村の見解との共通点を見出すことができる。(40) 望見可能かどうかを地区指定の判断基準とする方針は、内務省との協議の過程で明確化されたものと推測される。

明確な方針が読み取れる山地に対し、平地の指定については極めて消極的といってよい。社寺は先に述べたとおりであるが、御苑、二条離宮、桂離宮やその周辺も含まれていない。指定候補地を見ると、鴨川の両岸に民有地がある以外は、岡崎公園や植物園など公有地のみとなっている。内務省は私権への介入に対する反対を非常に危惧しており、平地部についてはまず、最小面積を指定して様子をみるといった雰囲気がうかがえる。(41) 地方委員会における関口の説明も、その点において特に慎重であった。ただ、内務省としては、平地の風致地区指定に否定的であったわけでなく、要望があれば風致地区を拡大することに問題はないと考えていた。(42)

鴨川については、平地かつ市街化が進んだ場所も含んでいたが、風致上の重要性から、河川敷と両岸二〇メートルの範囲が風致地区として示された。両側を指定することについても北村は、「道路沿ひ又は沿岸敷地を指定する場合は片側のみならず可成両側に及ぶこと」としていた。(43) また当時、すでに眺望対象のみならず視点場の保全の必要性も指摘されており、鴨川の指定については、東山の視点場としての認識があった可能性も考えられる。(44)

先述したように、内務省は一九一九年(大正八)に「風致地区指定基準」を示していた。その後、一九二七年(昭和二)にも内務省指示『都市計画区域調査資料　第七風致景勝地図』によって、改めて指示基準を提示している。(45) 二七年の指示は、一九年とほぼ同内容といってよい。京都の風致地区原案は、内務省との調整を経たにも関わらず、一九年、二七年に示された内務省基準に、必ずしも当てはまるものではなかった。これらの内務省基準には、京都で重視された眺望や自然環境は示されていない。

京都の原案は、はじめての正式な指定基準として一九三三年(昭和八)に内務省が提示した内務次官通牒『風致地区決定基準』の内容と一致する。三三年の基準は、(一)季節に応じた各種風景地、(二)眺望地、(三)樹木に富む、(四)公開慰楽地(林間・社寺苑・水辺・公園)、(五)郷土的意義・史的意義、とされた。以前の基準に比べ、土地利用への意識が薄れ、眺望や自然環境へと大きくシフトしていることが注目される。この時期、一九三一年の国立公園法の施行も影響して、風景地への関心が大衆的な高まりを見せていた。こうした風景や自然環境へのまなざしの登場を、風致地区基準の変化の背景に読み取ることができる。京都の風致地区は、一九二七年の基準から三三年の基準へと内務省が大きく舵を切る過渡期に指定されており、結果的に基準変更を先取りするものとなった。内務省にとっては、京都での経験が基準変更のステップになったとも考えられる。

四　平地の社寺の追加――市会選出委員の期待――

当時、史蹟名勝天然紀念物保存法を補完するものとして、また、社寺境内周辺域の風致を維持するものとしての風致地区制度の役割が指摘されていた(46)。にもかかわらず、原案は社寺や史跡名勝地そのものを保全する意図が希薄な内容であった。そのことに対する疑問と不満から提案されたのが、特別調査委員会の設置であったと理解される。

第一〇回都市計画京都地方委員会において特別調査委員会設置の動議を出した竹内嘉作は、下鴨神社や平安神宮、高瀬川が含まれない理由を質問しており、平安神宮については「吾々市民トシテ最モ風致ヲヤカマシク言ウテ居ル平安神宮ガ入ツテ居ラヌデ岡崎公園ガ入ツテ居ル」と疑問を呈している(47)。高瀬川については、一九一九年(大正八)に都市計画事業として高瀬川を埋め立てる木屋町線拡張案が提示され、それに反対する意見として風致の保存が訴えられていた。またその後、市電木屋町線が一九二七年(昭和二)に廃線となることを受けて、風致地帯として整備する案も浮上していた(48)。高瀬川の風致保存がさまざま話題となっていたことが、質問の背景にあった。

竹内の質問に対して関口は、平安神宮は神社なのですぐに風致が乱れる恐れは少ないとし、高瀬川は風致地区に入れるべき風致はなく、沿岸が建て詰まっているので規制も難しいと答えている。この答弁からは、風致地区制度に社寺や史跡名勝地の保存を期待していた竹内に対し、事務局側は、眺望の保全など都市的スケールの風致地区を目指すとともに、制度運用の現場を想定した現実的な判断をしていたことがわかる。そもそも両者の風致地区をめぐる理解には齟齬があった。

特別調査委員会では、竹内を含む九名の市会選出委員から平地に立地する社寺の追加案が提出された。これに対し府会選出委員は、「市内における風致地区指定は実際問題として実現不可能であるとの見解」を有していたと新聞には報道されている(49)。特別調査委員会として追加案は決議されたものの、委員間には温度差があったことは注意すべきであろう。市議からの追加の要望はこの後も見られ、地区指定に反映されている(50)。

特別調査委員会の追加案を受けて、最終的に第一次、第二次の指定で平地に立地する社寺を含む風致地区が決定されるが、それはひとつの風致地区イメージとして像を結ぶものではなく、原案が目指した風致地区のあり様と市会選出委員の風致地区への期待を併存させたものとして理解しなければならない。

五　社寺・史跡名勝の関係者の不在

社寺や史跡名勝地の風致地区指定が優先的に進められなかった要因に、都市計画における社寺関係者や史跡名勝の専門家の不在があげられる。都市計画を主管したのは府市土木系部局であり、都市計画京都地方委員会委員にも市区改正委員会時代から、社寺課の吏員や史学・考古学の学識者は含まれていなかった。さらに、委員会間の関係をみても、一九二九年（昭和四）の名簿で確認する限り、府史蹟勝地保存委員会と都市計画京都地方委員会は、警察部長・田口易之、府土木部長・村山喜一郎、市助役・安川和三郎、土木庶務課長・関口勲の四名以外、重複は見られない。こうした人員構成から風致地区指定草案、原案の作成において、社寺課吏員や史学・考古学の学識者が直接関わる機会はなかったと考えられる。

風致地区に限らず都市計画全般に、社寺や史跡名勝との連携が取れていないとの指摘はかねてからあった。都市経営の視点から都市計画を捉えていた府知事からは、人員の配置を含め、連携の必要性が指摘されていた。一九二六年（大正一五）に池田宏知事は、次の濱田恒之助知事への引継演説書のなかで、京都のような社寺や史跡名勝古墳などが多数存在する都市においては、「都市計画委員ニ史学・考古学専攻ノ学者竝ニ社寺関係官吏ヲ入ルルコト」を要望として残している[51]。池田は、史跡名勝や社寺の保存に熱心であったことで知られ、京都府知事時代には、史跡名勝天然記念物調査の強化、寺院建築の古来の形式での保存、社寺課の増員を要求している[52]。また、都市計画をめぐっては、風致地区や美観地区が史跡名勝地や社寺の保全をバックアップすることを期待していた。

風致地区指定を押し進めた佐上信一知事も、社会教育の手段として史跡名勝の顕彰と天然記念物の保存を重視していた人物であった[53]。一九二四年（大正一三）五月から約一年半、内務省神社局長の職にあった際に、帝都復興事業の小公園設置に関係した経験が、社寺の保存を地方自治との関係から捉えるきっかけになったという[54]。佐上の意識は、特別調査委員会から提出された平地の社寺の追加案に対して、差支えはないと肯定的な態度を示していることにもうかがえる[55]。さらに、風致地区指定の動きと並行して、「京都保勝協会」の設立準備をしていたことも、佐上の史跡名勝保存への志向を示すものである。

しかし、都市計画担当部局は、社寺や史跡名勝などの学識者や所管部局との連携には積極的ではなかったようで、池田知事の引き継ぎ書に示されたにもかかわらず、都市計画京都地方委員会への社寺関係吏員、史学・考古学の学識者の参加は、その後も実現していない。こうした担当部局の専門性や都市計画京都地方委員会の構成員の属性に、そこで決定される都市計画の方向性が左右されたことは否定できない。

六　開発・利用を前提とした風致保存——工学系技術者の風致地区——

風致地区の調査から草案作成、原案の調整などを担当したのは、府市土木系部局であった。都市計画全体を主管する彼らにとって、風致地区もまた都市計画制度のひとつであり、風致保存と開発をともなう都市整備事業とは、都市計画の全体性において矛盾するものではなかった。彼らの抱いていた風致地区のイメージは、風致の利用や開発を拒まない、むしろ積極的に風致にアプローチすることを前提とするものであった。

山地や鴨川の開発・利用を積極的に押し進めるべきとの考えを強く主張した人物に、永田兵三郎がいる。[56] 永田は、京都帝国大学理工学科大学土木学科卒業後、土木系技術者として京都の都市計画に長く関わり、京都を去る一九二八年（昭和三）には土木局長兼電気局長にまでのぼりつめている。

都市計画区域決定の半年前に永田は、山や川といった自然に恵まれた京都においては、「此特有の長所を土台として是れを助成し、利用するの計画を立てねばならぬ」と、保全と利用の計画が必要であることをすでに指摘していた。[57] こうした考えはその後、東山や鴨川をめぐって、より具体的なアイデアとして示される。東山については、「眺める山を眺める山としておいて、更に上る山として利用する事に何程の不都合があらうか、否寧ろ、そうすることが東山をして、より一層東山たらしむる方法ではないか」とし、その方法としてトンネルやケーブルカー、エレベーターなどの設置を提案している。[58] また、鴨川については、両岸に空地を維持することが、景観上、防災上、重要であることを説き、さらに水質を改善してプールを設置することで市民の利用をはかることを検討すべきとする。[59] 東山と鴨川についてのこうした意見は、風致地区原案をめぐって内務省と協議が進められていた一九二七年（昭和二）に発表されている。

永田の言説は、風致の利用を先鋭的に押し出したものであるが、保全と利用を両立する考えは、風致地区のイメージとして都市計画に関わった技術者たちに共有されていたと考えられる。永田は、一九二三年（大正一二）頃からはじまる風致地区指定にむけての調査にもかかわっており、風致地区の草案を内務省に提出した二六年には、都市計画京都地方委員会の臨時委員にもなっていた(60)。都市計画を掌握した部局の中枢にあって、永田の影響力は大きかったと考えられる。

開発・利用を念頭においた保全の考え方は、草案作成にあたって風致地区指定候補地とされたのが、今後、利用のための整備が期待できる山地や鴨川などであったことにも読み取れる。そもそも風致地区は、都市計画の「施設」として認識されていた(61)。「施設」と位置づけることで、そこには人の手が入る契機が生まれてくる。また、風致地区に指定された場所であっても、森林法や史蹟名勝天然紀念物保存法など他法によって取り締まりがはかられているものについては、他法の判断に依拠するとされたが、こうした他法と整合性をはかりつつ大きく網をかける方針も、保存よりむしろそれらを含む地域の整備を目指す風致地区の性格を物語るものといえよう(62)。都市計画公園や遊覧道路の計画と連動して風致地区指定を行う方針も、開発と保全が一体のものとして捉えられていたことを示している。第三次指定の船岡山一帯は都市公園設置にともなうものであった。

こうした開発と保全のイメージは、第一五回都市計画京都地方委員会における佐上の発言によく表れている(63)。

道路ノ如キモ其構造如何ニ依ツテハ何等風致ヲ損スルコトナシニ実行シ得ルコト、私ハ考エマス、例ヘバ最近貴船神社ノ本社カラ奥宮へ行ク十数町ノ所ニ自動車道路ヲ造リマシタ、之ニハ道路ノ石垣ニ其地方ノ天然ノ石ヲ使ツテ、石ト石トノ間ニハコンクリートヲ詰メルコトヲヤメテ、コンクリートハ中ニ入レテ、砂ヲ詰メ、其処ニ草ノ実ヤ木ノ実ヲ入レテ、同時ニ道路ニ在ル大キナ石ヤ大キナ樹木ハ其儘ニシテ自動車ガ徐行スルヤウニシテ、天然ノ美ヲ尊重シナガラ交通ノ用ニ供スルト云フコトニ致シマシタ、出来テマダソウ間モアリマセヌガ、アノ地方ハ水ガ多イノデ、道路ハ全ク自然ノ状況ト同化シテ、新タニ道路ヲ造ツタ気持ガシナイヤウニナツテ居リマス、比較的此計画ハ成功シタト思ヒマス

これは風致地区内の道路整備の必要性を指摘する委員の発言に対する答弁である。佐上信一は法科出身の内務官僚であったが、土木行政・土木事業に熱心であったことで知られる。とりわけ道路に関しては、内務省土木局道路課長時代の一九一九年（大正八）に道路法を施行させた実績をもち、法制面のみならず技術面においても詳しかった。佐上は行政官でありながら、知識や経験において土木技術者に近い感覚も備えていた。風致を破壊しない道路敷設の技術的可能性を説いた佐上の発言は、土木技術者よりの視点に立つものといえよう。

もちろん、風致の利用は土木系技術者のみの意見ではなく、観光や地域振興と関係して経済界や市民からもその必要性は訴えられていた。そうした風致をめぐる世論のなかで、土木系技術者たちは、風致保全と開発との問題は、技術によって解決できるという立場に立っていた。京都が風致地区指定へと動き出した昭和初期は、観光の流行にともない山地部の開発が集中的に進んだ時期であった。比叡山方面や嵐山、愛宕山方面へ向かう交通網の整備と観光施設の充実は、同時に風致破壊の問題も引き起こしていた[64]。こうした事情が山地部の風致地区指定を優先する方針が立てられた直接的な背景としてあったと考えられる。

一九三四年（昭和九）に府土木局が発行したパンフレット『風致地区について』には、次のように記される[65]。

風致維持のために自然を保存すると申しましても、徒に現状を墨守することではありません。（中略）之を要するに風致維持は単に一部風流人の懐古的・有閑的満足のための現状固執とは全然反対でありまして、全公共の現実生活の福利増進こそ唯一の根本的目的なのであります。

風致地区の目的を「現実生活の福利増進」とする考えにおいて、風致地区における利用のための整備・開発は

必要不可欠なものとなる。

七　公園の消極的施設から緑地計画へ——農学系技術者の風致地区——

京都の風致地区指定には、都市計画京都地方委員会委員の嘱託・野間守人と内務省担技師の北村徳太郎のふたりの農学系技術者がかかわっていた。農学系技術者として彼らは、風致地区を主に公園や緑地との関係から捉えていた点において、土木系技術者とは異なる考えを風致地区制度に対して抱いていた。

都市計画京都地方委員会職員名簿に記された野間の肩書きは、「公園及風致地区ニ関スル調査嘱託」とされ、風致地区とともに公園に関する調査も依頼されていたことがわかる。(66) 野間は、一九一七年（大正六）に東京帝国大学農科大学農学科を卒業し、東京府立園芸学校、京都府立農林学校で教鞭をとったのち、大典記念京都植物園の技師に着任している。そもそも野間は、東京時代に本多静六のもとで各地の公園調査を行い、その後も都市公園に関する論文や著書を発表するなど、公園を専門として活躍した人物であった。一九三四年（昭和九）に名古屋市へ転出した際には、狩野力の後任として土木部公園課長の職に就き、石川栄耀や狩野らが作成した公園計画を引き継いでいる。

野間が公園に関してどのような調査を進めていたかは不明であるが、地方委員会での原案審議以前の一九二九年（昭和四）四月に、公園や緑地確保の手法として、「消極的施設としては所謂風致地区の指定に依りて成る可く現存の樹林地、堤塘緑樹帯、社寺境内地附近の破壊損傷せらるゝを防ぎ、又た夫等が突飛なる高層建築、標旗、標燈、或は広告物等に依りて遮断せらるゝなく、都市生活者をして生々たる植物の親和に努めしめ、其の観賞に趣味を有せしむる様に誘導する事が肝要である」との考えを示していた。(67) 消極的な施設としつつも、風致地区に公園や緑地の役割を重ね、さらにそれらの眺望阻害を食い止める効果を期待している点が注目される。文章が書かれた時期を考えると、その内容は京都の風致地区を念頭においたものであったと理解される。

野間と同様の見解は、一九二七年（昭和二）にすでに北村が示していた。北村は、風致地区について述べるなかで、「風致自体の目的であって公園敷地留保なることを必ずしも目的とするものでないが邦人特有の観賞眼逍遥の快適を満足せしむるには風致地区の設定を以て効果を挙ぐることを得る」とする。[68] 北村も野間も、風致地区を公園の代用とすることは、望ましい姿ではないと考えていたが、公園設置が難しい場合には消極的には是とするという点において共通していた。

こうした意見の一方、樹林地を公園として積極的に評価する学者もいた。国立公園制度を日本にもたらした田村剛は、「海外の都市では、その附近に森林が散在して、立派に公園として取扱はれ、又そのまゝに公園の代用をつとめているものが頗る多い。日本にこの種のものの少ないのは何故であらうか。東京にも大阪にも名古屋にも、それがない。たゞ京都には東山と嵐山とがある」と、東山と嵐山を「森林公園」の代表として例示する。[69] 同様の考えは、小寺駿吉など風景計画に携わった農学系研究者からも指摘されている。[70] 同じ農学の専門家であっても、都市公園設置を推進する立場と自然風景の保全計画を扱う立場では、都市における既存の自然環境に対する評価が異なっていたことがわかる。

都市計画の進捗を他都市と比較すると、東京・大阪・名古屋では公園計画が風致地区指定に先行したのに対し、京都では風致地区指定が優先される一方、都市計画公園の設置は著しく遅れた。一九二四年（大正一三）四月に開催された都市計画主任会議において京都府は、「公園計画実現促進の方法」として、「都市計画区域内外に於ける天然林野を利用すること」「公園に適し地価低廉なる林野を広く公園候補地として予め買収し置くこと」の二項目の意見を提出している。[71] この内容からは、京都では都市計画策定の初期段階から、既存の樹林地を公園として利用することが目論まれていたことがわかる。風致地区指定が先行した理由は、公園計画との関係にも求められる。

野間は一九三〇年（昭和五）に、「処が近時公園を都市内に新設する事は、地価の騰貴、建物稠密等の為めに経済上の点から困難であり、また一方技術の上から見ても風致的な公園を作る事は煤煙等の為めに到底望まれなくなつた」と、公園を新設することが難しい事情をあげ、その代わりに都市近郊の天然林野に公園的な施設を整備するものが増えてきたことを指摘する。(72) 評価は分かれるものの、京都においては、公園としての役割もまた風致地区に期待されたことは確かである。

北村はさらに、風致地区と緑地計画との関係についても言及している。風致地区について一九二七年（昭和二）に、「本邦都市計画上緑地問題解決の唯一の法律根拠と看做すも過言ではない」との見方から、「我が国都市計画技術上緑地計画樹立は之を、第一、緑地計画案の樹立（予備計画）／第二、風致地区指定地の選定と確立（告示）／第三、緑地計画の確立（告示）の順序に樹つるを賢明とする」と、風致地区指定を核に緑地計画を樹立する考えを示している。(73) その後北村は、一九三二年（昭和七）に東京緑地協議会を発足、三九年に東京緑地計画を完成させるが、緑地計画へと向かう初期の段階において、風致地区をより所に緑地計画への展開を考えていたことが確認される。

京都の風致地区指定が、緑地計画まで視野を広げたものであったかは明らかではないが、担当官の北村にはすでに、緑地計画を見越した構想があったことは注目される。北村の緑地計画への志向と、京都の風致地区の内容は矛盾するものではなかった。やがて京都でも、風致地区を含む広域を緑地帯として保全する動きがはじまる。一九三三年（昭和八）七月に、京都府・市、滋賀県、奈良県が連携して「観光道路並に緑地帯計画協議会」が開催されるが、この協議会の発足は観光施設の充実のみならず、京都の緑地計画の契機となるものと位置づけられていた。(74) さらに一九三六年には近畿地方計画において、緑地保存地域として京都市街地周辺の山地が指定されて

いる。(75)

風致地区は、農学系技術者や研究者からは、公園整備の手法のひとつとして理解され、やがて広域的な緑地保全へと広がる視野のなかで捉えられていったといえる。

おわりに

戦前期における京都の風致地区は、一九三〇年（昭和五）の第一次指定、三一年の第二次指定、三二年の第三次指定をもって一段落した。最終的に、市街地を取り巻く山々と鴨川、主要な社寺境内地とその周辺、宮内省管理地の周辺域が指定されたことになるが、そこにいたる過程では、指定に関わる各主体間の風致地区の理解をめぐる齟齬が露呈しつつも、齟齬を齟齬として置いたまま成案へと向かう動きが観察された。そこには、曖昧で多義的な風致地区をめぐる解釈や議論が出尽くしているといってよい。

風致地区指定過程における最も大きな齟齬は、原案に社寺や史蹟名勝の保存をバックアップする役割が示されなかったことに対する、市会選出委員の反応によって表面化する。その要因を本稿では、立案における土木系技術者の主導と農学系技術者の関与、対する社寺関係者、史跡名勝の専門家の不在を軸に論じた。風致地区を都市計画施設として捉え、開発をともなう風致の利用を前提とした土木系技術者にとって、指定すべき場所は開発が見込まれる山地や鴨川であり、公園整備や風景計画、緑地計画を風致地区に期待した農学系技術者にとっては、樹林地としての山地であった。もちろん、技術者が社寺や史跡名勝を軽視していたわけではないことは、山地を風致地区に指定する理由として「山麓ニハ陵墓及社寺旧蹟多ク存在ス」と認識していたことからも明らかである。また、実際に追加指定を認めている。ただ、技術者たちの目指した風致地区は違っていた。

それは、風致地区指定が進められた昭和初期という時代の、都市景観をめぐる技術者の意識変化を映し出すものでもあった。大正末期から昭和初期にかけて都市美の概念が導入され、都市と自然景観とは有機的に結びつくべきであるとの考えが台頭する。そこでは、自然はただ保存するのではなく、積極的にコントロールすることで、好ましい姿に変えていくべきとする発想が生まれる。つまり、技術をもって風致にアプローチすることが、風致保存のあるべき姿と考えられたのである。

こうした考えは、土木学・建築学・林学・造園学などの分野から都市に関わる技術者たちに広く共有されていった。田村剛は、「都市と自然とをよく調和せしめることは、都市計画の技術上最も重要な根本義である」とし(76)、建築家として都市にアプローチした片岡安は、「風致の保存には唯天然のままにそれを維持し、環境の美化に利用する如き消極的の手段に止まらず更に一歩を進めて積極的に其改善に努力するの要がある」と指摘する(77)。具体的な動きとして京都では、森林の風致施業といった形で、一九二九年頃から顕在化していった(78)。

市会選出委員が期待した風致地区制度は、明治以来の史跡名勝地保存や名勝地周辺地域の公園化構想の延長上にあるのに対し、技術者たちが目指したのは、昭和初期の都市美運動の隆盛を背景とする都市計画としての面的な自然環境保全であった。さらにそこに、「眺望」という明快な保全基準を得たことで、専門を越えて技術者間で共有される風致地区のイメージが定まったとえる。つまり、眺望を保全するという枠組みにある限り、保全行為はもちろんのこと、開発や利用もまた否定されるべき行為ではないという理解である。その先は、むしろ手を加えることによって望ましい眺望を得ることができるという発想へとつながっていく。一九三三年（昭和八）以降、風致委員会によって、場所に応じたきめ細かい規制が定められるが、それらは「眺望」を重視した内容となっていることは注目されてよい(79)。

風致地区に重層する意図と成立にいたるプロセスを振り返るとき、京都における風致地区は、近代都市計画が日本の歴史都市に適用される際に生じるさまざまな矛盾を吸収する装置として働いたともいえる。風致地区制度の曖昧さが利用されたとの見方もできよう。風致地区に、市街地に近接する自然環境、社寺や名勝旧跡といった歴史的遺産とともに、都市公園や緑地、観光施設をはじめとする近代的要素をも抱え込ませることで、近代都市としての条件を満たしつつ、歴史都市として存続することが目論まれたのである。風致地区指定が京都の都市計画において優先されたことは、そのことを物語る。歴史都市に近代都市計画を適用するひとつの方法論を提示した点において、京都の試みは続く他都市での風致地区指定の先導的役割を果たしたといえる。

（1）「内務省風致地区指定基準」一九一九年、「都市計画区域調査資料　第七風致景勝地図」一九二七年、「風致地区決定基準」（内務次官通牒）一九三三年の三回の基準が確認できる。

（2）風致地区概念については、種田守孝・篠原修・下村彰男「戦前期における風致地区の概念に関する研究」（『造園雑誌』五二―五、一九八九年、三〇〇～三〇五頁）、原泰之・小野良平・伊藤弘・下村彰男「戦前期における風致地区制度の位置付けに関する歴史的考察」（『ランドスケープ研究』六九―五、二〇〇六年三月、八一三～八一六頁）をはじめとする多くの研究蓄積があり、風致協会の役割に注目した研究に、阿部伸太「風致地区制度創設期における風致育成概念の存在と風致協会の意義」（『東京農業大学農学集報』五〇―四、二〇〇六年三月、一二一～一二九頁）、中島直人「用語「風致協会」の生成とその伝播に関する研究」（『都市計画　別冊』三八―三、二〇〇三年一〇月、八五三～八五八頁）ほかがある。

（3）伊東孝「昭和戦前期における美観思潮とその機能性格・機能――主として東京における美観地区・風致地区の指定と都市美運動による考察――」（『都市計画　別冊』一三、一九七八年一一月、一九五～二〇〇頁）、皆方訓久「戦前の東京の風致地区における風致保全実態とその評価」（『ランドスケープ研究』六〇―五、一九九七年三月、四五一～四五四頁）をはじめ東京の風致地区をめぐる研究は多い。

（4）熊本は一九三〇年一〇月と京都に続く早い時期に風致地区指定が行われた地方都市として注目され、阿部伸太「都市の公園緑地計画における風致地区の意義」（『造園雑誌』五六―五、一九九三年三月、三一三～三一八頁）、本田百合絵・田中尚人「近代熊本都市計画における江津湖の位置づけに関する一考察」（『土木史研究』二八、二〇〇九年、一二七〜一三五頁)、真田純子・本田百合絵・田中尚人「戦前期熊本の都市形成事業における風致地区の位置づけ」(『ランドスケープ研究』七五—五、二〇一二年三月、三八三〜三八八頁)などの研究がある。

(5) 野中勝利「城下町都市における戦前の風致地区の指定にみる都市づくり上の風致地区の位置づけと役割」(『日本建築学会計画系論文集』四七一、一九九五年五月、九九〜一〇九頁)。

(6) 中林浩「一九三〇年代における景観・都市美についての計画理念考察」(『都市計画 別冊』一七、一九八二年一一月、四三三〜四三八頁)、苅谷勇雅『都市景観の形成と保全に関する研究』(京都大学博士学位論文、一九九三年)、福島信夫・板谷直子・李明善・益田兼房・山崎正史「京都市における風致地区指定の変遷に関する研究——風致地区が歴史都市京都の保全に果たした役割——」(『都市計画論文集』四三—三、二〇〇八年一〇月、六六七〜六七二頁)、『京都市政史』第一巻 市政の形成(二〇〇九年)、Ⅱ部二章三節(四)、四七一〜五二三頁、岩田京子「風景整備政策の成立過程——一九二〇—三〇年代における京都の風致地区の歴史的位置——」(『Core Ethics』6、二〇一〇年、五一九〜五二八頁)、福島信夫『京都市における風致地区制度の風景のコントロールに関する意義と役割に関する研究——開発・防災と風致保全の両立を目指して——』(立命館大学大学院博士学位論文、二〇一一年)など。

(7) 拙稿「昭和初期における京都の景観保全思想と森林施業——京都の都市景観と山林に関する研究——」(『日本建築学会計画系論文集』四五九、一九九四年、一八五〜一九三頁)、伊從勉「都市計画史からみた景観——近代京都の都市景観政策の両義——」(日本建築学会京都の都市景観特別研究委員会『京都の都市景観の再生』二〇〇二年、二五〜三六頁)、丸山宏「守られた東山——名勝保護政策をめぐって——」(加藤哲弘・中川理・並木誠士編『東山/京都風景論』昭和堂、二〇〇六年、八一〜一〇一頁)ほか。

(8) 関口勲「京都都市計画風致地区に就て」『都市公論』一三—七、一九三〇年七月、一一一頁。

(9) 一九二三年(大正一二)頃から調査がはじめられたことは、野間守人「風致地区に就て」(『庭園と風景』一二—二、一九三〇年、一〇〜一一・一七頁)に確認できる。その後の動きについては、前掲註(6)『京都市政史』第一巻(五〇一〜五〇二頁)に、一九二五年夏から京都府土木課が嵐山、八瀬、大原、東山、岡崎公園、円山、宇治の調査をはじめ、京都市の永田兵三郎は土木課長時代から風致地区・美観地区について調査したとされる。

(10) 「地方の意見」『都市公論』七—七、一九二四年、六八頁。

（11）「職員名簿　大正十五年九月三十日現在」「大正十五年十月　池田前知事濱田知事事務引継演説書」京都府庁文書大一五—一五。

（12）「会長事務引継書　都市計画京都地方委員会」（「大正十五年十月　池田前知事濱田知事事務引継演説書」京都府庁文書大一五—一五）に、「風致地区計画　都市計画トシテ決定方内務大臣へ上申」とあり、時期については、「大正十五年池田知事在住の当時都市計画京都地方委員会で立案した地区指定案を同委員会に附議方内務大臣に内申したのである」（前掲註8関口論文、一一一～一一二頁）によって確認される。

（13）「都市計画委員会官制」勅令第四百八十三号、大正八年一一月二七日。

（14）「委員名簿　大正十五年九月三十日現在」「大正十五年　池田前知事濱田知事事務引継演説書」京都府庁文書大一五—一五。

（15）「爾来地区の範囲、指定の形式、取締り内容等に就いて審議を遂げ、案を修正すること両三度」（前掲註8関口論文、一一一～一一二頁）。

（16）「第十回　都市計画京都地方委員会議事速記録」市政専門図書館所蔵。

（17）「何分にも東京に於て先例があるとはいへ、明治神宮外苑約四万四千坪（図上測定）を指定した以外に例なく、殊に今回の如く一千万餘坪に亘る広範囲の指定は全く創始の事であつたので、特に慎重の審議を要した」（前掲註8関口論文、一一一～一一二頁）。

（18）「第十五回　都市計画京都地方委員会議事速記録」市政専門図書館所蔵。

（19）田中清志『京都都市計画概要』京都市役所、一九四四年、五六頁、前掲註（16）「第十回　都市計画京都地方委員会議事速記録」。

（20）『京都日出新聞』一九二九年一一月一〇日夕刊。

（21）前掲註（16）「第十回　都市計画京都地方委員会議事速記録」。

（22）『京都日出新聞』一九二九年一一月二五日夕刊。

（23）『京都日出新聞』一九二九年一二月一三日夕刊、前掲註（19）『京都都市計画概要』五四～五五頁。

（24）「第十一回　都市計画京都地方委員会議事速記録」市政専門図書館所蔵および前掲註（19）『京都都市計画概要』では一

五日内務省、『京都日出新聞』一九二九年一二月一五日では一六日内務省、一七日帰洛とされる。

(25) 『京都日出新聞』一九二九年一二月一七日夕刊。

(26) 前掲註(19)『京都都市計画概要』五四～五五頁。

(27) 前掲註(24)「第十一回　都市計画京都地方委員会議事速記録」。

(28) 拙稿「近代京都における市街地近郊山地の「公園」としての位置付けとその整備――京都の都市環境と緑地に関する研究――」『日本建築学会計画系論文集』四九六、一九九七年六月、二四七～二五四頁。

(29) 「京都都市計画区域設定理由書」内務大臣官房都市計画課『都市計画要鑑』昭和二年版、一五八～一五九頁。

(30) 前掲註(9)野間論文、一〇～一一・一七頁。

(31) 佐藤昌『日本公園緑地発達史』都市計画研究所、一九七七年。

(32) 前掲註(10)「地方の意見」、六八頁。

(33) 一九二八年に市都市計画課にはじめての農学系技術者、加藤五郎が採用されている（「加藤五郎氏に聞く」『造園雑誌』四七―三、一九八四年、一八九～一九二頁）。

(34) 一九二九年の原案審議以前の論文に、野間守人「風致地区の設定と京都の自然美保勝論」（『都市公論』一二―四、一九二九年四月、一二頁）、前掲註(9)野間論文があり、後者は原案とほぼ同内容である。

(35) 「一、社寺・史蹟保存竝ニ都市ノ風致ト都計法及市街地建築物法トノ関係ニ関スル件」「大正十五年十月　池田前知事濱田知事事務引継演説書」京都府庁文書大一五―一五。

(36) 前掲註(16)「第十回　都市計画京都地方委員会議事速記録」。

(37) 「京都市の風致保存問題」『都市問題』五―四、一九二七年、一三七頁。

(38) 北村徳太郎「風致地区に就て（其の二）」『都市公論』一〇―七、一九二七年、二頁。

(39) 前掲註(16)「第十回　都市計画京都地方委員会議事速記録」。

(40) 北村徳太郎「風致地区に就て（其の一）」『都市公論』一〇―四、一九二七年、一三頁。

(41) 内務事務官の児玉は、「初め京都市の風致地区を指定するに当つては、其の地域に広汎に亘る関係上並に権利制限の厳重なるに鑑み、都市計画委員会並に一般の輿論は、相当反対の意を表しはしまいかと懸念された。殊に鴨川の両側一帯の如き、人家稠密の地域であるから、可成の反対を予期して居たのである」と、述懐している（児玉九一「都市計画法上の風致地区に就て［附］京都市の風致地区」『史蹟名勝天然紀念物』五―六、一九三〇年六月、一八頁）。

（42）同右児玉論文、二八～二九頁。

（43）前掲註（38）北村論文、二頁。

（44）北村は一九二七年（昭和二）の時点で、「尚二三注意事項と考へらるゝは風致の観賞地点を指定するや否やである」（前掲40北村論文、一三頁）としており、伊従勉は風致委員会での規制内容から、東山の視点場として鴨川の保全が図られたと指摘する（前掲註7伊従論文）。

（45）『都市公論』一〇―五、一九二七年、四九頁。

（46）池田宏「都市計画と建築警察」（『都市公論』三―八、一九二〇年）、一八頁、前掲註（41）児玉論文、前掲註（37）「京都市の風致保存問題」ほか。

（47）前掲註（16）「第十回　都市計画京都地方委員会議事速記録」。

（48）『京都日出新聞』一九二六年一一月二二日。

（49）『京都日出新聞』一九二九年一二月一三日夕刊。

（50）『京都日出新聞』一九三〇年五月一一日。

（51）「一、社寺・史蹟保存竝ニ都市ノ風致ト都計法及市街地建築物法トノ関係ニ関スル件」「大正十五年十月　池田前知事濱田知事事務引継演説書」京都府庁文書大一五―一五。

（52）「一、寺院建築物ニ関スル件」「一、社寺課員増員ニ関スル件」「大正十五年十月　池田前知事濱田知事事務引継演説書」京都府庁文書大一五―一五。

（53）佐上信一「史蹟天然記念物竝に地方に於ける良風美俗の保存」『地方自治の改善』洛陽堂、一九一四年。

（54）佐上武弘「あとがき」『佐上信一』良書普及会、一九七二年、三八〇頁。

（55）『京都日出新聞』一九二九年一二月一三日夕刊。

（56）中川理は永田の東山、鴨川をめぐる「価値観」を、市村光恵との論争から論じている（中川理「東山をめぐる二つの価値観」前掲註7『東山／京都風景論』一五五～一七三頁）。

(57) 永田兵三郎「大京都市の建設」『都市公論』五―三、一九二二年三月、四三～四四頁。
(58)「京の山と京の川（上）」『京都日出新聞』一九二七年一月六日。
(59)「京の山と京の川（下）」『京都日出新聞』一九二七年一月一〇日。
(60)「委員名簿　大正十五年九月三十日現在」「大正十五年十月　池田前知事濱田知事事務引継演説書」京都府庁文書大一五―一五。
(61) 一九二四年四月開催の都市計画主任会議において、府は内務省に対し風致地区について「都市計画法第十条第二項第一項の地域又は地区に準し都市計画の施設と看做すべきや」との質問をしており、これに対し、内務省は「計画の施設として之を指定することを得るものと解す」と回答している（前掲註10「地方の意見」）。
(62)「風致地区規則第二条に依る告示」京都府告示第四百三十八号。
(63) 前掲註(18)「第十五回　都市計画京都地方委員会議事速記録」。
(64) 比叡山方面では、一九二五年に叡山電気鉄道の出町柳―八瀬間平坦線と八瀬―比叡山間鋼索線が開業、一九三八年には京都電気叡山空中ケーブルが竣工している。嵐山では一九一〇年に嵐山電気軌道四条大宮―嵐山間がすでに営業を開始していたが、一九二六年にさらに嵐山電気軌道北野線の全線開業、一九二八年には新京阪鉄道桂―嵐山間の開通、昭和四年には愛宕山鉄道嵐山―清滝間と清滝川―愛宕間鋼索線が開通するなど、交通網が整備されていった。
(65) 京都府土木局『風致地区について』一九三四年、三二頁。
(66) 前掲註(11)「職員名簿　大正十五年九月三十日現在」「大正十五年十月　池田前知事濱田知事事務引継演説書」京都府庁文書大一五―一五。
(67) 前掲註(34)野間論文、一二頁。
(68) 前掲註(40)北村論文、七頁。
(69) 田村剛「公園問題に関する一考察」『都市問題』一二―六、一九三〇年、五頁。
(70) 小寺駿吉「国有保護林制度の史的考察」『造園雑誌』一〇―一、一九四三年、一七頁。
(71)「都市計画協議」『都市公論』七―七、一九二四年、四三頁。
(72) 前掲註(9)野間論文、一〇～一一頁。

(73) 北村徳太郎「風致地区に就て（其の三）」『都市公論』一〇―八、一九二七年、二八頁。
(74) 高田景「京都市の都市環境とその改善策に就て」『第四回全国都市問題会議総会研究報告』全国都市問題会議、一九三五年、三四頁。
(75) 中澤誠一郎「近畿地方計画に就て」『都市公論』一九―八、一九三六年八月、二五～三一頁。
(76) 田村剛「都市風景と天然風景」『都市公論』一三―七、一九三〇年七月、五一～五三頁。
(77) 片岡安「建築と風致」『建築と社会』一三―四、一九三〇年、九～一〇頁。
(78) 前掲註(7)拙稿。
(79) 岩澤周一「京都風致地区の指定と其の後」『公園緑地』一―六、一九三七年。

歴史を表象する空間としての京都御所・御苑

河西秀哉

はじめに

古都京都イメージの中心に、皇室・天皇があることには異論がないだろう。本稿は、その天皇が居住していた京都御所およびその周辺である京都御苑をめぐる近現代の動向を検討し、それらが歴史という概念と関連づけられていく様相を明らかにするものである。

京都御所・御苑については近年では主なものとして、伊藤之雄・井原縁の研究がある[1]。これらの研究に対して、本稿では次の二つの視点から対象に迫りたい。

第一に、これまでの研究以上に京都御所に注目する点である。伊藤・井原ともに、京都御苑を中心にとりあげている。著者は以前、敗戦後の皇居について検討し、「新生日本」の表象としての位置づけが付与されていく過程を解明したことがあるが[2]、天皇の元の居住空間である京都御所の、同時期における位置づけはいかなるものかという問題は残したままであった。この問題に接近することは、冒頭の古都京都イメージの様相を解明することにもつながるだろう。本稿では戦前から敗戦後にかけての御所に特に注目しながら検討する。

第二に、一次史料のより丹念な発掘と検討である。御所に注目すると、宮内公文書館蔵「土地建物録」などに敗戦後の京都御所に関する史料が多数含まれていることに気がつく。本論で論じるように、これらの史料を検討すると、御所・御苑に関する動向が宮内省京都事務所の主導によって展開されたことが明らかとなる。また、いわゆる「情報公開法」を利用して現用文書を史料として積極的に活用したい。たとえば環境省の「国民公園」「国民公園のあゆみ」(3)は、のちに国民公園の歴史を省内でまとめたものと考えられるが、その中には散逸したと思われる一次史料の記録や当事者でしか知り得ない情報なども含まれており、史料的価値が高い。それらの検討を通じて、近現代の御所・御苑の動向に迫る。

以上を通じて、京都御所・御苑に歴史という概念が付与されていく様相を明らかにする。

一　歴史性を表象する空間として

（1）明治維新後の京都御所・御苑

明治二年（一八六九）の東京奠都後、翌明治三年から四年にかけて、御所周辺の蛤御門など九門内の管轄が京都府へと移管された。近世には公家邸宅が建ち並んでいた九門内も、奠都後は空き地化して荒廃が進んでいた(4)。そのような状況下で明治五年に開始された京都博覧会では、一八七三年（明治六）の第二回の会場に御所の一部（花御殿《はなごてん》・対之屋《たいのや》・御馬場《おばば》などの御所中間部）と仙洞御所の庭園が使用される。このように、御所の御殿は博覧会における見物の対象として公開された。天皇が京都に存在したという歴史性を全面に押し出す意図がそこにはあり、市民にとって肯定的な天皇との関係の歴史が形成されたのである(5)。

以降の博覧会では御所内の開放がより進み、御常御殿《おつねごてん》・小御所・御学問所《ごがくもんしょ》などの公開される場所が増加した。七四年には京都府が独自の判断で外国人に御所見学許可を出すことが可能になるなど、御所は特に観光という側面から公開がなされていく。またこの時期には、槇村正直京都府知事の主導の下、九門内の改良事業が開始される。槇村は御所に調和する形で九門内を整備しようとし、一帯の公園化を目指した。事業の一環として槇村は御所の平常公開を徳大寺実則宮内卿に上申し、七九年（明治一二）から市民へ月二回ずつの公開が許可される。槇村は御所を含めた形での公園化を志向していたため、市民へのその公開は必要条件であった(6)。九門内が京都御苑と称されるようになったのもこの時期である。

ところが八三年（明治一六）、岩倉具視によって著名な「京都皇宮保存ニ関シ意見書」が記される。岩倉は旧慣保存としての側面を強調し、国際社会に対応する古都京都という文化戦略を採るよう建議した(7)。天皇就任儀礼の空間としての京都御所を志向したのである。その後、槇村が進めてきた御苑の公園化路線は転換させられる。整備は宮内省主導となり、御所・御苑で行われていた博覧会などのイベントは鴨東地区へと移っていった。御所は八九年に「京都御所及離宮拝観者取扱者内規」が制定されると、翌九〇年（明治二三）に世伝御料（皇室財産）となり、博覧会場となっていた時に比べ、一般への公開は制限された。一九〇六年（明治三九）には内規が改正され、拝観者を高等官・待遇者・華族・各国大使や職員家族、その紹介者に限って許可するなど(8)、日露戦後の外国人観光客の増加に対応する策は採られたものの、市民に対する公開はなされなかった。

（2）デモクラシーと御所・御苑

のちに衆議院議員となる『報知新聞』記者の田中萬逸《まんいつ》は、一九一四年（大正三）に『京都御所』を出版している。この中で田中は、御所の歴史や建物に関する説明、拝観の心得や順序について書くなど、御所内部を詳細に描き出した(9)。この時期に京都御所に注目する本が出版されたのは、翌一五年に大正大礼が御所・御苑で開催されるためであった。

大正大礼は一九一五年一一月一〇日に行われたが、その前に新聞記者に対して、紫宸殿や大嘗宮などの内覧が行われ、各紙一斉にその様子を報道している。

正面御神楽舎《みかぐらしや》、左右の大帷舎《だいくしや》の棟裏には摺硝子の円い電気が此浄境に応はしく取り付けられて昔の日本と大正の日本とが遺憾なく混合同化して其の局に当つた大礼使の苦心が深く察せられる(10)

このように、大礼会場である御所・御苑は、御所の伝統的建物と大礼のために建築された新しい建造物が「昔の日本と大正の日本」との融合した空間として、好意的に描かれた。

大礼後には、一二月一日から翌年四月三〇日まで、市民への御所公開が実施された（拝観者は二六六万人）。公開が「国民教化ノ上ニ多大ノ効果アリ。就中生徒児童ニ及ホス感化ノ偉大(11)」だとの判断がそこにはあった。拝観者は御所西の宜秋門の南の築地門から入り、三列となって進み、御車寄の前を過ぎて紫宸殿前の屋外から高御座を拝観するコースをたどった。人々は列をなし、秩序だって拝観していたことがわかる。また、ここでは大礼に関係した御所南端が公開の対象であり、明治期の博覧会の時に公開されていた御所中間部はその対象ではなかった。その意味では、大礼空間を国民に見せ、天皇の権威を再確認する「教化」の意味が強かったと考えられる。御所は一般に開放された公園ではなく、大礼用の空間、そしてその精華を人々に知らしめる空間だった。

ところがその後、御所の一般への公開がなされなかったため、こうした対応に批判が出てくる。大礼使典儀官などを務めた清岡長言《ながこと》子爵は一九二〇年（大正九）七月一〇日、「京都御所拝観に関する請願書」を提出した(12)。清岡はこの中で、国民であれば誰もが京都御所を庭上から拝観できることを求めた。「国民の思想動揺」という状況下の中で、「国民道徳の精華」としての尊皇愛国の感情を高揚させる必要があり、「京都御所は実に国史の生れる記録にして之が拝観は国民精神の教養にとりて唯一の実物教授なり」と、御所の歴史性を強調し、その公開は「国民精神涵養に偉大なる効果」をもたらすと主張したのである。

清岡はこの請願書提出の理由として、「危険思想の伝播は皇室と国民との間隔をあまりに人為的に距離あらしむるからである。国民をして直接に皇室に接近する機会を与へしむるは軈て尊皇の念を高からしむる所以である」[13]と述べており、「危険思想」つまりデモクラシーや社会主義・共産主義思想の日本への流入に対する備えとして、御所の歴史性を国民に知らしめて国民と天皇の結びつきを強めるために公開を主張したのである。

これに対し宮内省側は、日野西資博主殿寮京都出張所所長の「絶対不可」とのコメントを一旦は新聞に掲載したものの、[14]「其資格者を国民教育なり思想上の感化なり資する範囲に出来る丈け拡大せられたならばよろしいと思ふ」[15]と次第に態度を変化させていく。その背景には、『京都日出新聞』に掲載された三浦周行京都帝国大学文学部教授の「御所開放に就きて」[16]のような、文化人による清岡の意見への同調を宮内省が感じ取ったからだと考えられる。三浦はこの中で、「二千五百年の歴史上の見地からして、御所の開放は最も然る可き事」と言い切った。「君臣一致の情味を篤くするためには、広く臣民一般に開放して従来のやうな或種の階級のみに許すといふが如き事のないのが、時勢を見るに明かなるものであらう」という三浦の主張には、デモクラシー状況を背景とし、御所拝観が一部の階層のみに認められることへの批判が存在していた。

京都は今尚依然として皇居の所在地である。京都は過去のみならず将来永遠に、御大典の御挙行地として特殊の歴史的地位を保つて居るのである。されば斯かる光輝ある歴史を君民共に追想すべき京都御所を一般人民に開放して欽仰景慕の念を高ずることは、今の時代に最も順応したものであらねば成らぬと思ふ

三浦が御所の歴史性を強調するとともに、「今の時代」への順応を求めていることに注目する必要があるだろう。清岡の請願書とそれに対する三浦の賛成意見は、大正期の天皇制がデモクラシーへの対応関係の中で、言い換えれば大衆社会化の中で作り直され[17]、その中で新たな国民教化の役割としての御所が求められていく過程でもあった。

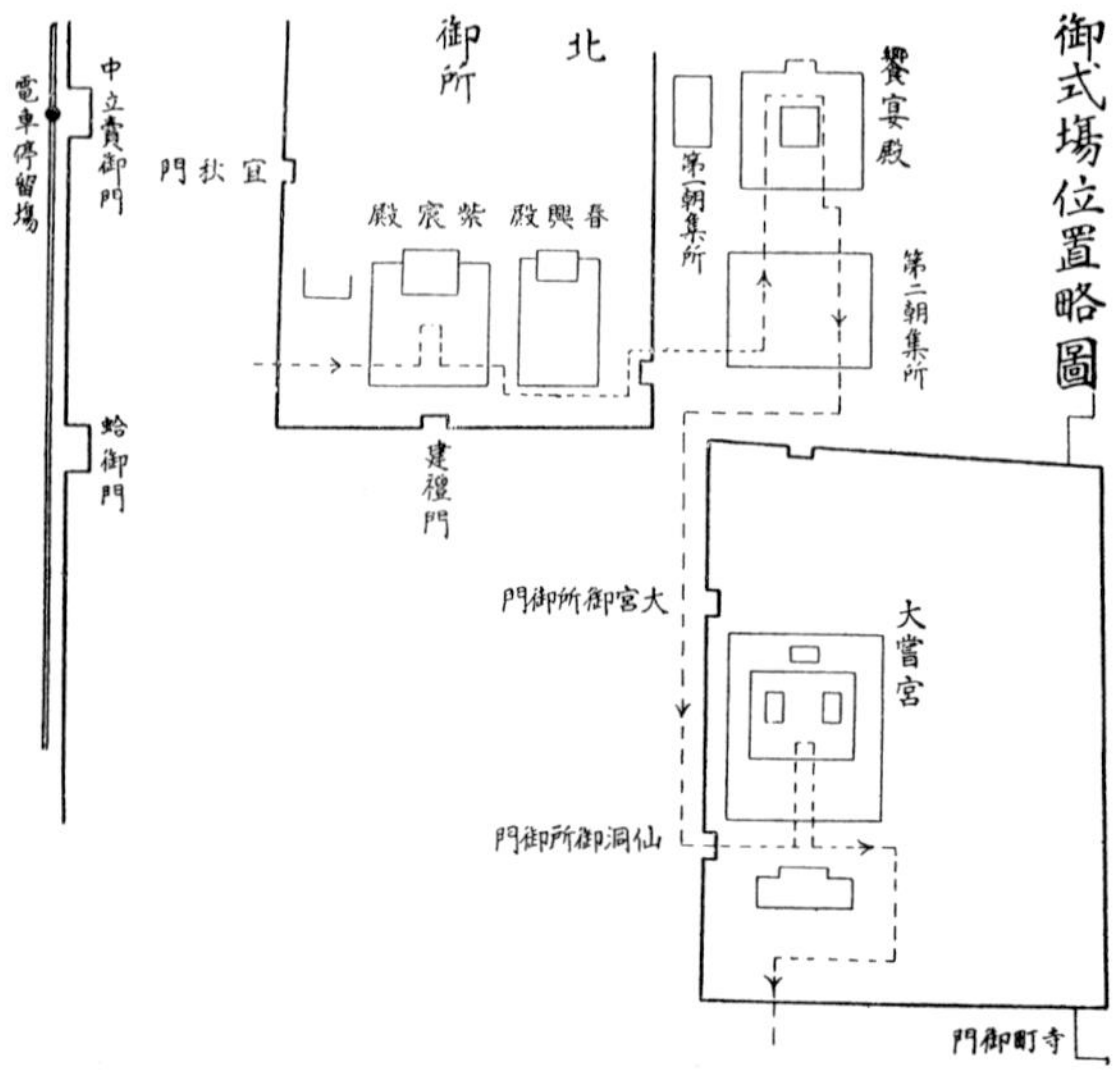

図1　昭和大礼後の御所拝観ルート
（京都府編『昭和大礼京都府記録』下、京都府、1929年より）

（3）　歴史性の強調

一九二八年（昭和三）一一月一〇日の昭和大礼では、歴史と新しさの空間の融合という大正大礼の御所のイメージはほとんど変わらなかった(18)。そして大礼後の一二月一日から翌年四月三〇日まで、再び御所の公開が行われた。図1のように、築地門から入り、紫宸殿などの大礼会場を拝観するコースで、やはり御所南端のみが公開されている(19)。

その後、市民への公開はなされなかったものの、平常時においても御所の拝観条件・資格が拡大し始めた(20)。そして三六年（昭和一一）、宮内省は拝観内規を改正して、団体資格を拡大するとともに、手続きを簡略化するなどそれまでの拝観基準を大幅に緩和した(21)。これは、前年の天皇機関説事件や国体明徴声明においてその中心であった在郷軍人会などへの対応(22)とともに、京都において皇室・歴史性を強調する観光政策が進行していた(23)こととも関係する。皇国主義的傾向が進行するにしたがって、御所は「一君万民」を体験でき、また天皇の歴史性を人々に教化する空間になっていった。

翌一九三七年、京都市の小学校教員が御所拝観をあまり実施していない実態が問題化された(24)。その問題をとりあげた『京都日出新聞』は「皇室中心教育こそ京都が本家、千年の古都であるわれらの京都市のみが誇り得る御所」と言い切り、次のように述べる。

目下教育界では皇室を中心とした日本精神の昂揚教育が強調実施されつゝあるが、千年王城の地として誇る歴史を持つ京都市には畏くも御所、二条離宮等他都市の追随出来ない貴き資料を有してをり、この点頗る地の利を得てゐる

こうした認識の背景には、郷土愛の覚醒を祖国愛の涵養へと発展させていく一九三〇年代の郷土教育の動きがあった(25)。また皇国主義的傾向が強まる中で、歴史性への憧憬、そしてその歴史性を有しているという京都の自己意識が見て取れる。たとえば御所近くの京都市第一高等小学校は一九三九年に『京都御所』を発行している。御所の平易簡明な解説を目的として編纂されたこの書では、御所・京都の歴史や建物についての説明、拝観方法が書かれているが、波多野泰次郎校長が寄せた序文には次のような記述も見られる。

京都御所は、歴史的に由緒ある聖地であるばかりでなく、現在に於ても亦皇居の一部として万民の斉しく仰ぎ奉り、崇敬し奉る所であつて、まことに御所をいたゞく限り京都は万代不易の都と言ふことが出来るのである……近時国家内外の情勢は頓《とみ》に重大性を加へ、我等日本民族の使命は、更に興亜建設への盟主にまで躍進した今日、教育のことも亦総力を挙げて之が使命達成へと人的資源の陶冶充実に努力しなければならない。而して之が陶冶の根元となるものは、所謂八紘一宇の大精神の源泉たる御所崇拝の精神に立脚しなければならないことを信ずるのである(26)

ここでは御所の歴史性が強調されるとともに、「八紘一宇」という国是と無条件に結びつけられ、その源泉たる空間として御所が認識されている。すでに一九四〇年代において伝統という言葉の持つ磁力に人々が引きつけられる状況が指摘されているが(27)、『京都御所』はまさに歴史という概念が戦争遂行の中において重要視され、その磁場に人々が引きつけられた状況を示す書であった。このように戦時にいたって、御所はその歴史性のみが語られ、国体の精華を示す空間として認識されていったのである。

二　「文化平和国家」の表象として

(1)　国民公園の登場

敗戦は京都御所・御苑の位置づけを大きく変化させた。経済面における天皇制の民主化を内外に示すため、GHQによって皇室財産の解体政策が実施されたためである。GHQは皇室財産のうち公的性質を有するものは国家に移管し、私的性質を有するものは財産税を課してその財産を解体する方針を採った。その結果、皇居前広場・新宿御苑、そして京都御苑（これらを旧皇室苑地という）が国に物納されることとなったのである。「その背後にGHQのG2（情報部）セクションの指令があったことによるもので、担当の某少将が皇室苑地を取り上げて、国民一般に開放し、積極的に民主政治を進めたという、自己の功績を本国に報告するために、片山首相に指令したものであったと伝えられる」[28]と述べられるように、これは某少将（チャールズ・ウィロビーGHQ参謀第二本部長）の強い意向を受けて展開された政策であった。天皇制の民主化や日本での民主主義の定着を内外により効果的に示すため、京都御苑などは国家に移管されたのである。その意味で、これらの空間は「新生日本」の姿を表象する空間であり、「民主化啓蒙の文化装置」[29]でもあった。

その後、片山哲内閣は一九四七年（昭和二二）一二月二七日に「旧皇室苑地に関する件」を閣議決定する。その中では、旧皇室苑地に「速やかに文化的諸施設を整備し、その恵沢を戦後国民の慰楽、保健、教養等国民福祉のために確保し、平和的文化国家の象徴たらしめる」[30]ための整備が目指され、具体的な整備計画は旧皇室苑地整備運営審議会が策定することとなった。審議会は四九年四月二〇日に答申し、「平和的文化国家の象徴として永久にこれが保存を図るとともにできるだけ広く国民の福祉に寄与するため」、歴史性を尊重して原状回復保存を図ること、必要に応じて史蹟名勝天然記念物・風致地区に指定すること、各苑地の特性を生かして国民生活に適合した整備運営を行うことなどを求めた(31)。この中で京都御苑は、具体的には「国民庭園」としての公開が求められており、単なる広場ではなく庭園として観光などに利用されることが意識されていた(32)。

さてこの答申で注目されるのは、一貫して旧皇室苑地を「平和的文化国家の象徴」として整備・運営しようとする動向である。敗戦後、戦時中の軍国主義への反省を踏まえ、「平和国家を確立し、文化的に新しい発展を企画すべき(33)」との意見は高まり、「もう一度国際社会に伸びていく日本の姿が文化国家でなければならぬ、といふことについては不思議なほど国論の一致が存してい(34)」た。京都御苑などの旧皇室苑地は、こうした「文化平和国家」という「新生日本」の国家概念を内外に見せるために整備・運営されようとしていたのである(35)。こうして一九四九年、旧皇室苑地は厚生省の管理下に「国民公園」として開放され、公開・利用に適した整備が進むことになる。

(2) 敗戦直後の御所・御苑

ところで国民公園としての整備が計画されていた時期、京都御苑は二つの大きな問題に直面していた。第一は、GHQによる接収問題である(36)。一九四六年(昭和二一)七月、将兵の住宅候補地を京都御苑にしたいとの旨がGHQより宮内省にもたらされ、日本側はそれに対して反対の意向を示した(37)。なぜ反対したのか。次に掲げるのは、実際に交渉を行った終戦連絡中央事務局によるGHQへの回答である。

京都御所は数百年の長きに亘る皇居の所在地として由来全日本国民親愛の表徴であり、殊に日夜之に親近せる京都市民にとつては精神生活の中心として特別の親しみを有して居り、又同御所は宮内省所管の為形式上国宝に指定せられてゐないけれど其建設及維持に関しては深い歴史を有し、真に国宝中の国宝であり、貴軍よりも屢々勧奨せられたる古美術保存の見地よりも絶対保存を要するものである。事情斯の如くであるから万一不幸にして之を喪失するが如き事あるに於ては、日本国民の思想上並に感情上悲劇的打撃を与ふことあるべきを衷心より深く惧れる次第である[38]

日本側は国民による「親愛」「親しみ」という観点から御苑の接収に反対しており、新しく生まれ変わる象徴天皇に適合的な概念としてこの空間を捉えている。それとともに、「国宝中の国宝」「古美術保存」という文言からもわかるように、日本側が御所の歴史性を重視していることに注目する必要がある。こうした歴史を日本国民から喪失させることは「感情上悲劇的打撃」、言い換えれば国民のプライドを傷つけることになると警告し、その接収に強く反対したのである。これは、御所や御苑を単なる建造物や広場として捉えるのではなく、国家としての歴史性を表象する空間として意識していたからこそ提出された意見であった。GHQ将兵の住宅はその後、日本側が代替場所として府立植物園を提示して決着を見ることになる。この問題は、「親しみ」「歴史」という、その後も展開される理論によって御所・御苑を保存したという点、またこれらの空間の保存を国家や国民の問題として日本側がとりあげた点で、重要な意味を持つ出来事であった。

敗戦直後に御所・御苑が直面した第二の問題は、御苑の開墾である。戦時中から食糧増産のために御苑の開墾が行われたが、敗戦後はそのまま放置されており、御苑は荒廃状態が続いていた[39]。この状況が御苑整備を求める動きへとつながっていくが、その点は後述したい。一九四六年六月、京都市の国民学校校長会から敗戦後の食糧状況を踏まえ、高学年の児童に御苑の開墾をさせたいとの旨の陳情が市にもたらされた。市は宮内省京都事務所に相談し、所長の飛鳥井雅信から宮内省本省にこれを承認するよう書簡が送られ、認められた。ではなぜ、飛鳥井は御苑の開墾を認めるよう本省に願い出たのだろうか。

此ノ際、開放スルヲ現下ノ情勢ニ照シ、至当且適切ナリト存シ候。惟ニ京都御所ト市民トハ昔日ヨリ特殊ノ関係有之……昔時ヨリ都民ハ皇居ニ親ミ、普ク皇恩ニ浴シ居ル特殊ノ関係モ有之。旁、未曾有ノ食糧危機ニ遭遇シ、而モ六大都市中最モ物価高ナルニ喘ギ居リ層、一層緊迫セル特殊事情モ有之候ニツキ、学童ヲ通シ市民ヲシテ皇恩ノ厚キニ浴セシムルハ時機ヲ得タル措置ナリト存シ候(40)

飛鳥井はこの中で、市民と天皇との歴史的な関係性の深さを強調している。敗戦後の食糧危機という状況を踏まえ、皇室が国民のためにみずからの空間を開放することは「皇恩」を与えることになり、「至当且適切」との判断が彼にはあった。この時期には日本国憲法の草案が発表され、象徴化による天皇制の存続が図られようとする一方、内外には天皇の戦争責任問題も存在していた。天皇制維持のためには、国民による支持は不可欠であった。御苑の開墾は、こうした危機を乗り越える機会として実行されていったのである。

(3) 具体的整備・利用をめぐって

こうした問題のさなかの八月二九日、京都府では御苑の使用方針をめぐって、府・市・学界をはじめとする関係方面での協議会を開催する。その中で木村惇《あつし》知事は私案として、御苑は緑地として保存すること、総合運動場等の施設は避けたいこと、市民との親しいつながりを持たせたいことなどを発表している(41)。協議会では御苑の緑地としての保存では一致しつつもいくつかの点で対立が見られたようで、これと前後して、京都のメディアの中では、御苑の利用をめぐってさまざまな提起がなされていく。

では具体的にどのような利用案が提起されたのか。第一は、京都スポーツマン・クラブによる「総合運動場」案である。これは、「平和国家建設の源泉として終戦以来わが国民の間に盛り上るスポーツ熱」を背景としており、御苑に総合運動場を設置することで、「市民誰もがスポーツを楽しみスポーツを通じて育成される美くしき愛と光に燃えた明朗な世相を生み出し真の民主的平和国家の中心地に相応しい京洛街が出現する」ことを目指した案であった(42)。第二は、関西建築文化連盟(代表は池田総一郎第三高等学校教授)による「芸術の殿堂」案である。

この案では「文化国家の中心として」「公会堂を早急に建て美術、音楽、演劇の中心殿堂と」することが計画されていた[43]。第三は、第二を受けて『都新聞』「立言」欄で提起された「記念の文化塔」建設案である[44]。この案の根底には、文化都市としての京都をアピールしようとする意図が存在していた。敗戦後の「文化平和国家」という国是の中で、京都という都市を文化都市として位置づけようとし、そのために京都御苑を利用しようとする意思がそこには込められていたといえるだろう。

そしてこの案を提起した『都新聞』は、この後も積極的に京都御苑へ運動場などの建造物を設置することを主張する。一九四七年八月の社説「御所外苑を生かして使へ」では、京都御苑を市民に開放し、そこに建設された施設を利用することで「市民の公徳心」を養い、「文化都市と呼ばれる京都」建設の一助になるとの主張を展開していた[45]。『都新聞』はその後も「御所を通るたびに考えさせられるのは日本人の公徳心の欠如である、御所は最近荒れかたがひどい」との投書を掲載する[46]が、ここには敗戦後の精神的物質的な荒廃状況およびその表象としての御苑の現状への批判意識を見ることができるだろう。国家を立ち直らせるその表象として、御苑が捉えられていたのである。つまり、御苑は単なる憩いの場ではなかった。国家再建の精神的な空間として認識される重要性を未だ有していたのである。

これら御苑に建造物を設置する案に対し、心理学者であった佐藤幸治第三高等学校教授による「京都御所を新生日本の象徴たらしめよ」は異なる京都御苑利用方法を展開していた[47]。佐藤は、科学と「天皇制とも関係する御所の歴史的、政治的意義」との融合を目指し、京都御苑が生存と文化の統合空間となるべきと強調した。前述のような敗戦後の食糧不足という状況下の中で、御苑が「造園の粋」や科学を活かして「生産的に使用」されることを佐藤は主張したのである。市民と天皇が「苦楽をともにする」という意識がこの構想にはあり、その点では開墾を求めた飛鳥井とも通底する考えであった。

そして御苑の利用案でもう一つ提起されたのが、「そのまま開放」という案である。「御所は我が国の歴史的建築物の中でも本当に屈指の歴史的なもので正に国民的文化財[48]」との投書やジャーナリストであった井上吉次郎の「美しい御所が京都に残つて、みやこの品位が保たれる……恰好のよい御殿の安定は、千古に不変の美の具象だ」「この大きな自然的庭園に、安つぽい近代建築を入れたく思はぬ。草と木の自然の配置で充分だ[49]」という意見のように、御苑の庭園としての由緒を評価し、その方向で利用を進める構想であった。

このように一九四六年八月頃から、京都御苑の利用方法をめぐって、「市民のため」に開放するという観点や京都市の中での御苑の重要性・中心性を認める点では一致しつつも、大きくまとめると「平和」「文化」という概念から建築物を設置しようとする案と「文化」「伝統」という概念から自然のまま開放しようとする案の二つが提起されたのである。それは、「文化」の重心をどこに置くかによって生じた相違であったと考えられる。

「文化」の「新しさ」という側面を重要視すれば、「文化」的な新しい施設を建築することには大きな意味があった。しかも新しく生まれようとしていた象徴天皇制と国民との関係性を目に見えるもので示すことができるため、これまで切り離されていた天皇と関係する御苑にそれを設置することが求められたのである。

一方、「文化」の「古さ」という側面を重要視すれば、新たな建築物を設置する必要はなかった。むしろ、庭園としての由緒や御所や御苑が現在有する歴史性をより強調する方向での利用が求められる。その考え自体も、象徴天皇制に適合的であった。敗戦へと導いた近代天皇制を異質化し、歴史的な本来の天皇制の姿であるとされる象徴天皇制[50]にとって、歴史という概念はそれを存立させる重要な構成要素であった。その意味で京都御苑のさまざまな利用案は、「文化平和国家」の中での象徴天皇制と適合的な利用方法を構想する動向でもあった。

京都府はこうした意見を踏まえ、府市行政関係・学識経験者・国の機関の関係者を集めて京都御苑利用計画審議委員会を組織し、具体的整備・利用の計画を策定し始めた。一九四七年七月に開催された委員会では総合運動場設置の希望が語られる一方、公園としての整備を求める意見も出された。宮内省京都事務所所長の飛鳥井も次のような発言をしている。

御苑ガ今日ノ如クナツタノハ明治以後ノ事デアルカラ、近代市民生活ニ相応シイモノニスルタメノ本来ノ御苑ノ価値ヲ傷ケナケレバ、思ヒ切ツテ改造スルコトハ差支エナイト思フ。或ル時代ニハ文化ノ中心デアツタコトモアルガ、イロ〳〵ノ点デ明治以前ニハモツト市民ト親シミ易イモノデアツタノデアルカラ、市民一般民衆ノ親ミ易クスルコトハ好マシイ(51)

飛鳥井がこの中で、御苑の本来の形である市民との親密さは近代以前のものだと述べている点に注目したい。これは次項で述べる御所公開とも関わっていた。こうした意見を踏まえ、また先に述べたように国民公園としての開放も決定された御苑には総合運動場などの大規模な施設は建設されず、一部の施設のみが設置され、利用されていくことになる。

(4) 京都御所の一般公開

国や京都府が御苑の利用をめぐって議論を重ねていたちょうどその頃、宮内省側からも御所・御苑の新たなあり方を模索する動きが現れる。御所の一般公開である。一九四六年九月二日、京都事務所所長の飛鳥井は鈴木一主殿頭に対して次のような書簡を送った。

惟フニ時勢ノ急変ニ伴ヒ、御苑下賜セラレタル後御苑管理者ガ維新前ノ如ク一般市民ヲシテ御苑ニ親シマシムル方針ヲ執ルハ、誠ニ時宜ニ適シタル措置ナリト存シ候。当事務所トシテモ其ノ必要ヲ痛感シ、今年始メ御苑ニ公園的施設急務ナルコトヲ口頭ヲ以テ内申致候モ、未ダ其ノ運ヒニ至ラスシテ、茲ニ之ヲ国ニ移管セラル、コト、相成候。明治以後数十年ノ永キニ亘リ、御苑ニ対シ積極的ニ市民ノ親ミ得ル諸施設ヲ何等施サヽルニ、国ニ移管後管理者ニ於テ即刻右施設ヲ為シ、市民ヲシテ御苑ニ親シマシムル方法ヲ執ルニ於テハ当省ノ面目モ如何カト存シ、延テハ市民ノ思想上ニ及ホス影響モ少カラサル儀ト存シ候ニ就テハ、此ノ際多少ノ犠牲ハ之ヲ忍ヒ、御所ト市ト関係アル佳辰両三日ヲ選ヒ、毎年紫宸殿、清涼殿、小御所及御学問所等ヲ一般市民ニ拝観セシメ、一種ノ親近味ヲ感ゼシムル措置ヲ講スルコトハ現下ノ情勢ニ照シ急務ナルヤニ存シ候ニ就テハ、何分ノ御内意相伺度此段及上申候(52)

飛鳥井は引用した部分の前で、近世までは節分の時などに市民と天皇とが御所の中で接触する機会があったことを強調（言い換えれば近代を異質化）し、それゆえに敗戦後の象徴天皇制への変化は歴史的な回帰として歓迎している。しかし、御苑が国に移管される前に宮内省が市民に親しみを持たせる施設を建設しなかったことは、宮内省の「面目」の問題にも関わるどころか、「市民ノ思想上ニ及ホス影響」つまりは天皇制への市民の感情にも大きな影響を与えるとして、その対策のためにも早急に御所を公開すべきと主張した。飛鳥井は御苑の国民公園化よりも先に御所を一般公開しなければ、市民が象徴天皇制に対して親しみを持つことができないとして、その実施を強く要求したのである。このように、象徴天皇制への支持基盤を獲得するための方策として、京都御所の一般公開が思考された。御所は天皇制とは切り離せない空間として、むしろ敗戦後に天皇制の状況が変化することでその歴史的価値が高まり、公開が求められたのである。

飛鳥井の提起を受けた宮内省では、犬丸實総務課長が「京都府ガ御苑ニ如何ナル施設ヲ為スカ不明ナルモ、伝ヘラル、ガ如ク此処ニ総合運動場ヲ設クル等ノ事ハ一個ノ行過ギ的浅慮ナリト思料ス。所長上申ノ御所拝観ノ件ハ其レ自体ハ不可ナリトモ云ヘザルモ、京都府ノ計画ニ引ズラレ、或ハ之ニ用意シ更ニ之ガ先手ヲ打タントスルガ如キ態度ハ考慮ヲ要スベキニ非ルカ(53)」と記したように、省内ではもともとは御所一般公開自体には否定的であった。しかし前述の御苑への総合運動場設置案に対する拒否感が存在し、飛鳥井の主張する国民公園化への対抗

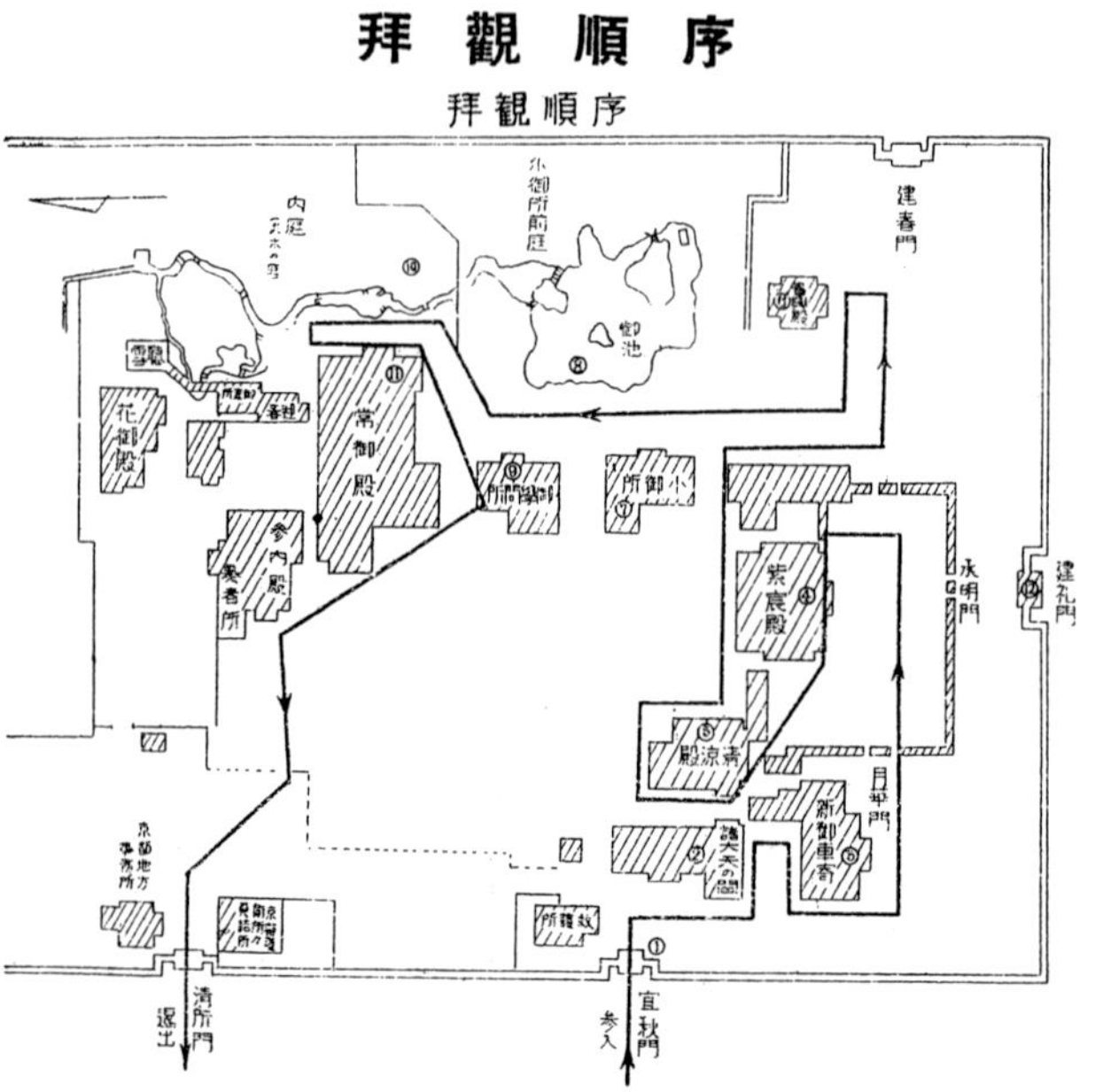

図2　敗戦直後の一般公開時の拝観ルート
（推古書院編修部編『京都御所――拝観者のために――』推古書院、1950年より）

策として先手を打って公開すべきという観点などが考慮され、最終的には公開が決定される。

公開は一九四六年一一月二八日より五日間となったが、この日程は桓武天皇が京都に遷都の詔を発布した延暦一三年（七九四）一〇月二八日を新暦に換算したもの[54]であり、京都と天皇との関係性が考慮されて決定されていた。

御所の一般公開において特に注目されるのが、その公開場所である。宮内省側は、図2のように宜秋門から入り、諸大夫間、紫宸殿、清涼殿、小御所、御学問所、御常御殿の順をめぐる拝観コースを設定した。このうち特に注目されるのは御学問所と天皇が日常過ごしていた御常御殿の公開である。御学問所は御所中間部に位置し、大正・昭和大礼時には拝観ルートに入れられていなかったため、一般市民が見学することができなかった。それを敗戦後には一般公開したのである。なぜか。このコースを提案した飛鳥井が次のように理由を述べている。

足利季世ニ至ルマデハ日本文化ノ中心ハ宮廷文化ニシテ、宮廷文化ノ核心ハ実ニ主上ニマシマセリ。列聖学ヲ好ミ給ヒ、良ク当時ノ文化ヲ指導シ給ヘリ。当時皇室ハ社会ト隔絶スルコトナク常ニ民衆ト近接シ給ヘリ。之ヲ例示セハ、歌道ニ在リテハ民衆ハ何等ノ敬語ヲ用フルコトナク、思フカ儘ニ自己ノ意思ヲ表現シ親シク之ヲ詠進シ、又名モナクシテ勅選集ニ選ハレ御製ト並列セラル、ノ栄ニ浴シ、普ク上下性情相通シ君臣相和セリ。前顕両方面ヲ御殿其ノモノニヨリ、普ク国民ニ知悉セシメントス[55]

このように、御学問所は国民と天皇とが親密な関係であったことを歴史的・伝統的に示す空間であると飛鳥井は捉えていた。前述のように、近代以前の国民と天皇との関係性への回帰こそが天皇制の本質と思考していた飛鳥井にとって、御学問所はその関係性を表すのに格好の由緒を有する空間であった。それゆえに、敗戦後の一般公開のルートに加えるよう提案したのである。では御常御殿はいかなる理由で公開されたのか。

御学問所拝観事由ニ記スルカ如ク、明治維新ニ至ルマデハ皇室ト民衆トハ相互ニ近接シ君臣相和セリ。更ニ之ヲ例示セハ京都市民ハ正月十九日紫宸殿南庭ニ於ケル天覧舞楽ノ陪観ヲ許差サレ、又二月節分ニハ賢所参拝ヲ許可セラレ親シク豆ヲ拝受シ、又ハ御殿新築御大典後ニハ親シク御殿ノ拝観ヲ或ハ御花、御能拝見新調御料献上品ノ拝観等枚挙ニ遑アラス……御常御殿ハ国民ノ夢想タニ及ハサル簡素ナル御設備ナリ。寧ロ此ノ際多少ノ犠牲ハ之ヲ忍ヒ寧ロ進ンテ開放スル方、現下ノ情勢ニ鑑ミ至当ナリト信ス[56]

御常御殿は敗戦前までは特別な理由がなければ拝観が許可されなかった場所であったが、それがやはり近代以前のように開放されることは、歴史的回帰になるとの思考が見て取れる。しかも天皇が日常生活を過ごした御常御殿が「簡素」であることを国民に示すことは、象徴天皇制への支持が拡大するとの意識も飛鳥井は有していた。こうして、御所は象徴天皇制の歴史性を担保し、国民に浸透させるツールとして公開されることになった。

では、この御所一般公開をメディアはどのように報じたのだろうか。公開前より京都のメディアでは、御所内部を詳細に紹介し、その由緒や意匠などを写真付きで論じる記事が多数掲載された[57]。メディアが御所内部に特別に入ることができたのは、おそらく宮内省からの働きかけがあったからだと考えられる。『京都新聞』に連日掲載された「京都御所を語る座談会」では、飛鳥井が「京都御所自体が皇室ともまた国民とも非常に密接な関係がありまた国民と親しかつた……文化の方面でも皇室がその中心でゐられ国民と非常に接近され相和しておられました」[58]と述べ、象徴天皇制による国民と天皇との接近が歴史的な事実であること、御所がそれを表象的に示す空間であることを強調するとともに、御所の文化的貴重さや質素さにも言及するなど、公開を本省に求めた時の彼の意見がここでも展開された。飛鳥井が御苑の開放から御所の一般公開まで、一貫した意思を持って政策として実行していった様子を見て取ることができよう。象徴天皇制という新たな制度の形成が、京都御所という空間の必要性を高めたのである。

メディアでは御所を「誇る」べき空間として認識する言説が一般公開前後に溢れた。庭園家の重森三玲は、「開放は大きな喜び」「今の京都皇宮はよく保存され、日本を象徴する一存在物」「国家の至宝であり、国民各自の至宝」との意見を寄せている[59]。また、『都新聞』は「御苑の下賜とい丶、御所の公開とい丶、これによつて国民と皇室との間に親和の情が従来にもまして一層深まりゆくことになるのである」との社説を掲載している[60]。ここでも御所は歴史的な由緒を高く評価され、公開が歴史的な回帰として捉えられて、象徴天皇制との親和性が強調されている。一般公開前の御所のメディアへの露出は、飛鳥井の意図がストレートに反映される記事の掲載へと向かい、「親密さ」「古さ」「質素さ」といった京都御所・象徴天皇制のイメージを形成・強化していったのである。

（5） 京都御苑とメーデー

敗戦後の一九四六年五月一日、復活した京都のメーデーは京都御苑を会場にして行われた。戦前は岡崎の市公会堂や京都駅前、千本丸太町刑務所跡などで数百人から二〇〇〇人ほどで開催されていたが、戦後の民主化の傾向から一挙に数万人もの参加者を集めたため、会場は御苑となった[61]。翌年以降も一九四七・四八・五〇年と御苑でメーデーが開催される。その他、四七年の吉田内閣打倒大会、四八年の芦田内閣打倒人民大会も御苑で開催されるなど、京都御苑は労働者の運動・示威行動の空間として使用されるケースが敗戦後には数多く見られた。東京では同様の動向が皇居前広場で見られている[62]。

しかし、冷戦の進行にともなう占領政策の転換がメーデーにも及ぶことになる。一九五一年、日本労働組合総評議会（総評）京都府連がメーデーの京都御苑での開催を国民公園の管轄者である厚生省に申請したものの、四月一七日に不許可の決定が下された。総評側は、理由がはっきりしないとして御苑での決行を示唆する[63]。こうした動きに対し、『都新聞』社説でもメーデーにおける御苑使用は「慣例的事実」であり、「京都市内では御所広場以外に適当な場所は見当らぬ」「もしメーデー歌や組合旗が御所の「神聖」か「権威」かを汚すからなどと考えてのことであったら、これは労働運動に対する許しがたい冒瀆であり、神聖とか権威についての笑うべきアナクロニズム（時代錯誤）である」と述べて、御苑使用が主張された[64]。御苑でのメーデー開催を主張する論理として、京都にはそれだけ多くの人が集まることができる場所がないこととともに、市民と天皇との結びつきが強調されていることに特徴があった。その後、東京では皇居前広場の使用禁止は貫徹されたものの、京都では蜷川虎三知事や高山義三市長の働きかけやＧＨＱの意向もあり、それを受けた吉田首相の配慮によって、「特例として許可」されることになる[65]。

翌一九五二年は講和独立後初のメーデーとなるため、総評は御苑での大規模な開催にこだわり、運動を展開した。これを受けて三月一八日、蜷川知事から吉武恵市厚生大臣へ「京都御苑使用許可の懇請について」という文書が提出される。

もし京都御苑の使用が禁止された場合は京都市内において他に代替すべき適当なる広場がなく、数年来京都御苑の使用が許可されていた事例に鑑みまして、禁止措置は却って労働者に刺戟を与え、これが皇室に対する労働者の親愛崇敬の念を喪失せしめる誘因となるとともに、ひいては不測の不祥事を招来する懼れなしとしないのであります(66)

蜷川は、御苑をメーデーに使用させないことは労働者の天皇への感情を傷つけると強調し、その使用を求めた。敗戦後に国民公園となった御苑も未だ天皇と密接な関係性があり、そこで労働者と天皇とが結びついている、そのような論理が根底にあるからこそ提起された主張であった。この論理はまさに、国民公園の整備・運営、御所の一般公開の中で一貫して提起された思考と軌を一にするものではないだろうか。蜷川の主張は、敗戦後の御所・御苑政策の展開が労働者の中にも浸透していたことを示すものであった。しかし、厚生省は御苑の使用不許可を決定してメーデーは排除され、その後、御苑は静謐な空間として運営されていくことになる。

おわりに

一九五〇年に推古書院より出版された『京都御所』には、次のような記述がある。

御所はあくまで天皇の御住居であり、戦争に対してはなんらの設備をもたず、まつたく戦乱などを意識も考慮しない、太平和楽を念とする御住居に過ぎない……歴史を回顧すれば想いは尽きないが、わが皇室は結局国家の象徴であり、そうして御所は更にその皇室の平和な、清浄なシムボルであり、真実の日本のつつましい姿と考えられる。御所の建築、内部の構造その他を拝観して、感じられる簡素、平明、優雅の美はそういう根源から、遠くふかい伝統に拠つているものであることが知られるのである。同時に平和と美を愛好する国民の真実の精神の最高の表現であり、今後の日本の生き方を指示するものではないであろうか(67)

「親密さ」「古さ」「質素さ」といった、京都御所・象徴天皇制のイメージがここには十二分に表現されている。京都御所は戦前よりその歴史性が強調されていた。そして敗戦後、「文化平和国家」として再出発する「新生日本」の中で、歴史性を担保する空間としての位置づけがより強化されていく。御苑の整備もまさにこの延長線上にあった。その担い手の中心は宮内省京都事務所所長の飛鳥井雅信であり、彼が敗戦後の京都御所・御苑の方向性を決めていた。またこの動きは、象徴天皇制を本来の歴史的回帰として捉える動向と軌を一にしていた。むしろそうした動向があったがゆえに、御所の歴史性を強調する動きはより高まっていったのであり、御所・御苑の方向性は「文化平和国家」の表象として象徴天皇が据えられていく中で決定されていったのである。

（1）伊藤之雄『京都の近代と天皇』（千倉書房、二〇一〇年）、井原縁「『国民公園』における公共空間の意義に関する史的研究」（京都大学博士論文、二〇〇三年）。

（2）河西秀哉『「象徴天皇」の戦後史』（講談社選書メチエ、二〇一〇年）。

（3）「情報公開法」に基づく筆者請求の環境省史料「国民公園」「国民公園のあゆみ」。これらは井原も利用しているが、本稿ではより多くの文書を請求して史料として用いた。

（4）前掲「国民公園のあゆみ」、森忠文「明治初期における京都御苑の造成について」（『造園雑誌』四一―三、一九七八年）、高木博志『近代天皇制と古都』（岩波書店、二〇〇六年）、一二一～一二四頁、吉岡拓『十九世紀民衆の歴史意識・由緒と天皇』（校倉書房、二〇一一年）、一〇一～一〇二頁。

（5）前掲註（4）吉岡書一〇六～一一四頁。京都博覧会については、小林丈広『明治維新と京都』（臨川選書、一九九八年）、八五～一一一頁を参照。

（6）前掲註（3）「国民公園のあゆみ」、前掲註（4）吉岡書一二二～一三六頁。前掲註（4）高木書一二七～一二八頁、前掲註（1）伊藤書一四～二四頁。

（7）高木博志『近代天皇制の文化史的研究』（校倉書房、一九九七年）、七〇～八七頁。

（8）前掲註（1）伊藤書八二〜八八頁。
（9）田中萬逸『京都御所』（正晃書院、一九一四年）。
（10）『読売新聞』一九一五年一一月六日。
（11）『大正大礼京都府記事』下（京都府、一九一七年）、二四〇頁。
（12）『京都日出新聞』一九二〇年七月二二日夕刊。伊藤之雄はこの請願書を一九二〇年頃としている（前掲註1伊藤書一二一頁）が、一九二〇年七月一〇日に提出されたものであることはこの新聞史料から明確である。また、伊藤は本論で後述するようなこの請願に対する反応にはまったく言及していないが、デモクラシー状況という時代背景の中での京都御所の意味を考える上で重要な事例と考えられる。
（13）『京都日出新聞』一九二〇年八月四日。
（14）『京都日出新聞』一九二〇年七月二二日。
（15）『京都日出新聞』一九二〇年七月二五日。
（16）『京都日出新聞』一九二〇年七月二七日・二八日。
（17）こうした過程については、河西秀哉「天皇制と現代化」（『日本史研究』五八二、二〇一一年）などを参照。
（18）たとえば『読売新聞』一九二八年一一月七日など。
（19）『昭和大礼京都府記録』下（京都府、一九二九年）、三三一〜三三五頁。
（20）前掲註（1）伊藤書二一〇〜二一四、二二七〜二三〇頁、「情報公開条例」に基づく筆者請求の京都市史料「京都御苑新宿御苑二条離宮拝観一件」。
（21）この内規はアジア歴史資料センター Ref.C01005029400、昭和一一年「来翰綴（陸普）第1部」（防衛省防衛研究所）などを参照。
（22）前掲註（1）伊藤書二三〇〜二三二頁。
（23）工藤泰子「戦時下京都における国策としての観光」（『日本観光研究学会第24回全国大会論文集』二〇〇九年）、二六二〜二六三頁。
（24）『京都日出新聞』一九三七年一月二九日。

(25) 伊藤純郎『増補　郷土教育運動の研究』(思文閣出版、二〇〇八年)、高木博志「『郷土愛』と『愛国心』をつなぐもの」(『歴史評論』六五九、二〇〇五年)、三～七頁。
(26) 京都市第一高等小学校編『京都御所』(京都市第一高等小学校、一九三九年)、一～三頁。
(27) 羽賀祥二「日本近代における『伝統』」(『歴史評論』六四七、二〇〇四年)、二八～三一頁。
(28) 前掲註(3)「国民公園」。
(29) 前掲註(1)井原論文一〇〇～一三七頁。
(30) 国立公文書館蔵「公文類聚第七二編第一巻」。
(31) 国立公文書館蔵「昭和二四年総理庁公文第二巻」。
(32) おそらくこの審議の過程で建設院が提出したと思われる「旧皇室苑地整備事業実施要領説明」には、「戦災カラ免レタ京都ハ将来外人観光客ノ頻繁ナ来訪ガ予想サレルノデ、苑内ノ旧宮廷建築ノ保存ト相俟ツテ観光業務ノ一環トシテ利用スル」と述べられ、京都御所・御苑の歴史的価値が高く評価されている(京都府立総合資料館蔵「京都御苑関係綴」)。
(33) 和辻哲郎「人倫の世界史的反省序説」(『思想』一九四六年三・四月号)、一頁。
(34) 森戸辰男「文化国家論」(『中央公論』一九四六年四月号)、七頁。
(35) 「文化平和国家」と敗戦後の象徴天皇制は適合的概念として捉えられる。その過程は、前掲註(2)河西書を参照のこと。
(36) この問題については、当時京都帝国大学総長であった鳥養利三郎の回想『敗戦の痕』(非売品、一九六八年)に詳しい。
(37) 前掲註(32)「京都御苑関係綴」。
(38) 吉田茂終戦連絡中央事務局総裁発 H.F. Eastwood Deputy Assistant Chief of Staff G-4, General Headquarters for Allied Power 宛書簡、一九四六年七月一五日付(宮内公文書館蔵「昭和二十一年土地建物録」)。
(39) 前掲註(3)「国民公園」「国民公園のあゆみ」。
(40) 京都地方事務所長飛鳥井雅信発鈴木一主殿頭宛書簡、一九四六年五月三一日付(前掲註38「昭和二十一年土地建物録」句点をおぎなった)。
(41) 前掲註(32)「京都御苑関係綴」、『京都新聞』一九四六年八月三〇日。

(42)『京都新聞』一九四六年八月二九日。運動場案が出てくる背景には、敗戦直後の御苑において東南隅・東北隅などが野球場として、苑内道路も球技の場として利用されていた状況があった（前掲註3「国民公園のあゆみ」）からだと考えられる。『京都新聞』一九四六年一〇月三一日には、御苑で野球を興じる子どもの姿が写真付きで「日本国の象徴」として報じられている。敗戦後のスポーツ熱がナショナリズムと結びついていたことについては、坂上康博『スポーツと政治』（山川出版社、二〇〇一年）、一～五頁を参照。
(43)『都新聞』一九四六年九月一八日。
(44)『都新聞』一九四六年一〇月五日。
(45)『都新聞』一九四七年八月一四日。
(46)『都新聞』一九四八年六月六日。
(47)『都新聞』一九四六年九月八日。
(48)『京都新聞』一九四六年九月一一日。京都帝国大学学生投書。
(49)井上吉次郎「御所外苑」（『洛味』一九四六年一二月二五日号）、一六二～一六三頁。
(50)たとえば津田左右吉・和辻哲郎・石井良助などのように、天皇制の文化的側面を強調し、不執政こそが伝統であり、統治権の総攬者であった近代天皇制はそこからの逸脱であったとする論が、敗戦直後に発表され、象徴天皇制の理論的根拠となった。
(51)前掲註(32)「京都御苑関係綴」、会議の様子は『都新聞』一九四七年七月二八日を参照。
(52)飛鳥井発鈴木宛書簡、一九四六年九月二日付（前掲註38「昭和二十一年土地建物録」）。
(53)前掲註(38)「昭和二十一年土地建物録」。
(54)宮内公文書館蔵「昭和二十二年土地建物録」。
(55)飛鳥井発鈴木宛書簡、一九四六年一一月六日付（前掲註38「昭和二十一年土地建物録」）。
(56)同前。
(57)たとえば『京都新聞』一九四六年一一月一三日、『都新聞』一九四六年一一月二〇・二一日（中村直勝第三高等学校教授による御所拝観記事）など。

(58)『京都新聞』一九四六年一一月二二日。
(59)『都新聞』一九四六年一一月二五日。
(60)『都新聞』一九四六年一一月二七日。メディアでは「陛下は民主主義を体得せられ且つ率先御実行になつてをられますので、今度の公開についても従来国民と隔絶してゐた皇室の真の姿が国民の目に触れることが出来るなら御所でも離宮でも公開するようにとの思召しであつたと承つてをります」(徳川義寛侍従談、『京都新聞』一九四六年一一月二九日)と伝えられ、国民と天皇とが接近した事例として強調されていった。
(61)「情報公開法」に基づく筆者請求の環境省史料「京都御苑メーデー申請経緯(昭和26年～30年)」。
(62)原武史『皇居前広場』(光文社新書、二〇〇三年)、一八六～一九三頁。
(63)『都新聞』一九五一年四月二一日。
(64)『都新聞』一九五一年四月二七日。
(65)同前。
(66)「情報公開法」に基づく筆者請求の環境省史料「昭和二六年～二七年度皇居外苑使用不許可処分取消請求事件原議綴」。
(67)推古書院編集部『京都御所』(推古書院、一九五〇年)、三二一～三二三頁。

〔付記〕本稿は、神戸女学院大学研究所二〇一一年度研究助成金による成果の一部である。

権門寺社の歴史と奈良町の歴史との間

幡鎌一弘

はじめに

（1）『京都坊目誌』『平城坊目考』「奈良坊目拙解」

一八九六年（明治二九）、京都市会議員を務めながら郷土と歴史への関心を深めていた碓井《うすい》小三郎は、久世宵《しょう》瑞《ずい》の寛政七年（一七九五）の著作をもとに金沢昇平が校正・補訂して上梓されていた『平城坊目考』[1]に接した。みずから編纂にかかわった『平安通志』[2]には、「坊目」（マチ）の記述がないことを残念に思っていた碓井は、奈良の個別町の歴史を記した『平城坊目考』の刺激を受け、二〇年の歳月をかけて『京都坊目誌』を編んだ。跋文によれば、天和・貞享から宝永・正徳の間に「地誌」が作られ、また「京町鑑」「京羽二重」もあったが、それらは観光客の便宜のためのものとの認識だった。碓井にとって、市民による市民のための町の歴史として、『平安通志』は物足りなかったのだろう。一九一六年（大正五）、『京都坊目誌』は『京都叢書』の一編として、碓井小三郎みずからが代表の一人となっていた京都叢書刊行会から上梓された[3]。

一方、『京都坊目誌』のきっかけとなった『平城坊目考』は、碓井に与えた刺激とは正反対に、名勝・文物を求める観光客の便宜のために出版された（「小引」）。しかしながら、観光客は個別町の歴史に関心はなく、春日大社・東大寺といった名所に関して、『平城坊目遺考』[4]として別にまとめざるをえなかった。金沢昇平の思惑違いであったにもかかわらず、奈良県が編んだ地誌の『大和志料』[5]に多く引用され、『平城坊目考』は、高く評価されることになる。

しかし、そもそも久世宵瑞の『平城坊目考』は、村井古道《こどう》が享保二〇年（一七三五）に脱稿した「奈良坊目拙解」[6]の草稿本、あるいは同じく古道の手になり、奈良の名所旧跡を解説した「平城趾跡考」を、剽窃に近いと評されるほど参照して成立したものである。[7]その「奈良坊目拙解」の序文によれば、それまでの名所記の類が「寺社の濫觴、古跡名産の来由」のみで、町について記していなかったことが執筆の動機であるという。その点では、一五〇年後の碓井とさして変わるところがない。一〇〇以上もの文献を博捜し、漢文体で書かれた同書はたいへん秀逸な作品で、後掲の《表》にも示した通り、当時出版されていた史書・歌集から権門寺社の史料まで、その引用史料は実に多様である。散逸した文献もあり、今日、全部の史料に接することはできない。

近代奈良における本格的な地誌（自治体史）編纂事業である『大和志料』が、先行する近世における同様の営みを参照することを通して、なにがしかの枠組みを与えられているとすれば、紆余曲折を経たとはいえ、そのもとになっている「奈良坊目拙解」を分析することはきわめて重要な作業になるはずである。本稿では、古都・奈良の地誌を成立させた背景を近世に遡って探ってみようというものである。由緒論・地誌編纂・史蹟論など、急速に進んだ近世・近代史研究の流れに棹さしながら、奈良独自の問題をクローズアップしていきたい。

（2）古都論と由緒論・地誌編纂史研究

古都論として大和国をとりあげた高木博志の論考は、神話上の神武創業による橿原神宮の創設から説き起こされている。[8] しかし、いうまでもなく、奈良の都である平城京は、和銅三年（七一〇）から延暦三年（七八四）までの七十数年のことであり、長岡京へ遷都後は、外京を中心に寺社のみが存続し、ここに奈良町が誕生する。

朝廷あるいは鎌倉・室町幕府、有力国人とのつながりの中で権勢を誇り、大和一国を支配した興福寺の坊舎は、築地塀の外に造られるようになり、一方、力の衰えた元興寺では境内地に町場が進出した。町には、僧侶・神職（社家・神人）や下級役人が多く居住しており、中世の奈良町はいわゆる門前町ではない。永島福太郎の言葉を参観すれば、奈良は「社地・寺地の延長として境内に囲い込んだもの」であり、[9] 奈良町は境内地としての性格を持ちながら、寺社の強い支配のもとで組織化されながら成長してきた。中世後期における郷民の自立が注目されてはいたが、近年の研究では、むしろ寺社による編成の側面が強調されている。[10] 支配が成長を促すという相即不離な関係の中で展開したのが中世後期の奈良町である。奈良町の町人が興福寺から自立したのが明確になるのは、筒井順慶家臣と結託して、天正八年（一五八〇）に興福寺衆中の支配を離脱してからである。[11]

以上のようなことからすれば、奈良町の歴史は、平城京の歴史ではないし、町民から見た場合、むしろ寺社に従属した歴史が長きを占めていることになる。たしかに、戦国から織豊期の奈良町の町人の成長には目を見張るものがあり、経済力を背景に文化的に高い水準にあった。[12] しかも、たとえば茶人として有名な松屋久政が塗師であり東大寺八幡宮若宮の神人《じにん》でもあったように、[13] 聖俗の区別は明確ではない。このようなことを差し引いてみても、奈良の町人が寺社と町の間に横たわる深い溝を飛び越え、寺社の歴史を奈良町の歴史、すなわち地誌に直結させることは、たやすいことではない。

このような奈良固有の歴史的前提のみならず、その執筆時期が幕府による「五畿内志」の編纂とほぼ重なっている事実からも、[14]「奈良坊目拙解」は、近年活発になった地誌編纂史や由緒論を考えるうえで格好の素材となりうる。そこで、研究史との関係でさしあたり次の三点を指摘しておきたい。

第一点は、一七世紀から一八世紀前半における地誌編纂が、紀伊・松江・尾張・会津などの藩の領国支配の一環として藩士・藩儒によって担われることが多かったのに対して[15]、奈良においては、藩ほど大掛かりではないにせよ、町人がそれを行い、その質は藩による編纂物に見劣りしないことである。ここから、奈良では、なぜそのようなことが可能になったのかという問いが生まれてくる。

第二に、村や家が由緒を語り始める画期の問題である。岩橋清美は、近世村落の成立と「村方旧記」の成立を重ね合わせて第一の画期を一八世紀初頭とし、第二の画期を自律的な「地域」を成立させた一九世紀初頭に置いた[16]。久留島浩もまた、一八世紀後半以降、一九世紀にかけて「由緒の時代」に入ると位置づけている[17]。史蹟論から地域の歴史意識を検証する羽賀祥二が分析の柱としている記念碑文化も、一八世紀に始まり、一九世紀になるとさらに関心が高まって各種の記念碑が建立されているという[18]。

近世後期に力点のあるこれらの論者に対して、井上攻は一七世紀後半、すなわち寛文から元禄頃に画期を見いだしている[19]。山本英二は、由緒論の研究動向を俯瞰し、武士政治の儀礼化から文字社会の広がりまでを踏まえて、近世社会の伝統化、あるいは近世の起点としての寛文・延宝期を画期ととらえ、そのうえで一八〜一九世紀の由緒を考えるべきだとしている[20]。本稿で扱う奈良において、「奈良坊目拙解」が作られたのは岩橋のいう画期にやや遅れるが、実際には、山本のいう時期に近い延宝末年にあった史料調査という大きなきっかけがあった。奈良の場合、一八世紀末にも地誌が作られるが、それは剽窃という不幸な形だったにせよ、前代の知識の蓄積の上に成立していくのである。つまり、一七世紀と一九世紀の動向は決して別の問題ではなく、一七世紀の営みが後代に強い影響力を及ぼしていることを改めて意識しておきたい。

第三に、先行研究においても明らかな通り、領主の交替や村落構造の変動などの背景があるにせよ、由緒を語りうるのは、他者に対して説得的な歴史を語る知識や技法があってこそである。本稿では、それらを身に付けた知識人の活動と歴史を語る技法にかかわる史料論との関係に注目する。従来の由緒をめぐる研究史での史料論は、一八世紀から一九世紀における、村・家の記録の利用・管理に力点があった[21]。本稿で問題としたいのは、考証に必要な寺社の記録を町人が利用することが可能になった、史料開示の力学と地誌編纂との関係である。本稿では、この基点に徳川家康の集書事業を置く。平田篤胤が、みずからの学問（国学）の成功は家康が公家などから古事記・六国史をはじめとする秘書を開示させたことが大きいのだと述べた[22]、その顰《ひそみ》に倣いたい。あるいは、支配に向かい発展している社会集団が、「伝統的知識人の「イデオロギー的な」同化と獲得のための闘争を展開する」というグラムシの言にも従おうと思う[23]。

大づかみにいえば、本稿では、幕藩権力が寺社に働きかけ開示させた史料が、やがて奈良の町人に利用されて寺社と町人の間の溝を埋め、地誌編纂に大きな影響を及ぼしたことを跡付ける。幕府・藩次元での歴史への関心が地域・家に向かい、眠っていた史料（知識）に光が当てられ、幕府・藩（国家）次元へ回収される。地域において、同じ史料を用いながら新たな編纂物・歴史叙述（由緒書）が構築されて、再び幕府・藩次元へ提供されていくように、知が幾重にも連鎖し、幕府・藩の次元と地域が相互作用を及ぼしあう。そのような円環的知の連鎖ないしは人・物・知の交通を、古都奈良を例にたどってみたい。

なお、本稿で扱う幕府・藩による史料調査や奈良の文人たちについては、すでに『奈良市史　通史三』において、いくつかの分野に分けて紹介されている[24]。しかし、同時代に生きた彼らの活動が、重なり合って展開していることに十分な配慮が見られないし、過去の調査と連関しているという発想に欠けている。本稿では、同時代の人と人、過去と当代の調査との間隙を埋めていくことになるだろう。

一　藩の史料収集と奈良

(1) 尾張藩・水戸藩の収書事業と京都・奈良

平田篤胤は、徳川家康を称えた上記の言葉に続いて、家康没後、蔵書が御譲本として御三家に分配され、それに触発されて、それぞれに学問が展開したと述べる[25]。なかでも尾張藩と水戸藩では神道への関心が高かった[26]。尾張藩主徳川義直は、元和八年（一六二二）八月、神道の家である吉田家を支えていた神龍院梵舜に対して、「藤氏大系図」の借用を申し出た[27]。梵舜は慶長一六年（一六一一）九月の家康に次いで[28]、義直に対しても同書を進上したことになる。義直はその後、神書や「三代実録」を吉田家から借用し[29]、寛永三年（一六二六）には、梵舜自筆の「唯一神道名法要集」も献上させている[30]。これらをもとにして、義直のもとで「神祇宝典」という神書、さらに「神君御年譜」「類従日本紀」といった史書が作られ、やがて尾張藩による地誌「尾州志」の構想へとつながっていく[31]。

水戸藩徳川頼房の場合、松田如閑（のちに彰考館に入る）が吉田家分家の萩原兼従から神道を学んでいた。慶安三年（一六五〇）には、絵師を吉田家に派遣し、神道の祭具を描かせており、光圀の時に「神道集成」が完成する。光圀は、神仏分離政策や「常陸国風土記」編纂、そして「大日本史」を志していく。

神道（宗教）と歴史・地理への関心は、会津藩にもいえることで、保科正之は山崎闇斎に「会津風土記」と「会津神社志」を編ませた[32]。

やはり、神道・地理・歴史を重視して叙述を実践したのが、家康の文庫管鑰《かんやく》をつかさどっていた林羅山である。多作の羅山がことさら「本朝」と付けた書目に、「本朝地理志略」「本朝編年録」「本朝通鑑」「本朝神社考」「本朝王代系図大綱」「本朝人品伝」がある。これらは、羅山を含めた為政者が「天皇」（王統）・歴史・地理・宗教を別の概念としてとらえつつも、それらが「本朝」(国家)の重要な要素だと認識していたことを示している。[33]さらに、羅山の「本朝神社考」は、地誌の記述に影響を与えたといわれている。[34]地誌(名所記)出版は、庶民の旅行願望によるところが大きいだろうが、羅山による網羅的な神社の書上げも、その制作をどこかで後押ししたのではなかろうか。[35]

さて、水戸藩の松田如閑は、奈良にも調査に訪れており、「春日年中行事聞書抄」(彰考館蔵、国文学研究資料館マイクロフィルム)は、承応三年(一六五四)、秀能井主膳正と法隆寺観音院からの聞き書きによって編まれた。松田の奈良への派遣は、後述する水戸藩の彰考館による修史事業の先駆けをなすものである。史料を京・奈良に求めることは、けだし正当な判断であろう。

ここに登場する秀能井主膳正在守(一五九二～一六七〇)は、春日社の神人(社家に従属する下級神職)である。秀能井家は吉田家に頻繁に出入りし吉田神道を深めるとともに、各種の回路を通して神書を収集し、七大寺や神社の由緒を記した「元要記」を編んだ。「元要記」は水戸・尾張両藩に納められており、尾張藩のものは、慶安四年(一六五一)にはすでにその文庫にあった。[36]この本は、「奈良坊目拙解」において頻繁に引用される一書である。

ここで、天和四年(一六八四)正月にその役を免ぜられるまで、秀野井家が奈良奉行所の御師《おし》であったことにも注意したい(「庁」下〈玉井家文書「庁中漫録」二六〉奈良県立図書情報館写真帳)。いつからその役にあったのか不明だが、秀能井家が京都・吉田家との関係だけでなく幕府(奉行所)と恒常的な回路を持っていたことは重要である。

「元要記」に参照されたテクストは、「建久御巡礼記」「多武峰略記」「元元集(北畠親房、承応二年刊)」「東大寺八幡験記」「公事根源(一条兼良、元和年間刊)」「春夜神記」「神祇霊応記」「春日権現験記絵」「春日水精記」であり、春日社関係以外の書籍も含まれている。秀能井家にはこれらのテクストが集積されていたことになる。また、羅山の「本朝神社考」が出てから書き直された本は、寺院の記述が消え、神社の記述に特化する。地域の神書「元要記」も、羅山の編著に反応しつつ構成を大きく変えたのである。

在地における神社の由緒研究と幕府や藩の収書事業が京都の吉田家を結節点として連結し、京都（吉田家）の影響を受けながら在地で作成された由緒書（在地の知識）が円環的に大名家の蔵書へ加わることになった。作成された「元要記」は、地誌を編むうえで重要なテクストとして利用されることになる。

(2) 水戸彰考館の活動

松田如閑ののち、水戸藩が奈良で本格的に文献を調査したのは、延宝六年（一六七八）である[37]。奈良奉行溝口信勝を通して、興福寺に調査の依頼が伝えられた[38]。このとき、興福寺の三綱職であった二条憲乗は、史料調査に応じたものの、その対応はいささか屈折したもので、自家の記録は見せず、光明院旧蔵の「二中歴」を見せることにした。二条家では、法会などの儀式を執行するために家の記録を興福寺僧に借覧させることはあっても、幕府や藩の要請によって記録を開示するということはなかったのであろう。要請に応じて見せた「二中歴」は、二条家の蔵書目録により実暁自筆本の存在が確認でき[39]、彰考館にも写本が架蔵されている。

延宝八年（一六八〇）の調査でも、やはり史料（春日文庫）の開示に反対する興福寺僧がいた（東京大学史料編纂所所蔵謄写本「史館旧記」）。奈良奉行の溝口信勝が加賀藩に送った書状（延宝九年と推定）によれば、東大寺や興福寺の僧侶たちは「勅封」などといって史料を開示しようとしなかった。そこで徳川光圀は一乗院・大乗院に働きかけ、虫干しの機会に閲覧・筆写することが可能になった。東大寺では、随心院門跡を通して正倉院以外の東大寺坊舎の文庫を開けさせたのだという（「奈良奉行溝口豊前守書翰写」〈「松雲公採集遺編類纂一四」、以下「松雲公一四」

と略〉）。興福寺や東大寺の史料は、徳川光圀の威光によって大きく開示されたのである。

一乗院は調査に対して好意的で、佐々宗淳《むねきよ》は文書箱三十余りを調査できた。しかし、記録を多く所蔵する大乗院は史料を出し渋ったようで、水戸藩は、関白鷹司房輔（当時の大乗院門主である信賀とは兄弟）に働きかけて調査しようとした（「史館旧記」）。彰考館には「尋尊御記」が蔵されていたから（『彰考館図書目録』彰考館文庫、一九一八年、一〇五八頁）、この画策は成功したのだろう。

春日社の社家は、「社家の眉目になる」として、大宮神主正真院経就《つねなり》・若宮神主千鳥祐頼《すけより》・今西祐舎《すけいへ》の取り持ちで積極的に応じた（「史館旧記」）。寛文期の春日社は、興福寺の支配から離脱しようと運動しており、水戸藩への協力は、みずからの地位を向上させたいという思いが秘められていた。この時、興福寺との訴訟に際しての立場と一貫性をもたすように、不都合な史料の記述は削除された。史料調査に積極的に応じた裏側で、作為が施されていたのである[40]。

佐々が調査した史料には、興福寺・東大寺の僧侶ですら容易に目に触れえないものが含まれていた。たとえば、「七帖双紙」（実厳編「細々要記」）は、東金堂堂舎の二階に置かれていて、当時誰も見た者がいなかった。「東大寺要録」は、東大寺の一﨟が預かり、一﨟以外見ることができなかったが、興福寺一乗院のとりなしで披見が可能になった（「史館旧記」）。

延宝八年の調査では、二条憲乗は自家の記録を見せるようになり（ただし全面的に応じたとは思えない）、佐々宗淳と同道して般若寺・眉間寺・戒壇院・興福寺金勝院・新薬師寺奥坊・唐招提寺・海龍王寺・法隆寺をまわった。興福寺明王院では「皇年代記」「興福寺牒状」、東大寺上生院では、「油倉文書」「東大寺要録」などをみている。さらに憲乗は、天和元年（一六八一）、喜多院での調査の紹介の労を取った。

このような奈良での寺社史料調査の結果、佐々宗淳が編んだ「南行雑録」（東京大学史料編纂所所蔵謄写本）には、奈良関係の史料として、「光明院実暁記録」「細々要記（東金堂蔵）」「東院記録（成身院蔵）」「略年代記（釈迦院蔵）」「多聞院日記」「若宮神主日記」などの記録、唐院・大乗院・一乗院・東金堂・二条家・高天大蔵家の古文書が引用されることになる。続編の「続南行雑録（大串元善編）」にも、一三世紀前半の中臣（千鳥）祐茂から元和年間の中臣（東地井）祐範までの春日社家日記の抜粋、「社家補任記」「二条寺主家記抜粋」[41]「大和国廻文次第」「諸末寺別当等事」「南都七郷事」「興福寺惣末寺」などが収録された。元禄五年（一六九二）調査分は、丸山雲平によって「又続南行雑録」（茨城県立歴史館所蔵）としてまとめられ、二条家所蔵の「随要抄（東院光暁自筆）」「習見聴諺集（光明院実暁）」「二条寺主日記」、あるいは「喜光寺過去帳」などが引用されている。

ここで登場する光明院の記録は、同院が廃絶したのち、二条家の所有に帰したものである。記録の中核は「習見聴諺集（実暁記）」で、「享禄南都七郷記」「諸末寺別当事」「大和国廻文次第」「東院毎日雑記」が含まれる[42]。「続南行雑録」には「習見聴諺集」から採録されたものが多かったことになる。それ以外にも、二条家の琳乗の日記「丹州記（延慶三年〈一三一〇〉）」の写本も光明院に残されていた。ここにあげた「享禄南都七郷記（南都七郷事）」こそ、中世奈良の出発点として、「奈良坊目拙解」で頻繁に用いられた史料にほかならない。

ほぼ同時期の天和元年（一六八一）から天和二年に、加賀藩も奈良で史料を調査しており、東大寺油倉・惣持院・戒壇院、興福寺大乗院・喜多院・多聞院・金勝院・明王院、春日社の禰宜の記録が書き上げられている。加賀藩が調査した書目には、「大乗院寺社雑事記」や明王院の「皇年代記」が含まれていた。明王院の調査では「十市遠忠自歌合」をはじめ「草根集」などの歌集も多く書き上げられている（「松雲公一四」）。さきの溝口信勝書状によれば、加賀藩の調査は、溝口信勝から得た水戸藩の調査情報をもとに、同家の調査を受け入れた坊院を対象にしていたのだろう。

加賀藩が調査した春日禰宜（神人）の史料に、天正二年（一五七四）三月下旬に中原忠胤が書き写した「尾張風土記・伊賀風土記」がある（「松雲公一四」）。この史料とまったく同じ奥書を持つ本が吉田家にも架蔵されていたことからすると、(43) この禰宜が秀野井家である可能性は極めて高い。秀野井家は再び調査を受け入れ、さらに新しい史料が世に出されたのである。

このように、一七世紀後半、水戸藩・加賀藩が繰り返し調査することにより、東大寺・興福寺・春日社などの寺社史料が次々と開示されることになった。付言すれば、徳川光圀は法隆寺に「駿府政事録」を与えており（『川路聖謨文書第二』日本史籍協会、一九三三年、一九五頁）、幕府を中心とする歴史認識の楔を埋め込むことも忘れてはいなかった。

いずれにせよ、新たに発掘された史料の中には、「奈良坊目拙解」になくてはならない史料がいくつも存在した。しかも、これらの藩の活動がなければ容易に開かれることがないものも含まれていた。一七世紀後半のこのような史料調査の地均しなしには、寺社の史料を利用した町人による地誌編纂はあり得なかったのである。

二　奈良における地誌編纂の嚆矢

(1)　一七世紀後半の奈良

前節でみたような史料調査が試みられている一方で、一七世紀後半の奈良の社会あるいは行政には、大きな変化が生まれていた。当時の状況を簡単に整理しておこう。(44)

近世奈良町は最初一〇〇町とされていたが、一七世紀後半には一三八町となり、さらに寺社領も宅地化が進み、一七世紀末には二〇五町となった。人口は一七世紀末に三万五〇〇〇人ほどで以後下降線をたどっている。奈良町の発展は、一七世紀末から一八世紀初めがピークだった。

行政の中心である奈良奉行には、最初、興福寺衆徒の家であった中坊家の秀政・時祐親子が就いていたが、寛文四年〈一六六四〉、奈良とは所縁のない幕府官僚の土屋利次が着任した。しかし、興福寺との軋轢によって罷免され、寛文一〇年〈一六七〇〉、溝口信勝が奉行に任じられた。

溝口時代には、いくつか刮目に値する町政が推進されている。奈良町の町人を対象として網羅的に一軒ごとの間口・家職・人数等を書き上げさせた家職取調、非人頭による奈良町の非人編成、薪能の鞍懸売買権を貧民に与えるなど、奈良の貧困対策・治安維持を含めた本格的な都市政策がとられた。寛文一一年に提案され、翌年から本格的に実施された鹿の角切りもその一環であった(45)。奈良町の調査は、その後、元禄二年〈一六八九〉、同一一年〈一六九八〉にも行われている。この元禄期の二つの調査は「奈良坊目拙解」に掲げられた町の基本データとなった。

同じころ、奈良に関する名所記・案内記の類が次々と出されたことも注目される。版本ではないが、寛文六年には「和州寺社記」が作られた。その後、中川喜雲「京童跡追」〈寛文七年〈一六六七〉刊〉、太田叙親・村井道弘〈道弘は古道の父である〉「南都名所集」〈延宝三年〈一六七五〉序〉、大久保秀興・本林伊祐「奈良名所八重桜」〈延宝六年刊〉、林宗甫「和州旧跡幽考」〈延宝九年序〉など、寺社・景物を中心とした名所記が出版された。やや遅れて、貞享四年〈一六八七〉には、町名や名所、名産あるいはそれにかかわる町人を書き上げた案内記である「奈良曝」も版行された。

このように、都市行政の深化と観光化ともあいまって、名所記などを通し奈良に関する知識が底上げされた。その刺激をうけて、奈良の知識人である古道の中には、それを乗り越えて町の歴史に深く立ち入った地誌を編もうという意識が生まれてきたのである。

（2）玉井定時の「庁中漫録」

水戸藩や加賀藩の奈良での史料調査は、前項のような状況のもとで行われていたことになる。ここで見落としてならないのは、水戸藩・加賀藩と寺社とを仲介したのが奈良奉行の溝口信勝だったことである。しかも、溝口の加賀藩宛書状には、「水戸殿之御写候書籍書付懸御目候」と書き添えられていて、奈良奉行所も水戸藩の調査書目を了解していた（「松雲公一四」）。奈良奉行所も多かれ少なかれ両者の調査にかかわりを持っていたのである。

溝口が奉行所機能の充実のために史料調査・集成の必要性を認め、その人材として求めたのが、与力の玉井定時である。定時は、与力の井関六大夫の長男として生まれ、郡山藩本多政長に出仕、その間各地の史料や伝承を調査していた。延宝七年（一六七九）、同家が御家騒動によって転封された際に致仕したところ、同年暮れに溝口信勝によって召し出された。[46]まさに、水戸藩が奈良での史料調査を行っていた頃である。彼が生涯をかけて編んだ「庁中漫録」は、奈良奉行所の組織・法令、主要な行事である若宮祭礼・薪能、あるいは陵墓・大仏再建など、近世の奈良・大和国を知る上で決定的な史料集である。

この「庁中漫録」には、「和州志（大和名勝志）」と呼ばれる地誌がある。第一冊目（「和州志　首巻」と呼ぶ）が欠本になっていたが、幸いなことに、春日大社にその写本が所蔵されていた。

元禄一三年（一七〇〇）に記された「和州志　首巻」の序文には、編纂の経緯と意図が記されている。天和二年（一六八二）に奉行となった大関増公は、大和国には古い寺社が多いが、奉行所に由緒の記録がないため、急ぎこれをまとめるように指示した。おそらく水戸・加賀両藩の調査の刺激を受けてのものだろうし、奈良に関する知識のない新任奉行にとって、奉行所に寺社に関する情報を集成しておくことは、必要不可欠なことだった。玉井が作成の任に当たり、大関に示された八か条の要点を国中の寺社に指示して要録をまとめたのである。この書上げの全貌は不明だが、「大和名勝志　添上六」（「庁中漫録」六、以下「漫録」と略す場合がある）にある天和三年

（一六八三）の東大寺の書上げがその一部だと思われる。奉行所出仕前の寛文元年から天和二年までの約二〇年間、大和の旧記を調べていた玉井定時は、その記録を増補すべく、さらに詳しい記録を集め、奉行所に蔵することを許された。これが「和州志（大和名勝志）」である。

玉井定時の力量に負うとはいえ、奉行所機能を充実させるための調査と記録の集積がこの時に本格化したのである。水戸・加賀両藩の史料調査が、奈良奉行所にも大きな影響を及ぼすことになったといってよいだろう。

この「庁中漫録」を繙いていくと、先の水戸藩・加賀藩の調査との重なりを容易に見いだすことができる。たとえば、「庁」上・下（「漫録」二五・二六）は奈良奉行・奉行所の事績をまとめたものだが、その冒頭「二条寺主家旧記　○応永二十八年之頃室町殿家来松田豊前守直頼」と記されている。[47]あるいは、「多聞屋敷」の由緒についても二条憲乗からの聞き書き、「和州志　首巻」の「二基之塔」に関する憲乗の説が引用されている。二条憲乗は、玉井定時にも史料ないし知識を提供していたのである。

「庁」上（「漫録」二五）には、秀野井民部の所蔵していた「水谷闘争記」（奈良奉行所と郡山藩の喧嘩沙汰の記述）が参照され、「大和名勝志　添上三」（「漫録」三）の吉備塚の説明には「元要記」も引用される。奈良地誌の草稿「奈良街著聞記」（「漫録」二二）の七御門の説明でも（「今御門町」の項）、明記はないが「元要記」が参照されたのは明らかである。

そのほか、慶長一八年（一六一三）に中坊秀政が奈良奉行に任じられたことを示す「祐範記」の「中坊左近殿奈良所司代ニ被相定、則入部畢」以下の記述は（「庁」上〈「漫録」二五〉）、「続南行雑録」にも引用された「中臣祐範記」を正確に引き写したものである。「和州志　首巻」の春日社の項では、冒頭に林羅山「本朝神社考」、「春日社古記」などを引用して春日の由緒を説明しつつ、春日社家の奥経憲から提供された、「中臣祐松記」（寛正五年〈一四六四〉の社頭能の記事）の一文を記す。中坊秀政時代に書き取られた東大寺油倉文書によって、戦国期の中坊家の動向も示された（「庁」上〈「漫録」一二五〉）。「大和名勝志　添上一」（「漫録」一）の興福寺の記述には、「尋尊御記」と記された、寺内堂塔の由緒・年中行事の書上げが写されている。原本は不明だが、大乗院の史料を得たことに疑いはなかろう。「大和名勝志　添上三」（「漫録」三）の「猿楽田楽之事」では、明王院の記録も参照された。

奈良奉行所は、春日若宮祭礼・薪能の運営の中心だったことから、その立場に基づいた記録も集成された。「庁」上（「漫録」一二五）には、興福寺衆徒記録・願主人（若宮祭礼に流鏑馬を奉仕する中世国人の由緒を持つ家）の書上げが引用された。「春日若宮祭礼記」上・下（「漫録」三四・三五）も同様で、春日社社家千鳥祐字・奥経憲の注進状、春日社禰宜の拝殿五郎左衛門が受け取った戦国時代の供物送状が収められている。「薪能番組」（「漫録」四〇・四一）も一冊に集成された。若宮祭礼や薪能については、奉仕記録として、書き足されていった。

（3）　歴史に集う奈良のサロン

定時が提供を受けたのは、それぞれの寺社が元来所持していた史料とは限らない。奥経憲からは、奥が元禄四年（一六九一）に公家の中御門資煕から借りて写した「春日祭下行米之事」（上卿・弁など朝廷の役職者に対するもの）の提供を受けている。また、慶長一七年（一六一二）八月に家康が春日社造替のために二万石の寄付を認めた「駿府政事録」が引用されているが、これは東大寺の龍松院公慶が江戸に下向した時に密かに写し取り、玉井定時に示したものである（「和州志　首巻」）。神書・和歌に通じ大和名所の和歌を集めていた辰市祐長の「伝」が参照され（「大和名勝志　添上五」〈「漫録」五〉）、奥経憲から「三十六人歌仙像幷和歌」（正保四年〈一六四七〉）の写し（「和州志　首巻」）を得ているのとあわせてみれば、権力とはやや次元を異にして、史料を提供しあう知識人のサロンが存在するようになっていたと思われる。

たとえば、「興福寺縁起」（「大和名勝志　添上二」〈「漫録」一〉）には、元禄一四年（一七〇一）に岡田宗春（当時六八歳）が誤謬を正した書き込みがある。この岡田宗春は、奈良の医師・和算家の奥田有益の師であり、(48)「庁中漫録」七二には、宗春の蔵書「源氏口伝・一条禅閤御説合冊」の写本が加わっている（宝永五年〈一七〇八〉写）。その年齢から推測するに、宗春は、正徳三年（一七一三）に八十余歳で没した儒者・岡田寛斎だろう。彼は松屋（土門氏）と親しく、松屋の屋敷内の翠屏庵に寄寓した。歌人として名を知られた京の武者小路実陰(49)・有賀長伯は、彼の歌集に発句を寄せている（「奈良坊目拙解」二二四～二二五頁）。村井古道が写した「長闇堂記」の奥書によれば、村井古道が岡田寛斎から直接聞いた話として、寛斎が長闇堂の数寄屋を買い、東大寺公慶に贈ったのだという。この「長闇堂記」は、愉々斎楽只《ゆゆさいらくし》が求めたものだが(50)、楽只は、古道の俳諧仲間でもあった(51)。つまり、公慶・岡田宗春（寛斎）・松屋・村井古道さらには俳人の楽只は、茶道・和歌・俳諧などを通して、一つのサークルに結ばれていたのである。

また、岡田宗春が「大和名勝志」に書き込みをしたということは、玉井定時は、宗教者や町人たちから史料を借りる一方、みずから収集していた史料を見せていたことを示すだろう。そもそも春日大社の「和州志　首巻」の写本は、蓮蔵院（興福寺の一坊舎）の本が安政六年（一八五九）に写され、それが一八九五年（明治二八）に再写されたものであった。

寛保二年（一七四二）に完結した藤村惇叙《じゅんじょ》「春日大宮若宮御祭礼図(52)」にも「庁中漫録」の記事を参照したと思われる個所がある。たとえば、「春日若宮祭礼記」上（「漫録」三四）の願主人の説明には「何れも一郡二郡或ハ五村七村を領知して威勢を振へり」とあるが、「春日大宮若宮御祭礼図」における「大和一国之諸士一郡二郡或ハ五村或は七村を領じ、御祭礼を相勤」という一文は、前者を参照したとしか思えない。さらに、「春日若宮祭礼記」上には、不明年と元禄一三年（一七〇〇）の二年分の装束賜田楽能の番組が記され、それと同じ二年分の番組が「春日大宮若宮御祭礼図」にも記されている。

　このように、「庁中漫録」は奉行所あるいは玉井家にまったく秘蔵されていたのではなく、誰彼にもとはいえないまでも、町人の一部に開かれていたのである。「庁中漫録」は、定時の個人的な調査だけではなく、奈良奉行所の権力的立場によって獲得できる史料、従来は容易に手が届かなかったが、水戸藩・加賀藩の調査によって開示された寺社史料、寺社・町人などをも含め、儒学・俳諧・和歌・茶道など多様な関心事からなるサロンに集う人々から提供を受けた史料によって構築された。逆に、玉井定時のもとに蓄積された史料のなにがしかは、再び町人にも還流していたと思われる。そのサロンの中に、間違いなく村井古道もいたのである。次節では、いよいよ「奈良坊目拙解」を繙くことにしよう。

三　村井古道「奈良坊目拙解」の誕生

（1）「奈良坊目拙解」の特徴

　冒頭に触れたとおり、村井古道は一〇〇以上の文献を参照し、享保一五年（一七三〇）から同二〇年（一七三五）の間に「奈良坊目拙解」を編んだ。原本には、その後の書き込みや切紙の挟み込みもあり（一部翻刻されていない）、終生増補を続けていた。徳川吉宗の文書調査あるいは、「五畿内志」のための並河誠所《なみかわせいしょ》らの調査も背景として重要で[53]、残念ながら接点を見いだせていないが、何らかの触発を受けたものと推測している。古道の父村井道弘が主に執筆した「南都名所集」[54]（延宝三年〈一六七五〉）は、大衆向けに上梓された名所記ではあるが、参考までに比較してみよう。

　まず、「南都名所記」では、当時すでに上梓されていた史書・仏教書・物語・和歌集——たとえば「日本紀」「源氏物語」「平家物語」「源平盛衰記」「伊勢物語」「万葉集」「八雲抄」「古今和歌集」「元亨釈書」「沙石集」

――などに、「建久御巡礼記」「鹿野園梵福寺縁起」「春夜神記」「法楽寺縁起」「春日古記」「鴨毛屛風銘文」など奈良関係の史料を加味した。

ついで、「奈良坊目拙解」を見てみよう。《表》は、同書の引用書目を刊本とそれ以外に分け、それぞれを分類してみたものである。極力、元本との照合を心掛けたが、不明な本や書名が混乱しているものがあって不十分さは免れず、ここでは（稿）としておきたい。

「奈良坊目拙解」では、引用される史料は格段に増え、刊本では、「古事記」「続日本紀」「日本後紀」「三代実録」などの史書、「宇治拾遺物語」「太平記」といった物語・軍記物、「仏法伝通記」といった仏書などが参照された。「異称日本紀」（元禄六年〈一六九三〉刊）、「羅山文集」（寛文二年〈一六六二〉刊）といった編纂物も用いられる。林羅山「神社詳考節」は、割書まで正確に引用されている。広島藩儒時代に「芸備国郡志」を編んだ黒川道祐の「雍州府志」や、徳川光圀が彰考館に命じて作らせた「鎌倉志」といった地誌も参照された。権力によって編まれた、あるいはその経験を生かして作られた地誌が、新たな地誌編纂に利用された。

歴史・文学（物語・和歌）・宗教（仏教・神道）を混然一体としてとらえる観点は、多かれ少なかれ「南都名所集」「奈良坊目拙解」両者に共通するが、史料を丹念に提示し、「按」として、みずからの意見を述べるという手続きが採られているのが「奈良坊目拙解」の特徴である。歌枕と和歌を提示する名所記と異なり、和歌から導かれる事実が重要になっている。

あげられたような書籍が広く普及し民間の知識人の間で消化され始めていたこと、これらを参照し、史料を提示して考察する方法、漢文体での表現法が吸収されていることがわかる。

《表》「奈良坊目拙解」引書目録(稿)

刊　本		【法制】職原抄(慶長４版)／延喜式(神名帳を含む、正保４版)／令義解(慶安３版) 【史書】東鑑(慶長10版)／日本書紀(慶長15版)／保暦間記(慶長版)／古事記(寛永21版)／続日本紀(明暦３版)／文徳実録(寛文９版)／三代実録(寛文13版)／異称日本伝(元禄６版) 【有職】公事根源(元和版)／江家次第(承応２版) 【神道】日本書紀神代巻(慶長４版)／本朝神社考／神社考詳節(延宝２版) 【仏教】元亨釈書(永和２版、慶長４版)／沙石集(弘安、慶長10版)／三国仏法伝通記(応永６、慶長元和版)／定珍法華科註私抄(寛永２版)／法然上人御伝記(寛文６版)／円光大師行状翼賛伝(元禄16序) 【物語、説話、軍記等】太平記(慶長８版)／伊勢物語(慶長13版)／枕草子(慶長版)／源平盛衰記(慶長版)／平家物語(慶長版)／保元物語(慶長版)／義経記(元和版)／大和物語(慶長元和版)／宇治拾遺物語(寛永版)／古今著聞集(元禄３版)／太平義臣伝(享保４序)／霊異記(正徳４版) 【和歌、歌学等】万葉集(慶長版)／澄月歌枕(万治２序)／羅山文集(寛文２版)／夫木集(寛文５版)／宗祇名所方角抄(寛文６版)／梁塵愚案抄(寛文８版)／袋草紙(貞享２版)／能因歌枕(元禄９版) 【地誌】南都町小路寺社大絵図(寛文６版)／南都名所集(延宝３序)／雍州府志(貞享元序)／鎌倉志(鎌倉極楽寺忍性菩薩行状略頌を含む、貞享２版)／山城名勝志(正徳元版) 【その他】庭訓往来(慶長４版)／拾芥抄霊所部(慶長版)／尺素往来(寛文８版)／日本古今人物史(寛文９版)／一条禅閤藤河記(寛文12版)／野馬台詩／白楽天詩／劉氏鴻書
刊本以外	奈良奉行所	奈良町中屋改帳(元禄２年)、町屋改帳(元禄11年)
	興福寺関係	永禄天正春日棟別地子帳(永禄８、天正２、余篇)／興福寺寺務相承記／興福寺流記・山階寺流記／三綱福智院記録余篇・福智院氏旧史余篇 【二条家】習見聴諺集(享禄南都七郷記、興福寺東院光暁毎日雑記)／大内裏図式／丹州記(延慶３年)／二条法印旧記(天正２年光秀覚祐等何人百韻)／諸寺雑記 【大乗院】尋尊大僧正記(大乗院日記目録を指す)／尋尊僧正七大寺巡礼記／玄明房流記
	春日社関係	〔春日社〕御鎮座記／春日神社記／元要記／春夜神記異本／春日大宮祭記／社家旧史
	東大寺関係	東大寺縁起／東大寺伝記／東大寺八幡宮縁起／東大寺八幡宮社伝記／東大寺八幡宮記録／東大寺要録(末寺之記)／東大寺略録抜枠／東大寺良弁僧正伝記／手掻会絵図・同頭書(文明14年)／将軍源尊氏公御教書(文和２)
	元興寺関係	極楽坊縁起(永正12年)／元興寺絵縁起伽藍古図・元興寺古絵図・元興寺古図縁起／本元興寺縁起・元興寺縁起／元興寺中門堂懸板記録／元興寺観音堂懸板記録／新元興寺縁起・同略縁起
	その他	【法制】朝野群載／令集解／僧綱職令 【史書】神明鏡／帝王編年録／日本後紀／扶桑略記／異本合運図／歴代編年／年代暦史 【有職】昔伝拾葉

刊本以外	その他	【神道】〔率川阿波神社〕社伝／愛宕山神道縁起／宇智郡霊安寺御霊大明神縁起／大三輪三社鎮座次第／大神分身類社鈔附尾／大倭註進状・同奥書（大神氏家牒を含む）／菅家御伝記／祇園縁起／吉備御霊祠奉加帳・同裏書奥書／（薬師堂町）御霊神社伝記／佐保川天満宮縁起／奈良神社縁起（正中元年）／ 【吉田神道】至徳元年卜部兼凞京極御霊八所勧文／卜部兼倶延喜式神名帳頭注／諸神記・諸社根元記／神祇拾遺／延喜式神名帳頭註（肥前国風土記の元本） 【仏教】〔隔夜堂〕勧進帳／〔浄教寺〕伝／〔新薬師寺〕古縁起／〔正覚寺〕伝／〔伝香寺〕略縁起／〔聖光寺〕縁起／〔福智院〕伝記／〔薬師堂〕縁起／〔霊巌院〕寺伝／〔霊巌院〕和尚御伝記／〔十輪院〕縁起／〔十念寺〕相伝／安養寺縁起／出雲寺流記／山辺郡神野寺縁起／大峯役行者縁起／〔建久〕御巡礼記／西大寺老僧伝説／寂照庵略譜／清水寺福智院伽藍古図／福智院記録／宗脈記法相宗相承條下／招提寺僧徒伝説／諸事伽藍雑記／誕生堂縁起／光瀬寺老僧相伝／法楽寺縁起／璉城寺縁起／芳林庵略伝／眉間寺縁起略 【物語、説話、軍記等】異本義経記系図／大倭軍記・大倭軍伝記・和州軍伝・大倭諸将軍伝記・大和軍伝記（和州諸将軍伝、宝永４版の類本か）／紀有常位署天福二年定家卿奥書（伊勢物語） 【地誌、名所記】大和寺社記・南都名所古記・南都名所志・南都名所記・南都寺社名所記・和州寺社記（南都寺社知行附を含む、寛文６）／南都名物記 【和歌、歌学等】高坊心前法師自筆短冊写／草根集／詞林采葉抄／諸国名所和歌 【年代記、日記】中右記／明月記／異本奈良年代記・異本年代記・異本略年代記／奈良年代記・南都年代記／延宝年中南京古記／南都古記・旧史／天文元年土一揆記 【村、家】〔京終村〕村長家伝／〔東大寺大仏師〕家伝／〔文殊包常〕伝・系図／甲冑師家伝／願主人記録／小太郎家伝／金春家系図／筒井家旧記（記録）／大和武家旧記／〔氷室神社〕神主家旧記 【その他】最要抄／雑事問答／称名院公條公吉野道之記／茶湯系譜／卜定記

註１：原則として書名は引用されている表記をとった。〔　〕は幡鎌の補足である。
２：刊本の（　）は、参考として国文学研究資料館日本古典籍総合目録により出版年ないしは序文の年を記した。中世の版本は近世の出版年も合わせて記した。数度にわたって刊行された場合、古いほうを記載した。
３：刊本以外の項の（　）は、史料の作成年代である。
４：書名が異なるが同一の本である可能性がある本、あるいは関連が深い本は、「・」で併記した。

（2）引用文献からみる古道の人脈

刊本に加えて、在地の寺社・町の史料の利用も増えたことが「奈良坊目拙解」の大きな特徴である。そのなかでも、いくつかの重要な史料があり、それらを提供した人々がいた。

まず、当時の各町の基本情報（人数・竈数・号所〈寺社の下級役人の諸役免除地〉）は、元禄二年（一六八九）ないし元禄一一年（一六九八）の「奈良町中改帳」を利用する。元禄二年「和州添上郡奈良惣町諸事覚帳写」（奈良県立図書情報館藤田文庫）が残っているが、町代が作成した奈良奉行所の台帳であり、奉行所から提供されなければ、利用できなかったに違いない。玉井定時のような与力、あるいは町代とのパイプは不可欠である。

歴史的に分析する場合、享禄年中にまとめられた「南都七郷記」、あるいは「元興寺中門堂懸板記文」「永禄・天正地子帳」が用いられ、そこへの記載の有無から、町の成立を分析していく。

「南都七郷記」は、前述のとおり「続南行雑録」にも採録された光明院旧蔵「習見聴諺集」の一編で、二条憲乗の所有である。他にも「習見聴諺集」からとった史料に、「興福寺東院光暁毎日雑記」があった。同じ二条家本とされる「天正二年正月二十六日光秀覚祐等何人百韻」（「奈良坊目拙解」では「三月」となっている）は、「大和名勝志　添上七」（「漫録」七）にも引用されており、玉井定時も二条憲乗から提供された可能性があるだろう。他に類本がなく二条憲乗の所蔵であることが確実なのは、「大内裏図式」「丹州記（二条琳乗・旧光明院蔵）」である(55)。

間接的に二条憲乗の本を引用したものに、「七大寺巡礼記」(56)と「諸寺雑記」（天理図書館所蔵）がある。前者はもともと大乗院御文庫本(57)を二条憲乗が筆写、今出河《いまでがわ》如鶏《じょけい》一友《かずとも》が再写し、それを古道が写したものである。後者は東大寺新禅院蔵本を宝永二年（一七〇五）に憲乗が写し、正徳三年（一七一三）今出河が再写、それを享保一二年（一七二七）に古道が写したものである。このように、二条憲乗からの直接・間接の史料提供は非常に重要で、「奈良坊目拙解」（一八六頁）で憲乗の死が特筆されたのもそのためだろう。憲乗は、水戸藩だけではなく、町人に対しても史料を提供するようになったのである。

「天正二年地子帳」は、興福寺の五師あるいは学侶集会の下部機構である唐院所蔵文書（春日文庫）だったと思われる。数は少ないが、「大乗院尋尊大僧正御記」は、「大乗院日記目録」に他ならず、かなり正確に引用している。内容は不明だが、「玄明房流記」は彰考館の「尋尊御記」の巻首に「伝玄明房」と記されているので（『彰考館図書目録』一〇五八頁）、彰考館でも調査した一書に違いない。水戸藩・加賀藩の調査対象だった史料がここでも引用された。

「興福寺流記（山階寺流記）」もしばしば利用されるが、古道は今出河一友が写した「興福寺諸寺社事跡略記」（天理図書館蔵）を所持しており、同本そのものではないにせよ、参照したと思われる。

ここまでたびたび名前の出た今出河一友（如鶏・若暇・又斎）の詳細は不明ながら、当時活躍していた卜部系神学者で、布留社・長尾社に関する縁起をまとめている[58]。「大和名勝志　添上八」（「漫録」八）には、宝永六年（一七〇九）に一友が記した「常陸神社勘文」が採録されていた。「琎城寺紀」[59]も、今出河一友が享保年中に著述したものを延享三年（一七四六）に古道が写したものだが、「奈良坊目拙解」とほぼ同文である。また、一友は吉田家で神道を学びながら異端的活動をした臼井接伝の門人でもあった[60]。古道が「卜部兼倶延喜式神名帳頭注」「卜部兼熈至徳元年京極御霊八所勘文」「諸社根元記」といった吉田神道の記述を参照できたのも、秀野井家の「元要記」を読み[61]、吉田家と接触していた春日社神職とつながりがあったというだけではなく、一友のような人物が介在していたということだろう。ただ、一友は、古道と同じ「三枝散人」という号を用いており、古道本人の可能性も高いが、今のところ確証はない。一友＝古道であれば、古道自身が臼井接伝のもとで神道の研鑽を深めたことになる。

「奈良坊目拙解」に引用された東大寺関係の史料のうち、「東大寺末寺之記」は「東大寺要録」末寺章第九と一致する部分があり、古道が「東大寺要録」に接していたことを推測させる。「文和二年三月二十四日将軍源尊氏公御教書」は、東大寺八幡宮祭礼・田楽に関するもので、「東大寺雑集録」[62]にも採録されている。古道は、享保一二年（一七二七）に陳氏蔵本の「手掻会絵巻」[63]（天理図書館所蔵）を、年月日不詳ながら「二月堂縁起」（同所蔵）も写しており、前者は「奈良坊目拙解」で利用された。

東大寺との関係は、古道の残した「東大寺廻向開帳図略」（享保一一年〈一七二六〉、天理図書館所蔵）からもうかがうことができる。これは、享保一一年に勧進所の公俊が行った一万日廻向・開帳時の縁起・什物などの出典目録と配置図である。古道は開帳に通ってその様子を覚え、縁ある僧俗に問うただけでなく、「真言院霊宝目録一巻」も参照したという。近世中期に勧進・開帳によって寺社の宝物が衆人に展観されてきたなかで、古道には閲覧の便宜が図られ、一歩進んで、特別に史料が提供されていたのである。

「東大寺廻向開帳図略」の巻末には、開帳が終わった後、東南院で肝煎・講中が招待を受け、夜囃子・狂言があったことが追記されているので、古道はこの肝煎・講中の一人だったのだろう。講中としての立場が、東大寺史料への接近を容易にしたのだと思われる。延享三年（一七四六）、彼は、崇徳寺僧の要請により東大寺東南院宝庫にあった珍海肖像の模写を寄進しているが（「奈良坊目拙解」一六七頁、後筆部分）、坊舎に出入りして史料を写すことが可能なのも、東大寺と日常的に密接にかかわっていたからである。軽重の序列があるテクスト群のうち、より上位のものが、深い関係を持つ限られた者に対して提示されるようになるのは、ごく自然なことだろう。

このほか、「元興寺中門堂懸板記文」や「福智院伽藍古図」など現在残っていない史料が、どのような経緯で古道のもとに集積されたのか不明だが、古道が元興寺や福智院と深く関係していなければ、集めることは不可能である。以前明らかにした通り、藤村惇叙が興福寺・春日社との濃密な関係によって「春日大宮若宮御祭礼図」を編むことができたのと同じであろう[64]。

村井古道は、延宝期に始まった水戸藩・加賀藩の史料調査、あるいはその後の奈良奉行所の調査によって開示された史料、あるいは奈良奉行所が寛文年間に始めた奈良町の調査の延長線上にある元禄期の調査の恩恵にあずかって「奈良坊目拙解」をものした。そもそも玉井定時の「奈良街著聞記」(「庁中漫録」二一)が町単位の記述を試みており、発想そのものも「庁中漫録」によっているのかもしれない。さらに、一七世紀末から一八世紀初めに民衆の力によって堂塔を復興しようとした寺社側が、秘していた什物と並んで縁起を開帳しており、文庫の扉が確実に開いてきていたことも見落とすことはできない。

寛文・延宝期から享保期は、奈良町がもっとも華やかな時代だった。その豊かさを背景として、水戸藩などの史料調査によって関心を喚起された僧侶・神職あるいは奈良町の知識人たちの間では、玉井定時を含めて、史料を見せ合う緩やかなサロンが生まれていた。この間、民衆の力を頼み始める寺社の変質もあった。そうした土壌の中から「奈良坊目拙解」という優れた地誌が誕生することになったのである。

(3) 「奈良坊目拙解」の行方

「奈良坊目拙解」や村井古道のその他の著作のその後を簡単に追っておこう。寛延二年(一七四九)に村井古道が没したのち、久世宵瑞が「奈良坊目拙解」草稿本あるいは「平城趾跡考」を見て、寛政七年(一七九五)に「平城坊目考」を編んだことは冒頭に触れた。それ以前、大和一国の地誌を志しながら天明二年(一七八二)に没した植村禹言の「広大和名勝志」(草稿原本は国立公文書館所蔵)の奈良に関する叙述にも、「平城址跡考」が頻繁に引用されることになる。未完に終った「広大和名勝志」を書肆が買い取り、これを参照して上梓されたのが秋里籬島《りとう》「大和名所図会」(寛政三年〈一七九一〉)である。このように、村井古道の「平城趾跡考」あるいは「奈良坊目拙解」(草稿本)は、その後の奈良あるいは大和国の地誌に影響を及ぼした。[65] [66]

幕命によって古物調査のため柴野栗山・住吉広行・屋代弘賢らが、奈良の東大寺・興福寺・般若寺を訪れたのは寛政四年（一七九二）一二月のことである。[67] この時、栗山は奈良の商人井上平五郎――茶道史料として著名な「松屋会記」を流布させた人物でもある[68]――から「平城趾跡考」を借り、側用人加納久周《ひさのり》のもとに提出、書物奉行成島峯雄が写本を作成し、幕府の蔵に入った（現、国立公文書館本）。また現在、京都府立総合資料館に所蔵される本は、松平定信旧蔵（楽亭文庫）本で、その表題は定信の自筆である。[69] 両者には微妙に記載の違いがあり、借用時にそれぞれ別に写本が作られたと思われる。いずれにせよ、地域で作られた地誌が幕府蔵本に加えられることになった。

「奈良坊目拙解」は、他の古道の著作とともに奈良奉行所に置かれていた。弘化三年（一八四六）、奈良に赴任した川路聖謨は、着任早々「土地のことを記す実録」として「奈良坊目拙解」を読み「拙文之極なれ共偽は少き書と見ゆ」と評し（『川路聖謨文書第二』五七頁）、その後も何度かこの本を手にしている。川路はこのほか、古道の「南都諸神社類集抄」の若草山の由緒（山焼・鶯滝・鶯陵）を書き写している（『川路聖謨文書第二』一三四〜一三七頁、「大和志」が引用されるので同書の成立は享保二一年〈一七三六〉以後）。

川路は寺社巡見で宝物・記録を見物したり若宮祭礼に奉仕したりするが、松平定信の「集古十種」――これも寛政四年の柴野らの調査が嚆矢となって生まれた書である――や「大和名所図会」（『川路聖謨文書第二』八二頁）・「春日大宮若宮御祭礼図」（『川路聖謨文書第二』四二〇頁）を念頭に置きながら現前の事物・行事を見つめることになる。書籍によって培われた記憶によって事物や行事を理解することは、川路に限ったことではなく、テクストを手にするすべての人々に共通し、それが知の枠組みとなって、読者を拘束しているのである。

奈良奉行所に置かれていた「奈良坊目拙解」が、村井古道の自筆本だったのかは不明だが、自筆本は、明治維新後、奈良博覧会社の所有となり、同社社長の鳥居武平から塚田武馬、保井芳太郎、そして天理図書館へと移った。[70]

鳥居は『奈良名所案内詞』（購文堂、一八九二年）、塚田も絵図屋庄八の本を補訂した『改正絵入奈良名所記』（筒井梅吉、一八八三年）を出しているが[71]、いずれも、観光客を狙った名所記に類するもので、「奈良坊目拙解」を利用していないようだ。「奈良坊目拙解」が注目されるのは、昭和になって、郷土史がより深く議論されるようになってからだろう。足立康や田村吉永が春日率川宮《いざかわのみや》趾の考証のために「奈良坊目拙解」を利用した[72]。翻刻も試みられたが、そちらは未完に終わった[73]。

戦後、『奈良市史』の編纂過程で、「奈良曝」とともに翻刻され、喜多野徳俊の訳本も出て容易に内容を把握することができるようになった。しかし、戦後歴史学・考古学の成果の前に、「奈良坊目拙解」をもとにした古代史に関する考証は、受け入れられないだろうし、まして、同じ系譜に属す「広大和名勝志」「大和名所図会」『平城坊目考』と並べても意味はない。

その一方、各種の地名辞書を見ればわかるように、中世後期以後の奈良町の歴史を俯瞰しようとする時、いまだに「奈良坊目拙解」を抜きに記述することは考えられない。それだけではなく、永島福太郎の『奈良』が中世奈良町の基本史料に「習見聴諺集（南都七郷記）」をあげているのは、村井古道と同じであり[74]、奈良町の総合調査でも、奈良町の発展に関する古道の考証が利用されている[75]。つまり、ここまで、「奈良坊目拙解」を研究対象としてその後の受容を含めて論じてきたが、むしろ奈良町をめぐる長い研究史の起点だったのだ。

史料についても同様で、一七世紀後半から一八世紀初頭に作られた史料は今なお輝きを失っていない。佐々宗淳の集めた春日社家や二条家の日記の抜粋（「続南行雑録」）は、『続々群書類従』に採録されて、戦国期を研究する際に利用されている。玉井定時の「庁中漫録」は、のちの与力の執務の参考にされ（京都大学所蔵「橋本家文書」）、現在では、奈良を研究する上で不可欠の史料である。そのほか、二条憲乗や村井古道などが作った写本や縁起が、『群書類従』などの史料集に掲載されているし、「春日大宮若宮御祭礼図」は若宮祭礼を語る際に尊重されている。

これらを見る限り、一七世紀後半以後に世に出て著名になり、あるいは精力的にまとめられた史料が権威化し、史料を選択する時の基準となって、史料保存の枠組あるいは必要性を規定していたことも予想される。近代の奈良研究は、近世の調査によって発見・保存された史料――それらを選択する行為は不選択と同義であり、そのもっとも不幸な形である「廃棄」もあったに違いない――、それらによって編まれた地誌類の二重の枠組みの中で、展開しているのではなかろうか。

おわりに

本稿では、幕藩権力による史料調査、すなわち来訪する調査者と持ち帰った史料、あるいは編纂物などの交通によって幕府・藩（国家）と地方が媒介され、影響を及ぼしあいながら円環的に知識が交錯・集積してくことをみた。もちろん、個別の局面を取れば、因果関係は明瞭かもしれない。しかし、起点となった出来事も先行する、あるいは別次元の事件の結果でもあり、国家・地域・家を分断することなく、大きな枠組みで総体的にとらえる必要がある。地域においても国家の持つ意味は決して軽くないし、山本英二の指摘する一七世紀の動向が、一八・一九世紀の地誌編纂や由緒書の作成などに影響力を及ぼしていることも明らかだろう。さらに、一七世紀の徳川家康や徳川光圀、本稿では十分論じることができなかったが、一八世紀の徳川吉宗や松平定信といった為政者の関心や歴史認識も十分視野にとって、地域におけるそれも把握する必要がある。

二つ目に、地域の権門寺社に独占されていた史料＝歴史が、やがて民衆にも解放されていくことにより、史料を通して、民衆が地域の歴史を古代以来の国家の歴史に接合させる＝地誌を編纂しうるようになったことも明らかにした。おそらく、民衆にとっての奈良は、このときはじめて《古都》になったのである。逆に、史料を開示することで、寺社の歴史が地域の歴史としての生命を与えられた。もちろん、寺社の持つ歴史的・文化的な地位が貶められたのではなく、奈良の観光都市化とも相俟って、寺社の存在が古都奈良の歴史的な意義を強く認識させていくことになるのである。

三つ目に、一七世紀後半から一八世紀にかけて、史料を媒介としたサロンが存在していたことも指摘した。玉井定時・二条憲乗・村井古道・岡田寛斎・藤村惇叙以外にも、「春日神社記」「高畠気稚物かたり」を著した富田延英[76]といった春日社家などもそこに加えられるだろうし、和歌や俳諧、茶道の町人仲間はさらに広がり、彼らの好奇心のままに史料が写され、集められていった。こうした知識人のサロンは、幕府の史料調査の受け皿になり、またその調査の刺激を受けて、成長したのではなかろうか。

史料を通した中央と地方の交流は、明治以後、郷土史を主導した奈良県下の知識人たち、たとえば中村雅真・水木要太郎・高田十郎・保井芳太郎などが東京帝大・京都帝大などの大学教授らと交流を重ねつつ、春日大社の神職や東大寺・法隆寺などの僧侶とも交流し、寺社を含めた地域史料を集め、歴史を語り出したことを思い起こさせる[77]。一七世紀後半の奈良町のサロンの伝統の上に、近代における奈良町内外の知識人たちの交流があったに違いないのである。

（1）　久世宵瑞著・金沢昇平校正補訂『平城坊目考』（阪田稔、一八九〇年）。

（2）『平安通志』（京都市参事会、一八九五年）。その成立については、小林丈広「『平安通志』の編纂と湯本文彦――一九世紀末京都における「知」の交錯――」（明治維新史学会『明治維新と歴史意識』吉川弘文館、二〇〇五年）を参照。

（3）　碓井小三郎「跋」（『京都坊目誌』京都叢書刊行会、一九一六年）。ただし、実際には、碓井以前に編纂の営みもあったし（伊東宗裕「高橋正意と京都市研究」『角川日本姓氏歴史人物大辞典二六（月報一一）』角川書店、一九九七年。小林丈広「町の記憶、学区の歴史」『京都市政史編さん通信』三号、二〇〇〇年。以上は小林丈広氏のご教示による）、近世の町の由緒書には「親町要用亀鑑録」（『日本都市生活史料集成一　三都篇Ⅰ』学習研究社、一九七七年）があった。

（4）金沢昇平『平城坊目遺考』（阪田稔、一八九〇年）。

（5）奈良県編『大和志料』上・下（奈良県教育会、一九一四年）。

（6）天理大学附属天理図書館蔵。翻刻は、「奈良坊目拙解」（奈良市史編集審議会編『奈良市史編集審議会会報』一、一九六三年。本稿での引用頁は本書による）。訳註したものに、村井古道著・喜多野徳俊訳註『奈良坊目拙解』（綜芸舎、一九七七年）がある。書誌、所有の経緯については、平井良朋「近世奈良地誌と無名園古道」（『ビブリア』七七、天理図書館、一九八一年）が詳しい。喜多野には『無名園古道』（松岡出版、一九八三年）があり、同書によれば、村井古道は天和元年（一六八一）、村井道弘の子として生まれ、外科医を生業としながら、寛延二年（一七四九）に没するまでに「南都年中行事」「奈良曝布古今俚諺集」などを編み、俳諧にも通じていた。

（7）金井寅之助「誹諧今宮草」の編者無名園古道」（『天理大学学報』八、一九五二年）、同「奈良坊目拙解と平城坊目考」（『芸林』三―五、一九五二年）。

（8）高木博志『近代天皇制と古都』（岩波書店、二〇〇六年）。

（9）永島福太郎『奈良』第三刷（吉川弘文館、一九八六年）、一五九頁。

（10）安田次郎『中世の奈良』（吉川弘文館、一九九八年）。

（11）和田萃・安田次郎・幡鎌一弘・谷山正道・山上豊『奈良県の歴史』第二版（二〇一〇年）、二〇四～二〇五頁、幡鎌執筆部分。

（12）織豊期から近世前期の奈良の町人文化の動向について、総括的には奈良市史編集審議会編『奈良市史　通史三』（吉川弘文館、一九八八年）第四章を、そのほか、茶道では永島福太郎『茶道文化論集』上・下（淡交社、一九八二年）や『長闇堂記・茶道四祖伝書（抄）』（淡交社、二〇一一年）など神津朝夫の一連の著作、能楽では宮本圭造『上方能楽史の研究』（和泉書院、二〇〇五年）、連歌では川崎佐知子『『狭衣物語』享受史論究』（思文閣出版、二〇一〇年）などを参照されたい。

（13）永島福太郎「松屋の家系」（前掲註（12）『茶道文化論集』下）。

（14）白井哲哉『日本近世地誌編纂史研究』（思文閣出版、二〇〇四年）。

(15) 前掲註(14)白井『日本近世地誌編纂史研究』。
(16) 岩橋清美『近世日本の歴史意識と情報空間』(名著出版、二〇一〇年)、一一頁。
(17) 久留島浩「村が『由緒』を語るとき――「村の由緒」についての研究ノート――」(久留島浩・吉田伸之編『近世の社会集団――由緒と言説――』山川出版社、一九九五年)。
(18) 羽賀祥二『史蹟論――一九世紀日本の地域社会と歴史意識――』(名古屋大学出版会、一九九八年)、五頁。
(19) 井上攻『由緒書と近世の村社会』(大河書房、二〇〇三年)、第二部第一章。
(20) 山本英二「日本中近世史における由緒論の総括と展望」(『歴史学研究』八四七、二〇〇八年)、同「創り出される由緒の家筋」(白川部達夫・山本英二編『〈江戸〉の人と身分2 村の身分と由緒』吉川弘文館、二〇一〇年)。
(21) 渡辺浩一『まちの記憶――播州三木町の歴史叙述――』(清文堂出版、二〇〇四年)。
(22) 「玉襷」(『新修平田篤胤全集』第六巻、名著出版、一九七七年)、一二二～一二七頁。同内容のものに「古道学弁書」がある。慶長一九年の家康の収書については、吉田洋子「江戸時代における朝廷の存在形態と役割――「禁中幷公家中法度」の規定から――」(『日本史研究』四九五、二〇〇三年)が整理している。
(23) アントニオ・グラムシ『知識人と権力――歴史的―地政学的考察――』(上村忠男訳、みすず書房、一九九九年)、五二頁。
(24) 前掲註(12)『奈良市史 通史三』、三七〇～三九一頁。
(25) これについては、川瀬一馬「駿河御譲本の研究」(『日本書誌学之研究』大日本雄弁会講談社、一九四三年)、福井保『紅葉山文庫』(郷学舎、一九八〇年)も参照のこと。
(26) 以下の吉田家の記述は、幡鎌一弘「十七世紀中葉における吉田家の活動――確立期としての寛文期――」(『国立歴史民俗博物館研究報告』一四八、二〇〇八年)による。
(27) 『舜旧記』(続群書類従完成会、一九九四年)元和八年八月二三日条。
(28) 「徳川家書籍探索駿府政事録抜粋」(金沢市立図書館「松雲公採集遺編類纂一七」東京大学史料編纂所写真帳)。
(29) 『舜旧記』元和九年閏八月四日条。
(30) 「唯一神道名法要集」(天理図書館吉田文庫 吉七一―四一)。『舜旧記』寛永三年九月一五日条。

(31)岸野俊彦『尾張藩社会の文化・情報・学問』(清文堂出版、二〇〇二年)、一五〇～一五二頁。
(32)前掲註(14)白井『日本近世地誌編纂史研究』第二章参照。
(33)国民統合のための文化装置として、修史・地誌編纂・宗教などがあることについては、西川長夫「日本型国民国家の形成――比較史的観点から――」(西川長夫・松宮秀治編『幕末・明治期の国民国家形成と文化変容』新曜社、一九九五年)参照。
(34)「本朝通鑑」をめぐる史料開示の朝幕間の葛藤などについては、藤實久美子『近世書籍文化論――史料論的アプローチ――』(吉川弘文館、二〇〇六年)を参照されたい。
(35)神谷勝広「名所記と『本朝神社考』『野槌』」(『近世文学と和製類書』若草書房、一九九九年)。
(36)以下、「元要記」と秀野井家について、森本仙介「『元要記』の成立とその背景をめぐって――一七世紀、春日禰宜による神書制作の一端――」(『神道宗教』一七五、一九九九年)による。
(37)但野正弘『新版佐々介三郎宗淳』第二刷(水戸史学会、一九九一年)、一〇八頁。なお、鍛治宏介編『「大日本史編纂記録」目録』(科研報告書別冊、田島公　東京大学史料編纂所、二〇一一年)が彰考館の調査の全体を見通せ、有用である。
(38)幡鎌一弘「『多聞院日記』とその史料的価値」(シンポジウム「多聞院英俊の時代」実行委員会編『多聞院英俊の時代――中世とは何であったか――』同会、二〇〇一年)。
(39)幡鎌一弘「興福寺坊官家の史料目録――「二条家旧記目録」の紹介と解説ノート――」(上島享編『興福寺旧蔵史料の所在調査・目録作成および研究』科研報告書、京都府立大学、二〇〇二年)、八九頁。
(40)幡鎌一弘「近世春日社における歴史のナラティブ――春日若宮祭礼創始説の再検討――」(『Regional』一〇、奈良県立同和問題関係史料センター、二〇〇八年)。
(41)なおここでの「二条寺主家記抜粋」は、同家の先祖の記録ではない可能性がある。
(42)武井和人・矢野環「『習見聴諺集』攷――その書誌と伝来――」(『埼玉大学紀要　教養学部』三八―一、二〇〇二年)。
(43)「伊賀尾張風土記」(天理図書館吉田文庫吉九七―四八)。
(44)以下の記述は特に断りのない限り奈良市史編集審議会『奈良市史　通史三』(吉川弘文館、一九八八年)による。奈良奉行の行政については、大宮守友『近世の畿内と奈良奉行』（清文堂出版、二〇〇九年）も参照されたい。

（45）幡鎌一弘「神鹿の誕生から角切りへ」（財団法人奈良の鹿愛護会監修『奈良の鹿――「鹿の国」初めての本――』京阪奈情報教育出版、二〇一〇年）。

（46）廣吉壽彦「解説」（秋山日出雄・廣吉壽彦『元禄年間山陵記録』財団法人由良大和古代文化研究協会、一九九四年）、二六六～二六九頁。

（47）「習見聴諺集八」の「東院毎日雑々記」の同年条に「庁中漫録」の記述は確認できず、「二条寺主旧記」は「東院毎日雑々記」ではないようである。

（48）『日本人名大辞典』（講談社、二〇〇一年）、四二三頁。

（49）「奈良坊目拙解」では、「武者小路三位実岑」となっているが、『公卿補任』によれば、当時の三位は実陰であり、歌人として名を馳せた（鈴木淳「武者小路家の人々――実陰を中心に――」近世堂上和歌論集刊行会編『近世堂上和歌論集』明治書院、一九八九年）。

（50）佐藤小吉・佐藤虎雄編「長闇堂記　解題」（『茶道古典全集第三巻』淡交社、一九五六年）、三八五～三九四頁。なお、永島福太郎「長闇堂の人と著作」（『茶道文化研究』第四輯、今日庵文庫、一九九八年）では、楽只と村井古道とが同一人物の可能性があることを指摘している（神津朝夫氏のご教示による）。

（51）前掲註（6）喜多野『無名園古道』五九頁。

（52）幡鎌一弘「藤村惇叙著「春日大宮若宮御祭礼図」の書誌とその周辺」（『奈良歴史研究』七〇、二〇〇八年）も参照されたい。

（53）前掲註（14）白井『日本近世地誌編纂史研究』第三章。

（54）『近世文学資料類従　古板地誌編一四　南都名所集』（勉誠社、一九八一年）。『日本名所風俗図会　九』（角川書店、一九八四年）に翻刻がある。

（55）二条家文書については、前掲註（39）幡鎌「興福寺坊官家の史料目録」参照。

（56）「七大寺巡礼記」『続々群書類従第一一』（国書刊行会、一九〇七年）。

（57）尋尊直筆の「諸寺縁起集　菅家本」（『公刊美術史料　寺院篇上巻』中央公論美術出版、一九九九年）である。

(58)『神道大系神社編一二　大神・石上』(財団法人神道大系編纂会、一九八九年)、八～九頁。
(59)「睡城寺記」(『大日本仏教全書　寺誌叢書三』仏書刊行会、一九一三年)。
(60)臼井接伝については、幡鎌一弘「臼井雅胤が八神殿神璽を一条兼香に奉呈するに至った道のり――天理図書館所蔵吉田文庫臼井本の紹介をかねて――」(『ビブリア』一三三、二〇一〇年、九～一二頁)を参照のこと。
(61)森本は前掲註(36)「『元要記』の成立とその背景をめぐって」において、古道が見たのは森本の定義でのA本であることを指摘しており、幡鎌もその点を確認した。ただ、古道は異本の存在も知っていたようである(「奈良坊目拙解」八〇頁)。
(62)『大日本仏教全書　東大寺叢書第一』(仏教刊行会、一九一五年)、一九一頁。
(63)陳秀和が貞享元年に写した「東大寺八幡転害会記」(『続群書類従　第三輯神祇部』経済雑誌社、一九〇三年)が元本だったと思われる。
(64)前掲註(52)幡鎌「藤村惇叙著「春日大宮若宮御祭礼図」の書誌とその周辺」参照。
(65)奈良県庁『大和人物志』(一九〇九年)、五九〇～五九一頁。
(66)藤川玲満「『大和名所図会』考」(『国文』一〇六、二〇〇六年)。
(67)「寺社宝物展閲目録」(『続々群書類従　第十六雑部』国書刊行会、一九〇九年)、一九九～二〇四頁。
(68)前掲註(12)永島『茶道文化論集』下、三四五頁。
(69)朝倉治彦監修・高倉一紀解題『書誌書目シリーズ七三　松平定信蔵書目録』第二巻、二〇〇五年、二七頁。
(70)前掲註(6)平井「近世奈良地誌と無名園古道」。田村吉永「平城坊目拙解について」(『大和志』六―二、一九三九年)。
(71)丸山宏「水木要太郎と「名所案内」」(久留島浩・高木博志・高橋一樹編『文人世界の光芒と古都奈良――大和の生き字引・水木要太郎――』思文閣出版、二〇〇九年)、三七四～三七五頁。
(72)足立康「春日率川宮阯に就いて」(『大和志』五―三、一九三八年)。田村吉永「率川と春日率川宮阯――四恩院宮阯説の否定――」(『大和志』五―六、一九三八年)。
(73)『大和志』六―一一～九―七(一九三九～一九四二年)。
(74)前掲註(9)永島『奈良』一七二頁。

(75) 奈良国立文化財研究所編『奈良町(I)(元興寺周辺地区)』(奈良市教育委員会、一九八三年)。
(76) 春日大社編集・発行『高畠気稚物かたり』(一九九八年)、四~五頁。
(77) 黒岩康博「高田十郎『なら』に見る近代大和の「地域研究」ネットワーク」(『日本史研究』五二五、二〇〇六年)。前掲註(71)久留島・高木・高橋編『文人世界の光芒と古都奈良――大和の生き字引・水木要太郎――』。

〔付記〕 本稿は、二〇〇八年一一月二二日、京都大学人文科学研究所近代古都研究班、二〇一〇年一一月五日、奈良歴史研究会例会での報告をもとにしている。有益な御意見をいただいた参加者各位にお礼申し上げる。また、二〇〇七年度~二〇〇九年度科学研究費補助金基盤研究(C)「近代神道史研究と「御広間雑記」のデータベース化」(課題番号:一九五二〇五八五)、および二〇一一年度・二〇一二年度東京大学史料編纂所特定共同研究「春日社旧社家「大東家史料」の調査・撮影」(研究代表者・藤原重雄)による研究成果の一部である。

平城神宮創建計画と奈良——「南都」と「古京」をつなぐもの——

黒岩康博

はじめに

一昨昨年二〇一〇年は、平城遷都一三〇〇年という節目の年であった。奈良市内のみならず、県内各地で半年以上にわたって記念イベントが催され、のべ二一四〇万人の来場者を得たという。中でも奈良市に位置する平城宮跡は、三六三万もの人を集め、メイン会場としての役割を担った（『朝日新聞』二〇一一年二月一八日）。周知の如く、平城宮跡は一九五二年に国の特別史跡に指定され、「古都奈良の文化財」の一つとして一九九八年世界遺産に登録されていたが、復元された朱雀門や第一次大極殿を擁する「観光地」としての潜在力を、今回まざまざと見せつけることになったと言えよう。筆者は、期間中イベントに参加することは残念ながら叶わなかったが、明治~大正期に宮跡の顕彰・保存運動を主導した棚田嘉十郎（一八六〇~一九二一）と溝辺文四郎（一八五三~一九一八）の聞き書きと日記の翻刻（奈良文化財研究所編『明治時代平城宮跡保存運動史料集——棚田嘉十郎聞書・溝辺文四郎日記——』同、二〇一一年。以下『保存運動史料集』と略）に当たって校正・註解に携わり、宮跡顕彰・保存の沿革に関する理解を深めることが出来た。

しかし、その経験の後、これまでの宮跡顕彰・保存運動史の語られ方について一つの大きな疑問、否不満が沸き起こってきた。それは、該史の多くにおいて、「平城神宮」創建計画が軽んじられていることである。奈良県が運営する情報サイト「平城宮跡 Quick Guide」に見られる、「明治から大正時代にかけては、棚田嘉十郎（たなだかじゅうろう）や溝辺文四郎（みぞべぶんしろう）など地元の人々による大極殿跡の保存活動にも支えられました」（「平城宮跡保存の歴史」の項）という、近代の「保存」運動史についてのごく短い概要においては、多少仕方がない部分もあろう。しかし、平城宮跡内にあり、二〇一〇年にリニューアルオープンした平城宮跡資料館の展示でも、平城神宮のことが一言も触れられていないのには、同宮が結局成らなかったとは言え、少々疑問を抱かざるを得ない。現地で平城神宮創建計画が存在したことを知るには、朱雀門の南東に立つ棚田嘉十郎像の説明板――「平城神宮の造営をめざしたが、資金面で行き詰まる」――を読むしかないのが現状である。

平城神宮は、宮跡顕彰・保存運動の初期に計画された創建神社であるが、平城神宮建設会（以下、建設会とのみ記す時は同会を指す）については「時期尚早のためか翌年には解散を余儀なくされた」や、単に「資金不足から頓挫」のように書かれ、これまでその試みへの評価は高いとは言えなかった。結論から言えば、その大きな要因は、宮跡（宮域東半部）が一九二二年（大正一一）に史蹟指定され、戦後特別史跡となったという事実からフィードバックした、大正以降の「現状保存」という運動方針の重視である。しかし、以下明らかにするように、「奈良の有志による市民運動だった明治年間」には、むしろ由緒ある地には標木・石碑・神社のような何らかの建造物を設けて顕彰しようという意志が、確固として存在していた。そうした意志の大いなる現れとして、平城神宮創建計画は到底無視できるものではない。

もう一つ、平城神宮創建計画の孕む重要性として、近世以来「巡歴地」奈良の抱えてきた二面性との関係がある。表智之は、近世の大和をめぐる地誌・名所記や紀行文において中心に据えられた、東大寺・興福寺・春日社といった名所群を抱え、「少なくとも元禄期には観光名所として定着し、多くの旅行者が訪れる」ようになっていた奈良町方をカッコ付の「南都」とし、一八世紀末以降に盛んとなる金石文収集・考証において注目されるようになる、「薬師寺や唐招提寺、元明天皇陵」といった寺社や旧跡が存在する、西の京などの郊外を「古京」として、対比的に捉えている。(6) 表は、「奈良の町方の名所を観光する一般の旅行者にとっては、奈良とは観光都市「南都」であったが、金石文に関心を寄せる考証家たちにとって奈良とは、平城京の痕跡をとどめる「古京」にほかならなかったのではないか」と、後者の側面により重点を置き、代表的な金石文収集家である屋代弘賢・藤貞幹・狩谷掖斎の作った模本図録『金石記』(寛政五年〈一七九三〉)・『好古小録』(寛政七年)・『古京遺文』(文政元年〈一八一八〉成稿)をとり上げて、「18世紀末に興隆するある種の歴史熱――日常の何気ない風景の中に「史蹟」を見出していくようなまなざし――」を明らかにしようとした。(7)

こうした「古京」への熱いまなざしは、平城宮跡顕彰・保存の前史として触れられることは全くないが、まさしく「古京」の「痕跡」たる宮跡に、新たに名所となり得る「南都」的な建造物である平城神宮を造るという近代のプランには、奈良の歴史都市としての構造を再構築する可能性が充分にあったのではないだろうか――筆者はそのように考える。よって以下本稿では、従来未完のものとして軽視されてきた平城神宮創建計画について、奈良市内の植木職棚田嘉十郎よりの聞き書き(以下棚田聞書と略)と、大極殿跡のある生駒郡都跡村大字佐紀の住人溝辺文四郎の日記(以下溝辺日記と略)を柱とし、溝辺宛の書簡や建設会発起人の一人である奈良市の漢方医石崎勝蔵(一八四七〜一九二〇)(8)の残した文書などを併せ用いて、詳細に追うこととする。第一節では平城神宮建設会の発足した一九〇一年(明治三四)から、日露戦争終結頃までの創建計画を、第二節では一九〇五年の建設建議(奈良県会)と国庫補助請願運動(帝国議会)から、〇九年の石碑建設計画への縮小決定までの動きを明らかにし、平城神宮が「南都」「古京」の近代的展開において秘めていた可能性について、考察したい。

一　一九〇一～〇五年の創建計画

（1）建設会と「地元」有志

奈良国立文化財研究所編『平城宮跡保存の先覚者たち――北浦定政を中心として――』（同、一九七六年）に典型的だが、かつては近代の平城宮跡保存・顕彰運動の起こりを、奈良県技師関野貞（一八六七～一九三五）が一九〇〇年（明治三三）一月一日付の『奈良新聞』に発表した、「古の奈良　平城宮大極殿遺址考」という論説に求める記述が多かった。同論説のアカデミズムにおける価値はさて措き、保存・顕彰運動史という観点からすれば、二〇一〇年に柳沢文庫で催された展示「明治30年代～大正期の平城宮跡保存運動」でも明らかになったように、明治一〇年代から大極殿跡のある佐紀村（一八八九年に横領・南新・北新・尼辻・五条・六条・砂・七条村と合併して都跡村となる。現奈良市佐紀町）において、字「大黒殿」周辺の芝地を村の共有地としていたことは、重要である[9]。

「明治十五年調製」の奥書がある「大和国添下郡佐紀村誌[10]」でも、「古跡」の項の筆頭に「平城宮址」はあり、次のように記されている（句読点を除き原文ママ）。

> 全村ノ南方字京内、内裏宮、大宮殿内、大黒殿、竹ヶ花、カウノコ、二ノ坪、八ノ坪、神明野等ノ地名尚存ス。爰ニ平城宮ノ有ル所ノ本ナリ。此宮ハ東ハ添上郡、西ハ添下郡也三代実録。孝謙帝皇居超昇寺村[11]ニ在テ、地名内裏大和誌。蓋シ平城宮ノ濫觴ハ、元明天皇和銅元年九月菅原ニ行幸奈良巡幸シ玉ヒ、都城造営ノ地形ヲ叡覧アリ。（後略）

このように、寛政三年（一七九一）刊行の秋里籬島『大和名所図会』の記事――「皇居の跡ハ今の奈良の町にハあらず興福寺の西超昇寺郷二条村の南街道の巽に築地の内といふ字の地あり今も田を作らず又此所に内裏乃宮と呼ぶ小祠あり」（巻之一「平城の皇城」の項）――などで流布したことも与ってか、宮跡を法華寺と誤解していた棚田嘉十郎が、佐紀の山下鹿蔵から「私ノ村ハ昔奈良朝ノ都跡ダト申シマス、其ノ証拠ニハ私ノ宅ノ前ニ大極ノ芝ト申ス芝ガアリマス、其ノ北後ニ小安ノ芝ガアリ、南ニハ十二堂ト云フ芝ガアリ、又西ノ方ニハ大ノ宮（大野ノ宮）ト云フ森ガアリマス」（【棚―12】[12]）と聞く一八九六年（明治二九）の冬よりも以前に、佐紀に宮跡があることは、多くの村人は知っていた。そして都跡村の有志は、より具体的に宮跡顕彰へ向けて動き始める。一九〇一年四月三日、大極殿址芝地に[13]「旧蹟探訪之士ノ便ニ供シ将又無智田夫ノ鍬鋤ノ害ヲ防ガン為メ」、村有志惣代岡島彦三・戸尾《とのお》善右衛門・大沢萱二・松田利三郎・飯田岩次郎の名の下に、標木が建てられることになったのである[14]。建標式には芝地へ植え付ける楓と桜を寄付した棚田も出席したが、その際一同に「関野工学士ノ測量図」と、郡山中学校教諭水木要太郎が作成した建標趣意書が配付されたという（【棚―15】[15]）。この趣意書は、『奈良市史』通史四においては一部が引用されたのみなので、少し長いが以下に全文を記す（印行奈良活版所。句読点・傍線筆者。／は本来の行替を表す）。

平城宮趾建標之趣旨[16]

謹テ惟ルニ、我／皇室ル《ミ》ノ神聖ナ○臣民（○ル（朱筆））トシテ誰カ尊敬セザランヤ。抑中古以来大権ノ武門ニ移リシヨリ、／畏クモ／皇威振ハズ且畏レ多クモ／皇室ノ神聖ヲ毀フモノナキニアラズ。蓋シ宮趾ノ如キ山陵ノ如キ、或ハ荒廃ニ帰シ或ハ湮滅ニ瀕セントス。然リ而シテ、／允文允武ナル（闕字）今上陛下御位ヲ継セ給ヒシヨリ、大権ヲ回復シ文化日ニ開ケ、内ニハ泰平ヲ謳歌シ外ニハ国威ヲ輝カシ、夙トニ／至仁至孝ナル大御心ヲ／歴代山陵ノ事ニ注ガセ給ヒ、其経営ノ周到森厳ナル日モ尚ホ足リ給ハザルガ如シ。嗚呼／陛下鴻徳ノ旺ナル、誰カ感戴セザランヤ。吾ガ奈良県生駒郡都跡村大字佐紀ノ地タルヤ、／奈良朝七代宮居シ給ヒシ平城宮趾ニシテ、今ヲ去ルコト殆ンド一千二百ノ星霜ヲ経タ／リ居民素ヨリ／尊王ノ志厚ク是カ廃滅ヲ歎キ、時来ラバ大ニ保存ノ道ヲ立ントスルヤ久矣。今ヤ其機熟／シ、同志相謀リ先ヅ／大極殿ノ遺趾へ一大標木ヲ建設シ、生等微志ノアル所ヲ発表シ、尚ホ漸次其規摸ヲ広メ／終ニハ一大社殿ヲ創建シ、以テ奈良朝七代ノ／聖霊ヲ奉祀シ、／皇室規摸ノ尊厳ナルト／聖代ノ隆盛ヲ千世万代ニ顕彰セン〻、是レ生等ガ企図スル所ノ願望ナリ。希クハ大方ノ／諸彦幸ニ賛助シ給ハラン〻ヲ。聊建標趣旨ノ一斑ヲ謹述スル〻爾リ。

明治三十四年三月

建標有志者

これを読めば明らかなように、地元都跡村の有志が目指していたのは、建標ひいては神社の創建による皇室の顕彰である。しかし、この段階では村内少数の願望に過ぎなかったためか、「村ノ田地ガツブレルトテ小作人等ガ彼レ之レト申シ居ルニ付キ保存ノ事ハ出来マセン、一時見合セル」（【棚―16】）という宣言の下、同年一一月彼らから先述した関野の測量図と水木の趣意書が棚田に譲り渡され、保存・顕彰運動も一任されたという。この間、棚田は当時神戸市で商家を営んでいた溝辺文四郎（実家は佐紀）を「同志者」（【溝―99】）とすることに成功し、その溝辺が都跡村の戸尾・岡島・岡田庄松・溝口吉太郎・沢村栄太郎に、「訪問又ハ書面ヲ以テ該事業ノ再挙セン事ヲ再三催」（【溝―100】）すこととなる。そして一九〇二年（明治三五）一月一八日、戸尾宅に都跡村村民有志が集まり、棚田の活動に共感した奈良県会議員青木新治郎（北葛城郡選出）の「諸君ハ姑息ナ事バカリ口ニシテ金ハアリ教育モアル有志等ガナゼ御奔走ナサランカ」（【棚―17】）という喝もあって、〇一年三月の村内建標有志に新たに青木、村戸賢徳（県会議員・生駒郡選出）、宇陀又二郎（新大和社社長）、土方直行（四條畷神社宮司）、石崎勝蔵（漢方医）、北浦儀十郎（宮内省諸陵寮守長）、吉田雄熊（大和新聞社社長）が加わって発起人となり、平城神宮建設会が組織されたのである。

一九〇二年二月、都跡村役場において第一回の会合が開かれ、発起人村戸の「村ノ名モ都跡ト云フ以上其ノ実ヲ現ハサネバナラヌ、村有志ノ奮起モ勿論ダガ、郡長トシテモ知ラヌ顔ハ出来ナイ」（【棚―18】）という主張に従い、堀之内高潔生駒郡長を会長に選出し、岡島村長を副会長とした（【溝―96】）[17]。しかし、そうした村戸の熱意にもかかわらず、発起人を中心とした会議の多くは流会や「小田原評定」（【棚―18】）に終わり、溝辺も「東奔西走百方手ヲ尽スト雖モ慥成成功之見込不立、先ツ着手ノ印トシテ十二堂址及其他へ建標〔松六角寸〕」（【溝―96】）して、同月は過ぎた。そして翌三月二〇日、村役場で開かれた発起人総会において、この状況を打破すべく、青木から「平城神宮建設スルニ付テハ京都ニ於テ曩キニ建設サレタ平安神宮ノ設計等ヲ調査シテ置ク必要ガアルト思フカ如何」（【棚―18～19】）という意見が出されて満場の賛成を得、堀之内郡長に調査方一切が委任された。

ここから平安神宮に範を取った平城神宮創建計画が、都跡村と奈良市内の有志、県会議員らによって具体的に動き始めるが、溝辺も同年五月には発起人中に加えられ（【棚―19】）、建設会幹事[18]となって創建計画に携わっていく。実際に溝辺も出席した同月二一日の幹事会（於石崎勝蔵邸）の様子[19]を見てみよう。先ずこの会では、平城神宮の祭神が決められている。正殿は「七朝天皇」（元明・元正・聖武・孝謙〈称徳〉・淳仁・光仁天皇）、相殿は和気清麻呂、末殿は和気広虫と路真人豊永で、二つの別宮はそれぞれ平城天皇と「宇佐大神」。摂社は四座あり、それぞれ、藤原永手・吉備真備・藤原百川・藤原蔵下麻呂・坂上苅田麻呂（一座）、舎人親王（一座）、太安万侶・稗田阿礼（一座）、橘諸兄・大伴家持（一座）が祀られる。一見して分かるように、天皇以外では藤原広嗣・仲麻呂を討つか、もしくは道鏡を却けるのに一役買ったとされる功臣と、記紀万葉の編纂に携わった人物が挙げられており、誰を平城京を象徴する人物として選ぶのか、という点から見て非常に興味深い。また、併せて以下箇条書きの九項も決議されている。

一神宮建設ノ期ハ明治三十二年（四三）ハ旧平城宮創立ヨリ千二百年ニ相当スルヲ以テ今ヨリ七年間ヲ期シ〔ニ於テ〕竣成スル

ヿヲ期ス
一平城神宮建設会設立ノ議ヲ奈良県ニ出願シ認可ヲ受クルヿ
一水野《(木)》要太郎氏草案之趣意書[20]ヲ取捨シ弘ク賛成者ヲ求ムルヿ
一賛成ヲ求ムルハ貴衆両院議員県会議員公園改良諮問会員多額納税者其他県下有力者トス
一賛成調印ヲ求ムル会員名簿ヲ調製スルヿ（鞘表紙　奉書用紙）
一建設会発企ニ関スル会合ハ会員各自弁当持参トシ且ツ禁酒トス
一建設会発企者他出ノ際ハ充分節約ヲ守ラシメ車馬賃ト宿泊料ノ実費ヲ給ス
一神宮建設設計書ハ帝国工科大学教授関野貞氏ニ嘱托スルヿ
一紀念トシテ平城史ヲ編纂スルヿ　参考ノ為メ斎藤氏編纂ニ係ル大和史ヲ県庁ヨリ借入ル、ヿ

第一～五項は以後大略引き継がれていく方針であるが、この時点の特色としては、平城神宮の設計は関野貞に依頼する予定であったことと、記念誌を編纂する計画があったことがある[21]。そして、前記のような祭神を筆頭とする平城神宮のコンセプトを具現化するため、平安神宮という最も身近な成功例を参照すべく、一九〇二年（明治三五）六月、堀之内会長・岡島副会長・岡田庄松発起人総代が、調査員として元大阪府知事西村捨三[22]のもとへ派遣される。大極殿址の古瓦二個と、関野作図面・水木作趣意書を印刷した根来塗りの扇子一対（二本）という手土産は、棚田が用意した（【棚―19】）。

ところが、彼ら三名は同年六月一〇日に西村を訪うも門前払いを喰って止むなく大阪に一泊し、翌日は平安神宮に参拝して一泊、一二日は東京帝国大学文科大学教授三上参次に面会し、「平城宮建設ノ議ヲ諮リ」（【棚―20】）てまた一泊して、一三日に帰村することとなる。これはほとんど物見遊山に近く、七月一日に三名が「何等ノ要領ヲ得ナクシテ只ダ費用ヲ百七拾円ヲ要シタ」[23]（【棚―20】）ことを復命した際、棚田ほか多くの発起人が不満を訴

えたのも当然であろう。その後も、棚田聞書や溝辺宛書簡を見ると、同年中には事業予算協議会や幹事会といった諸会議がたびたび催されているが、会長らによる濫費が引き金となって「常ニ集合スルモノ六七名」（【溝—100】）で、事業への賛成者を求めるために調製した桐箱入三冊の帳簿（以下「賛成簿」と称）の題字を、寺原長輝県知事から得ることすら果たせないといった有様であった（【棚—20】）。そして翌〇三年三月一五日、発起人会が催されたものの、「何レモ頗ル冷淡、遂ニ止ムナク平城神宮建設会ヲ解散」（【棚—20】）することとなってしまう。大極殿址芝地への建標から約二年後のことである。

（2）貴顕と地主

都跡村に置かれた平城神宮建設会の解散にともない、棚田は事業を継続すべく「賛成簿」の譲渡を望むも反対者のために叶わず、一九〇三年（明治三六）六月の河野忠三新知事（〜〇六年七月）の赴任を機として「平城宮旧趾紀念翼賛簿」（以下「翼賛簿」と略）を作成し、題字と水木要太郎撰文の趣意書を奈良市水門町在住の陸軍少将（のち中将）大久保利貞に揮毫してもらう。[24] この趣意書は、平城遷都一二〇〇年記念の建碑計画（後述）のための寄付募集開始に合わせて印刷された「平城宮址建碑計画趣意書」（『保存運動史料集』口絵13）とほぼ同文であるが、「霊趾に一大紀念物を建て」「清穆なる紀念物を建立し」と、神宮建設に含みを残している。そうして出来た新帳簿に、堀之内・岡田ら元建設会員は記名はしたが、棚田が運動費用として「建設準備金」残金の貸与を願っても各員は承知せず、溝辺が和解に奔走するも、「前会員諸氏ト棚田氏トノ間何レトナク関係悪敷」（【溝—97】）なったという。そして同年七月、陵墓参拝のため来寧した宮内省調査課課長足立正聲や宮内大臣田中光顕が棚田宅を訪れ、「翼賛簿」に記名捺印したが、元幹事大沢菅二らは保持していた「賛成簿」に田中の記名捺印を得られなかった（【棚—22〜23】）ため、「各員ト益々不和」（【溝—101】）となり、棚田は建設運動の中心を地元都跡村外へ移すこととなる。

田中来寧の月の末、棚田の訪問を受けた元発起人の戸尾善右衛門は、棚田が「既に本県知事以下県会議長等其是八十名（中略）高等官にては宗教局長〔註――内務省。以下亀甲括弧の註は筆者による〕其他知名之士十数名」[25]の賛成を得た「翼賛簿」を目にし、自らも記名捺印している。しかし、建設運動初期の一九〇一年五月に、小松宮から直接激励された（【棚―15】）ことや、足立・田中といった宮中に近い要路者の賛成を受けたことに加え、建設を計画しているものが古代の天皇・貴族を祀る神社だということもあり、これ以降棚田は賛同者募集の方向を、徐々に宮家や旧公家が多く住まう東京方面へと移していく。「東京なる宮内省御歌所三考《参候》文学博士小杉《榲邨》殿より当地に罷り越されなば、私より侯伯の爵位に在る人々三十有名の賛成を得せしむると申され候間、何れ上京致し度候」[26]と東京行の欲望を隠さない棚田は、北浦儀十郎が旧幹事連に提案した「若干ノ費用給与シテ棚田氏ヲ上京セシメ運動ヲ依頼スル事」が、出金のことから不調に終わった（【溝―102】）ことを機に、溝辺ら一二有志者の補助を受けて、〇三年八月二八日初めて上京する（【棚―24】）。

棚田は同年一〇月にも上京し、かつて宮中顧問官や宮相を務めて宮中に太いパイプをもつ土方久元（一八三三～一九一八）らの賛成を得ることに成功する。[27]翌一九〇四年一月二一日に棚田はまた上京することになるが、これら連続した上京の間、一度「大極殿芝地奈良公園ふぞく公園とうんどう致居候」という詳細不明の件が見られる外は、「日本国のせんど《先祖》とゆことのしらぬ村わ村のはじ也。又わ平城宮こおしつ《皇室》のこと也。佐き村人わいくらさんせ《賛成》がせなくてもじぎヨ《事業》のせいこ《成功》についてわなんのいといもこりなく候」と佐紀への憤懣を抱えながらも、平城神宮創建の意志は継続している。[28]棚田が帰寧直後の同年一月三〇日付で溝辺に出した手紙（溝辺家資料）では、「せいき《設計》わ奈良県ノつか本松治郎氏と又せきの氏とうちやわせてせいきくださることとあいなり」と、神宮の設計には、建設会で嘱托する予定であった関野に、奈良県の古社寺修理技術者である塚本松治郎（一八六一～一九三一）[29]も加わることを明らかにしている。

設計に塚本が携わり、溝辺が日露戦争勃発の前日、一九〇四年二月九日に佐紀の実家へと戻ると、創建計画に初めて具体的な数字があらわれる。

田のかいやぎ《買い上げ》村ヨリ拾■《五》町、神宮ノきんちく《建築》の代金と田ノいい《ママ》やぎ金と道の代と名代金木材金いさい《一切》で拾壱万円、きほん金四万円、村ヨリ拾五万円のヨさんにて■せいき《設計》と、ぎし《技師》ノかんがい《考え》にてづめんできました。三月十五六日ごろにせき野様おいでにあいなり、づめんノいかんところわせき野様ニテそざん《相談》ノウい《上》にてていせいすることとあいなり申候。[30]

関野は一九〇一年九月に離寧して東京帝国大学工科大学助教授となっているので、先述した如く建設会は当初関野に神宮設計を依頼する予定であったが、実際は右のように関野はアドバイザーで、基本的設計は一八九四年（明治二七）から建築・土木技術者として奈良県庁にあった[31]塚本が担当した、という可能性は充分ある。この書簡の末尾には、「平城宮大極殿遺跡略図」によく似たラフなスケッチが描かれており、第二次大極殿・小安殿跡のすぐ北側に隣接して平城神宮を建てる、という計画になっている。[32]棚田は〇五年二月、「旅順港モ開城シタレハ最早運動之時期来レリ」（【溝―103】）と「翼賛簿」を溝辺に送り、自らは開戦後捗々しくなかった建設計画を再び推進すべく、ロシアがアメリカの講和勧告を受諾した翌日の同年六月一三日、上京の途につく（【溝―104】）。

しかし、右のプランを実現するに当たり、最も重要なのは用地の確保であり、これは如何に東京の貴顕の支持を取り付けたとしても、宮址のある佐紀の地主と交渉しなければならなかった。そして、「平城宮ノことわ■てしつ《帝室》のじ《事カ》ニテ村ノ人のふウさんせ《不賛成》ノ人にあたまさぎ《げ》てたのむしつよ《必要》わなし、ふウさんせノ先村《ママ》わ村ノはじになるだ《け》きニテ、心のなき人たのむことわしつよなし也[33]」と言い放つ棚田に代わってその役目を果たしたのが、溝辺である。溝辺は一九〇五年七月、「佐紀大字ノ元幹事」（後に登場する沢村栄太郎のことカ）より「先年既ニ費消シタル金額」を事業成功後か時期を限って棚田・溝辺が返金する、その代わり大極殿址・各芝地の寄付を手配する、という旨の提案を受けるが、棚田はそれに対し、土地の寄付に加え、返金はせずさらに若干の現金を貸与して欲しいと希望したため、この件は立ち消えとなる（【溝―104～105】）。

棚田はさらに、同年一〇月の上京中に「内務省神社局長ノ井上様[34]」より、「神宮建設スルニハ参万円ト云フ基本金ヲ要スル（中略）夫レニハ保存会トカ建設会トカノ土台ヲ造ツテ置カナケレバ、参万円ト云フ大金ハ容易ニ醵出スル事ハ困難デアロウト思フ」と言われたことをうけ、「大極殿保存会」の組織を企てており（【棚―33】）、同会に「在東京各位及ヒ奈良市有力者発起人トシテ加入」させるため、「佐紀大字ノ各位ハ可然多人数ニテモ加名願度、又大極殿址及各芝地ノ寄附此際頼ミ度」という希望を溝辺に託している（【溝―105】）。しかし、棚田と溝辺が依頼した「発起人去就及ヒ芝地寄附」に関する都跡村集会（同年一一月二五日[35]）は、建設会時代の借用金を旧幹事連が皆済しない限り、土地の寄付を村民に相談することはしないという、用地についでは七月時点と同じ回答で、発起人を都跡村から出す件も、「奈良市ノ発起加名者ノ顔ヲ見テ」決めると保留される（【溝―106】）。こうして用地の確保が進まない中、溝辺は「四条畷神社建設ニ係ル精算報告書」を同宮司の土方直行より受け取り（【溝―106】）、県会・帝国議会への建議・請願へと動き始める。

二　一九〇五～〇九年の創建計画

（1）建議と請願――県会と帝国議会――

棚田が発起人を募って組織しようとした「大極殿保存会」は不発に終わったが、棚田と溝辺・塚本が相談した結果、建設資金国庫補助請願書の帝国議会への呈出へと運動方針は転換される（【棚―33】）。一九〇五年（明治三八）一二月九日、溝辺は棚田同道にて塚本を訪い、平城神宮本殿図面・設計書[36]を受け取った後石崎勝蔵宅を訪れ、

「願書」に共に調印している（【溝—107】）。この後、石崎が初代奈良町長で奈良市会議員もつとめた中村雅真、絹布・麻布卸の豪商にして奈良市参事会員の関藤次郎らの賛成を取り付けてくれたこともあり、計二一名から調印を得ることが出来たが、その中に大字佐紀の住人は溝辺と戸尾の二人のみで、奈良市内の人間が中心であった[37]。さらに棚田は同年末に上京、現地で「請願発起人」を募り、東久世通禧・小杉榲邨・亀谷聖馨[38]といった従来の建設運動支持者に加え、奈良県選出の米田実や島田三郎（衆議院）、正親町実正伯爵・岡部長職子爵・鳥居忠文子爵・松平乗承子爵（貴族院）ら帝国議会の議員から賛同を得ることに成功[39]し、塚本が作成した「平城神宮創建及大極殿遺址敷地囲工費見積書」（表1。以下「見積書」と略）も用意して、請願呈出へ向けて万全の体制を整える。

また、溝辺が石崎を介して奈良市内で請願への賛同者を集めていたのと同じ頃、棚田は同年一一月一五日に開かれた奈良県の通常県会（～一二月一四日）で「平城神宮創建ニ関スル建議[40]」がなされるよう働きかけ、「四新聞[41]社員ト協力通過ヲ謀」（【溝—108】）ったという。「平城神宮ヲ創建シ永ク平城ノ旧趾ヲ留メン」ことに県会は賛成であるから知事も事業成功のためなるべく便宜を図るべし、という当たり障りのない内容だったためか、同建議は会期最終日、特に異論も出されず第一読会のみにてあっさり可決された。建議可決を見守った棚田は、年も改まった一九〇六年一月二〇日再び上京し、二箇月弱にわたり「見積書」を片手に請願運動を展開する。棚田は、今回の請願では、

> 今氏もじつにきのどく、よるへるなしのはたらき。奈良市やさき村《人が》あたりからはじめて東京きてウんどしたなりば、壱万円ぐらいな金もつてきたところで、よれ《(り)》つくとこもなし候。やはり今日までご《(ママ)》たがいに七年かんくるしゆ《(ママ)》んだ御かぎ《(げ)》ニテ、東京ノおもなる新聞社わ三新聞社〔報知・東京朝日・東京日日新聞〕ができるかき《(限り)》でほねおりてくださることとなり候[42]。

と、元大和新聞社編集長の今武治郎という人物と彼が東京のマスメディアに持つコネクションを大いに頼りにし

表1　「平城神宮創建及大極殿遺址敷地囲工費見積書」（溝辺家資料）

費　目	金額	詳細						
		木工之部	石工之部	塗工之部	葺工之部	金物之部	工料之部	雑之部
本殿新築工費	2万4490円	1万1374円34銭	1649円82銭	46円	1285円56銭	2525円70銭	5252円50銭	2356円8銭
中門及透塀新築工費	1万8202円	7705円71銭	1858円71銭	—	1989円30銭	852円	3770円	2034円28銭
拝殿新築工費	6720円	3225円94銭	291円80銭	53円20銭	612円74銭	630円	1206円	735円42銭
神饌所新築工費	2450円	1000円45銭	236円84銭	40円50銭	129円60銭	5円	799円	238円86銭
社務所新築工費	6330円	3121円50銭	411円93銭	69円90銭	388円8銭	25円10銭	1559円50銭	753円99銭
神庫新築工費	7400円	5532円85銭	345円33銭	—	135円	15円	734円	637円80銭
手水舎新築工費	1240円	462円26銭	109円8銭	—	260円	122円50銭	172円70銭	113円40銭
祭器庫新築工費	2345円	1314円94銭	157円82銭	121円	116円40銭	10円	355円	369円84銭
鳥居及瑞垣新築工費	1万2998円	6910円77銭	1773円91銭	—	—	103円60銭	3774円	435円72銭
大極殿各堂及廻廊囲石垣費	3万9500円	大極殿址・龍尾壇等の地覆石・側石・葛石・昇段石、基礎栗石、職工・人夫雇など						
大極殿敷地平均費	9845円20銭	敷地・道路地均し、豆砂利						
土地買上ケ費	2万1944円	合計4万3620坪（うち宅地120坪）						
橋梁及暗渠新築費	6400円	木橋2つ、石造り暗橋22箇所						
工作小屋及其他雑費	3155円80銭	工作小屋（10間×5間。平屋杉皮葺）10棟ほか						
樹木植附費	4980円	松（10年苗）1000本、欅・楠・樫（5年苗）各1000本、桜6000本、楓3900本、サツキ5000本、霧島ツツジ5000本						
祭器具費	5000円	不明						
諸雑費	1万2000円	不明						
総　計	18万5000円							

註：各費目の金額と詳細各部の合計とが一致しないものが間々見受けられるが、いずれが正しいか不明のためそのままとした。

ており、今の乗る人力車の料金も溝辺に無心する程であった(43)。

それに対し、上京の際溝辺に「御貴殿の御親ルイニテモ又他の人ニテモ発起人之印ヲ此長面《ママ》へ御モライ下されX」(44)と頼んだにもかかわらず、棚田は奈良市を中心とする請願「発起人」に運動費用を出してもらうことは、頑なに拒んでいる（一九〇六年一月二五日付溝辺宛棚田書簡〈溝辺家資料〉）。

奈良市ノほき人やまたいろいろのほき人ノ人に、どど《どうぞ》今金だささぬよにたのめます。三四拾人よりて百弐百■《は》したのかねノためにできたとゆわり《言われ》てわ、あなた様又わたくしの今までくろし《苦労》ながら、しょらい《将来》ノことおもいば二百三百の金今だささぬほがよろし。

肝心の請願書は、第二二回通常議会（一九〇五年一二月二八日～〇六年三月二七日）で鉄道国有法案の審議が大詰めとなった（閉会後の三月三一日公布）上、凶作による岩手県等五県の地租免除や地方の招魂社建設など他の請願も多かったため、提出が延び延びになっていた。そして、一月に東京まで様子伺いに出掛けた塚本の、請願は「都合能進ミタル」（【溝―109】）という楽観や、衆議院での「せいんしよきねいん《戦勝記念》なりば、こんどやらねばやるときなし」(45)という声も空しく、「平城神宮創建国庫補助ノ請願」は衆議院では「請願委員会ニ於て賛成し、参考として政府ニ送附することに相決し」（【溝―111】）ただけで、議院へ呈出することすら叶わなかった(46)のである。

失意の棚田と溝辺は、県会の建議可決にもかかわらず不熱心な河野忠三知事に代わり、「拙者〔棚田〕之云フ事ヲきゝ取りて実ニよろこび、今ゟ寄附金ツノリテいよ〳〵建設ニかゝる事ニ相成候」(47)と神宮建設に乗り気な県第一部長濱田恒之助に一縷の望みをかける。しかし、一九〇六年五月一五日に県内で最初の会合が持たれた「平城神宮しより《処理カ》会」は、初回こそ松井元淳奈良市長や鍵田忠次郎県会議長、市参事会員の木本源吉・関藤次郎・中村雅真らの出席を得たものの、六～七〇名に及ぶ神宮建設予定地の「可成ハ地主不残請待」（同年同月三一日付溝辺宛塚本書簡〈溝辺家資料〉）と大量の招待状を出して迎えた第二回（同年六月二日）には、佐紀最大の地主の戸尾善右衛門[48]をはじめ地主の多くは参加せず、松井・鍵田も欠席して、流会同様となってしまう[49]。

このように、その名の如くもはや神宮建設事業の後始末の観を拭えなかった同会は、濱田の引き立てにより県官吏が多く出席した第三回（同年七月一日）の頃から「平城宮址保存会」（以下、宮址保存会と略）と名を変えている。そして、溝辺と塚本が生駒郡長・都跡村長に佐紀住民への取りなしを依頼したにもかかわらず、「佐紀ノ有志者ハ神社罷メ旧址保存而已ハ地所ヲ潰シテ益ナシト不服ヲ唱ヱ、次〔第〕席ニ出席致サス」（【溝―122】）といった状況の同年七月一九日、興福寺での会合において「小希望ニシテ保存会ヲ起スノ方針」が確定し、塚本は従来の設計を変更するよう依頼される（【同】）。ここに平城神宮の建設を計画する組織は、完全に消滅することとなるのであった。

（2）霊像と溝辺

大正以降の平城宮跡保存運動に焦点を当てた、正式報告書とも言うべき国府清種編『奈良大極殿阯保存会事業経過概要　附事業計数報告』（奈良大極殿阯保存会、一九二三年）や、宮跡保存工事の副産物である『史蹟精査報告第二　平城宮阯調査報告』（内務省、一九二六年）では、一九〇六年（明治三九）七月の宮址保存会発足により、「宮阯保存を主とし平城神宮建設の計画は之を他日に譲ることとなつた[50]」としているが、組織ではなく個人による神宮創建計画は、密かに継続していた。溝辺によるものである。溝辺は、宮址保存会成立直後から同年一〇月初旬頃まで「病気ノ為メ運動不致」（【溝―122】）であったが、一一月からは宮址保存の方向で一先ず運動を再開する。しかし、都跡村では岡島彦三村長に「大字佐紀人民及本人共協力賛成ノ件再三再四依頼シタル決〔結〕果、本人ハ其場承諾致サレ、其後書面以断」（【溝―122】）られるなど冷淡にあしらわれ、奈良市の方でも「市長松井君（ホテル創設）運動、塚本君地方へ出張」（【同】）と、神宮建設から宮址保存に変わっても、否それ故か、宮跡を舞台とした事業はなかなか進行しなかった。

そして翌一九〇七年一月一〇日、宮址保存の件につき大字佐紀の評議員会で詳細を協議するよう同惣代沢村栄太郎より依頼され(51)、溝辺は同会に出頭するが、「種々示談訪〔報〕答決〔結〕果不調ニ決ス、愈々佐紀大字ハ旧址保存ハ不賛成ト確定」（【溝―123】）してしまう。同年四月二七日、塚本が溝辺のもとを訪れ、保存の「一件尚小事業ニ変交（ママ）シテ至急取究メ可致」相談したが、大字佐紀の不賛成に加え、奈良市の有志者は市に大事業(52)の多いことを理由に「中止之決議」をし、濱田ら「御助力ノ県官ハ転勤トナリ、不得止再挙ヲ期シテ罷ム」という有様であった（【溝―124】）。このように、旧址保存に向けて事態が悪化する一方、同年一二月二六日、日本美術院第二部（奈良市）で仏像の彫刻・修理を手がけていた明珍恒男から届いた手紙は、溝辺の神宮への熱意を再燃させる。

元明帝御座像の義ハ昨冬中村（雅真カ）君より話し有之、小生も承諾の旨答へ置候処、爾後俗務多端容易に着手仕るを得ず、此儘遷延仕り候てハ甚だ不本意に付き、如何可致やと考へ居り候に、幸ひ小生同門の士本多修（俊カ）平氏奈良興福寺国宝修繕工場へ昨年晩秋より勤務され居り候間、小生より同氏へ依頼仕り、既に大部分ハ出来上り居り候次第に有之候間、来三月始めにハ竣成仕る事と存じ居り候へハ、左様御承知被下度候(53)。

この便りを受けて、溝辺は同年五月、宮址（大極殿址・十二堂址・小安殿址など）への建標と霊像を安置する「御仮殿」の建設・維持に必要な経費を勘考し、棚田・塚本・土方直行に相談している（【溝―124～125】）(54)。本多による丈一尺の元明天皇像自体は、一九〇八年四月とかなり遅れてはいるが完成し、溝辺は像の写真を撮って「事業賛成ノ諸君」（【溝―126】）へと送り、意見を求めている。その写真を受け、最も懇切なる書信を送ったのは、京都帝国大学文科大学講師の喜田貞吉（一八七一～一九三九）であった。喜田は一九〇六年一月、文部省編修官として「大極殿址及ヒ諸堂址并都城区域ト取調ノ為出張」した際初めて溝辺と対面し、「当地之地景（形）及口伝（口伝・口碑）碑等」についいて聴取しており（【溝―119】）、この手紙の直前にも、引率した学生への「平城宮大内裏址並に附近の地形御陵古墳墓等」の案内を溝辺に依頼している。[55] 溝辺は元明天皇像に関し、①風俗・容貌の考証、②神式と仏式のいずれで拝すべきか、という問題について質問をしていたようで、この〇八年六月四日付の返書（溝辺家資料）には、それらへの回答が記されている（傍線筆者）。

御申越の元明天皇御像の義、当時の風俗の事も今日よりはよくわかり不申、御容然とても同じく今日より想像し奉ること出来不申義に候へば、貴下が元明天皇御像として御依頼になり技術家が元明天皇御像として彫刻致し候上は、其双の方の精神により彼の御像を天皇御像として崇拝致すに何等の不可之なかるべくと存じ候。但之を拝するに仏式にすへきか神式にすべきかの問題につきては、小生等の判断に及ぶ限りに無之候。つまり問題は寺とすべきか神社とすべきかといふに帰することにて、それにはそれ〳〵に手続形式のあるものに候べく候。平安神宮橿原神宮の例によれば、神社の建設尤も適当かと存じ候へども、これとても個人の私社と官社との別もあるべく、一概には申難かるべき歟。仏式とするならばむしろ薬師寺などに奉納して崇敬する方然るべくや。草庵の類にもせよ一寺建立は大分面倒なる事かと承知致し居り候。

①に対する何ともおざなりな見解はさて措き、②に対して喜田は、神社建設の可能性については明言を避け、[56] 一寺建立は「大分面倒」だから既存の寺院へ奉納することを勧めているのである。どうやらこのような喜田の見解は、先述の「御仮殿」計画が「何分地元ノ不承知ナルヲ以事ナラス」（【溝―125】）終わったこと、神宮の設計者にして創建計画全体にも深く関与していた塚本が一九〇七年七月に内務省宗教局（「古社寺保存係リ」）へ転じたこと等と併せて、溝辺に神宮建設を完全に断念させたようである。〇八年八月からは、「家内ニ之レヲ安置奉祀シ朝夕礼拝スル事ニ決心」（【溝―126】）し、同像は現在も溝辺家が所蔵している（図1）。その後、同年一一月に奈良盆地一帯で展開された陸軍特別大演習による更なる宮址保存会の活動停滞を経て、〇九年三月、平城遷都一二〇〇年を記念して石碑を建立することを、棚田と溝辺は計画する。

図1　元明天皇像
（溝辺家蔵／奈良文化財研究所撮影）

十年以来拙者も苦心シ、亦貴殿も大ニ御賛同御昼（尽）力被下候平城宮跡保存の件、本（翌）年ハ奈良朝還（ママ）都千二百年ニ相当り申候故、その紀念トシテ何か建設致度考にて、長サ二間一尺五寸角の石碑紀念トシテ設立可致決定シ、北畠（治房）男爵ト相談の決（結）果決定セシヿニテ、拙者本月中ニ亦上京可致考ニ候[57]。

棚田の言う「紀念トシテ何か」には、「賛成簿」や「翼賛簿」の趣意書にある「紀念物」のように、神社を含む可能性はもはやなくなっていたことは言うまでもない。そして翌一〇年一一月二〇日、平城奠都千二百年紀念祭と併せて執り行われた平城宮阯建碑地鎮祭における記念標木の建立を経て、一九一三年（大正二）一一月に奈良大極殿阯保存会が発足して以降は、平城宮跡は何よりも「保存」を目指す土地となるのである。

おわりに

以上のように、平城神宮建設計画は、一九〇一年（明治三四）四月の大極殿址建標時に胚胎し、〇九年三月以降平城遷都一二〇〇年記念の建碑計画が進行する中で完全に消滅する、約八年にわたるものであった。その間計画主体は、平城神宮建設会→棚田・溝辺・塚本→溝辺とどんどん先細りになっていくが、後に主となる宮跡の「保存」運動とは常に一線を画す「顕彰」運動であった。平城神宮が成らなかった最大の原因は、これまで見てきたように、最後まで建設予定地である大字佐紀の地主から用地を買い上げられなかったことにあるのは明らかである。神宮創建に向けて、建設会・「大極殿保存会」・請願発起人・「平城神宮しより会」といったグループが次々と組織された訳だが、市長や市参事会員といった奈良市内の有力者が、宮址「保存」が主眼となり事業多端となる一九〇七年頃までは、建設計画に非常に好意的であるのに対し、戸尾善右衛門などのごく一部——戸尾も最後は離れるが——を除いて、佐紀の地主は一貫して建設計画には反対もしくは冷淡であった。これは、単に地主の言い値で土地を買い上げられなかったという問題ではなく、彼らが土地を差し出した上に造られる施設が引き起こす地域社会構造の変革について、顕彰運動を主導する側が全くヴィジョンを示すことが出来なかったことに起因すると思われる。

　棚田は、帝国議会での請願が失敗に終わって帰寧した頃、「世間」の「棚田サン其ノ運動ハモウ御止メナサレ、同ジナサルナラバ奈良ノ公園地ニ建設ナサイ、公園地ニ平城神宮ヲ建テラルレバ市民挙ツテ同意シマス」[58]（【棚―38】）という声を、「私ハ疑者〔擬物〕ノ大極殿即チ平城神宮ヲ建設スル考ハアリマセン、現在ノ奈良（市内）ニハ大極殿ノ址ハアリマセヌ、尊キ宮殿ノ址ハ佐紀村（ママ）ニ歴然タル址アリ、貴殿等ノ云ハレル事ハ矛盾ノ甚シキナリ」（【同】）と撥ね付けているが、棚田ら平城神宮建設会がモデルにしようとしていた平安神宮こそは、社殿が平安宮大極殿址とは少しも縁のない場所に建つ[59]、全くの「擬物」であった。自らが奈良市民であり、何万枚もの「平城宮大極殿遺跡略図」を旅行者に配り、宮跡の「観光案内人」とも言える存在であった棚田には、そうした日常的活動の延長として、立地は正しくとも、平城神宮というすぐれて「南都」的な施設の創建に携わっているのだという自覚が、少なくとも必要だったのではないだろうか。

　右のような奈良市民の声や、日露戦争前に一度見られた大極殿芝地を「奈良公園ふぞく公園」とする計画（先述）は、平城神宮や郊外の宮跡を「南都」に組み込もうという考えであり、都市側からのアプローチと言えよう。それに対し、郊外側からも、宮跡の単なる「保存」を越えた「活用」策が示されたケースがあった。平城電気軌道敷設計画である。[60] 同軌道は一九一〇年、平城神宮建設会の発起人も務めた県会議員村戸賢徳を含む計七名（大阪の一名を除いてみな奈良県民）が敷設特許を願ったもので、その計画路線は、王寺停車場（北葛城郡）から「竜田ヲ始メトシ、法隆寺、三井ノ法輪寺、岡本ノ法起寺、小泉ノ石州侯（片桐貞昌）ノ遺跡及庚申堂、郡山ノ城趾、薬師寺、唐招提寺、菅原天満宮、西大寺、佐紀ノ大極殿趾、法華寺、其他数多ノ御陵地等、古来著名ナル巨刹旧跡ヲ連絡[61]」して奈良停車場に至り、油阪から奈良市街に入って東進し、若草山の南中腹に至るという、「古京」を巡る旅人には垂涎のコースであった。

その敷設出願理由書に、

之レ等ノ著名地ハ実ニ一千有余年前ノ建築物ニ係ルモノ多ク、参詣探旧ノ旅客常ニ絶ユルコトナカリシニ、近来頓ニ訪客ノ減少ヲ来シ、其衰頽見ルニ忍ヒザルモノアリ、之レ全ク交通機関ノ設備ナキニ基因スベク、折角ノ古器美術モ徒ラニ塵裡ニ没セシメ、稀有ノ霊地モ遂ニ世人ノ忘却スル所トナルヤ必セリ、頗ル遺憾トスル処ナリ、若シ一タビ此処ニ交通機関ノ具備スルアラバ如上ノ勝区ハ勿論、附近ノ村落モ其濡ニ浴スルコトヲ得ベク、随テ地方繁栄ノ一助トモナルベキハ瞭然タル処ナリ[62]

とあるように、ここでは佐紀の大極殿址は、「地方繁栄」に資する重要な観光資源と考えられていた。これらのことから考えると、平城宮跡の創建神社である平城神宮は、「南都」と「古京」とを結ぶ重要な施設と言え、竣成していればその後の歴史都市奈良のアイデンティティや都市構造に大きな変化を齎していた可能性は、充分にあったのである。

しかし神宮は成らず、奈良大極殿阯保存会の主導により宮跡の土地は徐々に確保され、一九二二年（大正一一）一〇月一二日に宮域東半部分（内裏・第二次大極殿・東区朝堂院などの跡地）が史跡名勝天然紀念物保存法により史蹟に指定された。現状の改変が不可能な確固たる空間が、「南都」の直近に現れたのである。こうして命脈を保った「南都」と「古京」だが、天平改元一二〇〇年、すなわち一九二八年（昭和三）の天平文化顕彰運動[63]を待って一つにまとまることとなる。天平文化記念講演会（大阪朝日新聞社主催）講演録の「緒言」は言う。

我社〔大阪朝日新聞社〕は前述天平改元千二百年の回顧宣揚が、大に現代の文化運動に資するところあるべきを信じ、大礼奉祝記念のため天平文化記念会を組織して大いに宣揚に努め、朝野多数の協賛を得て立所に成立、同会事業の一として、〔一九二八年〕三月十四日より連日朝日会館に天平文化記念講演会を開き、更に五月十二日より奈良帝室博物館、東大寺、戒壇院、三月堂、新薬師寺、薬師寺、菅原寺、唐招提寺、平城宮趾等に臨地講演を開催、斯界の権威たる諸先生の講演を請ひ、熱心なる多数の聴講生を集め、展覧会と相並んで大いに宣揚の実を挙ぐるを得た。[64]

臨地講演会場に明らかなように、天平文化の下では、もはや「南都」と「古京」の別はなかった。それら二つは止揚されて、現在の「古都奈良」へとつながる百花爛漫の「平城京」となっているのである。その先走るイメージを追うように現実の都跡村が奈良市へと編入されるのは、一九四〇年（昭和一五）のことであった。

（1）http://heijo-kyo.com/history.html
（2）岡田米夫は、創建神社とは「明治元年以降百年の間に、維新の精神に基いて創建された神宮・神社」のことで、「ここにいふ維新の精神に基くとは、天皇を中心とする大義名分を明らかにすること」とする（「神宮・神社創建史」神道文化会編『明治維新神道百年史』第二巻、同、一九六六年、五頁）。
（3）鈴木良・山上豊・竹末勤・竹永三男・勝山元照『奈良県の百年』山川出版社、一九八五年、一一〇頁。
（4）内田和伸『平城宮大極殿院の設計思想』吉川弘文館、二〇一一年、二七八頁。
（5）奈良文化財研究所編『明治時代平城宮跡保存運動史料集――棚田嘉十郎聞書・溝辺文四郎日記――』同、二〇一一年、一八七頁。

（6）表智之「近世における「南都」と「古京」」久留島浩・高橋一樹編『国立歴史民俗博物館　共同研究「水木コレクションの形成過程とその史的意義」２００１年度～２００３年度研究成果要旨集』国立歴史民俗博物館、二〇〇四年、五四頁。

（7）同右。

（8）石崎勝蔵（号杏陰）は明治四年（一八七一）、医師である養父の後を嗣いで奈良後藤町に開業し、髷を結い馬で往診に出る奇人として名を馳せた。奈良にて漢学講究会や和漢薬研究会を起こしたことでも知られるが、やはり特筆すべきは和書・漢籍を公衆の閲覧に供した私立石崎文庫（蔵書は一九五一年大阪府立図書館が購入）の経営であろう（大和タイムス社編『大和百年の歩み』社会・人物編、同、一九七二年、五九一～五九四頁）。

（9）柳沢文庫'10年新春企画展示「明治30年代～大正期の平城宮跡保存運動」解説資料。永島福太郎『奈良県の歴史』（山川出版社、一九七一年）には「明治二十年代に宮跡の顕彰運動」があった旨記されている（五二頁）が、詳細は不明。

（10）奈良文化財研究所所蔵。

（11）添下郡の内にあり、一八七六年（明治九）、古超昇寺村・新超昇寺村・門外村・常福寺村と合併して佐紀村となる。

（12）以下本稿で出典が『保存運動史料集』所収の棚田閑書・溝辺日記の場合は、それぞれ【棚―頁】【溝―頁】と表記する。

（13）奈良市史編集審議会編『奈良市史』通史四（奈良市、一九九五年）では、建てられたのは広く「朝堂院趾」とされている（二三五頁）。

（14）「平城宮大極殿旧趾建標式案内状」（石崎直司所蔵　石崎勝蔵関係資料。以下石崎家資料と略）。棚田閑書では、有志の発起人は「岡島彦三・戸尾善右衛門・宇佐美和三郎・大沢菅次〔二〕・松田利三郎・沢村栄太郎等」（【棚―14】）となっている。なお、「建標式案内状」を含めた石崎家資料の全容については、吉川聡「平城宮跡保存運動のはじまり――石崎勝蔵関係資料から――」（『奈良文化財研究所紀要２０１２』二〇一二年六月、五六～五七頁）参照。

（15）同日の関野の日記によると、式典は「知事・菅（正懿）技師・相葉郡長（相葉陽生駒郡長）其他数十百名列席ス」（関野貞研究会編『関野貞日記』中央公論美術出版、二〇〇九年、一〇九頁）と盛況であった。後に奈良女子高等師範学校（現奈良女子大学）教授となり、「大和の水木か水木の大和か」と謳われた文化人水木要太郎の活動の全貌については、久留島浩・高木博志・

高橋一樹編『文人世界の光芒と古都奈良――大和の生き字引・水木要太郎――』（思文閣出版、二〇〇九年）参照。

(16)「平城宮趾建標之趣旨」（石崎家資料）。

(17) 村戸は、同月楯石駿二郎県書記官にも面会して「本事業ノ発展ニ付テ種々談」じたり、大字尼ヶ辻の中西方に村民を集めて宮跡について演説をする（【棚—18】）など、都跡村のある生駒郡選出議員として、建設会の初期に非常に積極的な動きを見せている。

(18) 一九〇二年五月一〇日付の溝辺宛平城神宮建設会事務所差出書簡（文末岡島の印あり）にて、溝辺は同月二一日の幹事会への出席を依頼されている（溝辺文昭所蔵 溝辺文四郎関係資料。以下溝辺家資料と略）。

(19) 以下、一九〇二年五月二二日付石崎勝蔵宛溝口吉太郎書簡（石崎家資料）による。出席者は、岡島・松田利三郎・大沢・溝口・豊田善三郎・沢口秀松・沢村・川村善五郎・棚田・岡田・松田義三郎・溝辺・宇佐美和三郎・石崎勝蔵・石崎迅男・吉田雄熊の一六名。

(20) この趣意書は、既にいくらか「取捨」された段階のものかも知れないが、溝辺日記第一冊の一丁裏から始まる「平城宮址顕彰会趣意書」（【溝—93～95】）のことと思われる。内容は後述の「平城宮旧趾紀念翼賛簿」にある趣意書と重なる部分が多く、神武天皇以来一定の首府がなかったところ、英明なる元明天皇が「四禽図ニ叶ヒ三山鎮ヲ作セル平城ノ地ヲトシテ帝都ヲ経営」し、「初メテ大帝都ノ軌範ヲ立テ」た。遷都後幾何もなく都城は田畝に変じたが、戦乱を経て永く大極殿の跡すら分からなかった平安京に比べ、奈良の都は「条防〔坊〕猶田塍ノ間ニ存シテ地ニ旧称ヲ呼ブモノ」が少なくなく、「千百余年ノ久シキ田夫ノ犂鋤モ之ヲ侵スコトナク歴々トシテ当時ノ形象ヲ想見スルニ足ルモノアル」。奈良朝七〇年は「李唐交通ノ影響ヲ蒙リテ淳樸ノ風漸ク散シ、歴代勤倹ノ后ヲ承テ豊富前代ニ絶スルモノ」があり、宗教・文学の大いなる発展を見たが、その舞台となった場所は「必スヤ之ヲ顕彰シ之ヲ保存シテ永ク瞻仰景慕ノ誠意ヲ尽スノ道ヲ講セサルヘカラサルナリ」、と述べる点では同じである。ただ「顕彰会趣意書」の方は、平城遷都一二〇〇年の年に「仁慈ナル帝室ノ輔助」を仰いで、「平城神宮ヲ創建シテ元明天皇ノ神霊ヲ祭リ、元正天皇以下平城朝歴代ノ神配祀シ奉ラン」や、「清穆ナル神殿ヲ営構シテ歴朝ノ英霊ヲ鎮祭シ奉ル」のように、明確に神社を創建するということを謳っており、その点は異なる。

(21)「平城史」がいかなる体裁をとるつもりだったのかは詳らかにし得ないが、参考として挙げられている『大和志料』

は、大神神社宮司斎藤美澄による地誌（一八九四年脱稿。奈良県教育会により上下二冊が刊行されたのは一九一四～一五年）で、収録範囲は大和国全体にわたっている。

(22) 西村が平安神宮建設に大きな役割を果たしたことは、小林丈広が明らかにしている（「平安遷都千百年紀念祭と平安神宮の創建」『日本史研究』第五三八号、二〇〇七年六月、一八頁）。また大阪府知事時代に四條畷神社創建に関わったことについては、鈴木栄樹「旧彦根藩士西村捨三における〈京都の祝祭〉、そして彦根」（丸山宏・伊従勉・高木博志編『近代京都研究』思文閣出版、二〇〇八年）を参照。

(23) これらは、大字佐紀の共有財産である軍事公債四二〇円のうち、三八〇円を戸尾個人に売却して作った「建設準備金」の中から支出されたという（【棚―19】）。

(24) 溝辺日記に「麁抹〔末〕ナル帳簿ヲ調ヘ大久保（利貞）将軍ノ趣意書ヲ乞ヒテ賛成ヲ求ム」（【溝―96】）とあることなどから誤解し易いのだが、一九〇三年七月四日に棚田が揮毫を求めるため大久保宅を訪問した時の様子として、棚田聞書（傍線筆者）に、

就テハ此文章ハ謀〔某〕ガ作ラレタノデアルカト御尋ガアリマシタ、之レハ郡山中学校教諭水木要太郎氏デアルト申上ゲマシタ処ガ、閣下ニハ、水木先生ガ作ラレタラ其ノ先生ニ書キテ貰ツタラ如何ダト申サレタ、其時私ハ、水木先生モ結構デスガ、陸軍中将ノ閣下ニ書テイタヾキ軍人ノ精心ヲ御筆ニ願ヒタイノデス、夫レナラバ君ノ云ハレル通リ筆ヲ取ルガ、石崎勝蔵先生ト談ジテ二三字加ヘ度シ、明日石崎先生ノ宅ヲ訪問シテ六七ノ両日ノ内ニ書テ置クト申サレマシタ　（【棚―21～22】）

とあるように、「翼賛簿」の冒頭にある趣意書は、大久保と石崎が手を加えた可能性はあるものの、全体の原型は前掲「平城宮趾建標之趣旨」と同じく水木によるものと見てよいであろう。

(25) 一九〇三年七月三一日付溝辺宛戸尾善右衛門書簡（溝辺家資料）。

(26) 一九〇三年八月二五日付溝辺宛棚田書簡（溝辺家資料）。溝辺日記によると、この頃溝辺は居住地の神戸で、山本繁造兵庫県参事会員・田寺敬信県会議長、「奈良県出身者共和会員代表者正副会長」ほかの賛成を得て「追々手続キ中」であったという（【溝―101】）。

(27) 一九〇三年一一月一五日付溝辺宛棚田書簡（溝辺家資料）には次のようにある。

さんせしやわ東京
伯爵土方（久元）殿、伯爵松浦（詮）殿、子爵田中（光顕）殿、子爵水野（忠敬）殿、子爵杉（孫七郎）殿、子爵東園（基愛）殿
帝室博物館部（総）長股野（琢）殿、りきしふち（歴史部長）ヨ長三宅（米吉）殿、美術部長今泉雄作殿、歴史次次（部次）長重田定一殿、歴史部技手黒川（真道）殿
宮内省内事課近藤久敬殿、式部職掌典宮地厳夫殿、御ウたどころ大口鯛二殿
わたくし上京文（分）わただいまこりだき（け）ニテ御さ候。

（28）前者は一九〇三年一〇月一六日付、後者は同年同月八日付の溝辺宛棚田書簡（溝辺家資料）。

（29）一八九四年から県庁に属した建築技術者で、関野貞が九七年六月に県技師として赴任後は、県庁内で古社寺保存行政を取り仕切った（前掲註15『関野貞日記』、七一六・七五〇頁）。

（30）一九〇四年二月二四日付溝辺宛棚田書簡（溝辺家資料）。

（31）一八九六年に発行された塚本作製「奈良町実測全図 八千分之一」が、地図資料編纂会編、岩田豊樹・清水靖夫解題『明治・大正 日本都市地図集成』（柏書房、一九八六年）に収められている。

（32）「平城宮大極殿遺跡略図」（『保存運動史料集』口絵11）は、一九〇一年四月の建標式で配付された関野作の「測量図」にいくらか修正を施して印刷され、棚田により旅行者等に頒布されたもの（同書二〇四頁）。〇二年三月作製の記があるいわゆる「平城神宮未来図」（同書口絵10）では、「第一次大極殿（「大宮旧趾」）の北方、御前池の東側に神社を建設し、神社・平城天皇陵周辺に桜・楓を植え、第一次大極殿と、第二次大極殿・朝堂院地区の建物基壇跡を整備する計画」（同書二〇三頁）であり、このスケッチと遺跡へのスタンスが全く異なる。「未来図」における平城神宮社地設計の詳細は、前掲註（4）内田書の二七八頁を参照（ただし、こちらでは『平城宮建設計画仮図』となっている）。

（33）一九〇三年一〇月五日付溝辺宛棚田書簡（溝辺家資料）。

（34）当時の神社局長は水野錬太郎。この「井上」は同省地方局府県課長で、地方改良運動をリードした内務官僚井上友一のことか。井上は後に神社局長に就任しており、ここではどちらに面会したのかは不明。

（35）出席者は松田芳太郎（村惣代）、岡田庄松・戸尾善右衛門・沢村栄太郎（評議員）と溝辺。岡島彦三村長（出張）、豊田（善太郎ヵ。病気）、溝口（吉太郎ヵ）は欠席（【溝―106】）。

（36）これらについては、残念ながら現在所在不明である。

(37) 棚田聞書によると、請願への調印者は中村、石崎、木本源吉、関、鍵田忠次郎、塚本松治郎、松井元淳、溝辺、青木新治郎、土方直行、田畑孝七《（辛カ）》、畑野吉次郎、白井和助、福井清蔵《（精三）》、吉田雄熊（大和新聞社社長）、宇陀又二郎（新大和社社長）、岡本兼次《（治カ）》郎（奈良朝報社社長）、赤堀自助（奈良新聞社社長）、村戸賢徳、北浦儀十郎、戸尾である【棚―34】。

(38) 井上哲次郎の知友であった在野の華厳研究家亀谷聖馨（天尊。一八五八～一九三〇）は、一八九二年に東大寺で華厳哲学を研究した後、中外電報社（京都）主幹を経て、九六年に東京朝日新聞記者となり主に宮内省・貴族院を担当、一九〇六年に朝日新聞社を退いてからは、東久世らと資金集めをした財団法人名教学会の設立に尽くした（石井公成「大東亜共栄圏に至る華厳哲学――亀谷聖馨の『華厳経』宣揚――」『思想』九四三、二〇〇二年一一月）。

(39) 一九〇五年一二月二九日付溝辺宛棚田書簡（溝辺家資料）。

(40) 奈良県議会史執筆委員会編『奈良県議会史』第一巻（奈良県議会、一九九一年）の資料編二〇三～二〇四頁に全文翻刻されており、『明治三十八年通常奈良県会会議録』（奈良県、一九〇六年四月）では建議者の一人を「木谷元次郎」と誤っているが、同書では「木谷三治郎」と訂正されている。

(41) 前掲註(37)の請願に社長が調印した大和新聞、新大和、奈良朝報、奈良新聞の県内四社のことであろう。

(42) 一九〇六年一月二九日付溝辺宛棚田書簡（溝辺家資料）。報知新聞は同年二月二日付の一面で、「平安宮址《（ママ）》の保存 神宮設置の請願」という記事を、三段にわたり掲載している。

(43) 一九〇六年一月二五日付溝辺宛棚田書簡。「なにのじきよ《（事業）》ニテも新聞わかんじん」（同）や「なにのことでも新聞社のちからおかれ《（り）》ませぬと、せかい《（政界）》の人わいごきませぬ」（同年二月四日付溝辺宛棚田書簡）といった、新聞の持つ影響力自体への期待も多く見られる（共に溝辺家資料）。

(44) 一九〇六年一月二〇日付溝辺宛棚田書簡（溝辺家資料）。

(45) 一九〇六年一月二九日付溝辺宛棚田書簡（溝辺家資料）。

(46) 貴族院では請願委員より議院に呈出され、「願意ノ大体ハ採択スヘキモノ」との意見書を付して政府へ送付されたが（『明治期帝國議會貴族院委員會會議録』19、臨川書店、一九九五年復刻、一九〇頁）。ただし、実際に国庫より一五万円の補助はなかった。

(47) 一九〇六年三月二一日付溝辺宛棚田書簡(溝辺家資料)。

(48) 戸尾善右衛門家は、一九一〇年の所得額調査において都跡村で唯一特等にランク付けられた大地主(渋谷隆一編『都道府県別資産家地主総覧 奈良編』日本図書センター、一九九一年、二五頁)で、一九二二年(大正一一)一〇月に「平城宮阯」が史蹟指定された際も、一五〇筆が同家の土地であった(『官報』第三〇六一号、一九二二年一〇月一二日)。

(49) 初回の出席者は、松井・木本・鍵田・関・中村・石崎・棚田・塚本・溝辺。第二回は濱田恒之助・土方直行・源融生駒郡長代理・石崎・畑野吉三郎《次郎カ》・新聞記者二名・中村・関・田中章(農工銀行頭取)・棚田・塚本・溝辺・岡島彦三・沢村栄太郎・松田芳太郎・大沢菅二で、溝辺以降が都跡村からの出席者(【溝―120~121】)。

(50) 『史蹟精査報告第二平城宮阯調査報告』内務省、一九二六年、八頁。『奈良大極殿阯保存会事業経過概要 附事業計数報告』にも同様の文章がある(六~七頁)。

(51) 一九〇七年一月一〇日付溝辺宛沢村栄太郎書簡(溝辺家資料)。

(52) 都ホテル(京都)の所有者西村仁兵衛が一九〇六年九月に設立した大日本ホテル株式会社により、大乗院跡地に奈良ホテルが建設され(設計辰野金吾。〇九年一〇月一七日開業)、木本源吉が誘致に力を尽くした歩兵第五三聯隊が〇九年に設置されるなど、確かに同時期には大事業が立て込んでいた(前掲註13『奈良市史』通史四、一八〇~一八一、二五一~二五二頁)。

(53) 一九〇七年二月二五日付溝辺宛明珍恒男書簡(溝辺家資料)。

(54) 後者にかかる経費として、「畑地祭祀地買入」(一〇〇〇坪)に四〇〇円、「土工及樹木植附」に二〇〇円、「道ノ敷石及石段」五〇〇円、「台石」(二箇所)二〇〇〇円、霊像「男帝」(三体)「女帝」(三体)に六〇〇〇円、「御仮殿」一〇〇〇円、「設計ヨリ終局之至《ママ》祭典」(技師給料・運動費・祝典費など)九〇〇円、「維持費」四〇〇〇円の、合計一万五〇〇〇円を計上している。

(55) 一九〇八年五月二八日付溝辺宛喜田貞吉書簡(溝辺家資料)。

(56) 内田和伸「古代遺跡の履歴と風景~国分寺・国分尼寺跡と宮跡の近世・近代~」(『研究論集』X〈奈良国立文化財研究所学報第五八冊〉奈良国立文化財研究所、一九九九年一二月)が示すように、そもそも喜田は諸宮跡への建碑や神社創建については慎重な態度を取っている(一三七頁)。

(57) 一九〇九年三月三日付溝辺宛棚田書簡（溝辺家資料）。
(58) 拙稿「奈良万葉植物園の創設過程」（『ランドスケープ研究』七一―五、二〇〇八年三月）八八〇～八八一頁でも触れたが、一九〇九年の東京帝国大学農科大学教授本多静六（造林・造園学）による奈良公園改良計画以降、公園内には動物園・植物園という娯楽施設すら設ける動きがあった（奈良公園史編集委員会編『奈良公園史』第一法規出版、一九八二年、二四七～二六三頁）。
(59) 自治体史の嚆矢である『平安通志』（一八九五年）の編纂を発議した京都府属湯本文彦は、平安遷都千百年紀念祭祭場を平安京大極殿址（現在の上京区千本丸太町上ル周辺）とし、そこに桓武天皇を祀る「平安宮」を造営すべきと主張したが、実際平安神宮が建てられたのは、同年開催される第四回内国勧業博覧会の会場となる岡崎地域であった（小林丈広「『平安通志』の編纂と湯本文彦――十九世紀末京都における「知」の交錯――」明治維新史学会編『明治維新と歴史意識』吉川弘文館、二〇〇五年、一二四～一二六頁）。
(60) 以下、同計画については、特に註記しない限り、王寺町史編集委員会編『新訂王寺町史』本文編（王寺町、一九九〇年）の二六一～二六三頁を参照。
(61) 王寺町史編集委員会編『新訂王寺町史』資料編、王寺町、一九九〇年、八五九頁。
(62) 同右。
(63) 同運動については、前掲註(58)拙稿「奈良万葉植物園の創設過程」八八一頁参照。
(64) 鎌田敬四郎『天平の文化』朝日新聞社、一九二八年、緒言。

「神都物語」——明治期の伊勢——

ジョン・ブリーン

はじめに

本稿は、厳密にいう「都市論」の範疇に入るものではない。ここで扱う明治期には、都市としての伊勢が存在していたわけではない。伊勢市が成立するのは、戦後の一九五五年で、明治期の「伊勢」は、行政史的な意味をもつものではなく、むしろ漠然と「お伊勢参りの目的地」、宇治の内宮《ないくう》と山田の外宮《げくう》からなる「伊勢神宮やその近辺」をさすものであった。行政史的にいえば、宇治と山田は、一八八八年（明治二一）の合併でまず度会郡「宇治山田町」（人口二万六〇〇〇人）となる。当時の宇治山田に、市制施行の強い希望はあったが、実現しなかった。(1) 度会《わたらい》郡を離脱して「宇治山田市」がやっと登場するのは、一九〇六年（明治三九）である。ここでは、これ以上行政史に言及しない。

本稿の主な関心は、むしろ明治期の伊勢神宮と宇治山田との関係性にある。近世期においては、伊勢神宮と宇治山田は、有機的な関係を有し、その関係性の接点は、御師《おんし》であった。御師は、神宮の権禰宜職でありながら、町の繁昌も保証した存在である。大勢の参宮者を宇治山田に誘致し、御師邸に止宿させ、神楽などの興行を提供し、神宮での祈禱や奉納寄進の取次ぎをするのは、御師の役目であった。宇治山田は、いわば典型的な門前町で、神宮の運命と宇治山田の運命は、密接につながっていた。[2]そのつながりは明治初年の改革、とりわけ御師の廃止によって切断される。

明治維新が宇治山田を訪れたのは、明治二年（一八六九）の春であった。明治天皇の画期的な伊勢参宮がその契機である。維新政府は、天皇の参宮をうけて伊勢神宮をまず国家の管轄下におき、改革に乗り出す。そして、その一環として神宮を「私用」していた御師を廃止する。神宮の将来は、これで国家によって保証されるが、御師なき後の宇治山田は、むしろ町の住民、実業家のみで担うことになる。つまり、天皇の伊勢参宮は、神宮と町の運命がわかれる分岐点でもあった。明治期における神宮の歴史と宇治山田の歴史をわけて検討する必要があるのはこのためである。

第一節の課題は、まさに国家管理下における、神宮の外観と内面の変貌を浮き彫りにすることである。第二節では、伊勢神宮から宇治山田に目を転じ、神宮と離れた宇治山田の近代的運命を、参宮者の統計を参照しながら考察する。第三節では、新たな動きを視野に入れる。それは一八八〇年代から活躍しだす神苑会の動きである。神苑会は、地元の民間組織だが、その歴史的な意義は、伊勢神宮と宇治山田の発展を改めて不可分のものと考え、神宮と町を再びリンクさせる発想を持つことにあった。神苑会は、神宮そして宇治山田をあわせた、まったく新しい空間を形成し、そしてそれを神の都、つまり「神都」と概念化していくのである。

一　「大廟」の形成過程

図1は、一八九五年（明治二八）に刊行された『神都名勝志』掲載の図版で、内宮宮中を示すものである。[3]図2は、ちょうどその一〇〇年前の寛政九年（一七九七）に上梓された『伊勢参宮名所図会』が示す、同じ内宮宮

図１　内宮宮中（『神都名勝志』巻４より）

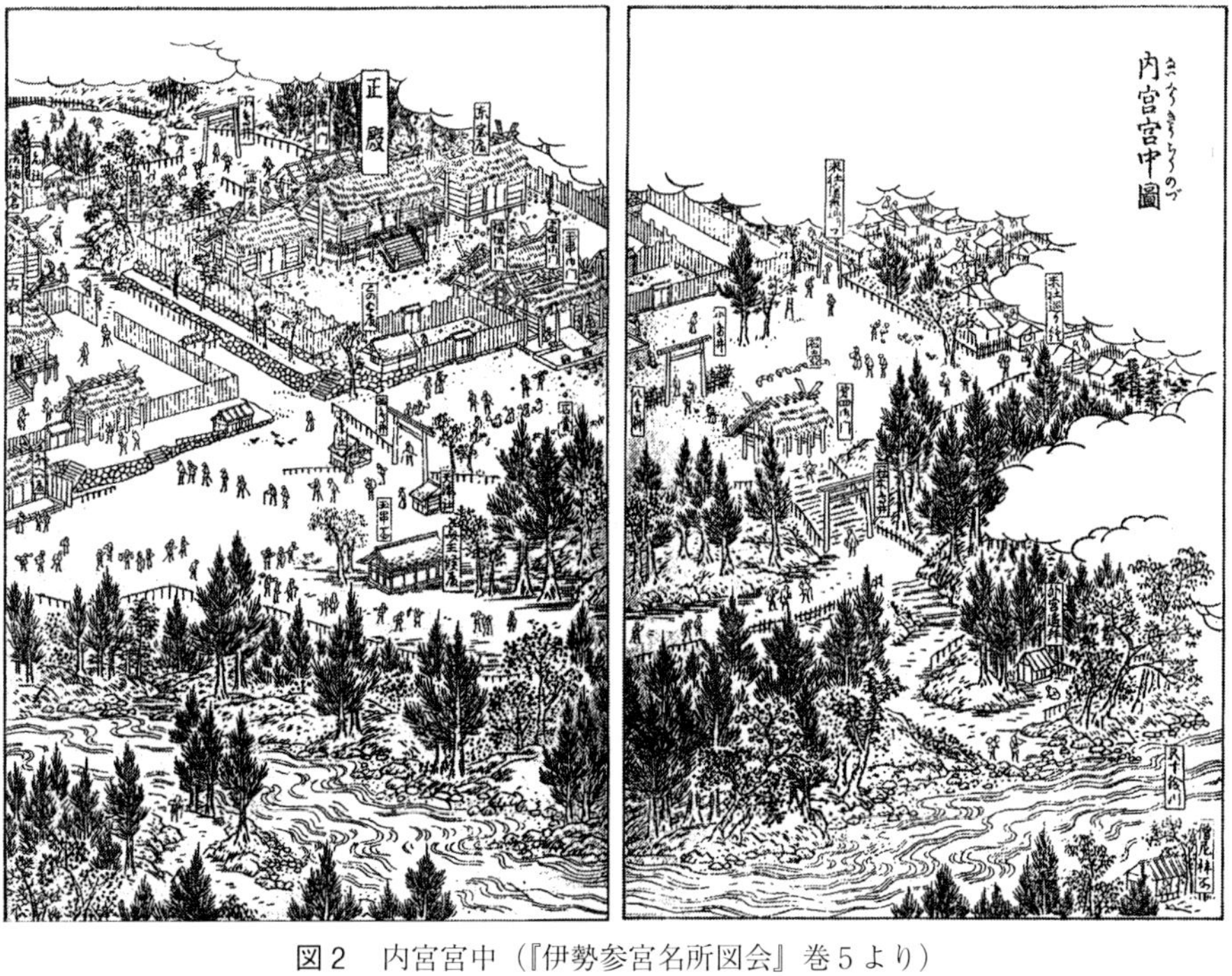

図２　内宮宮中（『伊勢参宮名所図会』巻５より）

かが見えてくるはずである。

中である。(4) 前者は、神宮司庁が作成したもので、後者は、著名な蔀関月《しとみかんげつ》作だが、どちらも同じ参宮者用の案内書類である。(5) 明治維新を挟むこの二つの図版を対比すれば、神宮全体が明治期においてどのように再生産されたのかが見えてくるはずである。

比較をしてみた場合、『伊勢参宮名所図会』で目立つのは、参宮客の姿だろう。参道を歩き、冠木《かぶき》鳥居をくぐり石段を昇って第四御門、小鳥居を入って玉串御門にたどり着く参宮客。頭を玉砂利につけて礼拝する姿が見える。礼拝の後、宮中の東側に位置している末社巡りをするか、西の鳥居からぶらぶらと去っていく。杖持ちの庶民もいれば、太刀を腰に帯びた武士らしき者もうかがえる。物乞いをする人々や御師の姿も、玉串御門前に見える。参宮客はさらに宮中西側（図の左側）の「古殿」に自由に出入りをし、建物を近くから見ていることが注目に値する。古殿と正殿の間の道を通り抜け、宮中の北側にある鳥居をくぐって去っていく参宮者もいる。

明治期の『神都名勝志』に目を向けてみると、参拝者の不在が気になる。まったく人々が描かれていない。階段上の御門から、二重の垣根（板垣と外玉垣）が新たに巡らされ、正殿そのものは、四重の垣根に囲まれている。宮中が「禁じられた」空間と化したことになる。一八世紀末なら気軽に接近できた小鳥居、玉串御門などは、もはや立ち入り禁止になっている。今一つ気づくのは、鳥居・御門・垣の名称が改められていること。「小鳥居」が「八重賢本鳥居」へ、「玉串御門」が「内玉垣南御門」へと名称替えをされている。もはや庶民に馴染みの神宮ではない。正殿と宝殿との位置関係も注目されてよい。『伊勢参宮名所図会』で正殿と横並びになっている東西の宝殿は、一歩後ろに下がっていることが分かる。「古殿」のあり様も大きく違う。明治期の古殿地（図の右側）からは建物が取り払われ、その空間に残るのは、心御柱のみ。

この空間的変貌は、一夜のうちに実施されたのではない。明治二年（一八六九）の式年遷宮でまず板垣と外玉垣が廻らされた後、末社の群れが取り払われた。そして一八八九年（明治二二）の式年遷宮までに、正殿と宝殿の位置関係が調節され、古殿地の性格も変わった。これと酷似の変容は、同時に外宮でも行われたことに注意しておこう。これらの狙いは、明らかである。内宮正殿およびその祭神の天照大御神を相対化するあらゆるものを排除し、内宮の「聖性」を増加し、強調することにある。

このように確立した伊勢神宮の「包まれた空間」は、参宮者を閉め出す狙いを持つようにさえ見えるが、そうではない。参宮者をむしろ「秩序づける」空間だと理解すればよい。それは、たとえば一八八九年に実施された正式参拝用の「参拝位置」の規定を見れば分かる(6)。それによると皇族は内玉垣御門下、貴衆両院正副議長や有爵者は内玉垣御門外、貴衆両院議員や功四級以下勲四等以上の者はその手前の中重鳥居際、町村長・区長などとなれば、もう一つ手前の外玉御門内、というふうにそれぞれの参拝位置が定めてあった(7)。天皇だけが正殿の階段下まで進む。つまり、新たな垣や門から構成される神宮の近代的空間は、近代国家の権力諸関係を反映するものとなることが分かる。

内宮と外宮の外観がなぜこのように変貌せざるをえなかったのか。それは王政復古という名の大革命が起きたからに他ならない。この革命の重要な一環として行われたのは、一八六九年春の明治天皇による伊勢参宮である。これは日本史上初の天皇による伊勢参宮だけに、画期的なイベントであった(8)。その波紋は、極めて大きく、複数の方面に広まっていった。天皇の参宮は、まず、庶民信仰の実践の場としての伊勢神宮を流用し、神宮が皇祖天照大神の社と位置づけられる結果となった。波紋は皇室にも当然及び、天皇が天照大神の子孫であることを公にアピールする戦略でもあった。幕末期のたとえば水戸学派が唱えていた万世一系の神話的言説は、天皇の伊勢参宮というドラマによって大きく権威づけられることになった(9)。

伊勢神宮が天皇の参宮をもって国家の管理下におかれるや、いわば内面的な改革が矢継ぎ早に打ち出されていく。その主導権を握ったのは、内宮の権禰宜身分の浦田長民《ながたみ》(一八四〇〜九三)という人物である。浦田の押し進めた改革は、神祇官・神祇省を牛耳っていた亀井茲監《これみ》、福羽美静《ふくばびせい》、門脇重綾《しげあや》などとの合作という性格が強く、また中央政府の指導層、とりわけ岩倉具視と三条実美の支援も当然あった(10)。浦田の基本的理念は、神宮の天照大御神と皇居の天皇との一体性をはかり、それを確立することにあった。浦田は、それにむけて多数の建白書を出し、その多くは実を結ぶ運びとなった(11)。

浦田長民がもっとも悩んでいたのは内宮・外宮の相互関係の問題だったと思われる。浦田はいう。「愚民、二宮の別を知らず。甚しきは、二宮とも同光一徳、皆天祖の御宮と心得、終わりに方向に迷い候」。「御饌を掌り給う」外宮の祭神は、内宮の皇祖とまるで違うのに、庶民にはその区分けが出来ていない、と。では、どうすればよいのか。浦田は、「大神宮の域内へ豊受宮を御遷座被為在、祠官等も一所に奉仕いたし候様」に、という抜本的な遷座論をだす。代々続いてきた内宮と外宮の争いもこれで終わり、「天祖の威徳、宇内に光被可被為遊奉存候」と確信する(12)。名称も、庶民の困惑の一原因なので「内宮」「外宮」をやめ、「皇大神宮」と「豊受宮《とようけのみや》」にすればよいという(13)。遷座案ばかりは実現しなかったが、太政官は明治四年（一八七一）夏に浦田案を反映した、次のような御沙汰を発布した。

皇大神宮、豊受大神宮の儀は、元より差等可有之処、中古以来同一に相成り、甚だ無謂事に候。両宮の御体裁の別を始め、随つて諸事釐革可被為在候(14)。

浦田は、次に神宮神職、とりわけ神職の世襲制を問題にしていた。神宮祭主と神宮宮司は藤波家と河辺家が代々務めていたし、内宮・外宮の禰宜、権禰宜職、そして（のちに詳しく触れる）御師は荒木田家か度会家のどちらかの系譜を引く。浦田自身も荒木田家であった。太政官は、浦田案を受けてか明治四年世襲職の祭主、宮司、禰宜、権禰宜、そして御師までも廃止した。そこには、「神社の儀は国家の宗祀にて、一人一家の私有にすべきにあらざるはもちろん」という新たな原理によって権威づけられる立場が見える(15)。太政官は、荒木田・渡会両家の神職を免職した上、内宮・外宮それぞれの政務を個別に司る「禰宜庁」も廃止し、それに取って代わる形で、内宮の宮域内に神宮司庁を新たに建設した。それは、皇大神宮・豊受宮両方の政務や祭祀の一元的な管理をねらった施策であった。

政府は、禰宜以下の世襲身分の神職全員を一端廃止したが、禰宜なしでは政務も祭祀もできないため、すぐさま改めて任用した。大きな混乱がそこで生じた。たとえば、度会家の松木美彦《よしひこ》は外宮勤めであったが、今度は内宮転任となる。内宮の祭祀に毎日勤めていた荒木田家の孫福弘孚《ひろたか》は、外宮の権主典となった。(16) これは、その場しのぎの策で、度会家・荒木田家どちらとも関係のない人物をゆくゆく採用する方針へと展開していく。権禰宜身分の御師についても浦田が早くも明治元年（一八六八）に「私に」神宮のお札を全国に頒布する、その「陋習」を「断然御止被遊度」と主張する。(17) 太政官は、それを受け、御師によるお札の頒布のみでなく、御師そのものを廃止するが、その打撃は次節で考察するように、宇治山田にとどまらず、全国津々浦々に響き渡ったのである。

浦田長民がもう一つ大変気にかけていたことは、神宮の祭祀である。祭祀こそ神宮の祭神と、皇居の天皇との有機的な関係を顕示するものでなければならないとの立場だった。その関係性は、まず「奉幣使」によって示すべきだという。奉幣使は、大祭の時に天皇が派遣し、天皇の身代わりとして幣帛を祭神に奉献する役だが、維新期には、天皇が奉幣使を神宮に派遣するのは、神嘗祭《かんなめさい》のみであった。(18) 浦田は、教部省に対して毎年六月と一二月の月次祭にも春の祈年祭にも奉幣使を派遣するよう主張し、その主張は明治五年に実を結んだ。(19) 奉幣使の存在は、このように神宮と皇室の一体性を表現する一戦略であった。

しかし、より重要なのは、皇居と神宮による祭祀そのものの共有だろう。伊勢神宮の最も厳かな神嘗祭は、維新後の明治四年に「皇大神宮御遥拝式」という名において近代皇室の祭祀となった。(20) この祭祀は、太政官が早くも翌年に「海内一同遵行被仰出」ように、ともふれた。(21) そして、翌年神宮に本来関係のない新嘗祭《にいなめさい》を神宮が執行することになる。[22]「神嘗は則新嘗也。この度、新嘗を別に奉らるるは、御丁寧なるようなれども、二重なり」と不満をいう神職もいたが[23]、神宮と皇室が祭祀を共有する、という意味においては当然の展開であろう。

祭祀の改革全体でもっとも注意すべきは、それが天皇と天照大神の有機的な関係性をはかり、万世一系の神話を語らしめる、という方向づけだろう。一八七三年（明治六）に神宮の大祭が制定されるが、そこに登場するのは、やはり新嘗祭のほかに、元始祭[24]、神武天皇即位祭[25]、天長節などの新しい祭祀や神嘗祭、祈年祭、月次祭《つきなみさい》、神御衣祭《かんみそさい》[26]のような古い伝統をもつ祭祀である。浦田長民・孫福弘孚が一八七七年に編纂した『明治祭式』も、一つの画期をなす。それをみるに、二六もの幕末まで続いてきた神宮祭祀がいきなり廃止され、新しい祭祀は、二一も取り入れられた。四二は、形としては引き継がれながら、多少改正された[27]。これらの改革をめぐって神宮と中央政府との葛藤が当然みられた。

新嘗祭に対する抵抗には前に触れたが、一八七三年の新暦導入が葛藤の今一つの焦点となった。政府が神嘗祭を新暦導入後も従来の九月一七日にするように指示すると、新穀はまだ未熟なので「神嘗の名義起源にも可相悖」と神宮側が主張した。教部省はそれに対して「早稲」でもいい、と返して、譲らなかった。月次祭も神御衣祭も同じく新暦導入でややこしい問題が発生したが[28]、それらの解決は、教部省廃止後の一八七七年を待たなければならなかった。

では、右にみてきた神宮の外観的、内面的な改革の行き着くところは、どこか。それは、一言でいえば「大廟」としての伊勢神宮、という新たな位置づけであった。神宮を「廟」「宗廟」とすることは、中世から確認できるが、「廟」の解釈が一定していなかったせいか、明治初年の言説には廟概念がほとんど姿を現さない[29]。ところが、一八八〇年代後半からは、いきなり「大廟」としての伊勢神宮が定着する。第三節で考察する神苑会は、その概念普及に大きな力となったと思われる。たとえば、一八八七年（明治二〇）の「神苑会創設主意」には、

「神宮は帝国の宗廟にして名教の中心なり」とあり[30]、三重県知事が同年全国の地方庁宛に送った「神苑会創立願」にも、「神宮は帝国の宗廟にして皇室の先霊に渡らせ給い」云々というふうに、神苑会に関わって頻繁に使われるようになる[31]。

一般の日本人に「宗廟」でなく「大廟」としての神宮像が普及しだすのは、明治憲法以降となる。それには、西野文太郎という人物が大きく貢献したと思われる。西野は、一八八九年二月一一日に文部大臣森有礼を暗殺した男である。森が伊勢に無礼を働いた、というのが暗殺の理由であったが、西野は、「森有礼暗殺趣意書」の冒頭に次のようにいう。

謹んで按ずるに伊勢大廟は、万世一系天壌と窮り無き我が皇室の本原たる天祖神霊の鎮座し玉う所にして、実に我帝国の宗廟なれば其の神聖尊厳何物か之に加へん(後略)[32]。

大廟だからこそ森を許せないとする「暗殺趣意書」は、新聞掲載によって全国的に広まった。中央の『読売新聞』も地域の『伊勢新聞』も伊勢神宮を「大廟」と初めて位置づけるのは、森暗殺をめぐる記事においてである[33]。大廟概念は、この後『伊勢大廟おかげ参り道中記』(一八九〇年)というふうに旅行案内書の類、そして『高等小学科用皇民読本』(一八九五年)など教科書へと浸透していく。明治天皇による一九〇七年(明治四〇)一一月の(最後の)伊勢参拝は、「天皇陛下の大廟行幸」と位置づけられていく[34]。上に検討してきた伊勢神宮の改革は、まさにこのような大廟としての伊勢神宮を実現可能にしたものであった[35]。

二　明治の参宮者と宇治山田

(1) 御師の廃止

伊勢神宮は、このようにして「大廟」へと変貌していくが、近代の伊勢神宮と全国の参宮者との関係はどうなったのか、また、参宮者を受け入れる宇治山田という町は、どのような運命をたどったのか。これらの問題に答えてみることが第二節の課題である。その前提として御師の行方を検討する必要がある。

権禰宜身分の御師は、外宮所属が四七九家、内宮にはその半分ぐらいの二七一家があった。前者が度会家、後者は荒木田家を名乗るのは、上述の通りである。これらの御師およびその手代は、参宮者を宮川で迎え、山田か宇治にある御師邸まで案内し、止宿させる。屋敷内神楽殿で太々神楽《だいだいかぐら》もあげる。伊勢神宮は「私幣禁断」という原則があるために、御師は内宮や外宮まで参宮者を案内し幣物・祈禱の取り次ぎをし、そして手代が宇治山田の名所まで案内する。御師がこのように面倒を見る参宮者は、御師の檀家である。御師は、特定の地域に檀家をもち、檀家に毎年「お祓い大麻」（お札）や暦を配り、初穂料をもらう。全国の家々の九割にまで伊勢のお札が配られていた、とする説さえある。檀家が太々講《だいだいこう》などの講を作り、お金を貯め毎年宇治山田まで代表を参宮させる。

莫大な収入を得る御師もいた。九州の大分・熊本で活躍していた福島みさき太夫は、幕末期には二六万体ものお札を一年のうち頒布していたと思われ、それに近い数の「受け持ち檀家」を持っていた。これらの御師は、明治四年になって一斉に免職となり、そして御師が代々築き上げた、全国津々浦々の檀家をベースにしたネットワークも、必然的に崩壊しだす。度会県は、彼ら旧御師に対して、「忽ち正路に立ち返り、農商の内を以て勉励し、神恩に可奉報様肝要の事に候」と触れたが[36]、大多数の旧御師は、没落したらしい。度会県は御師廃止直後の状況を次のように描く。

師職《御師》の者、当惑のみにして、実に迷方向候実態なる、その上、檀廻手代の者数百人あり、是亦失活計候事故、上下大いに動揺し、既に県庁の近街なる河崎町の魚市休商せるにいたれるなど、市坊の景況悪く[37]（中略）且つ、八月五日に至り、師職に召使わるる末々之者（檀廻手代以下或は幣紙を折り、箱を製造せるの工職など、都て祓麻に関係し糊口を計る者をいう）差し向け及飢渇候につき、動もすれば動揺にも可及姿云々[38]。

後でみるように、度会県は御師を廃止すると同時に彼らの旅籠屋への転業も許した。そうしないことには、参宮者の止宿先が完全になくなるからである。どれだけの旧御師が旅籠屋として再出発したのか定かでないが。

それでは、御師廃止後の参宮客に目をむけてみたい。旧御師と縁を切られたはずの、地域の参宮客が激減し、宇治も山田も必然的に疲弊する、と推測してもおかしくない。しかし、どうだろう。統計その他の文献が何を語るのかを考えてみよう。

（2）参宮客数

一八八四年（明治一七）三月に（元鹿島神宮宮司の）鹿嶋則文が伊勢神宮の新しい宮司として伊勢へと赴任した。赴任直後に友人へ書いた手紙には、こうある。

追々参詣人も少なく、社入減少、此まま打ち捨て置候節は、愈々困難に陥り、負債償却之目途無之、皇大神宮の体面にも相かかわり可申候（中略）本年は参宮人非常に少なく、社入三分の一を減ず。(39)

鹿嶋宮司はそこで正確な統計の必要性を痛感したらしく、宮川を渡る人々の数を集計し始める。それによると、着任当時の一八八四年には二六万七六一〇人が宮川をわたって山田に入ったことになる。(40) これが明治期初の伊勢参宮客の統計だと思われる。その後、宇治山田警察署は、止宿者の統計を取っている。一八八六年から一八八九年までの三年間に平均二八万人の参宮客が宇治山田の旅籠屋に止宿していたことが分かる。(41) 伊勢神宮が一八八九年に明治期の二度目の式年遷宮をむかえることは、警察が統計を集計する契機だっただろう。

宇治山田の有志者は、これらの統計を利用して山田まで鉄道を敷設する運動を起こす。その運動は、一八八九年に黒田清隆総理大臣に出した請願書をもって頂点に達し、のちに功を奏して、いわゆる「参宮鉄道」の敷設につながった。一八九三年（明治三〇）に宮川まで、そして一八九七年に山田まで敷設された参宮鉄道でも統計を取っており、一八九六年以降に「宮川ステーション」で降りた人数は——全員が参宮客かどうか不明だが——、平均二五万人である。鉄道が「山田ステーション」まで開通してから一年後の一八九八年の統計も、ほぼ同じ数字を出している。(42)

すべての参宮客が鉄道に乗ってきた訳でも、宇治山田の旅籠屋に泊まった訳でももちろんないだろうが、これらの数字はみな二五万人を若干超えたところでほぼ同じだ、ということで一つの目安になるだろう。江戸時代の年間平均五〇万人と推定される参宮客数と比較して、二分の一ぐらい減ったことになる。事情はしかし複雑である。神宮司庁が一八九五年（明治二八）から内宮と外宮でみずから統計を取り始めるからである。驚くべき内容のものである。一八九五年に一三五万三三七〇人が神宮を参拝した、という計算になる。これは、神宮司庁がどういうわけか内宮参拝者と外宮参拝者を足し、つまり同じ参宮客を二回数えている数値である。本当の数は、その半分前後の七〇万人ぐらいとなろう。(43)それでもたとえば参宮鉄道が一八九六年にとった参宮客の二・五倍にもなる。

神宮司庁のこの統計は、右に見た数字とあまりに違うのでその信憑性が疑われても仕方がない。しかし、価値のないものだと、すぐには片付けられない。平安遷都千百年記念祭も、第四回内国勧業博覧会も京都で開催されるのは、この一八九五年である。この年に一一四万人の日本人が全国から京都に集まった。(44)多くの参宮客が京都に赴く途中か帰りに参宮鉄道以外の手段で宇治山田まで行った可能性もなしとしない。しかし、現段階では、神宮司庁がとった統計には、他との間に充分に説明しきれない大きな開きがあることに変わりはない。上述の議論をまとめてみると、明治初年に参宮客は大きく減ったが、一八九〇年代後半からまた多少増えたらしい、という不満足な結論となろう。

さて、次に参宮客の統計から目をそらし、参宮客を迎える明治期の宇治と山田を描いてみたいと思う。参宮客を迎え、そして宇治山田の経済を支える旅籠屋を議論の切り口とする。

(3) 旅籠屋と遊廓の宇治山田

宇治山田の旅籠屋を研究するための史料は、極めて少ないが、「道中記」、「旅日記」、「定宿帳」、その他の旅行案内書類が参考となる。旅籠屋でまず注意すべきは、その大多数は、旧御師が経営していたことであるが、旧御師だけが多くの参宮客を泊める規模の施設を持っていたから当然であろう。この意味では、江戸時代と明治時代との間に断絶よりも重要な連続性が明治の宇治山田を特徴づけるとも考えられる。御師は廃止されるが、旅籠屋の主人として再出発する道はあった、と。しかし、旅籠屋に転業した旧御師の数はしれていたし、江戸時代のような裕福な暮らしができた旅籠屋経営者は、恐らくいなかっただろう。たとえば、幕末以前の御師は、一年の収入の七割近くをお札や暦の販売から得ていたし、収入のもう二割は、屋敷内の神楽奉納から取っていた[45]。しかし、明治となるや、彼らはお札や暦の販売も、神楽の奉納も禁止されていた。

明治期の旅籠屋には、三つの類型があったことを指摘しておこう。右に触れた福島みさき太夫、そして久保倉太夫などのように「太夫」を名乗り、旧檀家に依然としてアピールする戦略を取った旅籠屋がまずある。飯泉左馬『道中日記』にある事例だが、一八八〇年(明治一三)春に下総国相馬郡出身の飯泉一行は、宮川に着いた。久保倉太夫の手代は彼らをそこで迎え、太夫経営の旅籠屋(旧御師邸)へと連れて行った。手代は翌日、外宮・内宮そして内宮に新設された神楽殿へと案内した。次の日「太夫より案内人付、車にて二見まで送らる」と日記にある[46]。明治期でも旧檀家を迎えていた久保倉太夫は、少なくとも一八八〇年まで、ある程度繁昌していたことが明らかで、一九一五年(大正三)の文献にも記載がある。

福島みさき太夫の旅籠屋経営については、同家に記録が残されていてより詳しいことが分かる。福島は、早くも一八七六年（明治九）に元檀家あてに、「殆ど窮迫す」と絶望を打ち明けると同時に「毎歳馬車むけられんこと」を願う。(47)なお福島みさき太夫は、一八八〇年代に元檀家が集中していた北九州巡りをして、伊勢の大麻を頒布していた、という興味深い事実がある。(48)しかしこれは、伊勢神宮に特別に依頼されたことで、みずからの収入源にはならない。福島は、その間中ずっと旅籠屋経営をしていたが、一八九〇年代になると、九州の元檀家だけでなく、関東の参宮客まで接待し始めることが分かる。(49)そして九〇年代後半になると旅行案内書に初めて広告を出している。

九州太夫総本部福島みさき太夫：九州全体並びに国々旧来よりの檀家各位のみならず、何れの人たりとも伊勢参宮の正式を拝受せんとせば、福島みさき太夫を訪問してすべての手続きを聞かれよ。(50)

これは、一八九八年刊行の『関西参宮鉄道案内記』掲載の広告だが、一八九八年といえば、参宮鉄道が山田まで開通した年なので、それを見込んでの広告だろう。福島は、とにかく初期の絶望を乗り越え、旅籠屋業でなんとか生計を立てることに成功したらしい。

福島・久保倉のように太夫を名乗り、元檀家を頼りとする旅籠屋はどちらかといえば少数だろう。多くは旧御師としての過去を伏せ、太夫を名乗らない。その代わりに新しい営業法を取り入れ、近代的旅籠屋として再出発する。宇治橋に近いかどや甚平の「角屋」と外宮前の「宇仁館《うにだち》」は、その典型的事例である。(51)その営業法とは、一新講・真誠講など全国的規模のネットワークを有する講社に加盟することである。ちなみに一新講は、一八七三年（明治六）に静岡で組織化された講社で、早くも全国的に広まった。真誠講は、明治政府が全国の飛脚ネットワークをベースに陸運元会社を打ち立てたが、その旅行斡旋企業として一八七五年にスタートを切ったものである。(52)これら講社に加盟することにより旅籠屋の主人たちは、限られた地域の「檀家」ではなく、全国の参宮者、旅人にアピールすることが出来た。

「角屋」は、一八七七年に真誠講に、[53]「宇仁館」は一八八一年に一新講にそれぞれ加盟したことが分かるが、[54]その主人たちは、講社に講収料をおさめ、講の看板を軒先にかけ、そして講の規則に従う。真誠講の社則からその営業法の一端がみえる。「篤実を主とし、旅客に対し百事不深切あるべからず」、「道中記は、各自自費を以て求め置き、旅人へは無代価にて施與すべし」、「宿引を出し、宿人を強勧し、或は車夫輿丁等種々の名目を付け金銭物品を与うる事を禁ず」などである。[55]一新講も真誠講も、旅行切手を発行し、持参する参宮者に対し、宿泊・人力車の割引をし、一人旅の参宮者でも必ず止宿させるなど、さまざまなサービスを提供する。[56]宇治山田の旅籠屋の主人たちは、講が作成する道中記や定宿帳に名前を載せてもらい、日本中に宣伝されると同時に、全国の参宮客や旅人に信頼される。

このように新しい時代に合わせた当時の角屋・宇仁館などの旅籠屋は、どのような止宿環境を参宮客に提供したのだろうか。『伊勢みやげ旅寝之友』は、角屋についてこう語る。

凡そ当楼、風景の美は言うも更なり。帝国の人民が其の郷土にありて、遥かに大廟の方を拝みてさえ最も有りがたしと思うなるを、当家に止宿すれば、座して神宮の御山を朝夕咫尺《しせき》の間に親拝するを得るこそ、世に忝《かたじけな》き事にあらずや。[57]

宇仁館は、

外宮前に三層の大厚高く聳え、天を摩するは有名なる旅館宇仁館なり、本館は去る明治十七年の新造なれば座敷の結構等便利様を旨とし、殊に屋根高くして咫尺に外宮の御山に対する客人の取り扱い丁寧親切にして（中略）賽客の止宿を求むるもの、甚だ多しという。

とある。[58]「角屋」も「宇仁館」も明治末期まで繁昌し続けていたようである。

宇治山田の旅籠屋に三つの類型があると上に述べたが、第三の類型として、両口屋・桂木屋・佐渡屋・麻吉・

油屋などのように、外宮と内宮をつなぐ古市にあった元妓楼が旅籠屋になる類型がある。これらの主人たちは、妓楼が繁昌しないから舵を切って旅籠屋に転業している。そして再出発するにあたって一新講・真誠講などに加盟する。

古市妓楼の主人たちは、実ははやくも明治四年に嘆願書を度会県に提出した。全国的に有名な杉本屋・備前屋も名をつらねている。(59)そこでは、自分たちが「衰微に押し移り、日々難渋相嵩ま」るゆえ「自然離散退転」するしかないという。(60)山田にある「西の遊廓」が繁盛するあまり、古市の「土地柄も終わりには消行」く、と嘆くが、解決策はあると。それは、山田の妓楼を古市へと引き上げ、一大遊郭を作る、という大胆な構想に他ならない。西の遊廓は、山田にある新町・新道・北町をさすが、歴史の相当新しい花街であった。この一大遊廓の発想は実現しなかったが、古市が明治初年からすでに動揺していたことが明らかだろう。江戸時代の三大遊廓に数えられていた古市は、一八五〇年代に火災に見舞われると、七〇軒あった妓楼は、四〇軒に減少した。芸娼妓解放令が発布される一八七二年段階では、その数がさらに減り、三二軒となった。ちなみに一八九七年に刊行された『伊勢参宮按内記』によると「大小の妓楼」の数は、「二十有余軒」となっている。(61)

しかし、妓楼の主人たちで先見の明をもつ者もいた。その先駆をなしたのは、「三大楼の一」と評判だった油屋である。油屋騒動で全国的にも有名な油屋は、明治五年に火災で焼けたが、その直後から旅籠屋として再出発したらしい。(62)千葉出身の川崎信太郎一行がはやくも一八七四年に油屋に泊まっているという事実は、その証拠となろう。(63)油屋は、その後の旅行案内の旅宿欄にたびたび出てくるが、一八九〇年前後に一新講に加盟したことがわかる。(64)一八九〇年は、明治期最初で最後のお蔭参りの年であったが、油屋は、これを狙って全国規模の宣伝をするため加盟したと思われる。(65)一八九〇年刊行の『伊勢参宮名所図会』には、ローマ字表記の「旅舎 HOTEL S.ABURAYA 油屋清栄門」として出ている。(66)同年の『伊勢みやげ旅寝之友』も油屋をとりあげ、次のように評価している。

油屋という大きな旅店。旅店仲間の飛び入り新米の親玉にて。我こそは神都第一の大ホテルに候と。言わぬばかりの店構え藤屋十五の古株も後に瞠若するのが責めてもの芸。（中略）転業早々小松宮殿下、有栖川宮殿下など雲上の方様の御休泊所となりし由にて、当家繁昌間違ない吉祥善事ぞかし。(67)

油屋の例に倣って元妓楼の桂木屋・鳥羽屋・佐渡屋・両口・松屋・麻吉も一新講などに加盟し、旅籠屋として再出発する。(68) 妓楼として行き詰まっていた油屋は、旅籠屋としてあらためて繁昌していたことは事実である。

しかしである。明治末年になると古市全体が疲弊して、下火になっていく。大きな節目は、右に触れた、参宮鉄道の山田までの開通、山田ステーションの建設（一八九七年）であった。それをうけて山田駅周辺に一大旅館街ができ、山田のいわゆる「西の遊廓」が一層繁栄し始めたからである。その他にも、のちに山田―二見間の路面電車が敷設され、そして古市を迂回する御幸通が完成するが（後掲図4）、これらの動きは古市に暗い影を落とし、その終焉を意味することになる。

ここに無視できない皮肉が一つある。これらの土木事業に関わり、実現に導く上で大きな役割を果たしたのは、太田小三郎という、宇治山田でもっとも有力な実業家だった。山田銀行、そして宮川電気株式会社を創立したのもこの太田だった。皮肉なのは、この太田が同時に古市の最も有名な妓楼備前屋の主人でもあったことにある。つまり、古市の者が古市をだめにしたということになる。なぜ太田が古市を見捨てたのかといえば、それは彼らが古市と一切関係のない、まったく別の宇治山田像を思い描いていたからである。太田らが思い描いていたのは、他でもない「神の都」「神都」としての宇治山田像である。そして、それが一八九〇年代にはもうすでに実現に向かっていたのである。

三　神苑会と「神都」の形成過程

すでに述べたように、政府が明治初年に伊勢神宮を国家管理の下におき、御師廃止などの改革を打ち出すと、神宮と宇治山田との間に事実上の乖離ができ、宇治山田はもはや門前町でなくなった。神宮の運命と宇治山田の運命とが引き離されてしまった。右に紹介した実業家の太田小三郎らは、再び宇治山田と「大廟」としての神宮を不可分なものと考え、そしてまったく新しい、神都としての空間の形成をはかった。彼らは、そこで「神苑会」という民間組織を一八八六年（明治一九）に設立した。神苑会設立当時は、宇治山田を「神都」というイメージで捉える者は他にいなかっただろう。しかし、神苑会が解散する一九一二年（大正元）までに、「神都」は宇治山田住民・実業家・神宮の神職のみでなく、伊勢を訪れた人ならだれでも耳にする、馴染みのある言葉となりつつあった。神都は、神苑会の想像（そして創造）の産物であると同時に、彼らの重要な遺産でもある。

「何たる技量とてなく、自尊にして却つて胆力に乏し、されど能く媚び、能く追随す。小人も時至れば、かくなるものにや」と、太田小三郎に対する厳しい評価は、一部にあった。(69) しかし太田は、人脈づくりに優れ、人当たりが良かったからこそ、神苑会を成功させることが出来たのだろう。彼は、大岩芳逸《ほういつ》らの有志者と手を組んで、鹿嶋宮司、度会郡長浦田長民、そして三重県知事の石井邦猷《くにみち》の賛同を得て、神苑会を立ち上げた。設立当初の構想は、一八八六年六月の「神苑会創設主旨」に、その一端が見える。

凡そ内宮においては、宇治橋以東の市街を徹し、更に神苑を設け、苑中一大館を興し、神庫の宝物を陳列し、普く庶人をして拝観せしめ、外宮においてはその接近の地と幽邃清潔の地とを選び、四時の花木を植え、市街の塵囂《じんごう》遠ざけ、一大勝区を開き漸次神都の面目を改更せんとす。(70)

つまり、神苑会は、内宮・外宮それぞれの接続空間の購入・整理から神都の形成に着手するというのである。

「宇治橋以東の市街」は「御たちまち」と言い、内宮に近い宇治橋を渡ったところの宮域内に二〇〇軒近くあった禰宜職、旧御師の自宅のことをさしている（図3）。外宮近辺にも家屋と旅籠屋があった。

ところで神苑会は、神都形成に必要な募金活動も始まらないうち、皇太后が一八八七年三月に神宮参拝をし、日本初の公認海水浴場の二見浦も訪れる情報を一八八六年に得た。神苑会は敏速に対応した。当初の構想をさらに「我伊勢第一等の勝区たる二見浦」まで拡大し、第百五銀行山田支店に金五〇〇〇円を借りて、「敷地が千余坪、建坪が百八十余坪」の木造「賓日館」を打ち立て、皇太后の投宿先に備えた。(71) 皇太后は、翌年三月七日に内宮外宮の参拝を終え、賓日館に泊まったことは、神苑会の皇室との絆をつくる、「千歳一遇の好機」であった。なお、二見浦は、近世にも多くの参宮客が訪れ、明治になって角屋その他の旅籠屋は、すでに支店を出していたぐらいの人気であった。

内宮・外宮の接続地の購入・整理は、この「賓日館」建設のためしばらく棚上げされたが、一八八九年一〇月の式年遷宮に間に合わせようと、神苑会は再び動き出した。まず「神威を瀆すのみならず、又火災延焼の虞れなきを保せず、捨てて修めざれば、即ち崇敬の意に背かん」とされた内宮の宮域内の家屋を撤去して、住民を移動させ、一〇万坪の土地を購入した。(72) 外宮でも、家屋だけでなく旅籠屋も撤去した上、二万坪もの土地も買った。

同時に神苑の設計を「我が国造園界の大恩人」小沢圭次郎に委託した。小沢はそれに応じてかなり大胆な「神苑名勝興造の大旨」（一八八八年七月）を提示した。(73) 内宮の神苑に「管玉の井」という名の噴水を設け、浅瀬曲水をつくる。そして「神宝中の一物たる紫の御蓋」を模擬した、御蓋の亭も建てる。外宮の場合は、勾玉を象った池が見所となるが、苑中に旧御師の表門の形をした「鴛鴦亭《おしてい》」も建てる。(74) 小沢は、それぞれの神苑に数千坪分の芝生を敷き、さらに松・白梅・桜・桃など千数百本の木や、牡丹・菖蒲など数百株の植栽計画をもって、「公衆をして遊目騁懐の快楽を享有せしめんこと」を優先的に考えていた。(75)

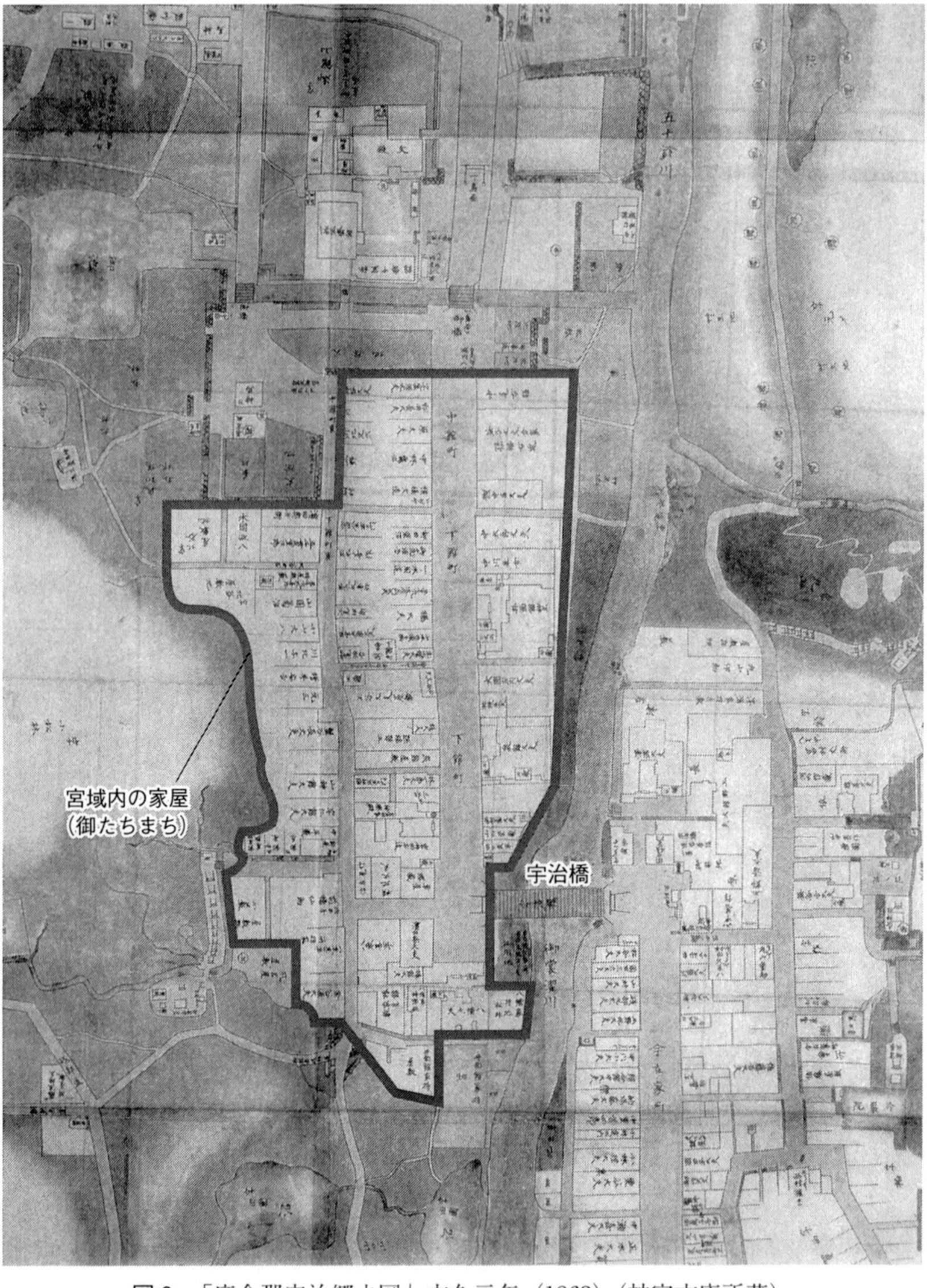

図 3　「度会郡宇治郷之図」文久元年（1863）（神宮文庫所蔵）

これらの企画は、相当な資金を必要とした。そして資金はすべて募金に頼らざるをえない。それまでの募金活動は、神苑会が三重県内の宇治山田、度会郡、旧神領地を中心に行い、県庁より各郡長に内示を乞い、郡長が各町村・戸長・資産家・名望家に依頼するなどしていた。[76] はやくも一八八八年（明治二一）夏から『伊勢新聞』に「神苑会寄付金広告」まで出していた。[77] さらに募金活動に拍車をかけるため、太田小三郎は、鹿嶋神宮大宮司とともに一八八八年末に上京し、小沢圭次郎と合流のうえ、首都で金銭的支援を募ることを決意した。東京での募金活動は想像以上の成果をあげた。

首都東京は、一八八九年二月の大日本帝国憲法発布を迎え、憲法発布フィーバーで盛り上がっていた。それは、太田らにとって極めて有利な状況であった。憲法そのものも、憲法発布を挟んだ諸儀礼も、天皇の、天照大神との有機的、神話的関係を強調する。憲法発布の日に起きた、（上述の）森有礼の暗殺事件も、伊勢に国民の目を向けさせる上で重要であった。太田はこの特殊な状況を利用して有栖川宮熾仁《たるひと》親王に神苑会総裁役を引き受けてもらった。[78] 宮内次官の吉井友実が神苑会の会頭に、東京大学総長渡辺洪基《ひろもと》が副会頭に指名されたのもこの時であった。

有栖川宮は、すぐに評議員を任命し、霞ヶ関の御邸内で評議会をひらいた。評議員の顔ぶれは、三条実朝内大臣、山田顕義司法大臣、土方久元宮内大臣、松方正義大蔵兼内務大臣、渋沢栄一、九鬼隆一図書頭等で、「国家の元勲名士然らざれば、即ち声望一世を傾け、令誉当代に籍甚たるの高門」であった。[79] 評議員は、そこで太田・鹿嶋・小沢が持参した「神苑会仮規則書」に基づき、募金活動等を議論したと思われる。吉井会頭の即時の伊勢出張はこの時に決まり、神苑会本部を東京に置くことも同時に決定されたらしい。皇太后・皇后が神苑会に御下賜金を賜ったのも、太田らが上京中であった。[80]

太田・鹿嶋・小沢の東京での募金活躍や吉井の伊勢出張は功を奏し、その勢いで内宮・外宮の神苑が一八九二年末にやっと完成を見た。実現した神苑は、小沢の企画から多少外れたようで、内宮神苑の噴水・曲水、外宮神苑の鴛鴦亭などは東京の評議会で廃案となったせいか実現しなかった[81]。それでも内宮と外宮の空間は大きな変貌をとげることになった。内宮の場合は、さらに五十鈴《いすず》川沿いに二九〇町分の「風致山林」も購入したし、外宮の場合は当初の計画になかった農業館を外宮前に建設することにもなった。高木博志は、ここに出来た神苑について前近代の「もっとも活気がある『猥雑』なもの」から「樹種が厳選され、玉砂利がしかれ、水で清められ、神経症的なまでに潔癖」な神域への変貌だ、と位置づける[82]。その通りである。いずれにせよ、神苑会は、一八九四年に内宮・外宮の完成された神苑、そして農業館の土地や建物を神宮に献納したのである[83]。

明治期の旅行案内書は、この新しい空間をどのように紹介していたのか。一事例にすぎないが、『伊勢参宮按内記』は、勾玉池が見所の外宮神苑について、「水洋々たり、白蓮、池の面を覆いて、水鳥時に浴し、松間の桜、雪中の梅香、春の花、夏の涼み、秋の月、冬の雪、四季共に絶景の地にして杖を筇くもの多し」と、その魅力を評価する[84]。外宮前の新しい農業館に関しても、その設計が「田中芳男先生の手になれり[85]」と自慢し、「農事の祖と仰ぎ奉る神宮に年々参拝し集まる農家の子弟の為に」建設された、という。「産物、並びに器具及び標本模型、園書、統計表など普く展列して縦覧に供せり」とある[86]。そして内宮神苑に関しても、「五十鈴川に沿い、神路山に面し、四時の花木、色を争い、風景の佳趣、最愛すべし」と賞賛する[87]。

神苑会の太田たちは、何よりも実業家で、一人でも多くの参宮客を宇治山田に誘致することが目的であった。その目的を達成するのには、参宮者の「快楽」「娯楽」を常に考えなければならないと考た。内宮・外宮の神苑設計には、そうした目的もあったが、彼らはもっと大胆な企画を早くから有していた。企画の全貌は、「倉田山計画見積順序」という名の史料にうかがえる。いうところの「倉田山」は、内宮と外宮の中間ぐらいにある未開拓の山だったが、神苑会は、その山の広い土地を購入して、それを開拓することに決めた。そして、そこに歴史博物館（「徴古館」）、付属農業館をまず建設する。さらに、古俗園、書籍館、画廊、動物園、植物園、水族館、競馬場、能舞台も作る、という構想である。[88] これはまさに常設の博覧会とでもいえそうな、現実離れした構想であった。参宮客の娯楽を優先的に考えた、太田ならではの「神苑」企画であった。これは、とてつもないお金を必要とする事業で、日清戦争・日露戦争の国家的な危機も間に入り、財政などの問題も多々あって、募金活動が振るうはずもない。

ここでは、倉田山が形を整えていく過程を詳細に論じることは出来ないが、一応の完成は、神苑会設立から二〇年も経った一九〇九年（明治四二）の式年遷宮の直前だった。当初の企画に比べて規模が多少小さくなっていた。徴古館、農業館（外宮前からの移築）、それから式年遷宮のおり内宮宝殿から撤下された「撤下御物拝観所」は立ち並んだが、動物園・植物園・水族館・競馬場ははたして実現しなかった。それでも、倉田山は実にユニークな「神苑」となった。二、三の特徴について、簡単に述べておこう。

まずいうべきことは、この倉田山およびその施設の完成は、宇治山田の空間全体を大きく変貌させる結果となったこと。一九一〇年に天皇参宮の経路として企画された御幸通が敷設されるが、外宮と内宮はそれをもって倉田山を中軸につながることになる。古市が前近代にそうであったように倉田山の空間が外宮・内宮の空間と一体的な関係になる。宇治山田の変貌はこの御幸通で決定的となる[89]（図４）。参宮客のコースも、したがって前近代のそれと大きく変わる。外宮→古市→内宮だったのが、今度は外宮神苑→外宮→倉田山→内宮神苑→内宮へと変容する。[90] しかも参宮客は路面電車で移動することが出来る。参宮コースは、古市の妓楼・芝居小屋にとってかわり倉田山の博物館が中心となるや、古市は神都としての宇治山田から事実上外されてしまう運命になる。

倉田山の性格について次に注目されてよいのは、その空間の「近代性」だろう。博物館は、一八八九年に東京で、一八九五年に奈良で、そして一九〇〇年に京都で開館されていくが、やはり近代都市に博物館は欠かせない

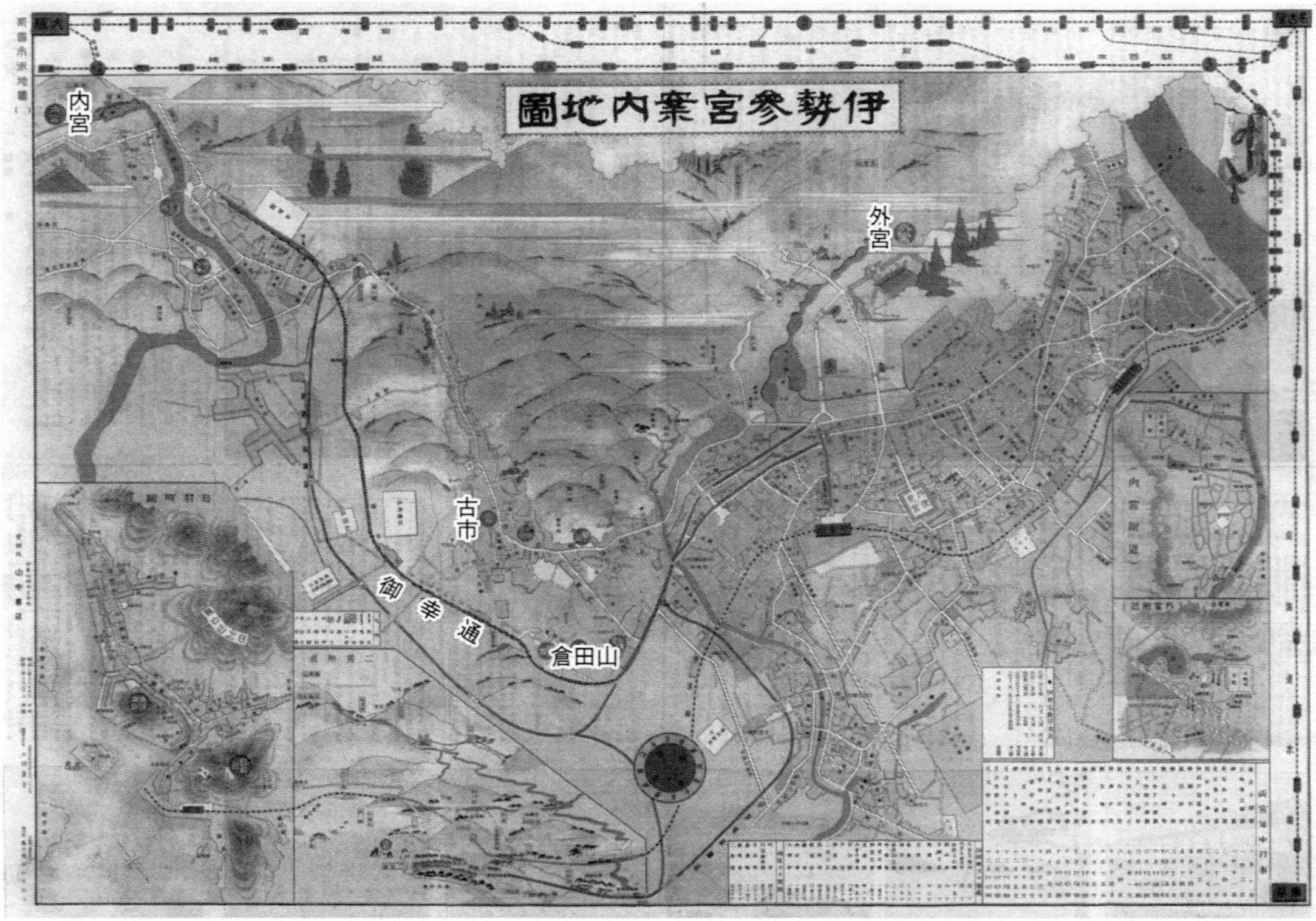

図４　「伊勢参宮案内地図」（国際日本文化研究センター所蔵）

存在となっていた。倉田山に博物館ができると近代都市の重要な一条件が満たされる。倉田山に建った、徴古館が日本初の歴史博物館で、農業館も日本初の農業館だという意味でも日本の博物館史の上において特筆すべきである。そして倉田山が西洋の建築、デザインを宇治山田に持ち込んだこともまたみずからの近代性を訴える効果があった。赤坂離宮の設計などで著名な片山東熊が依頼された徴古館は、洋風の「レネッサンス式」で、内苑局の市川之雄設計の庭園は、ベルサイユ宮殿をモデルにした西洋式盾型庭園となった。[91] このような徴古館は、平等院鳳凰殿をモデルにした木造の農業館と鮮やかな対照をなしていた。

倉田山について最後に指摘したいことは、出来た当時の徴古館による「歴史の語り」である。王政復古以来の神宮改革は、伊勢神宮の大廟としての位置づけ、換言すれば万世一系神話の権威づけをねらうものであった。しかし、倉田山に建った徴古館は、その神話を語るスペースを一切設けていない文字通りの歴史博物館である。徴古館は、歴史を年代別にではなく、テーマ別に語り、歴史時代以前をあつかわない仕組みになっていた。展示物のなかで目立つのは、仏像・鰐口・掛け仏など日本の仏教史に関連するものだろう。本稿で言及できなかったが、明治初年の宇治山田で徹底した廃仏毀釈が行われ、仏教は伊勢の歴史から「浄化」されてしまった。[92] 徴古館は、ある意味で仏教を伊勢の歴史のなかに再び取り戻した、とも理解できる。徴古館の展示物は、廃仏毀釈に見舞われたお寺から撤収されたものがあり、また、いずれも礼拝の対象としてではなく、「まなざす」対象としてそこにある。しかしながら、日本史における仏教を語るスペースがこの徴古館に設けてあったこと自体は、倉田山の特徴として大いに注目に値する。[93]

結　語

神苑会の遺産は、内宮・外宮それぞれの神苑、そして倉田山という新たな空間形成だけでは理解できない。大廟としての神宮を中核にすえたこの近代空間を「神都」、つまり神の都というイメージで捉え、そしてそのイメージを全国に広めたこともまた重要な遺産だとせざるを得ない。一八八六年六月の「神苑会創設主旨」は、宇治山田を「神都」と概念化する最も早い事例の一つである。「絶たるを継ぎ、廃たるを興し、典礼孔《はなは》だ備ると雖も、神都の規格未だ十全の完備を尽くすを得ず」というように、祭祀の改革はほぼ完成したが、神宮の空間的整理はまだ不十分で、これから神都に相応しく、それを改革していく、との立場である。[94] 神苑会のメンバー、伊勢神宮の神職、三重県の知事などの間では、宇治山田を「神都」と呼ぶのは、はやくから当たり前となっていたが、県外に対しても宇治山田の神都としての性格を訴えることが多々あった。一八八八年末に宮内大臣土方久本宛の「神苑会事述書」の冒頭でも、[95] 神苑会会頭の吉井友実が書いた「神苑会拡張の主意」や各府県知事宛に募金を募るために認めた「依頼書」でも、「神都」を強くアピールしている。[96]

一八八八年に宇治山田の有志は、「町」ですらない宇治山田をいきなり「市」にする運動を起こした。三重県宛の「上申書」では、「宇治山田の地たる大廟鎮座の霊区にして全国人民のこの地に参拝するもの年々幾十万の多きを識る可からず（中略）。当時は厳然たる一市街をもって誇示し、世人又目して神都というに至」ったことを訴える。[97] 大廟と神都がセットになっていることが注目されるが、肝心なのは、宇治山田が神宮なる大廟がある故に神都と呼ぶに相応しい、という方式である。市制が宇治山田に施行されるのは、実はそれからほぼ二〇年後の一九〇六年だったが、これはやはり「神都」概念普及の大きな節目となった。『伊勢新聞』は、この歴史的なイベントを次のように歓迎した。

宇治山田の地たる（中略）、亦洵《じゅん》に崇厳なる大廟の鎮座地として神都の尊称を以て全国に知られ、恰も中世の欧羅巴における基督教徒がジュルサレムの霊地に対するが如く苟《いやしく》も（中略）神都の地は、この点に関して全国の注意を惹くこと、実に三都を凌ぐものあり。[98]

宇治山田市が出来た後は「神都会」「神都有志会」「神都婦人会」などが立ち上げられ、実業界でもこの時から神都の自覚が一層強くなり、「神都製糸業」「神都製陶所」「神都鉄道」「神都ビール」等の創立を見る。「神都」が宇治山田の代名詞として全国的に定着するのは、神苑会が解散した後の大正時代とすべきであろうが、その土台は、神苑会が活躍中の一九世紀末から二〇世紀初めに据えられたのである。

(1)「上申書」(三重県編『三重県史　資料編　近代1』、三重県、一九八七年、七五一頁)および『伊勢新聞』一八八八年一二月一日。
(2)宇治山田を門前町として扱う研究には、塚本明「近世門前町、宇治・山田の社会構造に関する研究」(科学研究費報告書、二〇〇五年)がある。
(3)神宮司庁編『神都名勝志』巻四(神宮司庁、一八九五年)。
(4)蔀関月編『伊勢参宮名所図会』(日本随筆大成刊行会、一九二九年)三五八～三五九頁。
図1・2を比較した際、注意が必要なのは、図2の場合は古殿がむかって左側にあって正殿が右側にあるが、図1はその逆で、古殿が右側にあって、正殿が左となっていること。式年遷宮の二〇年ごとの周期によって正殿と古殿が入れ替えられる結果である。
(5)前掲註(3)『神都名勝志』序文には、「遠近都鄙より吾が神宮に参詣する人々の神蹤霊区を歴覧せむとするに便ぜむが為に編纂せるものなり」とある。
(6)宇治山田市役所編『宇治山田市史　上』(国書刊行会、一九八七年)、五一～五二頁。
(7)倉田正邦編『宇治山田明治年代記』(三重県郷土資料刊行会、一九八二年)、一一九頁。このとき外国皇族の参拝位置も内玉垣御門前と定められた(同、一四八頁)。
(8)参宮の詳細に関しては、たとえば西川順土「明治天皇神宮御参拝」(同『近代の神宮』神宮文庫、一九八八年)参照。
(9)拙稿「明治天皇を読む」(『儀礼と権力――天皇の明治維新――』平凡社、二〇一一年)、二七～二九頁。なお、明治天皇は、このの後一八七二年、一八八〇年、そして一九〇五年、合わせて四回伊勢に参宮した。

（10）亀井などの、維新政府の官僚との密接な関係については、武田秀章『維新期天皇祭祀の研究』（大明堂、一九九六年）が詳しく述べている。

（11）天皇による参宮を前後に、徹底的な廃仏棄釈が宇治山田で行われたが、浦田自身は、さほど廃仏にこだわらなかったらしい。廃仏的なのは、むしろ度会府判事の元田直あたりであった。それはたとえば元田が一八六八年に「断然勅命を以て宮川内廃寺被仰出度」願いを中央政府に出していたことからも分かる（安丸良夫・宮地正人編『日本近代思想大系5　宗教と国家』岩波書店、一九八八年、一三頁）。

（12）前掲註（1）『三重県史』八六〇～八六一頁。元田は、外宮を整理し、天祖荒御魂を中心に祭り、その左右に天孫皇神と豊受を祭ってはどうかと提案する。前掲註（11）『日本近代思想大系5　宗教と国家』一一頁参照。

（13）上述の元田は、内宮を「天祖大廟」と、外宮を「豊受宮」と位置づける。

（14）『宗教関係法令一覧』（前掲註11『日本近代思想大系5　宗教と国家』）四四二頁。

（15）前掲註（14）『宗教関係法令一覧』四三七頁。

（16）松木素彦「明治四年の神宮改正」（神宮司庁編『神宮明治百年史　上』神宮文庫、一九八八年）、一四一～一四二頁。

（17）前掲註（1）『三重県史』八六一～八六三頁。

（18）前掲註（1）『三重県史』八六三頁。ちなみに、神嘗祭は、「皇祖大御神に新穀の大御饌をたてまつる御儀で、十月十六日の夜より十七日の朝にかけて行われ、（中略）神宮第一の厳儀とせられて居る」（阪本廣太郎『神宮祭祀概説』神宮文庫、一九五四年、一五三頁）。

（19）胡麻鶴醇之「神宮の祭祀」（『神宮明治百年史　下』神宮文庫、一九八八年）二七二頁。この論文は分析に欠けてはいるが、祭祀の変遷を追求する上で極めて便利である。

（20）前掲註（14）『宗教関係法令一覧』四四三頁。幕末期における神嘗祭の復活については、中西正幸「御巫清直」（同『伊勢の宮人』国書刊行会、一九九八年）参照。

（21）前掲註（14）『宗教関係法令一覧』四四九頁。

（22）前掲註（19）胡麻鶴「神宮の祭祀」二八〇頁。

（23）ちなみに、この不満をいったのは孫福権主典であった。前掲註（20）中西『伊勢の宮人』五三二頁。

(24) この祭祀は「天日嗣の本始を歳首祀り給う」意味をもつ（前掲註14『宗教関係法令一覧』四五〇頁）。

(25) のちに「紀元節」と改称する祭祀である。

(26) 神御衣祭は、「天祖高天原において人民衣服紡織之源を被為開候、神徳を御報賽被遊候厳儀」である（前掲註19胡麻鶴「神宮の祭祀」二九二頁）。

(27) 浦田長民他編『明治祭式』、一八七七年（国立国家図書館蔵）。これなどの数値は、中西正幸が孫福弘孚著『神宮諸祭旧現対照表』（一八七六年）から割り出したものである（中西正幸「神宮明治祭式について」『神道学』一五七、一九九三年、二九頁）。なお、中西が指摘する通り、神宮の近代的祭祀は、一九一四年に「神宮祭祀令」が発布されるまで動揺しつづけていく。

(28) これらについては胡麻鶴が引用する『神宮司庁公文類纂　祭儀編』を参照されたい。前掲胡麻鶴註(19)「神宮の祭祀」二八五～二八六頁。

(29) 中世から近世にかけての宗廟観については、井上智勝が「天子の宗廟・日本の宗廟――近世日本における二つの宗廟観と伊勢信仰――」（『埼玉大学紀要』四七―二、二〇一二年）において明瞭に分析している。

(30) 藤井清司編『神苑会史料』（神苑会清算人事務所、一九一一年）、五頁。

(31) 前掲註(30)『神苑会史料』三一頁。

(32) 大久保利謙編『森有礼全集　二』（宣文堂書店、一九七二年）、二七九頁。森が無礼を働いたとされたのは、内宮でなく外宮であった。なお、森は「無礼事件」後、内宮への参拝を断った。

(33) 『読売新聞』一八八九年二月一九日および「故森文部大臣参廟の模様」（『伊勢新聞』一八八九年二月一九日）など参照。

(34) 『伊勢新聞』一九〇七年一〇月二一日。

(35) なお、久米邦武が「神道は祭典の古俗」（『史学会雑誌』一〇―一二、一八九一年）において「伊勢大神宮は大廟にあらず」と主張することに注意しておきたい。

(36) 松木素彦「明治四年の神宮改正」（前掲註16『神宮明治百年史　上』一五三頁）。

(37) 度会県の県庁は、当時山田の川崎にあった。

(38) 前掲註(1)『三重県史』八七四頁。旧御師の救済策の実施は、一八八〇年まで待たなければならなかった。檀家持ちの御師のみを対象に、金三〇円を三重県がこの年に支給したのである（『旧師職手続書』三重県県庁文書）。金三〇円は、当時六〇〇キロ分の白米に相当するものであった（週刊朝日編『値段の明治大正昭和風俗史 上』朝日文庫、一九八七年、一五九頁）。

(39) 鹿嶋則良他編『神宮宮司拝命記』（一九九八年）、一七頁。なお、鹿嶋は、一八七四年から伊勢神宮大宮司を勤めていた田中頼庸の後任であった。田中は、一八八二年に宮司を辞任し、神宮教の管長となった。

(40) 前掲註(1)『三重県史』三五七～三五八頁。

(41) 前掲註(1)『三重県史』三五八頁。なお、一八八八年一月二九日付の『伊勢新聞』は、年平均の参宮客を二八万人とするが、その根拠は明らかでない。

(42) 『三重県統計書』（三重県県庁文書）。

(43) 矢野永治「国民の奉賛」（前掲註19『神宮明治百年史 下』三七二～三七三頁）。ちなみに、神宮司庁の統計は、明治末年までは大きな変容を見せない。大正天皇の即位の翌年からはいきなり増えてしまい、その年に一八〇万人が外宮を参拝した、という数値を出している。

(44) 國他雄行『博覧会と明治の日本』（吉川弘文館、二〇一〇年）、一四三～一四五頁。

(45) 菅原洋一「三日市太夫次郎邸に見る近世伊勢御師邸建築」（『季刊大林』四三「御師」、一九九八年）、一六頁。

(46) 飯泉清右エ門『道中日記』（川崎吉男編『伊勢参宮日記考――史料編その二・中』筑波書林、一九八八年）、一二四～一二五頁。

(47) 福島御塩焼太夫家末方TC11―6（松坂市教育委員会文化課郷土資料館蔵）。

(48) 『西降日誌』、福島御塩焼太夫家末方TC11―10（松坂市教育委員会文化課郷土資料館蔵）。

(49) 野村可能通『伊勢古市考』（三重県郷土資料刊行会、一九六九年）、一三三頁。

(50) 執行猪太郎編『関西参宮鉄道案内記』（国文社、一八九八年）。

(51) 角屋はかどや甚平が経営する内宮に近いお店の他に、外宮の近くに、かどや和物治の店もあった（飯田良樹氏による）。

(52) なお、陸運元会社は、同年に内国通運会社と改称される。井上敏子「信州の真誠講」（『史論』一七、一九六七年）、五二〜五八頁。筆者は真誠講の設立過程について井上論文から多くのことを学んだ。北村屋（外宮前）、岡田屋（宇治）、両口屋（相の山）。両口屋については後述。

(53)『真誠講』（一八七七年）。同時に加盟した宇治山田の旅宿はほかにもある。

(54)『一新諸国道中記』（一八八一年）。尾上町の桔梗屋、川崎のシノ島屋、古市のカツラキ屋なども同時に加盟している。

(55)前掲註(52)井上「信州の真誠講」四九〜五〇頁。

(56)前掲註(52)井上「信州の真誠講」五五頁。

(57)伊勢浪人編『伊勢みやげ旅寝之友』（川嶋文化堂、一八九〇年）、一三一〜一三二頁。

(58)前掲註(57)『伊勢みやげ旅寝之友』一一九〜一二〇頁。

(59)主人たちは、この嘆願書でみずから経営する妓楼を「茶屋」といっている。のちに定着した呼称は、「貸座敷」である。

(60)「乍恐奉願上口上」（野村可通『伊勢の古市あれこれ』三重県郷土資料刊行会、一九七六年、一六三〜一六五頁）。

(61)山崎栄太郎編『伊勢参宮按内記』（一八九七年）、六〇頁。

(62)川崎吉男編『伊勢参宮日記考　下』（筑波書林、一九八八年）、八五頁。油屋騒動は、一七九八年に起きた事件で、孫富福斎という御師家の養子が油屋遊女のお紺に待たされたため怒り、仲居などに斬りつける刃傷事件のことである。

(63)川崎弥四郎『金比羅神社道中記』（前掲註46『伊勢参宮日記考——史料編その二・中』）一〇四頁。

(64)『一新講道中手引草』（一八九〇年）。

(65)明治のお蔭参りについては、別稿に譲るが、「本年は六十一年目のお陰年なるが上に殊には遷御の翌年なれば客地《ママ》より宗廟に参拝するもの非常に夥し」と『伊勢新聞』が報道する通りである（『伊勢新聞』一八九〇年一月三〇日）。

(66)同年正月にイギリス人が油屋に泊まっていたことを『伊勢新聞』が報道している。『伊勢新聞』一八九〇年一月一二日。

(67)前掲註(57)『伊勢みやげ旅寝之友』一二七〜一二八頁。なお、油屋は、山田ステーションができると駅前に別館を建てた。

(68)これについては、『一新諸国道中記』（一八八一年）、『旅行便覧』（一八八二年）、『真誠大日本帝国道中記』（一八八六年）、『参宮みやげ』（一八八七年）、『日本旅行独案内』（一八八七年）など参照。

(69) 川口滝造『勢伊志紀顔見立評判記』（伊勢新聞社、一八九五年）、二九〜三〇頁。

(70) 前掲註(30)『神苑会史料』四〜五頁。

(71) 前掲註(30)『神苑会史料』三〇頁。

(72) 「神苑計画案」（前掲註30『神苑会史料』）二〇一頁。

(73) 前掲註(30)『神苑会史料』一三九〜一五三頁。

(74) 小沢は、「御師、鴛鴦訓読相通ずるを以て之を称して鴛鴦亭という」という注目すべき提案をする（前掲註30『神苑会史料』一四五頁）。伊勢の「御師」のみを「おし」でなく、「おんし」と読むと現在いわれているが、小沢提案から判断して明治期は「おし」がむしろ普通であったかもしれない。

(75) 小沢圭次郎「神苑名勝興造の大旨」（前掲註30『神苑会史料』）一三九〜一四〇頁。

(76) 「募集順序」（前掲註30『神苑会史料』）一三二頁。

(77) 神苑会は、この頃から頻繁に寄付金額および寄付者をリストアップし、『伊勢新聞』に載せている。

(78) 有栖川宮は、一八八三年から（東京在住の）伊勢神宮の祭主でもあった。

(79) 前掲註(30)『神苑会史料』二一六〜二一七頁。

(80) 「上京顚末報告書」（前掲註30『神苑会史料』）二一八〜二二一頁および二三九〜二四〇頁。

(81) 小沢圭次郎は、みずからの業績の数々を『明治園芸史』に詳細に述べるが、不思議にも伊勢神宮の神苑についてほとんど触れていない（小沢圭次郎他『明治園芸史』日本園芸研究会、一九一五年）。

(82) 高木博志「近代における神話的古代の創造──畝傍山、神武陵、橿原神宮三位一体の神武「聖蹟」──」（『近代天皇制と古都』岩波書店、二〇〇六年）、三一〜三二頁。

(83) 神宮司庁編『神宮史年表』（戎光祥社、二〇〇五年）、二二五頁。神苑の開苑式については『伊勢新聞』一八九二年一二月三日を参照。「開苑式の為他所より同地に入り込む者、無慮五千人、各旅人宿何れも満客（中略）神宮遷御式以来の雑踏なり」とある。

(84) 前掲註(61)『伊勢参宮按内記』三七〜三九頁。

(85) 一八九〇年に農業館の建設を委任された田中芳男は、当時上野博物館長でありながら、神苑会の幹事をも勤めていた。
(86) 前掲註(61)『伊勢参宮按内記』三九頁。
(87) 前掲註(61)『伊勢参宮按内記』三七～三九、八六～八七頁。
(88) 「倉田山計画見積順序」一八八八年一二月(前掲註30『神苑会史料』一〇三～一〇八頁)。
(89) 図4は外宮と内宮をつなぐ御幸通を示すものである。
(90) 曽我部市太編『伊勢参宮の栞』(鳥羽町、一九一〇年)等参照。
(91) 神宮徴古館農業館編『神宮徴古館九〇年農業館一一〇年記念――神宮の博物館のあゆみ――』(神宮徴古館農業館、二〇〇一年)参照。
(92) 宇治山田の廃仏毀釈については、桜井治男が『宗教都市における神仏分離の実態的研究――伊勢神宮の門前町「宇治・山田」を中心に――』(科学研究費報告書、二〇一〇年)において詳しく語っている。
(93) 徴古館の展示物をめぐる葛藤については別稿で述べることにする。
(94) 前掲註(30)『神苑会史料』四～五頁。
(95) 前掲註(30)『神苑会史料』一五七頁。
(96) 前掲註(30)『神苑会史料』二四三～二四四、三二六～三二八頁。
(97) 前掲註(1)『三重県史』七五〇～七五一頁。
(98) 『伊勢新聞』一九〇六年八月二九日。

〔謝辞〕 本稿の調査にあたって神道国際学会の研究助成金をいただいた。この場を借りて感謝の意を表したい。なお、高木博志氏、黒岩康博氏、本堂弘之氏、飯田良樹氏から貴重なご教示を賜りました。厚く御礼申し上げます。

Ⅱ

城下町——金沢・仙台・尼崎・岡山・三都

「城下町金沢」の記憶——創出された「藩政期の景観」をめぐって——

本康宏史

はじめに

創設された近代「古都」をめぐる問題関心をベースに、本章では、「歴史都市」としての旧城下町の検証を試みる。高木博志も指摘するように、「前近代」の表象（イメージ）をまといつつ、近代天皇制を形成・再編する要素として機能してきた近代「古都」は、それぞれ特色ある「発展」の軌跡をたどってきた。その際、近代における「古都」のありようは、しばしば「日本文化」の表象を強調しつつ、一方で観光や地域振興、アイデンティティの問題とも密接にリンクしている。しかも、それら「伝統的」と認識される諸制度が、近代天皇制にもとづく「日本文化」そのものの再編、あるいは創出（神話・史跡・習俗・芸能の「発見」）の一環であったことも指摘されている（1）。このような近代「古都」論の枠組みは、「歴史都市」（たとえば大藩の「城下町」）の近代的展開においても適用が可能なのではないか。本章では、代表的な近世城下町である金沢を事例に、「藩政期の記憶」とその表象という視座から、「城下町」的な「景観」の創出問題を多角的に検証する。

ところで、「藩政期の景観」の表象については、その多重性という問題をまず確認しておかねばならない。というのも、「藩政期の景観」を描いた図像には、同時代性や写実性において、時系列的な段階があると思われるからである。「当時の風物」を「その時点」で、写真のように「そのまま再現」したものかどうかは、当然のことながら検証が必要であろう。すなわち、次の三つの可能性を考慮せねばならない。

(一)藩政期に描かれた景観→「城下町」の記録（ではあるが、必ずしも実景とは限らない）

(二)明治前期に描かれた景観→「城下町」の記憶（しばしば一定のバイアス＝主観的選択と変容が生じる）

(三)のちの時代に再生（創出）された景観→「城下町」の記憶の再構成（二重のバイアスが生じる）

この場合、本章では、近代（明治期）以降の(二)と(三)の図像を分析対象とする。ただ、その前提として(一)についても若干ふれておきたい。なぜなら「藩政期の城下町」景観の原形が、そもそもどのようなイメージとして残されてきたのか、という問題があるからである。いうまでもなく、写真発明以前の風景を当時の描写方法で極めて正確に記録するすべはない。いかに遠近法をベースとした実写（真写）技法が導入されていたとしても、厳密にいえば、描いた人物の視点が加わることになる。むしろ、前近代絵画の方法論において、何らかの主観的なバイアスがかかった表現として、図像が作成されていたことは、境内図や参詣図はいうまでもなく、都市の景観表現においても明らかであろう（たとえば、洛中洛外図や江戸城下図など）。

図1　「金沢城下図屏風」（部分・犀川大橋付近、上が右岸）（石川県立歴史博物館蔵）

藩政期の金沢城下を語る際の基本資料とされる「金沢城下図屛風」（図1）なども、近年の研究によれば、何らかの意図や編集作業を前提として描かれたことが指摘されている。(2) ちなみに、同絵図は、犀川大橋を軸に左岸（寺町周辺）・右岸（片町周辺）の町並みを描いた六曲一双屛風で、家並みの描写は文化年間（一九世紀初頭）の各町筋の景観とほぼ一致するとされる。しかし、そもそも「城下図」と称しながら、城郭や武家屋敷が描かれていないことや、描かれた範囲が犀川両岸のごく限られた地域でしかない点など、いくつかの疑問点もある。いずれにせよ、藩政期に同時代を描いた絵図であっても、かならずしも当時の実景を写したものとはいえないことを、まず認識しておきたい。

次節では、明治以降の金沢の風景画像を素材に、そこに描かれたもの、描かれなかったものの分析を通して、作者（あるいは依頼者・発行者）が、いかなる「藩政期の金沢」を記憶として残したかったのかを検証したい。

一　「金沢名所」と藩政期の風景

（1）明治初期の名所絵

明治期の金沢を描いた「名所絵」のなかに、意外にも多くの近世＝藩政期の記憶が組み込まれている点は、この地の風景認識にひとつの特色を与えている。その際、近世金沢の名所イメージは、どのように継承されたのだろうか。何が残され、何が新たな景色として加えられていくのかをたどることにより、近代における「城下町の記憶」を析出する契機になるのではないか。そうした点で、「金沢八景」「金沢十景」と称して描かれた一連の名所絵は、格好の素材である。

そもそも「〇〇八景」や「××十景」なるものは、中国の景観認識である「八景思想」に基づくものである。地域の風景の中から、限られたビューポイントが選ばれ、人々の景観意識を形作ってきた。金沢でも、「金沢八

表1　金沢の名所一覧

名称	金城十珍所	金沢八景	大乗寺八景	金沢八勝
成立時期	江戸中期	天保11年	文政３年以降	嘉永６～安政３年
出典	稿本	夷曲歌集百人一首	漢詩	六十余州名所図会
選者・作者	堀麦水ほか	西南宮鶏馬	奥村栄実詠	安藤広重
項目	小立野の三浦屋 春日の鳴和滝 折違の片欄干 大樋の松門 法船寺町の番所 猿丸の釘 千石町の惣嫁 小姓町の地蔵橋 浅野川の一文橋 惣構の離縁神	戸室日出 一本松夕嵐 宮腰出帆 長谷山晩鐘 犀川夏月 粟崎帰雁 笠舞残雪 鞍嶽時雨	倉部夕照 鶴来晴嵐 宮腰帰帆 大乗寺晩鐘 高尾秋月 二子塚落雁 白山暮雪 黒津舟夜雨	医王朝瞰 鶴間谷清泉 蓮湖漁火 大乗寺晩鐘 長谷山秋月 帝慶紅葉 白山清雪 黒津舟夜雨

名称	金沢十景	浅野川八景	上野八景
成立時期	幕末期	明治５年	明治７年
出典	刷物	刷物	刷物
選者・作者	大橋卓丈 池田九華	森春岳 南無庵大夢	奥村栄通 狩谷竹鞆
項目	犀川春霞 妙玄夕桜 梅鉢清水 長谷山月 牛坂渡鳥 春日紅葉 山科暮雪 狐松時雨 泉野桃花 増泉森蟬	一銭橋の夕照 庚申塚の晴嵐 河瀬の帰帆 大悲閣の晩鐘 狐松の秋月 浅野の落雁 東山の暮雪 大橋の夜雨	硫峯夕麗 戸室淡煙 牛坂行人 弱松梵鐘 麻水晩釣 越嶺遠望 鈴見田夫 鶴間蛍火

註：丸山敦「金沢名所考」（丸山『パフォーマンス・金沢』前田印刷出版部、1989年）、「付表」を一部修正。

景」や「金沢十景」などの名所絵が文政期頃からいくつか残されている（表1）。この系譜上に、近代の景観図が描かれるわけだが、明治五年（一八七二）の森春岳画「浅野川八景」や、同七年の奥村栄通・狩谷竹柄選「上野八景」など、明治初期の名所絵に描かれたのは、引き続き藩政期の金沢の名所の数々であった。

ところが、明治一〇年代になると、新たな風景が名所絵に登場して来るようになる。たとえば「金沢勝地《めいしょう》賑《にぎわい》双六《すごろく》」（木版色刷、二五項目）は、新たな風景認識という点できわめて興味深い。

【藩政期の項目】篠原邸、鍔屋《つばや》、梅八清水《うめばちしょうず》、西派別院、東派別院、魚市場、桜馬場芝居、橋場町《はしばちょう》涼《すずみ》の八項目

【明治以降の項目】師範学校、尾山《おやま》神社神門、新聞社、米商会所、博物開館、銅器社、製糸社、撚糸社《ねんししゃ》、為替会社、電信分局、郵便局、公園、出版会社、招魂社、青物市場、病院、東新地、西新地の一八項目

この名所絵の特色は、何といっても「上り」が文明開化の象徴「博物館」であるように、画面中に、金沢の殖産興業を代表する「撚糸社」「製糸社」「銅器社」などの建物が配されているところであろう。いわば、「文明開化の新名所」一覧といえる。もちろん、描かれた項目中には、藩政期の景観も含まれているが、この段階（明治一〇年代）の金沢での名所観を反映したものか、圧倒的に維新後の「名勝地」＝「近代の景観」がその多くを占めている。

（2）明治後期の名所案内

ところが、明治二〇年代後半から大正末までに刊行された金沢案内では、むしろ、この傾向は逆転する。たとえば、『金城《きんじょう》勝覧図誌』（一八九四年刊／平岩晋編）には、五一項目の風景が描かれているが、圧倒的に藩政期や藩政期以前の項目（景色）が多くを占めている（以下、各図誌の詳細に関しては、丸山敦前掲論文参照）。

【藩政期以前の項目】久保市乙剣神社、伝灯寺の窟室、蓮華滝、藤五郎の松、冠ケ嶽《かむりがだけ》城墟、高尾城墟、富樫氏の館跡、道今古塚《みちのいまふるのつか》、大野湊神社、白山

【藩政期の項目】旧金沢城、金城霊沢、金城霊沢碑、辰巳用水、成巽閣《せいそんかく》、兼六園、石浦神社、安江神社、椿原神社、泉野神社、犀川神社、豊国神社、泉野菅原神社、金沢神社、天徳院、本願寺別院、東本願寺別院、持妙院の蓮、松月寺の桜樹、五百羅漢像、五本松、猿丸社、貧人小屋、野田山、高徳公瑩、大乗寺、金石《かないわ》港

【明治以降の項目】勧業博物館、（公園）、（尾山神社）、（尾崎神社）、（招魂社）

※括弧付は、いずれも明治以降の施設ではあるが、藩政期の要素を強く含む項目（以下同じ）

【その他の項目】犀川、浅野川、卯辰山、春日山、医王山、戸室山、小立林、河北潟、桃山亭跡、小浜神社

こうした傾向は、一八九七年（明治三〇）刊の「金沢名所」（近広堂版、石版印刷）では、さらに顕著となる。ちなみに、この絵図は、各項目を組みあわせた双六形式の名所絵ではなく、一枚刷が一組となったものである。

尾山神社神門の景、城南観兵式之図、城南大乗寺門前の図、金沢城雪の景、公園内大桜の風景、東廓夜乃景、浅野川大橋より向山を望む

ここでは、明らかに明治三〇年代の風景が描かれているものの、その画題となっている場所は、「観兵式」の会場である野村練兵場を除けば、すべて藩政期の歴史がベースとなった風景なのである。たとえば、「尾山神社神門」（図2・3）は一八七五年（明治八）の建造物で、同社そのものも旧藩士らが藩祖前田利家を祀った創建神社であり、敷地は旧城域の金谷御殿、欄干・戸板などの部材は御殿の遺構を組み込んでいる（旧建築の部材を活用することで、藩政期の意匠を記憶として引用しているものとも思われる）。「大乗寺」も藩老本多家の菩提寺であり、「金沢城」はいうまでもない。実は「公園」も、後述するように近代的な都市公園としての兼六園を描いてはいるが、

描かれた「大桜」は藩老村井家の屋敷から移植したもので、「公園」自体も金沢城に付属する大名庭園が変容した姿である。「東廓」や「浅野川大橋」の風景も、人物の衣装など風俗は「文明開化」の光景ながら、両者とも藩政期の遊興地として知られた場所であった。いずれも城下町金沢を代表する場所が選ばれており、しかも、近代の風俗・風景として、「藩政期の記憶」と微妙に融合している点が興味深い。

さらに、『新版金沢明覧』（一九〇四年〈明治三七〉刊）も、二六項目の風景が描かれているものの、大部分が藩政期＝城下町関係の項目で占められている（というか、明らかな「近代の風景」は、明治天皇の「行在所」のみといえよう）。

【藩政期以前の項目】伝灯寺、蓮華滝、藤五郎の松、存如上人廟所、鳴環滝、大谷御廟

【藩政期の項目】（兼六園）、尾山神社（神苑）、天徳院、持妙院の蓮、松月寺の老桜、桂岩寺五百羅漢、宝泉坊五本松、猿丸社、鶴間谷、仙人坂、

【明治以降の項目】兼六公園、（尾山神社）、行在所

図２　尾山神社神門（「金沢名所」）
（石川県立歴史博物館蔵）

図３　尾山神社神門（現在の風景）
（同上館提供）

【その他の項目】河北潟

もちろん、明治期の名所をその知名度でランク付ければ、おのずから藩政期の歴史遺産がピックアップされがちという事情はあるが、ここで指摘したいのは、むしろその割合が、傾向として増えこそすれ、減らないという事実である。このことは、開港地を都市形成の契機とした横浜・神戸・函館や、軍港都市の呉・横須賀などと比較すれば明らかであろう。

このように金沢では、明治期の風景図絵を通観してみても、明治初期は、一時、近代化（文明開化）の傾向が顕著となり、公園や学校、病院や工場など新「名所」がつぎつぎに登場したものの、明治二〇年代後半以降、すなわち日清・日露戦争期にいたると、明らかに近世城下町関係の項目（金沢城や兼六園内の諸施設、前田家関係の史跡）が多くを占めるようになり、神社仏閣や景勝地などの従来型の「名所」に繰み込まれていることがうかがえる。とりわけ注目すべきは、一八九七年（明治三〇）刊の「金沢名所」が、明治の風景（実景）を描いているものの、そこでとりあげられる要素はほぼ藩政期の系譜を引くものであることだ。いわば、「藩政期の風景」が記憶として定着されていく、周到なありようがうかがえよう。

（3）昭和期の鳥瞰図と「百万石」観光

ところで、明治期の金沢を描いた双六・名所絵は、おそらく、直接金沢の「観光名所」として、外部の鑑賞者（具体的には、県外の観光客）を意識したものではない。むしろ、金沢や周辺住民の興味や歓楽の利便に供して、金沢市内の著名な場所を提示することが主たる目的と思われる。しかし、全国的には明治後半から大正期、金沢では少し遅れて大正末期から昭和初期にかけて、「観光地」としての市場性をアピールする動きがみられるようになる。こうした傾向は、近代「古都」論の枠組みとも関連して注目すべき方向性といえ、とくに観光と地域文化の問題を考えるうえで示唆多きものであろう。

とりわけ、戦前期における金沢の観光政策の画期と目されたのが、一九三二年（昭和七）の「産業と観光の大博覧会」である。同博覧会は、四月一二日から六月五日までの五五日間、二府三三県一七市、約三〇万点の出品をえた大博覧会であった。(3) この北陸でも稀有の大イベントは、広報・宣伝に多大な投資をし、かつ大きな成果をあげた点でも知られるが、その「目玉」として喧伝された事業が、吉田初三郎画の鳥瞰図制作であった。

吉田初三郎は、大正から昭和初期に活躍した鳥瞰図絵師の代表で、「大正広重」とも呼ばれた画家。全国各地を描いた「日本全国名所図絵」は三〇〇種類にものぼり、パンフレットはもとより、絵葉書・挿し絵・ポスターなど、多数の作品が残されている。(4) 当時の新聞記事によれば、「金沢博観光館を飾る大鳥瞰図」という見出しで、「博覧会第二会場の観光館に、金沢市を中心とする北陸地方の名勝地、温泉場等を描いた大鳥瞰図を出陳することとなり、目下名古屋市の吉田初三郎ほか門下生が来沢、連日実地踏査の上写生執筆に取り組んでいる」と紹介されている（『北國新聞』昭和六年九月九日付）。

金沢の「商品価値」は、何といっても「加賀百万石」＝加賀藩前田家の遺産とそのイメージであった。ここで注目すべきは、この鳥瞰図をあしらったパンフレットであろう。『産業と観光の大博覧会協賛会会誌』（一九三三年刊）によれば、「金沢市と博覧会の概念を与える目的で、原画を斯道の大家吉田初三郎氏に依頼して鳥瞰図を博覧会に於て製作する事となつたので、協賛会はそれと同様の物を四千部注文した」とある。その際、この鳥瞰図パンフレットの表紙は、実に「前田利家公の肖像の陰に謡曲「安宅」をあしらい、一方、広重の筆による「金沢八勝」を配した頗る美麗なもの」であったのである。昭和初期にいたっても、というべきか、であるからこそ、加賀前田家の藩祖と藩政期の金沢八景が、モダンな博覧会の「金沢の顔」とイメージされたのである（図4）。

同時に、大正末から昭和初期にかけては、「観光」という概念が一般化し、金沢や石川を「観光地」として認

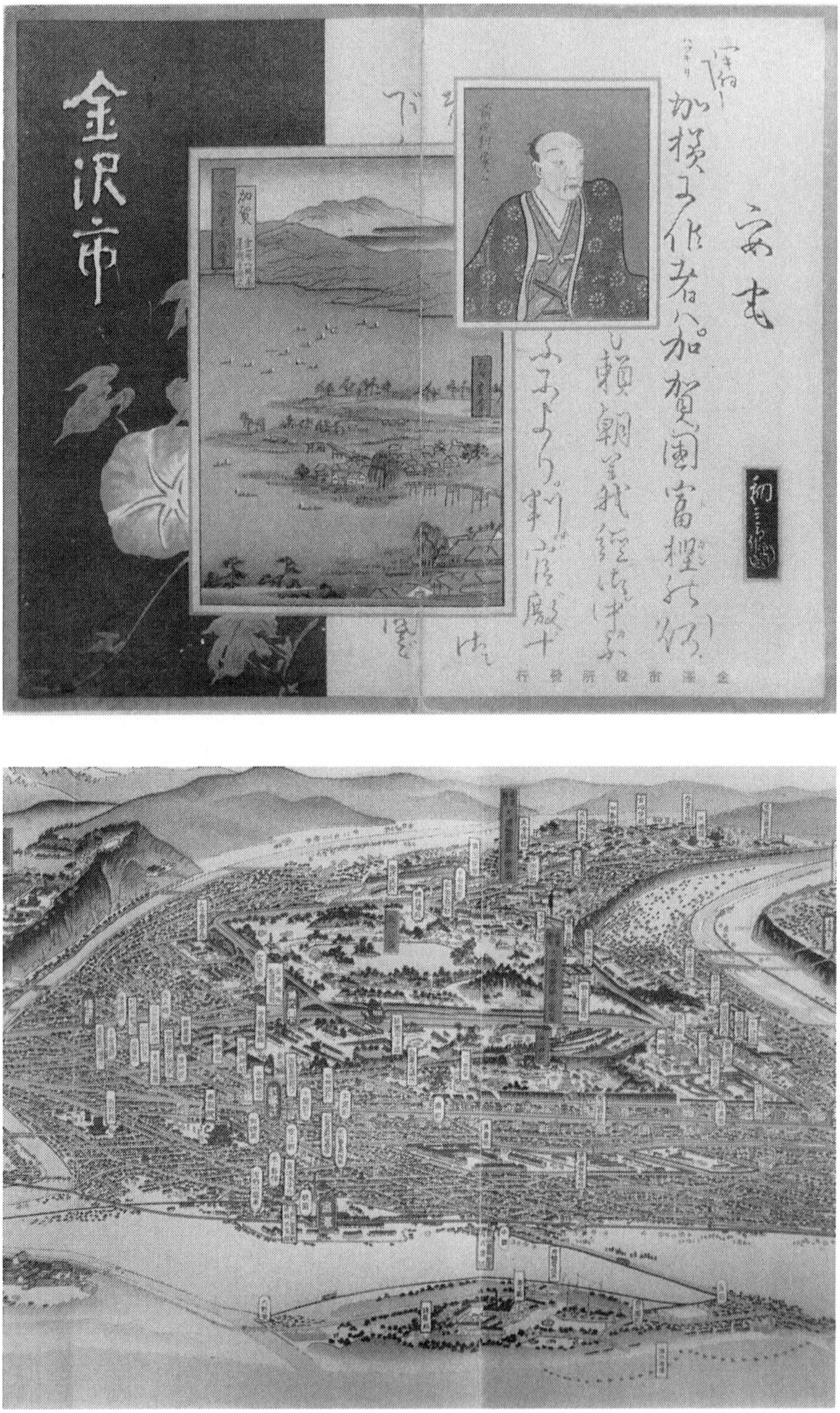

図４　「産業と観光の大博覧会」パンフレット表紙（上）と金沢市内鳥瞰図（筆者蔵）

知らせようとするさまざまな試みが目立つようになる。いわば「情報化」時代に対応した（遅れまいとした）動きといえよう。とりわけ北陸の地理的事情（「裏日本」イメージ）を払拭する戦略として、博覧会と徹底的な大宣伝が必要だった。もちろん、これを支える「観光資源」の開発や「観光イメージ」の形成は、ひとり石川県・金沢市だけの問題ではなかったが。そういう意味でも、各地の「都市イメージ」を目に見える形にしたい、という要請を受けて、異常ともいえる流行をみせた表象が、吉田初三郎の鳥瞰図だったのである。

ところで、この鳥瞰図にも強調されているが、金沢の名所といえば、まずは「天下の名勝兼六園」であろう。今日「日本三名園」として名高いこの大名庭園も、実は「藩政期の景観」を周到に「創造」したものであった。以下、兼六園の景観再生をめぐる事情を詳しく見てみよう。

二　「大名庭園」の創設

（1）「兼六公園」の誕生――庭園から公園へ――

日本の公園史は、一八七三年（明治六）六月一五日付で明治新政府が発した一通の布告にはじまる。太政官が各府県あてに出したもので、内容は、各地にある名所・旧跡など「庶民遊覧の地」を「公園」として指定するため、相応しい場所を申し出よ、というものであった（「永ク万人偕楽ノ地トシ、公園ト相定メ（中略）其景況巨細取調、図面相添、大蔵省へ伺出ズ可キ事」）。当時、西洋の制度・文化を急速に導入しつつあった維新政府は、日本へ来る外国人に対する体裁もあって、「都市公園」なる文明施設の建設を急務としていた。こうしたなか、金沢の兼六園は、さきの太政官布告に基づく国指定の公園として、翌一八七四年五月、一般に開放されることになる。いわば兼六園の「公園宣言」である。その後「都市公園」として活用された同園は、一九二二年（大正一一）に「金沢公園」の名で「名勝」指定されるものの、旧称の「兼六園」に復すのは、昭和も間近の一九二四年三月のことであった。[5] この間、東京や大阪の都市公園がそうであったように、兼六園も異人館や博物館・図書館・洋食堂など文明開化の諸施設が置かれ、市民広場としての機能をも果たして来た。すなわち、この半世紀が「兼六公園」の時代である。

ところで、金沢を含め現在、県庁所在地になっている地方都市は、多くは城下町をその前身としており、旧城址の周縁に大名庭園を残している。各地の大名は、江戸の藩邸にも国元の屋敷にもこうした庭園を競って設けた。回遊式の大名庭園は、政治的機能として最も重い「将軍御成」の場を筆頭にして、武家による公家の接待や家臣団への慰撫が行われる重要な社交の場であったといえる。白幡洋三郎によれば、庭園は、洋の東西を問わず、しばしば「政治秩序の記号」であったという。[6] もともと人為的な風景を、思いのままの規模につくりあげること、すなわち「庭園」を所有することは、それだけで大きな権力を見せつけるに十分だった。大名庭園では、これに加え「将軍御成」の格付けが、とりもなおさずその大名の格をイメージづけたのであった。[7] いわば、庭園の政治学である。

(2) 兼六園の保勝問題——公園から庭園へ——

このように、維新から文明開化期の旧城下町では、各地の大名庭園が市民公園・都市公園に変容していく。しかし、明治後半になると、逆に、江戸時代の姿が「理想」とされ、公園から庭園への回帰、「修景」の試みがはじまる。[8] いわゆる庭園「保勝運動」の展開である。この動きの背景には、日露戦後の社会、すなわち社会的な混乱による景観荒廃があるものの、大正期には、とりわけ「藩政期の景観」の「再生」が意図的に強調されるようになる。以下、金沢でのこうした言説を時系列に検証しておこう。

まず、管見では、一八九四年（明治二七）四月「公園保存の議」（四月一四日付『北國新聞』論説）が、かなり早い段階での公園保勝の提言である。ここでは、日清戦争期には、「雑草蔓生して靴沓を向かふるに処なく、人をして公園か将た廃地かを疑わしむる」体となってしまった兼六園の景観荒廃をなげき、このままでは「五年で蔬畦に」戻ってしまうだろうと、警鐘を鳴らしている。ついで、一八九九年（明治三二）四月の山田敬中「公園保勝意見」（四月一三日付『北國新聞』記事）では、のちにみる公園保勝委員の山田が、兼六園内の長谷川亭跡および山崎山付近の保勝を訴え、「旧藩の遺老につき、同園の沿革を聞糺して、夫々参考に資し」「旧藩民をして末代まで君徳を記せしめん」とした。山田は、翌五月の「高之亭再建の議」でも、「旧藩遺老の所蔵せる同亭の古図に徴し」「此程来沢ありし前田侯爵よりも、公園の風致は永く旧態を存続し、充分保勝に注意せられたしとの寄話ありし程なれば、（中略）旧藩侯の存慮にも叶ひ、頗る面白き趣向なれば、多分保勝委員会に於いても該計画に同意を表するならんといふ」と強調している（五月二一日付『北國新聞』記事）。

大正期に入ると、こうした動きは県政の問題としてもとりあげられるようになる。一九一二年（大正元年）の石川県会では、「園内改良の件」が議論になった（『石川県会議事録』）。ここでは、篠原譲吉県議が、李家隆介知事による「風致を害した政策」を批判したのに対し、県内務部長は、「壊されている公園を出来うるならば昔の風致に返して行きたい、すなわちこの名園の景勝を将来保持して行きたい、公園を改良するに非ずして出来得るならば修繕して昔に返して行きたい」と回答・明言している。これに関連して、五島与五郎議員も、公園内の標識に「金沢公園」とあることをとりあげ、「已に兼六公園と云ふものを没却した標柱」として指弾している。いうまでもなく、「金沢公園」の名称は、前項でみたように、都市公園としての兼六園を表象したもので、「兼六園」という藩政期の「古称」を復活するようにと求めたものであった（ただし、そうした文脈のなかですら、「兼六公園」という呼称が使われているところに、都市公園としての定着度もうかがえよう）。

ところで、保勝運動とも並行して、「日本三名園」としての兼六園の地位（風評）が定着していくことにも注目したい。その際、この「三名園」の称号が、当初は「三公園」であったことは示唆的であろう。庭園史家小澤圭次郎が、『明治庭園記』（一九一五年〈大正四〉刊）で述べるところによれば、一八八五年（明治一八）、岡山後楽公園に明治天皇の行幸があり、各新聞がきそってこのことをとりあげたため、同園の名が知れわたったのだという。その際、偕楽公園（当時は常盤公園）、兼六公園と並べて、「日本三公園」と称する「俗説」が生まれたのである。

その後、一九〇一年（明治三四）使用の『尋常小学読本』「第八　公園」に、上野・浅草・日比谷公園と併記して「水戸の公園、金沢の公園、岡山の公園なども、また、名高し」とされ、一九一一年（同四四）から使用された『高等小学読本』「第六課　公園」に、「我が国にて風致の美を以て世に聞こえたるは、水戸の偕楽園、金沢の兼六園、岡山の後楽園にして、之を日本の三公園と称す」と明記され、「三公園」の称号が決定的になった[9]。すなわち、あまたある全国の「名庭園」のうち、維新期に創設された「公園」のなかでのランキングが、いつのまにか（意図的にせよ、そうでないにせよ）「名園」に転化したのである。

（3）加越能史談会の保勝運動

こうした動きに連動して積極的な発言をくりかえし、兼六園「保勝運動」の実質的な推進母体となったのが、「加越能史談会」であった（表2）。同会は、一九一五年（大正四）に和田文次郎が中心となって設立した郷土史の研究学術団体で、書籍の刊行・史跡標榜の設置・講演会・史跡巡りなど、多様な事業を展開した郷土史愛好家の集まりである。当時は、和田をはじめ、館残翁《たちざんおう》や氏家栄太郎ら幕末生まれの郷土史家が中心となって活動し、とくに一九一七年（大正六）に始まる史跡標榜設置運動で知られた。旧八家（藩老で男爵）ら地元有力者を多く含む「サロン」的な性格の団体と語られることが多い[10]。

この加越能史談会が、一九一五年一一月、県知事あてに提出した「兼六園の保勝に関する建議」の内容と対応

表２　兼六園の保勝関係年表

年代	関　連　事　項
1915年（大正４）	７月４日、和田文次郎・瀬尾雅太郎・近藤磐雄ら主唱の加越能史談会が兼六園三芳庵で発会式をあげた。史跡の維持保存などが会の目的。 11月、加越能史談会「兼六園の保勝に関する建議」提出。 11月30日、兼六園保勝会が県会の議決を得て設立されることになった。
1916年（大正５）	１月11日、兼六園内金沢神社の保存会が生まれた。同社は、もと竹沢御殿の鎮守で氏子がないため。 兼六園保勝会の初会合が評議員、審査員参上の上、県会議事堂で行われた。 ４月、兼六園保勝会が保勝設計委託のため招いた農学博士原熙が、「保勝のため、入園制限もやむなし」と結論したことについて、有料制是非の議論が高まる。 小澤圭次郎、原熙とともに兼六園踏査に来園。 ６月、河合辰太郎、「兼六園保勝私見」を提言。 ８月、原熙、「兼六園の保勝について」答申。 ９月11日、兼六園保勝会評議員会が開かれ、原博士の案を審議。入場制限は時期尚早ながら、園内一部に立ち入り禁止地区を設ける折衷案を決定。
1919年（大正８）	８月、日本武尊銅像が風致を害するとの世論が起こり、卯辰山へ移転する案が議論された。
1921年（大正10）	11月５日、兼六園が、「名勝」として内務省から指定される旨答申。
1922年（大正11）	３月８日、兼六園が、史蹟名勝天然紀念物保存法により、「金沢公園」の名で「名勝」指定（内務省告示）。
1923年（大正12）	４月17日、卯辰山公園改良のため、金沢市が視察を依頼した庭園協会の林学博士本多静六ら４人が来沢し、２日間にわたり卯辰山・兼六園・横山家庭園を視察した。
1924年（大正13）	３月28日、内務省は、金沢公園の名称を「兼六園」の旧称に改める旨告示した。
1925年（大正14）	７月４日、加越能史談会は創立10周年記念式と講演会を兼六会館で開いた。
1926年（大正15）	６月21日、加越能史談会は兼六園保勝のため実地踏査した調査結果をまとめ、保勝意見を知事に提出した。 ６月23日、来沢した林学博士田村剛は兼六園を視察し、「近代の遊園的公園にしないように」と注意を促した。
1929年（昭和４）	４月２日、成巽閣庭園が、文部省から史跡名勝天然紀念物の名勝に指定された。

註：兼六園全史編纂委員会編『兼六園全史』（1976年）ほかにより作成。

は、次のようなものである。

我兼六園ハ天下ノ名園ナリ、若シ夫レ時勢ノ推移ニ伴ヒ或ハ旧観ヲ損シ、或ハ風致ヲ害スルカ如キコトアラムカ洵ニ千載ノ惜事ニシテ、此ノ際之カ保護復旧ノ策ヲ建ツルハ緊要ノ事ナリト信ス、依テ県ニ於テ之カ保勝ノ途ヲ講セラレムコトヲ望ム、而シテ其ノ事業ノ経営ニ関シテハ挙ゲテ県当局ニ一任シ之ニ要スル経費ハ県参事会ノ代決ニ委セムトス

右県会ノ決議ニ依リ之ヲ議決ス

大正四年一一月三〇日決議

石川県会議長　辰村米吉

石川県知事　太田政弘殿

（大正四年一一月三〇日決議「石川県会建議書」）

この建議に際し同会は、「復旧的施設に全力を注ぎ、飽くまでも純日本庭園の趣味を園内に漂せることが肝要」とし、「向後断じて調和を害ふの嫌ある施設を、園の四周に加えざるを要す」と釘を刺している（「保勝に関し本会より太田県知事へ建議したる要旨」）。こうした民間の動きに対し、県当局も、一九一五年中には「兼六園保勝会」を設置。その「会則」によれば、会長は県知事で、会の設置目的は、「兼六園の保存方法を攻究し其の意見を県に開申するもの」とされた。いわば、兼六園保勝をめぐる官製の審議会である。

これに対し、一九一六年（大正五）六月一二日、加越能史談会は、「保勝会会長あて文書」を提出、具体的な「保勝」への提言を示している。その際、県の「保勝会」で議論されている兼六園の有料化には反対し、これに代わる試案を提起（牛馬・自動車等の入園禁止、入園者数の制限、看守の監督、夕顔亭を旧容に復し割烹店より分離、成巽閣横の煉瓦塀の撤去、蓮池門の復元と扁額の掲載、園路を狭くし芝・苔を保護、名望家による諮問機関の設置）、保勝の実をあげるべく具体的な方策が列挙されている。

同様に、明治後期以来、金沢の現状や将来像に関して積極的な発言を繰り広げていた河合辰太郎も、一九一六

年六月、「兼六公園保勝私見」として、保勝議論に加わっている。河合は実業家・評論家で、その六項目にわたる提言のなかでは、「廃藩当時の姿に復せ」という主張を展開、むしろ「縦覧料の徴収」を認め、史談会とは異なる見解を示している。河合も「明治初年諸事革新の時代」にあっては、「趨勢の止む可らざるものありたらんも」、大正の今日にいたっては、「成るべく之を遡行せしむべく考慮を要すべきなり」とし、その基準を「廃藩当時の園形園容に復するを以て大体の目標」とすべしと提唱する。論客入り乱れての当時の議論の盛況ぶりをうかがわせよう(11)。

(4) 著名庭園家の関与

こうしたなか注目すべきは、地域に縁故のある著名庭園家・庭園研究者が、関係自治体の意向を受けて、保勝の指導にあたっていることである。たとえば、一九一六年(大正五)八月には、金沢出身の東京帝大教授原熙《ひろし》が、「兼六園の保勝について」(石川県庁文書『兼六園保勝一件』所収)として、以下の議論を展開している。なお、原は、慶応四年(一八六八)、加賀藩士原種方の四男に生まれ、東京帝国大学農科大学卒業後、農商務省・台湾総督府・拓殖務省を経て、東京帝国大学農場長・同大教授を歴任した学者。日本の造園・園芸学界の指導的地位にあり、初期の園芸学確立と発達に貢献、社会緑化にも力を尽した。ことに明治神宮の造営事業が始まると内苑の築造に従事。さらに、新宿御苑・京都御所庭園・皇居外苑など、公共緑地の保護と風致指導に当たった。加賀藩出身ということで、駒場の前田侯爵邸庭園にもかかわり、内務省都市計画中央委員会のほか、同石川地方委員会・同富山地方委員会等の委員を歴任した。

原はまず、「斯園が吾邦稀有の名園たるを愛惜するの切なると共に、又其因縁の深甚なるを思うが為めなり」と、金沢出身者としての立場を表明。復旧は、一三代斉泰当時に戻せと主張している。というのも、原の復旧の

基準によれば、景観の回復には歴史的に以下の三段階が考えられ、
（一）金龍公時代（一二代斉広）に準拠するもの
（二）温敬公時代（一三代斉泰）すなわち、廃藩置県後公園となりたる時代によるもの
（三）景勝区とし一般公園の主旨に基づき改修するもの

このうち（一）は、兼六園の歴史を尊重し、「中古の状態」に復するもので、たとえば、幕末に造営された霞ケ池は、存在しないということになる。（二）は、廃藩置県後、「開放して公園とせし当時」の状態に復するもので、さきの一八七四年（明治七）「公園開放達」の段階に基準を置くものである。また、（三）は、古態に新態を加味するものとして、「新旧折衷のもの」を造出するという、いわば、近代都市公園としての標準的な景観であった。その際、原は、（二）案の維新期段階の兼六園が、「保勝会の趣旨にも一般の希望にも副ふべき、最適最可のものならんと信ぜり」としている。これに基づけば、兼六園「六勝」（六つの美景要素）の重要な部分は「不開放区にすべし」とされ（理想概念としての「六勝」の実体化）、その具体的な方策として観覧料の徴収（入園者の制限）を提言した。この観覧料に関しては、市民の間でも賛否両論があり（金銭による差別論など）、議論は紛糾していたが、原の意見では、「開放区」の代表である「東京日比谷公園の如き」は、設置の主旨が「群衆游娯に適せしめんとする」にあるをもって、「広き園路は馬車を通じ、狭き道も二人以上並歩し得べからしめたり」と、暗に日比谷公園の造園を主導した本多静六を念頭に、むしろ積極的な庭園保勝論を展開したのである。

ちなみに、本多は、慶応二年（一八六六）生まれ。日本最初の林学博士として、明治神宮の森の造営、日比谷公園・大宮公園等全国各地の都市公園の設計を手がけた一方、風景地保全の一環として、国立公園の創設にも深く係った庭園学者である。原が農学博士で造園学の第一人者として知られるのに対し、本多は造林学・林政学の泰斗と目されていた。金沢とも縁が深く、ほぼ同時期に、兼六園のまさに向かい山、卯辰山《うたつ》（向山）公園の整備

計画に金沢市の委嘱で関与している。具体的には、一九二三年（大正一二）四月一七日、卯辰山公園改良のため金沢市が視察を依頼した庭園協会の本多らが、二日間にわたり卯辰山・兼六園・横山家庭園（小川治兵衛作庭）を視察していることが記録されている。

その後も、一九二六年（大正一五）六月二三日には、林学博士田村剛が招聘され、県嘱託の市村塘《つつみ》・日置謙（加越能史談会の当時の中心人物）らと協議を行っている。その際、案内図の作成、兼六園の古図の募集保存、「兼六園絵巻」（天保期／図5）の複写、案内所の設置、西洋樹木の伐採など細かな指導があり、同年八月には、原熙を再度招聘。原への諮問（一九二七年答申）により、岩島や景石を復旧すべしとの指導をえている。

図5　「兼六園絵巻」（部分）
（石川県立歴史博物館蔵）

こうしたさまざまな議論・指導をへて、一九二二年（大正一一）三月八日、史蹟名勝天然紀念物保存法により、兼六園は、「金沢公園」の名で「名勝」指定され（内務省告示）、一九二四年（同一三）三月二八日には、名称を「兼六園」の旧に改める旨告示した。すなわち、「保勝」運動の成果が「名勝」指定として結実し、「藩政期の景観」の「再生」にお墨付きを与えるべく、藩政期の「旧称」に復したわけである。なお、一九二六年六月二一日付「石川県知事あて文書」によれば、加越能史談会からも、「名園（名勝）指定に際し、兼六園の保全につき尽力を強調」した意見（名樹などの若木の用意、園丁の技能向上、標識の掲示、図書館・陳列館の移転、児童団体の徘徊遊覧の制限など）が、再度提唱されている。では、こうした兼六園の保勝＝「藩政期の景観」への回帰（再生＝創出）の背景には、どのような歴史的意義があったのだろうか。

（5）「文化財」と「百万石の記憶」

まず、この間の都市公園をめぐる諸事情に関しては、小野芳朗が、岡山後楽園の例を引いて、「都市計画法」適用下の動向を明らかにしている。[12]小野によれば、地方都市の「公園」群は、一九一九年（大正八）の都市計画法公布によりその管轄が問題となり、同年公布の史蹟名勝天然紀念物法との関連から、内務省（地理課・都市計画課・衛生局）の指導のもと再編を余儀なくされたのだという。その際、既存の大名庭園系公園の扱いをめぐっては、「一般の公園」としての都市公園編入と、「歴史的文化財」としての大名庭園の保存という、二つの方針が対立した。後楽園の場合、「一般の公園」ではなく「庭園式公園」と捉えられ、一九二二年（大正一一）三月八日に「名勝」に指定されたのであった（兼六園とまったく同時期）。その際、指定の「お墨付き」を与えたのが、さきに金沢の事例でも登場した田村剛（当時、内務省衛生局嘱託）であった。まさに、岡山と金沢は同一の枠組みで、「庭園式公園」＝歴史的文化財への道を歩みだしたわけである。[13]

加えて金沢には、より直接的に都市の「地盤沈下」（地位低下）に対する危機感が存在した。明治末から大正前期にかけて急速な人口増加傾向をみせた金沢市の人口は、反動恐慌により一九二〇年（大正九）には、前年比二万八九二七人の減少をみる。これに続く一九二〇年代の人口の伸びも鈍く、旧藩以来の市域の範囲では、第一次大戦期にようやく藩政期と同程度に回復した状態であった。つまり、主要都市のなかでの増加率の伸び悩みは顕著だったのである。こうしたことから、維新直後には、三都に次ぐ大都市であった金沢の人口順位は、名古屋はもちろん神戸・横浜にも抜かれて、一八九三年（明治二六）に七位、一九〇八年（同四一）に九位、一九二〇年には一一位と漸次下降している。この時期は、全国的に見て人口一〇〜二〇万規模の都市の人口増が最も著しい時期であり、これに鑑みても、当時の金沢は一貫して地位低下傾向の中にあったといえよう。

こうした停滞状況、都市ステイタスの下降に対して、金沢の人々は、地域振興による都市格の上昇を切望していた。かつて加賀藩前田家が徳川御三家に準ずる家格を誇り、金沢といえば、その「百万石の大城下町」として、他藩の城下町から一目も二目も置かれていたことを想うにつけ、金沢市民の心情は、「加賀百万石」時代への思慕となり、その遺産（史跡）を活用した新たな道（観光産業）への期待となっていったのであろう。

さらに、兼六園の保勝運動で注目されるのは、加越能史談会の積極的な関わりにみられるように、日露戦争以降の「旧藩回帰」意識とリンクしていたことである。そもそも史談会のメンバーは、近藤磐雄や日置謙ら（旧藩主）前田家編纂方の一員であったり、前田家に関係の深い郷土史家が多く、この間、近藤の『加賀松雲公』（一九〇九年刊）を皮切りに、旧藩主・夫人の伝記編纂が精力的に続けられていた。これらの編纂事業は、一八九九年（明治三二）の藩祖三百年祭とも連動したものであった。[14] ちなみに、茶人・工芸職人の招聘を通じて京文化を積極的に導入し、のちにいう「加賀文化」の礎を築いた「文化大名」としての松雲公（五代藩主綱紀）の顕彰は、この文脈の中で創設され、定着していく。

こうした近代における「旧藩」の顕彰は、高木博志によれば、地域の文化アイデンティティが国家のそれと構造的に結合させられていく過程で生じたのだという。しかも、名望家や知識人ではなく、「普通の庶民」にまで「郷土愛」や「愛国心」が浸透しはじめるのは、日露戦争以後の社会改良を通じてであるとされる。[15] 筆者も近代の金沢を素材に、「旧藩史観」をベースとした「加賀百万石」の記憶のありようをさまざまな事例から明らかにした。[16] 明治後期から大正期の修景・保勝運動もまた、こうした「百万石の記憶」という枠組みから、「藩政期の景観」への回帰意識と重ねてとらえることも可能であろう。さらに、公共緑地の保護や風景地の保全にみられるような、「文化財」としての景観という理念が、文明開化期の都市公園創設に対する新たな問いとして変容を求めたものといえるかもしれない。いずれにせよ、旧大名庭園系の都市公園における「保勝」の問題、あるいは、これをリードした郷土史家や著名造園家の言説に関しては、その意図や成果を含め、検証を重ねていくことが必要であろう。

むすびにかえて――消される「金沢城」域の歴史――

以上、明治期から昭和期にいたる、「藩政期の景観」の創設をめぐる諸問題を検討した。その際、「城下町金沢」のイメージは、近代における記憶と表象の多重性という問題をベースに成り立っていることが、明らかになった。とりわけ、明治後期から大正期にいたる過程で、「金沢名所」や「兼六園」をめぐる人々の記憶をもとに、「藩政期の景観」はさまざまに創出されてきた。その創造過程は、行政政策や地域のアイデンティティ、さらには、消費文化の視点をも含む複雑なものといえよう。

ところで、今日の「金沢城下」をめぐる状況も、歴史的背景は異なるものの「藩政期の景観」の創設という意味で、奇妙に軌を一にしている。とりわけ、「兼六園」と並ぶ藩政期の象徴「金沢城」の再建（復元）過程は、さまざまな思惑が交錯している点において、同様の方向性を持つものと思われてならない。というのも、「金沢城」は一般に「加賀百万石」前田家の居城として知られるものの、歴史的に見れば、「一向一揆・金沢御坊」時代、「陸軍第九師団」時代、「進駐軍占領」時代、「金沢大学」時代と、城域の景観を重層的に刻んできた。にもかかわらず、今日、平成の再建事業においては、ひたすら「江戸後期の金沢城」の景観に復元することを目標（「金沢城址公園整備懇話会」による復元方針）としている（表3）。すなわち、「藩政期の記憶」とそのイメージのみが強調され、それ以外の「記憶」は周到に消されているのである。同時期（平成期）の兼六園の修景事業もその同一線上にある。たとえば、長谷川邸跡児童公園を「梅林」に「復元」した際にも、前田家（家紋は梅鉢）の祖

表3　金沢城の復元経過

1996年（平成８）	金沢大学の移転にともない、石川県が城域を取得。「金沢城址公園」として整備開始
1997年（平成９）	「金沢城址公園整備懇話会」で意見聴取（～ H12年９月まで５回。答申では「近世後期」の姿に復元の方針）
1998年（平成10）	城址公園整備事業に伴う埋蔵文化財発掘調査開始
1999年（平成11）	「金沢城址の石垣、櫓に関する修築・復元専門委員会」で意見聴取（～H12年９月）
2001年（平成13）	第Ⅰ期工事により、菱櫓・五十間長屋・橋爪門続櫓の復元完了（木造城郭建築物としては全国最大）→「金沢城公園」と改称
2008年（平成20）	金沢城跡、国の史跡に指定（「世界遺産」登録へ方向転換）

註：『金沢城址公園』（パンフレット「事業計画の経緯」、石川県土木部、2000年）などにより作成。

先とされる菅原道真の象徴である「梅」のイメージがその背景の一端にあることは想像に難くない。

こうした方針の根底には、城下町の文化遺産をめぐる地域振興的な戦略があるように思われる。というのも、二〇〇六年（平成一八）石川県と金沢市は、「金沢城」を中心とする「城下町金沢の文化遺産群と文化的景観」の世界遺産登録をめざし、「世界遺産暫定一覧表」への記載を共同提案しているのである。ちなみに、この推進主体は「石川県に世界遺産を」推進会議であるが、その実態は地元経済界、並びに関係自治体である。さらに、二〇〇一年（平成一三）以降、有識者による「金沢創造都市会議」を開催、「金沢の「記憶」を掘り下げ、都市の格を上げるべく提言していく」ことを目的に、「美しい金沢」を提唱（金沢宣言）している。その背景にあるのは、ある種の郷土主義的な地域振興であろう[17]。

以上のように、「城下町」をめぐる記憶の再生・創出という契機は、実は、現代の金沢を語る価値観や傾向にも共通しているのである。そうした点からも、「都市の記憶」や表象のあり方を、地域の実態に即して検証する作業は、むしろ今日的な意味を持つように思われてならない。

（1）高木博志『近代天皇制の文化史的研究』（校倉書房、一九九七年）、高木『近代天皇制と古都』（岩波書店、二〇〇六年）。

（2）福嶋秀川（一八〇四〜一八八〇年）画「金沢城下図屛風」（石川県立歴史博物館蔵）。制作年代は、文久元年（一八六一）〜明治元年（一八六八）の間とされるが、未定。同屛風の図像解釈に関しては、戸澗幹夫「雨宝院所蔵の「金沢城下犀川口図」絵馬について」（『石川県立歴史博物館紀要』一三号、二〇〇〇年）、米澤義光『加賀三味薬と幕末・金沢図屛風に描かれた宮竹屋について』（自家版、二〇〇九年）、米澤『加賀ノ国　金澤犀川宮竹屋』（自家版、二〇一一年）など参照。「何らかの制作意図」をめぐっては、米澤による、「中心に描かれる宮竹屋亀田氏が同屛風の注文主で、同家の繁栄ぶりと当時の俳諧・茶会仲間の交流を記憶にとどめたもの」、とする指摘もある。

（3）本康宏史「産業・観光・博覧会——昭和七年金沢博覧会をめぐって——」（水谷内徹也編『パースペクティブ・金沢』前田印刷出版部、一九九三年）。

（4）『パノラマ地図を旅する——「大正の広重」吉田初三郎の世界——』（堺市博物館、一九九九年）、水野信太郎・水野由美「都市鳥瞰図と吉田初三郎」「資料日本全国鳥瞰図一覧」（『都市学研究所』創刊号、金沢学院大学、一九九九年）など。

（5）兼六園全史編纂委員会編『兼六園全史』（石川県観光協会、一九七六年）。

（6）白幡洋三郎『近代都市公園史の研究——欧化の系譜——』（思文閣出版、一九九五年）、白幡『大名庭園——江戸の饗宴——』（講談社、一九九七年）。

（7）前掲註（6）白幡著参照。白幡によれば、たとえば、イギリスの庭のごとく、さまざまに枝を広げた樹木や自然な曲線を描く川や園路は、自由を象徴するものであり、大英帝国が誇る立憲君主の政治体制の造園的表現であるという。これに対するフランス絶対王政、つまり画一的な秩序にしばられた平面幾何学的な庭園様式が示す庭園の姿とは、「政治思想」においても異なるものだと考えられたのであった。

（8）小野芳朗「戦前期の都市計画法適用下における岡山後楽園と公園計画」（『日本建築学会計画系論文集』七六―六五九、二〇一一年）、小野「岡山招魂社創建と「公園」の空間変容」（『日本建築学会計画系論文集』七六―六五九、二〇一一年）など参照。

（9）長山直治『兼六園を読み解く――その歴史と利用――』（桂書房、二〇〇六年）。本康宏史「理想の名園、兼六園」（黒川威人編著『環境デザインという文明』前田印刷出版部、二〇〇六年）、本康「「兼六公園」の時代」（『「兼六公園」の時代』展図録、石川県立歴史博物館、二〇〇一年）。

（10）加越能史談会の動向に関しては、大門哲「巌如春と史談会」（『風俗画伯巌如春――都市の記憶を描く――』展図録、石川県立歴史博物館、二〇〇三年）、参照。また、加越能史談会の評価に関しては、近年の「史跡」論にみられるような皇民教化イデオロギーの表象とはかなり異なるのではないかと、由谷裕哉が疑問を呈している。すなわち、彼らの活動は、あくまでみずからの興味に即したボランティア的なものに過ぎず、効果としても、それは国民国家から期待される皇民の育成ではなくて、地域の伝承への敬愛感を喚起したことにとどまったという。由谷裕哉「地方における民俗の発見――石川県の場合――」（『加能民俗研究』三四、加能民俗の会、二〇〇三年三月）。

（11）大名庭園と文化遺産の問題に関しては、たとえば、井原縁「栗林公園にみる文化遺産の公園化とその変容に関する史的研究」（『日本造園学会誌』六八―五、二〇〇五年）など参照。

（12）前掲註（8）小野論文など。

（13）田村と庭園改善に関しては、市川秀和「大正期における田村剛のモダンデザイン思考と庭園改善運動」（『日本造園学会誌』六四―五、二〇〇一年）など参照。

（14）本康宏史「「加賀百万石」の記憶――前田家の表象と地域の近代――」（『日本史研究』五二五、二〇〇六年）、堀井美里「近代以降の石川県における史料蒐集の動向」（『金沢大学史料館紀要』五、二〇一〇年）。

（15）高木博志「「郷土愛」と「愛国心」をつなぐもの――近代における「旧藩」の顕彰――」（『歴史評論』六五九、二〇〇五年、のち高木「紀念祭の時代――旧藩と古都の顕彰――」佐々木克編『明治維新期の政治文化』思文閣出版、二〇〇五年に改稿）、日比野利信「維新の記憶――福岡藩を中心として――」（明治維新史学会編『明治維新史研究七　明治維新と歴史意識』吉川弘文館、二〇〇五年）。

（16）前掲註（14）本康論文。

（17）金沢経済同友会編『金沢経済同友会五〇周年記念誌　改革の一〇年』（金沢経済同友会、二〇〇七年）。

誰が藩祖伊達政宗を祀るのか

佐藤雅也

はじめに——問題の所在——

（1）仙台と歴史都市

現在の仙台市は、「世界歴史都市」の会員でもなければ、「歴史まちづくり法」などに基づいた国認定の「歴史都市」でもない。あるいは「古都保存法」に基づく「古都」でもない。法律などの一定の要件を満たした「歴史都市」でも「古都」でもないのである。しかし国や地方自治体が描いた「歴史都市」の法的枠組にあてはまらなくても、近世の城下町から近代都市へ、さらには戦後の現代都市への変遷とともに、歴史的に形成された都市という点では、まぎれもない歴史都市といえるだろう。

仙台藩の城下町から、明治の廃藩以降には軍都・学都・杜の都に特徴づけられる近代都市が形成され、第二次大戦後（戦後）は、特にケヤキ並木が杜の都のシンボルとしてクローズ・アップされてきたという移り変わりがある。このような近世・近代・現代を貫く歴史都市・仙台の特徴について、本論では、藩祖伊達政宗の供養と祭祀の変化を軸に考えてみたい。特に近代歴史都市・仙台では、藩祖伊達政宗を祭神として祀る青葉神社の祭礼と、藩祖政宗を供養・祭祀する瑞鳳殿《ずいほうでん》・瑞鳳寺《ずいほうじ》の祭典が、五月二四日の政宗の命日を中心に、一体化した祭祀空間を形成する。軍都・学都・杜の都などの性格と関連して、それが、どのように変化するのか、あるいは藩祖伊達政宗を主人公に近代に成立していく「歴史都市ものがたり」として、どのように展開するのか考えてみたい。「歴史都市ものがたり」とは、歴史的に形成された都市における、史実と伝説と創作のはざまで語り継がれる事象としておく。

なお、本論では触れないが、このほかにも郡山《こおりやま》（仙台市の郡山遺跡は七世紀の官衙）、多賀城や陸奥国分寺周辺などにみる古代・中世の仙台地域の都市形成や、約二〇〇〇年前の大津波、貞観一一年（八六九）の貞観津波、慶長一六年（一六一一）の慶長津波、寛政五年（一七九三）の寛政津波、一八九六年（明治二九）の明治三陸津波、一九三三年（昭和八）の昭和三陸津波、二〇一一年（平成二三）三月一一日の東日本大震災など、宮城県沖を震源とする巨大地震と巨大津波との関わりから歴史都市の問題を考える視点などがある。(2)

(2) 近代歴史都市・仙台の変遷――城下町から近代都市へ――

幕末期の仙台城下は、戸数約一万八五〇〇戸（人口約五万二〇〇〇人）、家臣約八〇〇〇戸（人口約三万二〇〇〇人）、町人約一一〇〇戸（人口約一万三五〇〇人）など、武士階級が城下戸数の約七三・七％（人口の約六一・五％）、町人階級が約一九・四％（人口の約二六・〇％）、寺方が約二・三％であり、(3)屋敷面積では、約八割を武家屋敷が占め、日本全国の城下町の中でも最も武士階級の割合が高い、典型的な武家型の城下町であった。しかし、明治時代以降には、仙台藩は戊辰戦争の敗北により六二万石が二八万石となり、藩の消滅により武士階級とともに、藩お抱えの御職人、家中職人はその地位を失うこととなった。

明治四年（一八七一）廃藩置県、明治五年（一八七二）学制公布、一八七三年（明治六）徴兵令公布などの諸改

革によって、旧仙台城（青葉城）、旧城下の諸役所、旧武家屋敷などに、軍隊、官公庁、学校、公園などが建設されていく。また一八八七年（明治二〇）に上野・仙台・塩竈間の日本鉄道線が開通すると、仙台駅前にはホテル、旅館が建設され、旧武家屋敷のある東一番丁（仙台駅より西へ約八五〇メートル）と仙台駅を結ぶ東一番丁通、大町通、新伝馬町《しんてんまち》通、名掛丁《なかけちょう》通は、新しい商店街・繁華街へと変貌していった。そして、かつては大店が軒を連ねた国分町《こくぶんまち》は、徐々に会社や銀行の街に変わっていった(4)。

（3）近代仙台と軍都・学都・杜の都

明治四年（一八七一）の廃藩により、明治政府は、新たに東京・大阪・鎮西（小倉だが当分は熊本）・東北（石巻だが当分は仙台）の四鎮台を設置した。そして一八七三年（明治六）の徴兵令公布にともない、東京・仙台・名古屋・大阪・広島・熊本に六鎮台を設置した。一八八八年（明治二一）には全国の鎮台を廃止し、新たに師団を設置した。仙台鎮台・仙台第二師団などの郷土部隊は、一八七七年（明治一〇）西南戦争、一八八四年（明治一七）甲申事変（このとき日本最初の海外駐留軍の戦死者は仙台歩兵第四連隊から出た）、一八九四・九五年（明治二七・二八）日清戦争、一八九六年（明治二九）台湾抗日軍との戦い、一九〇四・〇五年（明治三七・三八）日露戦争、一九一〇年（明治四三）韓国人民の義兵運動との戦い、シベリア出兵時の一九二〇年（大正九）尼港事件後の一九二一・二二年（大正一〇・一一）の派兵、一九三一年（昭和六）九月一八日に関東軍の謀略で勃発した「満洲事変」では日本軍最初の戦死者を出し、一九三七年（昭和一二）七月七日の盧溝橋事件に始まる日中戦争、一九四一年（昭和一六）一二月八日以降のアジア太平洋戦争など、近代日本のほとんどの戦争、戦闘行為に関わってきた。

近代歴史都市・仙台には、平時、戦時を通じて宮城県および東北各地から徴兵制による兵隊が集結し、職業軍人の主要な転勤先であるなど、軍人と軍事施設が集中した拠点都市であり、一八九七年（明治三〇）に設立された仙台陸軍地方幼年学校など東北地方における職業軍人養成の拠点でもあった。明治時代から昭和初期にかけて仙台の軍事施設は、市域の七%前後を占めていた。そして軍隊需要に依存した「なりわい」も恒常的に成立するなど、軍都仙台が形成されていた。[5]

一九〇七年（明治四〇）には仙台に東北帝国大学が設立され、一九二八年（昭和三）当時には、高等教育、中等教育、初等教育など学生・生徒・児童の数は、仙台市民の四分の一近くを占め、学都仙台と称されるようになっていた。[6]

近代日本の地方都市の中でも仙台、金沢、熊本は、①城下町（仙台・伊達六二万石、加賀・前田一〇〇万石、肥後・細川五四万石）、②鎮台・師団の設置（仙台第二師団、金沢第九師団、熊本第六師団）、③旧制高等学校の設置（仙台旧制二高、金沢旧制四高、熊本旧制五高）など共通点が多く、「学都」や「軍都」と呼ばれていた。[7]そして、明治時代末期から大正時代にかけては、藩政時代からの屋敷林や寺社林の存在、その名残と都会の風景とが作り出す景観が「学都」とも結びつけられ、[8]「全国的視野をもつ他郷人」によって「森（杜）の都」とも称されるようになった。[9]

第二次世界大戦後の仙台では、一九五〇年（昭和二五）に青葉通でケヤキの植樹が始まり、一九五八年（昭和三三）には定禅寺通にケヤキが植えられるなど、戦災復興事業によって整備された青葉通、定禅寺通のケヤキ並木や広瀬川の緑地帯などが、新しい「杜の都」の都市景観イメージを形成するようになった。また仙台市は一九七二年（昭和四七）、建設局に緑地推進本部を設置し、「全国でいち早く都市緑化の推進を表明する条例の策定に取り掛かり」、一九七三年（昭和四八）には「国や全国の都市に先駆けて」、杜の都の環境をつくる条例を制定、一九七四年（昭和四九）には広瀬川の清流を守る条例を制定、[10]さらに翌七五年には青葉通、定禅寺通のケヤキ並木が保存樹林に指定された。

（4）「仙台三大祭り」と藩祖伊達政宗

新しい「杜の都・仙台」が、形作られていく時期は、戦後の高度経済成長期とも重なり、東北の自然と風土と祭りが、東北観光の特色として注目された時期でもあり、仙台市は東北観光の玄関口、拠点地の役割を担った。一九六〇年（昭和三五）八月には、仙台七夕まつり、青森ねぶた祭、秋田竿灯《かんとう》まつりが、初めて「東北三大夏まつり」とよばれ、一九六二年（昭和三七）以降は「東北三大まつり」として全国的にも知られるようになった。さらに仙台では、一九六二年以降には、正月の松飾りを焚き上げる大崎八幡宮の松焚祭《まつたきまつり》、仙台青葉まつり、仙台七夕まつりが「仙台三大祭り」と称されるようになった(11)。

大崎八幡宮の松焚祭（どんと祭）については、一九〇六年（明治三九）一月一五日付『河北新報』によれば、伊達政宗によって造営された大崎八幡宮では、落成した慶長一二年（一六〇七）に「始めて松焚祭が起った」という説を史料的根拠を示さないまま記載している。また松焚祭の起源は九州地方のドンドの習慣が紛れ込んだこと、あるいは伊達政宗が仙台に持ってきた習慣であると断定している。こうして藩祖政宗と松焚祭を結びつけた。このとき松焚祭に「どんと祭」「どんど祭」などの新たな名称をつけ、それが仙台名物の正月行事として、広く知られていくことになる。

明治後期以降には、伝統行事や物産などの仙台名物を藩祖政宗と結びつける「歴史都市ものがたり」が、さまざまな形で唱えられる。その後の新聞記事では、大崎八幡宮の社伝でも松焚祭は「三〇〇年の歴史を有す」とされるが、史料的には、嘉永二年（一八四九）一月一四日夜の「松焚き」が最も古い記録となり(12)、一七世紀までさかのぼることはできない。

また、「仙台七夕のはじまりは、藩祖伊達政宗公の奨励によるとされ(13)」、仙台七夕まつり協賛会では、政宗が詠んだ七夕の和歌を最も古い史料としてとりあげている。『伊達治家《ちけ》記録』によれば、三代藩主伊達綱宗二一歳の万治三年（一六六〇）七月七日に、「七夕ノ御礼トシテ、公御登城」の記載がみられる。[14] また広瀬川での七夕流しなどの民間信仰は、一九世紀の文献史料では確認できるが、[15] どこまでさかのぼることができるのかは、さだかではない。

そして、仙台青葉まつりは、藩祖政宗の命日を中心に、廟所（霊屋《おたまや》）の瑞鳳殿での供養と青葉神社の祭神である政宗の祭祀を、盛大なイベントとともに繰り広げる祭典である。[16]

そこでは仙台市民と仙台市および旧仙台藩領の歴史的な原点を振り返り、先人への感謝の気持ちを込め、祭神である政宗を旧仙台城下に招き降ろし、歌い、舞い、踊り、新たな魂（精神力、気力）の再生を試みるなど、祭りと年中行事の本質的な役割を果たしている。「仙台三大祭り」にみる「歴史都市ものがたり」は、藩祖伊達政宗の存在なしには成立しえない。しかも、この「ものがたり」は、それを支える人々と時代の移り変わりのなかで、今も変化し続けている。

一　藩祖伊達政宗の供養と祭祀の変遷

（1）藩祖伊達政宗とは

明治以降に一般公刊された伊達政宗の年譜や伝記については、一八九二年（明治二五）『宮城県史談』、一八九九年（明治三二）『仙台藩祖尊皇事蹟』、同年『仙台開設三〇〇年紀念祭誌全』の「貞山公年譜」、[17] 一九〇八年（明治四一）『仙台市史』の「王朝時代の仙台」「仙台開府」、[18] 藩祖伊達政宗三〇〇年祭協賛会発行の一九三五年（昭和一〇）『伊達政宗卿』[19] などがある。小林清治『伊達政宗』によれば、[20] 戦前における伊達政宗の伝記、歴史小説のうちで、『伊達政宗卿』が最もすぐれているが、「藩祖顕彰の立場からする限界」もあると指摘されている。なお、歴史小説としての伊達政宗は、一八九七年（明治三〇）の塚原靖（渋柿園）著『伊達政宗』[21] を始めとして数多くの作品がある。[22]

このように明治三〇年代以降は、伊達政宗の年譜や伝記、歴史小説などが盛んに発表され、史実と伝説と創作を織り交ぜた伊達政宗像が、一般の人々に広く知れ渡っていく。

仙台藩の藩祖伊達政宗（一五六七〜一六三六、「瑞巌寺殿貞山公」）の略年譜について少し紹介すると、永禄一〇年（一五六七）伊達輝宗（「覚範寺殿性山公」）の長男として米沢城に生まれる。母は山形城主最上義守の娘義姫（保春院）。幼名は梵天丸。幼少の頃に右眼を失明する。天正五年（一五七七）元服、藤次郎政宗と名乗る。天正七年（一五七九）、三春城主田村清顕の娘愛《めご》姫（陽徳院）と結婚、天正一二年（一五八四）、家督を相続する。天正一八年（一五九〇）、豊臣秀吉の小田原攻めに参陣して臣従する。知行替えにより、翌一九年には米沢から岩出山に移る。

慶長五年（一六〇〇）の関ヶ原の戦いには、徳川方（東軍）として上杉景勝軍を攻めた。翌六年には仙台城および仙台城下の建設を開始する。慶長一三年（一六〇八）、陸奥守となり松平姓を許される。慶長一八年（一六一三）には、家臣の支倉六右衛門常長を慶長遣欧使節の大使として、スペイン・イタリアに派遣した。しかし江戸幕府のキリシタン禁教が強化されるなか、目的を達せられないまま元和六年（一六二〇）に支倉常長は帰国した。政宗は、寛永三年（一六二六）には従三位権中納言に叙任され、寛永五年（一六二八）には仙台城下南東郊外に隠居所の若林屋敷（若林城）を構えた。

（2）　藩祖伊達政宗の供養

伊達政宗は、寛永一三年（一六三六）五月二四日、江戸の桜田屋敷において七〇歳にて死去する。このとき、「江戸では将軍の命により、一七日間魚類の売買、漁、鳴物、見世物が停止され、京都でも勅によって三日間魚物の店を閉じ、一七日間鳴物を停止」した。[23] 六月四日には仙台経ヶ峰に埋葬され、法名は「瑞巌寺殿前黄門貞山利公大居士神儀」、法号は「瑞巌寺殿」と号す。この日より中陰法事（四九日までの法事）を行う。このとき石田将監など一五人の家臣と五人の陪臣が殉死した。六月二三日、仙台北山・覚範寺にて藩祖伊達政宗の葬儀が行われた。こののち、二代藩主忠宗は、経ヶ峰に御廟と寺を建てることを命じた。位牌は松島の瑞巌寺に安置されたが、忠宗の焼香のために江戸東禅寺にも位牌を立てた。九月五日には瑞巌寺にて「貞山公百箇日の御法事」を行う。(24)

　翌年の寛永一四年（一六三七）五月二二日～二四日には、瑞巌寺にて「貞山公一周忌御法事」が行われる。これより前に紀州高野山に「貞山公の石塔」を安置し、一周忌の法事を行った。一〇月二四日には、経ヶ峰に御廟（霊廟）の瑞鳳殿と寺の正宗山瑞鳳寺が落成する（図1）。供養のために仙台藩の一門、一家、一族、群臣が参詣する。寛永一五年（一六三八）五月二四日には、瑞巌寺にて「貞山公三回忌」の法事、寛永一七年（一六四〇）五月二四日には、「貞山公御木像」を瑞鳳殿に安置する。寛永一九年（一六四二）五月二一日には、瑞巌寺にて「貞山公七回忌」の法事が行われた。慶安元年（一六四八）五月二四日には瑞巌寺にて「貞山公一三回忌」、承応元年（一六五二）は忠宗の仙台在国にあわせ、二月二二日～二四日に瑞巌寺にて「貞山公一七回忌」が行われ、「貞山公」（政宗）の木像が安置された。同年五月二四日には、「貞山公一七回忌御正忌《しょうき》」の法事が行われ、「御年忌の赦として、罪人五人牢獄より出され、瑞鳳殿」にて解放された(25)（正忌の恩赦については以下略す）。

図1　瑞鳳殿

瑞鳳殿とは藩祖伊達政宗（貞山）の廟所のこと。これは1937年（昭和12）の撮影。建物は1945年（昭和20）7月10日の仙台空襲で焼失した。現在の瑞鳳殿は1979年（昭和54）に再建されている。　（仙台市歴史民俗資料館提供）

これ以後、忠宗は承応二年（一六五三）一二月二四日、同三年一二月二四日、明暦二年（一六五六）正月二四日、万治元年（一六五八）正月二四日には瑞鳳殿参詣、また明暦元年（一六五五）五月二四日、明暦三年（一六五七）五月二四日には瑞巌寺を参詣している。そして、万治元年五月二四日には「貞山公二三回忌」、寛文二年（一六六二）五月二四日には「貞山公二七回忌」、寛文八年（一六六八）五月二二日〜二四日には「貞山公三三回忌」が瑞巌寺にて行われた(26)。

（3）仙台藩の祖先祭祀

仙台藩主・伊達家の祖先の霊を祀る祠堂《しどう》は、延宝三年（一六七五）に造営された。儒教の礼制によって創設された祠堂の中には、神主《しんしゅ》（儒葬で祠堂に安置する霊牌）が置かれた。祠堂は仙台城二の丸の「南西の一段高い場所」に設定された。延宝四年（一六七六）正月二日には、四代藩主綱村は、「祠堂御参の後、学問所において読書始として孝経を読み、朝保春院殿・陽徳院殿に使者を以って白銀献上」するなど、儒教思想に基づく祖先祭祀を確立させた。延宝五年（一六七七）以降、綱村は祭日忌日の外出前には、「必ず祠堂を御参し、また輝宗・政宗・忠宗三代とその夫人の菩提寺・廟所にも忌日には参詣」した。同年五月二四日の「貞山公正忌」には、祠堂御祭、瑞鳳寺参詣を行っている(27)。

しかし、天和三年（一六八三）七月一二日には、祠堂での祭祀は、儒教に代わって仏教（禅宗）による祖先祭祀へと大きく変化していった。祠堂は、「因縁殿」と号し、「満勝寺殿」（伊達家初代朝宗）より「大慈院殿」（二代藩主忠宗）にいたるまで、すべての考妣《こうひ》（亡父、亡母）の位牌を安置した。こうして祠堂の神主は位牌となり、仏像が安置され、祭器も仏具になった。七月一五日以降には、『伊達治家記録』における表記が、「祠堂御祭」から「因縁殿御祭」へと変わり、「城中の祠堂＝因縁殿」を中心に、仏教信仰による祖先祭祀が行われていく。そして、同年九月二日には、城中の祠堂＝因縁殿のほかに、屋形に付属した「万善堂」を造営し、先祖の霊を祀った。これにより、家臣の代参による祖先祭祀の形骸化を未然に防ぎ、藩主の親祭による祖先祭祀の強化を図ったといえる。[28]

四代藩主綱村は、五月二四日の「瑞巌寺殿」（貞山公、政宗）の正忌（祥月命日）には、仙台在国ならば、因縁殿御祭、瑞鳳殿参詣、月命日のときには万善堂御祭または因縁殿御祭を行う。また江戸にいるときには、祥月命日、月命日のいずれのときにも増上寺（徳川家菩提寺・徳川将軍家墓所）、東禅寺（伊達家菩提寺）参詣などを行っている。[29]

貞享二年（一六八五）五月二四日には、「貞山公五〇回忌」の法事が松島の瑞巌寺で行われ、藩主、父君、母公それぞれの名代が派遣された。藩主綱村は、城中の因縁殿、愛宕社に御参し、経ヶ峰の瑞鳳殿に参詣した。[30]享保二〇年（一七三五）五月二四日には「貞山公一〇〇回忌」[31]が、天明五年（一七八五）五月二四日には「貞山公一五〇年忌」が東禅寺、瑞巌寺、瑞鳳寺にて行われ、瑞鳳殿には名代が代参した。[32]天保六年（一八三五）五月二四日には、「貞山公二〇〇年忌」が、東禅寺、瑞巌寺で行われた。[33]

（4）瑞鳳殿・瑞鳳寺の祭祀と青葉神社祭礼

廃藩置県後の明治五年（一八七二）には、瑞鳳寺が願い出て、仙台城中の因縁殿の本尊、位牌、万善堂の位牌等は、瑞鳳寺に移され供養されることになった。現在の宮城県が成立した一八七六年（明治九）には伊達宗基の家扶（華族の家務・会計を掌る、家令の次席）より元祠堂の万善堂・因縁殿の建物の払い下げ願いが出された。[34]宗基は一三代藩主慶邦の子・亀三郎のことであり、戊辰戦争降伏後の明治元年（一八六八）一二月にはわずか二歳で二八万石に減封された仙台藩の藩主となった。

藩主による祖先祭祀は仙台藩の重要な年中行事であったが、廃藩後には、城中の万善堂・因縁殿における祖先祭祀は完全に消滅してしまう。

近代仙台では、藩祖伊達政宗の祭祀空間は、新たに創建された政宗を祭神とする青葉神社と、藩政時代以来の政宗の廟所と寺である瑞鳳殿、瑞鳳寺などが担っていくことになる。

青葉神社は、一八七三年（明治六）一〇月に藩祖伊達政宗の恩沢に報賽（お礼参り）するために神社創建を請願し、翌七四年には神号を武振彦命《たけふるひこのみこと》（伊達政宗）、社号を青葉神社とすることが認められ、仙台北山の東昌寺の西隣に設置、県社に指定された。こうして伊達政宗を祭神とする青葉神社は、政宗の命日である五月二四日（実際の命日は旧暦五月二四日）には、毎年、神事を行うようになる。(35)

『仙台新聞』『仙台日日新聞』『陸羽日日新聞』『奥羽日日新聞』などによれば、一八七七年（明治一〇）五月二三日〜二五日の青葉神社祭礼が記事となり、また一八八二年（明治一五）の青葉神社祭礼では、神輿渡御行列、流鏑馬神事、武者行列等とともに、仙台の町衆による渡物屋台《わたりものやたい》（山車《だし》、山鉾《やまぼこ》）が出現してくる。渡物屋台とは、仙台藩の東照宮祭礼のときに、町衆が藩主に披露する山車・鉾・山の祭り屋台のことをいう。この渡物屋台が登場する仙台藩最大の祭礼は、「仙台祭《まつり》」とも称された。

しかし、一八七一年の廃藩後には徳川家康を祭神とする東照宮祭礼では「仙台祭」は行われず、天長節祭礼（一八七一・一八七七年など）、桜岡《さくらがおか》大神宮祭礼（一八七二年など）、青葉神社祭礼（一八八二・一八八四・一八八五年など）のときに渡物屋台が旧仙台城下を巡行するようになった。旧藩時代と同じ渡物屋台をともなうことから、これらの祭礼は「仙台祭」の再来、再現ともいわれた。有司専制の藩閥政府によって天皇中心の明治国家（近代国家）が創設されると、明治天皇の誕生日である天長節や、皇室の宗廟である伊勢神宮の分霊を祀る桜岡大神宮などで「仙台祭」が行われた。それが一転して、一八八二年以降には、藩祖伊達政宗を祀る青葉神社祭礼において渡物屋台をともなう「仙台祭」が行われるが、それが定着する前に、一八八七年（明治二〇）以降、明治国家の戦死者を祀る招魂祭にとって代わられていく。つまり渡物屋台をともなう「仙台祭」が戦死者祭祀である招魂祭のときに再現されていくことになった。

その経緯にふれる前に、経ヶ峰の瑞鳳殿（藩祖政宗の廟所）・瑞鳳寺境内における戦死者祭祀や藩祖政宗の祭祀についてみておきたい。

（5）戦死者祭祀との関係

明治時代には、瑞鳳殿・瑞鳳寺のある境内は、雅称で瑞鳳山ともよばれた。この瑞鳳山の境内には、一八七七年（明治一〇）一〇月、旧仙台藩知藩事伊達宗基によって、仙台藩などの戊辰戦争戦死者慰霊のための「弔魂碑」が建立された。また翌七八年一一月には、西南戦争に従軍した旧仙台藩士によって、瑞鳳山に「西討戦死の碑」が建立された。これは、西南戦争における政府軍戦死者の東京招魂社（靖国神社）への合祀を受けて、旧仙台藩士を中心に編成された警視隊新撰旅団の戦死者と、徴兵を中心とした仙台鎮台所轄軍人の戦死者との、両者の戦死者慰霊のためのものであった。また藩祖伊達政宗の命日である一八七九年（明治一二）五月二四日には、旧仙台藩士の有志によって、戊辰戦争戦死者の慰霊と招魂のために石灯籠が建立され、翌八〇年の戊辰戦争戦死者一三回忌をきっかけに、一八八一年（明治一四）と八二年の五月二四日に招魂祭（弔魂祭）が行われた。さらに八二年七月に壬午事変が起きると、同年九月一日、宮城県士族などの壬午事変戦死者招魂祭が、旧仙台藩士によって瑞鳳山の「西討戦死の碑」の前で行われた。また一八八三年（明治一六）五月二四日に瑞鳳山にて西南戦争と壬午事変戦死者のための招魂祭が行われ、翌八四年五月二四日は「戊辰戦死者一七年祭」にあたり、瑞鳳山で戊辰戦争と西南戦争戦死者のための招魂祭が行われた。(36)

この当時は毎年、五月二三日〜二五日には青葉神社祭礼も行われており、瑞鳳山の招魂祭は、同時期に並行し

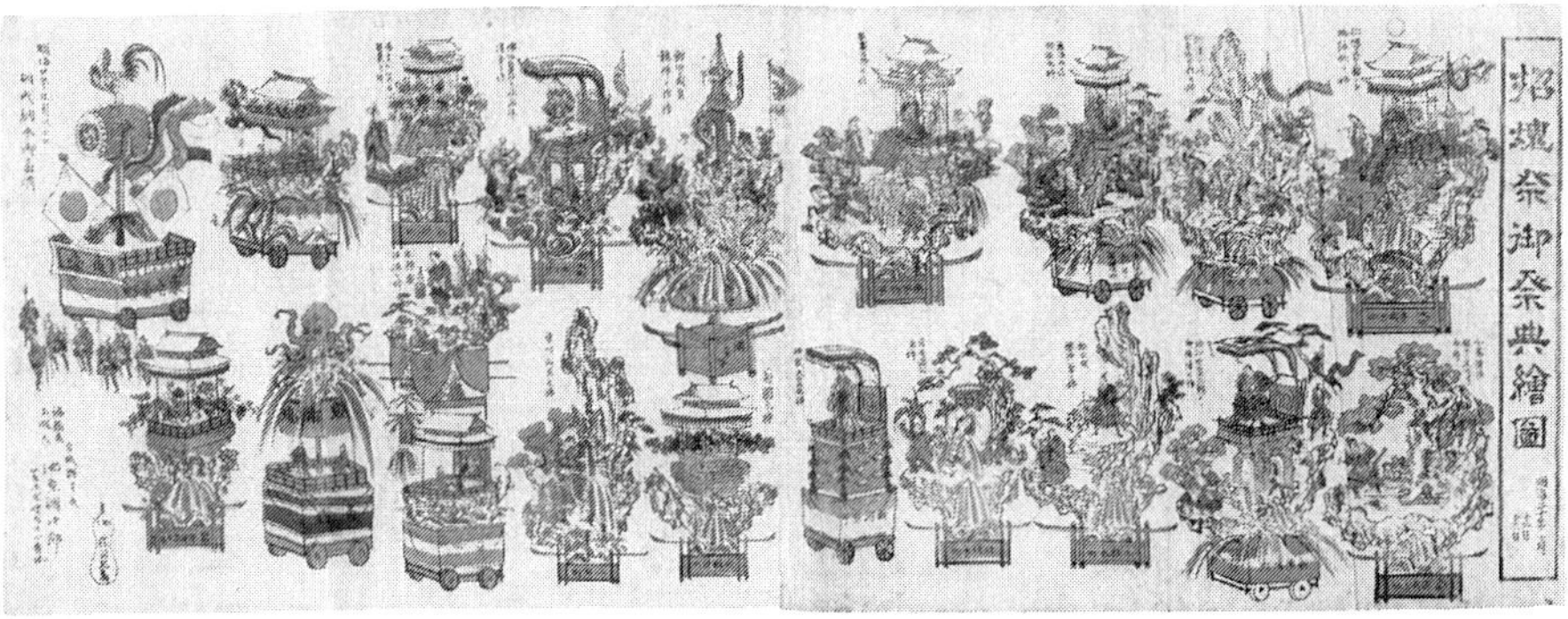

図2　1887年(明治20)10月12日・13日の招魂祭御祭典絵図
これが渡物屋台(山車、山鉾等)が登場した最初の招魂祭だった。絵図には20台の渡物屋台が描かれている。（仙台市歴史民俗資料館所蔵）

て開催されていた。特に一八八五年（明治一八）は「藩祖政宗公二五〇年祭」にあたり、五月二三日〜二五日にかけて、青葉神社祭礼、瑞鳳山御廟祭典、瑞鳳山での戊辰戦争と西南戦争戦死者の招魂祭（吊魂祭）などが盛大に執り行われた。

青葉神社祭礼では、神輿渡御行列、武者行列、町衆の渡物屋台巡行（山車、山鉾等）、流鏑馬、神楽、雀踊り、仕掛物、能、狂言などが奉納された。「高き名の仙台祭」を見学するために仙台・宮城県、岩手県、山形県などの人々が、日々の生業を休み、組を作って続々と集まって来た。さらには、仙台鎮台司令官の佐久間左馬太（長州藩士の子、当時少将、のちに第二師団長、陸軍大将、伯爵、一九一五年仙台市北二番丁の自邸にて死去）を始め将校一同も参拝した。この年を最後に、町衆の渡物屋台巡行は青葉神社祭礼には登場することはなくなり、一八八七年（明治二〇）以降には、軍官民合同（招魂祭典委員主催）で戦死者を祀る招魂祭のときに巡行が行われ、一八八七〜九六年（明治二〇〜二九）の招魂祭までそれが続いた（図2）。

明治の「仙台祭」が青葉神社祭礼から招魂祭へ移行した理由の第一は、一八八四年（明治一七）に甲申事変の戦死者招魂祭が仙台で始まったことにある。甲申事変は日本軍・海外駐留軍が最初の戦死者を出した事変であり、前述のようにその戦死者は仙台歩兵第四連隊の兵士であった。戦死者の慰霊と顕彰のための「朝鮮戦役紀念の碑」が一八八五年（明治一八）一二月に歩兵第四連隊の兵営地に隣接する榴《つつじ》ヶ《が》岡《おか》に建立され、翌八六年五月に臨時招魂祭が行われた。ここに郷土部隊の海外戦死者の慰霊と招魂の祭祀空間が成立したことになる。

理由の第二には、仙台鎮台・偕行社主催の招魂祭が、全国共通の一一月九日を避け、一〇月～一一月の任意の日を祭典日としたことにある。一一月九日は靖国神社の例大祭であり、それは戊辰戦争における会津降伏記念日であった。戊辰戦争に敗れた東軍側の会津、仙台、庄内、米沢などの旧藩関係者の多くが健在だった当時では、一一月九日に軍官民合同の招魂祭を行うことは受け入れがたい条件だったといえる。会津降伏記念日をあえて避けた祭典日にすることで、長州閥を中心とする仙台鎮台官は歩み寄りを示し、仙台の官民は明治国家（近代国家）のための戦死者を祀る招魂祭のときに渡物屋台（山車等）をともなう「仙台祭」が再現されることを受け入れたといえる。

他方では、瑞鳳山の招魂祭にも大きな変化があった。一八八九年（明治二二）二月の大日本帝国憲法発布のときに大赦令が公布され、戊辰戦争・西南戦争などの国事犯関係者の罪科が消滅した[37]。この時期、瑞鳳山の招魂祭は、一八八九年五月二四日までは行われていたが、翌一八九〇年以降には行われなくなってしまう。また瑞鳳寺は一八九六年（明治二九）には「火災にあい廃寺同様」となり（一九二六年に本山の京都妙心寺によって復興）、瑞鳳寺での祭典や法要は中断されてしまう[38]。ただし一八九九年（明治三二）「瑞鳳講規約書」によれば、藩祖伊達政宗の鴻恩（大恩）に奉謝（礼を申す）するために毎年五月二四日伊達家御祭典ののち、献膳奉仕の体をつくす目的で瑞鳳講が結成された。

（6）仙台開設三〇〇年紀念祭以前と以後

一八九九年（明治三二）の「仙台開設三〇〇年紀念祭」は、五月二三日・二四日に旧仙台城下を会場に開催された。慶長五年（一六〇〇）に藩祖伊達政宗が仙台に遷城してから三〇〇年となるのが一八九九年であった。また藩祖政宗を祀る青葉神社の祭礼が五月二三日〜二五日であることから五月二三日・二四日が選ばれた。旧仙台藩士などが、真っ先に唱え出し（仙台市長里見良顕が旧仙台藩士に謀り市役所内に協議会を開催）、旧仙台藩領内の地域は一致して、「仙台開設三〇〇年紀念祭」の開催を市民がみな賛成したという。旧藩主伊達伯爵の令嗣伊達邦宗を総理に、宮城県会議長遠藤庸治を委員長、仙台市長を副委員長、旧藩関係者による委員で準備を進めた。

祭場は、第二師団の協力を得て旧仙台城本丸と川内《かわうち》練兵場（追廻《おいまわし》）となり、青葉神社の祠官一条十郎（旧仙台藩士）が地鎮祭を行った。五月二三日には神輿が青葉神社より旧城下を渡御行列し、祭場の川内に到着した。五月二四日には儀式が終り神霊（祭神は伊達政宗）を神輿に遷し、旧城下を渡御行列し、青葉神社に帰着した。祭場には約三〇〇〇人の市内の学生・生徒も配置された。五月二四日には藩祖政宗の廟所・瑞鳳殿で祭典を行った。余興は、競馬、自転車、花火、緑門、山車・屋台を街頭に飾り付け（「仙台祭」の渡物屋台の再現）、能楽、撃剣、剣舞などが行われた(39)。

ところで一八八七年（明治二〇）から一八九六年（明治二九）にかけての招魂祭は、軍官民合同で開催され、「仙台祭」の渡物屋台が再現されたが、その最後の締めくくりが、実は、一八九九年（明治三二）の「仙台開設三〇〇年紀念祭」だったといえる。また象徴的な出来事として、五月二四日の青葉神社の祭礼は、一九〇〇年（明治三三）以降、一〇月九日（政宗が権中納言に任じられた寛永三年八月一九日を新暦に推算）の秋季大祭に改められた(40)。

これは青葉神社の別格官幣社への昇格運動とも関連していたが、昇格は果たされなかった。そのため実際には、この後も五月二四日を中心とする春季祭典の方が盛大に執り行われていくことになる。

この時代は、「紀念祭の時代」として旧藩と古都の顕彰が、全国一斉に展開される時代であることが、すでに高木博志によって明らかにされている。(41) この時期は、戊辰戦争の敗者と勝者の和解が成立していく過程での、明治国家による旧藩関係者を取り込んだ統合化（対立・競合・淘汰・包摂）の始まりでもあった。

明治後期は転換期であり、一八九八年（明治三一）の昭忠会設立、一九〇二年（明治三五）一一月の旧仙台城天主台での昭忠標（昭忠碑）の建立と臨時招魂祭の開催などがみられ、昭忠会主催の招魂祭には渡物屋台（山車、山鉾）は登場しなくなる。こうして渡物屋台をともなう明治の「仙台祭」はおわりをつげた。

一九〇二年以降には、昭忠会主催によって、第二師団管轄下の旧仙台城天主台を祭場とし、昭忠標（昭忠碑）を中心とする新しい招魂祭の祭祀空間が成立した。日露戦争中には、この祭祀空間に招魂社（一九〇四年設置）が加わり、その中核となる。こうして日清・日露戦争間に新しい招魂祭の体制が形づくられたといえる。

さらには、日露戦争後の一九〇六年（明治三九）一一月以降には、靖国神社の例大祭にあわせて、五月六日・七日、一一月六日・七日の会津降伏記念日に招魂祭が行われ、全国の師団主催の招魂祭と同一の祭典日となった。しかし、もう一方の瑞鳳山の招魂祭は、すでに廃れてしまっていた。第二師団司令部のある仙台での戦死者祭祀の招魂祭は、日露戦争後には、以上のような変遷を経て明治国家側に包摂、統合されたといえる。同時に、この時期は、招魂祭から渡物屋台が失われていく時期でもあり、かつての「仙台祭」は二度と再現されることはなかった。また藩祖伊達政宗を祀る青葉神社祭礼からも渡物屋台の姿は消えていくわけだが、青葉神社祭礼は、藩祖伊達政宗の節目となる年回忌をきっかけに、祭礼が息を吹き返し、各種のイベントをともない、盛大な祭典が執り行われていくことになる。

二　仙台青葉まつりの変遷

（1）近代の青葉まつり

近代仙台における藩祖伊達政宗の祭祀については、一八八五年（明治一八）の「藩祖政宗公二五〇年祭」は「仙台祭」の再来ともいわれ、また五〇年ぶりに開催された一九三五年（昭和一〇）の「伊達政宗公三〇〇年祭」は、「青葉まつり」とも称された。新聞記事などによると大正期から昭和初期にかけて、青葉神社祭礼は「青葉まつり」とも称されており、もともとは青葉神社祭礼を意味する雅称と思われるが、その後、三〇〇年祭など藩祖伊達政宗の節目となる年回忌や、渡物屋台（山車、山鉾）などの盛大な余興をともなう五月二四日前後の祭礼を、特に「青葉まつり」と称するようになる。

一九三五年五月二〇日～二六日には、「伊達政宗公三〇〇年祭（政宗没後三〇〇年祭）」が、青葉神社、瑞鳳殿、瑞鳳寺などで開催された。祭典では、神輿渡御行列、武者行列や渡物屋台の置祭（巡行せずに名掛丁など一部町内で飾るのみ）とともに、神楽、剣舞《けんばい》、鹿踊《ししおどり》、騎射、花火、喜劇、さんさ時雨、伊達小唄、民謡舞踊、献茶、石灯籠、商工祭仮装行列などが奉納され、瑞鳳寺では、「藩祖公殉死者」、「各戦役」（戦争）、戦死病没者瑞鳳寺復興功労者慰霊大供養なども行われた。五月二三日には、伊達政宗銅像（騎馬像）の除幕式が旧仙台城天主台で行われ、小室達制作の伊達政宗銅像（高さ約四・二四メートル、重さ四八七五キロ）が宮城県連合青年団によって、台座（旧仙台藩水沢の出身で海軍大将、首相などを歴任した斎藤実の書「伊達政宗卿」）の上に設置された[42]（図3）。

伊達政宗の命日五月二四日には、青葉神社では「藩祖公三〇〇年祭本祭」、瑞鳳寺では「三〇〇年御遠忌大法要」、瑞鳳殿では神式の祭典が行われ、一六代当主伊達興宗（伊達邦宗の子）ほか家族、一門、親戚、旧藩関係者、知事、市長、貴衆両院議員などが参列した。

関連する催し物としては、藩祖伊達政宗三〇〇年祭を記念して、五月一日～二五日まで斎藤報恩会博物館にて「伊達伯爵家所蔵宝物展覧会」、西公園公会堂では仙台市主催の「産業観光博覧会」、元県会議事堂跡・県庁内養賢堂・塩竈などの会場では読売新聞社主催の「仙台博覧会」、他にも「全国菓子大博覧会」「藩祖公三〇〇年祭記念体育大会」などが開催された。

図3　伊達政宗騎馬像から仙台市街を見下ろす

伊達政宗騎馬像は、政宗没後300年祭を記念して1935年（昭和10）に宮城県連合青年団によって旧仙台城天主台に建立された。これは1937年の撮影。その後1944年（昭和19）1月22日金属回収令により政宗騎馬像は徴用されるが、戦後に上半身だけが発見される。それは仙台市博物館の南庭に設置されている。なお現在の伊達政宗騎馬像は1964年（昭和39）に復元設置されたものである。

（仙台市歴史民俗資料館提供）

（2）　戦後の青葉まつり

戦後の青葉神社祭礼は、宮城県・仙台市からの援助が絶たれたことにより、武者行列、神輿渡御行列、仮装行列は行われず、祭りの行列や余興をのぞいた祭事だけになっていた。ところが、一九四八年（昭和二三）五月は、新憲法公布一周年の記念式典が全国各地で開催されたこともあり、同年五月二三日～二五日の青葉神社春の例祭は、「仙台青葉平和祭」と称し、一九三五年（昭和一〇）の「藩祖伊達政宗公三〇〇年祭」以来、一三年ぶりとなる神輿渡御行列を始め、仮装行列、草相撲、演芸、野球大会などが奉納された。一九四九年（昭和二四）の春の例祭は、仙台市の市制施行六〇周年記念として、祭日を繰り上げて五月三日から臨時大祭が行われ、一四年ぶりに武者行列と神輿渡御行列が仙台市内を練り歩いた(43)。

その後、一九五六年（昭和三一）の五月二四日・二五日には、青葉神社春の例祭にあわせて、仙台商工会議所などが第一回仙台青葉まつりを開催した。翌五七年の第二回仙台青葉まつりは、日本専門店会連盟（日専連）第一二回全国大会にあわせて五月九日・一〇日に行われた。一九五九年（昭和三四）の第四回仙台青葉まつりは、仙台商工会議所・青葉まつり協賛会が、皇太子の結婚を祝し、また仙台市制七〇周年にもちなみ、例年の五月ではなく、四月一〇日からの三日間となったが、一九六〇年（昭和三五）以降は、五月三日・四日・五日に行われた。そして一九六四年（昭和三九）五月三日の第九回仙台青葉まつりでは、この年に初めて参加した郷土芸能の「雀踊り」が仙台市立第一中学校の二年生八五人によって演じられた。一九六七年（昭和四二）五月四日・五日の第一二回仙台青葉まつりでは、武者行列、「雀踊り」、仙台芸妓組合による舞踊などが奉納されるが、一九六八年（昭和四三）以降には、「仙台青葉まつり」は中断されてしまう。

なお、このとき復活した「仙台雀踊り」には、慶長一五年（一六一〇）の仙台城落成の際、石工たちが祝いに即興的に踊ったのが始まりという伝説がともなっていた。これは、仙台市八幡二丁目（旧石切町）の瀬田谷不動尊で一九五〇年（昭和二五）まで行っていた神楽奉納の中で見られた芸能であり、ハネッコとも呼ばれていた。これは神楽を奉納した石屋の間に伝わる伝説であり、どこまでさかのぼることができるのかは、さだかではない。「仙台雀踊り」が登場する最も古い史料は、天保一二年（一八四一）の『奥のしをり』であり、ここでは正月の「はねこ田植」（田植踊）のにわか芸の一つとして「雀踊り」が出てくる。また一八八五年（明治一八）五月二八日付『奥羽日日新聞』によれば、「藩祖政宗公二五〇年祭」では、仙台区の各町による渡物屋台、芸能などの一つとして、「国分町の雀踊り」が登場する。「仙台雀踊り」は、石工にだけ伝わる芸能ではなかった(44)。

この時期の「仙台青葉まつり」は、それまで五月二四日を中心に藩祖伊達政宗を祀る祭礼だったのが、市制施行記念や日専連全国大会、皇太子結婚記念などの付随的なイベントの方が祭りの主人公のようになり、主客転倒に陥り、政宗の命日五月二四日ではなく、当時、普及しつつあった五月のゴールデンウィークに祭典日を移していく過程でもあった。そうなった原因の一つは、藩祖伊達政宗の廟所である瑞鳳殿の荒廃にあった。

(3) 瑞鳳殿の再建と青葉まつり

青葉神社とともに政宗祭祀の中心であった経ヶ峰にある藩祖政宗の瑞鳳殿、二代忠宗の感仙殿、三代綱宗の善応殿の三霊屋《おたまや》(廟所)は、一九四五年(昭和二〇)七月一〇日の仙台空襲で焼失し、戦後は経ヶ峰の古杉が伐採され、瑞鳳殿跡が踏みつけられるなど荒廃した状態にあった。一九五〇年(昭和二五)には「経ヶ峰保存会(のちに経ヶ峰保勝会)」を結成し、焼け残った礎石の上に石を積み、標識柱を立て廟所とした。しかし、訪れる人も少なく、建物は再建されずに二〇年以上が過ぎていった。

一九六六年(昭和四一)五月の「政宗公生誕四〇〇年祭」を機に瑞鳳殿再建の世論がおこる。一九七一年(昭和四六)一二月には瑞鳳殿再建準備会が設置された。ようやく一九七四年(昭和四九)九月一〇日に瑞鳳殿再建起工式が行われ、同年一〇月には、伊達政宗の霊廟・瑞鳳殿が三三九年ぶりに発掘され、墓室から政宗の遺体とともに三六点の副葬品が発見された。翌七五年五月二三日には、三四〇回忌法要が瑞鳳寺で行われ、隣接する瑞鳳殿の一般公開も五月二三日まで行い、五月二四日には再埋葬された。一九七九年(昭和五四)には瑞鳳殿などの再建工事完成を記念して、五月二〇日に「瑞鳳殿落慶記念・せんだい春まつり」が行われた。せんだい春まつり協賛会・仙台商店会青年部連合会主催にて武者行列、尊体の政宗木像の神輿渡御行列、「雀踊り」などのあと、瑞鳳殿に政宗木像を納める開眼法要儀式が行われた(45)。一九八四年(昭和五九)三月には感仙殿・善応殿が竣工し、翌八五年五月に再建落成式が挙行された。戦後四〇年を経てついに三霊屋が再建された。

（4）　仙台・青葉まつり

一九八五年（昭和六〇）の藩祖伊達政宗三五〇年祭は、第一回「仙台・青葉まつり」として、四月二七日～六月二日に行われた。これは仙台市経済局商工部観光課内の「伊達政宗公三五〇年祭協賛会企画室」が参画し、「伊達政宗公三五〇年祭協賛会」が主催した。

奉納行事の市中パレードには、伊達家一八代当主、仙台市長、岩手県の水沢市長、河北新報社会長などによる騎馬武者行列、仙台藩士会、遠藤家家臣同好会などによるお城行列、稚児行列、青葉神社の神輿渡御行列、中学生の「雀踊り」、県警音楽隊のブラスバンド、バトンチーム、鼓笛隊など盛大な祭典が行われた。藩祖政宗の命日五月二四日には瑞鳳殿で三五〇年忌法要が営まれた。伊達家一八代当主、宮城県知事、仙台市助役、瑞巌寺住職など約二五〇人が参列した。瑞鳳寺の山門から瑞鳳殿まで、山伏姿、鎧兜、裃、陣羽織の出で立ち、稚児行列などが行われた。

一九八六年（昭和六一）の第二回「仙台・青葉まつり」からは、「仙台・青葉まつり協賛会」が主催となり、五月二四日・二五日に行われた。また支倉常長渡欧パレード、郷土芸能パレード、青葉神社の神輿渡御行列、そして瑞鳳殿では、五月二三日～二五日には本殿開帳と政宗座像の一般公開、さらに五月二四日の年忌法要では、一九八七年（昭和六二）の大河ドラマ「独眼竜政宗」の主人公伊達政宗と正室愛姫に扮する渡辺謙、桜田淳子も参列した。宮城県知事、仙台市長を表敬訪問し、伊達家一八代当主とともに瑞鳳殿本殿内の政宗座像と対面、仙台市博物館で記者会見を行った。この年から「政宗ブーム」が巻き起こり、仙台城跡や瑞鳳殿がある仙台市、政宗の出身地山形県米沢市、正室愛姫ゆかりの福島県三春町、家臣片倉小十郎ゆかりの白石《しろいし》市でも政宗ブームに乗った多彩なイベントが繰り広げられた。

一九八七年五月二三日・二四日の第三回「仙台・青葉まつり」は、四〇万人の人出で賑わった。この年から初めて二基の山鉾（形態は山車だが協賛会では山鉾と称す）が設置された。山鉾は高さ約一〇メートルの鎧姿の政宗像、不動明王像で、かつての仙台祭における渡物屋台の台輪《だいわ》を復元したという。

五月二三日の宵祭りでは、「第一回新・仙台すずめ踊り大賞」が行われた。これは、「雀踊り」の再生と祭りの目玉となることを狙ったもので、「新・仙台すずめ踊り」として、在仙の作曲家・榊原光裕と宮城県フォークダンス連絡協議会日本民謡部にアレンジを依頼したものであった。五月二四日には、NHK大河ドラマ「独眼竜政宗」で政宗、愛姫に扮する渡辺謙、桜田淳子が瑞鳳殿での三五二年忌法要に参列した。その後、二人が参加するパレードには、ファンが隊列めがけて殺到したため、二人の参加は中止となったが、武者行列、六二万石御城下パレード、青葉神社神輿渡御行列などが行われた。

一九八八年（昭和六三）の第四回「仙台・青葉まつり」は、五月二一日（土）・二二日（日）に行われた。この時期は、伊達政宗の命日五月二四日に近い第四日曜日とその前日の土曜日に祭典が行われたが、その後は、五月第三日曜日とその前日の土曜日とされた。また一九九五年（平成七）五月二〇日（土）・二一日（日）の第一一回「仙台・青葉まつり」では、一一台の山鉾（山車）が登場した。こうして、藩祖伊達政宗を祀る「仙台・青葉まつり」は、そこに、さまざまな祭礼行事、イベント、芸能などを加えながら仙台三大まつりの一つとして、仙台市民の間にすっかり定着したといえる(46)。

おわりに

藩祖伊達政宗の死後、江戸時代には、仙台城下の廟所・瑞鳳殿と瑞鳳寺、松島の瑞巌寺などで法要が行われた。また仙台城二の丸の祠堂（因縁殿）と万善堂では、仙台藩主による親祭などの祖先祭祀が成立していた。明治時代以降の近代仙台では、祠堂（因縁殿）と万善堂の祖先祭祀は消滅し、経ヶ峰の瑞鳳寺は火災により廃寺同様となり再建まで約三〇年を要した。これは藩祖政宗の祭祀にとって第一の危機の時代だった。しかし、一八七四年（明治七）に創建された政宗を祭神とする青葉神社の祭礼とともに、一八八五年（明治一八）の「藩祖政宗公二五〇年祭」、一九三五年（昭和一〇）の「伊達政宗公三〇〇年祭」など、歴史的な節目となる年回忌をきっかけに、藩祖政宗の祭祀は、息を吹き返していった。

ところが、一九四五年（昭和二〇）七月一〇日の仙台空襲は、藩祖政宗の廟所・瑞鳳殿を焼失させ、瑞鳳殿の再建が始まる一九七四年（昭和四九）までの三〇年近い年月は、藩祖の祭祀にとって、第二の危機の時代だったといえる。そのため戦後の仙台青葉まつりは、祭りの本筋であった藩祖政宗の命日五月二四日からしだいに離れていき、ゴールデンウィークなどの休日に祭典が引きつけられ、中断を余儀なくされていった。

一九八五年（昭和六〇）の藩祖伊達政宗三五〇年祭をきっかけに復活した「仙台・青葉まつり」では、青葉神社祭事にくわえ、瑞鳳殿をはじめ三霊屋が再建されたことにより、五月二四日の命日を意識し、それに近い土・日が祭典日とされた。また、「すずめ踊り」の再生と仙台城落成に結びつけられた由来の宣伝などにも見られるように、藩祖政宗を主人公とする「歴史都市ものがたり」を前面に押し出し、多様なイベントを展開した。

政宗は、現在では、全国でも最も人気と知名度のある歴史上の人物として知られている。「独眼竜政宗」はNHK大河ドラマの平均視聴率で歴代一位となり、また戦国大名のキャラクターゲームでも政宗が主人公となるなど、最も人気の高い歴史上の人物の一人といってもよい。仙台の「歴史都市ものがたり」の主人公・藩祖伊達政宗は、今も新しいイメージと新しいキャラクターを次々に付け加えつつ、変化し、成長し続けている。

（1）　文化庁・国土交通省・農林水産省『歴史まちづくり法の概要』（正式名称：地域における歴史的風致の維持及び向上に関する法律）。

（2）飯沼勇義『知られざる中世の仙台地方』（宝文堂、一九八六年）、飯沼勇義『仙台平野の歴史津波』（宝文堂、一九九五年）、石井正己・川島秀一編、山口弥一郎著『津波と村』（復刊、三弥井書店、二〇一一年、初版は一九四三年）。

（3）仙台市役所編纂（市史編纂委員主任藤原愛之助）『仙台市史』（一九〇七年）五九頁。

（4）佐藤雅也「地方都市の近代　軍都・学都と仙台」（新谷尚紀・岩本通弥編『都市の暮らしの民俗学1　都市とふるさと』吉川弘文館、二〇〇六年）、六五～七一頁。

（5）前掲註（4）拙稿、七二～七四頁、佐藤雅也「戦争の民俗」（『国立歴史民俗博物館研究報告』一四七、二〇〇八年）、一三三～一九六頁。

（6）小倉博『増訂版仙台』（一九二八年）、『仙台市史・通史編六・近代一』（二〇〇八年）、三二六～三五二頁。

（7）武田篤志「三つの『森の都』と観光のまなざし――仙台・金沢・熊本――」（『東北文化研究室紀要』四五、二〇〇四年）。

（8）武田篤志「『杜の都・仙台』の場所イメージと〈都市樹〉のトポロジー」（『日本都市学会年報』三六、二〇〇三年）。

（9）和泉浩「『杜の都・仙台』としての仙台の歴史形成」（『東北都市学会研究年報』四、二〇〇二年）。

（10）菊池慶子『「森の都・仙台」の原風景――樹木を育てた城下町――』（国宝大崎八幡宮仙台・江戸学叢書六、二〇〇八年）。

（11）『仙台市史・通史編八・現代二』（二〇一一年）、五四九～五五六頁、佐藤雅也「現代仙台における戦後の文化活動（三）――仙台三大祭りを中心に（続編）――」（『仙台市歴史民俗資料館調査報告書』二九、二〇一一年）。

（12）嘉永二年（一八四九年）刊『奥羽一覧道中膝栗毛』第四篇巻之下所載の二世十返舎一九（糸井鳳作）「仙台年中行事大意」（常盤雄五郎編『仙台年中行事絵巻第一二巻附同解説』、仙台昔話会、一九四〇年）。

（13）近江恵美子『仙台七夕まつり七夕七彩』（有限会社イーピー「風の時編集部」、二〇〇七年）八頁。

（14）『伊達治家記録』五（宝文堂、一九六九年）、二一〇・六五二頁。

（15）文政一二年（一八二九）刊の燕石斎薄墨著『仙府年中往来』、『仙台市史・通史編四・近世二』（二〇〇三）、三二四～三二六・三六三頁。

（16）佐藤雅也「現代仙台における戦後の文化活動（二）――仙台三大祭りを中心に――」（『仙台市歴史民俗資料館調査報告

書』二八、二〇一〇年）、三二～五七頁。
（17）仙台開市三〇〇年紀念祭事務所（友部伸吉・今泉寅四郎）著『仙台開設三〇〇年紀念祭誌全』に祭誌附録「貞山公年譜」として所収、一～八頁、一八九九年）。このほかにも『宮城県史談』（一八九二年）、矢野顕蔵『仙台藩祖尊皇事蹟』（一八九九年）などにも藩祖伊達政宗についての記載がある。
（18）前掲註（3）『仙台市史』（一九〇八年）、一五～三一頁。
（19）藩祖伊達政宗三〇〇年祭協賛会著作兼発行人（編著者鈴木節夫）『伊達政宗卿』（一九三五年）。
（20）小林清治『伊達政宗』（人物叢書新装版・吉川弘文館、二〇〇七年、初版は一九五九年）。
（21）塚原靖（柿渋園）著『伊達政宗』（春陽堂、一八九七年）。
（22）仙台文学館（赤間亜生・渡部直子）のご教示によれば、前掲註（21）『伊達政宗』以降には、一戸桜外著『伊達政宗』（嵩山房、一九〇九年）、番衆浪人著『伊達政宗』（大日本雄弁会、一九一五年）、菊池寛著「伊達政宗」「秀吉と伊達政宗」（『菊池寛全集』一六・一七、初出は一九三八年）、鷲尾雨工著『伊達政宗』（大日本雄弁会講談社、一九三九年）などがある。なお仙台文学館では、パネル展「文学に描かれた伊達政宗」（二〇一〇年一〇月三〇日～一二月一二日）にて、菊池寛、松本清張、山岡荘八、司馬遼太郎など多くの作家によってとりあげられた伊達政宗像を紹介している。
（23）小倉博「伊達政宗卿の薨去《こうきょ》」（『宮城教育』第四三一号「伊達政宗公三〇〇年祭記念号」、一九三五年）、一六頁。『伊達治家記録』四（宝文堂、一九七四年）、二三九頁。
（24）前掲註（23）『伊達治家記録』四の二六・九三・三九〇頁。
（25）『伊達治家記録』五（宝文堂、一九七四年）。
（26）前掲註（25）『伊達治家記録』五、『伊達治家記録』六（宝文堂、一九七五年）。
（27）前掲註（26）『伊達治家記録』六、『伊達治家記録』七（宝文堂、一九七六年）。
（28）『伊達治家記録』一〇（宝文堂、一九七七年）。
（29）前掲註（28）『伊達治家記録』一〇。
（30）前掲註（28）『伊達治家記録』一〇。
（31）『獅山公治家記録』一二七上。

(32)『六代治家記録巻之三十　獅山公三十』。
(33)『六代治家記録巻之八十五　龍山公九』。
(34)『仙台市史・特別編七・城館』(二〇〇六年)、四九一～五〇四頁。
(35)佐藤雅也「近代仙台における庶民の生活暦(二)」(『仙台市歴史民俗資料館調査報告書』二五、二〇〇七年)、八四～九一頁。
(36)佐藤雅也「近代仙台の慰霊と招魂――戦死者祭祀の変遷――」(『仙台市歴史民俗資料館調査報告書』二七、二〇〇九年)、一～二八頁。
(37)佐藤雅也「誰が戦死者を祀るのか――戊辰戦争・西南戦争・対外戦争(戦闘)の戦死者供養と祭祀――」(『講座東北の歴史』第六巻、清文堂出版、二〇一三年)。
(38)『宮城県の地名』(平凡社、一九八七年)、二九六頁。
(39)『仙台開設三〇〇年紀念祭誌』(一八九九年)。前掲註(3)『仙台市史』(一九〇八年)、四九〇～五〇〇頁。
(40)前掲註(6)『増訂版仙台』(一九二八年)一〇三～一〇四頁。
(41)高木博志「紀念祭の時代――旧藩と古都の顕彰――」(『明治維新期の政治文化』思文閣出版、二〇〇五年)。
(42)前掲註(23)『宮城教育』第四三二号「伊達政宗公三〇〇年祭記念号」。前掲註(35)拙稿一二三～一三一頁。
(43)前掲註(16)拙稿「現代仙台における戦後の文化活動(二)」三二一～五七頁。
(44)「八幡町とその周辺の民俗」(『仙台市歴史民俗資料館調査報告書』五、一九八四年)、七一頁。船遊亭扇橋著『奥のしをり』(「復刻奥のしをり」、アチックミューゼアム彙報二一、一九三八年)、稲雄次「仙台雀踊り」(『東北民俗』四二、二〇〇八年)。
(45)前掲註(23)『伊達治家記録』四の口絵写真、佐藤雅也「現代仙台における戦後の文化活動(一)」(『仙台市歴史民俗資料館調査報告書』二七、二〇〇九年)、前掲註(16)拙稿「現代仙台における戦後の文化活動(二)」。伊達政宗の墓室発掘のいきさつ等については、伊達篤郎「伊達政宗の廟・瑞鳳殿」(「仙台市史のしおり」一五、二〇〇一年)。
(46)前掲註(16)拙稿・註(11)拙稿「現代仙台における戦後の文化活動(二)」・「現代仙台における戦後の文化活動(三)」五四～五八頁。

武士と武家地の行方――城下町尼崎の一九世紀――

岩城卓二

はじめに

明治二〇年代後半に一万人以上の人口を抱える近代主要都市の多くが、近世城下町を起源にすることはよく知られている。大きくは武家地（城郭・城地・武家屋敷）、町人地、寺社地からなる城下町の空間は近代に入ると再構成されるが、もっとも大きな変貌を遂げるのが城下町のシンボルであった城郭・城地および周辺の大身の武家屋敷群で、軍事施設・官公庁・学校・公園・神社等に生まれ変わった(1)。とりわけ地方中核都市（県都）の多くは城郭・城地、あるいは都市近接地が軍事施設となったことから、軍事的な要請に基づく都市整備の分析をぬきに近代都市の性格を論じることはできないという視点から、「城下町」から「軍都」へという問題設定がなされ、空間再編成の過程が明らかにされてきた(2)。

たしかに軍隊が駐屯し、軍事施設が配置される「軍都」化は近代都市の盛衰のひとつの鍵であり、近世都市から近代都市への転換を「城下町」から「軍都」へという道筋で考えることや、軍隊の消費が都市経済に与えた影響の大きさ、軍隊と地域社会との関係を明らかにすることは意味あろうが、「城下町」から「軍都」へという問題設定がなされながら、関心の力点は「から」よりも近代「軍都」の解明にあるゆえか、城下町に集住していた武士と、広大な空間を占めた武家地の変貌過程が論じられることは少ない[3]。史料の制約があるにせよ、近世都市から近代都市への転換を論じるのであれば、城下町の主要な住人であった武士と、その屋敷地があった武家地の行方に関心を持つことは不可欠であろう。

近代都市の性格として「軍都」が注目される一つの理由は、明治初年に「軍都」への転換がかなわず衰退した中小城下町が、明治三〇年代頃に「軍都」化することで蘇生した例が多いという点にもあろうが、城下町蘇生の手段が「軍都」化にしかなかったわけではあるまい。そもそも、なぜ「軍都」とならなければ衰退したのか。この点を考えるには「軍都」とならなかった中小都市に目を向ける必要があろう。

こうした課題に取り組む上で大阪に近接する城下町尼崎は格好の素材である。近世の尼崎は幕府の軍事拠点である大阪城の西側に位置し、その軍事的重要性から尼崎城が築かれ、城主には譜代大名が配置された[4]。近世初頭、尼崎から兵庫までの西摂津一帯に領域的に配置されていた尼崎藩領は軍事的緊張が緩んだ一八世紀半ば、播磨と西摂津に分断された。しかし、城郭と武士の軍事的機能を維持するには労働力・物資調達のため城郭周辺に城付地となる村々が必要であることから、城下町尼崎周辺には近世を通じて藩領が配置されていた。

城下町尼崎は、近世を通じてこれら藩領農村を支配するための政治的拠点という位置を持ち続けたし、また幕府権力が私領主の所領に容易に干渉できないという近世幕藩領主制の原則を楯に、兵庫・神戸・西宮等の成長に押されながらも、また大阪市場と商圏をめぐって対立しながらも、大阪・京都市場向け、あるいは西摂津・西国向け物資の中継地という位置を保っていた。この流通の中継地尼崎を代表するのが生魚市場で、城下には瀬戸内一帯に広がる商圏を持つ生魚問屋がいたし、窮乏する尼崎藩財政改革に関わる生魚問屋もいた。生魚問屋は城下町尼崎を代表する富裕な商人であった。

近代の尼崎は阪神工業地帯の一角をなす工業都市というイメージが強いが、それは一九世紀後半から二〇世紀以降のことで、明治初年から二〇年代半ば頃までは誠に厳しい時代であった。「軍都」でも、「県都」でもなく、大阪・兵庫という二大都市に挟まれ、人口も減少を続けた。城下町からすぐに工業都市へと転換したわけではなく、その間には二〇年程の厳しい冬の時代があったのである。

この冬の時代、旧尼崎藩の武士たちは士族という属籍を手にしたものの、経済的窮乏は目を覆うばかりで、一八七七年（明治一〇）に尼崎を訪れた地方巡察使からは、「都会ニ接スルヲ以テ自ラ奢侈ノ風アリ、廃藩ノ後ニ於テハ甚ダ貧困ニ陥ルノ景況ナリ」と、生活態度まで酷評される始末であった。(5) より手厳しいのが、旧尼崎士族が発刊に関わった雑誌『琴陽の珠』八号（一八九二年〈明治二五〉七月）(6) で、「劣敗の潮に追ひ巻くられ、哀れむへき境遇に彷徨」し、「昔日彼等か犬猫として軽侮したる農工商は、金力是権力の存するところ、社会万般の機関ハ重もに其手によりて運転」され、「社会の下層に永眠して浮ふ瀬なきに至」った境遇に甘んじていることを指弾し、士族に奮起を促している。

主人を失った尼崎城や、武家地の荒廃も激しかったようだ。工業都市として蘇生した昭和一〇年代、冬の時代を知る士族畠田繁太郎は、「鷹匠町や一番丁、二番丁、役人町などは全滅で、聚落の形で残つたのは漸く広小路と日雇辻位の者、他は何百軒の中では只十数軒ばら〳〵に田圃の中に立つてゐた。奥長町では中野、中長町では成瀬、口長町では高野といふ風に只一軒しか残つてないから、町名などをいう必要など毫末もない。只家の名をいひさへすればよかつた」と、明治の荒波の中で変貌した武家地について貴重な証言を残している。(7)

一方で、畠田は新しい時代明治を逞しく生きた士族がいたことにもふれ、事実、地方巡察使の目にもとまった尼崎のマッチ製造業は士族が起業したものであるし、一八八二年（明治一五）六月の兵庫県会議員補欠選挙では士族小島廉平が当選、一八八九年（明治二二）の第一回町会議員選挙でも議員二四人中七人を士族が占め、尼崎町長伊達尊親・助役津久井敏正は士族であった。[8] 窮乏する士族がいる一方で、明治以降の尼崎において士族の存在感は決して小さくなかった。

このように尼崎は廃藩置県から一九世紀後半まで都市発展のための新しい駆動力を見出すために苦闘を続けた城下町であると同時に、「軍都」ではなく、工業都市として蘇生するところに、「軍都」とは違う近世城下町から近代都市への歩みが知られる都市でもある。もとより限られた紙幅で城下町から工業都市への転換と、その間に位置する冬の時代のすべてを論じることはできないし、その用意もないが、本稿では、畠田繁太郎が貴重な証言を残しているにもかかわらず、窮乏ぶりばかりが強調されてきた旧尼崎藩武士の行方と、武家地の変貌過程を中心に、「軍都」とならなかった、「軍都」となるか否かの決定権を国家が握っていることからすると、正確には「軍都」になれなかった城下町の近世都市から近代都市への転換を問う作業の、まずは足がかりを示したいと思う。

近代における武家地の変貌については、江戸の研究が圧倒的に進んでいる。『都市紀要13　明治初年の武家地処理問題』（東京都公文書館、一九九〇年）は、その先駆的仕事であろうが、[9] 近世の江戸において広大な面積を占めた大名屋敷の宅地開発や旗本屋敷の官員宿舎への転用等を論じた鈴木博之の仕事をはじめ、[10] ここ一〇年程の進展は目を見張るものがある。とりわけ、近世都市史研究の成果をふまえ、[11] 幕末期における幕臣屋敷の利用・居住実態、大名屋敷・周辺部の開発、東京に進出した公家の屋敷分布・利用等々を精緻に明らかにした松山恵の仕事は意義深く、全国の城下町の近世から近代への転換を論じる上で、学ぶべき点は多い。[12] しかしながら、近世の城下町尼崎の武家地については、江戸研究に倣い論じるだけの蓄積も、史料もなく、本稿では明治初年における武家地の売買に問題を絞って考えていきたい。

一　尼崎城の廃城

近代の評価に倣えば、近世城下町も「軍都」であった。城下町で広大な空間を占める武家地の住人である武士は、長く続いた近世の「平和」において官僚としての顔が大きくなっていったことは間違いないが、その基本的性格は、戦時には武器を手にとって闘う戦士にあり、近世は「兵営国家」であったという意見もある。(13)「兵営国家」のシンボルである城郭と戦闘集団である武士が集住し、武家地が城下町空間のかなりの部分を占め、その武家地は戦略的観点から配置され、また武士の消費は都市経済の展開上無視できなかったという点からすれば、(14)近世城下町も「軍都」といえよう。ただ近代の「軍都」と違うところは、近世「軍都」の主役は身分制のもと軍事を独占し、代々その身分を世襲していた武士であったという点にある。近世都市から近代都市への展開にとって身分制解体の意味は大きい。武士と武家地の行方に関心を持つのは、かかる近世都市と近代都市の違いに注目するからでもあり、また武家屋敷だけでなく、その主であった武士の動向(15)と連関させて論じることが必要だと考えるからである。

さて、近世「軍都」の命運を決するのが、一八七三年（明治六）一月、明治政府が陸軍省・大蔵省に発した「全国城郭存廃ノ処分並兵営地等撰定方」、いわゆる廃城令である。(16)陸軍省が必要としない全国の城郭を廃城し、大蔵省の管轄下におくことを指示するもので、摂津三城では、大阪城を除く尼崎城・高槻城は廃城とされた。

この廃城令に先立つ一八七二年四月三日、軍事施設としての利用が可能か否かを確かめるため尼崎城の巡視に訪れていた政府役人の一行は、(17)大阪鎮台第四大隊が一時的に駐屯する本丸に足を踏み入れた。すでに前日、「楼櫓其外尤古ク、練屏等ハ半ハ破壊ニ属ス」と、老朽化した外郭・西の丸を目にしていたものの、弘化三年（一八四六）の焼失後、御殿が再建された本丸には少しばかり期待を寄せていたようだ。しかし、実見した本丸は、「一大隊ノ兵現ニ屯在スル景況狭隘ニ見ヘタリ、寝台併置ノ間終ニ二尺ニ過キズ、其他広キ地ハ長サ三十間程、巾十五間」と、軍事施設とするには十分な広さではなかった。

廃城か、存続かの判断にあたっては城郭周辺の地理的環境も考慮された。尼崎城の堀は通常、舟の往来に適する水量を貯えるが、城郭の標高は市街地と同じで、幕末の河川氾濫では浸水の被害に見舞われたこと、二の丸内の武家屋敷を撤去すれば幅三〇間・長さ一〇〇間程度の平地が確保できるものの、二の丸内の米蔵の多くも粗雑な造りで老朽化していること、城下周辺には縦横に街道が走っているが、三尺以上の道幅は西宮より京都との境に位置する山崎までの西国街道と、大阪・兵庫間の中国街道の一部で、他の道幅は均一ではないこと、城内外に樹木の生い茂る森林がないこと等々、尼崎城が近代の軍事施設としては不適合である理由が述べられている。

城下町の評価はさらに手厳しく、「城市ヲ徘徊シ見ルニ市街戸数相応ナレトモ又豪商様ノ家ナク貧駅ニ近シ」、「市街其他ノ景況ハ一貧駅ト見做ス可シ、南方ハ漁戸多ク、街道其他巨商ノ家ヲ見ズ、全街ノ産業尽ク雑商ニシテ家屋又粗ナリ」と記されている。

こうした視察結果を踏まえ、政府役人は「鎮台及分営ノ連続線中ニ一、二ノ小隊ヲ屯スルモ当所ハ難花接近ナレハ廃城トナシ、兵庫・明石等ニ置クノ方便宜ナランカ」と、廃城を具申した。明治政府は城郭内だけでなく、周辺環境や城下町の情勢など総合的な実地調査を踏まえたうえで、尼崎城の廃城を決定したのである。明治政府の国家戦略上、尼崎城が不要の城となった瞬間であった。

近世尼崎城が築城されたのは、大阪夏の陣で豊臣氏が滅んで二年後の元和三年（一六一七）のことである。幕府は信頼厚い譜代大名戸田氏鉄を尼崎に配置するのと並行して、派遣した奉行の指揮下、新尼崎城の普請に着手した。戦国期の尼崎にも堀に囲まれ、いくつかの櫓からなる城は存在したようだが、新城はこれを凌ぐ大規模かつ堅固な造りで、六〇間四方の本丸の北西に天守閣が築かれ、本丸の西と北に矩《く》折れの二之丸、東に松之丸、西三之丸、東三之丸、そして南側は海に面し（のち、築地町が開発）、防禦を固めるため周囲には長大な多聞櫓が築かれた。方形の本丸で防禦するという形態は、京都二条城・尾張名古屋城・近江水口城等幕府の命令・意向で築城された城に共通する特徴といわれる[18]。

幕府みずから新城普請に乗り出し、その城主に譜代大名を配置したのは、幕府が尼崎を軍事的要衝として重視していたからである[19]。元和元年の大阪の陣に勝利し、大阪を手に入れた幕府は大阪を中心に畿内・近国を幕府の軍事拠点とするため、軍事的要衝の城郭の普請に乗り出し、一門・譜代大名を配置していった。そして元和五年に大阪を直轄都市とし、大阪城の再建に着手する。尼崎新城普請と譜代大名の配置も、この構想の一環であった。

戦国時代の尼崎は、堺・兵庫と並ぶ大阪湾内の代表的港町であり、また法華宗本興寺・貴船神社等の寺内・門前町として発展した。尼崎は大阪に近接し、陸路でも、また神崎川から淀川を利用して京都に向かうこともできる海・陸・河川交通の要衝であり、大阪の陣でも西国から大阪への物資移入を防ごうとする徳川方と、豊臣方との間で戦闘が繰り広げられている。幕府が大阪城を中心に西国有事への備えを構想する上で、大阪の西に位置する尼崎の重要性は高く、一七世紀後半以降は尼崎藩と、大阪の南に位置する和泉岸和田藩が大阪城守衛を担う藩という位置づけが明確となった。いずれかの藩主が在国し、有事に即応できるよう両藩主の参勤交代は組み合わされ、尼崎藩は大阪で火災などの異変が起こった場合、大阪に入り、大阪城の周りを警衛することが藩の役目とされた。

尼崎城主は、寛永一二年（一六三五）に戸田氏鉄が美濃大垣に所替されると、青山氏、そして宝永八年（一七一一）以降幕末まで松平氏であった。戸田氏の所領は尼崎から兵庫までの西摂津海岸線を中心に五万石で、続く青山氏もこれを継承する。青山氏時代に分知がなされたこともあって松平氏の所領は四万石に減るが、所領は尼崎から兵庫までの海岸線を中心に領域的に与えられるという点は変わりなかった。ところが尼崎藩領の兵庫・西宮等西摂津海岸線の村々の経済活動が大阪市場を脅かすようになると、幕府は同地域の幕府領化を目論み、明和六年（一七六九）兵庫から西宮までの海岸線の尼崎藩領を幕府領とし、尼崎藩には播磨国内に替え地を与えた。領域的であった尼崎藩領は尼崎城周辺と播磨国に分断されたのであるが、これでは尼崎城が大阪城の西の守りという役目を果たすことができなくなる「裸城」にする愚策だ、と幕府を指弾する意見も出される程、軍事的には大きな意味を持つ出来事であった。所領の分断によって軍事行動を起こすために必要な労働力・物資の徴発がままならなくなるからである。

この明和上知に象徴されるように、「平和」な時代が続き、軍事的緊張が緩むと尼崎藩の軍事的役割は形骸化するものの、近世を通じて尼崎城は大阪城の西の守りであり、参勤交代の組み合わせも、大阪火災の際の派兵も幕末まで継続した。尼崎城は大阪城をささえる軍事的要衝であり、城下町尼崎は「軍都」であった。

大阪が軍事拠点であり、その西の守りとしての尼崎城という幕藩制の全国統治の枠組みが見直されない限り、尼崎藩が消滅し、尼崎が城下町でなくなるという可能性は近世において皆無に等しかった。軍事拠点大阪という幕府の全国統治戦略の傘の下で、その重要な役割を課されていた尼崎藩の拠点であることで、経済的実力では近隣の兵庫・神戸・西宮・伊丹に圧倒されながらも、尼崎は都市として決定的衰退を免れていた。[20]城下町の住人たちが、この傘の意味をどれだけ理解していたかは疑わしいが、形骸化しながらも「軍都」であることが城下町尼崎の存立をささえていたのである。

ゆえに、尼崎城が明治新政府から軍事的価値を見出されず、廃城と決定されたことの意味はすこぶる大きい。ことは城下町尼崎が西摂津の都市のなかで一定の地位を保つことができた「軍都」という傘を奪われるという重大事だったからである。

明治初年、城下町尼崎は政治・行政の拠点としての地位も失いつつあった。[21]廃藩置県によって誕生した尼崎県は明治五年（一八七二）二月に兵庫県に統合され、兵庫県管轄下となった尼崎には、兵庫県尼崎出張所が置かれ、川辺郡の南半部と武庫郡全域を管轄することとなったが、わずか二か月後の四月には廃止となり、尼崎は西宮出張所の管轄下となる。また司法機関である兵庫裁判所が設置され、一八七三年六月には近辺の訴訟事務を取り扱うため西宮に区裁判所が、裁判所の警察機関として逮部《たいぶ》出張所が西宮・三田と尼崎に設けられるが、尼崎逮部出張所は九月には廃止され、警察事務も兵庫裁判所・西宮区裁判所で取り扱われることとなった。尼崎ではなく、西宮が行政の中心と位置づけられたのである。「軍都」になれなかったことで、尼崎が政治・行政の中心地となる芽も摘まれたといってよい。

さらに深刻な事態を招いたのが一八七四年五月の大阪・神戸間の官設鉄道開通である。主要都市を最短路線で結ぶという政府の方針から路線は城下町尼崎から離れた北部に引かれ、最寄り駅は数里離れた神崎駅となった。鉄道の開設は城下町尼崎の経済活動、とりわけ城下町尼崎を代表する生魚市場に深刻な打撃を与えたことは士族畠田繁太郎が証言するところである。すなわち、「一体尼崎の魚市場といふのは、昔京都への唯一の供給地だつたので、禁裡御用の関係などでナカナカゐばつたもんださうです。処が東海道線の開通で京大阪の交通が淀川からこの汽車に移つて見ると、尼崎はまるきり手も足もでない、継子あしらひにされて、さしもの親伝来の家業も、猿が木から落ちたやうに機能が年々じり弱りに弱つて、手の平も終に没落のやむなきに至つた[22]」、と記している。

そもそも城下町尼崎が生魚市場をはじめ物流の拠点としての地位を保つことができたのは、大阪に近接し、河川を通じて京都につながっているという地理的環境ゆえであったが、一地方都市となったことで、その地理的環境を生かすための港湾施設の維持・整備がままならなくなった。この点についても、やはり畠田が次のような的確な意見を残している。「淀川の三角洲である尼崎は一寸油断をすると、澪筋でも船が膠着する程の浅瀬となる。

それ故に幕政時代には、便宜村々へ課役して浚渫を怠らなかつたものだ。処が明治政府の初政には、なにしろ、日本の建て換へですもの、そんな小さい地方問題などに拘はらう筈がない。自然埋もれば埋る儘で澪筋といふ澪筋、どこでも、両岸が蘆だらけの状態となつて、干潮の時は地肌が見える迄になつた。（中略）若しそれを放擲して置くならば、尼崎と海とは聯路を絶たれて、海港尼崎といふ古代から恵まれ来つた尼崎の一大特徴といふものを失うことになる」[23]。尼崎藩による浚渫ができなくなったことで、明治初年、尼崎港は危機的状況に陥ったというのである。近世において浚渫は、主には百姓・町人身分への役負担によって行われていたが、身分制の解体は尼崎の都市機能の維持にも深刻な影響を及ぼしていたのである。

浚渫による物流拠点としての尼崎港の地位回復が、都市尼崎の盛衰の鍵を握っていたことは、「該地ニ於テ特有ノ物産アルニアラスト雖モ素ヨリ諸方水陸運輸ノ便アリ、殊ニ大坂ニ至ル陸路ハ三里ニ過キス、水路ヲ取ルモ一日ニ往返スヘシ、故ニ工業ヲ起シ、物産ノ殖スルニ至レハ販売ノ道ニ於テ自ラ他所ヨリ一層ノ便利ヲ有スベシ、然ルニ去ル明治四年五月十八日ノ暴風怒濤ノ為メ波止場大ニ破損シ、其上武庫川ヨリ吐キ出ス土砂ニテ港湾ヲ埋没シ、近来次第ニ通船ノ碎碍ヲ致シ、該地ノ衰微ヲ来セリト、蓋シ同港湾ハ嘗テ土砂埋没ノ患アルヲ以テ旧藩ニテハ浚河ノ官ヲ置キ、常ニ其事ヲ怠ラサリシモ、維新以来絶テ此事ナク、遂ニ今日ノ景況ニ至レリ」と、政府の役人も認めるところで、士族授産のためにも浚渫を行い、築港することが必要で、それが尼崎の再生につながると意見している[24]。しかし、一地方都市である尼崎港の整備に政府が積極的に乗り出すことはなかった[25]。

もとより四万石で、しかも所領が尼崎城周辺と播磨とに分断されている尼崎藩が独立した県都として存続する可能性などはほとんどなかったであろうが、兵庫県に飲み込まれ、経済面においても兵庫・神戸・西宮・伊丹等周辺都市に圧倒された城下町尼崎は、他都市との競争に勝つための社会資本の維持・整備もままならず、厳しい冬の時代を迎えることになったのである。

このように十分な産業基盤を持たない城下町尼崎にとって幕藩領主権力尼崎藩の退場は、大きな打撃となった。尼崎城廃城は、それを象徴する重大事で、尼崎の冬の時代の始まりを告げるものであった。幕府が尼崎を「軍都」として重視し、その核となる尼崎城を守る尼崎藩が社会資本を整備することで、城下町尼崎は西摂津において一定の存在感を保つことができた。ゆえにその退場、換言すれば「軍都」としての地位を失うことは一九世紀後半の尼崎の命運を決することになったのである。

廃城は、建造物としての城郭がなくなることだけを意味するのではない。廃城令の衝撃の大小は近世における経済的位置によって各城下町で異なろうが、近世都市から近代都市への転換を論じるのであれば、後年の公園整備、史蹟保存運動、藩主家顕彰事業の場にとどまらない都市の性格変化に関わる問題として廃城と、幕藩領主権力の退場を意味づけることが必要であろう。

二　武士の行方

(1)　明治初年の旧尼崎藩士族

明治二年（一八六九）の版籍奉還後、武士身分は士族とされ（下級武士である徒士・足軽・中間等は卒）、旧藩時代の元高（領知・知行高等）に応じて家禄が支給されることとなった。しかし、この家禄給付は新政府の財政を圧迫したことから、家禄削減のため明治五年に士・卒の区分が廃止され、卒のうち世襲は士族、新規一代限りは平民とすることになった。そして一八七五年には、家禄は米から現金支給（金禄）に改められ、翌年、すべてを公債に替えて交付される条令が制定される。いわゆる秩禄処分である。この結果、家禄で生活していた士族は公債の利子で生活する身となったが、それだけで生活できるのはごくわずかで、公債を売って新しい事業の元手にしたり、生活費に充てざるを得ない士族が多かった、という(26)。

「士族就産状況視察復命書」によると、一八七八年一月現在、旧尼崎藩士族六八一戸のうち無禄は四四〇戸を数える。その比率六四・六％は、「復命書」に記される播磨赤穂・播磨龍野・播磨姫路・播磨明石藩等近隣の城持大名の無禄率が奉還者なしから最高でも二四・三％であるのと比べると群を抜いて高いことから、旧尼崎藩士族はいち早く経済的窮乏に陥っていた、と評されてきた。「復命書」にも、わずかであっても公債の利子を得る有禄者の生計は無禄者と比べるとましであるが、すでに家禄の半額を奉還した士族も少なくないこと、新しい職業に従事したが多くは失敗して成功者はごく限られていること、士族が興した事業で軌道に乗っているのはマッチ製造と活版製造・摺物であること等々、旧尼崎藩士族の厳しい現状が記されている。

明治一〇年代に入ると国家財政は悪化し、インフレからデフレへと激しい経済変動に見舞われたことはよく知られている。この荒波は新しい生き方を模索していた旧尼崎藩士族を直撃したのであろう。一八八〇年代初頭の尼崎在住士族三七二戸中、実に二五二戸が失業・半失業状態であった。

この士族戸数は、「復命書」の士族戸数と比べると三〇〇戸以上少ない。明治三年の士族・卒の戸数は六四七戸で人口は三一八〇人（男一五八一人・女一五三七人）に及び、同五年には城下町尼崎の全人口に占める士族の割合は二一％であったが、一八九二年には一二・六五％にまで低下している。

一八九八年七月から翌年末までの間に出生を届けた尼崎在住士族の職業をみると、全九六件中三九件が無職、漁商・菓子商・米商・売薬行商等の小売商が大部分を占める商業者が一七件、他は教員五件、鉄道員と医師が四件ずつ、木挽職・官公吏・会社員が各三件と続くことから、士族の多くは無職、あるいは賃労働者であったと推測されている。

こうしたことから廃藩置県後、わずか一〇年足らずの間に旧尼崎藩士族たちは、次々と城下町を去り、残った士族も賃労働者として厳しい生活を強いられていた、と先行研究では評されてきたのである。

一八七四年作成の「尼崎藩家中家禄連名録」[27]に姓名が記される士族七一八人のうち、卒から士族となったと考えられるものは二九七人で、これもあわせた士族の屋敷地は城郭内の五軒町・東三之丸・西三之丸、城下町の北部に位置する大物村内の田町・袋町、町人地の辰巳・風呂辻町等六町、城下西部に位置する宮町内五町、そして別所村内一七町に存在していた（図1・表2）。なお、「連名録」には「宮町ノ内八軒町」と「別所村之内八軒町」の記載があり、前者は梅之水町の東側を指すかと思われるが、近世においては別所村八軒町の一部が宮町八軒町の可能性もある。

武家地は上級家臣居住区、下級家臣居住区と、格式に応じて分かれていることが多く、それに倣い尼崎城下も大雑把には城郭内は家老クラスの屋敷地、別所村は下級家臣の屋敷地と分かれていたが[28]、「連名録」によると城郭内三地区、別所村一七町内でも区域・町ごとにかなりの違いがあったことが知られる。以下、武家地ごとの特徴を述べていこう。

表1に「旧尼崎県華士族給禄人名表」に記載される士族七四〇人の家禄と、旧藩時代の元高（知行高・扶持米高・切米高）の関係を示した。

これによると、七四〇人の元高は知行取一三一人、扶持取二〇人、切米・扶持米取五六九人、扶持・金取二〇人に分かれ、旧藩時代の元高と家禄には一定の相関関係があったことが知られる。すなわち、家老をはじめ藩の中核に位置した知行取の家禄は三三石もしくは二〇石、これに続く扶持取は一四石以下九石までの三区分、徒士・足軽等下級家臣であった切米・扶持米取は一四石以下五石までの一一区分、扶持・金取は八石である。そして卒から士族になったものも記載される「連名録」と対照すると、家禄八石以下三七八人の大半は卒から士族になったものであったことが知られる[29]。

家格も考慮しなければならないが、明治以降の史料には家禄しか記載されていないことが多く、これがしばし

図1　尼崎城下図

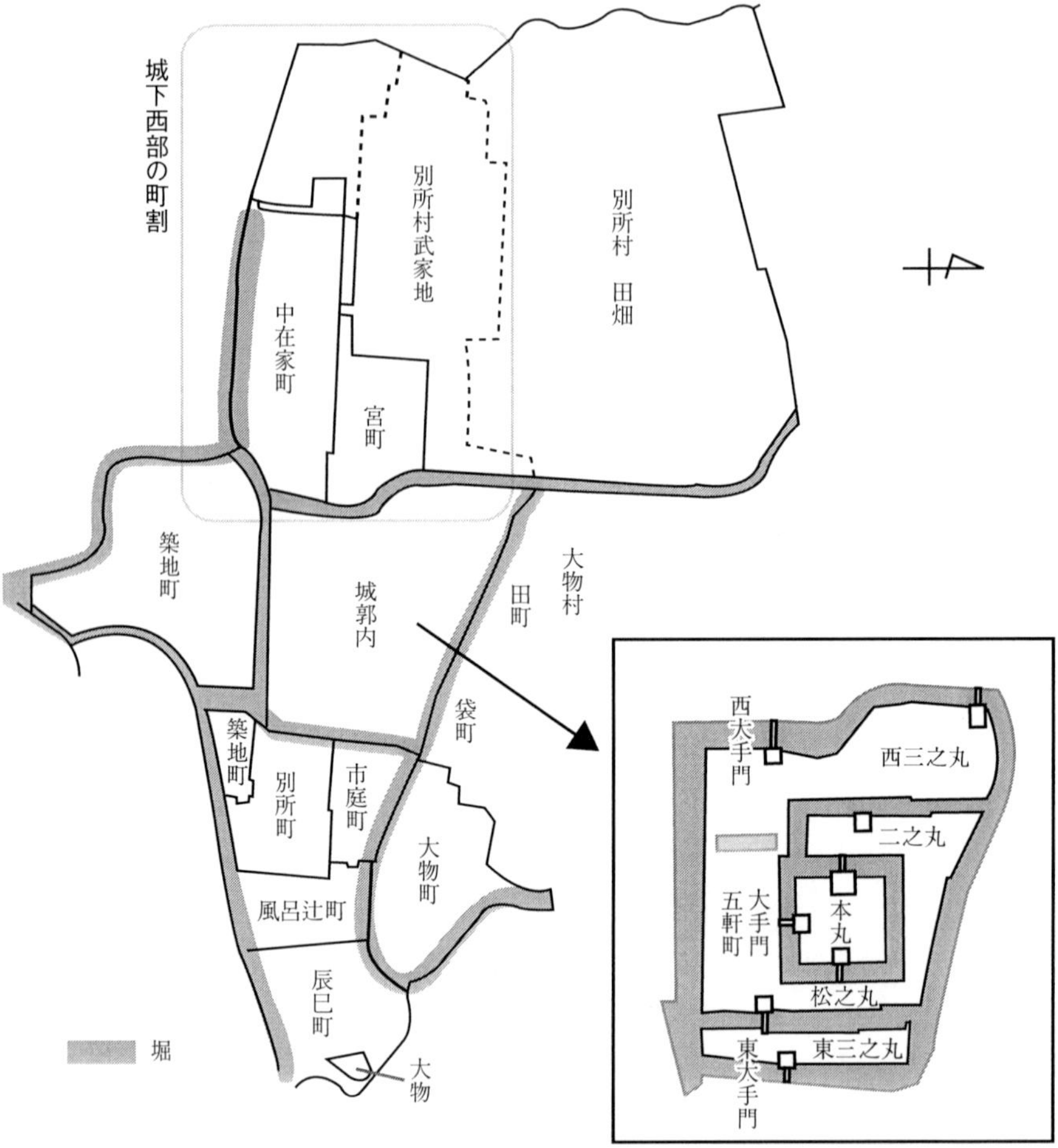

図1－a　城郭内

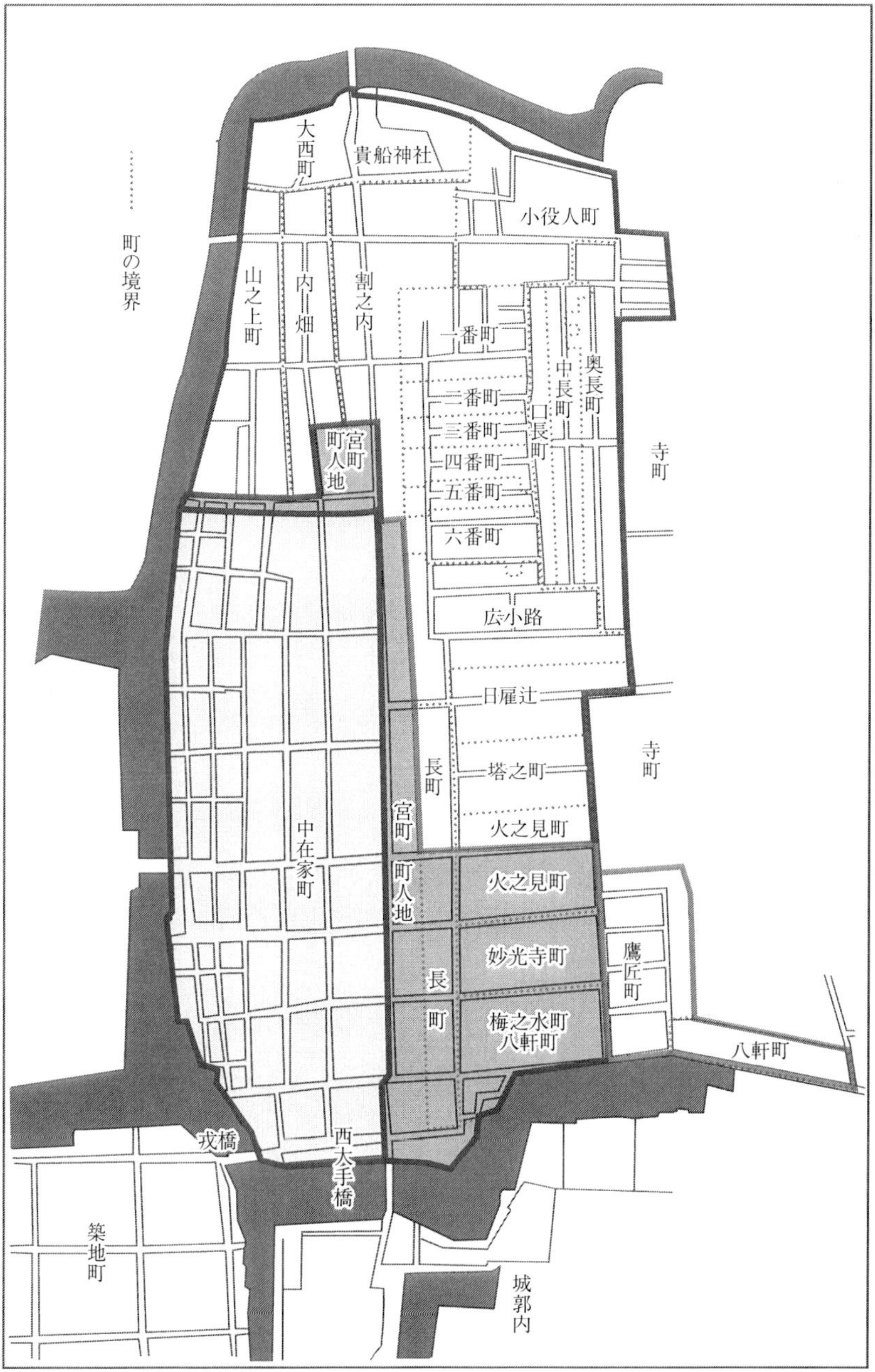

図1－b　城下西部の町割

註：『尼崎の地名』（尼崎市立地域研究史料館、1985年）により作成。

表1　尼崎県士族の元高と家禄

	知行高	扶持	総高	金	人数	家禄												
						32	20	14	11.5	9	8.6	8	7.5	6.6	6.5	6	5.5	5
知行取	800				3	3												
	700				1	1												
	650				1	1												
	460				1	1												
	300				1	1												
	240				1		1											
	230				4		4											
	210				2		2											
	200				4		4											
	190				1		1											
	180				4		4											
	170				3		3											
	160				2		2											
	150				7		7											
	140																	
	130				4		4											
	120				7		7											
	110				7		7											
	100				15		15											
	90				9		9											
	80				15		15											
	70				17		17											
	60				17		17											
	50				5		5											
扶持取		20	36.0		1			1										
		18	32.4		2			1	1									
		17	30.6		1			1										
		13	23.4		1				1									
		12	21.6		2			2										
		11	19.8		2			2										
		10	18.0		2			1	1									
		9	16.2		1				1									
		8	14.4		2			1	1									
		6	10.8		1				1									
		5	9.0		1				1									
		3	5.4		4				3	1								
切米・扶持米取	14.00	5	23.0		1				1									
	10.00	5	19.0		4			1	3									
	13.00	3	18.4		1				1									
	6.00	6	16.8		1							1						
	11.00	3	16.4		5			5										

切米・扶持米取	9.00	4	16.2		1			1										
	7.00	5	16.0		1				1									
	9.50	3	14.9		1			1										
	9.00	3	14.4		11			4	7									
	8.00	3	13.4		1				1									
	7.00	3	12.4		26				25		1							
	6.25	3	11.7		1						1							
	8.00	2	11.6		1			1										
	6.00	3	11.4		7				7									
	5.50	3	10.9		1				1									
	7.00	2	10.6		1							1						
	5.00	3	10.4		29				4		25							
	6.75	2	10.4		1						1							
	6.50	2	10.1		4							4						
	6.35	2	10.0		1						1							
	6.25	2	9.9		16						1	15						
	6.11	2	9.7		1							1						
	6.00	2	9.6		20						12	7	1					
	5.75	2	9.4		1								1					
	5.50	2	9.1		17						2	9	5			1		
	5.26	2	8.9		3							3						
	5.25	2	8.9		34							2	32					
	5.00	2	8.6		259				1		100	27	130		1			
	4.50	2	8.1		5							5						
	4.00	2	7.6		56				1			18		36		1		
	3.50	2	7.1		2							2						
	3.00	2	6.6		54							1		3	4	40	1	5
	2.00	2	5.6		2							2						
扶持・金取		2	3.6	5両														
		2	3.6	4両	1							1						
		2	3.6	3両2分														
		2	1.8	3両														
		1	1.8	2両	6							6						
		1	1.8	1両2分	3							3						
		1	1.8	1両	4							4						
		1	1.8	2分	5							5						
	17.5				1				1									
総数					740	7	124	22	64	1	144	117	169	39	5	42	1	5

註：兵庫県史料23「旧尼崎県華士族給禄人名表」（国立公文書館内閣文庫）により作成。明治に入って尼崎入りした櫻井忠綱と、東京府貫属となった士族は除く。知行高・総高の単位は石、扶持は人扶持、人数は人、家禄は石、総数は人。

表２　1874年頃、士族の居住地

居住地		32	20	14	11.5	8.6	8.5	8	7.5	6.6	6.5	6	5.5	5	3.7	—	人数
城　郭	五軒町	4	3		2	4		3									16
	東三之丸		5		1	2		2									10
	西三之丸	3	17	2	14	42		19	2		1	3					103
辰　巳								6		23		11	1				41
風呂辻								9	3	1		9					22
大物町				1				2	7	2	2	4					18
市　庭					2			1		1							4
築　地								2		2						1	5
中在家								1	1								2
大物村	田町		13	1													14
	袋町		2		4	4		1									11
	不明		2														2
宮　町	火之見町		6														6
	妙光寺		9														9
	梅之水		10	1													11
	八軒町		5		2	5		1	1	1							15
	長　町		12		1												13
	不　明					1		1	1					1		1	5
別所村	小役人町			1	2	11		4	2	6		2					28
	一番町				1	6		11	19		1	1					39
	二番町							4	8								12
	三番町				3	1		3	7			2				1	17
	四番町					1	1	2	14	1		1					20
	五番町					1		3	13			1					18
	六番町					3		5	10			6					24
	口長町							5	14								19
	中長町							7	25								32
	奥長町			1	1	13		10	19	1				1		3	49
	広小路		1	2	12	26		8	8			1			1	1	60
	日雇辻		2	2		1											5
	塔之町		11														11
	火之見町		5														5
	長　町		4	1	1			1									7
	鷹匠町		2	6	16	14		1									39
	八軒町		5	2	1												8
	不　明					1		4	3								8
不　明			3	1	1											5	10
総人数		7	117	21	64	136	1	116	157	38	4	41	1	2	1	12	718
内士族		7	117	21	64	136	1	44	13	2		5	1			10	421
内卒属								72	144	36	4	36		2	1	2	297

註：「尼崎藩家中家禄連名録」により作成。知行高の単位は石、人数は人。

ば武士の行方を知るうえで支障となっているので、以上の分析をふまえて旧藩時代の元高と家禄の関係についておおまかな指標を示すと、家禄三二石・二〇石は戦時には尼崎藩軍隊の中核として、また平時には家老・町奉行・寺社奉行・郡代等の要職を務めた上中級家臣、一四石以下八・六石までがその配下として実務に携わった中下級家臣、八石以下は徒士・足軽等の下級家臣ということになろう。

表2に、「連名録」に記載される士族七一八人の屋敷所在地を示した。家老をはじめ最上級家臣の屋敷が建ち並んでいたとされる城郭内本丸大手前の五軒町には、上級家臣だけでなく家禄一一・五石、八・六石、八石と、旧藩時代には扶持取や切米・扶持米取であったものの屋敷地も存在した。こうした上級家臣と下級家臣の屋敷地の混在は東三之丸にも共通する。一方、西三之丸は両町とかなり様相が違う。五軒町が一四屋敷地（「同居」がいるため居住人数は一六人である）、東三之丸が一〇屋敷地しかないのに対して、西三之丸の屋敷地は九六を数え、居住する士族も一〇三人と多い。居住者の家禄も三二石・二〇石の他に、一一・五石と八・六石も多く、さらに卒が多数を占める八石以下の屋敷地は三町のなかで際だって多い。有事に際して上級家臣だけで軍隊を編成することなどできないことから、上中下級家臣の混住が必要だったのだと思われる。

上級家臣の指標となる家禄二〇石一一七人の屋敷地は城郭外にも存在する。大物村内の田町・袋町、城郭の西に位置する宮町内五町、宮町北側の別所村内鷹匠町・八軒町、宮町西側に近接する別所村内長町・火之見町・塔之町・日雇辻・広小路である。これら別所村内七町には一四石以下の屋敷地も確認できるが、卒が多くを占める八石以下の屋敷地は少ない。広小路は家禄一四石以上の屋敷地も存在するが、それ以下の屋敷地も多く、この広小路の西側一〇町には卒が多くを占める八石以下の屋敷地が多い。広小路を境に別所村の東と西で武家地の様相はかなり異なっていたようだ。

卒の比率が高い八石以下の屋敷地は、町人地とされる辰巳・風呂辻町等六町にも存在する。市庭内水主町のように士族が集住していたと思われる区域もあるが、町人地内の武家地についての詳細は不明である。一八〜一九世紀に町人等から取り立てられ、家臣団の一員に列し、苗字帯刀が世襲化したものも少なくなかったと思われ、そうしたものの屋敷地が町人地内にあったのだと思われる。

町人地内の武家地の様子が不明だが、それ以外では武家地と町人地ははっきりと区別されていた。たとえば宮町や別所村には町人地も存在するが、武家地との境界は明確であった。城下町尼崎の居住区は身分別に、そして城郭内は有事に即応できるような屋敷地の配置がなされていたのである。

(2) 城郭内士族の行方

士族は厳しい生活に苦しんだ。こうした士族窮乏論に異議を唱えたのが「郡県の武士」論で、少なくない士族が府県官吏等の職に就くことで新しい道を歩んでいたことが知られるようになった[30]。しかしこと旧尼崎藩士族にとって「郡県の武士」は狭き門であった。

「連名録」七一八人のうち、兵庫県官吏の職に就いたものは二八人程度に過ぎず、それも警察関係に偏っている。もっとも多いのが大阪鎮台等の軍務関係で三六人。他は区戸長等の七人で、官の仕事に就いたものの総計は八〇人。全士族の一一%に過ぎない。七一八人には明治二年(一八六九)以降の相続者も含まれ、明治初年まで当主であった父親の履歴は不明であるが、県庁・郡役所が置かれず、他県に飲み込まれ、軍隊の駐屯もなかった旧尼崎藩士族にとって「郡県の武士」は実に厳しい道のりであった。尼崎藩士族が次々と城下町を後にしたのは、官吏として生きていく道も限られていた尼崎に住み続けることができなかったからであろう。

上級武士が多く居住した城郭内三区域を例に、武士の行方と武家地の変貌をみていこう。

「連名録」で城郭内三区域に居住する士族一二九人のうち、明治二年の版籍奉還以降尼崎藩の役職に就いたものは三二人。[31] 就任役職は「尼崎藩執政軍務長」「中隊長兼小隊長」「尼ヶ崎大隊輜重頭」等々、多くは軍事関係で、これは上級武士が番頭《ばんがしら》・物頭《ものがしら》・使番《つかいばん》といった軍隊の中核を担うという近世軍隊のあり方を踏襲しているといってよい。尼崎県時代、上級士族たちはいまだ近世と大差ない地位・役職を得ていたものと思われる。

しかし兵庫県編入にともなう尼崎藩軍隊の解体は、城郭内に居住する上級士族の職を奪うことになった。兵庫県の官吏に就いたものは一二九人中わずか八人で、大阪鎮台入営者等をあわせても一六人にすぎない。尼崎藩軍隊の解体は、その中核を占めた上級武士にとって重大事であり、また県都・軍都になれなかったことで「郡県の武士」への転身も難しかったことが知られる。

一八七七年「旧尼崎藩旧城郭内家禄返還調査簿」には城郭内九〇人の家禄の返還状況が記されている。[32] この段階で九〇人全員が城郭内居住者であったかは不明だが、三年前の「連名録」では城郭内屋敷地所持者は一二九人なので、かなりの士族が、わずか三、四年で城郭内の屋敷地から離れ転住したものと思われる。しかも九〇人中家禄を所持している士族は三三人に過ぎず、うち一三人も家禄の一部は返還している。また、職業が記載されるのは海苔商一人、「小鳥猟」三人のわずか四人で、八六人が「無職業」である。

こうした城郭内士族の現状を反映しているのであろう、七七年前後の状況を示すと思われる地籍帳によると、[33] 旧城郭内一七九筆は宅地五六筆、畑地六八筆、原野一筆、不明（所持者は記載されるが種別が不明）一一筆で構成され、残る四三筆は種別・所持者とも記載されていない。この四三筆は空地であったと思われる。

城郭内居住士族の家禄の喪失・転住、屋敷地の畑地・空地化は、三区域すべてで、しかも家禄の大小に関係なく進行していることから、城郭内は、廃藩置県後、急激に変貌していったことが知られる。城郭内三区域は堀で町人地とは切り離された空間で（図1）、それは軍事的には、また身分別居住を必要とする近世においては意味あるものであったが、明治以降においてはそれが却って町人地と行き来するうえで支障となり、住人である士族は次々と住み慣れた屋敷を去り、屋敷地の新しい活用方法も見出せなかったことで、城郭内の空地・畑地化が進行したのだと思われる。身分制と近世軍隊が解体したとき、身分制の上位に位置し、軍隊を統率した上級武士が暮らした城郭内は一転、生活するに不便な場所となったのである。

ただ注意を要するのは家禄を返還したり、屋敷地を手放すことは必ずしも士族の窮乏を意味するものではなかったことである。たとえば、のちに尼崎町長を務める伊達尊親は家禄二〇石のうち一〇石を返還し、城郭内の屋敷地も手放しているが、同人は同時期、城下中在家町で多数の屋敷地を所持していたことが、地籍帳から知られる。同人は「広田神社主典兼権少講義」に就いた後、どうも新しい活路を見出し、職を辞し、その後、しっかりとした生活基盤を確立したようだ。また「家禄返還調査簿」に「小鳥猟」と記される大木田松江も家禄二〇石の半分を返還しているが、地籍帳によると旧城郭内だけで宅地二筆・畑地七筆・不明二筆の計一一筆も所持している。(34)

両人がどのような方法で新しい生活基盤を確立していったのかは不明であるものの、これまで武士が士族になって以降の家禄の返還、屋敷地の喪失は経済的窮乏の指標とされてきたが、ことはそう単純なものではなさそうである。

三　武家地の変貌――中下級士族の町――

(1)　士族による買得

中下級士族の屋敷地が多かった別所村一七町の変貌をみていこう。

冒頭で述べたように別所村武家地内の住人であった畠田繁太郎が同所にはほとんど住人がいなかったという証言を残している。(35)この証言は細部の記憶に間違いはあろうが、以下、述べるように明治一〇年代半ば以降の状況としてはかなり正しい。ただし、廃藩置県後、士族の屋敷地がすぐに田畑・空地になったわけではなく、一八七七年前後までは、屋敷地を手放す士族がいる一方で、城下町時代の武家地の空間を守ろうとする士族による買い支えの力が働いていたものと思われる。

図1から知られるように、別所村の空間は大きくは武家地一七町、割之内・内畑・山之上町・大西町等の百姓・町人居住地、寺町の北側に広がる田畑から、また宮町は武家地と町人地からなる。

尼崎城西大手前から貴船神社前を通る道が西宮へとつながる中国街道で、南側には中在家町が広がり、築地町とは戎橋で結ばれていた。中国街道の北側は宮町の町人地で、貴船神社門前は別所村の町人地である割之内・内畑・山之上・大西町が広がるが、これら町人地に武士が居住することはなかった。

宮町の八軒町等武家地五町と別所村の小役人町等武家地一七町は、町人地の北側、城下周縁部に広がるが、隣接する町人地の屋敷地割、道の配置とは相当に異なった。町人地の屋敷地が東西の道側に開き、南北を奥行きとするものが大半であるのに対して、武家地の多くはその反対であるし、町人地である宮町内長町と武家地である別所村内長町とは背で割られ、町人地の屋敷は中国街道に、武家地の屋敷は一本北側の武家地内を東西に走る道に向いて開いていた。また、町人地と武家地を結ぶ南北の道は、宮町と、別所村の火之見町から日雇辻町に数本通るが、それより西側地域から別所村武家地へ通じる道は限られている。日雇辻以西の武家地は、町人地からの進入を拒絶するかのような孤立した空間であった。

城下町時代の武家地は地子を免除されていたが、一八七三年、士族屋敷にも市街地券が発行され、町人地など と同じく、地租が課されることとなった。表3に別所村の武家地と町人地の筆数・等級・面積を示した。明治七年と比較すると、合筆・分筆が行われているが、上中級家臣の屋敷地があった日雇辻から八軒町まで六町の一筆平均面積は徒士・足軽等の屋敷が並ぶ小役人町等の面積の倍近い一〇〇坪以上で、地租の高低を左右する等級も

表3　別所村の宅地区分

町　名	明治7年頃	明治10年代																	
	筆数	筆数	等　級												面　積				1筆平均面積(坪)
			1	2	3	4	5	6	7	8	9	10	11	12	反	畝	分	総坪数	
小役人町	28	28											28		5	4		1,620	57.86
一番町	39	43											43		7			2,100	48.84
二番町	12	16											16		2	5		750	46.88
三番町	17	15											15		2	5	24	774	51.60
四番町	20	18											18		3		21	921	51.17
五番町	18	18											18		2	3	12	702	39.00
六番町	24	30											30		3	8	27	1,167	38.90
口長町	19	18										1	17		2	9	15	885	49.17
中長町	32	34										2	32		5	8	24	1,764	51.88
奥長町	49	54										3	51		10	2		3,060	56.67
広小路	60	57								16		38	3		9	7	21	2,931	51.42
日雇辻	5	13								13					8	2	27	2,487	191.31
塔之町	11	10								10					6	8	21	2,061	206.10
火之見町	5	5								5					3	3	24	1,014	202.80
長町	7	9	2							7					3	6	10	1,090	121.11
鷹匠町	39	37										10	27		13	3	6	3,996	108.00
八軒町	8	7										7			4	8	3	1,443	206.14
不明	8																		
計	401	412																	
割之内		71	54			15		2							14	7	29	4,439	62.52
内畑		49						45	2		1			1	6	1	24	1,854	37.84
山ノ上丁		60		11	28	5	7	8			1				11	5	25	3,475	57.92
大西丁		14	5	2		1			1		5				5	1	20	1,550	110.71
出屋敷		13		7	5						1				2	6	1	781	60.08
総　計		619	61	20	33	21	7	55	3	51	8	61	298	1				40,864	66.02

註1：「明治7年頃」は「尼崎藩家中家禄連名録」、「明治10年代」は別所村「地積帳」による。
　2：鷹匠町のうち2軒は地番未記載。

八～一〇級が中心と、いくぶん高く設定されている。宮町の町人地と隣接し、他の武家地に比べて町人地との往来が容易であるという地理的環境が等級に反映されたのだと思われるが、町人地であった割之内等五町の等級が一～七級であるのに比べると、別所村内武家地の等級はかなり低く設定されている(36)。

それでも地租優遇の恩恵などは微々たるもので、家禄奉還が他藩よりも早いペースで進んでいったように、旧尼崎藩士族は住み慣れた先祖代々の屋敷地を手放していくことになった。

図2に、明治一〇年代の地籍帳・地籍図をもとに、奥長町・中長町・口長町の空間構成を示した。地籍帳の作成年次ははっきりとしないが(37)、後述する城下の生魚問屋徳田五郎兵衛家に残される一八七八～八一年宅地売買証文(38)での土地移動は付箋・貼紙で反映されていることが大半であることから、その少し前、一八七七年前後の状況を示すものかと思われる。

武家町の北端、寺町に面する奥長町は地番四八七から五四〇の計五四筆の宅地からなる。地番四八七～五〇四辺りの地割が判然としないが、四八八～四九五と四九六～五〇〇は南北を走る道を挟んで向き合っていたようだ。武家屋敷の北側に位置する地番五〇五～五二三は寺町側を背に、南側の地番五二四～五四〇と東西の通りを挟んで向き合っていたと思われる。地番五二四～五四〇の南側は中長町（地番五四一～五七四）で、中長町と背割りの区画であったが、地番五三七・五三九のように中長町側に突き抜けている土地もみられる。

「尼崎藩家中家禄連名録」によると(39)、旧藩時代の奥長町には四九筆（一番屋敷から四八番屋敷と八〇番屋敷）の屋敷地があったようだ。一番屋敷は東端の地番五二三に相当し、以下、二番屋敷＝地番五二二、三番屋敷＝地番五二一、四番屋敷＝地番五二四と続く。ただし、二番屋敷は「連名録」では欠番、つまり居住者の名が見えないことから、「連名録」が作成された一八七四年頃にはすでに士族が退去した屋敷地もあったようだ。

「連名録」で奥長町「住」と記載されるのは四五人で、他に五人が「同居住」である。「同居住」は他町でもみ

図2　奥長町・中長町・口長町の屋敷地割

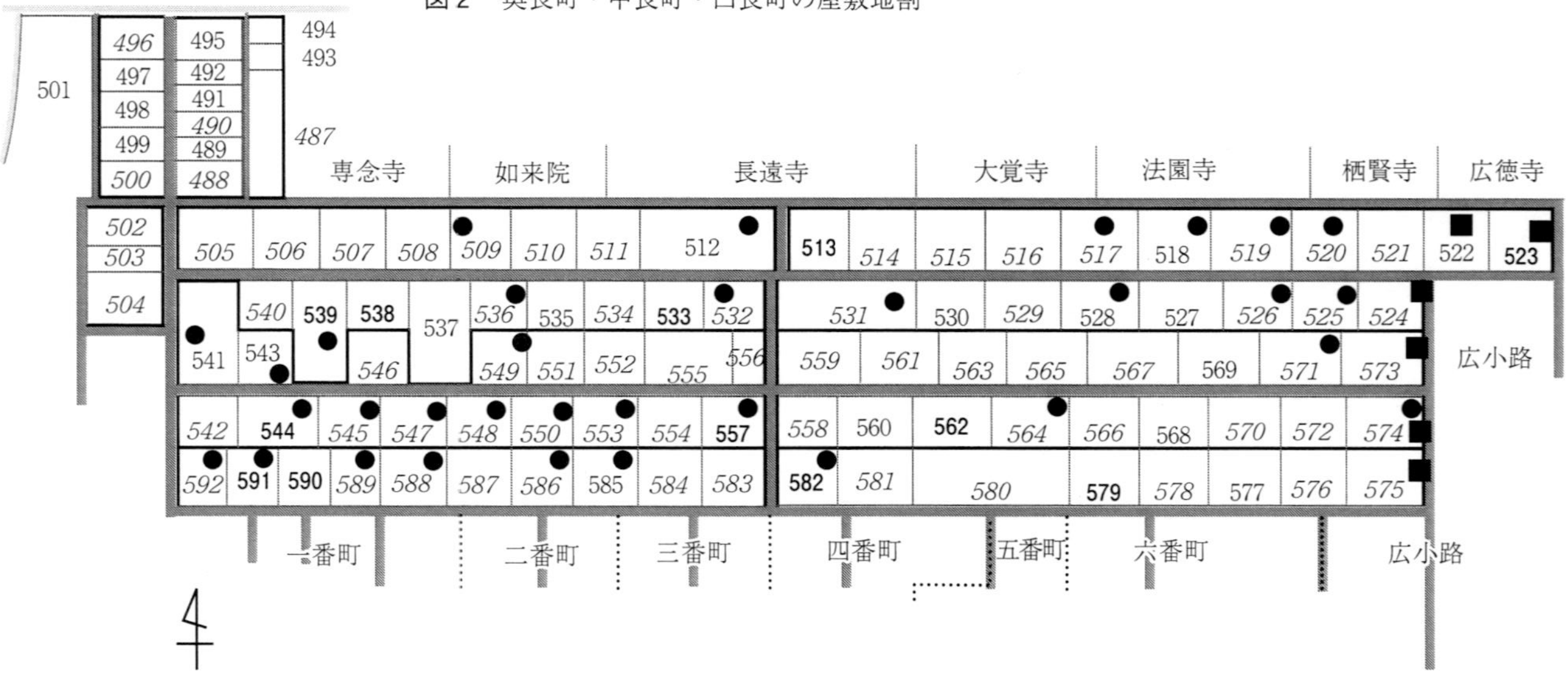

註：同町の地籍図をもとに作成。

太字：旧藩時代には他町に居住していた士族が所持する屋敷

斜体：旧藩時代以来居住する士族が所持する屋敷地

■　地租10級の屋敷地

●　地籍帳で確認できる徳田五郎兵衛家所持の屋敷地

られ、「住」の士族と親子・兄弟の場合もあるが、尼崎を離れた士族が縁戚関係も認められない士族方に「同居住」として記載されていることもある。たとえば地番五二五の原忠治の「同居住」である河村教成は、もともとこの屋敷地に暮らしていたが、理由は不明だが尼崎を離れるにあたって、原忠治の「同居住」になったと思われる。原忠治は地番五二〇の屋敷地も所持しており、「同居」の事情ははっきりとしないが、尼崎に屋敷地を所持したまま大阪鎮台・兵部省に入隊し、尼崎を離れた場合などは、尼崎在住士族の「同居住」とする必要があったようだ。

「連名録」で奥長町「住」と記載される屋敷地所持者のうち、地籍帳でも宅地所持者として名を連ねる士族は二九人である（図2斜体番号。ただし複数の屋敷地を所持しているものがいるため、屋敷地数は多い）。虫損・破損のため地籍帳で所持者が判読できない宅地が八筆あるので、旧藩時代以来の屋敷地を継続して所持している士族はもう少し増えるかも知れないが、先述した欠番とあわせると、一八七七年前後、すでに屋敷地を手放す士族が生まれていたことがわかる。

一方で、これまで注目されることはなかったが、実は新たにそれを所持する士族がいた。地番五二三は、旧藩時代は家禄一四石の林哲雄の屋敷地であったが、地籍帳では谷川瀧八が所持者となっている。谷川はおそらく卒出身の士族で家禄は八石。旧藩時代以来居住する五番町の屋敷地を所持したまま、地番五二三の所持者にもなっている。林、谷川双方の経済事情などはわからないが、五番町の屋敷地は一畝三歩と、卒でもかなり手狭であることから、いち早く新しい生活の糧を見付け、居住地とは別の屋敷地を所持する余裕が生まれた谷川は三倍以上の三畝一五歩の面積を有する屋敷地を手に入れたのであろう。地籍帳からは一八八五年頃までの所持者の変遷が知られるが、少なくともその頃までに谷川が二つの宅地を手放した形跡はないので、同人は一定の生活基盤を確立していたものと思われる。

士族の屋敷地が別の士族の手に渡る。これは珍しいことではなく、奥長町で谷川瀧八のような旧藩時代には他町住であった士族が所持者になっている屋敷地は他に地番五一三・五三三・五三八・五三九の四筆である。当然、同じ町内の士族が手に入れる場合もあり、たとえば安田茂七は旧藩時代以来の屋敷地である地番五一九の他に、奥長町内で地番五一七・五二四の二か所を所持している。

他町から引越してくることもあったようだ。地番五一三の小畑貞郎は旧藩時代は城郭内西三之丸に屋敷地を持つ下級武士で、家禄は八石。先述したように、城郭内の士族は他の武家地居住士族よりも早くから屋敷地を手放し、転住が後を絶たなかったが、小畑のように別の武家地を新しい居所として選択する士族も少なくなかったようだ。なお、同人は、他に中長町の地番五五七も手に入れている。

奥長町でみられるこうした士族間での所持者の移動は、中長町・口長町にも共通する。中長町（地番五四一～五七四）において、一八七七年前後に士族が所持していると考えられる宅地は二九筆。うち三筆を旧藩時代には他町住であった士族が所持する。南側が一番町・二番町・広小路等と面する口長町（地番五七五～五九二）では、士族が所持者と考えられる屋敷地一六筆のうち四筆を、旧藩時代には他町住であった士族が所持する。

先述した「復命書」に記される厳しい経済事情や、他藩士族より早いスピードで家禄を手放していることから、これまで窮乏一辺倒で片付けられてきた旧尼崎藩士族であるが、屋敷地を手放す士族がいる一方で、代わって買得できる士族もいたのである。

残念ながら士族間の屋敷地売買証文を見いだせておらず、士族が旧藩時代の武家地の屋敷地を新たに買得する意図や経済事情を明らかにできないが、地籍帳をみる限りでは、武家地において一八七七年前後まで士族→士族という所持者の移動が多くみられたことが知られる。

ただし、後述する城下の生魚問屋徳田五郎兵衛の場合と同じく、それは土地のみの移動で、土地の上の建家の所持権は移動せず、元の所持者である士族が居住するという形態も少なくなかったと思われる。「連名録」と地籍帳を比較し、そこから知られる屋敷地所持者の変遷だけからの推測ではあるが、経済的余裕のある士族が窮する士族の屋敷地の土地だけを購入し、建家には元の所持者であった士族が今まで通り居住するというあり方が広く見られたとすれば、それは士族間による買い支えと評することができるのではなかろうか。

士族間の屋敷地売買の実態は、なお検討の余地がある。もちろん建家もあわせて別の士族の手に渡ることもあったであろうが、士族間で売買されることで、一八七七年前後においては城下町以来の武家の居住区という空間は保たれていたものと思われる。すでに畑地化し、また隣地と合筆、あるいは分筆されている屋敷地もみられるが、武家地の急激な変貌は食い止められていたようだ。一八七七年前後までは、身分別居住を維持しようとする力が働いていたものと思われる。

(2) 商人による買得

地籍帳の付箋・貼紙の多さは、地籍帳作成以降、明治一〇年代における武家地の屋敷地売買の激しさを物語っている。それをみると、士族↓士族への移動も続いているが、目立つのは士族↓城下商人への移動で、とりわけ中在家町で碇屋を屋号とする生魚問屋徳田五郎兵衛が奥長町周辺の士族の屋敷地を積極的に購入していたことが知られる。

地籍帳の付箋・貼紙によると、徳田五郎兵衛は奥長町と中長町でそれぞれ一三筆、口長町で七筆の宅地を購入している。同家に残される宅地売買証文によると、(40)それらは一八七八年一〇月頃を最初に、七九年から八一年にかけて集中的に購入されたことがわかる。この時期、徳田家は少なくとも一番町で一三筆、二番町でも四筆購入しており、その売人のほとんどは士族であった。

売買証文によると、売買は土地・建家をあわせての場合と、土地のみの場合の二つに分かれ、徳田家の購入は後者が多い。後者の場合、土地は徳田家が所持するものの、その上の建家は元の所持者、この場合であれば士族ということになる。

前者の場合、奥長町を例にすると土地・建家を購入した四筆のうち、地番四九九（徳田家が買得した売買証文は残されるが、地籍帳にはそれが反映されていない）・五一二・五三九の三筆は徳田家購入以前にすでに士族が所持者でなくなっているか、あるいは旧藩時代には他町に居住していた士族の屋敷地である。一方、旧藩時代以来、奥長町に住する士族から土地・建家ともに購入したのは地番五二〇だけで、他の九筆は土地だけの購入である。旧藩時代以来の所持者である士族から別の士族、あるいは商人の手に渡った屋敷地では土地・建家をあわせて購入するものの、旧藩時代以来の所持者である士族との売買では土地だけを購入し、建家はそのまま従来の士族が居住を続けることが多かったようだ。[41]

一八八〇年六月、徳田家による奥長町の地番五一二の屋敷地購入を例にすると、三畝一五歩の土地の売買価格は七円五〇銭であるのに対して、桁行四間半・梁行三間の藁葺の建家と桁行一間・梁行一間の納屋の売買価格はあわせて二二円五〇銭と、土地価格の三倍である。地番五一二はすでに士族が所持者ではなくなっていたが、士族からの購入でも建家価格が土地価格の二〜四倍であることが多く、士族にとって建家は最後に残された高額資産であったことが知られる。

一九七〇年代の調査記録によると、この辺りに残されていた武家屋敷は寄棟造り・茅葺で、棟の道側は土壁、下半に腰板羽目、細格子の出窓と、町屋とはかなり異なる外観・内部構造であった。[42] 町人地からは独立した空間であることに加えて、士族が居住していた建家は商売を営む町屋として利用するには適していなかったと思われる。にもかかわらず高額で売買されているのは、買い手側が売り手側の諸事情を考慮していたのだと思われる。

徳田家は買得した建家を貸し出している。一八八〇年三月、家禄八石六斗の士族平瀬来蔵より土地とあわせて二五円で買得した一番町の瓦葺建家は、買得直後に早崎市松に一か月三〇銭の家賃で貸し出している。しかしながら武家地は何分不便な土地柄であったため、士族以外の借主が見つからず、結局、建家は取り壊され、畑地として借り出されることもあったようだ。一八八一年四月、寺本なら恵より土地とあわせて一六円で買得した一番町の藁葺建家は借り手が見つからなかったため取り壊されたようで、同年一二月、下作に出されている。士族が土地を所持する段階においても建家は取り壊され、畑地へ転用されることもあったようで、奥長町の地番五二〇に住する士族は地番五二五を畑地として利用していたが、一八八一年四月、畑地として徳田五郎兵衛に売却している。隣の地番五二六も、同年五月、同じく士族より徳田五郎兵衛に畑地として売却された。

一八七七年頃の徳田五郎兵衛家による集中的な買得によって奥長町・中長町・口長町、そして一番町は、徳田五郎兵衛家の町の様相を呈していたが、同家が所持するのは土地で、建家は依然士族が所持し、居住していることが多かったものと思われる。しかし、次第に建家は取り壊され、畑地へと姿を変えていったようだ。

徳田家に残される土地売買証文の限りでは、同家は別所村内の割之内・内畑・山之上等のかつての町人地では買得していない。中長町の南側と口長町での購入などは、新しい経営展開を見出すため背を貫いた一体的利用という意図がうかがえなくもないが、土地のみを購入し、建家の所持者は士族のままであることが多いという買得形態からすると、武家地の新しい活用を目論んでいたというよりも旧藩時代以来のつきあいから、土地・建家を手放さざるを得なくなった士族を救済するという意味合いがあったのではなかろうか。

また、付箋・貼紙から宅地の所持者変遷をみると、依然、士族→士族の移動も続いていたようではあるが、一八七七年以降の新しい所持者には徳田家の他、梶・奥田等城下の有力商人と思われる姓も少なくない。一八七七年以降、士族間で売買する力は次第に低下し、城下商人がこれに代わるようになっていったものと思われる。

士族に代わって武家地の土地の所持者となった徳田家の生魚問屋経営は一八八〇年頃から京都需要の減少、諸国漁船の大阪への直航、鉄道開通等によって、次第に業績を悪化させるといわれている(43)。経営の悪化は軍都にも、県都にもなれなかったことによる城下町の衰退に起因するところが大きかろう。その結果、城下商人は士族の屋敷地を買得する力を失い、一八八〇年代半ば頃に武家地の畑地・空地化が一気に進んだのだと思われる。城下町の周縁部に所在した尼崎の武家地は、尼崎の衰退もあって新しい活用法が見出されなかったのであろう。

畠田繁太郎が幼少期に目にした別所村武家地の風景は、こうした過程を経て誕生したもので、一八八五年の陸軍測量図においても、すでに同所において屋敷地は点在しているにすぎなかったことがうかがえる(44)。

畠田が証言するように、別所村東部の日雇辻・広小路が一八七七年以降も士族が多く居住する区域であったかはわからないが、同所には士族が起業し、成功を収めた小森・小島のマッチ工場があった。町人地と寺町を結ぶ南北の道が通るという地理的環境が、畑地・空地化を阻止していたのだと思われる。堀で町人地と隔絶されていた城郭内でいち早く畑地・空地化が進行したように、武家地の変貌は城下町時代の地理的環境に左右されるところが大きかったものと思われる。近世城下町において軍事的・身分的に配置された武家地は、新しい活用法が見出されなかった場合、近代都市においては発展の阻害となるか、取り残されるかであった。

おわりに

城郭内でも大木田松江をはじめ何人かの士族が複数の屋敷地を所持していることから、同所でも士族による買得の力が働いたと思われるが、町人地と堀で隔絶されるという地理的環境故に、城下西部の武家地よりも早くに畑地・空地化が進行した。一方、別所村の武家地は士族による買得の力が弱まると、これに代わって城下商人による買得の力が働き、加えて城下商人が土地を所持しても建家は士族が所持を続け、居住している場合が多かったため、城下町時代以来の武家地という性格は延命することができた。城郭内の地租等級は一～三級と町人地並みであったのに対して、別所村の地租はかなり低く設定されていたことも城下商人の買得を容易にしたのではなかろうか。

士族や商人による買得を「買い支え」と評価するについては、なお実証的な検討が不可欠であるが、廃藩置県から一八八〇年代半ばまでの宅地所持者の移動については、ざっとこうした見通しが立つように思う。その後の変貌を明らかにすることも今後の課題となろうが、新しい活用法が見出されなかったため大きな変貌をもたらす開発の波を免れたことで、畑地・空地が広がっていったものの、畠田の証言によると、別所村武家地ではわずかに暮らす士族たちが町人地とは違う独自の生活スタイルを守ることができていたようだ。皮肉なことではあるが、城下町の周縁に位置し、尼崎が冬の時代を迎えたことで開発の触手が動かなかったことによって、武家地という空間は細々ながらも守られることになったのである。

この武家地が宅地として注目され、本格的に開発されるのは二〇世紀に入ってからのことである。工業都市として蘇生し、都市化が進展するなかで周縁部の武家地にも開発の手が伸び、その結果、都市域に飲み込まれ、城下町の武家地は姿を消すことになった。そして、阪神工業地帯の一角をなす工業都市としての隆盛は、尼崎が城下町であったこと、城下町には武士が居住し、町人地とは違う生活空間が広がっていたという記憶を人びとから喪失させていくことになった。軍都にも、県都にもなれなかったことで次々と武士が城下町を離れ、厳しい冬の時代を経験した後に訪れた工業都市としての隆盛が大きかった分、余計に城下町時代の記憶は忘れ去られていったのだと思われる。士族畠田繁太郎が、明治を生きる士族のことを生き生きと叙述した名著『尼崎今昔物語』を著したのは、そうした時代のことであった。

近隣諸藩の士族に比べて窮乏の度合いがひどかったとされる尼崎藩士族であるが、士族↓士族という屋敷地所持者の移動がみられるように、尼崎に在住を続けながら新しい生活基盤を確立する士族もいた。すでに知られているように、マッチ業を起業した小森純一は一八九五年尼崎町会一級議員に当選し、九六年六月から九八年二月まで尼崎町長、その後、尼崎市制初代市会議長を歴任する政治家として、また文化事業・社会事業においても尽力し、畠田が「尼崎の文化事業の指導の位置に立つて御座つた」というように(45)、尼崎での存在感はすこぶる大きかった。

畠田の『今昔物語』には(46)、西南戦争で負傷後、神戸高商を出て藤田組に入り、認められてその婿となり、長く会計を担い、重役の位置に上り詰めた村松秀致（別所村三番町住、元高五石五斗三人扶持・家禄一一石五斗）、別所村小役人町で宅地の買得を進め、大阪でも多数の借屋を所持した岡沢釣作（別所村口長町あるいは五番町住、卒属か）、「伊達さんのおうちは、旧藩では非役であつたので、名高い貧乏な生活だつたといふ。（中略）伊達さんのお内が名代の大貧乏であつたことは、一時は苦しいこともあつたらうが、それが却つて尊親さんに恵まれて、ソレ、艱難汝を玉に尊親さんをして相当な人物たるを得しめた。尼崎を海港たらしめねばならぬと説破したのは矢張り伊達さんのよい頭からでありました。（中略）来れ尼崎人澪を清めよ。港を取り戻せ。冀くば日本古来の海港大物浦、神崎港を継承して尼崎が倚つて立つ所以を更新せよ。といふ所へ眼を着けたのは伊達尊親さんでした。若い時分螢の火で本を読んだ程の苦学をした伊達尊親さんでした。政治の問題ばかり追うて走り廻つてゐた当時の政治家の中で、あの且て貧乏であつた伊達さんの如何に偉かつたことよ」と記される尼崎町戸長・初代町長を務めた伊達尊親（旧城郭内西三ノ丸住、元高五〇石・家禄二〇石）等々、新しい時代を逞しく生き抜いた士族の存在が知られる記述が随所にみられる。

また郷里の秀才と呼ばれ、各地の裁判所で勤務した金沢政安、同じく郷里の秀才と呼ばれ、大阪駅長を務めた寺島延吉、金沢政安に見込まれ法科大学を卒業後、姫路裁判所・神戸地方裁判所勤務を経て弁護士を開業した津久井茂等々、尼崎を離れたものの立身出世を果たし、『琴陽の珠』の刊行や尼崎士族会の設立・運営に尽力した士族も少なくない。

小森純一・伊達尊親のように尼崎を拠点に起業家・政治家として新しい生活基盤を確立したもの、金沢政安・津久井茂のように尼崎を離れて立身出世を遂げたものと、尼崎藩士族の行方は窮乏だけでは語れない。尼崎藩士族一人一人の追跡調査が必要であろう。

冒頭で述べた江戸研究の豊かな蓄積に比べると、明らかにできたことは乏しい。しかしながら武士と武家地の行方を連関させて城下町の変貌を跡づけることは都市研究だけではなく、近世の畿内・近国論が抱える近世近代移行期の位置づけの不十分さという弱点に迫る上でも必要だと考えている。畿内・近国論は、幕府の全国統治上の位置づけや、幕府と個別領主支配の二元的支配のあり方だけを明らかにするものではない(47)。大阪周辺の地域的特質を明らかにすることに主眼があるのであって、大阪周辺都市の直轄地化、城下町の整備と城郭への徳川系大名の配置が幕府の全国支配と深く関わって行われていたことをふまえると、近代国家の統治上の位置づけの変化が、これら直轄都市・城下町にどのような変貌をもたらすことになるのかは、大阪周辺地域の歴史的展開を考える上で重要な課題となろう。

(1) 小葉田亮「旧城下町景観」(『地理論叢』七、一九三五年)、矢守一彦「明治以降における城下町プランの変容」(藤本利治・矢守一彦編著『城と城下町　生きている近世1』淡交社、一九七八年)、浮田典良「明治期の旧城下町」(藤岡謙二郎編『城下町とその変貌』柳原書店、一九八七年)。

(2) 本康宏史『軍都の慰霊空間――国民統合と戦死者たち――』(吉川弘文館、二〇〇二年)。

(3) 城下町における明治以降の武家地の変貌について言及したものは、自治体史でも少ないように思われる。そのなかで米沢城下町を対象に絵図類を駆使して武家地から城下町の性格を明らかにした渡辺理絵『近世武家地の住民と屋敷管理』（大阪大学出版会、二〇〇八年）は優れた研究であろう。

（4）拙著『近世畿内・近国支配の構造』（柏書房、二〇〇八年）、拙稿「譜代大名岡部氏と岸和田」（大澤研一・仁木宏編『岸和田古城から城下町へ』和泉書院、二〇〇八年）。『尼崎市史』二・三（尼崎市、一九六八・七〇年）。なお近世には「大坂」と表記されるべきだが、本稿では「大阪」で統一することにする。

（5）前掲註（4）『尼崎市史』三。史料は、「士族就産状況視察復命書　兵庫県」（大阪大学附属図書館所蔵）。

（6）東京大学大学院法学政治学研究科附属近代日本法政史料センター「明治新聞雑誌文庫」所蔵。

（7）畠田繁太郎『尼崎今昔物語』（一九三七年）「七四、三浦の長平さんと山口作五郎」。

（8）前掲註（4）『尼崎市史』三。

（9）藤川昌樹「近世の武家屋敷と都市史研究」（『年報都市史研究』二、山川出版社、一九九四年）は、九〇年代初頭までの武家屋敷に関する研究の成果と課題を整理している。

（10）『日本の近代10　都市へ』（中央公論社、一九九九年）。

（11）都市研究において武家地の解明の必要性を論じた宮崎勝美・吉田伸之編『武家屋敷　空間と社会』（山川出版社、一九九四年）以降、江戸を中心に文献史学において武家地の研究が急速に進展した。武家屋敷の拡大・消費、寺社との関係等々の側面から江戸の武家地の全体像に迫った岩淵令治『江戸武家地の研究』（塙書房、二〇〇四年）は、その代表的成果であろう。

（12）「幕末期江戸における幕臣屋敷の屋敷地利用と居住形態――近世近代移行期における江戸、東京の都市空間（その1）――」（『日本建築学会計画系論文集』五四五、二〇〇一年）を最初に、近世近代移行期における江戸、東京の都市空間について論じた「明治初頭における東京の居住（その2）」（『同前』五六二、二〇〇二年）、「新開町の誕生（その3）」（『同前』五七一、二〇〇三年）、「明治初年、民間拠出による都市改造の特質（その4）」（『同前』五七六、二〇〇四年）、「『郭内』・『郭外』の設定経緯とその意義（その5）」（『同前』五八〇、二〇〇四年）等があり、さらに「明治初年、華族の屋敷受領にみる東京の都市空間構造」（『学術講演梗概集　F―2　建築歴史・意匠』、二〇〇五年）において、公家華族の東京移住にともなう屋敷地問題へと論点を拡大している。これら松山の仕事は建築史をベースにしているが、前掲註（11）で触れたような近世江戸研究の成果を積極的に取り入れ、重厚な近世近代移行期研究になっている。

もちろん近世における性格は江戸と違うが、各地城下町の武家地の変貌を論じるにあたって重要な先行研究であろう。
（13）高木昭作『日本近世国家史の研究』（岩波書店、一九九〇年）。
（14）吉田伸之「巨大城下町――江戸」（『岩波講座日本通史』一五、一九九五年、のちに、同『巨大城下町江戸の分節構造』山川出版社、一九九九年に所収）。前掲註（11）岩淵著書。
（15）この点でも、江戸研究の存在感は大きい。横山百合子『明治維新と近世身分制の解体』（山川出版社、二〇〇五年）は、武士から士族への展開を丁寧に明らかにし、都市論にとって身分制解体の意味を論じている。
（16）『太政類典』第二編・第二四巻・兵制十三・「鎮台及諸庁制置四」。
（17）尼崎市教育委員会歴史博物館準備室所蔵遠藤泰道文書「城郭巡視日記」。なお、同史料は、桃谷和則「続・尼崎城のその後――『城郭巡視日記』を中心に――」（「れきはく講座――学芸員と学ぶ――」一九九八年一一月一三日開催）などで写真・翻刻が掲載されており、本稿でもこれを活用した。
（18）松岡利郎・中村光夫「城と城下町」（『図説尼崎の歴史』上、尼崎市、二〇〇七年）。
（19）以下、尼崎藩と城下町尼崎に関わる記述は、前掲註（4）拙著、前掲註（4）『尼崎市史』二による。
（20）一八七四年（明治七）の兵庫県下一九区の区ごとの物産調査によると、尼崎城下が属する区は、西宮・伊丹町が属する区と比較すると、工業製品では醬油醸造業で優位にたつものの、物産総額では大きく劣り、周辺農村と大差なかった（前掲註4『尼崎市史』三）。城下町尼崎は流通の中継地であったものの、核となる産業が成立していなかったことが知られる。
（21）以下の記述は、前掲註（4）『尼崎市史』三、『兵庫県百年史』（兵庫県、一九六七年）による。兵庫県の区制は、近世において所領が分散錯綜していたため、独自の変遷をたどる。廃藩置県後、尼崎県・小泉県・半原県等に分かれていた現尼崎市域は、一八七二年二月、兵庫県に統合され、西摂津一帯を管轄する第二次兵庫県が誕生すると、同年八月、県域は一九区に分けられた。
（22）前掲註（7）書、「三二、福たんと手の平のボンチ」。「手の平」は、尼崎城下の生魚問屋手平屋のこと。
（23）前掲註（7）書、「四五、なにくそと伊達尊親」。
（24）前掲註（5）「復命書」。

（25）前掲（4）『尼崎市史』三によると、尼崎港は、明治四年（一八七一）の暴風で防波堤が大破し、港は使用不能に陥っていた。そこで一八七九年に町民有志の寄付金を中心に改修が行われ、翌々年には県費の補助を受け、八二年には県費支出一七港の一つとされ、大規模な浚渫工事が行われたことで、移出入額で兵庫・高砂・西宮に次ぐ県下第四位の港となった。

（26）以下、尼崎藩士族の経済的窮乏については、小野寺逸也「尼崎藩家臣団の分解過程」（『兵庫史学』四一、一九六五年）。

（27）尼崎市教育委員会所蔵。一八七四年（明治七）作成。兵庫県が作成したものと思われる。士族総数は「尼崎県貫属」のみ。なお、同史料については、尼崎市立地域研究史料館作成のデータベースを活用した。

（28）前掲註（4）『尼崎市史』二。

（29）禄制改革については、千田稔『維新政権の秩禄処分』（開明書院、一九七九年）において、旧藩時代の元高と家禄の関係について類型論が提示されている。尼崎藩の秩禄処分の位置づけについては、後日を期したい。

（30）園田英弘・濱名篤・廣田照幸『士族の歴史社会学的研究――武士の近代――』（名古屋大学出版会、一九九五年）。

（31）一二九人のうち三四人は明治に入ってからの相続者であることから、「連名録」には履歴が記されていない。

（32）尼崎市教育委員会所蔵。尼崎市立地域研究史料館の紙焼き版を利用した。表紙に「尼崎市役所」と記載されているが、一八七七年（明治一〇）二月、兵庫県の指示で作成されたものと推測されている。

（33）尼崎市立地域研究史料館所蔵。

（34）大木田松江については、小野寺逸也「ある無名士族・大木田松江」（尼崎市立地域研究史料館『地域史研究』四三、一九八五年）。

（35）前掲註（7）書、「七四、三浦の長平さんと山口作五郎」。

（36）出屋敷は、貴船神社の対岸、西側に位置する。

（37）尼崎市立地域研究史料館所蔵。以下、各町・地区の地籍帳は、尼崎市立地域研究史料館所蔵のものを利用した。

（38）尼崎市立地域研究史料館徳田五郎兵衛家文書。

（39）前掲註（27）参照。

（40）尼崎市立地域研究史料館徳田五郎兵衛家文書。

(41) 売買証文では「宅地」と表記される。
(42) 前掲註(18)『図説尼崎の歴史』上。
(43) 前掲註(4)『尼崎市史』二・三。
(44) 『図説尼崎の歴史』下巻(尼崎市、二〇〇七年)「明治一〇年代の経済変動」。
(45) 前掲註(7)書、「五二、小森衛と廉平さん」。
(46) 前掲註(7)書、「三五、髯の村松と寺島の助さん」、「四五、なにくそと伊達尊敬」、「五四、津久井父子法律事務所と上村親子」、「五六、さんちさんと釣作さん」、「六二、福やんと徳さん」。
(47) 畿内・近国論については、前掲註(4)拙著を参照。

帝国の風景序説――城下町岡山における田村剛の風景利用――

小野芳朗

はじめに

風景には時代が価値を与える。その成立と転換が本論の主題である。

都市の風景、あるいは都市から望む風景は、「風致」と表現されていた。この概念定義も、今日から過去へと見通すと、制度的な定義と絡んで幾層もの言説が重なっていることに気付く。それは当初、近世的な空間の保存を目論んで、その場を「風致」とよんだとも考えられる。

古都、あるいは城下町の近代都市形成を論じるとき、過去の空間表象として解読する視点もあり、一方で都市インフラなどフィジカルな空間の構成とする視点もある。そして古都・城下町の風景の問題も同じ枠組、具体的には近世的空間の顕彰を始める史蹟名勝天然紀念物保存運動や、近代都市のインフラ整備としての公園や風致地区設定の動きの中で議論することができると考える。史蹟名勝天然紀念物について、丸山宏は大正期の保存運動を「国家のアイデンティティの創出」として、地方の史蹟などを学術的指標によって分別し、価値を保証したものだとしている。[1] 高木博志は昭和期の史蹟名勝天然紀念物を、水力発電や灌漑用水、ケーブルカー敷設など、開発と名勝地の保存の観点から捉えている。(2)そして国立公園の推進者である田村剛に言及し、彼が経済的風景としての国立公園設置の大自然の保全と開発を論じているという。しかしながら国立公園をめぐっては、林学・造園学者の本多静六・田村剛らは、風景を利用・開発することを意図し、これらと史蹟名勝天然紀念物による論者との間に、自然保護をめぐって激しい意見の対立があったことを村串仁三郎が指摘している。(3)

一方、明治以来の都市形成の目的は「産業都市」化である。(4)物資輸送のための道路と鉄道、そして最大の開発は港湾整備にあったといってもよい。少なくともこれらの目的は最近まで存在し、おそらく産業都市にならなかった、つまり目的達成に失敗した都市の多くは、付近の大都市の衛星化（ベッドタウン）、もしくは観光資源を売りにして生残りを図っていったと考えられる。都市の風景、あるいは都市からの風景は、そうした産業化への歩みの中で生まれた視線であり、産業化ならなかった都市の主題となっていくものもあったといってよい。

本論では、史蹟名勝天然紀念物に代表される近世的空間の顕彰、すなわち風致が、大正期に台頭した造園学による風景の保存・利用政策の関わりを受けて、その概念を転換していく画期をみていく。その主体の一人が林学者、田村剛である。田村は国立公園の選定と設置に多大の貢献をなしたことはよく知られているが、それらの選定過程において風景に関与して造園的発想をしばしばメディアに発信する。保存から利用へ、という風景の資源化を図った主役の一人として彼の思考を検証する。そして都市の重層した風景は、近世的歴史空間の顕彰と、都市インフラ整備による変容、そして風景型という形式の適用により構成されていく。その事例として田村の出身地であり、彼もその都市風景に深く関わった岡山市をとりあげ、城下町の空間の近代的展開と併せて評価する。

一　岡山の近代と風景

（1）近世城下町岡山と近代都市岡山の概観

「岡山」の地名が歴史上登場するのは、宇喜多直家が天正元年（一五七三）、岡山城を居城としてからである。その次代秀家が天正一九年（一五九一）家督を継いでのち、岡山城天守閣を築き、山陽道を岡山城下に付け替えたことにより城下町の発展が始まる。[5] 慶長五年（一六〇〇）、城下には小早川秀秋が入り、岡山城外堀として「二十日掘」を造営し、この堀の西側に寺町を形成する。秀秋没後は池田家の領有となり、池田忠雄《ただかつ》の時代、元和元年（一六一五）には外堀の西側に旭川上流から引いた灌漑用水・西川が開削された。以後元禄時代までに、岡山城下は西は西川まで、東は旭川を越えて東山門田屋敷街を形成し、近世を経過する。門田屋敷を貫く山陽街道は、旭川にかかる京橋より城下に入り、外堀を渡って北上、そして大手門より西進する。山陽道の両側は町人街で、このため岡山城下は武家屋敷と町人街が交互に帯状に存在する形態となった（図1）。

のちの名勝後楽園、当時の御後園《ごこうえん》は、旭川を挟んで岡山城本丸の北側の田畑を囲って築造された。その使用開始は元禄二年（一六八九）春とされ、当代の藩主松平伊予守左近権少将こと池田綱政による。[6] 御後園は全体のほぼ三分の二が田畑であり、それを囲った真竹の垣の向こうに瓶井山《にかい》（操山）を望んだ。

さて、明治四年（一八七一）一〇月、岡山県は城下を五大区に分け区長を置いた。一八七八年（明治一一）九月一二日の郡区町村編制法により、御津《みつ》郡と上道《じょうどう》郡にまたがっていた城下町岡山は「岡山区」となる。その後、一八八八年（明治二一）四月二五日、市制町村制により、岡山区はほとんどそのまま「岡山市」となる。つまり、近世城下町は、形としてはほぼそのまま岡山市へ移行したといってよい。

この近世と明治初期の人口構成については以下のようである。宝永四年（一七〇七）には町方三〇、六三五人とある[7]。また同年六月一五日付の「惣人数之書付[8]」によれば御城女中下女七〇人、家中一〇、〇二七人（男五一三七人、女四八九〇人）、町中二八、二九八人、これに加え乞食三四六人、寺社七九三二人とある。つまり池田藩三一万五〇〇〇石の岡山城下には江戸中期（池田綱政の時代）、士卒として約五〇〇〇人が仕え、町人が二万八〇〇〇人から三万人、その他あわせて四万人強の人口を抱えていたことがわかる。この町の人口は一八七五年（明治八）の統計によれば[9]、岡山は三二、三七二人となり、約一万人減少している。理由については定かではないが、『岡山市史』の人口統計によれば[10]、明治四年（一八七一）で士族一〇、九二〇人、平民二二、七三二人、華族一人で計三三、六五三人、また一八八五年（明治一八）には士族九五二九人、平民二二、〇六五人で計三一、五九四人とあり、近代初期の人口は三万二〇〇〇人程度であった。士族人口は近世とほぼ同数を維持している[11]。

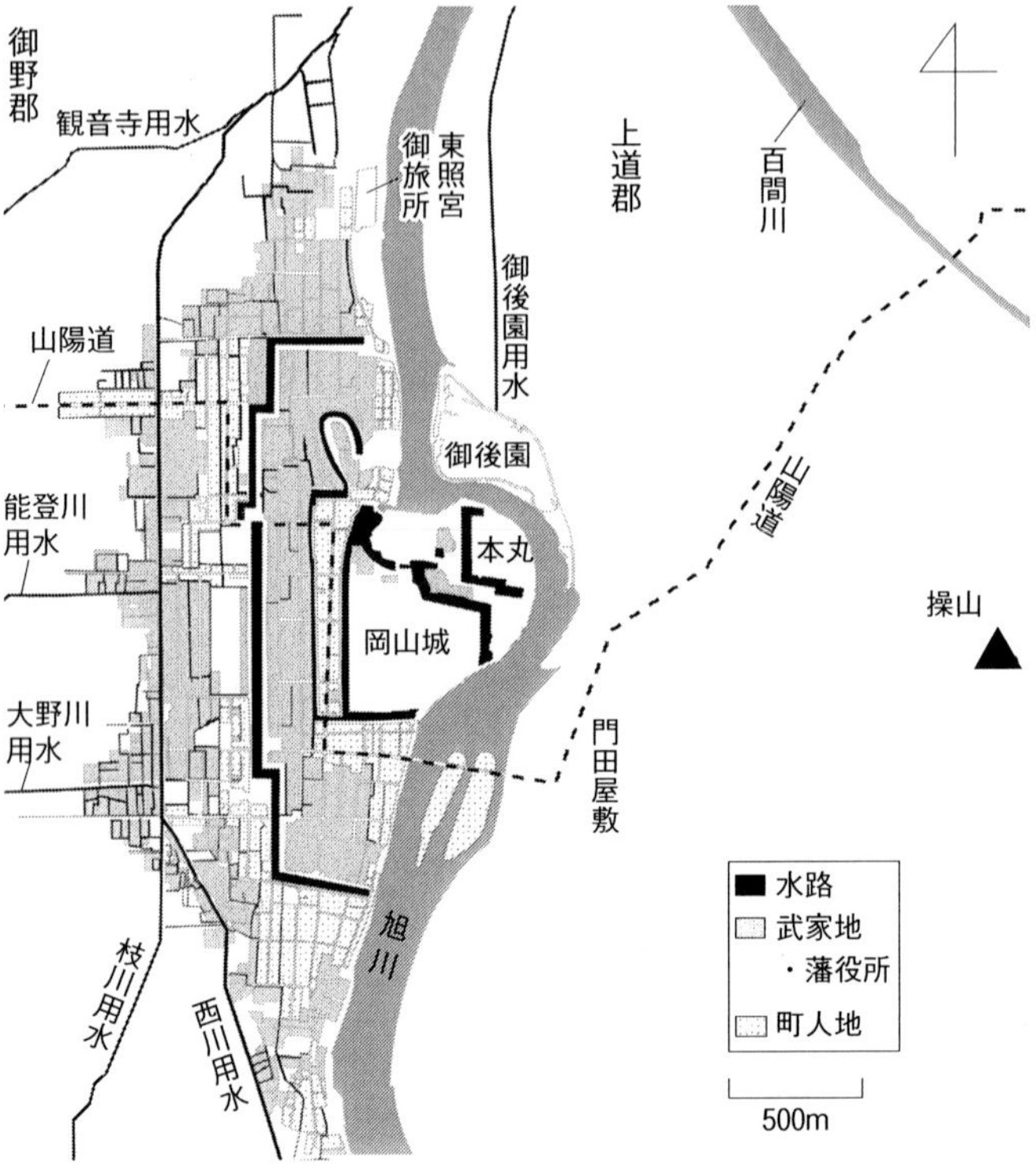

図１　近世岡山城下・旭川右岸（宝永年間）

明治初年の岡山区、岡山市の支配は、ほぼ士族によってなされていたといってよい。これは旧藩主池田家の影

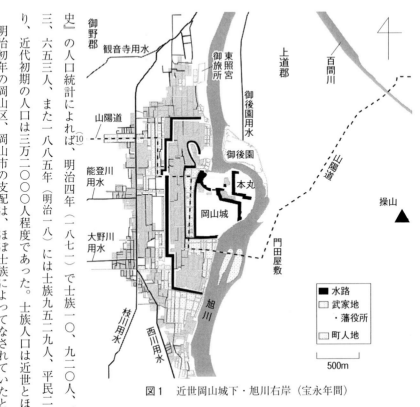

響も大きい。池田家は廃藩置県による当主の東京召集後も、家族は岡山にあって後楽園や、岡山城本丸の所有など、依然岡山市内の空間を占めていた。この池田家が出資したのが第二十二銀行（一八八四年）と岡山紡績（一八八〇年）であり、これらの支配人には各々岡山県士族が就いた。[12] さらに区長、市長、市会議長や市参事会員も岡山県士族が歴任した。

また吏員として岡山県職員中に占める士族の割合は、[13] 一八八四年（明治一七）一二月で県令高崎五六（岡山県士族）以下、岡山県職員三六七人中、士族二二二人（岡山県士族は一七〇人）で六〇％、一八八七年（明治二〇）で四七八人中、士族二九八人（岡山県士族二一〇人）で六〇％、一八八九年（明治二二）一二月で四七八人中、士族二五八人（岡山県士族一九五人）で五四％であり、士族は全吏員の六割から五割に漸減するものの多くを占め、とくに奏任官中の割合が多い。また岡山県士族はそのうちの七五％を占めていた。このように近世城下町であった岡山は、近代以降もその都市経営は士族が担い、士族の都市として存在していた事が推察できる。池田侯爵家は岡山に家扶桑原越太郎を措き、資金管理や後楽園、岡山城の管理、そして士族会である旧藩主を迎えての温故会を主宰した。

（2）東山慰霊空間と日本三名園・後楽園

御後園の藩主の御座所・延養亭からの遠景、東山連山の瓶井山《にかい》（二櫂山《にかい》→三櫂山《みさお》→操山）の南端にある幣立山《へいたてやま》には、中世より玉井宮が鎮座していたが、その北頂に正保元年（一六四四）、全国の大名家に先駆けて東照宮が勧請される。それは当時の藩主池田光政の正妻勝姫が、天樹院千姫の娘であったことにより、岡山藩は徳川家光より外様にして特別の扱いを受けた故である。[14] 以来幕藩期を通して、東照宮祭礼は城下最大の祭礼として二百余年を経る。

岡山藩は幕末には尊皇派が主流を占め、藩主に水戸徳川斉昭の九男茂政《もちまさ》を迎えるが、徳川慶喜の実弟であったがために戊辰戦争時に隠退したのをうけ、光政の嫡流章政《あきまさ》を最後の藩主として朝廷側につく。明治元年（一八六八）、章政は操山山頂に三勲《さんくん》神社を創建する。その祭神は和気清麻呂、児島高徳、楠木正行であった。なかでも楠木正行を池田家の先祖とした。(15) そして郷社に落とされていた東照宮は一八八一年（明治一四）玉井宮に合祀される。(16) ここに池田家は、松平少将源朝臣から池田侯爵家として天皇家の藩屏たることを、この東山の地に空間として示したのである（図2）。

明治二年（一八六九）に奥州戦役で死亡した池田藩士を祀るために、東照宮の社寺利光院跡に招魂社が設置される。かつて近世の慰霊空間であった東山は、一八七三年（明治六）の太政官布達正院第一六号による公園設置により、東照宮があったこと、それに「高外除地」に属すること、三勲神社・招魂社のある名勝地として、「偕楽園」の名で公園指定されるのである。(17)

一方の御後園は、明治四年（一八七一）に「後楽園」と名称変更し、制限を設けた開放をするが、翌年岡山城が官有地となり、池田家が移住して来たため再び閉園となる。そして一八八四年（明治一七）融資焦付事件弁済のため、池田家は岡山県に後楽園を有償譲渡し、以来今日まで岡山県が管理している。その後楽園に一八八五年（明治一八）に明治天皇が行幸し、池田章政が接待した。これを新聞記事がとりあげて後楽園の名が全国的になり、やがて「日本三名園」のひとつに数えられることになる。(18)

後楽園はその後、県会が園内鶴鳴館《かくめいかん》で開催されるなど公共的空間ともみえるが、(19) 一方で章政帰岡の際の旧士族会温故会や、園地北隅の藩祖池田光政を祀る閑谷《しずたに》神社遥拝所設置（一八八〇年〈明治一三〉）と毎年四月一八日祭礼の執行など、池田家の残像が濃い。先述したように、明治期の岡山県・市は政治・行政・経済ともに岡山県士族の影響が大きいが、彼らの精神的支柱として、章政の訪れる後楽園が機能していたと考えられる。それは天皇の藩屏たることを表象する東山慰霊空間の対で、現実の岡山の社会を統べる象徴空間でもあった。

池田家の残像が後楽園から消えていくのは、一八九九年（明治三二）茂政、一九〇三年（明治三六）章政、一九〇九年（明治四二）詮政《のりまさ》と幕末から明治にかけての池田家当主が他界し、閑谷神社遥拝所も一九〇七年城内移転ののち、一九一九年（大正八）、その跡地も岡山県に移管され、池田家の痕跡が消えていってからである。岡山城は一

図２　近代岡山市・旭川左岸および東山

八九〇年（明治二三）池田家に返還されるが、城内には岡山中学校が建てられており、池田家の記憶はやがて史蹟や名勝として残されていく。

慰霊空間となった東山も、この時期に変化が起こる。きっかけは陸軍第一七師団が、市北部郊外の津島の田畑を買収して、一九〇七年（明治四〇）に設置されたことによる。一九一〇年には、後楽園延養亭を大本営として明治天皇の行幸を招き、陸軍特別大演習が行われた。東山招魂社も、兵士の参拝のための移転拡張計画が、一九〇七年に招魂社神職佐々木玄孫（東照宮玉井宮神官兼任）と士族香川真一、中西厚道ら有志総代の名で県知事宛に申請される[20]。

東山公園一帯は県の所有地であったが管理は岡山市に委託されており、市長岡田磐を中心に東山公園設備委員会を立ち上げ、幣立山北部操山山麓奥市の地に、県技師桑邱茂の設計で靖国神社型の新社殿を計画する[21]。社殿周辺の神苑整備と移転後の東山公園の跡地利用は、宮内省内苑寮技師市川之雄に委託された[22]。市川は、新社殿の一九一五年（大正四）四月二九日遷座後の五月二六日、来岡し設計にはいる。

実施設計を担当したのは、同じく内苑寮技手椎原兵市である[23]。椎原設計の新招魂神社を中心とする「奥市公園・東山公園」の設計図[24]と、市川の示した設計基本計画によると[25]、新社殿正面には外苑広場と、従来の貯水池を「手洗池」として参拝所を設け、三勲神社への動線を確保し、玉井宮東照宮のある権現山（幣立山）・東山公園との連絡道路を通すこと、東山公園敷地には勾玉型の池を作り[26]、旧社殿跡地には操山山頂の三勲神社遥拝所を設置することが計画された。植樹は奥市には杉と松・桜・楓、東山公園遥拝所には桜と松を交植するものであった。

このように、かつて池田家の徳川家ルーツを示す空間であった東山界隈は、明治期の天皇イメージへの転換ののち、岡山市への陸軍師団設置を受けて、新招魂社建築（現在の岡山県護国神社）と宮内省技師による神苑設計に加え、三勲神社の顕彰を強化する装置の設置により、近代岡山の慰霊空間としての形を整えていくことになる[27]。

そして、一九一九年（大正八）の後楽園からの池田家の完全撤退という時は、これらの空間にさらに新しい意味を付与する始動の時となる。「都市計画」と「史蹟名勝」の視線が、これらの空間を覆うことになるのである。

（3）「名勝」後楽園と都市計画公園

都市計画とは、一九一九年（大正八）四月四日に公布された都市計画法（大正八年法律第三六号）による都市改造の方法・技術である。それまで法的に担保されていたのが東京市区改正であり、他都市もそれに倣って都市形成を目指す。東京市区改正条例は、一九一八年（大正七）に京都、大阪、名古屋、横浜、神戸各市に準用され[28]、岡山市は申請するものの却下される[29]。いわゆる六大都市は、翌一九年都市計画法の適用を受け、本格的に近代都市インフラの計画的整備に着手することになる。岡山市は第二次適用で、一九二三年（大正一二）七月一日適用の二五都市の中にあった。

法定都市計画の要諦は、「設計標準の統一」である。道路、公園、下水道、区画整理など都市計画の中に位置づけられた事業は、標準設計のもとに実施されるというものであった。それ故、統一規格を発信するのが内務省都市計画課（局）であり、その規格・技術を伝播し、情報として共有し、実施設計にあたったのが技師（多くは帝国大学土木工学科の出身）であった。規格統一の機関として、各府県に「都市計画地方委員会」が設置され、内務省からの派遣技師と地方委員会所属の県技師（内務省人事）、県土木課技師（奏任官）、さらに、市土木・都市計画課の技師が主導した[30]。

ところで都市計画事業が推進される昭和初期は恐慌による経済不況で、市の事業収入である受益者負担金、都市計画特別税が思うように得られず、市当局は公債を中心として財源を組んだ[31]。結果論ではあるが、公債発行により地方自治体財政は悪化し、それとは裏腹に建設業界は昭和の時代に大繁栄した。財政難と戦災により事業推進は遅々として進まなかったが、統一規格による効率のよい計画都市は、戦後も当初の設計のまま生きており、各都市は同様の景観をもった規格都市になった。

ここでは、こうした都市計画の評価の上で公園問題を捉えていくことにする。規格統一のための調整会議が、内務省において一九二四年（大正一三）四月一五〜一九日に行われた。その「都市計画主任官会議」では、都市計画事業の各項目について、内務省提示の標準案と、それらに対する各府県主任者からの質疑応答が行われた[32]。公園については「公園系統計画の根本調査」が内務省より提示された。「公園」は法的に定義されていなかった[33]。明治六年の太政官布達の公園以来、公園と名のつく空間は各地で作られたが、法的な規準はなかった。ここで内務省都市計画局第二技術部は、「私案」として「公園計画基本案」を示し、公園の種類、有効範囲、計画区域の範囲、公園面積の標準などを示した[34]。この中で公園面積は、一五〇〇人当たり一ヘクタール、つまり一人二坪の標準が示された。私案に過ぎない面積標準が、その後の各都市の公園行政をしばることになる[35]。

岡山市は一九二三年（大正一二）四月、都市計画課を新設した[36]。第一回の都市計画岡山地方委員会は翌二四年一一月一七日に開催されるが、その資料には公園案として県所有地からは後楽園・東山公園をあげ、市所有の地は招魂社のある奥市公園のみで、その他は私有地をあげている。いずれも近世の史的空間を意識したものであったが、多くが岡山市所有の土地でないことから、これらは市都市計画課の期待に近いものであった。総面積は見込みのつかない私有地分を除くと一一万四五一〇坪となり、岡山市都市計画区域人口一一万四二四九人で除すると、一人一坪で算定されていたことがわかる。

岡山市都市計画課（本島正輔課長）は、その後一九二五年（大正一四）九月一八日に単独で新聞紙上に公園計画を公表する[37]。それは上記の歴史的空間に加えて、岡山城（池田家所有）と道路沿公園を多数新設するものであり、面積は一人一・九九坪を数えた。この時点で岡山市は内務省の「公園計画基本案」に従おうとしたのである。さらに課長が児島静雄に交代後の二六年七月一〇日、都市計画課は道路沿の小公園を追加し、一人二・〇二坪の面積を確保する計画を公表した[38]。ただしこの計画は問題を内包していた。まず市の理念は、内務省の面積標準を満たすという都市計画技法の遵守にあった。そのため、新設する計画公園はともかく、市所有でない後楽園や岡山城を計画「公園」としようとした。後楽園を含めないと面積標準は達成できない。しかし、後楽園は「公園」なのか。そもそも「公園」とはいかなる空間を指すのか。内務省の「公園基本計画案」にはその定義は書かれていなかった。

当然ながら後楽園管理者から異論が出てくる。一九一五年（大正四）から二一年（大正一一）まで後楽園主事を務めた県地方課吏員の南為吾《ためご》は、

後楽園が天下の名庭園であるので、これを利用せうとする意見は度々出た。要するに大開放をせうといふのであつて、他の一般の公園と庭園式公園とを混同した考へ方であつて、その意見出所などは若い役人が転して来るとよくそんな事を考へた[39]。

と回顧している。若い役人とは都市計画課の技師たちのことであろう。

さてその後楽園に公園管轄の調査のために、前年内務省衛生局嘱託となった田村剛が現れるのは、一九二一年（大正一〇）一月二二日である。そして翌二三日岡山県会議事堂で講演し、後楽園を江戸時代の典型的大名庭園として絶賛する[40]。この時の田村の庭園の見方は、大名庭園は廻遊するものであり、遠く山々を借景として望み、曲水が園内をめぐるという類型を提示し、その後の後楽園を語る誌書に影響を与えた[41]。なお、代々の藩主が後楽園、時の御後園をどのように利用したのかについては『御後園諸事留帳』[42]が残されており、その中には大名が園内を廻遊したという記録はない。借景操山は月の出る山として歌に詠まれる。曲水は庭園の原型である田畑の灌漑用水として、北方の上道郡の用水の一つを引き込んだ、その名残りである。田村はこれらの事実を知っていたとは

思われない[43]。それどころか、彼は後楽園を「小堀遠州流」の庭と称した。根拠は示されていない。史実検証の認識を持ち合わせていないのであるから、小堀遠州も思いつき、よくいって田村の好みであろう。事実彼は後年、高松栗林公園を愛でて、遠州の様式といっている[44]。しかしこの内務省派遣の田村の絶賛は、後楽園をして一九二二年（大正一一）三月八日に名勝指定されるにいたらしめるのである。日本三名園の一つにあった後楽園が、「公園」ではなく、「庭園」として顕彰される。

　田村剛は、一八九〇年（明治二三）岡山県倉敷市に生まれた。第六高等学校を経て、東京帝国大学林学科の本多静六の下で造園学を修めた林学博士である。六高は岡山市の操山山麓にあった。田村の父は次田寿次郎という池田藩の下級藩士であり、実家は東山にあった。長男は潤《うるう》（立教大文学部教授）。次男の剛が田村家に養子に出た。田村剛は池田藩の士族の子弟として、後楽園も知っていたし、操山は父祖の地であった。かつての殿様はすでに記憶の中のものとなっていた。その庭園を絶賛した。

　また田村の来岡には、それを依頼した岡山県にもうひとつの意図があった。企画したのは県内務部長の日比重雅であった。日比は京都の嵐山の例に倣って、操山国有林を借り入れて公園化する案を持っていた[45]。そのことを田村に相談した。田村はこれを受けて、操山森林公園計画を二一年、新聞紙上に発表する[46]。それは都市計画法の適用を受けて、後楽園の改造、東山公園の整備、岡山城を中央公園として、これと連絡道路を設けて操山に一大公園を建設する案であった。前節でみた歴史的空間、慰霊空間を公園地帯として改造するというのが造園学者田村剛の案であるが、この案の真意は後楽園はまったく開放しないという点にあった。田村は同年三月にはみずからの指導で後楽園西に近代的な外園を建設する[47]。近世の鶴鳴館が広がっていた場所であるが、江戸時代の復元はせずに改造を指導する。しかし残りの後楽園については「半開放即ち現在の儘として[48]」保存する意見をいう。

これは後楽園所有者の岡山県の意向と考えてよい。日比の部下に久郷梅松《くごうめまつ》がいた。久郷は東京帝大林学実科を卒業して、一九〇四年（明治三七）に岡山県に奉職し、林業巡回教師、林業技手、技師を経て二一年（大正一〇）山林課長となる。そしてその没年の三八年（昭和一三）九月までその職にあった。田村の一二年年長の久郷は、東大林学の先輩であり、田村の知己であったと推察できる。操山森林公園案の提唱も、在職一年に満たない、各都市を渡り歩く典型的地方吏員の日比よりも、操山をよく知る久郷が仕掛けた案とも考えられる。目的は、後楽園の都市計画公園への編入阻止である。面積標準を満たすことを公園計画の理念とする市都市計画課に対して、操山を国から借り入れて森林公園として都市計画公園とすれば、十分に面積標準はクリアできる。京都市が東山や嵐山を公園だ、と称した理屈と同じである。

久郷はまた後楽園を保存する職責があった。彼は県史蹟名勝天然紀念物調査委員を兼ねていた。したがって後楽園を名勝指定することに関与したと考えられる。また、市都市計画課が最初に後楽園を含んだ公園計画案を紙上に発表した直後の一九二六年（大正一五）七月一日付で、後楽園の管轄が県庁内で地方課から山林課に移される。久郷山林課長は後楽園事務所長をも兼ね、これを保護する立場になる。そしてその立場での操山森林公園計画を新聞紙上に発表する。(49) 彼は「近代都市には公園を必要とする。後楽園は其の目的に供せられない」と明言した。

ところが、内務省でも都市計画公園一人二坪の標準はこの時点では破綻する。内務省都市計画局は、一九二七年（昭和二）四月一一日の第二回都市計画主任官会議で、「土地区画整理審査標準」中、「公園敷地面積として施工地面積の三パーセント以上を留保」という標準を提示する。(50) 都市計画区域に対してではなく、土地区画整理施工地に対して三％以上の公園を確保するよう求めたのである。(51)

（4） 借景の操山と森林公園

さて、久郷梅松はいくつもの職を兼任していた。そのうちのひとつに県地方山林会幹事がある。森林公園計画を発表しながらも、操山そのものは荒廃していた。近世の操山（瓶井山）はアカマツの山であった[52]。藩政時代は御林として伐採が禁じられ、落ちた枝葉を拾うことのみ許されていた山は、明治以後乱伐されていた。大阪営林署岡山大林区の記録によると、

今山鉄ニ乗シ身ヲ車窓ニテ熟々両側ノ山相ヲ見ルニ眼光映シ来ルモノハ禿裸赫々タル荒山ナリ[53]

とある。そしてその施業の目的は、岡山市内からの風致、なかでも後楽園からの眺望を元に復すというものであった。一八九七年（明治三〇）の森林法制定により、こうした都市近郊の乱伐地帯を保安林として施業・保護することが決められた。操山は風致保安林に編入された。

この保安林の編入・解除を決議するのが、知事を会長として府県高等官や鉱山監督署高等官、大林区高等官、県参事会員などで構成される地方山林会であった[54]。したがって、その幹事である久郷は操山の森林を保全する立場にいた。久郷は後楽園を都市計画から守るために、田村剛という学者を使って操山森林公園を代替案として提示した。しかし、田村はこの時期、次節で詳述するように森林を自然のまま保全するのではなく、樹種選定や施設を積極的に設営する森林開発論を展開していた。

操山は一九〇一年（明治三四）施業計画が作られ、禁伐によりアカマツ林の「保残」が図られる。しかし落葉採取を禁止しなかった故にアカマツは成育しなかった。一九一〇年（明治四三）第一次検討[55]では落葉採取の禁止、一九二〇年（大正九）の第二次検討[56]では禁伐主義を改めて択伐とする。ところがこの択伐がすぎて再び裸地が広がり、一九三二年（昭和七）の第三次検討では禁伐、択伐の抜本的見直しが図られる[57]。しかしながらすでにアカマツ稚樹の成育が認められたものの、その成育は遅かった。こうした状況であったことを勘案すると、一九二一

年（大正一〇）に田村が後楽園から借景として見た操山は、未だまばらのアカマツ稚樹か裸地の目立つ禿山の操山であったと考えられる。田村は森林公園に樹林を整理して同一種類のものを植栽し、林間学校、運動場、野外劇場、鳥林、天然植物園、亭園、展望所、果樹園、家畜園、花卉園、公会堂、社寺、喫茶店、料理店、便所等を計画した。(58)

操山を保全する久郷は、この開発論を本気で受け入れようとしたのだろうか。筆者は、久郷は田村の森林公園計画を後楽園の都市計画公園編入阻止のために利用したに過ぎない、という推論は状況的に肯定できると考える。なぜなら、操山森林公園計画は一九二七年（昭和二）の久郷の『山陽新報』への寄稿(59)以来消失するからである。そして森林公園計画そのものも消え、戦前は実現しない。これは、都市計画公園に後楽園を編入させないという目的が達成されたからではないか。

先述したように内務省の公園面積標準の理念も一九二七年に変更される。そして同年、久郷は岡山県国立公園協会常務理事を兼任する。折から田村剛が国立公園選定作業の中心に位置していた。岡山県は瀬戸内海沿岸で多島海を見渡せる山頂を候補地として準備した。その事務局の中心が久郷であった。久郷は開発を主体とする森林公園を提唱する田村を、施業・保全をすすめたい操山から海際の山々へと誘導した、といえよう。眺望のよい山頂からの風景を田村は「大観」と呼んだ。沿岸の山々も禿山であった故、パノラマ的に眺望が見晴らせた。

二　風景の利用と開発

（1）森林美をめぐる開発論と保存論

風致の概念を図式的に述べるならば、それは当初荒廃した森林の保護政策に始まり、これに史蹟名勝天然紀念物の保護思想と、都市計画法風致地区が重なって構成された、といってよいだろう。(60)一八九七年（明治三〇）公布の森林法第八条は国・民林の区別なく保安林に編入する条項であり、その第九項に「社寺、名所又ハ旧跡ノ風致ニ必要ナル箇所」とある。(61) 田村剛の弟子である農林省山林局嘱託の柳下鋼造は、森林法（一九〇七年改正）の風致保安林と、史蹟名勝天然紀念物保存法（一九一九年四月四日公布）の名勝地、都市計画法（一九一九年四月九日公布）の風致地区、そして山林局長通達による国有林中の保護林規定（一九一四年六月九日林第一四四号）、さらに森林法第七条但書による森林法を適用しうる公園（一九三一年九月二二日農林省令第二四号）について、各地方ごとにまとめている。(62)

それによると、都市計画法風致地区に指定される以前に、森林法風致保安林に指定される例（京都市嵐山、東山・高松市石清尾）や、保護林に指定されているもの（熊本市本妙寺山）がある。その場所は史蹟や名所であり、つまり近世的空間の都市からの眺望を指定したと考えることができる。たとえば、京都の風致地区については都市計画法以前の森林法、古社寺保存法（一八九七年公布）、史蹟名勝天然紀念物保存法など先行法令を下敷きにしていたと指摘される。(63) 昭和初期の「美的森林」への関心の高まりによる「風致的施業」は、あくまで名所旧蹟の森林景観の維持と同義であった。(64)

さて、大正期に本多静六門下の田村剛（内務省衛生局嘱託）と上原敬二（内務省都市計画局嘱託）は、森林美と国立公園について、開発論と保存論を戦わせた。田村は一九一六年（大正五）、「林業芸術論」を公表する。(65) 公共建築を国家の建築として誇るように、国有林や私有林を装飾することによる国家の品位の保持を主張した。この論に早速上原が異をとなえた。翌一七年、上原は「林業非芸術論」を同じ雑誌上に発表する。(66) そして、林業は建築のような実用よりも利用を目的とする経済的事業とした。この時点で田村は森林を装飾すること、上原は森林は生産現場であるという主張に終わっているが、その後田村は装飾の中身について論文を量産する。

まず、「原始的郷土風景の一切の価値を損しないで更に便利な道路を造り交通機関を完備して、一般人士に対する楽園たらしめ[67]」るべきだという。そして森林公園は、自動車や馬車によって探勝する場[68]であるといった。田村の装飾とは、森林の開発により、それを公園として造作することであった。国立公園設置に関して一九二〇年（大正九）、『東京朝日新聞』紙上に田村の論説が掲載される[69]。

（国立公園は）大自然を舞台とする大風景地たることである。（中略）そこには自然の美化と共に実用化がなければならぬ[70]

国立公園は大自然のある程度の加工であり、実用化であり、美化である[71]。そして林業そのものの開発をも主導する論を展開する。生産を意味する直接利用の対として、民衆の保健、休養、娯楽、教化等の文化的間接利用を提唱し、国立公園はそれに貢献する場とした[72]。

この田村の論を援護するように師の本多静六は、自然保護派の牙城とでもいうべき雑誌『史蹟名勝天然紀念物』に一九二一年（大正一〇）自説を投稿する[73]。

予の山水風景の開放利用策は常に民衆を対象として出発してゐるので随て交通機関其他大仕掛の設備を策し従前の篤籠や馬背が現今の汽車、電車、自動車、ケーブルカー等に代らざるを得（ない）

そしてさらに、こうした「施設工事の為には、或は一時其風景の美を損ずる事あるも敢て之を為さんとする」とした。

この田村、本多の自然開発論に上原は猛反発する。同じ『史蹟名勝天然紀念物』に翌二二年「国立公園の真意義」と題し、「一部の学者によつて独断的な解釈を与へられて居る」ため、

土地開発と称して投機心をあほり、害あるも意なき風景利用策、保存すべき風景が却つて破壊されるやうな結果を惹き起して居る[74]

といった。また田村の自然公園中にホテル、貸別荘、山小屋、上下水、電気、ストーブなど施設を備えたものを

準備すべき、との意見には、

誰が山へ入つて、都会に於けるよりも完全な部屋と家具とを要求するものがあらう[75]

と論調激しく書いた。

この論争の決着は、上原が国立公園設置運動の主流からはずされることで終わる。[76]上原のいうように安易な選定や、施設、交通機関の導入はディベロッパーの参入を招き、風景の破壊を招じかねない。しかし、田村らの風景利用、森林美の創出という考え方は、それまでの近世的空間の保存、あるいは復旧、さらにいえば、歴史イメージの付与の方向にあった風致の概念に大きな画期を与えたと考える。田村は一九二二年（大正一一）、林業を「第一利用」、森林の国土保安上の措置を「第二利用」というなら、森林風致の利用並びに国民保健上の利用を森林の「第三利用」といったのである。[77]田村のいう風致は利用されるべき風景であった。それではその風景観を国立公園設置という形で具現化してしまった田村の風景とはどのようなものであったろうか。

（2）田村剛の風景型

一九二四年（大正一三）、欧米の国立公園視察から帰国した田村は、我が国の国立公園設置の中心となり、その選定を主導する。すでに田村の風景利用、開発策に異論を唱える者はいない。彼にとって風景は交通機関や宿泊、休憩施設を開発すべき地であり、[78]資源であり、したがって経済的価値を生むものであり、[79]そのために造園的に修飾し美装すべきであった。[80]ただし、電車や当時流行したケーブルカーの設置には慎重であり、[81]施設は「茶禅一味」の気で設計すべきといった。[82]大名庭園における茶店などをイメージしているかのようであった。

その風景観については、後年次のように言及している。

（国立公園一二指定地は）要するに私の壮年時代の日本人の風景観を代表する風景型に属する風景地が挙げら

れたのである。(83)

この時代、昭和初期の風景型とはどのようなものであったのか。第一回国立公園委員会が一九三一年（昭和六）一一月二四日午後二時、内務大臣官舎において開催された。その中で「国立公園ノ選定ニ関する方針」中、「必要条件」として我が国の風景を代表するに足る自然の大風景地をあげ、その具体的要件として「同一型式、風景ヲ代表シテ傑出セルコト」とある。(84)またこの委員会における質疑応答のために内務省が準備した資料中には、「国立公園トハ何ゾヤ」に対しての模範回答の中に、

保護ノ為ニハ一定ノ行為ニ制限ヲ加ヘ之ニ依リテ公園ノ風致ヲ維持シ開発ノ為ニハ公園施設トシテ凡ユル事業ヲ行ヒ(85)

とあり、大正以来の田村の風景利用・開発としての風致観が反映されている。また、「国立公園候補地ニ於ケル風景型式ニ関スル資料」として、「風景ノ地学的型式」「植物ノ型式」「鳥獣類ノ型式」とあり、風景の型式とは、その場を物理、生物的に分類して表現するものであることがわかる。(86)

風景の型式については、一九二九年（昭和四）発刊の田村の『森林風景計画』(87)に「風景型」として田園型、都会型、平原型、海岸型、湖沼型、高山型、雪嶺型、氷河型と大分類し、各々について細分類（主として地形と植生）する方法を採っている。田村は国立公園の選定方法についてもこの方法を採用し、表1のような植生型式の分類と採点を各候補地についてなしている。(88)この表は田村の自筆でグラフ用紙に書かれたものを表化したもので、年代不詳ではあるが、第一回の国立公園委員会が開催される一九三一年以前、田村が帰国する一九二四年以降の間の田村の調査期間中に作成されたと推定される。

表中、各候補地の採点の合計は一〇〇点を各項目に配分する形でつけられている（霧島、雲仙、阿蘇はなぜか合計九〇点）。つまり、すでに田村の腹案としてある各候補地についての特徴を数値化したものである。たとえば、

日本アルプス	吾妻山	八甲田山	駒ヶ岳	阿寒	金剛山	瀬戸内海
					?	20 50
⊕	30 10	40	10		60	10
⊕ 20 10	? 40	? 10	10 10	20 ⊕		
40 ⊕	⊕	30	20	40	10	
⊕ 30	10 10	10 ⊕ 10	20 30	20 20		
⊕ ⊕		⊕ ⊕	⊕ ⊕	⊕ ⊕	30	10 10

霧島はカシ・モミ・ツガ型常緑林、阿蘇は裾野、大山はブナ・ナラ型落葉林、瀬戸内海は沿海クロマツ林に評価の重点があることがわかる。富士山や日本アルプスは一〇〇点配分以外にも⊕字の印がついており、その形式が多様であることが評価されている。この表は各候補地の特徴を一目瞭然と説明できる効果を有している。しかし、その点数は田村の視線によるものであった。新高山（台湾）、金剛山（朝鮮）といった植民地の風景も田村の規準により、内地の風景と並べて評価されていた。このような評価法によって国立公園の風景は決められた。田村はこの採点表に「日本風景」と墨書している。

以上のように、大正以来田村が唱え続けた風景の利用・開発、その資源化と経済利用は、その目的のために風景を要素に分解し、型として認識することに帰結した。理念として通底するのは、「科学的評価」であるといえよう。誰もに説明ができ、採点を経ることにより、誰もが評価に参画できる、ひとつの行政手法といってよい。森林の保存、あるいは風致というものが、歴史イメージや郷土の回顧的なものから、造園的装飾美の名のもと、科学的なモノサシで計測可能な風景に転換していく過程であった。科学は普遍を標榜する。風景も帝国普遍の論理の中におとしこまれて

表1　各国立公園候補地ニ於ケル主タル植生形式（田村剛）

			新高山	霧島	雲仙	阿蘇	大峰山	大山	箱根	富士
樹林形	常緑林	熱帯多雨林	10							
		タブ、シイ型	30	20						
		カシ、モミ、ツガ型	10	30	30	10	10	⊕	⊕	
		沿海黒松林			⊕					
	落葉林	ブナ、ナラ型					20	50	30	10
		カヘデ、シラカバ型	30	10	10	10	60	10	50	
	灌木叢	ツツジ、イヌツゲ型		20	40	20		20	10	
		ミヤマハンノキ型								10
		ハイマツ型								
		ササ型					⊕	⊕	10	
	針葉林	モミ型	10				10			30
		カラマツ型								10
草原形		裾野		10	10	50		20	⊕	30
		湿原								⊕
		高山草本	10							10
裸地形		寒生	⊕							⊕
		岩生	⊕						⊕	⊕
		砂生								

註：合計100点として点数を配分（⊕は所々散見する植生）。

いくのであった。

(3)　植民地風景と田村剛

帝国普遍の風景論理ができあがると、それは植民地の風景も決定し始める。国内における国立公園一次指定が終わった直後、田村は朝鮮、満洲にも国立公園を設置すべきだとの論を発表する[89]。候補地にあげたのは、北方の金剛山と白頭山であった。一方、内地候補地選定と併行するようにすすめられていたのが台湾の国立公園指定である。一九三三年（昭和八）八月一二日、田村は台湾総督府より国立公園事務を委嘱される[90]。早くも田村は、一九二八年（昭和三）一月に新高山阿里山を調査し、ついで本多静六が翌二九年四月に台北市北方の大屯山を、三二年四月には田村が次高山タロコ峡を調査した。そして各々について国立公園協会が設立された。一九三五年（昭和一〇）一〇月、台湾総督府は国立公園法を施行し、翌三六年二月三日に第一回台湾国立公園委員会が開催された(91)。

台湾の国立公園の指定は亜熱帯特有の風景型とされた。植物型については新高山阿里山は神木とされる紅檜と、台湾杉、次高タロコは台湾奴草、大屯は台北の一大庭園とされた(92)。この委員会に出席し、説明も行っている田村剛は指定に先立ち、台湾国立公園の選定について講演を行っている(93)。そこでは「標準をどのように採るか」について言及し、「内地の十二箇所の国立公園を一通り標準にして見ることが参考になる」としている。つまり、内地の国立公園の風景型を台湾にも適用したことになる。最高峰新高山は富士山に、次高タロコは田村の好む四季を通じて多様な植生を持つ日本アルプスなどの山岳風景の風景型として評価した。一方の大屯については、それが茶畑、焼畑、放牧により利用されているため積極的評価はしていないが、台北に近い温泉地で利用しやすいこと、つまり田村のいう風景利用の点で、雲仙峡に比して「これも落す事も惜しい」という(94)。このように台湾の風景は、帝国の風景（日本の風景）の枠内で捉えられていた。田村は、「由来島帝国日本は、特に南に向つて発展すべき運命」があり、熱帯地方を国立公園系統に加えることの緊要さを訴える(95)。

さて、大屯山には当初一八九八年（明治三一）、陸軍台北衛戍病院北投分院として温泉地が開発され、その後北投、草山などが温泉地として開発されていく。皇太子裕仁は、一九二三年（大正一二）四月の台湾行啓の際に草山を訪れ、以来皇族の宿泊所はこの地であった。新高山は明治天皇の命名であった。また次高山は皇太子裕仁の命名であった(96)。これら三公園はいずれも天皇のイメージが付着した帝国の風景地でもあった。

そしてそれは植樹という形でも空間に表現されていく。台湾は亜熱帯であるため、内地と同様の植生は期待すべくもない。一九一五年（大正四）の大正天皇大礼の際、台湾各地にある神社、公園、並木、学校に植樹がされたが、その樹種には榕樹、樟樹、相思樹など台湾の気候に適した樹種が選定されていた。ただし、桃園庁、南投庁では名所旧蹟に桜が植えられた(97)。紀元二千六百年を迎えた一九四〇年（昭和一五）、大屯国立公園協会に桜を植える運動が起こる。同協会内「桜委員会」は、内地桜は台湾の風土に合わないことを議論した挙句に、紗帽山と草山、竹子湖付近には台湾緋桜を、そして大屯山麓に鹿児島方面で栽培された染井吉野を、同年中に各々二六〇〇本、あわせて一万本の植樹を目指すことになる。(98)

このように台湾においては、田村による内地公園の風景型の適用を受けつつも、天皇イメージを軸とした帝国の風景の創出もベースにあり、それが桜植樹に結びついていく。かつての大屯国立公園、現在の陽明山国家公園においては緋桜と吉野桜が花見の対象となっている。また紗帽山にも山桜が残されている。(99)

三　その後の岡山・瀬戸内海

田村、本多を主軸として展開した昭和初期の風景政策は、それまでの都市からの歴史的空間や森林の眺望という一種曖昧な表現であった風致の概念を、評価軸で定量化し分類する、風景型という方法に変えた。そして国立公園設置によるツーリズムの隆盛が図られたのである。

こうした状況下で、再び岡山で起こった事象を整理しながら、本論のまとめへと歩を進めたい。旧藩主池田家の残像と天皇行幸の名園・後楽園は、田村により歴史的遺産となった。田村は歴史事実に忠実ではなく、彼自身の解釈（廻遊式庭園、借景、曲水、御茶屋など大名庭園を表現するときの「要素」(100)）を付着した。特に彼の庭園の見方、その風景型の特徴は、森と芝生の「明と暗」、芝生と曲水の「静と動」というように二項対立的な配置、つまり単純ともいえる対比の構図にあった。

そして田村は後楽園における庭園観を、そのまま森林にも敷延しようとする感覚があった。曰く、「私は日本の国立公園では、自然と人とが一つとなつたやうな心持ちで、有ゆる施設を行ひたいと思ふ。つまりは茶禅一味で国立公園を塗りつぶし、茶庭を造るやうな心で道路、橋梁、ホテル、茶店、腰掛等を意匠(101)」することであった。

国立公園は大名庭園の如く廻遊し（ただし車で）、御茶屋の如き施設を設置することが田村の風景の開発利用であった。その点では電車やケーブルカーは許容し難いものであった。[102]

さて、操山森林公園は戦前には結局できなかった。また岡山市都市計画局は一九三六年（昭和一一）に東山（操山）、京山、半田山の東西北の三山を風致地区として申請するための調査を始めた。しかし、翌三七年に操山に山火事が起こり、主要部分が焼失、再び禿山となる。[103] したがって風致地区計画はならない。操山の施業と保安林行政を担ってきた久郷梅松は、その山林課長の職にあったまま三八年九月に没する。そして一九四〇年（昭和一五）、都市計画法第一三条「風致維持ノ為指定スル地区」として、後楽園と岡山城本丸、そしてそれらと操山との中間地域が指定された。[104] 操山は山火事の上、木材高騰と燃料不足による山林乱伐がさらに荒廃させ、「裸になる山」[105] となっていった。その操山自体は風致地区の対象にならず、それを眺望する地点と中間地域が風致地区指定されたのである。

ところで、操山森林公園から視線をそらした田村は、昭和初期の国立公園設置に邁進していき、久郷は瀬戸内海沿岸に田村の風景型の準備をする。瀬戸内海国立公園については田村や地質学者の脇水鐵五郎が、その山頂からの多島海の眺望を「発見した」とされる。[106] それは田村の風景型の適用の事象をいうのであり、地元からすれば田村の風景型を準備できるか否かが選定の対象になる条件であったといえる。[107] それを田村自身は「大観」といっている。山頂から見えるのは、当時荒廃したままで花崗岩の白い肌が見える島々と、そして先の分類表に見るとおり沿岸のクロマツ、つまり白砂青松の風景であった。

瀬戸内海国立公園の中心地となった岡山県下津井町では、町・保勝会・下津井鉄道が鷲羽山《わしゅうざん》を開発し、ホテル（鷲麓苑）、鉄道、アクセス道路など、田村の求める風景利用のための施設を予め準備していた。一九三〇年一一月一一日（当日晴天）、田村の「発見」した山頂からのパノラマ景も、[108] 一九二八年時点で「下津井鉄道名所図絵」[109] に掲載されていた。こうした地元が準備した場所に田村を誘導したのも、町長と一緒に出迎えた岡山県国立公園協会理事の久郷であったと考えられる。

　逆にこうした風景型を準備できなかった所は選から漏れる。岡山県牛窓町も町・商工会・保勝会がすでに開発されていた海水浴場と港周辺の旅館（遊郭）の東端にある亀山を眺望の地として準備するが、輿に乗せられ一九三三年（昭和八）五月七日に登山した田村（図3）は視線の高さが眺望地として劣るとみて候補にあげない。[107] 結果的に町長の内務省への巻き返しと、私有地の国庫への寄付が実り、沿岸島嶼部分のみ編入される。

　同様に田村の風景型「大観」とクロマツの白砂海岸を持っていたのが、岡山県笠岡諸島の白石島と高島である。田村は牛窓訪問のその足で、五月一一日、笠岡町議・商工会幹部ら約一〇〇名に歓迎されて、白石島・高島などを舟で廻り、飽かずにカメラのシャッターを切った。[110] ここでも久郷が随伴した。そして白石島・高島も国立公園区域に編入されるのであるが、交通がポッポ船しかなく、宿泊施設もない、お土産も草羊羹しかない状態で、滞在客が発生せず、経済効果を生むにいたらなかった。[111]

図3　田村剛（輿に乗っている人物）台湾で事故に遭い右足を失った。国立公園調査のための移動は輿を使った。写真の場所年代とも不明だが国立公園調査時のものと推定される。（環境省提供）

　笠岡諸島ではその後、高島が一九三九年（昭和一四）神武天皇聖蹟指定の「吉備国高島宮」址として候補に名乗りをあげ、田村の型とはまったく異なるイメージの景色、「天皇の風景」獲得へ向かっていく。もとより高島は創建年不詳の高島神社（宮司立神勝彦）をもとに、一九一九年（大正八）、北木島郵便局長の石材業、畑中平之丞により高さ八メートルの高島行宮顕彰碑が山頂に建てられ、それに先立つ一五年、明治天皇招魂碑も建立されており、付近の小中学校の修学旅行地となっていた。しかし、神武天皇聖蹟指定には落選する。落選後、高島では直ちに史蹟保勝会が組織され、妹尾伊豫松、河田作市らが代表となり[112]、一九四二年四月に脇水鐵五郎に調査を依頼[113]、そして同年在野の考古学者鵜久森経峯が高島宮証明のために招聘される。さらに四三年（昭和一八）、京都帝大の梅原末治が調査を委託され来島する。梅原は「好事家に依る史跡破壊を妨止」するためだと戦後語っている[114]。こうした考古学的権威と、鵜久森らの「高島宮聖跡保存会」[115]の活動、そして四三年五月三～八日の國府種徳の来島を受け、翌四四年一一月七日に高島は名勝指定される。

白石島でも天皇の風景が準備された。「古跡研究会」が設立され、高島神社神官立神や鵜久森の指導の下、島内の遺蹟を神代のものと顕彰する運動が始まった。主導したのは国立公園誘致などに尽力しても効果はないと発言していた[116]郵便局長中塚徳松や、小学校長山川一尾、そして西原寅吉であった。山川は小中学校の校章を一九四〇年に金鵄《きんし》と八咫鏡《やたのかがみ》のデザインとし（現在も使用）、國府が四一年九月島を訪れ、このことで四三年二月一九日名勝に指定される。國府は島に「闡揚郷土美」の揮毫を残した。

むすびにかえて

風景型という風景の類型化手法は、風景を要素に分解し再構成するという工学的手法であった。それは行政的に有意な手法であり、田村以降も開発されていく。視点場の設定、測定の時間帯、そして移動中の視線など、今日も景観行政で使用される方法は、すでに田村剛が提唱していたものである。田村は風景を構成していく学問を風致工学 Landscape Engineering、そして都市計画に対応して森林風景計画と言い、その必要性を説いた[117]。田村ののち、それは手法を先鋭化させ、都市計画（土木計画）の学知の中に景観工学という学問分野を拓いている。それは風景の表現に歴史的レトリックを採用はするが、主眼は計測技法やその図上表現に長けた学問集団であり、まさに田村剛の遺伝子群である[118]。

田村の風景型が国立公園に適用され、そして植民地の風景にも応用可能であったのは、風景を操作できる要素に解凍でき、共有できる科学主義によった方法であったからである。大正期に風景は「有ゆる感覚を鋭敏にする必要がある[119]」といっていた田村剛自身が、その風景を感覚の世界から物質の世界に引き出したといえる。帝国普遍の風景を構成していくこと、それが風景型手法の要諦である。

風景、その最初の形の風致という概念は、復古的な近世イメージを共有できる空間や山林を指していた。記憶の共有が風致であり、その保存方法に森林施業や史蹟名勝天然紀念物保存の運動があった。したがって、面積標準など全国画一の規格設定を行う都市計画公園や、風景型という枠組にあてはめる田村の風景計画とは当然相反する。それは保存と開発という対立軸とともに、記憶と物質という立脚点そのものが異なっていたと考える。またこうした対立は、それぞれの風景の行政管轄が異なっていたことも勘案しておくべきだろう[120]。

本論では、こうした帝国の風景をめぐる動きが地方都市にどのように影響を与えたのかを語った。岡山という城下町の事例は、ひとつのモデルである。おそらく他都市でも同様なことが起こったと予測する。ただ岡山には田村剛の自宅があった（岡山市八番町）。田村は瀬戸内海国立公園調査の一九三三年（昭和八）五月、自宅に戻り岡山一中の同窓会にでている[121]。そうした人脈の濃い都市であることが、彼をしてかつての藩主の庭や瀬戸内海に風景を発見する動機ともなったと想像する。

岡山は、田村以前は天皇の藩屏となった藩主を表象する空間が造出された。それが旧藩主の世代交代で池田家の歴史イメージが後退していく大正期に、田村剛という造園家が現われ、「新しい」意味と評価を後楽園や山林に与えた。時は都市計画法の時代であった。田村らは、彼らが計画した人為的に手を施した自然の設置とは異なる、フィジカルな計画理論である面積標準による公園を企図する都市計画技師たちとは対立する。瀬戸内海に誘導された田村は、みずからの風景型を適用し、それを最初の国立公園指定に導くのであった。そして一方で、天皇ブランドに傾いた史蹟名勝天然紀念物と天皇聖蹟の洗礼が訪れ、去り、戦後の新たな文化を標榜した風景の構築に向かっていくのである。

(1) 丸山宏『史蹟名勝天然紀念物』(大正編) 解説 (不二出版、二〇〇三年)、三一頁。
(2) 高木博志『史蹟名勝天然紀念物』(昭和編) 解題 (不二出版、二〇〇八年)、一五〜二二頁。
(3) 村串仁三郎『国立公園成立史の研究』(法政大学出版会、二〇〇五年)、四七〜六九頁。
(4) たとえば浅野純一郎「地方都市の戦災復興都市計画における街路計画の立案とその特色に関する研究」(『日本建築学会計画系論文集』七六―六六七、二〇一一年)、一六二一〜一六三〇頁の表二中の初期都市計画の位置づけ。あるいは同じく浅野『戦前期の地方都市における近代都市計画の動向と展開』(中央公論美術出版、二〇〇八年)。
(5) 岡山市『岡山市百年史　上』(一九八九年)。
(6) 白幡洋三郎『大名庭園』(講談社選書メチエ、一九九七年) では、大名庭園を「遊びの空間」という見方をするが、再検討の余地がある。なぜなら、岡山後楽園の日記「御後園諸事留帳」をもとに書かれた、神原邦男『大名庭園の利用の研究』吉備人出版、二〇〇三年) には、庭園の大名の政治的空間としての使用実態が指摘されているからである。
(7) 倉地克直『徳川社会のゆらぎ』(小学館、二〇〇八年)、『御城下男女人数有人改帳』。
(8)『惣人数之書付』、一七〇七、岡山大学附属図書館池田家文庫蔵。
(9) 参謀本部編『共武政表』(柳原出版、一九七八年)。
(10) 岡山市役所『岡山市史第六』(一九三八年)、三九一六〜三九六二頁。
(11) 岡山市玉井宮東照宮に残る『東照宮氏子名簿』によると東山門田屋敷百五二世帯の士族の盛業は学校教員一〇、県市吏員一五、銀行員七、巡査一、新聞四、医師一、海軍一の他は平民と同様の商売についている者が多かった。
(12) 村上長毅 (中隊長、二十二銀行頭取のち市参事会員、市会議長)、花房端連 (藩蔵屋敷詰、二十二銀行頭取、岡山紡績、山陽鉄道、商法会議所、初代市長 (一八八九〜九〇))、新庄厚信 (藩外交掛、二十二銀行頭取、市参事会員、二代市長（一八九〇〜九四））、杉山岩三郎（精鋭隊士、岡山紡績発起人、商法会議所頭取、二十二銀行、岡山電灯、中国鉄道、岡山瓦斯）、阿部守衛（剣術師範、岡山区長）、池田長準（家老、二十二銀行頭取）、小田安正（県会議員、市会議長、三代市長（一八九四〜一九〇二））、岡田磐（士族、警察署長、四代市長（一九〇二〜一八））。

(13)岡山県『岡山県職員録』一八八四年一二月、一八八七年一二月、一八八九年一二月。

(14)「新太郎儀は余人とちかい候条、権現様しんからニ存候ハて不叶儀と被思召候。国本ニくわんしやう候旨尤ニ被思召」（谷口澄夫編『池田光政日記』山陽図書出版、一九六七年）、正保二年三と六の条。

(15)岡山大学附属図書館池田家文庫、「三勲神社創立書類」、一八八四年、YPA-〇一一。

(16)玉井宮東照宮『玉井宮東照宮誌』（一九八三年）。

(17)岡山市『岡山市史　第五』（一九三七年）、第四章史蹟名勝。

(18)小澤圭次郎は『明治庭園記』（神田喜四郎編『明治園芸史』日本園芸協会、一九一五年）の中で「畢竟日本三名園の題目は一笑をも値せざる俗評」と言い、「岡山公園は、元来幽邃の致に乏し園趣なるに天覧後にて、清掃整潔」と一八八五年八月の天皇行幸が機という。松山市立子規記念博物館蔵の子規の後楽園絵葉書の裏に一八九一年八月「日本三公園之一」とあるのが最初の三公園の記録とされる。

(19)岡山県郷土文化財団『岡山後楽園史』（二〇〇一年）、博覧会は園内では開催されない。

(20)岡山県護国神社『岡山縣護国神社百年史』（一九七六年）。

(21)『山陽新報』一九一四年二月二八日。

(22)『山陽新報』一九一六年五月七日。

(23)椎原兵市。一八八四年生。一九〇七年京都高等工芸学校図案科卒業。一一年宮内省内苑寮技手。二〇年大阪市都市計画部技手。二四年同公園課長、大阪市都市計画公園の設計に従事。

(24)市川之雄・椎原兵市設計『岡山市東山公園設計平面図』、京都工芸繊維大学工芸資料館蔵、AN-四八二二-二-〇二-〇五。

(25)『山陽新報』一九一六年九月五日。

(26)勾玉型の池は建設されず、当該地は芝生の広場となった。

（27）小野芳朗「岡山招魂社創建と「公園」の空間変容」（『日本建築学会計画系論文集』七六―六五九、二〇一一年）、六七～七四頁。
（28）国立公文書館蔵「大正七年法律第三十六号」。
（29）岡山市議会『岡山市会史』第一巻、「大正七年七月二三日、報第四号　市区改正条例稟請書却下報告ノ件」。
（30）石田頼房『日本近現代都市計画の展開』（自治体研究社、二〇〇四年）。中邨章「大正八年・都市計画法再考」（『政経論叢』四九―一、一九八〇年）、五九～九九頁では内務省主導の地方の意思の通らない事業と評価されているが、実態は市財政中心で計画される。伊藤之雄は『京都市政史』第一巻の続編、「第一次世界大戦後の都市計画事業の形成」（『京都大学法学論叢』一六六―六、二〇一〇年）、一～三四頁の中で、都市計画地方委員会には市民や市会議員の意見が反映された、と述べる。しかしそれだけではなく、財源、技術主体を含めて議論すべきである。
（31）小野芳朗「戦前期の岡山都市計画街路の形成」（『日本建築学会計画系論文集』七六―六六七、二〇一一年）、一七三五～四三頁。
（32）『都市公論』七―七、一九二三年。都市計画会議は、第一回都市計画主任官会議と通称される。
（33）都市公園法成立は一九五六年で、この時まで公園に関する法的な根拠は存在しなかった。
（34）『都市公論』七―七、一九二三年。「公園計画基本案」。
（35）京都は郊外山林も公園であると解釈した。「公園都市」を自認する京都市は、その補塡として一九三〇年都市計画法風致地区指定に頼ったとする。伊従勉「都市計画史からみた景観」（『京都の都市景観特別研究委員会報告書』二〇〇二年）、二一九～三三六頁。
（36）『山陽新報』一九二三年一〇月一〇日。
（37）『山陽新報』一九二五年九月一八日。
（38）『山陽新報』一九二三年一二月二二日、二三日。
（39）渡邊頼母編纂『夢香翁を語る』（南夢香翁追慕会、一九四四年）。
（40）『山陽新報』一九二一年一月二六日、二七日、二八日。田村剛「庭園の見方と後楽園」。
（41）岡山県史蹟名勝天然紀念物調査会『岡山県史蹟名勝天然紀念物調査報告』第二冊（一九二二年）、岡山県『後楽園誌』（一九二六年）。

(42) 一部翻刻されている。神原邦男編『御後園諸事留帳』（吉備人出版、一九九九年）。

(43) 田村の「庭園の見方と後楽園」は田村の感想に過ぎない。しかし、この見方が後楽園史（誌）として定着する。

(44) 田村は栗林公園北園内の松平頼寿銅像周囲の造園を委嘱され、おそらくその時に書いた栗林公園の評価に、それは桂式（稀代の天才小堀遠州が創設にかかる様式）といった。田村剛「栗林公園」（『教育画法』年代不詳、昭和初期か）。

(45) 『山陽新報』一九二二年一月五日。

(46) 『山陽新報』一九二二年一月二五日。

(47) 岡山県郷土文化財団『岡山後楽園史』（二〇〇一年）、西外園の整備計画の項。

(48) 『山陽新報』一九二二年一月二六日。

(49) 『山陽新報』一九二六年九月一四日。

(50) 全国都市計画主任官会議、土地区画整理審査標準、第二　設計標準、五　緑地（『都市公論』一〇―五、一九二七年）。

(51) 一人二坪はその後都市公園法内で一〇平方メートルとなった。

(52) 池田綱政『竊吟集』（神原邦男翻刻『林原美術館紀要』年報二、二〇〇七年）、貞享四年（一六八七）中秋の名月を愛で、「雲のはにそれと見るより松やまの木の間さやかにいつる月影」と詠む。

(53) 大阪営林署岡山大林区『岡山事業区施業按説明書』（一九〇一年）、国立公文書館、平一九農水二〇七七六。

(54) 森林法、一八九七年四月三〇日法律第四六号の第一一条が地方森林会の設置。同改正法、一九〇七年四月二二日法律第四三号では第一八条、国立公文書館蔵。

(55) 大阪営林署岡山大林区『岡山事業区施業按沿革史』（一九一〇、一一年度）、国立公文書館、平一九農水二〇七七六。

(56) 大阪営林署岡山大林区『岡山事業区第二次検討施業按説明書』（一九二〇年）、国立公文書館、平一九農水二〇七七三。

(57) 大阪営林署岡山大林区『岡山事業区施業沿革史』（一九二一～三〇年）、国立公文書館、平一九農水二〇八一九。

(58) 『山陽新報』一九二一年六月一一日。

(59) 『山陽新報』一九二七年四月二三日。

(60) 原泰之、小野良平ら「戦前期における風致地区制度の位置付けに関する歴史的考察」（『ランドスケープ研究』六九―

五、二〇〇六年)、八一三～八一六頁。風致地区は歴史的価値を保存する相互補完的制度であった。香川隆英、田中伸彦「我が国の保安林制度にみる風致施策の展開」(『ランドスケープ研究』五八―五、一九九五年)、二〇一～二〇四頁。風致の起源は一八七六年官林調査仮条例中、社寺上知林の禁伐に始まる。

(61) 法律第四六号　森林法、一八九七年。

(62) 柳下鋼造「都市林に關する一考察」(『都市問題』一九―五、一九三四年)、一一六一～一一六九頁。

(63) 岩田京子「風致整備政策の成立過程」(『Core Ethics』六、二〇一〇年)、五一九～五二八頁。

(64) 清水裕子他二名「戦前における「森林美学」から「風致施業」への展開」(『ランドスケープ研究』六九―五、二〇〇六年)、三九七～四〇〇頁。

(65) 田村剛「林業芸術論」(『大日本山林会報』四〇二、一九一六年)、六～一一頁。

(66) 上原敬二「林業非芸術論」(『大日本山林会報』四一一、一九一七年)、一四～二〇頁。

(67) 田村剛「府県立公園と郷土風景の保存」(『大日本山林会報』四二九、一九一八年)、一六～二一頁。

(68) 田村剛「森林公園」(『大日本山林会報』四四〇、一九一九年)、一～五頁。

(69) 前掲註(3)村串『国立公園成立史の研究』では田村の「国立公園論」は本多の論に続いて一九二一年九月二七日～二九日の『大阪朝日新聞』に掲載としているが、これに対する大屋霊城の反論は、同年九月二七日から二九日であり、時間的に矛盾している。正しくは、田村が一九二〇年『東京朝日新聞』に発表したものを、翌年本多が援護し、これに大屋と上原が反論した。

(70) 田村剛「国立公園 (一)」、『東京朝日新聞』一九二〇年九月七日。

(71) 田村剛「国立公園 (二)」、『東京朝日新聞』一九二〇年九月八日。

(72) 田村剛「明日の林業と林学」(『大日本山林会報』四六八、一九二一年)、一～六頁。

(73) 本多静六「風景の利用と天然紀念物に対する予の根本的主張」(『史蹟名勝天然紀念物』四―八、一九二一年)、八九～九一頁。

(74) 上原敬二「国立公園の真意義 (上)」(『史蹟名勝天然紀念物』五―八、一九二二年)、八七～九〇頁。

(75) 上原敬二「国立公園の真意義(下)」(『史蹟名勝天然紀念物』五―九、一九二二年)、一〇〇～一〇二頁。

(76) 前掲註(3)村串『国立公園成立史の研究』、六三頁。
(77) 田村剛「森林の『第三利用』に就いて」(『大日本山林会報』四七〇、一九二一年)、七~一一頁。
(78) 田村剛「国立公園の事業と経済問題」(『国立公園』一―一、一九二九年)、一七~一九頁。田村剛「国立公園と遊覧系統」(『国立公園』一―三、一九二九年)、六頁。
(79) 田村剛「風景政策上より見たる国立公園問題」(『庭園と風景』九―八、一九二七年)、一七六~一七八頁。田村剛「大風景地の保護と開発」(『国立公園』一―一〇、一九二九年)、一~五頁。
(80) 田村剛「風景地の計画と経営」(『庭園と風景』九―一、一九二七年)、四~五頁。田村剛「保安林私見」(『林学会雑誌』一二―一、一九三〇年)、六五~六七頁。田村剛「都市空地特に生産緑地の保存に就て」(『都市問題』一九―四、一九三四年)、七三~八二頁。
(81) 田村剛「国立公園の話」(『建築雑誌』四八―五八〇、一九三四年)、七九~八四頁。
(82) 田村剛「日本人の風景観と国立公園」(『国立公園』七―六、一九三五年)、二~三頁。
(83) 田村剛「時局下の国立公園と新日本国立公園の提唱」(『国立公園』一三―五、一九四一年)、二九~三一頁。
(84) 内務省『第一回国立公園委員会議事録』、一九三一年一一月二四日。
(85) 内務省『国立公園法案応答資料』、年代不詳。
(86) 内務省衛生局『国立公園概要・使命等(秘資料添付)』、一九三一年一一月調。
(87) 田村剛『森林風景計画』(成美堂、一九二九年)。
(88) 田村剛自筆「各国立公園候補地ニ於ケル主タル植生形式」(年代不詳)。
(89) 田村剛「朝鮮及満洲に国立公園の設置を望む」(『国立公園』八―九、一九三五年)、六~九頁。
(90) 臺灣総督府檔案一〇二三八「国立公園事務嘱託方内申」、一九三三年。
(91) 山縣三郎「台湾国立公園の指定に当りて」(『国立公園』一〇―一、一九三八年)、三頁。
(92) 藤田偵三郎「台湾国立公園の誕生に当りて」(『国立公園』一〇―一、一九三八年)、一一頁。臺灣総督府『第一回台湾国立公園委員会議事録』、一九三六年二月三日。
(93) 田村剛「台湾の国立公園」、大屯国立公園協会主催、一九三五年六月。

(94) 台湾は原住民が焼畑農業を行っていたため、日本の領有当初山林は荒廃していた。
(95) 田村剛「台湾国立公園の使命」(『国立公園』一〇―一、一九三八年)、一頁。
(96) 野口敏治「台湾国立公園実現に対する所感」(『国立公園』一〇―一、一九三八年)、一五頁。
(97) 臺灣総督府檔案〇二三七六「御大典記念各庁下記念植樹計画概要」、一九一五年。
(98) 大屯国立公園協会『紀元二千六百年記念大屯国立公園内桜植樹報告』、一九四三年。
(99) 朝鮮の桜植樹については、高木博志「桜」(『東アジアの記憶の場』河出書房新社、二〇一一年)、二六三～二八七頁に詳述。
(100) 岡山県『後楽園誌』(一九二六年)は「庭園史上後楽園の意義」「造園学上後楽園の意義」が書かれ、田村の影響が見られる。
(101) 田村剛「日本人の風景観と国立公園」(『国立公園』七―六、一九二五年)、二～三頁。
(102) 田村剛「自然と価値」(『建築雑誌』七九―九四二、一九六四年)、三八三～三八六頁。田村は一九六四年には公園内が都会同然の雑沓をみるようになり、利用者を誘導する自動車道路の自然公園内深くへ引きこまないよう、ケーブルカーの架設を奨めるようになる。
(103) 『山陽新報』一九四〇年三月一〇日。
(104) 内務省、建設院、建設省「都市計画及び都市計画事業の決定書類等・岡山県」内「岡山県・資料(告示番号なし)」、一九二七年、「番号二七、岡山都市計画風致地区指定ノ件」の項、国立公文書館蔵。
(105) 『山陽新報』一九四〇年三月二八日。
(106) 西田正憲「瀬戸内海における多島海景の変遷と脇水鐵五郎・田村剛の視覚」(『ランドスケープ研究』六〇―五、一九九七年)、四二五～四三〇頁。
(107) 小野芳朗「瀬戸内海国立公園・下津井と牛窓の風景準備」(『ランドスケープ研究』七三―五、二〇一〇年)、三八一～三八四頁。
(108) 田村剛「鷲羽山」(『第廿七回会報』創立五十周年記念号、岡山県青年会、一九三〇年)。
(109) 下津井鉄道株式会社「下津井鉄道名所図絵」(一九二八年)。

(110)『山陽新報』一九三三年五月一三日。
(111)『山陽新報』一九三三年五月一二日。
(112)史蹟名勝天然紀念物保存協会『史蹟名勝天然紀念物』一八―七、「彙報」名勝の実地調査の項、一九四三年。
(113)史蹟名勝天然紀念物保存協会『史蹟名勝天然紀念物』一七―六、「彙報」名勝及天然紀念物の実地調査の項、一九四二年。
(114)岡山県高島遺跡調査委員会『岡山県笠岡市高島遺蹟調査報告』(一九五六年)、一～三頁。
(115)『鵜久森経峯：鵜久森スクラップ帳三』中、岡山四国版中国新聞　一九四三年七月一〇日の項、金光図書館所蔵。
(116)『山陽新報』一九三四年七月一四日。
(117)田村剛『森林風景計画』(成美堂、一九二九年)、六頁。
(118)景観工学は現在土木学会の一ブランチとして存在し、大学の土木系の講座に景観工学が設けられている。農学部造園系の景観は林学から派生した植生景観などを得意とするが、景観工学はＣＧ表現など工学手法の風景、都市景観への適用をなしている。
(119)田村剛「風景の觀方」(『ツーリスト』九―四、一九二一年)、一五～二〇頁。
(120)史蹟名勝天然紀念物が一九二八年文部省に移管される。都市計画公園は内務省都市計画局、国立公園は同衛生局、山林保全は各営林署。
(121)『山陽新報』一九三三年五月一七日。

高等中学校制度と地方都市——教育拠点の設置実態とその特質——

田中智子

はじめに

一九四九年（昭和二四）五月三一日公布の国立学校設置法は、全都道府県に国立大学を置いた点で画期的な法律であり、以後、国立大学が法人化された今日にいたっても、その点は変わらず維持されている。対するに、戦前日本における官立高等教育機関の数は限られていた。明治以来、その数は徐々に増していったが、それでも敗戦時における内地の帝国大学・官立高等学校数を見ると、それぞれ七校・二五校であり、約半数の都道府県に設置されていたに過ぎない。

都市研究の一環として、この問題を「拠点性」という観点から捉えようとしたのが、大石嘉一郎・金沢史男の論考である。彼らは「政治」（県庁の所在）・「軍事」（師団・鎮守府の所在）・「港湾」と並列し、帝国大学や旧制高等学校が置かれた都市を、「文化」の拠点性をもつと規定する。これらの有無を基準とした都市の類型化は魅力的な試みではあるが、そもそも都市の「拠点性」とはどういうことか（公共機関・施設が設置されれば自動的に「拠点」化するとはいえまい）、さらには「文化」の「拠点性」とはどういうことなのかが示されているわけではなく、検討の余地が大いに残されている。[1] 何となく納得してしまうものの、帝大と旧制高校の存在のみが指標とされる必然性も再考しなくてはならないだろう。

だが、とりあえずそれらは措き、本稿では、同論考の発想を借り、官立高等教育機関が置かれた都市を便宜上「教育拠点」と仮称することとし、まずは明治前半期における設置の原初形態を明らかにすることから始めたい。

官立高等教育機関の在・不在の歴史は明治初年にさかのぼる。明治五年（一八七二）八月三日、学制章程によって、八大学区の設定と教育行政拠点としての大学本部の設置が行われた。大学本部は東京・愛知・石川・大阪・広島・長崎・新潟・青森の各府県に置かれ（図1）、翌年四月一〇日に大学区が七区に変更されると、東京・愛知・大阪・広島・長崎・新潟・宮城となった（図2）。石川・青森が削除されて宮城が登場したということになる。

各大学区には教育機関としての大学を設置することも記されていたが、結局実現にはいたらなかった。その代わり、一八七三年から翌年にかけて、官立の外国語学校（のちに英語学校に改組）と師範学校が配置され、これが先の七大学本部に対応している。しかし西南戦争後の一八七七年（明治一〇）一〇月、東京と大阪を除いてこれらは廃止された。

分画に関してみると、一八八五年二月一三日、七大学区とは別に行政的区割りである地方部が設置され、[2] 翌年三月九日に五つの地方部がどの府県から構成されるかが明らかにされた。[3] この地方部は、まったく新しい分画方法の登場を意味しているが（図3）、各地方部に拠点は設定されなかった。

一八八六年（明治一九）四月一〇日、勅令第一五号中学校令第四条により、「全国北海道沖縄県ヲ除クヲ五区ニ分画シ毎区ニ一箇所」の高等中学校が設置されることとなった。だが、「其区域ハ文部大臣ノ定ムル所ニ依ル」とされ、区割りや設置地は具体的に示されなかった。区割りは文部省告示第三号により同年一一月三〇日に決定したが、設置地はそれ以降五月雨式に公布され、五区における高等中学校設置地がすべて確定するのは、翌年九月二七日のことであった。

その場所は、第一区が東京〔千葉〕、第二区が宮城、第三区が京都〔岡山〕、第四区が石川、第五区が熊本〔長

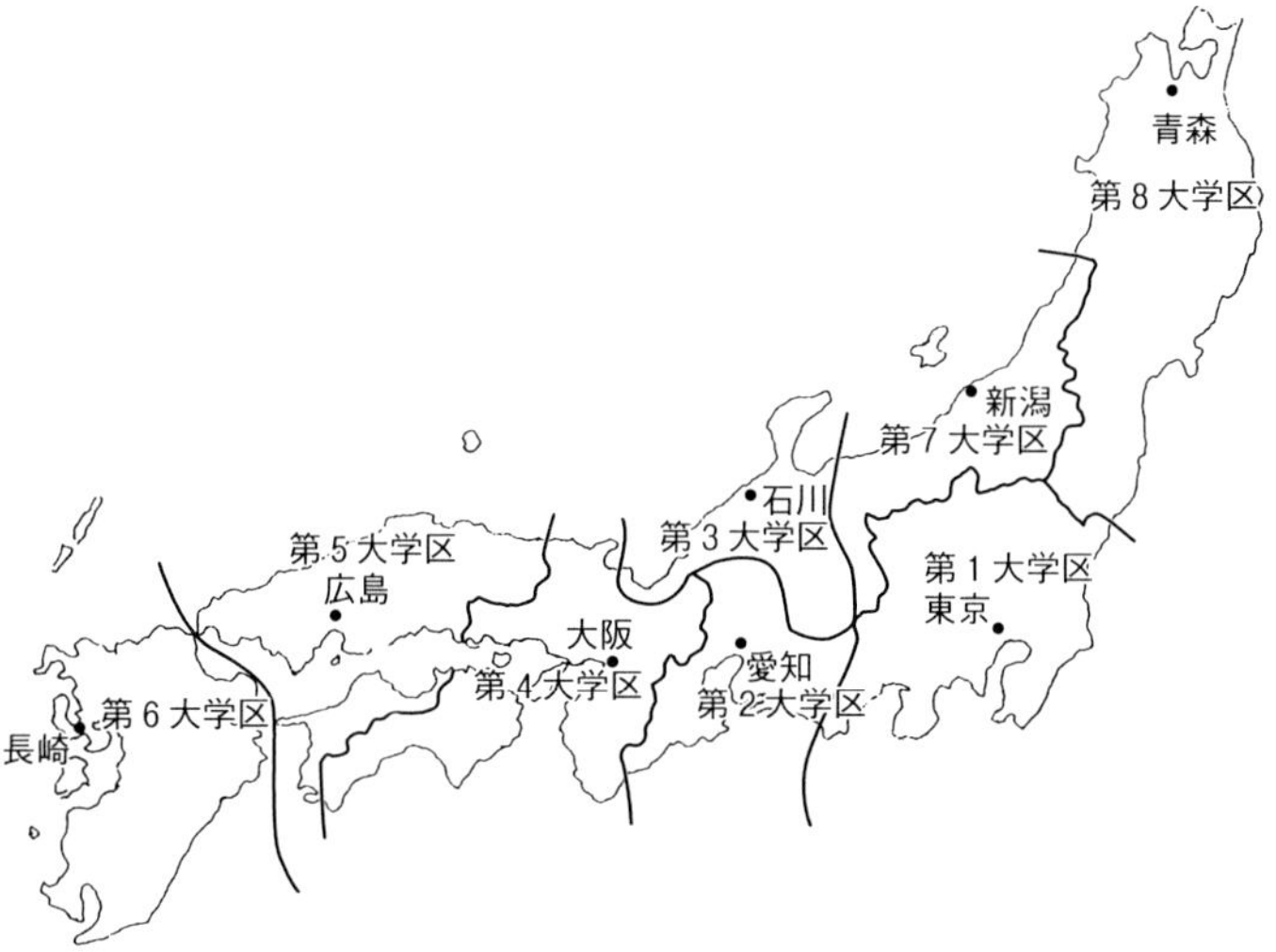

図１　1872年８月３日制定の大学区

図２　1873年４月10日変更の大学区
（図１・２とも註（５）神辺著書131頁所収図を改変・修正）

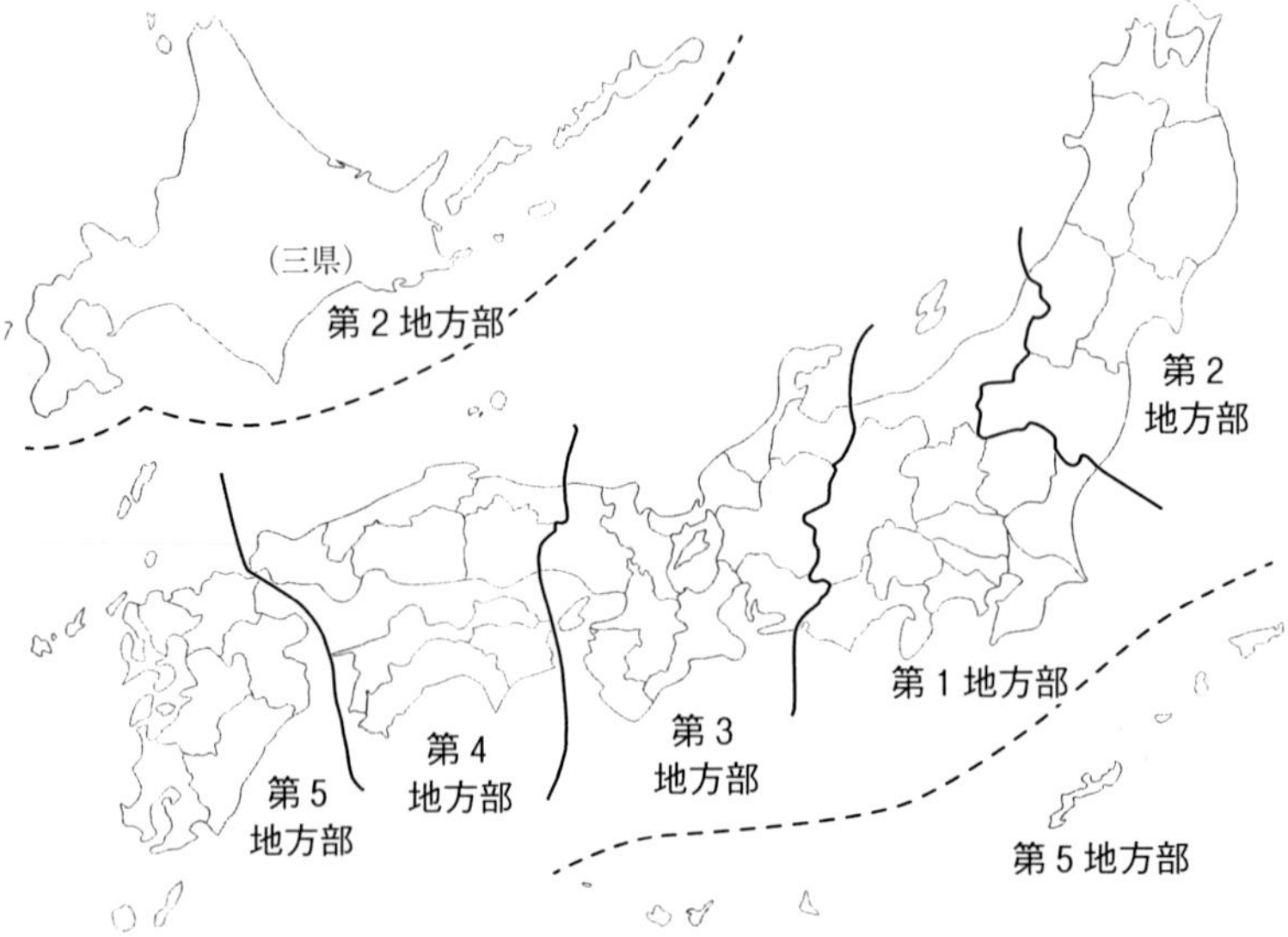

図３　1885年７月11日設置の地方部

図４　1886年11月30日制定の高等中学校設置区域

崎〕である（図4。〔　〕内は医学部が分置された県）。これを約一五年前の大学本部（図2）と比べるならば、残った教育拠点が東京・宮城・長崎、消えた拠点が愛知・大阪・広島・新潟、新興拠点は京都・熊本・千葉・岡山・石川ということになる。(4)

以上のような教育拠点の設置と分画方法を取り扱った先行研究として、昭和期にいたるまでの通時代的考察を試みた藤原良毅の論考がある。(5)だが藤原も、学制期のそれについては、「当時の歴史的、社会的、文化的諸事情から、大学本部の設置される都府、城下町あるいは貿易都市等が選定される可能性の大きかったことが推測される」、高等中学校設置問題については、「全国五区分画制の具体的基準については必ずしも明らかではなく、各区における学校設置位置としては、概ね、各区内の中心的都市が選定され」たと述べるにとどまっており、拠点の選考基準はいずれもはっきりしていない。

本稿は、高等中学校の設置経緯を、地域の側に即して検討するものである。各節で逐次言及するように、近年、関連の成果が上がりつつあるが、それらは個別分散式で、それぞれの知見には精粗があり、全体を俯瞰した比較分析の域には達していない。今回は、第二・第四・第五高等中学校を対象とし、基礎的事実を確認・整理した上で、それぞれの設置区域（第二・四・五区）での対応の特徴を考えることにする。いずれも本科が置かれたのは城下町、仙台・金沢・熊本である。同時に、東京大学予備門を改組した第一高等中学校、大学分校を改組した第三高等中学校と異なり、制度上の官立前身校をもたなかった新設校であるという共通点をもつ。

その上で、高等中学校の設置が教育拠点設置史上、画期的な事件であったことを論じ、合わせて冒頭に述べた都市の拠点性に関わる考察を深めてみたい。

本論に先立ち、高等中学校制度の経費に関わる基本事項を列挙しておく。①文部省は、東京大学予備門を改組した第一高等中学校本科以外の設置費用を、地元側に負担させた。府県への提示額は、「約十万円」（医学部設置

表1　第一～第五高等中学校設置状況

高等中学校	設置箇所（府県）	設置決定年月日	府県の費用準備方法
第一高等中学校	東京	1886. 4 . 29	（地元負担なし）
同上医学部	千葉	1887. 9 . 27	地方税4万と寄附金1万
第二高等中学校（医学部含む）	仙台（宮城）	1886. 12. 9 1887. 8 . 19（医学部）	寄附金7.5万（各郡区5万、仙台区2万、旧藩主と官吏で0.5万）と地所建物寄附2.5万相当
第三高等中学校	大阪→京都	1886. 4 . 29 1886. 11. 30移転決定	地方税6.8万と京都府中学校資本金3.1万
同上医学部	岡山	1887. 8 . 19	地方税4.5万と寄附金0.5万
第四高等中学校（医学部含む）	金沢（石川）	1886. 11. 30 1887. 8 . 19（医学部）	寄附金10万（うち旧藩主7.8万）
第五高等中学校	熊本	1887. 4 . 15	地方税8万と寄附金2万（うち旧藩主1万）
同上医学部	長崎	1887. 8 . 27	地方税4.3万、寄附金0.7万

県に対しては「約五万円」である。②文部大臣直轄であるが、国庫のほか地方税からも毎年の運営経費を支弁させうると規定されていた。③その際、第一～五区がそれぞれに構成府県の常置委員による連合委員会を開き、あらかじめ文部省から示された地方税支弁分（経費総額を国庫と折半）について、区内各府県の分担額を決めることとなった。④だが、その決定方法についても、あらかじめ文部省から内訓があり、本科設置府県に全体の一・五割（第三区のみ移転未完のため現所在地の大阪と移転地の京都に一割ずつ）、医学部設置県に一割を増課の上、残りを人口と地方税率に基づき各府県に割り振るようにと指示されていた。⑤それにもかかわらず、連合委員会での議論の結果、いずれの区でも文部省の指示は覆され、振り分け方法は独自に変更された(6)。

表1は、各区高等中学校の設置箇所・文部省による設置決定年月日・府県による設置費用の準備方法を(7)、表2は各区内府県連合委員会での議論を経た結果、一八八八年度においてそれぞれの府県が負担することになった運営経費をまとめたものであり(8)、行論のなかで適宜参照していく。

なお、以上の説明からも明らかなように、高等中学校の設

表２　1888年度高等中学校運営経費各府県分担額（円）

区	府県	分担額	備考
第一区（１府10県）計45,000	東京府	12,061	（備考）東京1.5割千葉１割増課の原案廃棄、民力富み入学生多い東京が２割増課、千葉が１割増課と決定。
	神奈川県	2,378	
	埼玉県	3,318	
	千葉県	7,879	
	茨城県	3,008	
	群馬県	2,077	
	栃木県	2,113	
	愛知県	4,560	
	静岡県	3,127	
	山梨県	1,321	
	長野県	3,158	
第二区（６県）計25,000	宮城県	11,108	人口のみを率に2.5割を宮城に増課の原案廃棄、宮城が総額の１／３を負担、残りを全６県が人口率で配分と決定。
	福島県	3,544	
	岩手県	2,636	
	青森県	2,088	
	山形県	2,935	
	秋田県	2,688	
第三区（２府13県）計32,500	京都府	4,613	移転未完のため医学部設置の岡山にのみ１割増課の原案廃棄。京都に１割５分の増課案出るも、京都・大阪・岡山がそれぞれ１割増課と決定。
	大阪府	5,995	
	兵庫県	2,731	
	三重県	1,602	
	滋賀県	1,238	
	岐阜県	1,401	
	鳥取県	635	
	島根県	992	
	岡山県	5,088	
	広島県	1,885	
	山口県	1,233	
	和歌山県	973	
	徳島県	1,000	
	愛媛県	2,288	
	高知県	826	
第四区（４県）計22,500	新潟県	6,361	石川2.5割増課の原案廃棄、3.5割増課と決定。
	福井県	2,422	
	石川県	10,794	
	富山県	2,921	
第五区（７県）計25,000	長崎県	2,865	熊本1.5割・長崎１割増課の原案廃棄、税高・人口による一律分配と決定。
	福岡県	5,793	
	大分県	3,533	
	佐賀県	2,743	
	熊本県	4,583	
	宮崎県	1,780	
	鹿児島県	3,703	

置は、「府県」という単位において考えられるべき問題であり、本稿はこれを基本的視角として叙述を進めるものであることを、最初に確認しておく。

一　第二区（東北）――当確・宮城県の努力――

第二高等中学校の仙台設置

一八八六年（明治一九）一月頃より、全国各地の新聞紙上では、来るべき五つの学校新設に関し、その設置箇

所がさまざまに予想されるようになっていた。(9)

仙台設置は有力な説であったが、それ以外の東北の地をあげた報道は見当たらない。宮城県において、文部官僚による下見訪問や地元有力者の上京といった事前の動きが認められないのは、東北六県という設置区域（ブロック）が固定的で、その中にはさしたる競合相手がないとみなされていたことが一因であろう。しかし、東北他県の反応が皆無だったわけではない。詳しくは不明であるが、山形県が「若シ宮城県ニ於テ躊躇逡巡スルアラハ、其金額ハ当地ニテ支出スヘシト覚悟セル模様」であった。また秋田においても、第二区高等中学校の設置を稟議する向きがあったといわれる。(10)

山形や秋田での事態は、高等中学校設置が現実味を帯びるほどではなかったとしても、第三区の京都や岡山同様、これを口実として、文部省が設置費用を宮城県に負担させるという結果が導き出されたことが重要である。(11)文部省は「該学校設置区域内ナレハ処ヲ問ハス創立費ヲ出ス所ニ設置スヘシ」との姿勢を示し、「山形等ニ設置セラルル如キアラハ、本県ノ恥辱之ヨリ甚シキモノナキ」と「憂慮」した宮城県知事松平正直に、「遂ニ創立費ハ本県ヨリ寄附スルコト」を決断させたとされている。(12)

一八八六年（明治一九）一〇月、宮城県において「高等中学校設置ノ趣意書」が作成された。(13)文責や宛先は不明であるが、「高等中学校設置ノ挙アリ」との状況に際し、「朝野ヲ問ハス」「有為ノ諸君」に「県民ノ為メ之ヲ鼓舞シ、之ヲ作興シ、以テ輿論ノ唱導ヲ勉メ、高等中学校ヲ此地ニ設置スルノ経営ヲシテ速成ニ至ラシメンコトヲ」と呼びかける、いわば檄文であり、広く県内から寄附を求める際に使用されたものといえる。(14)「新定学校令ヲ按スルニ、高等中学校ハ全国ヲ五区ニ分画シ毎区ニ一ヶ所ヲ設ケ、其経費ハ国庫ヨリ之ヲ支弁シ、又ハ国庫ト該学校設置区域内ニ在ル府県地方税トニヨリ之ヲ支弁スルノ制ナリ、但該校建築等其創業ニ係ル費用ノ如キハ、固ヨリ地方ノ負担ニ属セサルヘカラス」と、設置費用は地方負担であることを当然視した上で、第二区中、「地形ノ便」からいえば宮城県の右に出る県はないが、「若シ夫レ近隣各県ノ人民大呼運気シテ、以テ応分ノ資金ヲ募集シ其先鞭ヲ附ルアラハ、地形ノ便モ実力ノ資ニ制セラル、ハ自然ノ勢ナリ」と、危機感を煽るものであった[15]。

第二区高等中学校の仙台設置が文部省から無事保証されるのは、一二月九日の告示第四号をもってであったが、直後の一六日より、『奥羽日日新聞』の紙面の一角を「高等中学校創設費寄附人一覧」が占めるようになった。掲載は約半年後の一八八七年六月二六日まで計四三回に上り、地元紙による寄附金募集のキャンペーンだったともいえる。仙台区では、一組につき周旋委員二名ずつを選ぶようにとの区長による談示があり[16]、組長や委員が奔走し、各戸から一円内外での小口寄附を集めていった。郡部にも割り当てがあり、「或る二三の郡民は既に皆済に至らんとするの向もありとのことなれども右は格別に官民熱心の行届きたる部分のみにて広き一県内を挙て孰れも皆然りと云ふ場合には至るまじきなり」との実態が報道されている[17]。

趣意書では、創業費として「大凡七八万」が必要であると述べられているが、文部省からの要求額は、高等中学校本科が設置された他府県同様、一〇万円となった。仙台への設置決定から一年経った一八八七年一二月の時点で、各郡から五万円、仙台区から二万円、旧藩主の伊達家と県下官吏層から合わせて五〇〇〇円、計七万五〇〇〇円が集められた[18]。しかしこれでは要求金額の四分の三しか満たしていない。県官の説明によれば、鉄道株金を募集した後でもあり、一〇万円調達は難しいと考え、二万五〇〇〇円相当の地所建物で残りに代えると約束し、県の宮城病院・医学校・尋常中学校を引き渡したという[19]。一八八七年一一月からの通常県会には「宮城医学校地所建物ヲ文部ニ継クヘキ諮問案」が、翌年一一月からの通常県会には「元尋常中学校地所建物及書籍器械器具文部省ニ引継ノ件諮問案」が提出され、それぞれ可決されている[20]。

医学校は、一八八七年（明治二〇）一〇月一日の勅令第四八号で府県立医学校の費用を地方税により支弁することが禁じられたのを受けて廃止にいたったが、尋常中学校は、同年一二月に県の原案に基づき県会で廃止が決定したものである。[21]高等中学校補充科が尋常中学校の代替になると期待した宮城県自身の決断であったといえるが、そこにさほどの躊躇が感じられないのには別の理由もあろう。

そもそも、全国七か所に配置された官立英語学校の一つ、宮城英語学校が廃止された直後、校地・校舎・備品のすべてを引き継いで、一八七七年（明治一〇）二月に仙台中学校として発足させたのが県の中学校であった。であればこそ、「元来該校ノ沿革タル最初英語学校トシテ官立ニ成リタルモノ」[22]との意識が生まれ、県による教育が国による教育に取って代わられることに抵抗が薄かったのだといえる。

文部省は医学部設置県に対し、実習用の病院新築もしくは県立病院の修補増築を要求していた。[23]高等中学校運営費用の三割以上を宮城県が出していること、そもそも高等中学校は「奥羽六県連合ノ学校」であることなどを指摘し、病院費の捻出を疑問視する議員もあったが、[24]「文部省ニテハそれほど金ヲ出スノカいやナラハ強チ其県下ニ置カサルモ他ノ金ヲ出ス地方ニ置クヘシト云フヤモ測ラレス」[25]との説明の前に、県病院新設費七三五一円の計上も決定されたのであった。

二　第四区（北陸）——盤石・石川県と反乱分子・新潟県——

（1）　第四高等中学校の金沢設置

新潟・福井・石川・富山の四県からなる第四区における高等中学校制度の受容過程については、谷本宗生による考察があり、設置県となった石川県のほか、新潟県や福井県の動向も明らかにされてきている。[26]以下の石川県に関する叙述には、すでに指摘・言及された事柄も多く含まれるが、従来用いられていない年度の県会議事録も参照し、特に財政的負担に関わる基礎的事実を確定しつつ、その特質を論じたい。

一八八六年（明治一九）五月には、石川県会議長河瀬貫一郎や議員の真館貞造、石川県専門学校長武部直松が上京し、六月には現地を訪問・巡視した文部省学務局長折田彦市や文部次官辻新次を歓待、一一月三〇日には第四区の高等中学校設置箇所を金沢とする旨を盛り込んだ文部省告示第三号が出された。高等中学校設置費用の募金趣意書の公表は一二月であり、宮城県とは順序が逆である。資金集めの意欲を趣意書公表という態度で示す以前に設置の公約を得ていることからも、事前の熱意のほど、文部省からの高い評価を知ることができよう。

募金趣意書は、県知事岩村高俊名で出された(27)。石川県は交通の不便さから商工業は振るわず、昔日の勢いも失われているが、子弟教育に関してだけは、旧藩以来特に意を用いて学校を整備し、東京の諸学校への遊学者も多いと、他府県への優越感・自負心がまず述べられる。そして、第四区高等中学校を金沢に指定した文部省の殊遇に応える県民の義務があるとして、十数万円の「資本金醵集」を呼びかけるものである。具体的方策として、県管属の官吏教員（他府県の文武官教官となった者も含む）に対する月俸一か月分以上の義捐請求、県に縁故ある他府県人への依頼、各郡区での有志者集会による勧誘などが示されたが、実際には数万円を達成すればよかった。なぜなら、地元負担が求められている約一〇万円のうち、旧藩主の前田家が七万八〇〇〇円を出資したからである(28)。

一八八七年一一月からの石川県通常県会では、医学校と専門学校の財産を高等中学校に無償で引き継ぐとの議案が提示された(29)。これらを「県民財産」とみなし、「民間切迫」の折から、売却が妥当とする反対意見もあったが(30)、第四高等中学校補充科が尋常中学生徒養成機能を果たすという文部省と石川県庁との間の「談合」があり、それが県会でも約束された結果(31)、賛成多数で可決されたのであった。この県会では、宮城県同様、高等中学校医学部実習用の金沢病院費七七六七円も計上され、可決された。これまで医学校と専門学校に二万円余の教育費を費やして維持してきたことを思えば、一万円余の年間負担（表2）で済むことは有り難いことであるとの意見も示された(32)。

以上のように、文部省への引継が決定した地所・建物・書籍器械といった県の財産に関し、石川県特有の見解として、以下の二発言に注目することができる。

まず、引継賛成議員の一人から、医学校や専門学校がそもそも石川県単独の持ち物ではないという発言があった。福井県は一八八一年（明治一四）二月、富山県は一八八三年五月に石川県から分かれて成立した県である。それゆえ、そもそも「分県前ニ拵ヘタル」両校の建物や物品は、北陸全体のために使用したとしても「所謂モトモトニシテ何ノ損モナキ」と考えるというのである。[33]

次に、これを前田家の財産とする見方である。専門学校書籍をはじめ、そもそも前田家の多額の寄附金に由来する備品や同家の貴重な品物も多いとする立場からは、文部省への引継も売却も不可だと主張された。だが、高等中学校を専門学校・医学校の「相続者」とみなし、引継の方なら可とする意見もあった。[34] 高等中学校が多額の寄附をした前田家の存在によって成り立ったことを想起するならば、この意見も筋が通っている。

さらに一八八八年（明治二一）四月には臨時県会が開かれ、第四高等中学校の位置選定にともない、建物移築費計約二八〇〇円を請求して、県会議事堂・尋常師範学校・県庁の敷地計約一万三七〇〇坪を現状のまま文部省に引き継ぐとの議案が提出され、可決された。「抑モ高等中学校ノ経営タル実ニ北陸ノ一大壮観ニシテ我石川県ノ美観亦之ヨリ大ナルモノアラス」と述べる岩村知事の告辞をもって、この県会は開会された。[35]「北陸」の範囲は不明であるが、一県のみならず広域に対する拠点としての誇りを読み取ることができる。

（2）新潟県の高等中学校設置運動

富山県や福井県は、分県の経緯からして石川県との一体感が強かった。しかし新潟県は、これらの県とは一線を画していた。今日でいう関東甲信越ブロックに所属するケースもあり、みずからが教育拠点であった学制期の経験もあり（図1・2）、強い独立意識を持っていた。本項で言及する新潟県独自の動きは、前掲谷本論考がすでに史料をあげて示しているところであるが、それらをふまえた上で、この県の認識のあり方を考察してみたい。

一八八七年（明治二〇）一月、新潟県知事篠崎五郎により、新潟高等中学校設置の趣旨が発表された。(36)「本県ハ金沢高等中学の連合区を脱して独立するに至るべく(37)」との意を体現したものだといえる。新潟県は、遠く金沢に設けられる高等中学校の区画に所属させられることとなったが、東京や仙台の学校を含めても、資産や熱意があって留学できる県下一般の後進はわずかであろう。であるから、新潟県にも高等中学校を設置しようと呼びかける檄文である。山口県や鹿児島県のように単独で資金を準備し、諸学校通則の適用により高等中学校を設ける選択を、県として宣言したものである。「教育の開進を図るハ資本を蓄積するより善きハなし」とし、県下有志の士に対して五〇万円以上の資金募集が目標だと示された。だがそれはあまりにも達成困難な数字であり、実現にはいたらなかった。

新潟県の高等中学校設置の企ては、一種の文明観に支えられていたのが特徴的である。(38)「文明の事物ハ千状にして百出、然れとも之を約言すれハ智と富とのみ、智富相竢て事業興すへきなり」、すなわち「智富兼有」の上に文明が成り立つとの考えが基礎にある。そして、新潟県は「天府宝庫ノ地」、「本邦開港の一」であり、鉄道や治水の挙、「素封豪戸」に恵まれているが、これら「富力」に比したとき、「智力」の状況は語れるほどの状況にないとの現状認識が展開される。「智力の開進ハ教育の改進にあ」るが、「明治郡県の世」の「督励憤発」により整いつつある普通教育はともかく、県下の高等教育はまだ完全ではないとみているのである。

一八八七年一〇月の第四区連合委員会において、新潟県委員は、設置区域を変更し第一区に移動したいとの建議を図った。(39)これは否決されたが、一二月の新潟県通常県会は、同様の主張を繰り返した「第四高等中学校区域ノ義ニ付建議」を賛成多数で可決し、県会議長山口権三郎から山県有朋内相に上申している。また、高等中学校分科として農科の設置を求めるよう建議せよとの意見もあった。(40)新潟県は、高等中学校制度を否定するのではなく、それを前提とした上で、自身の位置づけの修正をさまざまに提起した県であったといえる。こうした要求が実ることはなかったが、その情熱は、一九一九年（大正八）の新潟高等学校設置実現まで持続していく。[41]

三　第五区（九州）――新顔・熊本県と古参・長崎県――

（1）第五高等中学校本科の熊本設置

本州と異なり、九州には設置区域（ブロック）自体の流動性はなく、さまざまな噂や憶測が飛び交う新聞報道においても、この区域に高等中学校が置かれないとみている記事は見当たらない。だが、では九州のどの県に設置されるのか、すなわちどこが教育拠点になるのかとなると、いくつもの可能性が存在した。その点、設置されるならば仙台、という線がほぼ確実であった東北とは対照的である。

新聞紙上で具体的に名指しされるのは、総じて鹿児島や長崎であったが、高等中学校設置問題に関し、徐々に存在感を示していったのが、熊本であった。文部省視学官の吉村寅太郎が出張し、熊本で九州各県学務課長らの集会が開かれたことを契機に、一八八六年（明治一九）八月一一日、九州各県長官総代熊本県知事富岡敬明の名で文部大臣森有礼に宛て、九州への高等中学校設置が請願された。[42]第五地方部すなわち九州地方は、教育事業において全国の最下に位置していると認識し、地方中学を卒業した青年子弟が高等な学科や専門学科を修めるためには、遠く東都に就学せねばならないという苦境が述べられる。ライバル視されているのは東北の存在であり、東北よりも早く九州への高等中学校設立を決行して欲しいと訴えることが、本請願の主旨となっている。

まず一つの高等中学校を東北か九州に置くとの政策が文部省サイドからほのめかされ、そのことに九州全体としてあせりを抱いたことを感じさせる。文部省によるほのめかしは史料的に確認が難しいが、直前の学務課長集会において吉村視学官により口にされた可能性も高いだろう。後年、帝国大学設置をめぐって東北と九州とが先陣争いをしたことはよく知られているが、その対抗の構図を高等中学校設立時にまで遡ることができる。

設置箇所を九州のなかでも熊本に特定した構想が出現したのは、この年末、すなわち一八八六年一一月からの熊本県通常県会においてであった。一七日、県会議長白木為直から富岡知事に対し、第五高等中学校の位置を熊本県に定めることの稟議を請う建議がなされた。「我熊本ハ九州ノ中央ニ在リテ六県ノ咽喉ヲ占メ、四通八達ノ地ニシテ山水秀媚気候温和、九州高等中学適当ノ位置タルヤ啻ニ本県ノミナラズ九州ノ輿論ト云ンモ敢テ誇言ニ非ルヲ信ズ」とし、「一日モ速カニ其位置ヲ本県ニ定メラレ、設立ノ実行ニ遭遇セバ、其建築ニ要スル地所建物ハ本県地方税ヲ以テ之ヲ支弁セント欲ス」との決意を述べるものである(43)。

これに対し、地所建物の費用を負担すること自体への反論、あるいは地方税支弁ではなく有志者の寄附により負担すべきであるとの反論が議員中から出されたが、寄附では金額や設立時期があやふやになるとの再反論があり、結局は約三分の二の多数で、建議原案が可決された。九州の「咽喉」であるという交通上の便宜性を主な理由とし、地方税からの設置費用支弁を条件にあげ、熊本への設置を促すことが、県会レベルでの結論となったのである。

一八八七年（明治二〇）一月一五日より、森文相が熊本を訪問し、県立中学校や私立済々黌《せいせいこう》等を視察した(44)。ここに始まり、熊本出身の井上毅、私立済々黌校長佐々友房、紫溟会《しめいかい》の長岡護美といった中央と地元の実力者の間で、高等中学校設置による県下教育体制の再編計画が具体化していった。三月には富岡知事が、細川家から済々黌に維持費三万円、それとともに、高等中学校建設にも一万円の支出を仰ぐという構想を抱くにいたった(45)。

知事から政府に対して熊本設置が正式に訴えられるのは、同年四月二日のことである。「高等中学校建築費ヲ地方税ヨリ支出並ニ位置指定ノ義ニ付上申」と題し、「十年争乱ノ余弊」、すなわち西南戦争による県財政の苦しさを訴えつつも、前年一一月の県会における建議議決に触れ、建築費を約一〇万円と見積もり、八万円を地方税特別費目から、二万円余を有志者の寄附から出したいと述べるものであった。言明されてはいないが、寄附金二万円のうち一万円は、細川家からの支出を当て込んでいることになる。宛先には、森文相だけではなく内相山県有朋・蔵相松方正義の名も列記されている。文相が直轄する高等中学校設置費用を地方税から支弁するには、地方税規則を乗り越えなくてはならず、内相や蔵相へ理解が求められたのだといえる。約二週間後の四月一五日には文部省告示第二号により、第五区の高等中学校の位置が熊本であることが決定、公布されたが、この富岡知事の上申が契機になって文部省の決定が導き出されたものであろう。

続く五月一〇日には臨時熊本県会が開かれ、当年度から次年度にかけての地方税支出予算議案として、「高等中学校建築諸費」八万円を、それぞれ六万円、二万円に分けて支出することが議論された。書記官は、「是レハ元ト其筋へ篤ト協議アリテノコト」であり、増減などがあれば「甚不都合」であると説明した。四月二日の三大臣宛知事上申を念頭においているのであろう。この議案は、約三分の二の多数で可決された[46]。そして五月三〇日の文部省告示第五号により、あらためて熊本に高等中学校を設置し第五高等中学校と呼称することが公示された。熊本県会の予算決議により年度内建設の見通しが立ち、文部省がその実現に向かう判断を下したのだといえる。

侯爵細川護久による第五高等中学校建設費一万円の寄附は、同年秋になって行われる[47]。そして一二月、宮城県と同様に熊本県会も中学校費を全廃し、年度限りで尋常中学校を廃止、高等中学校にその教育を委ねたのであった[48]。

(2) 第五高等中学校医学部の長崎設置

第五高等中学校医学部が長崎に置かれることとは、一八八七年（明治二〇）八月二七日の文部省告示第七号により公にされた。そもそも前年来、世間の風評としては高等中学校本科設置地とも目されてきた長崎であるが、熊本とは異なり、県側からの強い働きかけがあって医学部設置がもたらされたとは考えられない。同じく医学部が分置された第一区の千葉県では、県会が高等中学校設置費用の支弁を決定した後で、千葉への設置が公布された(49)。長崎県への医学部設置は、設置費用の支弁をふまえて公に約束されたわけではないから、文部省レベルでもほぼ確定的な政策であったと考えられる。

しかし、医学部設置にともなう経費を県側が負担することになった点は、千葉や岡山と同様であった。長崎設置が決定したのち、一八八七年一一月からの通常県会において、「自明治二十一年度至明治二十二年度地方税中高等中学校医学部設立諸費支出予算議案」により、四万三〇〇〇円を各年度で半分ずつ支弁する方針が示された(50)。文部省が他県からの建築費負担の申し出をほのめかし、長崎県も地方税で負担できるかと下問してきたこと、長崎県の医学校は他と異なり生徒もよく出来ると見込まれていることが、県会の場で説明された。「医学ヲ他ニ取ラル、トキハ「ボードイン」等医学ノ鼻祖ヲ茲ニ開キシコトモ其名ノミ残ル有様トナルハ哀ハレノミナラス当県医学生徒ノ不幸少カラス故ニ特別ニ此地ニ置カレンコトヲ其筋ニ願出タリ」と、医学修業地としての伝統を県官が訴え、可決にいたったものである。またこの県会では、医学部の実習用病院費として二万一八〇〇円の予算も決定した。

文部省が要求した五万円のうち、地方税によらない残りの七〇〇〇円は寄附によって集められた。これが宮城県のように、区や郡単位での「受負寄附」であることは、県側からも説明されていた。県知事日下義雄や長崎区長金井俊行が、区内の資産家数十名を料亭に招き、寄附金の件につき奨励や相談を行っている(51)。

さて、長崎県に警戒心をもたらした、他県における医学部設置の動きとは、どのようなものであったのだろうか。

一つは福岡県における動向である。一八八六年(明治一九)一一月からの福岡県会では、常置委員の意見による医学校費全廃案が可決され、県当局の再議要求に対しても決議は覆らなかった(52)。医学校廃止の理由には、農学校費廃止とのバランスと、数年内に高等中学医科が設置される見込みであることがあげられていた。これに対し県知事安場保和は原案執行措置をとり、福岡医学校を維持した。県側は、名声のあるこの学校を高等中学医科に充てることも不可能ではなく、医科の位置も定まらない先から自発的に廃止するのは穏当ではないという説明をしている。

県の判断は、複数の関連組織により後押しされていた。県会に並行する一一月二七日、安場知事を会長とする福岡県私立教育会が森文相に対し、「高等中学校ヲ熊本ニ置キ分科医学校ヲ福岡ニ置クコト」を建議すると決定していた(53)。また、大森治豊を惣代とする福岡県私立衛生会も、一一月二二日付で県会議長宛に同様の建言を行っていた(54)。地元出身の金子堅太郎が高等中学校設置箇所を福岡とするよう建議したとの風評もあり(55)、福岡県は高等中学校設置への関心が高かった地であることは間違いない。

一方、一八八七年になると、熊本県会の常置委員が、医学部長崎設置の巷説を牽制し、「九州ノ中央」である熊本への設置が、県下の「一大公益」であるのみならず九州一班の「福利」であるとの正当性を掲げ、その筋へ第五高等中学校医学部設置を稟請するよう富岡知事宛に請願した(56)。それは八月二七日のことであり、まさにその日、長崎への医学部設置が公布されてしまったことを知らずに活動していたということになるが、本科設置を四月に決定し、さらには医学部も抱え込もうと意気上がる熊本県下の動向をうかがい知ることができる。

このような九州各県の動きは、「竊かに競ふ所なきにあらざりし」(57)と評されもしたが、世紀転換期の九州帝国大学設置問題の時のような、表面化した熾烈な競争の時代ではなかった(58)。一八八七年（明治二〇）八月八日、野村彦四郎第五高等中学校長より第五区各県知事に通牒が発せられ、尋常中学校長・学務課員・常置委員らが集結し、生徒入学に関わる諸件や学科課程などの検討のため、相談会が開かれている。こうした例は他区にはみられない。また、運営経費の各県負担額を決定する一〇月の区域内委員会においては、設置県である熊本・長崎に増課せよとの文部省原案に反し、各県が人口・地方税額に基づき同一の比率で経費を負担するとの結論に落ち着いている。第一～四区では、設置府県になるべく多くの負担を課そうと他県が動くのが常であったし、実際そうした結果にいたっていることと比べ、特殊である。

九州で高等中学校設置問題が浮上していたのは、ちょうど鉄道敷設問題が盛り上がりをみせていた時期でもあり、たとえば一八八六年一二月には、福岡・熊本・佐賀連合の九州鉄道会社に長崎が参加するかどうかが話題となっている。(59)こうした他のインフラ事業にもみられる各県連合体制の発想・風土が、学事方面に及んでいたともいえるのではなかろうか。

おわりに

高等中学校制度は、全国的に一八八〇年代後半の府県が向き合わざるを得なかった学事上の一大事件であった。設置された箇所、されない箇所を問わず、未だ多数の興味深い現象が埋もれていることは容易に推測でき、さらなる史料発掘が必要である。それを承知の上で、現在判明した限りの事実により可能な立論を試みよう。

高等中学校制度は、学制から約一五年を経たところでの、初の本格的な教育拠点の設置であった。学制期の大学のような「絵に描いた餅」に終わることのない、現実的・永続的な学校の設立が必要であった。そのために文部省は、ある程度の腹案はもちつつも、その設置箇所を最初から確定せず、地域の側の反応を斟酌して決定していく方法をとった。中学校令で設置数＝選考枠は五と示しおき、内々にスカウトの声をかけ、時によってはライバルの存在をほのめかし、地域の力量・積極性を見極め、駆け引きも行いながら、設置地は徐々に決められていった。(60)

そのため、高等中学校は「設置」されたが、「配置」の論理は後景に退いた。地域の反応を第一に設置箇所を決定した結果、設置区域（ブロック）はいびつな形となってしまったのである。中学校令が示した「五区」という数字は、おそらく教育行政区画である地方部の五という数字の反映だったはずであるが、東北・九州を除く地域の分画方法は、地方部のそれとは似ても似つかぬものとなった（図3・図4）。五校すべての設置箇所が決定するのは、一八八七年（明治二〇）九月二七日のことであるが（表1）、文部省が一〇月五日、全国を五部に分かちそれぞれに置く視学官の分掌を「尋常中学校以下」の事務であるとしたのは、高等中学校制度と地方部（教育行政区画）との完全な分離宣言だと理解できよう。

地域の力量・積極性のバロメータは、設置に関わる費用の調達というハードルをクリアできるかであったが、特に最初の「十万円（五万円）」に関して重要なのは、各府県にその調達方法が任されていた点である。地元の経済的実状や文部省との駆け引きをふまえつつ、大別して地方税型・寄附金型・両者折衷型のいずれかで支弁された（表1）。以下、各節で扱った各府県の選択、および反応の特質を総括していこう。

宮城県は、学制以来の教育拠点であった歴史も作用し、県自前の教育に執着せず、官立学校による管下教育の達成志向をもった。そして、高等中学校設置はほぼ確定的であったにも関わらず、設置費用捻出のための募金に努め、運営経費についても、第二区連合委員会で修正決定された過重な負担に耐えた（表2）。それは、東北の拠点であるとの強い意識のもたらすメンツの問題でもあった。文部省に泣きつき、四分の一は廃止する中学校や医学校の建物設備等の現物提供で帳尻を合わせたが、何とか必要金額を寄附金で揃えた。本県に特徴的な小口広範囲の寄附金は、公共事業に対する強制的な割当の慣習を想像させる。[61] 森有礼は、第二高等中学校の設置費用は「純粋なる有志者の拠金」によるとして賛辞を送ったが[62]、その言よりイメージされる「志の結晶」というより、一種の税のごとき戸割の徴収（寄附金という名の課税）だったと思われる。

石川県も設置費用すべてが寄附金により支弁されたが、その大半を旧藩主家が負担した。五〇〇〇〇円寄附の実現すら定かではない宮城・伊達家、一万円を寄附した熊本・細川家をはるかにしのぐ七万八〇〇〇円の出資があり、高等中学校設置に必要な額の約五分の四を占める。学制以来、県下の最高教育機関に前田家の財が投じられてきたが、その延長上にある。そうした意味では、第四高等中学校は「官立」というよりまるで「藩立」とでも呼びたくなる。「島津の学校」鹿児島高等中学造士館同様、旧藩主の資金をもとに諸学校通則の適用による高等中学校化を図る方策もありえたと思われるほどである(63)。現実には五つの高等中学校のなかの一つ、第四高等中学校に指定され、そのために、新潟県の第一区からの移動と強い反発、第三・四区の不均衡な分画を招くこととなった。

熊本県は、前身校のないまったくの新興拠点として登場した。第五高等中学校本科は、宮城のような「官立」の前歴をもつ長崎県、石川のような「藩立」的由来をもつ鹿児島県にではなく、熊本県に置かれた。新興ゆえに、高等中学校が置かれる正当性は、学問的伝統に求め得ず、鉄道による新時代の交通の要衝であることが強調された(64)。県会の突き上げを背景とした知事と文部省との間で設置が決定していったが、宮城県や石川県と異なり、必要な設置費用の五分の四は地方税で支弁された。

そもそも九州各県の合議体制があり、どの県へという以前に、九州全体における一の高等中学校設置が目標であった点、運営経費についても、設置県に多くを課すのではなく、各県が等しい比率で負担するとの結論にいった点（表2）は、第五区固有の性格として注目される。設置箇所をめぐる区域内の競争のきざしはあったとしても、熊本の場合、設置された高等中学校は、「官立」「藩立」のいずれでもない、区域内各県の「連合立」的な性格をもっとも強くもち、高等中学校制度のそもそもの成立経緯・意図を体現していたともいえるだろう(65)。

新潟と長崎はもともと開港地であり、学制期には外国語学校という官立学校が配置されていた点で似ている。

しかし高等中学校制度の下で、その進路は分かたれた。学問的伝統という点で、いわば相対的に「強い歴史」を有したといえる長崎県は、医学部に特化して高等中学校を確保した。一方、石川県が一人舞台で事を進め、九州のような設置区域内の合議体制もないなか、新潟県は単独で将来を模索した。四県という少数区域に強制的に所属させられ、高等中学校が存在した府県を除けば、人口や税額の多さゆえに、最大の負担を課されたのが新潟県である（表2）。それなのに、高等中学校は分科すら置かれなかった。全府県中もっとも不満の強かった県だといえるのではないか。

以上のように、地域の熱意を第一に高等中学校設置箇所を決める方針が採られたことは、以後の都市における官立高等教育機関誘致史の端緒を開いた点で、画期的な出来事であった。事態が「誘致」と定義しうるかどうかは、①文部省より地域の側の能動性が強く感じられること、②活動の担い手が行政当局を超えた層・勢力に広がっていること、③活動の質において、上京・陳情・接待等々、特有の形態がみられること、④競争的意識の存在、⑤不安や困惑、負担感の薄さと熱情的雰囲気の存在など、複数の要件を設定して判定されねばならない。多分に感覚的指標ではあるが、これらに照らし合わせるなら、高等中学校設置の動きは全体的にみて、本格的「誘致」以前の、「受入」とでもいうべき段階にあるといえる。しかし、石川県を筆頭に、「誘致」と規定できそうな性格の活動が芽生えている地域もある。何よりも、官立高等教育機関とは、上から一方的に設置地が定められるものではなく、地域の反応次第で呼び込めるものとの経験が蓄えられた点において、高等中学校制度の歴史的意味は大きい。

さてそれでは、「教育拠点」とは何だろうか。展望的に考えてみる。

冒頭にあげた大石・金沢らの論考において「拠点化」の定義は示されていない。だが、文脈からは、公共機関・設備の設置により人口の集積・交通の要衝化が起こり、そのために生じる都市間ヒエラルキーの上位に位置するのが「拠点」的都市であるとの見解が読み取れる。しかし、官立学校の設置が、都市に人口増加・交通の要衝化をもたらすことを本質とするとは(決してその要因でないとはいわないが)考えづらい。教育拠点は「政治」「軍事」「港湾」の各拠点とは異なる位相にあり、別個に意義を考える必要があろう。

高等中学校に関しては、特に新潟県にみるように、設置区域(ブロック)およびその中での一設置箇所(拠点)の設定に対し、反発も強かった。ではそれは、何に対する反発だったのであろうか。人口・交通といった経済振興・都市発展上の副産物が問題なのではなく、自府県の子弟に対する教育そのものにとってのメリット・デメリットが問われた。高等中学校制度の設置区域は、当初費用負担区でもあり通学区でもあると捉えられたから、その点において、区域や設置箇所に対する不満が起こったのである。

しかし、区域内各府県の地方税から運営費用を支弁させるという方針は、府県側の反発により一八八八年度限りで停止となり、すべてが国庫支弁となる。また、区域内各府県尋常中学校からの無試験入学制度という形で存在した通学区の発想も、一八九七年(明治三〇)四月以降は消滅する。(66)

高等中学校発足当初は、教育行政区・費用負担区・通学区、すべての性格を備えた区割り制度が思い描かれていたはずが、地域の動向を重視するなかで、いつのまにかいずれの機能も失われた。そうなると、もはや高等中学校(一八九四年九月からは高等学校に改組される)設置地を、「拠点」という枠組で分析することは難しくなる。

以後重要となるのは、むしろアイデンティティの次元の問題なのではないか。高等中学校問題は、府県が高等教育の歴史や現状と結びつけて自己イメージを形成する契機となった。そして、新潟県のように、「富力」だけではなく「智力」を備えていることが文明の証であるという認識も存在した。「智力」の象徴を求め、必ずしも実利に結びつかない論理で動く。いわば「都市のナルシシズム」の時代、「教育拠点」に代わり「学都」という用語で考察する方がふさわしい時代の萌芽を見出せるのではなかろうか。

最後に、冒頭でも確認したように、本稿で扱った明治前半期における教育拠点をめぐる問題は、何よりも「府県」の問題として成立していた。やがて市制が発足し、資本主義の発展にともなって、同一府県内の都市間対立や競争もみられるようになると、「府県の問題」から「都市の問題」へと次元が移っていく。それが「誘致」史・「学都」史の本格的始動とも符合するのであろう。世紀転換期以降については、新たに分析枠を設定して考えていかねばならない。

翻って今日、地方国立大学法人の統廃合も取りざたされているが、果たして拠点的大学の選定もしくは既設大学の喪失が都市に与える影響は、どういった場で何を焦点に誰によって議論されていくのであろうか。さまざまな時代を往還しながら、互いの現象を読み解いていくことが可能かつ有効であり、関心は尽きない。

（1）大石嘉一郎・金沢史男編『近代日本都市史研究　地方都市からの再構成』（日本経済評論社、二〇〇三年）の序論。また、拠点性とは①一府県内の数都市間の、あるいは後背地に対する「拠点性」というレベルなのか、あるいは②公共的機能をもつ施設・機関が特定の数府県に配置され、複数府県（ブロック）内の、あるいは全国レベルでの「拠点性」をもつという話なのかについても、議論は整理されていない。「政治」は前者であり、「軍事」（師団・鎮守府）や「港湾」は後者であり、そもそもの質は異なるだろう。「文化」はどちらの文脈に位置づけられるのだろうか。この問題については、拙著『近代日本高等教育体制の黎明——交錯する地域と国とキリスト教界——』（思文閣出版、二〇一二年）の補章「官立学校誘致現象の生成と変容——京都と大阪の教育戦略——」の「おわりに」も参照。

（2）文部省学務二局庶務概則による。当初は六地方部であったが、七月一一日に五地方部に改正された（教育史編纂会編『明治以降教育制度発達史』第三巻、龍吟社、一九三九年）。

（3）同日の『官報』第八〇二号に文部省報告として、「文部省学事上ノ便宜ヲ以テ府県ヲ五地方部ニ分ツ」と記し、この区分が掲載されている。

（4）厳密にいえば、石川は大学区設定時には大学本部だったので、「復活した拠点」ということになる。また大阪は、高等中学校制度発足時には第三高等中学校が置かれたが、半年余りしてその京都移転が決まったことで、「消えた拠点」となる。なお、高等中学校の設置箇所を公布した一八八六年から翌年にかけての文部省告示では、設置箇所は宮城・石川ではなく、仙台・金沢と表記されたが（それ以外については府県を指すとも一都市を指すとも解釈できる）、本問題の当事者は府県であったと考えられることから、ここでは県名をもって記した。

（5）藤原良毅『近代日本高等教育機関地域配置政策史研究』（明治図書、一九八一年）。なお、「学区」の意味を考察した論考として、神辺靖光『明治の教育史を散策する』（梓出版社、二〇一〇年）の第二章「学区についての二三話」も参照。

（6）以上、詳しくは、京都に本科が置かれ、岡山に医学部が置かれた第三高等中学校を検討素材とした前掲註（1）拙著補章、第六章「第三高等中学校設置問題再考――京都府における「官立学校」の成立――」、第七章「高等中学校医学部時代の到来――岡山県における「官立学校」の成立――」を参照。⑤については今回はじめて指摘した。

（7）設置費用について、新たに確定できた事実の根拠となる史料は本論の註で示している。また一〇〇〇円未満の額は四捨五入した。なお、これらとは別に、諸学校通則を適用した二つの高等中学校、すなわち山口高等中学校と鹿児島高等中学造士館があるが、その設立経緯の概略については、後掲註（63）で触れておく。

（8）円未満四捨五入。『神戸又新日報』一八八七年一一月三日の記事が全府県負担額を掲載しているが、第一区各府県の負担額は、東京都公文書館所蔵『従明治十五年七月至同二十年十二月　常置委員会決議報告　壹　議事録　附第一高等中学校決議報告』所収の公文書により裏付けが取れる。第二区・第三区・第四区については、すでに以下の研究が公文書を用いて各府県負担額に言及している。小宮山道夫「東北地域における第二高等中学校の受容――高等中学校委員会における維持経費議論の実態から――」（『東北大学史料館紀要』四、二〇〇九年）、前掲註（6）拙著第六章、谷本宗生「「学都」金沢形成の端緒――第四高等中学校の誘致獲得を中心に――」（橋本哲哉編『近代日本の地方都市　金沢／城下町から近代都市へ』日本経済評論社、二〇〇六年）。第五区に関してのみ、負担額を示した公文書の所在を確認できていないが、『鎮西日報』一八八七年一〇月二一、二三日の記事も、『神戸又新日報』と同じ数字を掲載している。

なお、以下その都度の言及を省いたが、中学校令第四条も注記するように北海道と沖縄県は、高等中学校問題の埒外に置かれた。

（9）高等中学校発足以前より、「五大学校」との名の下に報道が重ねられていた。この点については、前掲註（6）拙著第六・七章、第八章「府県連合学校構想史試論――一八八〇年代における医学教育体制の再編――」を参照。「五大学校」報道の時期には、『山陽新報』一八八六年二月六日の『大阪日報』『大阪朝日新聞』、同一一日の『山陽新報』のように、設置地を東京・大阪・金沢・広島・鹿児島と予想し、東北（仙台）をはずす記事もみられる。

（10）一八八七年一二月二一日宮城県会における県属和達孚嘉の発言（宮城県議会図書室所蔵『明治廿一年度宮城県会議事筆記　弐』、以下同県会議事筆記の所蔵同じ）。同日には県議松岡馨児が、「山形秋田等ニテハ裏面ニテ大ニ計画スル所アリシ由」と述べており、『鎮西日報』一八八六年一二月一九日号（「高等中学校の設置を望む」）も、秋田県の有志の動きを報道している。ただし筆者は現在のところ、そうした動きの存在を示す地元秋田の史料を発見できていない。

（11）京都・岡山での動きについては、前掲註（6）拙著第六・七章参照。表1にみるように、東京大学予備門を改組した第一高等中学校本科以外、すべて設置府県が設置費用の一部を負担している。

（12）前掲註（10）和達県属の発言。

（13）『仙台市史』資料編7　近代現代3　社会生活（二〇〇四年）所収。原文書の所在は不明であり、コピーが東北大学史料館に所蔵される。「高等中学校設置ノ趣意書」の作成は、キリスト教勢力と県当局、地域有力者が発足させた宮城英学校発足直後のことであり、「宮城英学校設立趣意書」との連続性を感じさせる。当該期の県下教育体制については、前掲註（1）拙著終章「諸学校令下の高等教育体制再編――東華学校（＝半県半民・同志社分校）の射程――」を参照。

（14）第二高等学校史編集委員会編『第二高等学校史』（一九七九年）によれば、仙台区寄附者リストが添付されていたという。前註の宮城英学校の設立趣意書に鑑みれば地域有力者の筆になり、後述する石川県の設置趣意書に鑑みれば県知事の名によった可能性もある。

（15）東北六県が「第二区」であると正式に決まるのは一一月三〇日の文部省告示第三号によってなので、それ以前の段階で、「第二区」という東北六県ブロックの存在が自明視されていたということになる。

（16）『奥羽日日新聞』一八八六年一一月一九日。

（17）『奥羽日日新聞』一八八七年五月一四日。

（18）前掲註（10）和達県属の説明。伊達家の正確な最終寄附額は不明である。

（19）一八八八年一二月一三日宮城県会における和達県属の発言（『明治廿二年度宮城県会議事筆記　弐』）。

（20）宮城県議会史編さん委員会編『宮城県議会史』第一巻（一九六八年）の一一三三・一一二七頁参照。原文書は、前掲註（10）（19）の議事筆記を参照。

（21）詳しくは、前掲註（13）拙著終章参照。

（22）前掲註（19）と同日の県会における書記朗読諮問案説明書。

（23）おそらくすべての医学部設置県に対して出された文部省照会書が長崎県会にて提示されている（長崎歴史文化博物館所蔵「明治二十年長崎県通常会日誌　第拾貳号」（第拾壹～拾五号合冊）、以下同県会日誌の所蔵同じ）。

（24）一八八七年一二月一二日宮城県会における松園修・村松亀一郎議員らの発言（前掲註10議事筆記）。

（25）同右一二月九日和達県属の発言。

（26）前掲註（8）谷本論文および同「試論・第四区における高等中学校設置をめぐる地域事情について」（『一八八〇年代教育史研究年報』三、二〇一一年）。金沢大学五十年史編纂委員会編『金沢大学五十年史』（一九九九年）の第1章（2）「第四高等中学校の設置」も、経緯を記している。以下、特に注記がなければこれらを参照のこと。本稿では、事実をあらたに発掘するとともに、比較史的にみた地域的特性、歴史的段階、用語の使用法（「誘致」や「学都」など）に留意した考察を行ったつもりである。

（27）『大日本教育会雑誌』四五（一八八六年一二月一六日）所収。

（28）『東京茗渓会雑誌』五一（一八八七年四月二〇日）。趣意書のなかでも、前田侯の八万円寄附の約束については、すでに述べられている。

（29）一八八七年一二月五日の石川県会通常会で審議された号外「甲種医学校並専門学校財産引継議案」では、専門学校は地所合計二七二六坪余、建物一〇棟、書籍器械等七五五九点、医学校は地所一七五〇坪余、建物一〇棟、書籍器械等二〇四四点が財産としてリストアップされている（石川県議会図書室所蔵『明治二十年十二月　明治廿一年度通常会議事筆記』。以下同県会・第四区区域委員会議事筆記の所蔵同じ）。以下注のない限り、同日の審議における議員の発言である。

（30）児島璋心議員の発言。

（31）一八九三年六月一六日石川県臨時県会における橋本昜議員の発言（『明治二十六年六月　第一臨時県会議事筆記』）。石川県議会史編さん委員会編『石川県議会史』第一巻（一九六九年）一〇〇八頁に収録。

（32）竹内衛磨議員の発言。

（33）浅野順平議員の発言。

（34）以上、竹内衛磨・梅田五月・永江久常議員の発言。

（35）一八八八年四月九日開場式での岩村知事告辞（『明治二十一年四月　明治廿一年度第一回臨時会議事筆記』）。

（36）『大日本教育会雑誌』四九（一八八七年二月一六日）所収。なお、ここで言及される諸学校通則適用による山口の高等中学校については、後掲註(63)を参照のこと。

（37）『新潟新聞』一八八七年一月二八日。

（38）以下引用は、前掲註(36)所収の新潟高等中学校設置の趣旨による。

（39）一八八七年一〇月一九日における桑原重正の建議（『明治廿一年度　第四高等中学校区域委員会議事筆記』）。

（40）以上、一八八七年一二月九日の審議による（『明治二十年十二月　明治廿一年度通常会議事筆記』）。区域変更建議を推進したのは常置委員の田巻龍太郎である。農科分科の方は、児玉茂右衛門議員らが提案したものだが、区域変更建議と齟齬をきたすということで否決された。前註も含め、それぞれ前掲註(26)谷本論文が原文を引用している。

（41）高等中学校問題から官立高等学校設置実現にいたる新潟県の長期的動きについては、別途考察する予定である。

（42）以下、上申・建議・請願の類は、熊本県教育会編『熊本県教育史』中巻（一九三一年）、三四五～三五九頁所収。

（43）熊本県の県会議事録の残存状態はよくない。以下の県会審議の模様は、『熊本県議会史』第一巻（一九六三年）第二篇各説を参照。

（44）『熊本新聞』一八八七年一月一六日。一八・一九日も森来熊の報道が続く。

（45）このあたりの人脈・動きについては、佐喜本愛「一八八三年徴兵令改正と中等教育――熊本の中等教育を中心として――」（『九州大学教育基礎学研究』二、二〇〇五年）を参照。

（46）以上、熊本県立図書館所蔵『明治廿年度熊本県臨時県会日誌　完』による。

（47）『熊本新聞』一八八七年一一月二二日が寄附を報道している。第五高等学校開校五十年記念会編『五高五十年史』（一九三九年)、四五頁によれば、一〇月六日寄附金願い出とある。
(48) 第五高等中学校本科は、宮城県や石川県のように、県の既存の学校敷地・設備等を用いるのではなく、新たに敷地を求め、校舎も新設したので、それらの処分が熊本県会で問題化することはなかった。
(49) ちなみに千葉は、上昇志向をもつ医学者(千葉県医学校長長尾精一)の強い主導があり、また都市とはいえない地域が経済振興のために高等中学校設置を望むという現象も始まっていて、独特である。結果的に愛知県をしのいで高等中学校医学部設立を達成した千葉の個性については、いずれ考察したい。なお、表1の千葉県負担額は、『明治二十年第三回臨時千葉県会議事録』(千葉県文書館複製所蔵)による。知事船越衛は臨時県会開会の旨趣書において、四万円のうち一万円は、県医学校の土地建物を文部省に引き継ぐことで負担したとみなす(会計上は、いったん売却費として地方税雑収入に組み込み、その上で支出処理を行う)という「特許」を得たと説明する。
(50) 以下、一八八七年一二月九日長崎県会における県属小山健三の発言(「明治二十年長崎県通常会日誌 第拾七号」(第拾六~貳拾号合冊))。県学務課長小山はのちに、医学にとどまらず、高等教育行政において重要な働きをなすこととなる。
(51) 『鎮西日報』一八八七年一一月一〇日。同紙上では、しばらく個人寄附者に関する記事掲載が続くこととなる。
(52) 福岡県議会事務局編『詳説福岡県議会史』明治編上巻(一九五二年)を参照。『鎮西日報』一八八六年一二月一日、一二月一一日にも報道がある。なお、すでに一八八五年三月の通常県会において、医学校費削除は可決され、再議を経ても議決は動かなかった。そこで県令岸良俊介は原案執行措置をとり、医学校を維持したのだった。
(53) 小塩熊次郎編『福岡県教育会五十年史』(一九三九年)六頁。なお、「医学部」との呼称を決定したのは、一八八七年八月一九日の文部省告示第六号であり、ここでは「医学科」と記される。
(54) 前掲『詳説福岡県議会史』明治編上巻、三九四~三九五頁。衛生会の建言文は、「第五区高等中学設置ノ位地ハ未タ定ラスト雖トモ我福岡県内ニシテ一ノ分科ヲモ設置セラレサル如キコトアレハ遺憾モ亦甚キニアラスヤ」と述べ、福岡が「旅人輻輳貨物堆積ノ地」である点を強調する。
(55) 『熊本新聞』一八八六年一一月二六日。
(56) 前掲註(42)参照。

(57)『熊本新聞』一八八七年四月二一日。

(58)九州大学七十五年史編集委員会編『九州大学七十五年史』通史編(一九八九年)などを参照。

(59)『鎮西日報』一八八六年一二月一七・一八日など。

(60)本稿だけでは実証不十分な総括と感じられる向きもあろうが、前掲註(6)拙著第六・七章における京都・岡山を事例とした実証をもふまえて述べていることを断っておく。表1にあるように、京都府も岡山県も、地方税負担と引きかえに、それぞれ第三高等中学校本科・医学部の設置を実現した。文部官僚との下交渉があり、その働きかけに応じた形となる。本科がそもそも置かれていたのは大阪府で、医学部もそこに加わる公算が高かったが、結果的に、京都と岡山から得た好感触が、本科の京都移転、医学部の岡山設置を導いていく。

(61)一八八七年一二月二〇日宮城県会における若生徳三議員の発言によれば、石之巻郡役所建築費として寄附金が求められたという(『明治廿一年度宮城県会議事筆記　貮』)。

(62)森有礼「仙台区学校有志寄附者ニ対スル説示」(『大日本教育会雑誌』六一、一八八七年八月一三日。大久保利謙監修、上沼八郎・犬塚孝明編『新修森有礼全集』第二巻、文泉堂書店、一九九八年に所収)。

(63)学校の設置・維持に足りる金額を寄附し、その管理を文部大臣に願い出て許可されれば、官立と同等と認められる高等中学校となる。これが、一八八六年四月一〇日勅令第一六号諸学校通則の適用による高等中学校であり、山口と鹿児島に発足した。山口高等中学校は、山口中学校を改組し、地方税補助は廃して、毛利家からの拠出に基づく私立防長教育会の資金のみで経費をまかなったものである。県知事原保太郎の願い出により、一八八六年一一月二〇日の文部省告示第二号で設置が公布された。鹿児島高等中学造士館は、主に県庁に委託された公爵島津忠義の寄附金で運営されてきた県立造士館が、島津公爵の請願により諸学校通則適用の高等中学校となり、一八八七年一二月二〇日の文部省告示第一四号で設置が公布された。山口に関しては、まずは防長教育会編『防長教育会百年史』(一九八四年)を参照。鹿児島に関しては研究が手薄であるが、造士館関連の基礎史料を翻刻した前村智子「造士館一巻」(『尚古集成館紀要』六・七、一九九三・一九九四年)が有益である。

(64)『熊本新聞』一八八七年四月二一日は、汽車の時代が始まり、「不偏中央」の地である熊本に高等中学校が設置されたことについては、福岡・鹿児島等においても不満はなかろうと述べている。

（65） 高等中学校の府県連合立的性格の由来については、前掲註（9）拙著第八章を参照。

（66） 一八八八年八月七日、内務・大蔵・文部三大臣より「高等中学校経費ヲ地方税ニ於テ分担スル儀ハ来二十二年度以降当分之ヲ止ムル」旨、府県知事に訓令された（『官報』一八八八年八月九日）。また、一八九六年六月一一日、西園寺公望文相は第一〜第五高等学校（大学予科をもたない第三高等学校を除く）に対し、「明治三十年四月以降其校大学予科ヘ生徒ヲ入学セシムルニハ高等中学校設置区域ニ依ラサル儀ト心得ヘシ」と通達した（文部省訓令第四号）。

近代「三都」考――三府と都市制度――

丸山　宏

はじめに

江戸期における三都とはいうまでもなく、江戸・京都・大坂である。まずはこの江戸期〝三都論〟の先行論攷を以下少し紹介したい。

戦後ほどなく、日本経済史の研究者本庄栄治郎は『日本社会経済史研究』（有斐閣、一九四八年）を著し、その第八章「近世の三都観」で次のように述べている。「京は、平安以来の王城の地であ」ったが、「鎌倉時代以後は、最早昔日の比ではなく、……経済上の中心たる地位を恢復するに至らず、織物・染物・刺繡・陶磁器其の他工芸の首府として、或は宗教・学問・芸術の都として、特殊の地位を占めてゐたものである」「江戸は、徳川時代に於て将軍居城の地として、政治上の中心」であったが、「唯一の中心であつたといふわけではなく、江戸の外に、京大阪が別に一の中心をなして居た」「大阪は、……我国商業の中心として、また町人の都として、独得の地歩を持つて居た」（二四七頁）。今となっては三都論[1]のステレオタイプ的な叙述の感がある。

近世芸能史の研究者守屋毅はその著書『三都』（柳原書店、一九八一年）の中で江戸の狂歌師二鐘亭半山の『見た京物語』（天明元年［一七八一］刊）を本格的な三都比較論の嚆矢とし、「三都比較論なるものが、京都を他の二都市と同一レベルに置くことで開始されたということは、三都論とはいうものの、究極において、それが京都論」（三六頁）であると指摘している。また、近世文化史研究者の森谷尅久は「江戸人からはじまった三都の比較都市文化論は、十九世紀前半の段階で、ほぼ一つの結論に達していた。京の「吝嗇」、大坂の「実気」、江戸の「活達」である」と。続けて「この比較都市文化論の出現は、……江戸が「大江戸」として成立したことによって可能となったのである」と述べている。(2) 三者三様であるが三都の文化を比較・相対化することによりその特性・特徴に言及している。

この江戸期の〝三都〟は近代に入ると、その別称として〝三府〟という表現が登場する。

明治初年代に出版された『啓蒙日本雑誌』（高橋二郎著、墨山書屋、一八七四年）に「三府」の説明がある。「三府、一ヲ東京ト云フ武蔵ニアリ隅田川ノ岸ニ建テ東南海ニノゾミ西北小岡ニ拠リ広袤四里居民凡ソ九十余万アリ……日本一ノ都会ニテ皇居ノ在ル所ナリ」（傍点引用者、以下同じ）、「二ヲ京都ト云山城ニアリ鴨川ノ岸ニ夕テ帝国ノ旧都ナリ市街繁華風景秀美ニシテ平安ノ名虚シカラズ……」、「三ヲ大坂ト云摂津ニ在リ内海ニ臨ミ地勢要衝ニシテ城闕巍峩タリ貿易繁盛ニシテ巨商豪賈多シ……」（九―一〇丁）と記されている。著者の高橋二郎は昌平黌出身で、内務省が設置された一八八六年（明治一九）には内閣統計局属、その後、東京高等商業学校教授（現、一橋大学）となった人物である。

次に近代教育界ではどう教えていたのであろうか。同時期に出版された三種類の地理問題集の記載を見てみたい。ちなみにこの問題集は一八八六年四月の中学校令、師範学校令により設置された高等中学校・尋常中学校、それに師範学校の受験生向けに出版された問題集である。

まず、『日本地理試験問題答案』（日野義之助著、千葉書店、一八九〇年三月）である。全一〇九問の三〇問目が

「三府ノ景況ヲ問フ」で「東京ハ武蔵ノ東隅ニ位シ南ハ東京湾ニ臨ミ東ハ隅田ノ大河ヲ帯ビ皇城其中央ニ在リ……大阪ハ我国第二ノ都会ニシテ中国西国ノ要津ニ当リ北運ノ便皆此地ヨリス……西京（京都――引用者）ハ山城国愛宕郡ニ在リ……此府ハ桓武帝以来今上東下ニ至ルマデ歴代ノ帝都ニシテ……」（一四頁）がその模範解答である。

翌月に刊行された同名の『日本地理試験問題答案』（長谷川清編、吉川半七発行、一八九〇年四月）の全問題数は四二六問で、その三七問目は「二京並ニ三都ノ称ハ如何」というものである。この三都についての模範解答はこうである。

三都ハ、モト京都江戸大坂ノ三所ヲイヘリ、大坂ハ、上古仁徳帝孝徳帝二代ノ旧都ナレトモ、久シク帝都ニテハアラサリキ、且江戸ハ大都会タレト、尚将軍ノ府下タルノミ、京ニハアラス、サレハ此三都ノ称ハ、俗称ニシテ、正シキ名ニアラス只三大都会トイフノ義ニ止マルモノナリ（三二頁）

「三都」は俗称であり、正式な名称ではないという認識である。

翌年に刊行された『日本地理試験問題解答』（岩崎鉄次郎編、成文館、一八九一年）の「京都ハ如何ナル所ナリヤ」の解答は「京都ハ日本三府ノ一ニシテ人口二十四万六千延暦年間ヨリノ帝京ナリ……」（四頁）。同様の問いが大坂、東京にもある。その答えはそれぞれ「大坂ハ摂津ノ西南隅ニアリテ三府ノ一ニ居リ人口三十六万一千有ツ……」（七頁）、「東京ハ三府ノ一ニシテ内海ニ臨ミ隅田川ニ跨レル大都ニテ東西三里南北五里……」（一八頁）。「三府」とは言っても「三都」とは言わない。この呼称の変化は次節で述べるように、政府の行政的な経緯がその背景にあった。

一　「三都」から「三府」へ

明治政府は明治元年に徳川幕府直轄地で、以下の一〇の地方政庁を〝府〟と命名した。

京都裁判所を明治元年（一八六八）閏四月二四日に改称し、京都府とした。大坂《ママ》裁判所を明治元年五月二日に大坂《ママ》府に改称、同年五月一一日には徳川幕府の市中取締所を江戸府に、さらに二か月後の七月一七日に江戸府を東京府に改称した。その他、箱舘裁判所を箱舘府（同年閏四月二四日）、長崎裁判所を長崎府（同年五月四日）、横浜裁判所を神奈川府（同年六月一七日）、山田奉行所（伊勢）を度会府（同年七月六日）、奈良県を奈良府（同年七月二九日）、新潟県裁判所を越後府（同年六月三日）、さらに越後府を新潟府（同年九月二一日）、再度、新潟府を越後府（明治二年［一八六九］二月八日）に改称。甲府城代を甲斐府（明治元年一〇月二八日）に改称した。[3] 裁判所、市中取締所あるいは城代を〝府〟と改称した時点では役所を意味していたが、その後、明治政府は〝府〟の管轄する地域を順次決定した。つづいて、明治政府は翌明治二年七月一七日、太政官布告第六五五号を発し、「今般御改正ニ付京都東京大坂三府之外諸府被廃総テ県ニ被仰付候事[4]」とした。京都・東京・大阪の〝三府〟以外は〝県〟となり、それぞれ行政地域を表すことになった。

明治四年（一八七一）七月一四日の廃藩置県で三府三〇二県となり、同年一一月一三日には三府七二県、一八七六年（明治九）八月二一日には、三府三五県と整理統合されていく。

しかしながら、政府も一義的に〝府〟を行政地域の名称としてのみ使用したのではない。たとえば一八七三年（明治六）一月一五日に公布された公園設置に関する太政官布告第一六号には「三府ヲ始人民輻湊ノ地ニシテ古来ノ勝区名人ノ旧跡等是迄群集遊観ノ場所[5]」とあり、明らかにここでの〝三府〟とは江戸期の〝三都〟にあたる。

世相風俗史家の宮武外骨《みやたけがいこつ》はその著書『府藩県制史』（名取書店、一九四一年）で「府とはアツマルの義、笑府、楽府、怨府等の府もアツマルの義である」（三一頁）と述べ、明治二年（一八六九）七月一七日に〝三府〟以外を〝県〟に改称したのは「東京は江戸幕府後の維新政府所在地、京都は平安時代以来の旧都、大阪は難波朝以来最も発達した商業都市、此を価値つける為めに小都府を県名に改めたのであらう」（三一頁）と推測している。外骨は同書で『中外電報』に掲載された主筆城多《しろた》虎雄の「地方制度の改良を論す」を紹介し、「府」の名称の矛盾を指摘する。この記事は一八八六年（明治一九）二月一一日から同年三月四日まで一一回にわたって連載された(6)。これはのちにまとめられて『地方制度の改良』（商報会社、一八八六年）として出版される。紙面では執筆者は記されていないが、この著書で城多虎雄の名があらわれる。『地方制度の改良』からあらためて引用したい。

> 余輩は今の三府の称を止めて、他の県と同じく江戸県とか平安県とか又ハ浪速県とか名け、而して、三府の称は真に其都府のみに対する名称となさんと欲するなり、即ち江戸県中の東京府は東京市区のみの称として、平安県中の京都ハ上下京区を指し、浪速県中の大坂府は大坂四区を称することゝするにあり(7)、今日京都府内と云へば京都市街及山城八郡丹波五郡丹後五郡の総称なれども、人或は京都市街のみを以て、京都府内と誤認するものなきにあらず、故に府ハ単に都府の名称にのみ用ひ、州県の総称に用ひざるを便とするなり、尤も県の名も穏かならずとせば、今の府県を悉く改めて四十三州とするも亦可ならん、兎に角府と県との実に別あらずして、名に別あるを止め、以て称呼の便宜に従はんことを望むなり……〈一五頁〉〔読点は引用者〕

城多虎雄もまた〝府〟は〝都府〟つまり、〝都会〟や〝市街地〟のことであり、行政地域を示すには無理があると指摘している。しかしながらすでに述べたように、政府は京都府、東京府、大坂《ママ》府というように行政地域の呼称に〝府〟を用いた。行政的な意味で〝都府〟は次節で述べる市制・町村制の施行により〝市〟となるが、京都・東京・大阪はここでも他の小都府とは別扱いになる。

二　三市の特別市制

一八八八年（明治二一）四月一七日に市制・町村制が制定され、翌年の一八八九年四月一日から施行されたが、東京・京都・大阪については元老院が特例市とすることを主張し、市制・町村制施行直前の一八八九年三月二三日法律第一二号により「市制中東京市京都市大阪市ニ特例ヲ設クルノ件」が公布された。(8) これは大都市である〝三市〟を国の直轄とし、府知事に行政を行わせることをねらったものである。この特別市制については「仏国巴里市の制度を模倣したものであつて純然たる官治組織であつた」と批判的な評価もあった。(9) しかしながら特例施行直後から地方自治に逆行するこの制度に対し、廃止運動が始まり、帝国議会でも再三再四特例廃止法案が提出された。

はやくも第一回帝国議会衆議院（一八九一年［明治二四］一月）で廃止法案が提出された。京都市は前年の一八九〇年（明治二三）一〇月二二日付で京都市会議長中村栄助から内務大臣西郷従道にあて市制特例の撤廃を建議している。(10) 廃止法案は結局は第一二議会（一八九八年［明治三一］五月）で可決され、同年六月二八日法律第一九号により市制特例は廃止されるが、その間、たびたび議会に提出された。以下はその例として、第六回帝国議会貴族院と第八回帝国議会衆議院に提出された、同名の「市制中東京市京都市大阪市ニ設ケタル特例廃止法案」について、政府委員の見解をみてみる。まず前者の第六回貴族院で、政府委員の内務省法制局参事官都筑馨六は次のように述べている。

其（「市制中東京市京都市大阪市ニ設ケタル特例廃止法案」の——引用者）目的タル東京其他特例ヲ設ケテアリマス所ノ大都会ノ制度ヲ田舎ノ小サイ市町村ノ制度ト同一ニナサムトスルノ目的ヲ持ッテ居ルモノデアリマス、政府ハ飽クマデ此案ニ反対セザルヲ得ナイノデアリマス……百有余万ノ人口ヲ持ッテ居ル此東京市ノ行政ト一万二万ノ田舎ノ市ノ行政ト同一ノ制度ノ下ニ棲息セシメヤウト云フノハ更ニ極端ナル均一主義ノ論旨ニシテ到底今日ノ実際ニ於テ行ルベキモノデナイト認メマス……〈一八九四年五月二八日開催『第六回帝国議会貴族院議事速記録』第一三号、二二六～七頁〉

次が第八回衆議院での政府委員松岡康毅内務次官の同様の発言である。

三都ニ於ケル特別市制ヲ廃シテ、普通ノ市制ニ依ラシムルト云フ趣旨ノ議案ニ対シマシテハ、政府ハ絶対的ニ反対ヲ致スト云フコトヲ明言致シマスル……抑々此三都ノ如キ大都府、斯ウ云フ処ニ普通ノ市郡、則チ小サイ処ノ町村ト稍々相似タルヤウナ市ニ施行スル所ノ法ヲ施行スルト云フコトハ、甚ダ不適当デアルト云フコトヲ今更申スマデモゴザイマセズ……〈一八九五年一月九日開催『第八回帝国議会衆議院議事速記録』第三号、三二頁〉

特別市制廃止法案が議会で出される一方で、あらたに自治制を求めるさまざまな建議提案が出される。第五回貴族院で一二〇条からなる「府制法案」（渡辺清他三名発議）が提出された。その第一条は「此法律ニ於テ府ト称スルハ東京、京都、大阪及其ノ他特ニ勅令ヲ以テ府ト認メタル市街地ヲ云フ」とあり、先に述べた城多虎雄の考え方と同じである。発議者の一人である安場保和議員はこう述べている。

市町村制ニ於キマシテハ三都府ニ於テハ何分通常一般ノ市制ヲ以テ実施致シ難キ所ノ事情ガアリマス、夫レ故ニ特別市制ト云フモノヲ布カレ今日現行ニナッテ居ル、其特別市制タルヤ一般ノ制度ニ対テハ真ニ姑息ナルモノト言ハザルヲ得ヌ次第デ、……決シテ其特別市制ヲ廃シテ一般普通ノ市制ヲ以テ大都会ヲ治メルコトハ出来ナイ次第デアル、……故ニ府県制ト自治制トヲ折衷致シテ此ニ府制ナルモノヲ制定セラレテ……〈一八九三年一二月一六日開催『第五回帝国議会貴族院議事速記録』第九号、一四三頁〉

第九回貴族院では政府案の一三三条からなる「東京都制案」が出された。内務大臣野村靖は東京・京都・大阪の三市の市制特例を廃止することはできないと前置きして、次のように述べている。

此東京ノ市ニオキマシテノ行政ハ普通其他ノ市トハ同一ノ制ニ依ルコトハ不可ナルコト、存ジマス、……要シマスルニ本案ノ趣旨ハ帝国ノ首府タル東京市ニ於キマシテ其団体ノ公益ヲ増進ヲ致シマシテ併セテ国家ノ行政ト並ビ行ハレ相戻ラヌコトヲ期スルノ趣旨デゴザイマス……〈一八九六年一月一一日開催『第九回帝国議会貴族院議事速記録』第三号、一七頁〉

こののち、東京は帝都で特別であるから「東京都制」を考えるが、京都・大阪は現行の特別市制で改正する必要はないと述べた。

また、翌年の第一〇回衆議院では肥塚龍議員ほか三名より一三二条からなる「東京市制案」が提出された。提出者肥塚議員は「東京、京都、大阪ノ三府ニハ別段ニ此規定ヲ設ケテ、普通ノ市制デハ支配ヲシナイ、即チ府知事、書記官ガ市長ト助役ト云フモノヲバ兼ヌルモノデアルモノデアルトナッテ居ルノガ、特別市制ノ最モ必要ナリトシテ居ル所」（一八九七年三月一七日開催『第一〇回帝国議会衆議院議事速記録』第二七号、四九〇頁）でこの点が問題で「鵺《ぬえ》ノ制度」であると批判し、特別市制を廃したのちの対応策として「東京市制ト云フ一ノ特別ノ市制ヲ拵ヘナケレバナラヌ」（同、四九一頁）ために提出したと言い、さらに次のようにつづける。

市長ト云フモノヲバ、即チ府県ノ知事ト同一地位ニ立テ、サウシテ東京市ト云ヘルモノヲバ内務省ノ直轄ニ致シ三人ノ市長ノ候補者ヲ選出シマシテ、其三人ノ市長ノ候補者ノ中カラ、一人勅選セラル、ト云フ、チョット衆議院ノ議長選挙見タヤウナ工合ニナッテ居ルノガ、此市制案ノ組方デアル〈同、四九二頁〉

一八九八年（明治三一）六月に特別市制が廃止された後も、

之（特別市制——引用者）ガ廃止ニ大都市ヲ一般市制ノ適用ノ下ニ置クコトヲ目的トシタルモノニ非スシテ更ニ完全ナル特別制度ヲ制定スル迄ノ暫定的措置ニ外ナラサリシヲ以テ第十三議会以来衆議院ハ「東京都制

案」（第二十二、第二十四、第二十五、及第二十六議会衆議院提出）又ハ「東京市ニ関スル法律案」（第十三、第十四、及第二十七議会衆議院提出）ヲ、貴族院ハ「東京都制案竝其ノ附属法案」（第十五、第十六、第二十四、第二十五、及第二十六議会貴族院提出）ヲ立案シ互ニ主義主張ヲ異ニシ相争フコト多年孰レモ其ノ主張ヲ譲ラサリシ為特別制度ノ問題ハ殆ント停頓ノ状態ニ立至レリ〈「我国特別市制問題ノ沿革」『大都市制度調査資料』第一輯、一九三一年、三〜四頁〉

という状況であった。

政府は三市が大都市であるが故に特別市制が必要であるとし、都市経営は政府主導の下に行うべきであり、地方自治の制限は当然のことであるという見解であった。ところが、一旦特別市制が廃止されると、今度は大都市側から自治制の積極的な展開のためには〝特別市制〟が必要であるという建議が衆貴両院で相次ぐ。それは都市の膨張により、社会資本の整備、財政、警察権の範囲等の問題が惹起してきたためである。これは近代の都市政策が大都市を前提に進捗せざるを得ないことが背景にある。

次節では大都市政策が東京・京都・大阪の〝三市〟から〝六大都市〟へとその射程を拡大する経緯について検討したい。

三　三市と六大都市

衆議院、貴族院それぞれの特別市制の必要性についての主張のスタンスは同じであったが、両院での議論では互いに譲ることのない膠着状態が続いていた。一九一一年（明治四四）の第二七議会で、政府は市制・町村制の改正（同年四月法律第六七号および第六九号）を行い、執行機関は独任制の市長になるなど一部改正が進んだが、特別市制問題については棚上げ状態になる。

政府委員であった内務次官一木喜徳郎は第二七回貴族院の答弁でこう述べている。

東京市ノ如キ大都会ニ対シマシテ特別ナル制度ヲ設ケルト云フコトニ付イテハ、相当ノ理由アルモノト考ヘルノデアリマス、サリナガラ此大都市ニ特ニ適用スベキ法律ガ出来マシテ、何レノ方面ニモ同等満足ヲ得ベキ所ノ成案ハマダ今日持チマセヌノデ……政府ハ此際ニ於キマシテ全国ノ市ニ通ズル適当ナル改正案ヲ提出イタシマシテ、幸ニ両院ノ御協賛ヲ得マスル以上ハ之ニ依ッテ全国ノ市制ノ改善ヲ図ル、即チ其中ニハ東京市ヲモ包含シテ居リマスノデアリマスカラ、之ニ依ッテ先ヅ出来ルダケ速ク実行シ得ベキ途ヲ採ルガ宜カラウト云フ考ヘヲ持ッテ居ルノデアリマス〈一九一一年三月一六日開催『第二七回帝国議会貴族院議事速記録』第一八号、三三三頁〉

今回の市制改正法の第六条に「勅令ヲ以テ指定スル市ノ区ハ法人トス其財産及営造物ニ関スル事務其ノ他法令ニ依リ区ニ属スル事務ヲ処理ス」とあり、「全国ノ市ニ通ズル適当ナル改正」とはならなかったが、一九一一年九月二一日、勅令第二三九号により、東京・京都・大阪の三市が指定され、多少の進捗があったことは確かである。

さて、特別市制の論議は一時終息するが、再燃するのは一九一八年（大正七）の第四〇議会からである。この一九一八年という年はまた、都市計画においても一つの重要な年であった。図式的に言えば、日露戦争後の資本主義の発展にともない、産業が広域化し、主要な都市がその行政域を越えて膨張し、実態としての市域の拡大が社会問題になり、都市計画が焦眉の問題となってきたのである。一九一八年四月の東京市区改正にはじまる都市計画事業が他の都市にも適用されることになる。

一九一八年四月一六日法律第三六号により、まず、京都市、大阪市が東京市区改正条例の準用をうけた。さらに同年九月一一日内務省令第一七号により、横浜市、神戸市、名古屋市が準用をうけた。翌一九一九年四月五日には都市計画法が公布される。ここに至って大都市である六大都市以外でも適用可能となった。都市計画法の第一条には「本法ニ於テ都市計画ト称スルハ交通、衛生、保安、経済等ニ関シ永久ニ公共ノ安寧ヲ維持シ又ハ福利ヲ増進スル為ノ重要施設ノ計画ニシテ市ノ区域内ニ於テ又ハ其ノ区域外ニ亘リ施行スヘキモノヲ謂フ」(11)とあり、事業を行うためには行政区域を越えることが可能となった。

さて、帝国議会での特別市制問題であるが、東京市区改正準用前に特別市制が提案される。一九一八年（大正七）、第四〇議会衆議院に「東京市特別市制ニ関スル建議案」と「大阪市特別市制ニ関スル建議案」が提出された。いずれも内務大臣が直接監督することを趣旨としている。さらに、翌一九一九年（大正八）の第四一議会衆議院には「東京市ヲ東京府ノ区域外トシ内務大臣ニ直隷セシメ尚衛生交通ニ関スル事務ヲモ東京市ニ於テ掌理セシムルコトトス」という「東京市ニ関スル法律案」が出された(12)。衛生、交通という具体的な事業の分掌の指摘があり、これは都市計画を見据えたものである。

一九二〇年（大正九）第四三議会衆議院に個別に東京市、大阪市、京都市、神戸市、名古屋市、横浜市の六大都市から各々「特別市制ニ関スル建議案」が提出されている。こちらも内務大臣の直接監督する政府案を求めている。

一九二一年（大正一〇）第四四議会衆議院では政府提出の「六大都市行政監督ニ関スル法律案」と「六大都市特別市制速施ニ関スル建議案」が出された。

翌一九二二年（大正一一）第四五議会衆議院で政府提出の「六大都市行政監督ニ関スル法律案」が漸く通過し、同年三月二二日法律第一号により公布された。以下がその全文である。

市ノ公共事務及法律ノ定ムル所ニ依リ市又ハ市長ニ属スル国ノ事務ニ関シ府県知事ノ許可又ハ認可ヲ要スル事件ニ付テハ東京市、京都市、大阪市、横浜市、神戸市及名古屋市ニ限リ勅令ノ定ムル所ニ依リ其ノ許可又

ハ認可ヲ受ケシメサルコトヲ得[13]

六大都市は「国ノ事務」に関しては、府県知事の許可、認可を受けなくてもよいが、ただし、勅令の「定ムル所」という条件が付けられた。この勅令は、同年一〇月二日に第四二四号として出された[14]。この六大都市行政監督の緩和によりある程度の権限の委譲が実現したが、二重監督の撤廃までには至らなかった。

特別市制については、この第四五議会の「六大都市行政監督ニ関スル法律案」の委員会において参考資料として内務省地方局の「東京都制案」が配布されていたが、これが契機となり、翌一九二三年（大正一二）から〝三市〟の〝都制案〟が再燃することになる。

さて、時期は少し溯るが、この特別市制運動が展開過程にあった第四三議会での「京都市特別市制ニ関スル建議案」の内容について検討してみたい。以下が全文である。

京都市ハ一千有余年ノ間帝国ノ皇都ニシテ現ニ皇宮ノ所在地タリ東京及大阪ノ二市ト共ニ三府ノ一ニ位シ而モ二市ノ企及スヘカラサル特色ヲ有ス曩ニ隣接十六箇町村ヲ併合シテ其ノ面積人口及経費ノ激増ヲ来シ一大商工市タルノ要件既ニ備ハリ之ニ順応シテ敏速ニ施設スルコトヲ要スルモノ益々多キヲ加フ之ヲ律スルニ他ノ小都市ト同一ノ制度ヲ以テスルカ如キハ決シテ当ヲ得タルモノト謂フヘカラス乃チ京都市ヲ内務大臣ノ直接監督ノ下ニ立タシメ依テ以テ市政ヲ革新シ事業ヲ振興シテ其ノ面目ヲ発揮セシムルハ啻ニ京都市ノ繁栄発達ヲ謀ルノ途ナルノミナラス抑亦帝国ノ光輝ヲ発揚シ其ノ進運ヲ助成スル所以ナリトス政府ハ宜シク京都市ノ地位ト現状トニ鑑ミ此ノ趣旨ニ適応スル法律ヲ起案シ必ス次ノ会期ニ於テ帝国議会ニ提出セラレンコトヲ望ム

右建議ス〈一九二〇年［大正九］七月二二日開催『第四三回帝国議会衆議院議事速記録』第一六号、三三八頁〉

まず、京都は「東京及大阪ノ二市ト共ニ三府ノ一」であることを冒頭に置いている。東京市と大阪市の建議文には「三府」という表現はない。建議者の向井倭雄議員（元京都市助役）は京都市が有する他の都市に類例のない特色として、「両御所（京都御所・仙洞御所――引用者）、三離宮（修学院・桂・二条――引用者）ノ所在地」であり、また、「歴代ノ御陵」「神社仏閣」があり、「即位ノ礼及大嘗祭京都ニ於テ行ハセラレルト云フコトハ皇室典範ニ明記」している点を述べ、さらに、終わり近くでは「三府」について「行政上ノ慣例ニ基ク府県ノ順位トデモ申シマスカ、此順位ニ於キマシテハ常ニ東京、京都、大阪」となっており、東京市、大阪市に特別市制が施行されるのであれば京都市にも施行せられることを希望する旨、述べている。

京都はこの時点で〝三府〟へのこだわりを吐露したが、すでに議会での経緯を見ると、この時期には六大都市問題へと拡大している。都市計画でも同様のことが伺える。

第四一議会衆議院の都市計画法案外一件委員会第一回で池田宏政府委員は趣旨説明の中で次のように述べている。

昨年内務省ニ於テモ近時都市ノ発展ガ著シクアリマスルシ、不備ノ点ノ続出シテ其補充ノ弊ニ堪ヘザルヤウナ都市ガアルノヲ見マシテ、何トカシテ将来都市ヲシテ健全ナル発達ヲ遂ゲシメマス為メニ、適当ナ対策ヲ講ジタイト云フコトデ色々研究モ致シテ居リマシタ折柄、丁度大阪府知事ヨリ大阪市ノ上申ヲ齎シマシテ是非共大阪市ニ取敢ズ東京市区改正条例ノ準用ヲシテ貰ヒタイト云フ意見ノ上申ガアリマシタ、尚ホ続キマシテ京都カラモ恰モ京都ガ郡部ノ合併ヲシマシタ時デアリマシタノデ、出来上リマシタ著シイ町ニ対シマシテ、将来ノ計画ヲ定メルノニ、東京市区改正条例ノ準用ヲシテ貰ヒタイト云フ上申ガアリマシタ、……政府ハ取敢ズ東京市区改正条例ヲ大阪ト京都ト此二ツノ市ノ市区改正ニ準用致サウト云フ案ヲ議会ニ提出シタ訳デゴザイマス〈一九一九年三月八日開催『第四一回帝国議会衆議院都市計画法案外一件委員会議録』第一回、一頁〉

当初は、大阪市、京都市の二都市に準用予定であったが、その後、先に述べたように横浜市、神戸市、名古屋市が準用をうけることになる。

このように、京都と大阪は特別市制および都市計画については帝都東京のレベルにあわせたいとの意向であったが、地方自治行政と都市計画についての状況は六大都市に拡大されることになった。

第四五議会の「六大都市行政監督ニ関スル法律案」の委員会で内務省地方局の「東京都制案」が配布されたことは先に述べた。この都制案を廻って、翌第四六議会で帝都制案、大阪都制案、京都制案が提出、さらに第五〇議会では東京都制案それに東京市、大阪市、京都市、名古屋市に関するそれぞれの法律案が出された。また第五一議会では同様の府県から独立する特別市制を要望する大阪市、神戸市、名古屋市、京都市、横浜市の法律案が出された。東京市については東京都制案、「東京都制急施ニ関スル建議案」が提出されている。一九二七年(昭和二)の第五二議会でも再び京都市、横浜市、大阪市、神戸市、名古屋市の法律案が提出されたが、結果的には六大都市の特別市制問題は進展することはなかった[15]。

六大都市が特別市制を要求した背景には各都市が周辺町村を合併し、結果として市域が拡大され、大都市制度として国と府県の二重監督から脱し、行政上・財政上において市制が制限されることを回避することが焦眉の課題となったことがあげられる。六大都市は特別市制を要求する一方で、大正期からそれぞれ「大東京」「大京都」「大大阪」「大名古屋」「大横浜」「大神戸」を標榜し、隣接町村を合併し、市域拡張運動へと展開する。

四　「大東京」「大京都」「大大阪」への射程

この節では東京、京都、大阪が大都市構想を標語に地域拡張して市制の展開をはかろうとした意味を検討したい。まずは「大東京」からはじめたい。

（1）大東京

一九一五年（大正四）、元東京市長の阪谷《さかたに》芳郎は市民向けに出版された「通俗大学文庫　第一編」である『最近の東京市』を著し、その末章「将来の問題」で「大東京の計画」について次のように記している。

大都市に隣接し居る町村の人口増加率の甚だしきことは、東西を通じて同一轍に出でゝ居る。我が大阪及京都両市の如きも、此傾向を示すが、東京市の接続町村は更に一層顕著なるものがある。……此市外に居住するものゝ増加することは、市の財政上より見ると、つまり納税者を失ふことになる。……現今の東京市の人口増加率と、接続町村の夫れとを比較して、後者の率が前者に数倍する勢ひあるに見れば、将来東京市に包括すべき境域の研究は今日より努めて、大都市計画に障害を生ぜざるやう注意を為す必要がある。……故に今日より市と接続町村との利害衝突を避け、将来更に大都市たる見込を立てゝ、着々計画し置くの要を認むるのである。〈二〇一～三頁〉

さらに阪谷芳郎は『東京市民読本』（富山房、一九一八年）で再度、触れている。

人口の増加するにつれ、市内に於て、人家愈々稠密となりつつあると同時に、郡部に向ひ大膨脹を来しつつあること是なり。郡部に於ける膨張は、行政上に於ける東京市の区域外に属するものとし、何の考慮を要せずと思はば、非常なる考へ違ひなり。……東京市の境域問題起りて、延いて隣接町村併合問題となるなり。即ち将来発展すべき東京の大領域を定め、是れに向つて大都市としての経営を計画すべしとの論を生ず。大倫敦、大紐育といふことあり。紐育の如きは、今日は市外とも曰ふべき箇処にも都市計画の方針の下に大小道路案排せられ、街灯、下水の施設さへ完しとせらる。我国に於ても、京都は最近附近の十六町村を併合して大京都の政策を実現せり。……〈八七～九一頁〉

文中にある京都の一六町村の合併とは一九一八年（大正七）四月一日、愛宕郡白川村・田中村・下鴨村・鞍馬口村・野口村の全部と上賀茂村・大宮村の一部、葛野《かどの》郡衣笠村・朱雀村・大内村・七条村の全部と西院《さいいん》村の一部、紀伊郡東九条村・柳原村の全部と上鳥羽村・深草村の一部が編入されたもので京都市の第三次市域拡張である。(16)

東京毎夕新聞社編『昭和之国勢』（一九三六年）の第五章「帝国の首都大東京の建設」には東京が大東京となる契機は関東大震災であったとの記載がある。

人口六百万、面積約五百五十平方キロ人口に於いては世界第三、面積に於いては世界第五位、東洋第一の大東京も、曾ては『月の入るべき山もなし』と歌はれたる武蔵野の地たりしを思はば誰れが其の異常なる発展に驚かぬ者があらう。今日の勢を以つてすれば近き将来に於いて人口に於いても面積に於いても世界一となることを期すべきである。……斯く東京が猛然と発展したのは何時の頃からであらうかといふと、彼の大正十二年の大震災以後といふことが出来る。即ち旧東京市に於いて震火に焼けた市民は、空屋を求めて郊外へ郊外へと目指した。かくて近郊の空屋は忽ち借られ、一戸に数家族が住むさへあつた。……かくて郊外の発展は日一日と盛んになり、十年を出でずして今日の大東京を形成したのである。〈一六〇頁〉

東京市が市域拡張を行ったのは京都、大阪に較べかなり遅れた。帝都として近代都市計画では先んじていたが、『市域拡張記念　大東京概観』（東京市役所、一九三二年）の序言にはこう記されている。

本市及隣接町村多年の翹望であつた市域の拡張は愈々茲に昭和七年十月一日を期して実現するに至つた。顧れば市域拡張の声を聞いてから、実に四十年の永い年月を閲してゐる。其の間国運の隆昌に伴つて、市勢は内に外に充実膨張し、更に彼の大震火災はこの趨勢に拍車を加へ、隣接町村の発達都市化は寔《まこと》に驚嘆に値し、最早市郡の境を明かになし得ず、連檐櫛比《れんたんしっぴ》渾然たる一大都市を形成するに至つた。茲に於て旧市民及隣接町村民は等しく社会生活及経済生活を全く同じくするにも拘らず、不自然なる境界に画され種々の不合理不便を痛感するに至つた。……

明治三十一年十月一日本市が特別市制の羈絆《きはん》を脱して、完全な自治体として更正してから正に三十四年に相当する自治記念日に当り、我等の帝都は広大な地域を新たに市域に編入し、名実共に世界の覇都たるを得たることは誠に慶賀に堪へない。〈一頁〉

例言で「本書に言ふ大東京とは市域拡張後の東京市を指称する」とことわっているが、もちろん市域拡張以前から大東京という言い方は紙上では使われていた。「大東京」と題する記事が一九一四年（大正三）六月に五回連載された。その第一回目には「都市の拡大」とサブタイトルが付され、世界各国の事情を掲載している。

倫敦でも紐育、伯林でも欧米各国の市若くは府は夙に郡市の膨張を予想し其行政区画の外に附近に於ける尨大なる土地を画して仮りに之を都市の一部と定め以て駸々《しんしん》たる発達膨張に備へ種々の必要なる設備を此新開地方面に向つて施す事に努力して居る、換言すれば近頃頻と用ひられて居る所謂都市設計の下に将来膨張する市街地を一定の方針に従つて建設せんと欲するので、大倫敦、大紐育、大伯林といふのは即ち夫である。

〈『朝日新聞』一九一四年六月一〇日付〉

（2）大京都

さて、次は「大京都」についての記載である。

経済学者で京都帝大教授の神戸正雄は『実際経済問題　続編』（日本図書出版、一九二一年）の末尾に「大京都の経済発展策」と題し、こう述べている。

日本の上に大の字を附けて大日本ともいふが、其が近頃は京都の冠にもせらるゝことゝなつて、大京都といふ熟語が出来た。洵に目出度きことである。其はいふ迄もなく近頃京都附近の接続町村若干を京都に編入した為に起つたことである。……孰れにせよ京都が此等周囲の町村の開発を計るのは其によつて場合によりては固有の京都の繁栄の一部を割き与へるが如くに見ゆるが、其が矢張り全体上には益々固有の京都をも利することになる。嗚呼此接続町村、其は丁度国家にとりては殖民地のやうなものである。……（大正七年一月）

〈六五八～六〇頁〉

一九一八年（大正七）四月の市域拡張以前に二回の市域拡張がなされた。第一回目は一八八八年（明治二一）六月、〝三府〟に特別市制が制定される前年である。愛宕郡の岡崎村・聖護院村・吉田村・浄土寺村・南禅寺村・鹿ヶ谷村・粟田口村を上京区に、同郡今熊野村と宇治郡清閑寺村を下京区に編入した。次に第二回の編入が一九〇二年（明治三五）の特別市制廃止後の明治三五年二月に行われた。葛野郡大内村字東塩小路および西九条が下京区に編入された。市域は京都駅付近まで南進した。(17)

第三回の編入が神戸が言う「大京都という熟語」が誕生した市域拡張であった（詳細は「大東京」のところで述べた）。

第四回が一九三一年（昭和六）四月に行われ、隣接の伏見市と深草町および旧紀伊郡、葛野郡、宇治郡の全部あるいは一部におよぶ大合併、大市域拡張であった。

紙面には合併前の記事が「大京都市出現　二十七市町村合併に賛成」という標題で報道された。

京都市は本年四月一日から隣接市町村二十七を併合して大京都市を実現すべく昨年夏以来佐上京都府知事土岐京都市長等が計画を進め関係市町村の賛否を問うてゐたが二十七ケ市町村中深草町のみ反対し他は二十七日伏見市会の条件付賛成をもつて全部合併に賛成したので二十七日午後五時佐上知事から内務大臣及び地方局長にあてて報告し二十八日内務省から正式に諮問が出ることになつた……京都市は人口約九十五万人面積十六方里余となり全国第一位の地域全国第三位の人口を有する大京都市が実現される……〈『朝日新聞』一九三一年二月八日付〉

（3）　大大阪

「大大阪」の記述はどうであろうか。

大阪市の第一次市域拡張は一八九七年（明治三〇）四月一日である。その背景には日清戦役を契機に経済の発展があり、「本市進展の余勢は、接続町村の市街化を馴致し、市郡の関係は年と共に密接の度を加へて停止するところを知らなかつたが、行政区域の所属を異にするにより、衛生、警備、交通、財政、教育等の各方面に於て、市の被る不便と損害は甚大なるものあり、之が為めには接続町村を編入して、統制ある行政の下に置くの外なく、……」（『十周年記念　大阪市域拡張史』大阪市、一九三五年、一二頁）とその理由を述べている。第二次が一九二五年（大正一四）である。これは一九一八年（大正七）の東京市区改正条例の準用を受け、翌一九一九年（大正八）に大阪市区改正設計の成案を見た。一九二二年（大正一一）四月には大阪都市計画区域を決定し、その範囲は大阪市および周辺五五か町が含まれた。都市計画事業との関連もあり、市域拡張がなされた（『同』二五～二六頁）。この間の大正期に〝大大阪〟論が出始める。

大阪生まれのジャーナリストであった木崎愛吉は『大阪遷都論』（木崎愛吉発行、一九一八年）で、まず、執筆の主旨である「大意」に大久保利通が明治元年（一八六八）正月に大阪遷都論を建白したことを援用し、大正の遷都を訴える。「歴史は繰返す、明治維新の大業が遷都の上に根ざゝるべくば、大正新政の方略は、同じく遷都の事によりて、その基礎を固めざるべからず」（五頁）さらに、「木戸孝允公の如きは東京（江戸──原注、以下同じ）西京（大阪）京都の三京順都論を提議」（八頁）したことに言及した。次に「大大阪の縄張」と題してこう記している。

予の称して大阪─新帝都としての大阪と云へるは、無論今の大阪その地区だけにはあらず、新大阪としてその地を指定するは、広く摂河泉三州の平野の遙かに大阪湾を抱きたる大々的大阪たるを先入とせよ。〈一二

頁〉

木崎は「十二区を統べて新たなる「大大阪」を形造り、堂々たる東洋、否世界第一の新大都市を現出せしむべきを期す」と言う。十二区制とは「浪速区（現大阪市）」、「神戸区（現神戸市）」、「御影区（現武庫郡）」、「尼ヶ崎区（現尼ヶ崎市及川辺郡）」、「池田区（現豊能郡）」、「茨木区（現三島郡）」、「枚方区（現北河内郡）」、「八尾区（現中河内郡）」、「富田林区（現南河内郡）」、「堺区（現堺市）」、「浜寺区（現泉北郡）」、「岸和田区（現泉南郡）」であった（一九〜二〇頁）。木崎の『大阪遷都論』には「大阪遷都論附載」として岡田播陽の「帝都と大阪」が再掲された。もともとこの「帝都と大阪」は岡田が一九一七年（大正六）九月に著した『三都生活』（大同館書店）に載せていたものであった。

『三都生活』は非常にユニークな三都案内である。自序で「『三都生活』一篇、謂はゞ都会の罵倒録であ」り、「何時か現代の都会文明を、根底から顛覆するダイナマイトは、日々にさうした犠牲の血によつて、地下百尺の深き処に作られつゝある。その社会事象を洞観しては、町人乍ら口のある限り、黙つちやゐられやしない」（一〜二頁）と三都の罵倒を宣言する。

第二次市域拡張がなされたのち、岡田播陽は『反射炉』（改善社、一九二七年、奥付は「大正十六年一月十日発行」とある）に「大大阪と石山本願寺」と題し、こう序論に言う。

> 大正十四年四月一日、突如、花電車が白昼を飛び、飛行機が虚空を翔け廻つた。四区、二十方里の大阪が、十三区六十方里に拡まり、百三十九万人の大都市が二百十五万人の大大都市に膨れ上つたからだといふ。然し、それは小大坂―石山本願寺時代の大坂―の種子が生長発育して、そよとだに吹く風にも、忽ち凋落する花の満開を告げてゐるのではなからうか。何か知ら公会堂に開かれつゝある□□□□□□なるものが、大阪その物の葬式であるかのやうな心地がする。あゝ大大阪！是れ我が大阪市の戒名ならざるか。〈二〇五

頁〉

□の伏せ字は「大阪文化史講演会」のことで、市域拡張を記念して四月一日から五日まで、七回にわたり大阪府立実業会館大講堂で開催されたものである。初回（四月一日）は喜田貞吉と黒板勝美、第二回（同二日）は三浦周行と上田万年、第三回（同三日）は西田直二郎と新村出、第四回（同三日夜）が浜田耕作と幸田成友、第五回（同四日）は三上参次（代読）、幸田成友、第六回（同五日）が藤村作、小川琢治、第七回（同五日夜）が内藤湖南と大阪市長関一という学者・文化人であった[18]。

また、終わり近くで岡田の大大阪批判は続く。

石山本願寺の拡大たる今日の大阪は、徒らに其の形式のみを拡げて生命を喪ひ、金を先にして物を後にし、高所を指して町の集中する、権力中心主義の東京即ち高所から一切を俯瞰しようとする一種の航空家《かっくうか》、白昼夢に魘《おそ》はれる夢游市たる東京の模倣に汲汲として日もまた足らざる為体《ていたらく》ではないか。〈三〇二頁〉［原文は総ルビ］

『大阪市統計書』に「大大阪」の文字が登場するのは一九二三年（大正一二）刊の第二二回からである。一九二五年（大正一四）四月の市域合併後について述べている。

大正十四年四月一日我大阪市ハ接近四十四町村即西成（二十町村）東成（二十四町村）ノ両郡全部ヲ市域ニ編入シ茲ニ面積三方里七分九厘ノ旧市ハ十一方里七分八厘ニ拡張セラレテ従来ノ約三倍トナリ京都市ノ三方里八分九厘、神戸市ノ三方里九分八厘、東京市ノ五方里一分六厘、名古屋市ノ九方里六分一厘ヲ悉ク凌駕シ横浜市（二方里四分）ノ約五倍、東京市ノ約二倍ニシテ本邦ニ於テ嘗テ見ザル大拡張ト云フ得ベシ〈特一一頁〉

市域拡張について、前年一九二四年（大正一三）九月の紙面に「大阪市が一足お先へ大大阪が実現したら東京は第二位に下る」と題した記事が掲載された。

東京都制案は三案からなる草案も提出され、次の議会には附議される筈であるが、従来の大東京都市計画とは異り、復興計画を含むものと変形されたもので、その区域及び制度に就て、大都市制度調査会で考究されてゐる近来世界的の大勢として、人口の都市集中は著るしい現象で、現在九十九の市制施行地があるが、之等の都市は争つて都市計画港湾計画を進め、近接町村編入に努めてゐるが、既に名古屋、京都は近接町村編入によつて人口面積共に広大となり、大阪亦大大阪実現に向つて計画し、西成東成両郡を編入する事となり、過日加賀見大阪市助役、白松大阪府地方課長等は上京して両郡編入案の容認を見た、この結果、愈大大阪実現となればその面積は現在の三倍となり、東京市の二倍となることになり、人口は凡そ二百万に達する訳である……〈『朝日新聞』一九二四年（大正一三）九月一九日付〉［読点は引用者］

このように〝三府〟は大都市を指向し、隣接町村の合併による市域拡張、人口増が近代都市の必要条件として認識されたが、その急激な変化は、社会資本の整備、自治行政等について問題が山積されたままであった。

おわりに

明治二年（一八六九）に誕生した〝三府〟は〝都府〟の意味と〝行政地域（地方自治体）〟の両義をもったが、大都市制度への趨勢の中で帝都東京は一九四三年（昭和一八）、東京都となり、〝三府〟は解消し、京都府と大阪府の〝二府〟が残った。それ以前に〝三府〟の一つであった京都は都市人口規模からすると、名古屋に凌駕される状況になる。大阪府立夕陽丘高等女学校校長であった伊賀駒吉郎は大部の著書『三都比較　大阪研究』（宝文館、一九一五年）で「近時の景況よりすれば京都は横浜、神戸、名古屋にすら、抜かれんとするの有様を呈す。名古屋の人口は、明治六年に於て十二万五千、当時の京都の約半数なりしもの、大正元年となりては、四十三万以上を数へ、京都より少きこと僅かに六万に過ぎざるに至る。名古屋が隆々の勢を以て東京、大阪の間に立ち、中京の名を擅にするもの、故なきに非ず」（二五八〜九頁）と予見している。

『日本都市大観』（大阪毎日新聞社、一九三三年）を見ると、東京市が五三一万一九二六人。大阪市が二六六万四四〇〇人。京都市が一〇二万六九二六人。名古屋市が一〇六万六八〇六人とあり、名古屋市の人口は京都市を追い抜いている。ちなみに神戸市は八二万二〇〇人。横浜市が六六万一五〇〇人である。一九三三年（昭和八）段階で京都は人口規模からすると江戸期から堡塁を守ってきた〝三都〟ではなくなっている。

六大都市が議論される時期には帝都東京も含め〝三府〟は六大都市に埋没する。この六大都市が発展した背景には特別市制の要求、都市行政監督の緩和と都市計画法の適用があった。都市計画法策定の中枢にいた池田宏は一九三三年九月二五日に大阪中央公会堂で開催された都市問題講演会（大阪毎日新聞主催）で六大都市のみが異常な発展と膨張を遂げている原因は「詮じ詰むれば、都市計画に由るもので、都市計画施設及其の事業の執行がその主要原因なりと見られるのである。……この鉅資《きょし》が都市計画事業として六大都市に集中投下された事実こそは、今日六大都市への人口集中を強化激成すると同時に、六大都市に在りては、其所に集中し来る人口を各各の郊外地方に盛に分散せしむるに至つたのである」（演題は「昨日の都市計画と明日の都市計画」）と述べている（前掲『日本都市大観』八〇頁）。

この同じ講演会で社会事業家賀川豊彦は「都市巡礼者の都市批判」と題して都市批判を行い、全国の都市類型を提示する。衛生都市・労働都市・交通都市・市場都市・教育都市・政治都市・文化都市の七類型である。〝三府〟はどこに分類されているかというと、東京は教育都市、京都は文化都市、大阪は労働都市である。政治都市に具体例は記されていないが、〝三府〟とも政治都市に当てはまるであろう。賀川の批判は「これら各種のカテゴリーに分類し得る都市を大観して、特に痛感するのは、これら各種の都市に適用される都市計画が、徒らに唯物的、外見的方面にのみ捉はれ、一つとして唯心的、人格的の指導的立場から行はれてゐるものがないといふことである」（八四頁）最後に「まことに、都会の持つ人格の光が、一切のものに反映する如き、明朗で堅固な人格的都市を再建することこそ、真の都市計画であり、永遠の都市計画であると信ずるものである」（八五頁）と「人格的都市」を提唱する。

江戸の〝三都〟は他都市を圧する都市の多面性・総合性により類型の規範となったが、賀川の提唱する七つの都市類型が適切かどうかは別にして、少なくとも近代の〝三府〟は七類型の中で分類され、主要な都市の典型としてのインパクトは縮小したと思われる。それは近代都市制度の進展と近代都市計画による平準化がもたらしたものではないだろうか。

（1）この他「三都論」については桑原武夫・梅棹忠夫「日本三大都市比較論——文化人類学的に見た東京・大阪・京都——」（『中央公論』九月号、一九五六年九月）がある。また、戦前期に吉田東伍『倒叙日本史』第六冊（早稲田大学出版部、一九一三年）の第一三章「三都の繁昌及び産業風俗の大概」なども「三都論」の類型であろう。

（2）『日本の美学』第七号（ぺりかん社、一九八六年）、六四頁。

（3）内務省図書局蔵版『地方沿革略譜』（一八八二年二月印行、一九六六年九月〔復刻版〕）を参照。

（4）『法令全書』明治二年、太政官、二七四頁。

（5）『法令全書』明治六年、太政官、一三頁。

（6）紙面では一一回末尾に未完と記されているが、その後再開されていない。

（7）ここに区とあるのは一八七八年（明治一一）七月二二日の太政官布告第一七号の郡区町村編成法の第四条の「三府五港其他人民輻湊ノ地ハ別ニ一区トナシ其ノ広濶ナル者ハ区分シテ数区トナス」の区のことである。一八八〇年（明治一三）五月五日太政官第二二号で「明治十一年（七月）第拾七号布告郡区編成法ニ依リ従前ノ一郡ヲ分割シ或ハ新ニ郡名ヲ設ケ又ハ区ヲ設置スルモノ別冊ノ通ニ候」と布告した。「人民輻輳ノ地」は別に一区を設けるというものである。後に一八八八年（明治二一）市制・町村制（法律第一号）により郡区町村編成法は廃止される。

（8）市制町村制ならびに特別市制について、詳しくは亀掛川浩『明治地方制度成立史』（巌南堂書店、一九六七年）、一五五～二一一頁を参照されたい。

(9) 田中藤作『特別市制の話』(大阪市政研究会、一九二九年)、九頁。
(10)『京都市政史』第四巻　資料　市政の形成(京都市、二〇〇三年三月)、一三三〜一三五頁。
(11)『法令全書』大正八年、法律、三八頁。
(12)『特別市制ニ関スル沿革概要』東京市会編(一九二一年)、四頁。
(13)『法令全書』大正一一年、法律、一頁。
(14) 詳しくは『大都市制度史』(ぎょうせい、一九八四年)、一四一〜一四三頁を参照されたい。なお、一九二六年(大正一五)六月の府県制・市制の改正により、この六大都市行政監督特例も同年六月二四日勅令二一二号により再度「六大都市行政監督特例」が六大都市に公布された。
(15) 昭和戦前期の特別市制運動の詳細については前掲註(14)『大都市制度史』の第五章「昭和時代―戦前の特別市制運動の結末」を参照されたい。
(16)『大京都誌』(東亜通信社、一九三二年)、一六頁。なお、『東京市民読本』の出版時期と合併月に齟齬がある。
(17) 註(16)に同じ。
(18) この講演会は、のちに『大阪文化史　大大阪記念講演集』(大阪毎日新聞社、一九二五年)として出版された。

近代古都研究班のあゆみ

※会場について特記なき場合は、京都大学人文科学研究所の共同研究班「近代古都研究」として同所内で開催。なお二〇〇八～二〇一〇年度は、科学研究費補助金基盤研究(B)「近代古都研究―歴史と都市をめぐる学際的研究」（研究課題番号二〇三二〇一〇二、代表高木博志）の支援を受けた。

〔二〇〇六年度〕

○四月九日　プレ「近代古都研究」班

大津巡見―第九聯隊跡、陸軍墓地、三井寺西南戦争碑（大谷光尊寄付）、大津遊廓建築探検（案内：原田敬一）

○四月一五日

高木博志「近代古都研究班の発足にあたって」

谷川　穣「北垣府政期の本願寺―『塵海』を手がかりとして」

○五月二〇日

金　文京「近世近代京都の寺社と学芸」

小林丈広「平安遷都千百年紀念祭をめぐって」

○六月一七日

岩城卓二「都市大坂と武家社会」

内田和伸「城跡の近代建築遺構と移築された城郭建築遺構」

○七月二二・二三日　滋賀の文化的景観巡見

近江八幡の水郷、古都大津市、菅浦（案内：丸山宏・伊従勉・上島享）

○一〇月二一日

伊従勉『琉球祭祀空間の研究―カミとヒトの環境学』書評会（評者：高木博志・岩城卓二）

○一一月一八日

河西秀哉「敗戦後における京都御苑と皇居前広場―文化・平和・伝統の空間」

羽賀祥二「近代都市と歴史性―名古屋及びその周辺について」
○一二月一六日
田中智子「高等中学校制度の成立と受容―第三区域（京都・大阪・兵庫・岡山）を中心に」
丸山　宏「「三都論」小考」
○一月一四日（於ヘンリー・スミス邸）
ヘンリー・スミス「〈京都 今と昔〉―京都の近代を留学生に教える一提案」
黒岩康博「「趣味」から「土俗学」へ―雑誌『郷土趣味』の展開」
○三月一七日
山上　豊「近代奈良の地域形成と名望家の動向―古都の整備に関連して」
吉井敏幸「法隆寺壬申宝物調査と宝物献納」

〔二〇〇七年度〕
○四月二一日
小野芳朗「定住と漂泊の能役者―都市の境界と〈庭〉」
中嶋節子「大阪天神祭の変容と都市空間―都市祭礼の近代」
○五月一九日
高木博志『近代天皇制と古都』書評会（評者：井上章一・小林丈広）
○六月一六日
岡村敬二「蔵書、その時代の過ごし方―「満洲」の図書館を例に」
奈良勝司「最後の朝廷―幕末の京都と慶喜政権」
○六月三〇日（近代京都研究会と共催／於秦家―下京区油小路通仏光寺下ル）
談話会「女性からみた町家住まいと祇園祭」（話者：小島富佐江・秦めぐみ・杉本節子・池上英子／コメンテーター：伊從勉）

○七月二一日　洛中御霊社巡り
今宮神社・大徳寺→白峯神宮・一条戻橋・晴明神社→幸神社・上御霊社・阿弥陀寺→御所・梨木神社・清荒神・京都市歴史資料館→下御霊社・革堂（行願寺）・矢田寺（案内：廣瀬千紗子）
○一〇月一三・一四日　金沢旅行
橋本哲哉編『近代日本の地方都市―金沢／城下町から近代都市へ』合評会、軍都金沢巡見、石川県立歴史博物館特別展「石川のお宝史―名宝から文化財へ」観覧（案内：本康宏史）
○一一月一七日（於元興寺小子房）
谷山正道「西南雄藩と大和」
奈良町巡見―元興寺→御所馬場→大乗院跡→瑜伽山天神→興福寺菩提院方子院跡→鷺池→奈良国立博物館仏教美術資料研究センター（旧物産陳列所）→依水園→奈良駅（案内：吉井敏幸）
○一二月一五日
京都御苑内の研修・見学―小沢晴司「京都御苑での最近の業務取組状況報告」、閑院宮邸跡西側の宮内庁旧所長邸宅庭園復元（案内：小沢）
中川　理「近代京都における都市計画事業の計画主体をめぐって」
井原　縁「遺産空間の継承と観光資源化に関する史的考察―城下町都市高松を事例として」
○一月一二日
清水重敦「古社寺保存と近代京都の建築造営」
野村奈欧「近世畿内における神功皇后伝承―御香宮神社と桂女・祇園会を中心に」
○三月一五日
廣庭基介「十五年戦争と京大図書館―蔵書・読書に加えられた国家的抑圧の一考察」
小山　哲「ランケの日本的領有―坂口昴の業績を中心に」

〔二〇〇八年度〕

○四月一九日

高木博志「近代、古都京都の名所―桜や古典文学を題材に」

黒岩康博「実業家武岡豊太と三都の歴史―神戸史談会・皇陵巡拝会・乃木神社」

○五月一〇日

ジョン・ブリーン「日吉山王社の近世―二、三の問題」

山田　誠「地価分布の変化からみた近代東京の地域構造の一断面―旧東京市神田区域の場合」

○六月二一日

原田敬一「「軍都」論の再検討」

本康宏史「城下町と「古都」イメージ―加賀百万石の「伝統」文化」

○七月二五・二六日　岡山巡見

万城あき「後楽園の近世・近代」

小野芳朗「後楽園の水利用と岡山都市空間論」

後楽園地図閲覧（説明：北條克敏）、旧陸軍施設跡・東山界隈・後楽園用水見学（案内：小野）、後楽園園内見学（案内：万城）

○九月一九日　人文研東方部書庫見学・黒谷文人墓掃苔

書庫見学（案内：梶浦晋）

墓地巡り―吉田神楽岡墓地→吉田神葬墓地→あきの墓地→黒谷東・北墓地（案内：廣瀬千紗子・岡村敬二）

○一〇月一八日

秋元せき「「大京都」の時代の都市計画―近年発見の史料から、歴史資料の伝来を考える」

岩井忠熊「明治維新史の常識における問題点」

○一〇月二五日　名古屋巡見

徳川美術館「東山御物」展覧会見学（案内：並木誠士）

名古屋城特別展「失われた国宝　名古屋城本丸御殿—創建・戦火・そして復元」観覧（案内：朝日美砂子）
旧中村遊廓見学
○一一月二二日
幡鎌一弘「権門寺社の歴史と奈良町の歴史との間」
松尾尊兊「敗戦前後の佐々木惣一」
○一二月二〇日
佐藤雅也「軍都・学都・杜の都—生活暦（祭りと年中行事など）と戦死者祭祀の変遷」
伊従　勉「米軍統治下沖縄の自治的都市計画—一九七二年施政権返還前に本土並み都市計画制度に復帰した琉球政府の選択」
○一月二四日　大阪城巡見
豊臣大坂城体験—真田抜け穴→大阪靖国軍人墓地→鎌八幡（案内：岩城卓二）
大阪城内近世・近代遺跡見学（案内：北川央）、意見交換（於天守閣）
○三月一四日
吉田栄治郎「中世非人宿と近世夙村」
高階絵里加「明治期京都の歴史画—明治二〇年代を中心に」

〔二〇〇九年度〕
○四月一八日
丸山宏・伊従勉・高木博志編『近代京都研究』書評会（評者：高久嶺之介・中嶋節子）
○五月一六日
高木博志「近代古都研究班の中間総括／近代日本の文化財と陵墓—政治や社会との関わりにおいて」
小林丈広「近代日本における都市制度の創設—郡区町村編制法下の「区」」
○六月二〇日

鈴木栄樹「嘉永・安政期の〈大変〉と京都西町奉行浅野長祚（梅堂）―幕末京都の政治社会と勤王・海防・民政のネットワーク」
井原　縁「空間の「観光」化と地方都市の近代（序）―造園という職能から」
○七月一八・一九日　仙台巡見
研究会「『仙台市史・近代一』（二〇〇八年）をめぐって」（於仙台市歴史民俗資料館）
コメント―高木博志「歴史都市論として『仙台市史』を読む」、田中智子「「学都」仙台を考える」、原田敬一「自治体史の新しい段階と『仙台市史』」、小林丈広「旧市井二十四町共有金をめぐって」
旧陸軍墓地・仙台城跡・瑞鳳殿見学（案内：佐藤雅也）
○七月二五日
安楽寺かぼちゃ供養見学・法然院掃苔（案内：廣瀬千紗子・黒岩康博）
○九月二六日　二条城見学
本丸庭園・西南隅櫓・二の丸御殿台所・御清所（案内：河原伸治・中嶋節子）
○一〇月一七日
市川秀之「明治期の天皇制と民俗の変容」
石田潤一郎「植民地期ソウルの都市計画―一九三〇年代を中心に」
○一一月一四日
青谷美羽「明治前期の「門跡」と京都―永世禄下賜と門跡号復旧をめぐって」
高久嶺之介「一八八一年イギリス皇孫の来京」
○一二月一九日
能川泰治「大阪城天守閣復興にみる戦前大阪市の都市経営と歴史認識―日本近現代都市史研究の視点から」
三澤　純「「軍都」と都市基盤整備―熊本市の事例」
○一月二三日
川口朋子「京都における戦時期建物疎開」

黒岩康博「北畠治房の南朝史蹟考証」
○三月七・八日　江田島・呉巡見
旧海軍兵学校（案内：飯野俊明）、呉市海事歴史科学館・入船山記念館
飯塚一幸「日露戦後の舞鶴鎮守府と舞鶴港」

〔二〇一〇年度〕
○四月一七日
矢ヶ崎善太郎「文人たちの動向と近代数寄者の志向について―近代和風建築・庭園の意匠と煎茶文化」
○五月一五日
高木博志「近代京都と泉涌寺」
小野芳朗「近世城下町と都市計画法都市―岡山の招魂社・陸軍・公園を巡る問題」
○六月一九日
辻岡健志「明治初期の政教関係と〈教団〉形成―真宗四派の大教院分離運動を中心として」
山田　誠「近代日本の地方中核都市―地理学における広域中心都市論の成果と課題」
○七月一七・一八日　熊本巡見
『新熊本市史』勉強会（報告：小林丈広・高木博志・田中智子・三澤純）
山崎練兵場跡・辛島公園・花畑公園・高橋公園・徳富記念園（案内：三澤純）
○一〇月一六日
本康宏史「「城下町金沢」の記憶―創出された「藩政期の景観」をめぐって」
原田敬一「「軍都」論と近代都市史研究」
○一一月二〇日
ジョン・ブリーン「「神都」の形成過程―近代伊勢のなりたちについて」
小林丈広「「町人の都市」論の可能性」

○一二月一八日
伊従　勉「戦前沖縄県振興計画と都市計画」
高階絵里加「幸野楳嶺の《秋日田家》について―明治期画人の中の日本と中国（と西洋）」
○一月二二日
岩城卓二「城下町尼崎と士族の19世紀」
丸山　宏「「三都論」と「三府論」」
○三月一二日
黒岩康博「「南都」・「古京」・「平城京」―宮址保存と奈良」
福家崇洋「一九五〇年代京都における高山市政の一断面」

〔二〇一一年度〕
○四月一六日
高久嶺之介「明治期京都を訪れた外国人皇族たち―ロシア・オーストリア・暹羅（シャム）の皇族たち」
藤原　学「露伴・（荷風・）潤一郎の東京論」
○五月二八日
中嶋節子「京都における風致地区指定の経緯と重層する意図をめぐって―関与した人物からの検討と接続する事項との関係」
中川　理「技術者・町組織など多様な観点から捉える京都の都市改造」
○六月一八日
清水重敦「社寺建築の造営からみた近代京都―創建神社を中心に」
河西秀哉「大正・昭和期における京都御所・御苑」
○七月二三日
谷川　穣「明治期京都における仏教をめぐる諸相」

田中智子「近代日本「教育拠点」配置をめぐる文部省と府県―高等中学校設置問題の基礎的考察」

高木博志「歴史都市と修学旅行―一九一〇年代の奈良女子高等師範学校の事例」

執筆者紹介（収録順，＊は編者）

※初版発行時

＊高 木 博 志（たかぎ　ひろし）
1959年生．立命館大学大学院文学研究科博士課程後期単位取得退学．京都大学人文科学研究所教授．
『近代天皇制の文化史的研究――天皇就任儀礼・年中行事・文化財――』（校倉書房，1997年），『近代天皇制と古都』（岩波書店，2006年），『近代京都研究』（共編，思文閣出版，2008年）．

小 林 丈 広（こばやし　たけひろ）
1961年生．金沢大学大学院修士課程修了．奈良大学文学部教授．
『明治維新と京都』（臨川書店，1998年），『京都町式目集成』（京都市歴史資料館，1999年），『近代日本と公衆衛生』（雄山閣出版，2001年）．

清 水 重 敦（しみず　しげあつ）
1971年生．東京大学大学院工学系研究科博士課程単位取得満期退学（建築学専攻）．京都工芸繊維大学大学院工芸科学研究科准教授．
『擬洋風建築』（至文堂，2003年），『建築保存概念の生成史』（中央公論美術出版，2013年），『京都府の近代和風建築――京都府近代和風建築総合調査報告書――』（共著，京都府教育委員会，2009年）．

高久嶺之介（たかく　れいのすけ）
1947年生．同志社大学大学院文学研究科博士課程単位取得退学．京都橘大学文学部教授．
『近代日本の地域社会と名望家』（柏書房，1997年），『北垣国道日記「塵海」』（共編著，思文閣出版，2010年），『近代日本と地域振興　京都府の近代』（思文閣出版，2011年）．

谷 川　 穣（たにがわ　ゆたか）
1973年生．京都大学大学院文学研究科博士後期課程修了．京都大学大学院文学研究科准教授．
『明治前期の教育・教化・仏教』（思文閣出版，2008年），『新アジア仏教史14　近代国家と仏教』（共著，佼成出版社，2011年），『岩倉具視関係史料』上・下（共編，思文閣出版，2012年）．

高階絵里加（たかしな　えりか）
1964年生．東京大学大学院人文社会系研究科博士課程修了．京都大学人文科学研究所准教授．
『異海の海　芳翠・清輝・天心における西洋』（三好企画，2000年）．

中 川　 理（なかがわ　おさむ）
1955年生．京都大学大学院工学研究科博士後期課程修了．京都工芸繊維大学大学院工芸科学研究科教授．
『重税都市――もうひとつの郊外住宅史』（住まいの図書館出版局，1990年），『風景学――風景と景観をめぐる歴史と現在』（共立出版，2008年），『東山／京都風景論』（共編著，昭和堂，2006年）．

中嶋節子（なかじま　せつこ）
1969年生．京都大学大学院工学研究科博士後期課程修了．京都大学大学院人間・環境学研究科准教授．
「近代大阪の都市地主」（『近代とは何か　都市・建築・歴史シリーズ7』東京大学出版会，2005年），「管理された東山――近代の景観意識と森林施業」（『東山／京都風景論』昭和堂，2006年），「都市祭礼の最前線――大阪天神祭――」（『祭りのしつらい――町家とまち並み』思文閣出版，2007年）．

河西秀哉（かわにし　ひでや）
1977年生．名古屋大学大学院文学研究科博士後期課程修了．神戸女学院大学文学部専任講師．
『「象徴天皇」の戦後史』（講談社，2010年），「天皇制と現代化」（『日本史研究』582，2011年），「近現代天皇研究の現在」（『歴史評論』752，2012年）．

幡鎌一弘（はたかま　かずひろ）
1961年生．神戸大学大学院文学研究科修士課程修了．天理大学おやさと研究所研究員．
『奈良の鹿「鹿の国」の初めての本』（共著，京阪奈情報教育出版，2010年），『近世民衆宗教と旅』（編著，法藏館，2010年），『語られた教祖　近世・近現代の信仰史』（編著，法藏館，2012年）．

黒岩康博（くろいわ　やすひろ）
1974年生．京都大学大学院文学研究科博士後期課程研究指導認定退学．天理大学文学部歴史文化学科助教．
「「うまし国奈良」の形成と万葉地理研究」（『人文学報』89，2003年），「高田十郎『なら』に見る近代大和の「地域研究」ネットワーク」（『日本史研究』525，2006年），「宮武正道の「語学道楽」――趣味人と帝国日本――」（『史林』94-1，2011年）．

Breen, John（ジョン　ブリーン）
1956年生．Cambridge University 大学博士．国際日本文化研究センター教授．
『儀礼と権力　天皇の明治維新』（平凡社選書，2011年），*A new history of Shinto*（共著，Wiley Blackwell, 2010），「近代外交体制の創出と天皇」（荒野泰典他編『日本の対外関係7：近代化する日本』吉川弘文館，2012年）．

本康宏史（もとやす　ひろし）
1957年生．金沢大学大学院社会環境研究科学位取得．博士（文学）．金沢星稜大学経済学部教授．
『石川県の歴史』（共著，山川出版社，2000年），『軍都の慰霊空間――国民統合と戦死者たち――』（吉川弘文館，2002年），『からくり師大野弁吉の時代――技術文化と地域社会――』（岩田書院，2007年）．

佐藤雅也（さとう　まさや）
1959年生．立命館大学文学部史学科日本史学専攻卒業．仙台市歴史民俗資料館学芸室長・宮城学院女子大学非常勤講師．
『祈りのかたち――宮城の正月飾り――』（共著，宮城の正月飾り刊行会編，日賀出版社，2003年），「民俗と市場――地域民衆の歴史的役割と文化的営為――」（中村勝編『市と糶』，中央印刷出版部，1999年），「仙台田植踊」（『仙台市歴史民俗資料館調査報告書』30，2012年）．

岩 城 卓 二（いわき　たくじ）
1963年生．関西大学大学院文学研究科博士後期課程中退．京都大学人文科学研究所准教授．
『近世畿内・近国支配の構造』（柏書房，2006年）．

小 野 芳 朗（おの　よしろう）
1957年生．京都大学大学院工学研究科修士課程修了．博士(工学)．京都工芸繊維大学大学院建築造形学部門教授．
『〈清潔〉の近代』（講談社選書メチエ，1997年），『水の環境史』（PHP 新書，2001年），『調と都市』（臨川書店，2010年）．

田 中 智 子（たなか　ともこ）
1969年生．京都大学大学院文学研究科博士後期課程研究指導認定退学．同志社大学人文科学研究所助教．
『近代日本高等教育体制の黎明――交錯する地域と国とキリスト教界――』（思文閣出版，2012年），「明治中期における地域の私立英学校構想と同志社」（『キリスト教社会問題研究』60，2011年），「幕末維新期のアメリカ留学――吉田清成を中心に――」（山本四郎編『日本近代国家の形成と展開』吉川弘文館，1996年）．

丸 山　　宏（まるやま　ひろし）
1951年生．京都大学大学院農学研究科博士後期課程修了，名城大学農学部教授．
『造園の歴史と文化』（共著，養賢堂，1987年），『近代日本公園史の研究』（思文閣出版，1994年），『近代京都研究』（共編著，思文閣出版，2008年）．

索　　引

＊本索引は、本文中の人名・事項について重要度の高いものを検索するために作成した。
したがって網羅的な索引とはなっていない。

【人　名】

【事　項】

け

こ

さ

し

す

せ

そ

た

近代日本《きんだいにほん》の歴史都市《れきしとし》——古都《こと》と城下町《じょうかまち》——

2013(平成25)年7月31日発行

編　者　高木博志

発行者　田中　大

発行所　株式会社　思文閣出版

〒605-0089 京都市東山区元町355

電話 075-751-1781（代表）

装　幀　上野かおる（鷺草デザイン事務所）

印　刷
製　本　亜細亜印刷株式会社

 ISBN978-4-7842-1700-7　C3021

近代《きんだい》日本《にほん》の歴史《れきし》都市《とし》
—古都《こと》と城下町《じょうかまち》— (オンデマンド版)

Digital Publishing

2017年4月17日　発行

編　者　高木　博志
発行者　田中　大
発行所　株式会社 思文閣出版
〒605-0089　京都市東山区元町355
TEL　075-533-6860　FAX　075-531-0009
URL　https://www.shibunkaku.co.jp/

装　幀　上野かおる(鷺草デザイン事務所)
印刷・製本　株式会社 デジタルパブリッシングサービス
URL　http://www.d-pub.co.jp/

AJ875

ISBN978-4-7842-7032-3　C3021　Printed in Japan